HANDBUCH PHILOSOPHISCHER GRUNDBEGRIFFE

Herausgegeben von Hermann Krings,
Hans Michael Baumgartner und Christoph Wild

Studienausgabe Band 3
Gesetz – Materie

KÖSEL-VERLAG MÜNCHEN

ISBN 3-466-40057-0

Gesamtherstellung: Graphische Werkstätten Kösel, Kempten

NOMENKLATUR ZU BAND 3

AUTORENVERZEICHNIS ZU BAND 3

Priv. Doz. Dr. Hans Michael Baumgartner, München
Claus von Bormann, Frankfurt
Prof. Dr. Béla Frhr. von Brandenstein, Saarbrücken
Prof. Dr. Wolfgang Büchel, Bochum
Prof. Dr. Bernhard Casper, Augsburg
Prof. Dr. Lothar Eley, Köln
Dr. Albert Eßer, Freiburg
Prof. Dr. Alois Halder, Augsburg
Prof. Dr. Klaus Hammacher, Aachen
Prof. Dr. Walter Hirsch, Kiel
Dr. Dr. Walter Hoering, München
Prof. Dr. Peter Krause, Saarbrücken
Prof. Dr. Hermann Krings, München
Prof. Dr. Helmut Kuhn, München
Prof. Dr. Dr. Karl Lehmann, Freiburg
Ass. Prof. Dr. Rudolf Malter, Mainz
Univ. Doz. Dr. Reinhart Maurer, Stuttgart
Dr. Severin Müller, Augsburg
Priv. Doz. Dr. Annemarie Pieper, München
Dr. Werner Post, Bonn
Prof. Dr. Wolfgang Röd, München
Prof. Dr. Dr. Heinz Robert Schlette, Bonn
Priv. Doz. Dr. Alfred Schöpf, München
Prof. Dr. Johannes Schwartländer, Tübingen
Prof. Dr. Josef Simon, Tübingen
Dr. Eberhard Simons, München

GESETZ

1. Pluralität und Universalität von Begriff und Phänomen des Gesetzes: Aufriß der Problematik
2. Analyse der Formalstruktur; Analogizität als Forderung der Konkretion
3. Das Beispiel »Naturgesetz«; dessen verborgene Ontologie und die Maschinalität des Wirklichen
4. Das Beispiel »Sittengesetz« und die Wesensbestimmung des Menschen: Denken
5. Gesetz und Denken: Transzendentalität und die Denkbarkeit von Alternativen
6. Philosophische Vergangenheit der Transzendentalität und technische Gegenwart des Gesetzes: die Arbeitswelt

1. »Wie das Gesetz zuerst erscheint, stellt es sich unrein, umhüllt von einzelnem sinnlichen Sein ... im empirischen Stoff versenkt dar«[1]: Gesetz, Gesetzlichkeit, Gesetzmäßigkeit sind in der phänomenalen Wirklichkeit nie phänomenal gegeben. Das in den Begriffen Vermeinte scheint indessen allgegenwärtige Präsenz zu besitzen. In der Dimension szientifischer Realität ist das in ihnen Angezielte wissenschaftskonstitutiv, Ausgang wie Ziel der Frageprozesse. Was hier aber resultativ präsent wird, ist stets die materiale Typik einer umgrenzten Gruppe von Phänomenen. Die Gesetzlichkeit, deren Typik als solche, wird nicht thematisch; cognitive, methodische Funktion des Gesetzes ist es, von sich und seiner Gesetzmäßigkeit weg- und auf das Gesetzliche der Phänomene hinzuweisen. So tritt hier Gesetzmäßigkeit nur verhüllt und stets vermittelt auf. »Gesetz« erscheint darüber hinaus in einer Pluralität es indizierender Begriffe: als Anzeige für bestimmte Korrelationsverhältnisse szientifisch aufbereiteter Wirklichkeit, als Titel für die Geregeltheit institutionell verfaßter Lebenswelt, als distinkte Handlungsanweisung an den einzelnen. In der Mannigfaltigkeit der Bedeutungen wie der Funktionen scheint ein je anderer Typus von Gesetzmäßigkeit verborgen.

Die Suche nach der Gesetzlichkeit der Natur war ehedem zentrales Movens der aufbrechenden Naturwissenschaften gewesen. Deren heutige Diskussion scheint den Begriff vermeiden zu wollen. Prinzipiell ist Gesetz im Überstieg und durch Hinterfragung von unmittelbarer Phänomenalität eruiert oder entworfen. Es selbst scheint sekundäre, weil aufbereitete Interpretationswirklichkeit zu sein – gleichwohl jene, der ein ausgezeichneter Rang zukommt: Sie ist Ziel der phänomenüberschreitenden Bemühungen. An seinem Beginn war im Gesetz nach jenen Ordnungsbeziehungen gefragt worden, die aller Phänomenalität voraus- und zugrunde liegen. So scheint in seinem Ursprung Wirklichkeit im ganzen und überhaupt angezielt. Deren fundamentalen Aufriß postulierte der Gesetzesbegriff, wie er davon geprägt war. Geschichtlich vermittelt, kann der Begriff durch alle Modifikationen hindurch seine philosophische Ursprungshistorie nicht abtun – sie liegt seiner gegenwärtigen Bedeutungspluralität vor-

aus. In allen Umorganisationen seines Bedeutungsgefüges auf seinem Weg zur Gegenwart ist sie mitgegenwärtig – er weist auf sie zurück, wie indirekt auch immer. Diese selbst aber deutet, gerade auch in ihm, nach vorne. Werden nämlich heute einst ihm essentiell eigene Sinnmomente ausgeklammert, weil gegenwärtiges Denken ihnen keinen Ort mehr zuweisen kann, so indiziert der Begriff darin die Signatur gegenwärtiger Wirklichkeit – indiziert sie im Abhub von jener, welche vergangen ist, worin aber die gegenwärtige Wirklichkeit möglicherweise gründet.
Dergestalt aber ist der Begriff auf philosophische Klärung verwiesen. Zum einen, was ihn selbst betrifft (weder seine Typik noch seine Ursprungsgeschichte werden eingeholt durch jene Wissensweisen, welche ihn zuförderst verwenden), zum anderen, was jene Dimension angeht, die gegenwärtige Wirklichkeit, deren geschichtlich vermittelte Eigenart seine Verwandlung forderte.

2. Aufgabe der philosophischen Analyse ist es – nach *Hegel* –, »die innere Bedeutung, *reine Bedingungen des* Gesetzes zu finden ... das Gesetz ganz in die Gestalt seines Begriffes zu erheben und alle Gebundenheit seiner Momente an bestimmtes Sein zu tilgen«[2]. Auf jene generellen Momente zielend, kann eine Formalanalyse beim materialen Gesetz nicht beginnen. Dies ist stets schon auf bestimmte, begrenzte Weise vermittelt. Die Notwendigkeit, bei einem Vorverständnis von Gesetz überhaupt anzusetzen, um denknotwendige Charakteristika eruieren zu können, bedingt, daß eine Formalanalyse nur vordeutende Skizzierung sein kann. Deren Vorläufigkeit aber ist spezifisch, denn sie entspringt heutigen Denkhorizonten.
Jede Gesetzesaussage beansprucht in ihrer festsetzenden Bezugnahme auf Existierendes allgemein, objektiv und notwendig zu sein. In der Form logischer Urteile artikuliert, erstellt sie eine Relation. Eine disparate Mannigfaltigkeit wird unter bestimmten Aspekten – welche distinkte Merkmale an einer Phänomengruppe anzielen – in die vorgängige Einheit einer Beziehung integriert. Die Relation gibt zum einen jene Aspekte vor, die an den intendierten Phänomenen deren selbsteigene Merkmale aussagen sollen. Damit ist der Umfang der angezielten Erscheinungen umrissen. Diese werden zum anderen (als aspektbetroffene Relata) jener Zusammenhangsordnung der Aspekte zu- und eingeordnet, welche die Relation im Ganzen entfaltet. Solcherart ist die Beziehung im Ganzen die Konfigurationsgestalt der Aspekte, welche das merkmalsspezifische Zusammenhängen der Relata artikuliert. Die Beziehung ist Repräsentation der perspikuellen Verwiesenheit der Phänomene aufeinander. Die (nachträgliche) Zuordnung der Phänomene (durch den Gesetzesbezug) ist Enthüllung von deren (vorgängiger) Verknüpftheit. Ist diese von solcher Art, daß in ihr die Phänomene erst sind, was sie sind, dann ist die Verwiesenheit *notwendig*. Notwendigkeit aber ist die des (nachträglichen) Gesetzesbezugs. Daher ist sie als Beziehungseigenschaft phänomenvermittelnd, nicht vermittelt. In ihr aber beruht die situative Transzendenz des Bezugs. Er soll retrospektive wie prospek-

tive Geltung haben. Der zweiseitigen Abstraktion des Gesetzes (zum einen in seinem perspikuellen Anzielen von einer Merkmalsvielfalt zu abstrahieren; zum anderen in der Ausscheidung all jener Phänomene, die durch seinen Umriß nicht betroffen sind) entspricht die Abbreviatur, die es vornimmt. So definiert *M. Schlick* Naturgesetze als »abgekürzte Ausdrücke der Ordnung, in der die Ereignisse aufeinander folgen«[3]. Seinerseits ist jedes materiale Gesetz in eine es regelnde Ordnungsganzheit verspannt[4]. Als Theorie, Modell oder System zeichnet diese die Gesetzmäßigkeit des Gesetzes vor. Sie bestimmt dessen Aspekte wie deren Konfiguration, legt die Art der Zuordnung fest, welche die Beziehung erstellt und den Modus der Notwendigkeit, der darin ausgesprochen sein soll. Determiniert ist darin auch die Weise der Umverwandlung der Phänomene in Relata, deren Integration in den Gesetzesbezug. Rang und Charakter des Gesamtzusammenhangs entscheiden so nicht allein über die Typik des Einzelgesetzes, sondern zudem über dessen Aussagekraft und Wirklichkeitsgrad. So kann die erstellte Relation als Regelungsentwurf fungieren, als probabilistische, selbstlimitierte Subsumierung unter eine Versuchsanordnung; sie kann andererseits Vorgabe der Verwirklichungsmöglichkeiten nur potentieller Wirklichkeit sein. Prinzipiell ist darin über Ziel und letzten Zweck aller Gesetzes-Enthüllung wie Gesetzes-Erstellung entschieden. Wenn aber das Gesetz freilegender Nachvollzug jener Beziehungen sein soll, die aller Phänomenalität inhärent sind (als deren Ermöglichungen), dann ist dem Gesetz darin ein ontologischer Rang zugesprochen. Die zur Einheit integrierende Beziehung ist sodann Integration zur Einheit des Wirklichseinkönnens. Notwendigkeit des Bezugs wie Rang seiner Allgemeinheit sind darin Enthüllung der *Faktizität* als Phänomenalität der Phänomene selbst: Dies ist weder von der angezielten Phänomenalität her einholbar, noch vom Gesamtzusammenhang als solchen (als Theorie und Modell) einlösbar. Die Gesamtordnung regelt das Gesetz und entscheidet durch dieses hindurch über die Dimension seines Vollzugsfelds. Dies, das Anwendungsgebiet, prägt so seinerseits wiederum das Gesetz, regelt es nach Maßgabe dessen, was an und in ihm enthüllbar ist. So ist »Gesetz«, weil je eigen aufgrund seines Gesamtzusammenhangs wie seines Vollzugsgebietes, ein *analoger* Begriff. Gesetzmäßigkeit überhaupt kann deshalb nur dort aufgeklärt werden, wo sie eine distinkte Typik hat. Das aber heißt, daß nur allein am materiellen Gesetz und dessen materialer Organisationstypik angefragt werden darf.

3. Die Gesetzesbeziehungen der modernen Naturwissenschaft sind, nach *M. Schlick*[5], funktionale Beziehungen: Bestimmungen der Abhängigkeitsweisen von Meßgrößen in Hinblick auf die raum-zeitliche Topologie ihres Aus- und Zueinanders. Die Beziehung selbst gibt jene Eigenschaften vor, nach welchen ein Phänomen experimentell aufbereitet wird[6]. Diese werden, in Größenverhältnisse transponiert, eingeordnet in die »konstante Regelmäßigkeit der Korrelationen«, die »einen zeitlich und räumlich kontinuierlichen Vorgang deterministisch beschreiben«[7]. Der Vermittlungsvorgang der Phänomene (die meß-

datenerschließende Versuchsanordnung) resultiert aus dem theoretischen Gesamtmodell. Die Typik der Relation, mathematische Funktion zu sein, verweist ihrerseits auf den Gesamtzusammenhang des Mathematischen selbst, wie die Forderung »konstanter Regelmäßigkeit« als solche in der angezielten Region eine bestimmte Weise von Räumlichkeit und Zeitlichkeit ansetzt. Die Phänomenalität der Region ist daraufhin ausgelegt. Ihre Wirklichkeit wird allein auf Quantifizierbarkeit hin angesprochen – dies ist die Voraussetzung dafür, daß die naturgesetzliche Beziehung als Gesetz formulierbar und damit erstellbar ist[8]. Das Mathematische (als Ordnung der Beziehungstotalität reiner Größenverhältnisse) durchformt die Organisationstypik des Naturgesetzes im Ganzen und prägt dessen konstitutive Momente. So bedeutet z. B. Determination nach *Schlick* die »Möglichkeit der Berechnung und nichts sonst«[9]. Integration in den Gesetzesbezug ist Identifikation von Meßdaten mit den Stellenwerten der mathematischen Funktion. Die (in aller Gesetzlichkeit postulierte) Notwendigkeit der Verknüpfung ist allein Notwendigkeit aus der Stringenz des Mathematischen. Das Mathematische garantiert in eins damit auch die spezifische Allgemeinheit des Gesetzes. Darin aber ist zugleich dessen wirklichkeitseröffnende Funktion in der Ordnung der mathematischen Beziehungslehre fundiert. So entscheidet der Rang des Mathematischen im ganzen, sein Wirklichkeitscharakter wie sein Wirklichkeitsgrad über die Stellung des mathematisch formulierten Gesetzes. Mathematik aber handelt von reinen Strukturen *in abstracto,* völlig ungeachtet dessen, ob diesen eine phänomenale Wirklichkeit entspricht[10]. Wiewohl also das Mathematische der prägende Horizont für alle Naturgesetzlichkeit ist, hat es für diese allein instrumentelle Funktion. Damit bleibt der Wirklichkeitsrang des Gesetzes selbst in der Schwebe.

Der durch das Mathematische ermöglichten optimalen Ausfaltung von Allgemeinheit und Notwendigkeit korreliert die Selbstbegrenzung der Gesetzlichkeit. Situative Transzendenz wie Dauer, Umfangsgeltung und Allgemeinheit finden ihre Grenze in der Nichtintegrierbarkeit aufbereiteter Daten in die distinkte Verlaufsfigur der Gesetzesfunktion.

Gleichwohl ist der Typus mathematischer Gesetzlichkeit nicht auf die Naturwissenschaften begrenzt. Die spezifische Allgemeinheit inauguriert eine universale Ausweitung seiner Anwendung[11]. Damit aber scheint die Analogizität von Gesetzmäßigkeit überhaupt unterlaufen. Was ursprünglich ein möglicher Typus in einer Pluralität eigenursprünglicher anderer war, erlangt ausschließliche und grundlegende Geltung. Was ist der Grund solcher Extension?

Am Beginn der mathematischen Naturwissenschaften postuliert *Spinoza:* »Unter der Leitung Gottes *(per Dei directionem)* begreife ich *(intelligo)* nichts anderes als jene feste und unveränderliche Ordnung der Natur *(immutabilem Naturae ordinem)* oder jene Verkettung *(concatenationem)* der Naturdinge ... die allgemeinen Naturgesetze *(leges Naturae universales),* kraft deren alles geschieht und bestimmt wird *(determinatur),* sind nichts anderes als die ewigen Dekrete Gottes, die immer ewige Wahrheit *(aeternam veritatem)* und Notwendigkeit *(necessitatem)* einschließen *(involvunt)*«[12]. Den schon konstatierten Konstituentien von Gesetz überhaupt fügt sich hier ein weiteres an: Dessen Ort, sowie Vollzug und Vollziehender. Darin aber sind die übrigen (und damit Gesetzmäßigkeit selbst) fundiert. Erst so nämlich wird ihr Vollsinn eingelöst. Allgemeinheit, Notwendigkeit und unbedingte Geltung bestehen deshalb, weil die Beziehungen, denen sie inhärieren, solche des Seins der Phänomene selbst sind. – Jene *immutabilis Naturae ordo* ist deren Voraussetzung: Der fundamentale Aufriß von Wirklichkeit – der Bedingungen ihres prinzipiellen und dauernden Wirklichseinkönnens. *Kepler* nannte ihn die »Idee der Schöpfung«[13].

Das Faktum der Selbstbeschränkung mathematischer Gesetzmäßigkeit scheint ein Faktum der Vermeidung von Ontologie zu sein. Diese aber hatte in sich schon jene Ausschließlichkeit und den umfassenden Geltungsanspruch, zu welchem der restringierte Gesetzesbegriff tendiert – im gleichzeitigen Versuch der Vermeidung aller Ontologie. Ist Ontologie durch explizite Ausklammerung vermeidbar? Oder ist der Grund der Extension heutiger Gesetzlichkeit aufklärbar durch einen Rückgang in den Ursprungsort mathematischer Gesetzlichkeit – als Frage nach der Verfaßtheit jener Ontologie, der sie entstammt?

Als Titel für »Gesetz« fungiert bisweilen »Prinzip«. Als eine Wissenschaft von den Prinzipien hatte *Aristoteles* die Philosophie definiert[14]. Prinzip nämlich war »ein erstes, von welchem das Sein oder die Entstehung oder die Erkenntnis eines Dinges ausgeht« (τῶν ἀρχῶν τὸ πρῶτον εἶναι ὅθεν ἢ ἔστιν ἢ γίγνεται ἢ γιγνώσκεται)[15]. Prinzip in diesem Sinne hat seinen Ort in einer Ontologie, deren Gefüge in Begriffen wie »Substanz« (ὑποκείμενον) und »Eigenschaft« (συμβεβηκός) indiziert ist. Eigenschaft, als notwendige, ist Merkmal und Modus, wie die Substanz präsentiert ist – wie umgekehrt die Eigenschaft auf dieser aufruht, in ihr gründet, deren Eigentum ist als deren Eigenheit. Fundamentales Charakteristikum von Gesetz dagegen ist »Beziehung«: So nämlich, daß erst durch sie alles in ihr Bezogene durch sein Bezogensein zur Wirklichkeit gebracht ist. Es wird nicht schon in sich Existierendes nachträglich auch noch verknüpft – einzigen Vorrang hat die Beziehung, nicht eines der Bezogenen.

Bei *Kepler* hatte *E. Cassirer* die Tatsache der durchgängigen Realität aller Phänomene festgestellt. Diese erlaube es, an jedwedem die Ordnung des Ganzen zu treffen[16]. Das besagt: Funktionale Gesetzmäßigkeit muß deshalb die treffendste Aussageweise über Wirkliches sein, weil der Grundcharakter von Wirklichkeit im ganzen und überhaupt Beziehung und Bezogenheit ist. Allein die Relation, als Korrelation, Verknüpfung und Verkettung ist das in allen Phänomenen allein wirkliche. Phänomenalität als solche ist einzig die je typische Weise, in und mit dem Ganzen verknüpft zu sein. Bezogen aber sind nicht allein die Relata, auch die Relationen selber sind, was sie sind, durch ihre aufeinander verweisende und einander bedingende Relationalität. Beziehung ist der Auseinanderwurf ihrer selbst, um in dieser Selbstentfaltung alle Phänomene in ihrer Phänomenalität zu begründen, zur gegliederten Ordnung des Wirklichen zu konstituieren.

Allbezogenheit ist die generelle und prinzipielle Lineatur allen möglichen Wirklichseinkönnens. Wie wenig auch dies noch als »Ontologie« im klassischen Sinne begreifbar sein mag, es steht Allbezogenheit in ontologischer Funktion. Dies aber gerade deshalb, weil der Gedanke der Relation nur dann gewahrt ist, wenn die Beziehung durchgängig, umfassend und ausschließlich gedacht ist – wenn kein Wirklichsein außerhalb ihrer möglich ist. So fordert sie die Enthüllung ihrer Allgegenwart. Und umgekehrt: Wo die mathematische Gesetzesfunktion zum alleinigen Intentum aller Forschungsprozesse wird, wo sie ins Universale extendiert, ist Wirklichkeit ausgelegt oder aufbereitet als »totale Simultaneität des Wechselzusammenhangs«[17]. Dieser fungiert als unausdrückliche und geheime »Ontologie«.

Die Frage nach einem ersten Grund als prägendem Ursprung ist darin aber unmöglich. Anfänglich als Ganze begründet in der Idee, Schöpfungsgedanke Gottes zu sein, verlor sie zwar in der Aufgabe dieses Rückbezugs ihren ontologischen Rang (und darin die Möglichkeit, als Ontologie sich selbst begreifen zu können), nicht aber ihre ontologische Funktion. Die essentiellen Momente der Gesetzmäßigkeit sollen nun in der Ordnung des Mathematischen garantiert werden. Deren Autarkie entspricht die Abgeschlossenheit des Erscheinungszusammenhangs. Die totale Relationalität aber wird am reinsten mathematisch enthüllt, nicht allein, weil sie immer schon mathematisch angezielt und darin vermittelt ist. Vielmehr: Die Ordnung des Mathematischen als reine Beziehungslehre ist die adäquateste Wiedergabe ihrer reinen Bezüglichkeit. Das Mathematische selbst ist ihre artikulierte »Ontologie«. Die mathematische Autarkie indessen ist nicht jene Selbstgenügsamkeit ontologisch erster Gründe. Wie in ihr selbst kein Gründungsbezug zur individuellen Pluralität der Phänomene existiert, so führt (mathematisch) kein Weg zurück zu ihrer Selbstklärung im Ganzen. Aufklärung wäre allein zulässig als mathematische Selbsterhaltung des Mathematischen überhaupt – sein Selbstüberstieg ist reflexiv auf sich zurückverwiesen. Die relationale »Ontologie« ist »transzendental« geschlossen. Damit ist sie Ontologie der Schwebe. Deren grundsätzlicher Charakter muß jenseits aller Deskribierbarkeit im Dunkeln bleiben. So ist Gesetzmäßigkeit von ihr aus ebenso nicht einsehbar.

Am Beginn der Ausfaltung jener Ontologie der Schwebe steht die Uhr als Sinnbild der Schöpfung[18]. Das relational bestimmte Totum von Wirklichkeit wird in der Organisation eines Mechanismus gedacht und als Funktionszusammenhang von maschineller Ordnung interpretiert. Die Art dieser Maschinalität (in ihrer verhüllten Möglichkeit) wird deutlich an der cognitiven Funktion des Naturgesetzes in der Moderne (wenn die relationale Immanenz des Erscheinungszusammenhangs entschieden genug gedacht ist). Die geschlossene Geregeltheit der Phänomenalität erlaubt allein quantifizierbare Information, »als zeitlich diskret oder stetig verteilte Folge meßbarer Ereignisse«[19]. So aber lautet die Definition der Information heute, im Modell der Kybernetik. Kybernetik hatte als Technik der Regelung und Theorie der Information in geschlossenen

Organismen begonnen[20]. In ihrem Modell kann funktionale Maschinalität am treffendsten, weil in voll ausgezogener Bezüglichkeit gedacht werden. Der maschinal interpretierte Erscheinungszusammenhang einer Funktionstotalität aber erlaubt deshalb keine Rückfrage hinter sich zurück, weil er (kybernetisch) als Informationskreislauf definiert ist. Er erlaubt einzig die Fragen an jenen, dem er erscheint. Der Mensch aber ist (ebenso kybernetisch gedacht) in den Kreislauf verspannt. Dieser kann nur sich selbst erscheinen; von ihm aus ist der Mensch verstanden als Durchlaufstelle des zyklischen Informationsflusses. Ist die kybernetische Bestimmung des Menschen zureichend? Die Aufklärbarkeit mathematischer Funktionsgesetzlichkeit ist an den Menschen verwiesen, wie vom Menschen aus in eins damit kybernetische Maschinalität in ihrem Ursprungssinn erst einsehbar werden kann.
Eine umfassende, alles (zumal den Menschen) umschließende Gesetzlichkeit hatte schon die griechische Antike genannt: im Begriff des νόμος[21]. Darin waren nicht allein nur Brauchtum, Sitte und Konvention ausgesagt[22], die staatliche Verfaßtheit einer Gemeinschaft[23]; νόμος bedeutete darüber hinaus – so bei *Plato*[24] – »Natur«-Gesetz; schließlich, zumal als νόμος ἄγραφος, göttliches, für alle Menschen gültiges Gesetz[25]. Die Stoa gab dem Begriff umfassende Bedeutung. Sie dachte in ihm das alle Wirklichkeiten, Natur wie menschliche Welt gleichermaßen durchwaltende Gesetz[26]. Die geistbestimmte Ordnung des Kosmos. Der Mensch kann sie erkennen, kraft des ihm zukommenden νοῦς. Dank seiner kann er sich für ein ihm gemäßes, ihn verwirklichendes Leben entscheiden[27]. νόμος ist Bestimmung wie Ermöglichung aller Lebendigkeit[28]. Welt und Sittengesetz sind in ihm in ursprünglicher Ungeschiedenheit gedacht – die Ordnung, welche in ihm sich entfaltet, umfaßt die analoge Vielfalt möglicher νόμοι, bewahrt diese uneingeschränkt. Von der strengen Typik moderner Gesetzmäßigkeit her gesehen ist νόμος nicht als Gesetz zu begreifen, wie umgekehrt von ihm aus gesehen diese ein sehr begrenzter Modus möglichen Ordnens ist. So ist νόμος in eins vergangenes Vor-Bild wie ebenso vergangenes Gegen-Bild zu moderner Gesetzlichkeit, nicht allein nur zu jener der Naturwissenschaft.

4. Die juristischen Definitionsmerkmale des Rechtsgesetzes orientieren schon im Vorgriff über die hier waltende Typik. Das Rechtsgesetz ist, in seiner »Eigenart eines unbedingt verpflichtenden Sollens«[29] im Hinblick auf das, was es regelt, doppelt bestimmt. Es zielt auf Personen wie auf Sachen und Sachverhalte. So zeichnet es die Konstellationsmöglichkeiten potentieller Lebenssachverhalte vor und definiert den »Rechtskreis der Unterworfenen« – die Gruppe jener Personen, welche in den Sachverhalt verflochten (und damit vom Gesetz betroffen) sind. Auf diese zielt es, appellierend, in bestimmter Weise zu handeln; daher muß es informativ vermittelt und allgemein gewußt sein. Darin intendiert das Gesetz Zustimmung und freie, gewollte Übernahme. Der Verbindlichkeit des Gesetzes für die betroffenen Personen, welche, anders gewendet, dessen Bejahbarkeit durch den Angezielten voraussetzt, korreliert die Verbindlichkeit der

Lebenswelt für das Rechtsgesetz. Nicht allein ist es ein essentielles Moment des Rechtsgesetzes, daß es durchführbar sein muß, darin also ausgerichtet ist auf den spezifischen Charakter seines Anwendungsfeldes. Es bedarf zudem der ständigen Vororientierung an der sich modifizierenden Lebenswelt (sowohl, was deren Sachverhalte betrifft, wie auch, was seine Bejahbarkeit angeht). Deren Umstrukturierungen hat es regelnd Rechnung zu tragen[30]. Allein dies indiziert, daß dem Rechtsgesetz eine charakteristische Beweglichkeit eignet.

Zugleich bürgt der Staat kraft seiner Anordnungsfunktion für die Durchsetzung des Gesetzes, er garantiert für dessen faktische Geltung, bestimmt damit den Modus der Gesetzesnotwendigkeit. Beweglich und Affirmation postulierend, determiniert es sowohl durch Bindung wie durch Einräumung: durch Vorgabe des Bewegungsraums wie der Lineatur möglicher Vollzüge in diesem. Darin ist es Ermöglichung wie Bestimmung des Handelns von einzelnen wie das von sozialer Interaktion, wie endlich sein Garant, der Staat, in der Weise institutioneller Organisiertheit gesetzlich verfaßt ist. Gerade an diesen Verhältnissen aber leuchtet weiter die dem Rechtsgesetz eigene Art seiner Allgemeinheit auf – sie besteht nicht allein darin, gewußte und im Wissen präsente Allgemeinheit zu sein.

Insofern nämlich das Rechtsgesetz selbst die Verfaßtheit des Staates prägt, bestimmt es den Horizont, der es seinerseits konstituiert und determiniert. Beide, Gesetzeshorizont (Staat) wie Einzelgesetz, sind ineinander verfugt und bilden ein wechselseitig sich durchdringendes und sich bestimmendes Geflecht von Regelungen. In dieses ist die Lebenswirklichkeit verspannt. Sie ist Ziel in singulärer Absicht, wie sie entworfener Zielraum ist, in umfassender Intention – unter identischem Aspekt. Unter diesem durchzieht die Rechtsgesetzlichkeit die Lebenswirklichkeit zur Gänze. So ist die Rechtsgesetzlichkeit allgemein, weil ihr Aspekt solcherart zielt, daß alles von ihm betroffen ist. Dies aber deshalb, weil sie für jedwede Lebenswirklichkeit im einzelnen den Ermöglichungsraum im Ganzen vorgibt – wiederum nach Maßgabe ihres Aspekts. In diesem ist nicht allein der Charakter der Allgemeinheit des Gesetzes, sondern auch der seiner Notwendigkeit und schließlich dessen Regelungstypik selbst fundiert.

Das Rechtsgesetz nämlich ist von einem »letzten Zweck« bestimmt: »dem gemeinen Wohl«, dem »öffentlichen Interesse«[31], der »Gerechtigkeit«[32]. Die teleologische Struktur der Zielgerichtetheit durchformt die Gesamtorganisation seines Regelungsgeflechts. In jenem letzten Worumwillen besteht der generelle Aspekt des Rechtsgesetzes. Dieser leitet die Vorgabe aller Einzelaspekte, die das singuläre Gesetz artikuliert und welche einen Lebenssachverhalt als gesetzlich relevant erscheinen lassen (und damit als subsumierbar). Der letzte Zweck ist zugleich Grund des umfassenden Horizonts aller Gesetzlichkeit, des Gesamtraums. Darin ist weiter die Funktion des Rechtsgesetzes im Wissen fundiert: Es soll entlastend orientieren über die kontinuierlich-verbindlichen Normen richtigen Handelns und auf diese Weise Rechtssicherheit garantieren.

Im Wissen gegenwärtig zu sein, ist ein grundsätzlicher Modus seiner Präsenz.

Daraus ergibt sich der Modus der Identifikation mit dem Gesetz. Der teleologischen Struktur des Rechtsgesetzes nämlich entspricht die ihm eigene Intentionalität: Wie es selbst zurückweist auf ein letztes Worumwillen, so zielt es von diesem her auf den einzelnen. So ist dessen bewußtgewordenes Betroffensein wie dessen Affirmation das (mehr oder minder distinkt gewordene) Wissen um jenes letzte Worumwillen und darin das Eingeständnis, in das Gesetzesganze einbezogen zu sein. Die Identifikation ist *Vollzug*.

Vollzug ist das Rechtsgesetz schon deshalb, weil es von einem Gesetzgeber erlassen ist. Darin ist die Bestimmung seines Endzwecks, die Freilegung seiner Fundierungsdimension vorausgesetzt. Im repräsentierenden Wissen des Gesetzes aber wird inhaltlich eine Verweisung vollzogen: der Überschritt vom Wissen zum Handeln. Solcherart wird nicht allein dessen eigener Wissenscharakter (Handlungswissen zu sein) realisiert – im Handeln selbst wird die Vollzugsintention erst ganz eingelöst. So ist die Typik des Rechtsgesetzes geprägt von der Struktur einer Korrelation von teleologischer Fundiertheit und einem Geflecht intentionaler Vollzüge. Das deutet auf eine bestimmte Weise von Wirklichem, woran all dies abgelesen zu sein scheint: die humane Lebendigkeit.

Lebendigkeit ist nicht allein in der dem Rechtsgesetz eigenen Bewegtheit indiziert. Sein Vollzugsgewebe selbst weist auf einen Vollziehenden, und zwar gezielt, denn es visiert dessen Vermögen an, welche in den distinkten Vollzugsvorgängen distinkt und notwendig vorausgesetzt sind. Damit aber postulieren die Konstituentien des Rechtsgesetzes einen fundamentalen Wesensaufriß des Menschen, prinzipiell und überhaupt. Zum einen darin, was die ihm notwendig zu eigenen Vermögen angeht, wie weiter in deren Verhältnis untereinander und deren gegliedertem Zusammenhängen im Ganzen des Menschen. Darüber hinaus, was dessen externe Wirklichkeit betrifft, seinen Umraum – die Typik der Dimensionen, innerhalb deren er wird und sein kann, was er ist. Dergestalt aber ist über den Menschen grundsätzlich entschieden, über seine Wirklichkeit und seinen Zweck. Aus dieser fundamentalanthropologischen Bestimmung erst kann einsichtig werden, daß letztes Worumwillen des Gesetzes wie dessen Treffenkönnen als Möglichkeit der Affirmation des Betroffenen nur perspikuell different sind. Diese Bestimmung fundiert die wechselseitige Verfugtheit des gesetzlichen Regelungsgeflechts, ist dessen Gründungsdimension. Sie ist weit umfassender als das in ihr Fundierte – gleichwohl postuliert das Rechtsgesetz, einen ihrer essentiellen Aspekte zu realisieren: die Gerechtigkeit. In welcher Weise diese Dimension aber als solche bestimmt wird, und d. h., auf welchen Wesensgrundriß hin die Menschlichkeit des Menschen sich ausgelegt hat, präjudiziert im letzten, wie das Regelungsganze der Rechtsgesetzlichkeit die Totalität der menschlichen Lebenswelt entwirft und welche Verfaßtheit diese im einzelnen erhält. Die Fähigkeit des Rechtsgesetzes, die Lebendigkeit des Menschlichen zu ermöglichen, ihr lebensgemäße Ordnungsgestalten vorzugeben, steigt und fällt mit jenem von ihr *auch* differenten Vorgang, wie und als was der Mensch prinzipiell enthüllt ist.

Das Rechtsgesetz indiziert diese ihm vorausliegenden Verhältnisse, doch lassen sie sich von ihm aus nicht begreifen. Es scheint aber in das Rechtsgesetz die Typik einer Gesetzlichkeit eingeblendet zu sein, welche nicht nur einige der Konstituentien von Rechtsgesetzmäßigkeit schärfer umrissen in sich trägt, sondern weiter eine mögliche Fundamentalanthropologie als Voraussetzung aller Rechtsgesetzlichkeit expliziert.

Die »unbedingte sittliche Forderung« des Rechtsgesetzes verweist auf *Kant:* »daß ... reine moralische Gesetze ... den Gebrauch der Freiheit eines vernünftigen Wesens überhaupt bestimmen und daß diese *schlechterdings* ... gebieten«[33]. Das Kantische Sittengesetz impliziert eine strikte Abweisung aller möglichen Fundierungen seiner in phänomenaler Empirie. Sein Ort, das Ich, ist solcherart bestimmt als aller phänomenalen Wirklichkeit vorgängig. Es ist autonom und selbstursprünglich. Die Forderung des Sollens aber formuliert seine – *in concreto* – nie einholbare – Ausständigkeit[34]. Darin manifestiert sich die noch nicht wirklich gewordene Wahrheit des Ichs, reine, allgemeine Subjektivität sein zu sollen[35]. So ist das Sittengesetz Vorgabe und Zukunftsentwurf[36] der noch unwirklichen Wirklichkeit des Ichs. Es ist dessen Selbstaufgabe als Forderung seiner Selbstrealisation – es ist Selbstbestimmung. Dergestalt ist das Sittengesetz Artikulation der im Ich angesetzten Fundamentalverhältnisse: Von wirklicher, doch unwahrer Phänomenalität zu sein (weil sinnlich empirisch nur in seiner endlichen Verstandestätigkeit erkennbar), und von wahrer, doch unwirklicher Noumenalität zu sein (weil nicht erkenn-, sondern nur denkbar in den Totalitätsvorgaben der Vernunft)[37].

Schon das Rechtsgesetz war Fixierung gewesen, Dynamik umwillen von Statik. Das Kantische Sittengesetz expliziert diese Charakteristika. Es ist »Bestimmung«. Deren Vermögen ist die Vernunft. Vernunft bestimmt sich selbst – das Sittengesetz ist Selbstvollzug der Vollzugsstätte[38]. Die eigentliche Wirklichkeit des Menschen, obzwar phänomenal nie realisierbar, manifestiert sich im Denken.

5. Denkend, weil unbedingt vollzogen, ist das Sittengesetz *Kants* Gesetz des Denkens. Die Selbstbestimmung der Vernunft ist Vollzug ihrer Organisiertheit[39] – ist identifizierend-vergegenwärtigende Bestimmung des Ausstands notwendiger, allgemeiner Wirklichkeit des Menschen. »Bestimmung«, »Identifikation«, »Notwendigkeit« und »Allgemeinheit« hatte schon die Formalanalyse als konstitutive Momente von Gesetzmäßigkeit überhaupt enthüllt. In diesen aber vollzieht sich das Denken selbst – entfaltet es sich, ist es, was es ist: Denken. Die grundlegenden Charakteristika von Gesetzmäßigkeit sind Denkbestimmungen und Bestimmtheiten des Denkens. Nennen sie die ausschließlichen und einzig möglichen von Denken überhaupt?

Dann ist die in ihnen artikulierte Gesetzmäßigkeit grundlegendstes Fundament wie letzter Horizont des Denkens. Jeder Versuch, das Wesen von Gesetzmäßigkeit – und damit sich selbst – aufklären zu wollen, muß somit zur Selbstaufgabe solchen Denkens führen. Um Gesetzmäßigkeit erkennend zu distanzieren, ist es in eben der Weise zum Selbstüberstieg gezwungen, wie die Bewegungsrichtung dieses Transzensus ins Undenkbare weist. Das zur Rückwendung auf sich selbst genötigte gesetzliche Denken läßt als Alternative zur Gesetzmäßigkeit (und damit zu sich selbst) allein die Nichtigkeit und das Nichts des Denkens zu.

Die Figur solcher Reflexivität indessen indiziert die Verfaßtheit dieses Denkens. Es ist – begründet im Wesensaufriß seiner Vollzugsstätte – transzendental ausgelegt. Reiner Verstand ist, wie die transzendental gedachte Vernunft, aller Phänomenalität zuvor. Deren Erscheinenkönnen regelt der Verstand, indem er ihr Formen und Ordnungen ihres Sich-zeigen-könnens vorgibt[40] – so wird ihre Mannigfaltigkeit zur Einheit eines geordneten Zusammenhangs verknüpft[41]. Allein als verständig gegliederte sind die Phänomene, was sie sind, besitzen sie ihre phänomenale Wirklichkeit: für das verständige Subjekt. Wie aber die Phänomenalität sich den kategorialen Regelungen des Verstandes verdankt[42], so ist sie eben dadurch Präsenz der Organisationstypik ihres Gesetzgebers. Ihre phänomenale Gegenwart ist Gegenwart ihres Ermöglichungsgeschehens. In dieser Präsenz aber hat – anders gewendet – der Verstand seine einzig reale Gegenwart. Wirklichkeitsvorgängig, ist er darin gleichwohl nur potentiell, auf Vollzug verwiesen. Dergestalt konstituiert er alles ihm Begegnende zur Erscheinungswirklichkeit und realisiert sich in eins damit. Aus der Endlichkeit des Menschen her aber – dem auf sinnliche Rezeption verwiesenen Denkwesen – ist die Vollzugsmöglichkeit des Verstandes auf diese phänomenale Wirklichkeit beschränkt. Er gilt für sie nicht allein notwendig und umfassend, sondern auch ausschließlich. Daher kann und muß der reflexive Rückgriff, um zur Organisationstypik des Verstandes zu gelangen, nur von der phänomenalen Wirklichkeit ausgehen. Was ihm dergestalt nur erreichbar ist, die ihr notwendig vorausliegenden Ordnungspotentialitäten, sind – als wirklichkeitsvorgängige Ermöglichungen – ein letzterreichbares Faktum. So ist die stringente Gesetzlichkeit der Regelung nichts anderes als die ununterlaufbare Faktizität transzendental organisierten Bewußtseins[43]. Aus dieser transzendentalen Faktizität (und damit aus dem Wesensgrundriß des Menschen) empfangen die Konstituentien solcher Gesetzlichkeit ihre Stringenz und Schärfe. Wie ihr Ursprung aber, so kann deren radikale Ausprägung selbst nur als Faktum konstatiert werden. Gleichwohl ist die Gesetzlichkeit von uneingeschränkter Geltungsdauer (kraft der Welt- und damit Zeitvorgängigkeit transzendentalen Bewußtseins). Daher determiniert ihr Regelungsgeschehen unveränderlich. Die Ordnungsmuster dieser Gesetzmäßigkeit, die Lineaturen ihres Konstellierens sind stets identisch. Alle Bewegtheit der Funktionsdynamik geschieht hier umwillen von Statik. Auf diese Weise jedoch wäre ein Typus von Gesetzlichkeit, dessen Organisationstypik erst im Material und Feld seiner Ausformung sich konstituiert, von diesem her erst zu seiner distinkten Gestalt gelangt, nicht denkbar.

Es leuchtet aber am Beispiel *Kant* ein mögliches Warum von Gesetzmäßigkeit überhaupt auf – gerade im Verweisungsbezug von Sittengesetzlichkeit auf das

Rechtsgesetz. Gesetz als Bestimmung und Regelung ist – insofern es darin umgrenzt und umzäunt[44] – Eröffnung und Einräumung. Wo immer eine Wirklichkeit umwillen ihres Wirklichseinkönnens (zuförderst die des Menschen) der Vorgabe von Leitlinien bedarf (in der direktionslosen Mannigfaltigkeit ihres Möglichseinkönnens), hat diese den Charakter der Defizienz – ist sie noch nicht oder schon nicht mehr wirklich. Wo immer weiter eine Mannigfaltigkeit, um wirklich zu sein, der Durchgliederung bedarf (so die Phänomenalität gegenüber dem Subjekt), ist diese auf Stabilisierung verwiesen: Stabilisierung nicht allein darin, um in einer Gestalt Dauer zu erlangen, sondern auch, um diese darin zu bewahren. Wirklichkeit von solch passiver Fragilität wie Debilität ist potentiell nichtig. Auf gesetzliche Verwirklichung angewiesen, ist das Gesetz Signum der Endlichkeit.

Nach Maßgabe der Intensität selbsteigenen Wirklichseins aber wird die Ambivalenz des Gesetzes virulent: es ermöglicht Statik, fixiert also. Solcherart jedoch gerät das Gesetz in Widerstreit zur möglichen Eigendynamik ihr differenter Wirklichkeit – kann deren Wirklichwerden als Selbstverwandlung ,verhindern. Ist Gesetz darüber hinaus aber selbsteigene Entfaltungsfigur von Wirklichem, dann wird es gegenüber deren lebendigem Vorantreibenwollen zur sekundären und abkünftigen, weil erstarrten, nur noch partial lebendigen Wirklichkeit.

Ähnlich wie, von *Hegel* aus gesehen, die Statik des gesetzlich sich selbst fixierenden Denkens geronnener Geist ist, so ist die zur Dauer fixierende Gesetzesgestalt versteinerte Wirklichkeit. Wenn Gesetz aber selbst als Bewegung gedacht wird – so als Verlaufsbahn der Eigendynamik einer Gesetzeswirklichkeit –, so muß es in Vollidentität mit dieser begriffen werden. Gesetz in diesem Sinne ist dann Konfiguration im Fluß, Strömungsgestalt des momentanen Zueinanders von Wirklichem, welche aber eben in den Verlaufsfiguren ihre spezifische Notwendigkeit manifestiert[45]. Notwendigkeit ist das Faktum des *gelungenen,* in je anderer Lineatur sich ausfaltenden, in je eigener Figur sich präsentierenden Wirklichseins. Gesetzlichkeit in diesem Sinne ist nur nachträglich deskribierbar. Ihre essentiellen Momente sind im Horizont transzendentalen Denkens und Erkennens nicht einlösbar. Die Gesetzlichkeit des »gehorcht der Zeit und dem Gesetz der Stunde«[46], der in sich unabdingbar nötigenden Konfiguration einer Situation, eines Ereignisses, eines ästhetischen Gebildes ist selbst, woran sie abgelesen wurde: *Leben.*

6. Leben und Lebensvorgänge durchsichtig zu machen, ist ursprüngliche Absicht der Kybernetik[47]. Bedingung ist die Formalisierbarkeit des Angezielten, das meint: Es wird von allen inhaltlichen Qualitäten abstrahiert[48]. Leitende Absicht ist, das derart in mathematischen Strukturen Abgebildete maschinal zu simulieren[49]. Eines der Ziele ist die Konstruktion datenverarbeitender Geräte, welche auf Informationen mit bestimmten Aktionen reagieren[50]. Dies erinnert unzweideutig an die Organisationstypik des transzendentalen Bewußtseins, in direkter wie umgekehrter Analogie: Auf die Rezeption von Sinnlichem mit spontaner

Verstandestätigkeit zu antworten, wie andererseits kraft der eigenen Kategorialität bloße Sinnesdaten zu Informationen zu konstituieren. Geschieht die kybernetische Simulierung nach transzendentalem Modell? Schon die ursprünglich-neuzeitliche Naturgesetzlichkeit besaß unter anderem (als eines ihrer essentiellen Charakteristika) die Möglichkeit der Prognostik. Darin ist ein Hinweis darauf zu sehen, daß transzendental gedachtes Erkennen bereits für Naturgesetzlichkeit als solche als Modell relevant sein könnte. Nicht erst die kybernetische Regelungsgesetzlichkeit, sondern schon die ursprünglich-neuzeitliche Naturgesetzlichkeit läßt sich angemessener denken, stellt man von ihr aus einen Bezug zur Struktur transzendental gedachten Erkennens her.

Kant selbst hatte alle Naturgesetzlichkeit aus dem Verstand resultieren lassen[51]. Dem Charakter des Verstandes, nur im Vollzug, d. h. funktional wirklich zu sein, entspricht, daß selbst Substanz eine Kategorie, damit Vollzugsleistung ist[52]. Vollzug als Verknüpfung, als funktionale Synthesis zur Einheit des Bezogenen war aber der Grundcharakter jener Ontologie der Schwebe gewesen. Der Relationalität, welche wir von ihr aussagten, begegnet man bei *Kant* selbst. Sie wird thematisch und expliziert in der »Kritik der reinen Vernunft«, in der dritten Analogie der Erfahrung: »Alle Substanzen sind in durchgängiger Wechselwirkung«[53].

So erscheint die Naturgesetzlichkeit selbst als Spiegelbild transzendental definierten Erkennens wie als dessen kybernetische Ausmünzung. Sie ist als Vollzugsstruktur des naturwissenschaftlich erkennenden Subjekts beschreibbar[54]. Modell ist die Kantische Subjektivität. Darin hat jene Ontologie der Schwebe nicht allein einen möglichen Ort gefunden – dieser nennt zugleich ein fundamentales Charakteristikum von Naturgesetzlichkeit überhaupt. Transzendentales Erkennen war Vorgabe der Typik wie des Horizonts allen Sich-zeigen-könnens gewesen, in Ausschließlichkeit. Das Naturgesetz ist die experimentell wie theoretisch vermittelte Ermöglichung allen Präsentwerdenkönnens von Phänomenalität. Es selbst ist ebenso Vorgabe und Entwurf *ihrer*, weil perspikuell angepeilter Phänomenalität. Deren Präsenz ist Präsenz der Information über sie. Informiert aber wird partial, nämlich perspikuell abgekürzt, über Einzelbezüge des Erscheinungszusammenhangs[55] – darin aber zugleich über dessen Totalität. Deren Allheit der Bezüge fungiert solcherart als *totum*, welches als *totum* nicht real aussagbar ist, im Gesetz jedoch, als Abbreviatur, Gegenwart erlangt. Information aber, auf Meßbarkeit qua Bezüglichkeit basierend[56], ist bestimmt als »meßbare Strukturmenge«[57]. Information ist daher *Formierung*. Sie selbst ist der Vorgang der Aufbereitung von Phänomenalität und deren Transponierung in Daten. Information ist Produktion. Die Gesetzlichkeit des Erscheinenlassens ist (als Entwurf des *totum* wie als Vorgabe seiner Bezüglichkeit) Anweisung und Vorschrift wie Vollzug und Vorgang von Bearbeitung, Aufarbeitung, Einarbeitung.

Indessen ist transzendentales Erkennen als Modell für die naturwissenschaftliche Produktionsgesetzlichkeit nicht voll gültig. In der heutigen Naturwissenschaft nämlich hat »Gesetz« allein die Bedeutung des »Wahrscheinlichkeitsgesetzes«[58]. Verstandestätigkeit war bei *Kant* eingebunden gewesen in den Wesensaufriß des Menschen, und darin eingebunden in die Totalitätsvorgaben der Vernunft (worin jener Aufriß auch manifest war). Gesetzlichkeit wurde in fundamental-anthropologischer Rücksicht bestimmt. Daraus resultierte ihre Dauer.

Vom Gesamtkomplex des Naturgesetzes her interpretiert, fungiert die Totalitätsvorgabe transzendentaler Vernunft als Totalität der Allbezüglichkeit des Erscheinungszusammenhangs. Das *totum* des Erscheinungszusammenhangs, vorab entworfen, ist als Ganzes nicht *in concreto* aussagbar – wohl aber in der perspikuellen Spiegelung des Ganzen, im konstatierten Einzelbezug. Indessen ergibt sich der Verzicht auf schrankenlose Prognose nicht allein aus der Ausklammerung jener Rückbindung an eine Vollzugssubjektivität. Die Statik des Gesetzes wird umwillen der Unvorhersehbarkeit erscheinender Phänomene aufgegeben. Gesetzlichkeit selbst wird beweglich. Bedeutet dies die gänzliche Eliminierung des transzendentalen Modells, wird sie Gesetzlichkeit nach dem Maßstab eigenbeweglichen Lebendigseins?

Die Beweglichkeit so restringierter Gesetze ist Rückbezug. Das in eine bestehende Gesetzlichkeit nicht integrierbare, doch darin präsente Phänomen ändert zum Zwecke seiner Integrierbarkeit die Gestalt des Gesetzes. Das Phänomen selbst aber ist und kann allein präsent sein, wenn es bereits durch den Gesamtzusammenhang vermittelt ist. Es modifiziert ihn, insofern es in dessen Immanenz gegeben und damit der Perspikualität und Gesamttypik schon konformiert ist. Dependenz des Einzelgesetzes ist Inter-Dependenz. Abgeschlossenheit wie Typik des Gesamtzusammenhangs bleiben stets gewahrt. So korreliert der »transzendentalen« Geschlossenheit des Mathematischen die »transzendental« geschlossene Beweglichkeit des Kybernetischen. Nicht allein dies: Das Naturgesetz artikuliert die durchgängige, simultane Wechselbezüglichkeit eines Allzusammenhangs. Dieser wird in der Aufgabe von Gesetzesstatik reiner vollzogen, herausgearbeitet. Zum Vorschein kommt maschinale Wirklichkeit. Der Charakter der Gesetzlichkeit, Be- und Aufarbeitung zu sein, wird in deren Ausmünzung faktisch eingeholt.

Was aber weiter angesetzt war in der Struktur des Naturgesetzes selbst – jene Ontologie der Schwebe – erhält nun selbst technische Präsenz in maschinaler Produktionswirklichkeit. Diese wird davon strukturiert. Kybernetische Maschinalität ist die von Regelkreissystemen[59] – nicht allein im Sinne singulärer Produktionseinheiten und isolierter Apparate. Die Produktionswirklichkeit im Ganzen, die Totalität der Arbeitswelt fordert umwillen ihres reibungslosen Ablaufs, in der wechselseitigen Bestimmtheit ihres Zusammenhängens, was der Regelkreis in sich postuliert. Die Allgegenwart als Allbezüglichkeit der Relation ist aber nur möglich im ausschließlichen Einbezug von allem. Analog dazu, wie Lebendigkeit selbst maschinal gedacht und maschinal realisiert werden soll, wird die Typik des kybernetischen Regelgesetzes zur alleinig möglichen – sofern sie selbst nur noch ihr konforme Wirklichkeit zulassen will.

So erscheint die ursprüngliche Rückgebundenheit transzendentaler Funktionsgesetzlichkeit an einen Aufriß des Humanen umgewendet in den totalen Einbezug alles Humanen in Funktionalität. Schon der transzendentale Aufriß menschlichen Wesens war eine distinkte Auslegung der Menschlichkeit gewesen. Möglich ist, daß daraus die Bestimmung des Menschen heute kybernetisch geschieht. Dergestalt aber ist die auf fundamentalanthropologische Fundierungen verwiesene Rechtsgesetzlichkeit im prinzipiellen selbst verwandelbar. Ihrer Intention nach will sie Realisierung des Humanums sein. Nach Maßgabe der kybernetischen Ausgelegtheit des Menschen aber ist sie grundsätzlich überführbar in Arbeitsgesetzlichkeit.

Transzendental war das Gesetz als Sittengesetz Manifestation der Uneinholbarkeit der Wirklichkeit des Menschen gewesen. Ist die Vergangenheit des Transzendentalen in der technischen Gegenwart des Gesetzes eine Vergangenheit des Menschen? Was aber Gesetzmäßigkeit ist, in ihrem eigensten Grunde, und woher und woraus sie kommt, radikal aufklären zu können, hieße fundamentale Einsicht in das gewonnen zu haben, was die Gegenwart des Menschen heute bestimmt.

ANMERKUNGEN

[1]) *G. W. F. Hegel*, Phänomenologie des Geistes, Hamburg [6]1952 (= Philosophische Bibliothek Bd. 114), S. 191. – [2]) Ebd. – [3]) *M. Schlick*, Kausalität im täglichen Leben und in der Wissenschaft, in: Erkenntnisprobleme der Naturwissenschaften, hrsg. von L. Krüger, Köln–Berlin 1970, S. 135–156, S. 143. – [4]) Vgl. *E. Cassirer*, Substanzbegriff und Funktionsbegriff (Nachdruck), Darmstadt 1969, S. 155. – [5]) Vgl. *M. Schlick*, a.a.O., S. 144. – [6]) Vgl. *C. F. v. Weizsäcker*, Die Einheit der Natur, München 1971, S. 354. – [7]) *L. Krüger*, Einführung zu den Teilen I–IV, in: Erkenntnisprobleme der Naturwissenschaften, a.a.O., S. 13–44, S. 23. – [8]) Vgl. *W. Stegmüller*, Das Problem der Kausalität, in: Erkenntnisprobleme der Naturwissenschaften, a.a.O., S. 156 bis 174, S. 166. – [9]) *M. Schlick*, a.a.O., S. 145. – [10]) Vgl. *C. F. v. Weizsäcker*, a.a.O., S. 22. – [11]) Vgl. ebd. – [12]) *B. d. Spinoza*, Opera quotquot reperta sunt. Recognoverunt J. v. Vloten et J. P. N. Land, Den Haag 1882, Bd. I, S. 408. – [13]) *J. Kepler*, Mysterium cosmographicum – Das Weltgeheimnis, übersetzt u. eingeleitet von M. Caspar, Augsburg 1923, S. 49. – [14]) Vgl. Metaphysik 1059 a 17. – [15]) Metaphysik 1013 a 18. – [16]) Vgl. *E. Cassirer*, Das Erkenntnisproblem in der Philosophie der neueren Zeit (Nachdruck), Darmstadt 1971, Bd. I, S. 373. – [17]) *H. Rombach*, Substanz, System, Struktur, Freiburg–München 1966, Bd. I, S. 305. – [18]) Vgl. ebd. – [19]) *N. Wiener*, Kybernetik. Regelung und Nachrichtenübertragung in Lebewesen und Maschine, Hamburg 1968, S. 32. – [20]) Vgl. *N. Wiener*, a.a.O., S. 29. – [21]) Vgl. Wörterbuch zum Neuen Testament, Sp. 1016ff. – [22]) Vgl. *F. Heinimann*, Nomos und Physis. Herkunft und Bedeutung einer Antithese im griechischen Denken des 5. Jahrhunderts, Basel 1965, S. 63, 66, 72. – [23]) Vgl. *F. Heinimann*, a.a.O., S. 66; auch S. 71. – [24]) Vgl. Gorgias 483 e. – [25]) Vgl. Wörterbuch zum Neuen Testament, Sp. 1026. – [26]) Vgl. ebd., Sp. 1026. – [27]) Vgl. ebd., Sp. 1027. – [28]) Vgl. ebd., Sp. 1027. – [29]) *F. Wieacker*, Privatrechtsgeschichte der Neuzeit, Göttingen [2]1967, S. 613. – [30]) Vgl. ebd. – [31]) *H. J. Wolff*, Verwaltungsrecht I, München–Berlin [5]1963, S. 127. – [32]) *R. Zippelius*, Das Wesen des Rechts, München 1965, S. 67. – [33]) *I. Kant*, Kritik der reinen Vernunft, B 834. – [34]) Vgl. Kritik der reinen Vernunft, B 384; vgl. *I. Kant*, Anthropologie (Cassirer) Bd. VIII, S. 223/224. – [35]) Vgl. *I. Kant*, Grundlegung der Metaphysik der Sitten (Cassirer) Bd. IV, S. 241–325, S. 265. – [36]) Vgl. Kritik der reinen Vernunft, B 576. – [37]) Vgl. *I. Kant*, Die Metaphysik der Sitten (Cassirer) Bd. VII, S. 41; und Kritik der reinen Vernunft, B 568/569. –

[38]) Vgl. Kritik der praktischen Vernunft (Cassirer) Bd. V, S. 23; auch ebd., S. 33 – [39]) Vgl. Kritik der reinen Vernunft, B 157. – [40]) Vgl. ebd., B 198. – [41]) Vgl. ebd., B 230. – [42]) Vgl. ebd., B 165. – [43]) Vgl. ebd., B 585. – [44]) Vgl. dazu: Deutsches Wörterbuch, Bd. 4, 1. Abtl. 2. Tl., Sp. 4071. – [45]) Vgl. *G. Simmel,* Das individuelle Gesetz. Philosophische Exkurse, hrsg. von M. Landmann, Frankfurt 1968, S. 188. – [46]) *F. Schiller,* Maria Stuart, V. 2192, in: Sämtliche Werke Bd. II, München [3]1962, S. 620. – [47]) Vgl. *Weizsäcker,* a. a. O., S. 281. – [48]) Vgl. *M. Taube,* Der Mythos der Denkmaschine. Kritische Betrachtungen zur Kybernetik, Hamburg 1966, S. 124. – [49]) Vgl. ebd., S. 75. – [50]) Vgl. ebd., S. 69. – [51]) Vgl. Kritik der reinen Vernunft, B 197. – [52]) Vgl. ebd., B 229. – [53]) Ebd., B 256. – [54]) Vgl. *Weizsäcker,* a. a. O., S. 288. – [55]) Vgl. *H. Rombach,* Strukturontologie. Eine Phänomenologie der Freiheit, Freiburg–München 1971, S. 59. – [56]) Vgl. *Weizsäcker,* a. a. O., S. 354. – [57]) Ebd., S. 351; vgl. ebenso *Taube,* a. a. O., S. 123. – [58]) Vgl. *E. Schrödinger,* Was ist ein Naturgesetz? Beiträge zum wissenschaftlichen Weltbild, München–Wien 1962, S. 10. – [59]) Vgl. *H. Stachowiak,* Denken und Erkennen im kybernetischen Modell, Wien–New York [2]1969, S. 6 f.

LITERATUR

Gesetz, in: Deutsches Wörterbuch von J. u. W. Grimm, Leipzig 1897, Bd. 4, 1. Abtl. 2. Tl., bearb. von R. Hildebrand u. H. Wunderlich, Sp. 4070 ff.

νόμος, in: Theologisches Wörterbuch zum Neuen Testament, hrsg. von G. Kittel, Stuttgart 1942, Bd. IV, Sp. 1016 ff.

H. Spiegelberg, Gesetz und Sittengesetz. Strukturanalytische und historische Vorstudien zu einer gesetzesfreien Ethik, Zürich–Leipzig 1935.

E. Schrödinger, Was ist ein Naturgesetz? Beiträge zum wissenschaftlichen Weltbild, München–Wien 1962, S. 9–18.

F. Heinimann, Nomos und Physis. Herkunft und Bedeutung einer Antithese im griechischen Denken des 5. Jahrhunderts, Basel 1965.

R. Zippelius, Das Wesen des Rechts, München 1965.

H. Rombach, Substanz, System, Struktur. Die Ontologie des Funktionalismus und der philosophische Hintergrund der modernen Wissenschaft, Freiburg–München 1966.

G. Simmel, Das individuelle Gesetz. Philosophische Exkurse, hrsg. von M. Landmann, Frankfurt 1968, S. 174–231.

E. Cassirer, Substanzbegriff und Funktionsbegriff. Untersuchungen über die Grundfragen der Erkenntniskritik, Darmstadt 1969 (Nachdruck).

L. Krüger (Hrsg.), Erkenntnisprobleme der Naturwissenschaften. Texte zur Einführung in die Philosophie der Wissenschaft (Neue wissenschaftliche Bibliothek Bd. 38), Köln–Berlin 1970.

SEVERIN MÜLLER

GEWISSHEIT

1. Die umgangssprachliche Klärung des alltäglichen Verständnisses von Zweifel und Gewißheit
2. Die wissenschaftliche Frage nach der Zuverlässigkeit des Wissens und das philosophische Problem der Gewißheit
3. Die rationalistische These der Begründung des Wissens in einer absoluten Gewißheit
4. Der Widerspruch der »Analytischen Philosophie«: Gewißheit als Problem der Psychologie
5. *Hegels* Wissenschaft von den Erfahrungen des Bewußtseins als Bewegung des Wissens zur absoluten Gewißheit

1. Das Wortfeld des Ausdrucks »Gewißheit« erschließt sich, wenn man den Bestandteil »wissen« herauslöst. Durch ihn ist Gewißheit mit dem germanischen *wissa-* und der indogermanischen Grundform *wid-* verbunden, die soviel wie sehen und erkennen bedeutet. Diese begründet die Wortverwandtschaft zu dem griechischen ἰδεῖν und dem lateinischen *videre.* Das im Ausdruck »Gewißheit« aufbewahrte Moment des Wissens erfährt jedoch durch An- und Auslaut eine charakteristische Veränderung. Die Silbe »Ge-« zeigt eine Partizipform an, die im aktiven Sinne nur in der Form des Prädikats »gewiß sein« erscheint, sich im passiven aber an die Vergangenheitsform »gewußt« anlehnt[1]. Der Wortsinn von »Gewiß-« deutet auf ein Geschehen, das bereits zum Abschluß gekommen ist, während die Endung »-heit« eine ruhige Dauer und einen festen Zustand markiert. Wir können daher den ganzen Ausdruck »Gewißheit« als Indiz für eine Weise des Sehens werten, die ein Wissen aus seiner Entstehung bis zu seiner Sedimentierung verfolgt. Doch nicht nur dieser theoretische Sinn steckt in unserem Wort, die Nähe zum deutschen Ausdruck »Gewissen« legt eine praktische Deutung nahe. Wenn der Wortsinn nicht trügt, würde der mit der Gewißheit erreichte befestigte Stand des Wissens auf einer praktischen Stellungnahme, ja möglicherweise sogar auf einer sittlichen Entscheidung beruhen[2].
Die umgangssprachliche Verwendung des Ausdrucks »Gewißheit« kann über das etymologisch erreichbare Maß hinaus das Vorfeld des philosophischen Problems der Gewißheit klären. Zunächst fällt auf, daß wir die Wörter »Gewißheit« und »gewiß« gleichbedeutend mit den Ausdrücken »ich bin sicher, daß ..., ich bin der festen Überzeugung, daß ..., ich weiß, daß...« verwenden. Damit scheinen wir ein Gefühl oder einen psychologischen Zustand zu bezeichnen, der sich von dem des Schwankendseins, Unentschiedenseins oder Zweifelns abhebt. Allerdings schließt der gewöhnliche Sprachgebrauch nicht jede Unbestimmtheit der Überzeugung aus, da er neben der prädikativen und attributiven Verwendung des Wortes »gewiß« eine pronominale und adverbiale Ausdrucksweise erlaubt, in der die Vagheit und Unsicherheit des Gefühls geradezu zur Pointe wird. So sprechen wir von einem »gewissen Herrn X« oder einem Lebenskünst-

ler, der »gewissermaßen ein Philosoph« sei. Die im Ausdruck »Gewißheit« angezielte Konstanz des Gefühls weist durchaus Abschattierungen und Grade auf.

Wäre jedoch mit »Gewißheit« nur ein psychologisch stabiler Zustand bezeichnet, dann würde sein Inhalt ins Undeutliche verschwimmen. Die Umgangssprache verbindet mit dem Ausdruck innerer Überzeugung einen daß-Satz, der sich zur Sache äußert. Die Gewißheit schließt ein Wissen ein, das sich unmittelbar zum Gegenstand verhält. Diese verschiedenen objektgerichteten Verhaltensweisen begründen je verschiedene Weisen der Überzeugung, die an den Modifikationen des Sprachgebrauchs von »Gewißheit« abzulesen sind. So unterscheiden wir das, was für die Theorie richtig sein mag, von dem, was für die Praxis taugt. Umgekehrt mag sich etwas als praktisch überzeugend erwiesen haben, während dem Erkennenden noch Zweifel verbleiben. Theoretische und praktische Gewißheit koinzidieren im umgangssprachlichen Denken nicht ohne weiteres. Ferner differenziert es nach der Art und Weise, wie das im Gewißsein implizierte Wissen gewonnen wurde. So kennt es Überzeugungen, die vom Zweifel unberührt ihre Wahrheit unmittelbar erfassen. Solche intuitive Gewißheiten, die für sich in Anspruch nehmen, ohne Angabe von Gründen zu gelten, drücken sich in Wendungen aus: »ich habe von vornherein gesehen, daß ..., ich war schon immer der Überzeugung, daß ..., ich habe nie gezweifelt, daß ...«. Unser Verhalten in vielen Lebenssituationen läßt sich mit solchen Worten beschreiben, der künstlerisch gestaltende Mensch nimmt sie in Anspruch, der religiös glaubende umgrenzt mit ihnen seine eigentliche Basis. Doch die alltägliche Erfahrung zeigt, daß solche einfachen und unmittelbaren Gewißheiten nicht unangefochten sind. Ausdrücke wie »ich war so sicher, daß ..., ich hätte nie erwartet, daß ..., ich hätte nie gezweifelt, daß ...« indizieren das Zerbrechen und die Irrealität früherer Gewißheiten. Das die stabile Positivität der Gewißheit auflösende Moment ist der Zweifel. Ausdrücke wie »ich bezweifle, daß das und das stimmt ..., wer hätte hier nicht seine Zweifel?« sind unverträglich mit Ausdrücken der Gewißheit und festen Überzeugung, es sei denn mit der negativen Gewißheit, daß die Gewißheit nicht mehr gegeben sei. Wie in jede Gewißheit so kann auch in die negative des Zweifels ein Zweifel gesetzt werden. Die daraus resultierende Aufhebung des Zweifels kündigt sich etwa in folgenden Ausdrücken an: »meine Zweifel sind überwunden ..., ich habe mich vergewissert«. Die durch den Zweifel hindurchgegangene und an ihm bewährte Gewißheit unterscheidet sich von jeder einfachen dadurch, daß sie um das Mittel weiß, mit dessen Hilfe sie die Überzeugung wiedergewonnen hat. Auf solche Medien der Vergewisserung weist unser Sprachverhalten nur indirekt hin, wenn davon die Rede ist, daß »morgen sicher die Sonne wieder aufgeht« (denn ich habe sie so und so oft aufgehen sehen), daß »die Partei X bestimmt den nächsten Wahlkampf gewinnt« (denn alle Nachbarn und Bekannten versichern mir, daß sie nur diese Partei wählen werden). Eine zeitlich lang andauernde Erfahrung und intersubjektive Übereinstimmung vermitteln ein starkes Gefühl der Sicherheit. Die vermittelte Gewißheit des täglichen Lebens kann demnach nicht ausschließlich subjektiv im Sinne der psychologischen Überzeugung verstanden werden. Sie beruft sich ja auf Einsichten über die Sache, sie kann unter Umständen schon Gründe nennen, auf die sich ihre Überzeugung stützt. Die subjektive Gewißheit impliziert schon Elemente, die geeignet sind sie zu objektivieren.

2. Solche Benennung von Gründen ist jedoch an die Zufälligkeit der Lebensumstände gebunden und kann einem umfassenderen Bedürfnis nach Gewißheit nicht standhalten. Der Zweifel an der Genauigkeit und Vollständigkeit alltäglicher Erfahrung schließt schon den entscheidenden Schritt über sie hinaus zum wissenschaftlichen Denken ein. Dieses hebt sich von den umgangssprachlich formulierbaren Weisen alltäglicher Gewißheit dadurch ab, daß es deren unzureichende Begründung kritisiert und seine Überzeugung auf eine umfassendere Kenntnis der Sachen gründen will. Der Zweifel, das *movens* jeder Vergewisserung, wird als methodisches Mittel eingesetzt, die Möglichkeit der Erfahrung systematisch erweitert und ihre Regelmäßigkeit mittels einer Kunstsprache in allgemeinen Gesetzen formuliert. Die positiven Wissenschaften gründen ihre Gewißheit auf eine umfassende Kenntnis der Sachen. Sie entsubjektivieren ihre Überzeugung, indem sie allgemein verbindliche Gründe zu nennen suchen. Indem sie jedoch ihre ganze Forschungsintensität der Sache zuwenden und sich durch sie ihre Gewißheit vermitteln lassen, tritt diese ihre eigene Tätigkeit nicht in den Blick und gilt ihnen als unmittelbar gewiß. Wenn in methodologischen Überlegungen die Forschungstätigkeit selbst problematisiert wird, dann in der Regel nur, weil im Forschungsprozeß ein Hindernis auf dem Weg zu einer vollständigeren Erfassung der Sache aufgetreten ist. Die sachgerichtete Forschung kann nicht zugleich die Problematisierung der eigenen Tätigkeit zum zentralen Thema haben.

Der Zweifel an der Gewißheit des wissenschaftlichen Tuns, der Versuch, ein umfassendes und prinzipielles Wissen über es zu gewinnen und die eigene Überzeugung darauf zu gründen, ist die Philosophie. Mit dem Problematisieren der wissenschaftlichen Gewißheit stellt sie auch die in dieser vorausgesetzte Erkenntnis des alltäglichen Lebens und schließlich, da sie selbst ein Fall von wissenschaftlicher Gewißheit sein will, sich selbst in Frage. Wenn aber der Prozeß der Vergewisserung selbst zum Gegenstand einer Vergewisserung wird, dann kommt es zunächst darauf an, in ihn einen Zweifel zu setzen und zu klären, ob die Frage der Gewißheit überhaupt als sinnvolles philosophisches Problem betrachtet werden kann oder ob sich die skeptische Konsequenz nahelegt, daß der Zweifel zu generalisieren und das Problem der Gewißheit aus der Philosophie zu eliminieren sei. Sollte sich im Zweifel selbst die Möglichkeit einer zweifelsfreien Gewißheit zeigen, wäre zu fragen, ob sie als unmittelbarer Ansatzpunkt einer Weitervermittlung von Gewißheit geeignet ist oder ob sie gar nicht so unmittelbar ist, wie sie zu sein vorgibt, sondern als Resultat der Zweifelsbewegung zu begreifen und in einem Vermittlungsganzen des Wissens zu sehen ist. Wenn weiter der Prozeß der Vergewisserung (d. h. der Gründung seiner Überzeugung auf Wissen) als Begründungsgang verstanden werden muß, muß Philosophie darüber Auskunft geben, ob und unter welchen Bedingungen er vollständig sein kann, oder ob wir sinnvollerweise nur von einer vorläufigen und abgebrochenen Argumentation sprechen können. Damit spitzt sich das philosophische Problem der Gewißheit auf die Frage zu, ob wir stets nur bedingte Gewißheit erreichen können, oder ob so etwas wie eine unbedingte und absolute Gewißheit im Bereich der Möglichkeit philosophischen Denkens liegt.

3. Diese These von der Möglichkeit und Notwendigkeit einer absoluten Gewißheit in der Philosophie vertritt *R. Descartes*. Den Zusammenhang zwischen der Philosophie und den Wissenschaften sieht *Descartes* dadurch als gegeben an, daß diese ihre Prinzipien aus jener entlehnen. Deshalb geht es ihm vor allem darum, die Philosophie grundsätzlich zu reformieren und auf eine Grundlage zu stellen, die »sicherer als die gewöhnliche wäre«[3]. Dazu muß er sie »von Grund aus umstoßen und von den ersten Gründen an« wieder aufbauen, wenn er »irgend jemals etwas Festes und Bleibendes in den Wissenschaften« leisten will[4]. Der Weg *Descartes'* beginnt bekanntlich beim Zweifel, der von ihm bewußt so gründlich und radikal durchgeführt wird, daß er weit über das im Alltag vernünftigerweise zu Bezweifelnde hinaus geht und alle Gründe aufgreift, die für ihn irgend etwas in Frage zu stellen geeignet sind. Dieser metaphysische Zweifel wird von ihm jedoch nicht in skeptischer Absicht geübt, so als ob es ihm nur darauf ankäme um des Zweifels willen zu zweifeln. Vielmehr – so betont er – »ging im Gegenteil meine ganze Absicht nur darauf, zur Sicherheit zu gelangen«[5]. Der Zweifel wird zum methodischen Hilfsmittel, um zur Gewißheit durchzustoßen, eine Zielsetzung, die freilich als solche nicht mehr dem Zweifel unterworfen wird. *Descartes* strebt ein Wissen an, das für ihn das Muster aller Wissenschaftlichkeit ist: die Mathematik. Denn schon vor aller Neugründung des Wissens war ihm klar, »daß von allen, die früher die Wahrheit in den Wissenschaften gesucht haben, allein die Mathematiker einige Beweise, d. h. gewisse und evidente Gründe haben finden können«[6]. Aus der Mathematik gewinnt er seine Kriterien der Wahrheit und Gewißheit, die darin bestehen, daß nur, was *clare et distincte* erkannt werden kann, für ihn Evidenz hat. Allerdings würde diese formale Bestimmung der Evidenz nicht genügen, denn sie wäre solange in ihrem Charakter bezweifelbar, als sie nicht vollkommen, d. h. in sich gegründet und abschließbar ist[7].

Die »Meditationes de prima philosophia« finden daher als ersten Ansatzpunkt, der klar und deutlich zu erkennen ist und demzufolge als Anfang für den Neubau der Wissenschaft dienen kann, den Satz *ego sum ego existo*[8]. Damit wird zunächst ein möglicher anderer Ansatzpunkt, weil bezweifelbar, aus dem Neubau der Wissenschaften ausgeschieden, unser Wissen von den Dingen der Welt. Zugleich begründet dieser Vorrang an Evidenz und Gewißheit, der der *res cogitans* zugesprochen wird, die scharfe Abgrenzung zur *res extensa*. Da das Cartesische *cogito* zwar deutlich und klar zu erkennen ist, aber keine letzte in sich gegründete Evidenz hat, sondern durch das *genius-malignus*-Argument zu hintergehen ist, greift *Descartes* auf die ihm eingeborene Idee eines vollkommenen Wesens zurück, die durch nichts zu erklären sei, es sei denn durch die Realität dieses vollkommenen Wesens selbst. Wenn sich aber das Wissen um das eigene *cogito* auf ein Wissen um das vollkommene Wesen gründet, dann kann es sich auf eine Evidenz berufen, die in sich gegründet und abschließbar ist. Sieht man im Cartesischen *cogito* wesentlich ein mathematisch gewisses Strukturmoment und im vollkommenen Wesen eine Realität, die der Inbegriff dieser Evidenz ist, dann fällt der Übergang zur *res extensa* nicht schwer. Die Denknotwendigkeit, so etwas wie eine Realität außer uns anzunehmen, gewinnt aus der Idee des vollkommenen Wesens Realitätsgehalt, weil durch sie garantiert ist, daß alles, was *clare et distincte* erkannt werden kann, auch real ist. Damit ist ein Begriff der Welt abgeleitet, der wesentlich das für real hält, was in mathematische Strukturen aufgelöst werden kann. *Descartes* hat ein an der Mathematik orientiertes, zweifelsfreies und abschließbares Modell der Philosophie entworfen, das seiner Ansicht nach vorurteilsfreier Vernunft entsprungen ist und die Frage der Gewißheit zugunsten der unbedingten und absoluten entschieden hat.

4. Dieser These der Aufklärungsphilosophie widerspricht aufs entschiedenste die »Analytische Philosophie«. Mit *Wittgenstein* ist sie der Überzeugung, daß sich Wissen nur auf das gründen kann, was der Fall ist[9]. Dieses Bemessen der wissenschaftlichen Aussagen an den Tatsachen gilt ihr als einzig verläßliches Kriterium, um zu einer intersubjektiven Übereinstimmung zu gelangen. Die Überzeugung des Subjekts muß sich daher im wesentlichen nur auf dieses Tatsachenwissen stützen und ihr Maß an Gewißheit der Bestätigungsfähigkeit empirischer Aussagen entnehmen. Allerdings ist die Möglichkeit zu einem endgültigen Wissen zu gelangen, pessimistisch zu beurteilen. So formuliert *W. Stegmüller:* »Versteht man unter Wissen eine definitive Erkenntnis, so ist es eine der bemerkenswertesten Feststellungen, die man über die Wissenschaft machen kann, daß die Wissenschaft nicht zum Wissen führt«[10]. In diesem Sinne erscheint Gewißheit als eine das Wissen begleitende und seinen Schwankungen ausgesetzte subjektive Überzeugung, die im übrigen zu diesem weder formal noch inhaltlich etwas beiträgt. Wenn aber die Frage des Wissens nicht mehr letztgültig entscheidbar ist, verliert das Problem einer abschließenden und objektiven Gewißheit zwangsläufig seine Relevanz. Versucht man jedoch dem Problem der Gewißheit dadurch einen sinnvollen Inhalt zu geben, daß man die subjektiven Überzeugungen selbst zum Gegenstand von Analysen und Aussagen macht, versucht man das Wissen selbst zu wissen, um dadurch zu einer Überzeugung sicherer Art zu kommen, so stellt sich das Gegenteil heraus. Solche Aussagen erweisen sich als wissenschaftlich sinnlos, weil sie sich empirischer Bestätigung prinzipiell entziehen. »Ein Satz über die subjektiven Erlebnisse hingegen besitzt bloß eine monologische Bedeutung; er hat nur für das diesen Satz aussprechende Wesen und für kein anderes

Sinn«[11]. Gewißheiten mag man haben, sie auszusagen ist wissenschaftlich vollkommen irrelevant. Diese Thesen knüpfen historisch an *D. Hume* an, der in seiner Analyse des menschlichen Verstandes unser Wissen von den Tatsachen prüft, um daraus etwas über die »Natur der Gewißheit« zu erfahren, die aus ihm gewonnen werden kann[12]. Wenn unsere Gedanken *(notions)* in ihrem Inhalt wesentlich auf Eindrücke *(impressions)* zurückführbar sind und diese von Tatsachen berichten, ist zu fragen, wie unser Wissen von ihnen erweitert werden kann. Unsere Eindrücke können nach *Hume* auf verschiedene Weise verbunden werden, die eigentlich erkenntniserweiternde ist jedoch die nach Ursache und Wirkung. Eine solch kausale Verknüpfung ist aber nie aus Vernunft, sondern stets nur aus Erfahrung möglich. Hier setzt nun *Humes* Zweifel am menschlichen Wissen ein. Wenn der Verknüpfung zweier Tatsachen nach Ursache und Wirkung zwei zeitlich verschiedene Ereignisse zugrunde liegen, dann kann ihr *propter hoc* nicht eingesehen, sondern allenfalls ihr *post hoc* festgestellt werden. Lange Gewohnheit, diese beiden Ereignisse immer nacheinander zu perzipieren verleitet uns, ihre kausale Verknüpfung anzunehmen. Wenn aber diese Erklärung der Kausalität gilt, ist jedes definitive Wissen und jede sichere Prognose sinnlos. Vorsichtigerweise werden wir unser Wissen auf die Häufigkeit unserer Beobachtungen gründen und allen Allgemeinaussagen nur eine gewisse Wahrscheinlichkeit zusprechen. Die sich auf dieses Wissen gründende Gewißheit kann nur ein mehr oder weniger wahrscheinlicher Glaube sein, der sich von unbegründeter Phantasie lediglich dadurch unterscheidet, daß er lebhafter, lebendiger, stärker, fester und ausharrender ist als diese.

Gewißheit gilt der »Analytischen Philosophie« als eine Frage der Psychologie. Sofern sie im Sinne der Überzeugung verstanden wird, die sich auf empirisches Wissen stützt, ist sie für dieses zwar belanglos, aber als solche nicht sinnlos. Sofern sie jedoch zum Gegenstand einer Analyse gemacht wird, entspringen alle Aussagen über sie der Sphäre privater Introspektion und sind wissenschaftlich sinnlos. Das Problem der Gewißheit geht daher einerseits in die Frage nach der Zuverlässigkeit empirischen Wissens auf, auf der anderen Seite soll es als Problem einer introspektiven Psychologie aus dem Bereich des Wissens eliminiert werden. Die Frage der Zuverlässigkeit und d. h. der Bestätigungsfähigkeit empirischen Wissens wird von den Induktionisten *(Carnap, Hempel, Stegmüller)* anders angegangen als von den Deduktionisten *(Albert, Popper).* Jene gehen davon aus, daß die in einer Theorie verwendeten Gesetzeshypothesen möglichst empirisch bestätigt sein sollen. Nun sind die empirischen Gesetzesaussagen in der Regel Allsätze, so daß eine vollständige Verifikation durch Induktion nicht möglich ist, weil nur eine beschränkte Anzahl von Beobachtungs- oder Basissätzen zur Verfügung steht. Deshalb ist es notwendig die jeweilige Bestätigung von Gesetzesaussagen durch den Begriff der Hypothesenwahrscheinlichkeit näher zu bestimmen. Dieser besagt, daß eine Hypothese h in bezug auf das gesamte vorhandene Erfahrungswissen e als im Grade r bestätigt anzusehen ist. Die daraus gewonnene Funktion »c (h, e) = r« – auch Glaubensfunktion genannt – spiegelt die Zuverlässigkeit induktiv gewonnenen Wissens, die *Carnap* durch den Begriff der »fairen Wette« zu deuten sucht[13]. Interessanterweise sollen mit diesem Begriff in der rationalen Entscheidungstheorie die Bedingungen vernünftigen Handelns für das Subjekt festgelegt werden, soweit es deren nach den mathematischen Gesetzen der Wahrscheinlichkeit gewiß sein kann. Die Möglichkeit einer Theorie induktiven Schließens beruht auf der Angabe der Hypothesenwahrscheinlichkeit und diese wiederum auf dem vorausgesetzten Prinzip der Wahrscheinlichkeit. Dieses gilt *Stegmüller* als faktisch noch ungeklärt, aber prinzipiell klärbar. *Popper* sieht darin einen Rückgriff auf ein induktiv nicht mehr bestätigungsfähiges Prinzip der Induktion und entscheidet sich mit diesem Argument gegen eine induktionistische Lösung des Problems der Bestätigung empirischer Theorien. Er bevorzugt ein deduktiv-nomologisches Vorgehen, wie es das Hempel-Oppenheimsche Wissenschaftsmodell nahelegt. Die Bildung von allgemeinen Gesetzeshypothesen, aus denen mittels der Antezedensbedingungen empirische Sätze abgeleitet werden sollen, gilt ihm als relativ unproblematisch, solange keine den Gesetzeshypothesen widersprechenden Basissätze gefunden werden. Sind solche nachweisbar, so gilt die vorausgesetzte Theorie als falsifiziert und die Hypothesen müssen abgeändert werden. Im deduktionistischen Ansatz modifiziert sich das Kriterium der Bestätigung empirischer Theorien zum Prinzip der Falsifikation[14]. Dem zufolge bemißt sich auch die Wahrscheinlichkeit empirischer Aussagen an Graden der Falsifizierbarkeit. Je weniger leicht ein Wissen zu falsifizieren ist, desto wahrscheinlicher ist es. Die Induktionisten argumentieren gegen die Theorie der Falsifikation, daß sie im Falle der singulären Existenzhypothesen versage, da die Behauptung einer Einzeltatsache im unübersehbaren Kontext der Fakten schwerlich zu falsifizieren sei. Auf der Suche nach differenzierteren Kriterien der Bestätigung von empirischen Theorien stehen sich beide Seiten nicht so fern. Beide beziehen sich im wesentlichen auf dasselbe Modell wissenschaftlichen Erklärens und sind sich gegen *Descartes* einig, daß das Problem unseres Wissens von der Welt nicht apriorisch zu lösen ist, weil es von Fakten handelt und daher auch keine unerschütterlich gewisse, sondern allenfalls eine mehr oder weniger wahrscheinliche und hypothetische Erkenntnis erlaube.

Die Kritik der »Analytischen Philosophie« am traditionellen Gewißheitsproblem wiederholt sich unter veränderten Vorzeichen in der »Theorie der Umgangssprache«. In einigen seiner späten Aufzeichnungen, die unter dem Titel »Über Gewißheit« zusammengefaßt sind, entwickelt *L. Wittgenstein* den Unterschied zwischen Sätzen der Art: »Ich weiß, daß etwas so und so ist« und »Es ist so und so«[15]. Er zeigt, daß Sätze vom zweiten Typus einem Sprachgebrauch entstammen, der unmittelbar mit den Sachen umgeht und sich in die Einheit eines Sprachspiels fügt. Dagegen meinen Sätze des ersten Typus einen Seelenzustand, der in einer Beziehung zu den Tatsachen stehen soll. Versucht man abzugrenzen, was mit diesem Seelenzustand gemeint ist, so erweist sich, daß Aussagen über das eigene Wissen sprachlich nicht abgrenzbar sind gegen alle anderen

Schattierungen der Überzeugung vom zweifelsfreien Wissen über das Glauben bis zum Zweifeln, weil sie als Überzeugungen keinen unterscheidbaren Sachgehalt aufzuweisen haben, sondern nur Gefühle darstellen. Das Sprechen über das eigene Wissen, das sich in komplizierteren Ausdrücken stets noch überbieten kann (ich weiß, daß ich weiß, daß es sich so und so verhält), trägt auch nichts zum Nachweis der Irrtumsfreiheit meines Wissens bei, weil die Verinnerlichung beliebig potenzierbar ist und dabei stets nur neue Überzeugungen produziert, die keine sachliche Bestätigung einer Irrtumsfreiheit hervorbringen können. Daher fühlt sich *Wittgenstein* zu der Aufforderung veranlaßt »Vergiß diese transzendente Sicherheit, die mit deinem Begriff des Geistes zusammen hängt«[16]. Die zweifelhafte Sicherheit des sich in Ausdrücken der Überzeugung aussprechenden Wissens läßt sich nach *Wittgenstein* auch an der Behauptung intersubjektiv anderer nachweisen, die von sich sagen, sie wüßten, daß es sich so und so verhalte. Überzeugungen der Mitmenschen können wir aber nicht eo ipso schon für gewiß nehmen. Vielmehr entzieht sich die Innerlichkeit des intersubjektiv anderen radikal jeder Überprüfung. Gewißheit kann daher nach *Wittgenstein* nur einen positiven Sinn haben, wenn sie sich auf »unser Handeln stützt, welches am Grunde des Sprachspiels liegt«[17]. Evidenz bedeutet Rechtfertigung im Sprachgebrauch. Auch das Problem des Zweifels bekommt unter diesen Voraussetzungen einen neuen Sinn. Es ist in die sachgegründeten Gewißheiten des Sprachspiels gebunden und stellt selbst eine Art Gewißheit dar, weil ich Gründe für meinen Zweifel angeben muß. Der radikale metaphysische Zweifel dagegen erweist sich als sprachlich sinnlos und abstrakt. »Der vernünftige Mensch hat gewisse Zweifel nicht«[18]. In einer ähnlichen Argumentationsrichtung bewegen sich die Sprachanalysen *G. Ryles.* Ihr Ansatzpunkt ist die Kritik an *Descartes'* strikter Unterscheidung von *res cogitans* und *res extensa,* die er als »Dogma vom Gespenst in der Maschine« karikiert[19]. Da das Cartesische Problem einer definitiven Gewißheit nur in der Innerlichkeit des sich wissenden *cogito* entscheidbar ist, sucht *Ryle* zu zeigen, wie dieser Begriff von Selbsterkenntnis umgangssprachlich zu allerlei Absurditäten führt[20], zu einer Verdoppelung meiner selbst, die wiederum eine Spaltung meiner impliziert und mich von meinen Handlungen abtrennt. Wirkliche Selbsterkenntnis dagegen könnte ich nur aus meinem Sprachverhalten zu anderen und mittels anderer gewinnen, während sich mein Ich mir gerade deshalb entzieht, weil ich in meinem Verhalten stets schon meiner Reflexion voraus bin.

Selbst wenn man einräumt, daß *Ryles* Kritik das Cartesische *cogito* psychologistisch mißversteht, behält der Widerspruch der »Analytischen Philosophie« gegen *Descartes'* Lösung des Gewißheitsproblems darin recht, daß er die Einschränkung des Wissens auf zweifelsfrei gewisse Einsichten als metaphysisch kritisiert, seine prinzipielle Inhaltlosigkeit aufzeigt und die Unhaltbarkeit eines apriorischen und definitiven Wissens von der Welt nachweist. Dann aber greift diese Kritik auch wieder zu kurz. Indem sie jegliche Gewißheit so gründlich auf Tatsachen gründen will, nimmt sie ihr eigenes theoretisches Bemühen für unmittelbar gewiß. Dort aber wo es reflektiert wird, zeigt sich, daß es der eigenen Kritik an der traditionellen Gewißheitsproblematik verfällt und nicht nur für ungewiß, sondern für sinnlos erklärt werden muß. Diese Konsequenz zieht der frühe *Wittgenstein,* wenn er am Schluß des »Tractatus« erklärt: »Meine Sätze erläutern dadurch, daß sie der, welcher mich versteht, am Ende als unsinnig erkennt, wenn er durch sie – auf ihnen – über sie hinaus gestiegen ist«[21]. Dieselbe Konsequenz legt sich für die Theorie der Sprachspiele nahe, da sie die eigenen theoretischen Aussagen nicht umgangssprachlich legitimieren kann.

5. Aus den bisherigen Überlegungen folgt, daß die Frage nach der Gewißheit zu recht besteht, denn selbst ihre Reduktion auf Empirie in der »Analytischen Philosophie« muß sie doch zur Klärung des theoretischen Status der eigenen Aussagen voraussetzen. Anderseits ist die rationalistische Lösung des Problems unzureichend, da die Begründung der Gewißheit in einem formal-apriorischen Bereich dem Vorurteil mathematischer Gewißheit entspringt, jedes inhaltlich-positive Wissen ausklammert und eine zeitlose Stabilität behauptet, während sich unser Wissen von der Wirklichkeit ständig wandelt. Diese Schwierigkeit vermeidet *Hegels* Ansatz in der »Phänomenologie des Geistes« (= »Phänomenologie«). Er will eine Darstellung des erscheinenden Wissens geben, d. h. des Wissens wie es positiv, faktisch auftritt und uns versichert, den Charakter der Wissenschaft zu haben. Als Erscheinung läßt es sich aber noch nicht vom Scheine unterscheiden. Die Darstellung des erscheinenden Wissens muß sich daher zur Aufgabe machen, den Schein aufzulösen und zum wahren Wissen vorzudringen. Die »Phänomenologie« argumentiert daher nicht vom Standpunkt einer vollendeten, letztgültigen Evidenz und Gewißheit, sondern sie befindet sich auf dem Weg. Dabei ist das Ziel des Wissens zwar formal fixiert, nämlich »da, wo es nicht mehr über sich selbst hinaus zu gehen nötig hat«[22], wo sich Begriff und Gegenstand entsprechen und es seine Befriedigung findet. Aber auf dem Weg zu ihm besteht keinerlei Gewißheit, daß das Ziel erreicht werden kann. Wenn *Hegel* freilich behauptet, daß der »Weg zur Wissenschaft selbst schon Wissenschaft«[23] ist, so kann dies nur im Vorgriff auf diesen letzten Punkt der Gewißheit gesagt werden, an dem das Wissen seinen Schein ablegen und sich bewahrheiten soll.

Die »Phänomenologie« greift das Wissen da auf, wo es lediglich als Wissen erscheint, sich aber noch nicht ausgewiesen hat; wo das, was es vom Gegenstand weiß, mit dem differiert, was es von sich selbst weiß; wo der positive Inhalt des Wissens mit seiner Gewißheit auseinander fällt. Um dies zu sehen, bedarf es freilich einer Doppeltheit der Standpunkte. Das Wissen ist einerseits ganz beim Gegenstand, es ist empirisches Wissen im Sinne der »Analytischen Philosophie«. »Für es« ist jeweils nur sein Inhalt oder das Ansich-Sein. Würde es in diesem Erfahrungsmodell bleiben, könnte eine Veränderung nur als äußerliches Hinzutreten neuer Gegenstände (d. h. als Auffinden neuer Basissätze) gedacht werden. Versucht man anderseits das Wissen selbst zum Gegenstand zu machen (d. h. eine wissenschaftstheoretische Reflexion zu vollziehen, die sich bewußt in den Bereich des Wißbaren mit hinein nimmt), so zeigt sich, daß das Wissen mit seinem Gegenstand schon allein aus dem formalen Grund differiert, daß es etwas weiß. Dies Sehen der Differenz impliziert die Erkenntnis, daß sich das einfache Wissen des Gegenstandes in der unmittelbaren Behauptung seiner selbst geradezu umkehren muß. Die Wahrheit des »Ansich-Seins« ist nämlich das »Für-das-Bewußt-Sein des Ansich« und dies ist der neue Gegenstand des erfahrenden Bewußtseins. »Für es« vollzieht sich die Umwandlung des Gegenstandes »hinter seinem Rücken« und »dies Entstandene« ist ihm »nur als Gegenstand«. Für das reflektierende Bewußtsein, das *Hegel* »Für uns« nennt, zeigt sich »dies Entstandene ... als Bewegung und Werden«[24].

Hegels Ansatz zeichnet sich dadurch aus, daß er beide Standpunkte, den des positiven Wissens (das Für-es des Bewußtseins) und den der umfassenden wissenschaftstheoretischen Reflexion (das Für-uns des Bewußtseins), aufgreift und in ihrer wechselseitigen Abhängigkeit sieht. Dies hat zur Folge, daß der Bereich der Positivität nicht länger als gegeben und lediglich von außen erweiterbar angesehen wird, sondern daß er aus der Dynamik des Wissens veränderbar und geschichtlich gesehen wird. Umgekehrt begreift sich die Reflexion nicht bloß als formale apriorische Gewißheit über ein ansonsten fremdes inhaltliches Wissen, sondern sie erweist sich als die das Wissen bewegende Negativität.

Die negative Seite der Reflexion ist der Zweifel. Dieser erhält in der »Phänomenologie« einen neuen Stellenwert. Er wird nicht absolut im Sinne des Skeptizismus genommen, worin er sich lediglich abstrakt negativ gegen jedes positive Wissen verhalten und in Leerheit endigen würde. Vielmehr wird gegen dies Mißtrauen in die Wissenschaft selbst ein Mißtrauen gesetzt, der skeptische Zweifel gegen sich selbst gewandt und darin aufgelöst. Er wird auch nicht als metaphysisches Argument gegen alles bestimmte Wissen eingesetzt, um in sich selbst eine zweifelsfreie Basis der Gewißheit zu gründen, die zwar formal gewiß aber ebenso leer bleiben müßte. Er wird auch nicht als kritisches Ferment innerhalb eines empirischen Wissensvollzuges verstanden, um es fortschreitend zu erweitern. Vielmehr wird der Zweifel zu einem Moment im Reflexionsgeschehen selber, das sich jeweils gegen die vorhandene Positivität richtet und sie kritisch auflöst, solange sie sich nicht als die gesuchte Realität des Begriffs erweist. Da diese Negativität dem positiven Wissen als Verlust fühlbar wird, erscheint ihm der Weg des Zweifels als der der Verzweiflung.

Der Durchgang durch den Zweifel erweist sich jedoch als der Weg zur Gewißheit. Indem jeweils das positive Wissen in einer bestimmten Weise negiert wird, ist das Resultat der Negation »selbst ein bestimmtes und hat einen Inhalt«[25]. Wenn ich meine Kritik an einer bestimmten Gestalt des Wissens begründe, habe ich damit etwas inhaltlich Relevantes ausgesagt. Damit hat sich mein Wissen erweitert und eine neue Form gefunden. Die Behauptung dieser neuen Form des Wissens ist die Gewißheit.

Wie der Zweifel erweist sie sich als Strukturmoment der Bewegung des Wissens.

Ist jener das die Reflexion bewegende negative Moment, so ist diese der formelle Ausdruck des die Reflexion abschließenden positiven Resultates. Gewißheit verdankt sich ganz der reflektierenden Tätigkeit des Subjekts und spricht daher das subjektive Haben eines Wissens aus. Dem Standpunkt des positiven Wissens erscheint sie als unmittelbar gegeben, während die Reflexion ihre Vermitteltheit sieht. Für die positiven Wissenschaften kann es daher legitimerweise kein Problem der Gewißheit geben, während die wissenschaftstheoretische Reflexion sich seiner nicht entledigen kann, ohne mit sich in Widerspruch zu geraten. Der Behauptung formeller Gewißheit fehlt jedoch noch die Explikation ihres Inhaltes und damit der Nachweis ihrer Wahrheit. Sofern die dargestellte Wirklichkeit der Form der Gewißheit nicht entspricht, löst sie diese auf und fordert eine erneute kritische Reflexion heraus.

Die gesamte »Phänomenologie« ist die Durchführung der Dialektik von Gewißheit und Wahrheit. Auf der Stufe der Erfahrungen des Bewußtseins geht diese zunächst von einer Gewißheit aus, der das Wahre etwas anderes als es selbst ist, nämlich der Gegenstand an sich, so in der sinnlichen Gewißheit, in Wahrnehmung und Verstand. Die inhaltliche Explikation dieses Wahren zerstört jeweils diese Gewißheit, bis sich diese auf sich selbst zurück wendet und sich zum Gegenstand macht. Die Gewißheit seiner selbst entwickelt sich durch eine Reihe von Erfahrungen einer entfremdeten sozialen Wirklichkeit zum »unglücklichen Bewußtsein« fort, in dem die Entzweiung mit der Realität dadurch aufgehoben wird, daß sie ihr Selbstsein aufopfert und sich mit dem Allgemeinen identisch erfährt. Hieraus entsteht die Gewißheit der Vernunft als subjektive Einsicht in die Identität des Einzelnen und Allgemeinen. Diese soll sich in der »beobachtenden Vernunft« und der »Verwirklichung des vernünftigen Selbstbewußtseins durch sich selbst« in der Realität bewähren.

Nach *Hegel* findet sich die Gewißheit der Vernunft in einer vernünftigen Wirklichkeit bestätigt. Das Problem von Gewißheit und Wahrheit löst sich für ihn im Begriff des Geistes auf, der wiederum seine vollständige Transparenz im absoluten Wissen erhält. In ihm fällt die unbedingte Gewißheit mit der einsichtigen Wahrheit in eins. Für ein Philosophieren, dem sich die Realität noch nicht als die entwickelte Vernünftigkeit darstellt, das also im Sinne der »Phänomenologie« noch unterwegs ist, muß dagegen die Möglichkeit einer unbedingten und abschließenden Gewißheit offen bleiben.

ANMERKUNGEN

1) Trübners Deutsches Wörterbuch, Bd. III, Berlin 1939, S. 172 f. – 2) *F. Wiedmann*, Das Problem der Gewißheit, München–Salzburg 1966, S. 11 f. – 3) *R. Descartes*, Discours de la méthode (dt. Abhandlung über die Methode), Hamburg [4]1957, S. 25. – 4) *R. Descartes*, Meditationes de prima philosophia, hrsg. von E. Schröder, Hamburg 1956, S. 26–27. – 5) *R. Descartes*, Discours, S. 24. – 6) *R. Descartes*, Discours, S. 16. – 7) *R. Descartes*, Discours, S. 28. – 8) *R. Descartes*, Meditationes, S. 40–41. – 9) *L. Wittgenstein*, Schriften, Bd. I. Tractatus logico-philo-

sophicus, Frankfurt 1960, S. 11. – [10]) *W. Stegmüller,* Einheit und Problematik der wissenschaftlichen Welterkenntnis, in: Münchner Universitätsreden 41, München 1967, S. 4. – [11]) *W. Stegmüller,* Hauptströmungen der Gegenwartsphilosophie, München [3]1965, S. 395. – [12]) *D. Hume,* Treatise concerning human understanding (Eine Untersuchung in Betreff des menschlichen Verstandes), hrsg. von J. H. v. Kirchmann, Leipzig 1875, S. 29. – [13]) *R. Carnap, W. Stegmüller,* Induktive Logik und Wahrscheinlichkeit, Wien 1959, S. 42 f. – [14]) *K. R. Popper,* Logik der Forschung, Tübingen [3]1969, S. 47 f. – [15]) *L. Wittgenstein,* Über Gewißheit, Frankfurt 1970, S. 12 f. – [16]) *L. Wittgenstein,* Gewißheit, S. 21. – [17]) *L. Wittgenstein,* Gewißheit, S. 59. – [18]) *L. Wittgenstein,* Gewißheit, S. 62. – [19]) *G. Ryle,* Der Begriff des Geistes, Stuttgart 1969, S. 13. – [20]) *G. Ryle,* a.a.O., S. 207 f. – [21]) *L. Wittgenstein,* Tractatus, S. 83. – [22]) *G. W. F. Hegel,* Phänomenologie des Geistes, hrsg. von J. Hoffmeister, Hamburg [6]1952, S. 69. – [23]) *G. W. F. Hegel,* a.a.O., S. 74. – [24]) *G. W. F. Hegel,* a.a.O., S. 74. – [25]) *G. W. F. Hegel,* a.a.O., S. 68.

LITERATUR

Vgl. die in den *Anmerkungen* angeführten Titel.

ALFRED SCHÖPF

GLAUBE

1. Innere Vieldeutigkeit und alltagssprachliche Analyse
2. Die Struktur von Zustimmung und Gewißheit im Glauben
3. Willensmoment und personale Entscheidungssituation
4. Zusammenfassung zur begrifflichen Analyse
5. Das Bedeutungsspektrum in der Philosophie
6. Das Postulat des moralischen Glaubens
7. Aporien eines philosophischen Glaubensbegriffs
8. Die biblische Herkunft
9. Philosophisch relevante Implikationen in der Struktur des theologischen Glaubensbegriffs
10. Der philosophische Gebrauch des Glaubensbegriffs heute

1. Das Bedeutungsspektrum von »Glaube« umfaßt beinahe alle Gestalten der menschlichen Stellungnahme vom Wahn über den unentschiedenen Zweifel bis zum sicheren Wissen. Glauben kann identisch sein mit einem bloßen Eindruck, der noch diesseits jeder Bejahung liegt (»Ich glaube, es wird regnen«); macht sich jemand diesen Eindruck mehr zu eigen, nähert sich »glauben« dem Sinn von »vermuten«; das Gegenteil des in einer Vermutung Geäußerten wird dabei nicht ausgeschlossen; die Vermutung kann sich zur Ansicht, Überzeugung und Meinung verstärken. Diesen Formen der Stellungnahme haften ein Mangel an vergewissernder Überlegung und ein Verdacht auf subjektive Beliebigkeit an. Distanzlose Leichtgläubigkeit und kritiklose Vertrauensseligkeit (auch gegenüber »Autoritäten«) können sich bis zur unbesehenen Annahme völlig unvernünftiger Dinge steigern (»Aberglaube«). »Glauben« kann sich darum auch auf

Scheingebilde und Täuschungen beziehen. In der Bedeutungsnähe zu »wähnen« ist damit sogar ein fälschliches Fürwahrhalten gemeint. »Glauben« kann aber auch ein begründetes Plausibilitätsurteil beinhalten, das dem in Frage stehenden Sachverhalt Wahrscheinlichkeit und Vernünftigkeit zubilligt. Es bleibt ein Spielraum von Ungewißheit und damit ein Vorbehalt. Etwas Ähnliches zeigt sich, wo »Glaube« einen Akt des Vertrauens auf andere oder sich, oder die Zuversicht auf das eigene Können (oder dasjenige anderer) zum Ausdruck bringt. Solche Glaubensakte sind in verschiedenen Graden defiziente Weisen der Erkenntnis und des Wissens. Ihnen ist gemeinsam, daß die Zustimmung zu einer Aussage oder zu einem angenommenen bzw. vorausgesetzten Sachverhalt bedingt, unzureichend oder gar unbegründet ist. Die innere Vieldeutigkeit von »Glauben« ist damit evident.

2. Es gibt jedoch einen vom bisher aufgezeigten Sprachgebrauch relativ abgehobenen Sinn von »Glauben«, der – ähnlich wie das sichere Wissen – eine vorbehaltlose und uneingeschränkte Zustimmung zum Ausdruck bringt (z. B.: »Ich glaube, daß die Nachricht vom Tode meines Lehrers wahr ist«). Wenn dahinter nicht eine reine Behauptung oder ein blinder Fanatismus steht, muß die Gewißheit des Sachverhaltes anderswie garantiert werden. Eigener Augenschein mit der Möglichkeit einer überprüfenden Feststellung führt zum Wissen, nicht zum Glauben. »Der Glaube kann sich gar nicht auf etwas beziehen, das man sieht...; und auch was bewiesen werden kann, gehört nicht zum Glauben«[1]. Wer in unbedingtem Fürwahrhalten einen Sachverhalt glaubt, vollzieht diese Stellungnahme ohne eigene unmittelbare Einsicht in diesen selbst. Gleichwohl gehört zum Glauben gerade die unbeirrbare Festigkeit der Zustimmung. Spezifischer »Gegenstand« dieses Glaubens ist also das, was nicht aus sich selbst einleuchtet und was weder der unmittelbaren Einsicht noch dem diskursiven Denken erreichbar ist. In diesem Sinne bezieht sich Glauben auf das Nicht-vor-Augen-Liegende, auf das Unsichtbare im weitesten Sinne. Die uneingeschränkte und vorbehaltlose Zustimmung des Glaubens ist aber ohne eine solche direkte Sachkenntnis nur möglich, wenn ein anderer für die Wahrheit des Geglaubten einsteht. Ein solcher Gewährsmann bürgt als kompetenter Zeuge für die Zuverlässigkeit und Gewißheit. Die Glaubwürdigkeit des Zeugen und die Motive des Glaubenden für die Annahme des Zeugnisses werden dabei geprüft. Das selbsteigene Erkennen wird bei solcher Zeugnisannahme also nicht schlechthin verabschiedet, ja der Glaubende muß von sich aus zu erfassen vermögen, wovon z. B. die übermittelte Nachricht spricht. Das sachhafte und das personale Moment im Glaubensbegriff gehören darum zusammen. In diesem Sinne trifft der übliche Begriff »Autoritätsglaube« keineswegs die vielseitige intellektuelle Vergewisserungsbemühung eines verantwortlichen Glaubensvollzugs.

3. Richtig bleibt freilich, daß diese Form der geistigen Stellungnahme bei aller Kontrolle und Nachprüfung der Glaubwürdigkeit vor eine unvermeidliche Ent-

scheidungssituation führt (»soll ich glauben oder nicht?«), die in diese Form der Stellungnahme wiederum ein besonderes Moment der uneingeschränkten Bejahung, des bedingungslosen Engagements und der fraglosen Verbindlichkeit hineinbringt. Hier verbinden sich im Glauben sehr eng ein objekt-erkenntnismäßiges und ein willentlich-personales Moment. Durch diese eigentümliche Verschränkung von Vernunft und Wille klärt sich auch, warum das Glaubensphänomen so schwer aufhellbar ist: Es trägt eine innere Sinnhelle in sich, die vorbehaltlose Gewißheit mit sich bringt; diese gewinnt ihre Unbedingtheit und Unbeirrbarkeit aber zuletzt aus einem Entschluß personaler Freiheit, der für eine Außenbetrachtung in ihrer letzten Fraglosigkeit vielleicht nie ganz einen Anschein von Willkürlichkeit verlieren wird. Glauben ist darum als Annahme durch personale Entscheidung Sache des einzelnen. Glauben im tieferen Sinne ist darum auch nicht voll gegeben, wo man nur aus Respekt vor einer Tradition, aus einem Wunschdenken heraus oder aufgrund einer Faszination Überzeugungen oder Wahrheiten annimmt und festhält. Gerade aufgrund des Entscheidungsmomentes sind der Akt des Glaubens und sein »Inhalt« (Glaube) untrennbar; weil der Glaube auf die willentlich-personale Zustimmung in so hohem Maß angewiesen ist *(Augustinus: credere non potest nisi volens*[2]*)*, kann man ihn auch dem anderen nicht einfach mitteilen. Weil die Mitteilbarkeit und damit bis zu einem gewissen Grad auch die Verstehbarkeit des Glaubens ein so eminentes Problem darstellt, ist schlechter Glaube von außen so schwer zu entlarven und kann man den wirklichen Glauben auch so leicht als »Aberglauben«, Ideologie usw. denunzieren. Darum ist der Glaube auch ein außerordentlich mißverständliches und empfindliches Phänomen. Daraus ergeben sich zwei methodische Anweisungen für jede Rede des Glaubens von ihm selbst her oder über ihn: (1) Der eigentümlichen geistigen Dimension des Glaubens wird man nur gerecht, wenn man zugleich immer sein mögliches Unwesen und seine inneren Gefährdungen mitbedenkt. (2) Die Umwendung des lebendigen Glaubensvollzugs im Vorgang der distanzierenden Objektivierung unterliegt äußersten Schwierigkeiten und wenig erforschten Bedingungen. Wird in der Phänomenanalyse des Glaubens darauf keine Rücksicht genommen, so verfälscht man die eigene Dimension des Glaubens und verwechselt ihn mit Formen des Meinens oder des Wissens.

4. Eine exakte Definition des Glaubens allein hilft wenig. Man kommt dabei zu Formulierungen wie »gefühlsmäßige Überzeugung«, praktische Gewißheit in bezug auf theoretisch nicht begründbare Sachverhalte, »subjektiv« zureichendes und gleichzeitig »objektiv« unzureichendes Fürwahrhalten. Solche Kennzeichnungen sind nicht schlechthin falsch, aber sie verdecken im Schein ihrer vorgeblichen Perfektion die notwendige Bewegung des Denkens, die sich jeweils durch die verschiedenen möglichen Gestalten eines vieldeutigen »Glaubens« zur konkreten Funktion und verbindlichen Bedeutung dieses Wortes hindurchsuchen muß. Zwei Grundelemente sind dem Glaubensphänomen in besonderer Weise

eigen: uneingeschränkte Zustimmung zu einem Sachverhalt, der nicht unmittelbar zugänglich ist, aber aufgrund der Erfahrung und des Wissens eines zuständigen Zeugen angenommen wird, auf den der Glaubende sich nach gründlicher Prüfung verläßt. Die Annahme eines solchen in sich unzugänglichen Sachverhalts kann freilich auch durch die personale Übernahme eines sinnvollen Wagnisses erfolgen, das sich dann erst noch in seiner vollen Wahrheit bewähren muß. In diesem Sinne ist die letzte Bewahrheitung des Glaubens im Unterschied zur unmittelbaren Selbstevidenz des sicheren Wissens auf eine kommende Bewährung und damit auf eine noch ausstehende Erfüllung angewiesen, die zur Dimension der Zukunft gehören. Dies ist auch der innere Grund, warum mit dem wirklichen Glauben gleichursprünglich sich die Hoffnung verbindet. Die verschiedenen Formen des Glaubens, die eher dem Meinen usw. zugehören, sind austauschbar durch andere Redeweisen. Die dargelegte Grundform aber erweist ihre Unableitbarkeit nicht zuletzt dadurch, daß sie auch im Wortgebrauch schwerlich einen ebenbürtigen Ersatz findet.

5. Die Beirrungen der alltagssprachlichen Verwendung des Wortes »Glauben« machen nicht halt vor der philosophischen Reflexion, sondern schaffen auch auf dieser Ebene entsprechende Aporien. Darum gibt es keinen auch nur grundrißhaft akzeptierten philosophischen Begriff des Glaubens. Vulgärähnliche Bestimmungen reichen von der Definition, Glaube sei die »praktische Philosophie eines Menschen« über die Bestimmung »elementare Konformität unseres Verhaltens mit biologisch notwendigen Handlungsmodellen« bis zur Identifikation mit allgemeinen weltanschaulichen Ansichten. Bestimmend ist auch hier das Moment praktischer Gewißheit, das in einem Vertrauen ohne Reserve gründet, aber doch nicht absolut motiviert ist und darum immer, gerade im Blick auf die Zukunft, ein gewisses Wagnis bedeutet. Soweit die Philosophie, besonders in ihrer neuzeitlichen Entfaltung, das exakte mathematische Erkenntnisideal oder die absolute Selbstversicherung der Subjektivität als Maßstab des Denkens festhält, wird Glauben nur oder weitgehend vom Maßstab eines vollendeten Wissens her begriffen und damit als eigene geistige Dimension verkannt. Eine solche Bewertung des »Glaubens« hat ihre Wurzel im Platonischen Denken, wo Glaube (πίστις) durch die Gegenüberstellung zum wahren Wissen in die Nähe der Meinung (δόξα) rückt[3] und in ihrer nicht zweifelsfreien, der Sinneswahrnehmung nahestehenden Struktur im vorprädikativen Raum von Wahrheit verbleibt. *Aristoteles* dagegen versucht die Wahrnehmung besonderer Sachverhalte, die sich den üblichen Untersuchungsmethoden des Denkens entziehen, an einer Stelle mit dem Begriff des »Glaubens« zu umschreiben: Das Ergreifen der ersten Prinzipien der Vernunft (z. B. des Widerspruchs und der Identität) ist so ursprünglich und evident, daß man sich durch kein Mittel ihrer intuitiven Einsicht entziehen kann. Man muß sie ohne die Möglichkeit eines Beweises annehmen. »Denn es besteht mehr Notwendigkeit, den Prinzipien Glauben zu schenken (πιστεύειν), sei es allen oder einigen, als dem Vorgang der Schlußfol-

gerung«[4]. Aber der Begriff ist so wenig geklärt wie die moderne Bildung »Seinsglauben« und die dahinterstehenden Probleme. Ein anderer Gebrauch des philosophischen Glaubensbegriffs findet sich bei manchen Neuplatonikern[5], wo die eigentümliche Beziehung eines erkennenden Wesens zu einem erkannten, aber ebenfalls denkenden Wesen »Glaube« (neben Erkenntnis) genannt wird. Die Beziehung von Subjekt zu Subjekt und die Reziprozität von Bewußtseinszentren wird aufgrund der dabei besonders notwendigen Aufmerksamkeit und Interpellation auch in den modernen Entwürfen des Personalismus »Glaube« geheißen.

6. Während bis zur Neuzeit ein human-philosophischer Glaubensbegriff keine große Rolle spielt, zeigt sich im Zuge einer im 17. und 18. Jahrhundert erfolgenden Säkularisierung des theologischen Glaubensbegriffs eine kirchen- und offenbarungskritisch motivierte Ausweitung des Sprachgebrauchs[6]. Dem zufälligen, weil geschichtlich bestimmten »Religionsglauben«, der – Mißbrauch treffend, aber von der Sache her falsch – oft als passiv, abstrakt, unpersonal oder autoritätsabhängig dargestellt wird, steht ein notwendiger Vernunftglauben gegenüber, der vor allem eine menschliche Sittlichkeit fundieren soll, welche nicht mehr unmittelbar theologisch abgestützt wird. Der Inhalt dieses moralischen Glaubens läßt sich nach *Kant* auf folgende Einzelmomente bringen: der Mensch steht unter der unbedingt verpflichtenden Idee des Guten; nur in dieser Verpflichtung weiß er um seine ursprüngliche Bestimmung; der Mensch ist überzeugt, daß er der Verpflichtung auch entsprechen kann. Gegenüber einem objektivistisch theoretisierten Wissen des Glaubens im Sinne eines Dogmatismus, kommt hier der praktisch moralische Sinn des (letztlich christlichen) Glaubens gerade auch in der unauflöslichen Verknüpfung mit der Hoffnung zur Sprache. Darin ist auch ein theologischer Glaube verborgen, so daß »wenn wir so gut handeln als in unserem *Vermögen* ist, wir hoffen können, daß, was nicht in unserm Vermögen ist, uns anderweitig werde zustatten kommen, wir mögen nun wissen, auf welche Art, oder nicht«[7].

7. In neuester Zeit hat *Karl Jaspers*[8] den philosophischen Glauben als den unerläßlichen Ursprung allen echten Philosophierens bezeichnet. Es ist für ihn die Gewißheit einer Wahrheit, die den Menschen mit dem Grund des Seins verbindet, das Fundament des Denkens darstellt und die Substanz eines persönlichen Lebens bildet, aber nicht wissenschaftlich bewiesen werden kann. Das in einem solchen Glauben Angenommene ist nach *Jaspers:* der Gedanke des einen Gottes; die unbedingte Forderung für das Handeln; die Endlichkeit und Unvollendbarkeit des Menschen und der geschaffenen Welt; die Realität der Welt als verschwindendes Dasein zwischen Gott und Existenz; die Führung des menschlichen Lebens durch Gott. *Jaspers* kommt aber durch die äußerste Formalisierung des aktuellen Glaubensvollzugs in eine solche Aporie und Unstimmigkeit, daß der Boden für die Realisierbarkeit dieses philosophi-

schen Glaubensbegriffs ins Wanken kommt: die erwähnten Sachverhalte dürfen nicht als inhaltliche Mitteilungen genommen werden; die Frage, auf wessen Bürgschaft oder Zeugnis hin dieses »Vertrauen ohne Garantie« gegeben wird, wird weder gestellt noch beantwortet; Glaube im Zusammenhang einer geschichtlichen Offenbarung und einer kirchlichen Lehre ist dem mündigen Geist als Zerstörung seiner Freiheit und Würde nicht zumutbar, wiewohl *Jaspers'* philosophischer Glaube irgendwo der Autorität undurchschauten Vorrang geben zu müssen meint. – In den verschiedenen Positionen zeigt sich die Verwendung eines philosophischen Glaubensbegriffs, der nicht genügend durchdacht ist. Der Versuch, ihn durch Dynamisierung und Existentialisierung von der christlichen Theologie zu emanzipieren, bringt in noch größere Verlegenheiten. Darum kann man aufgrund der Problemgeschichte des philosophischen Glaubensbegriffs verstehen, warum heutige Philosophie eher auf die Verwendung dieses Wortes verzichten möchte.

8. In der Tat ist der Glaubensbegriff intensiv von der christlichen Theologie geprägt. Dies darf nicht so verstanden werden, als ob die Zusammengehörigkeit von Religion und Glaubensbegriff selbstverständlich wäre. Es gibt religiöse Verhaltensweisen, welche die Vollform des entwickelten Glaubensvollzugs kaum oder nicht erreichen. Eine gewisse Skepsis ist auch überall da notwendig, wo man mit Hilfe des biblisch-hebräischen Wahrheitsbegriffs und in einer gewissen Abwehr von Glauben als Fürwahrhalten von dogmatischen Sätzen das Hauptmoment in der treuen Beständigkeit Gottes und im darauf gegründeten Vertrauen des Menschen zu ihm erblickt. Natürlich ist eine solche Bestimmung nicht falsch, aber der alttestamentliche Befund gibt bei genauer Betrachtung doch ein differenzierteres Bild[9]. Einmal kommt das Substantiv »der Glaube« kaum vor, zum anderen sprechen nur wenige Stellen pointiert vom theologischen Glauben (z. B.: Jes 7,9; 28,16; Gen 15,6; Hab 2,4). Gerade die Propheten warnen nämlich vor falscher Sekurität, einer Religion der Vertrauensseligkeit und vor den Illusionen eines gefährlichen Sich-Geborgen-Wissens. Die offenbar bewußte Zurückhaltung gegenüber »Glauben« ist in der Erfahrung dieser Versuchung begründet. Jesaja ist sich dessen bewußt, wenn er in Abwehr einer falschen Geborgenheit und mit großer theologischer Sicherheit »Glauben« zur einzigen Existenzgrundlage und zu einem Kriterium wahrer religiöser Haltung macht (Jes 7,9: »Wenn ihr nicht glaubt, so habt ihr keinen Bestand«). Der Glaube wird zum tragfähigen Fundament und zum Prüfstein, auf dem gründend der wahrhaft Fromme in der Stunde der Erprobung und der Anfechtung durchhält. Von der Bewahrung des Vertrauens und der Zuversicht kann nur angesichts einer höchst bedrohlichen Situation gesprochen werden, die nur Raum zum Verzagen zu lassen scheint. Wer sich anderen Göttern zuwendet, »glaubt« eben nicht. Außerdem ist »Glauben« ein solch totaler Akt des Einsatzes der personalen Existenz, daß jede Mahnung zur Intensivierung oder Integration des Glaubens (»mehr Glaube...«) – wie wir häufig formulieren – sinnlos erscheint. »Glauben«

bedeutet eine unüberbietbare und letzte Entscheidung des ganzen Menschen zu Gott als dem Grund seiner Existenz. Der Glaube gewährt für die Gegenwart und die Zukunft Gewißheit, Heil und Machtgewinn über die Wirklichkeit. So ist es auch verständlich, daß »Glauben« sprachlich absolut gebraucht wird: Es ist die Grundbefindlichkeit. Gleichzeitig wird betont, daß Glauben unablösbar ist von einer bestimmten Gottes*erkenntnis* (»Gott suchen« – »Gott wissen«) und daß die Anerkennung gewisser religiöser Wahrheiten in das Vertrauen zu Jahwe eingeschlossen ist. Das Neue Testament macht von dieser Glaubensstruktur einen noch entschiedeneren Gebrauch[10]. Die gegenwärtig schon angebrochene und wirksame Macht künftiger Heilsvollendung, die also Heilspräsenz und zukünftige Letzterrettung in einem besagt, kann in besonderer Weise durch das Wort »Glauben« zum Ausdruck kommen. Dabei wird die Vernünftigkeit des Glaubens und die eigene geistige Dimension besonders herausgearbeitet, vor allem als Hören, Gehorsam, eigentümliches Sehen, Bekenntnis, Hoffnung usw. Damit ist das Wort »Glauben« zu einer äußersten Zuspitzung gelangt, die es deswegen außerbiblisch nicht gibt, weil bei allem Vertrauen von Mensch zu Mensch eigentlich »Glaube« im strikten Sinne nicht verlangt werden kann. Kein Mensch steht einem anderen als schlechthin geltende Autorität gegenüber. Der theologische Glaube geht davon aus, daß Gott in einzigartiger Weise zugleich der Inhalt des Zeugnisses und der treue Zeuge ist und daß er auf eine dem Menschen vernehmliche Weise gesprochen hat. Unter Menschen kann man eigentlich nicht »an jemand« glauben. Es ist darum eine Frage, ob man den Glaubensbegriff, wie er in der beschriebenen Weise theologisch zugespitzt ist, außerhalb des religiösen Bereiches verwenden kann. Gerade die Säkularisierung dieser sublimen und radikalen Bedeutung macht dies überdeutlich: »Aus dem Bereich des Übernatürlich-Religiösen wird ›Glaube‹ im 18. Jahrhundert mit besonderem Sinngehalt auf das Gebiet des Natürlich-Diesseitigen übertragen und bedeutet hier zumeist ein starkes gefühlsmäßiges Verhältnis zu innerweltlichen Werten, Idealen, Persönlichkeiten usw., das an innerer Kraft und sittlichem Gehalt dem religiösen ›Glauben‹ verwandt erscheint«[11]. (Beispiele: »Glaube an sich selbst«, »Glaube an die Menschheit«, »Glaube an den Führer«). Dies zeigt am besten, in welcher Weise der theologisierte, aber profan verwendete Glaubensbegriff ideologieanfällig wird.

9. Es ist ein großes Verdienst der klassischen theologischen Glaubensanalyse[12], daß sie die Eigenstruktur des Glaubensaktes in strenger Abhebung von den Strukturen des Wissens begründet hat und dadurch den Bedürfnissen einer intellektuellen Verantwortung der Glaubensannahme in hohem Maß Rechnung getragen hat. In diesem Sinne wurden auch alle oben analysierten Einzelelemente des »Glaubens« überhaupt weitgehend in der theologischen Glaubensanalyse gefunden, wo sie verstärkt auftreten. Anstatt diese Einzelmomente hier nochmals zu wiederholen, seien einige philosophisch bemerkenswerte Implikationen des theologischen Glaubensverständnisses angeführt:

(a) Glauben und Verstehen setzen sich gegenseitig voraus und erhellen sich. Es gehört zum Wesen des theologischen Glaubens, daß er trotz unerschütterlicher Zustimmung ein ungestilltes Weiterdenken erlaubt. Die Glaubenszustimmung erweckt sogar eine neue Unruhe des Denkens. Gerade weil der Glaube nur der Anfang des menschlichen Heils ist und ständig über sich selbstkritisch hinausweist, beunruhigt und bewegt er den menschlichen Geist. Darum schließt der Glaube das Fragen des Menschen nicht aus, sondern erweckt es zu seinem radikalsten Vollzug. In dieser immer wieder aufgelichteten Sinnhelle des christlichen Glaubens liegt die religionsgeschichtlich singuläre Rationalität der abendländischen Theologie begründet.
(b) Der theologische Glaubensbegriff geht letztlich von der Überzeugung aus, daß hier eine Wahrheitserkenntnis gegeben ist, die nicht nur durch die Annahme äußerer Gründe und auf ein Zeugnis hin einleuchtet, sondern durch den Einsatz der ganzen Existenz und durch eine dem Grund der Person entspringende Zustimmung willentlicher Art erreicht wird. Dieser Grundwille des Menschen ist nicht blind, sondern die volle intellektuelle Erkenntnis braucht hier die Hilfe willentlicher Akte, eine auch innere Konnaturalität zur Sache und gewisse ethische Dispositionen. Weil im Glauben etwas als wahr *und* gut erkannt wird, ist der Glaube die Synthese unserer erkennenden, wollenden und liebenden Kräfte. Glaube ist eine Erkenntnis durch Liebe.
(c) Immer wieder wird der Glaube in seiner Eigenart verdeckt, indem man ihn zu sehr am Maßstab des vollendeten Wissens mißt. Dies wird in einer der subtilsten Analysen des Glaubens, nämlich bei *Hegel*, deutlich. *Hegel*[13] sieht im Glauben nicht nur das »unmittelbare Wissen«, das »Gefühl« oder die »Empfindung«, vielmehr siedelt er ihn auch im Element der Vorstellung und in dem des Begriffs an. Aber letztlich eignet dem Glauben die Würde, absolute Vermittlung zu sein, nur sofern er in die Sphäre des Begriffs aufgenommen ist. Die letzte und höchste Form gibt ihm erst der Begriff. Diese Aufhebung des nichtwissenden Glaubens in das glaubende Wissen entspringt der Sorge um die Freiheit des Menschen, den keine undurchschaubare Macht erniedrigen darf. *Kierkegaard* kritisiert (ohne selbst die Aktstruktur des Glaubens völlig zu klären) diese Überhöhung des Glaubens vom Standort der existentiellen Praxis aus, die von keiner Theorie einzuholen ist. In der Sprache der theologischen Tradition würde dies heißen: »Niemals wird der Glaube durch Erkenntnis entleert« oder: Man »hält manches von dem, was der christliche Glaube sagt, für wahr, doch geschieht dies auf eine andere Weise als die des Glaubens«[14]. Schon *Kant* mußte das Wissen aufheben, um zum Glauben Platz zu bekommen[15], aber da dieser Glaube nur innerhalb der Grenze der bloßen Vernunft angesetzt wurde, blieb es bei einer äußerst zweideutigen Hilfe.

10. Ohne falsche Konkurrenz zum theologischen Glaubensverständnis scheinen sich im Bereich heutigen Philosophierens folgende Ansatzpunkte zur Verwendung eines philosophischen Glaubensbegriffs anzubieten:

(a) Gegenüber einem rein rationalen Handlungsmodell, das unter der Vorherrschaft eines bestimmten Erkenntnisideals wesentliche Bereiche der subjektiven Handlungswirklichkeit ausblendet, müssen wieder stärker die Akte des Vertrauens, der Zuversicht usw. für das Gelingen einer inneren und kontinuierlichen Handlungsführung herausgestellt werden. Solches Handeln ist von ursprünglichen kognitiven Glaubensakten durchsetzt, die mehr sind als nur subjektive Risikohypothesen. Die neuere Psychologie der Kindheit hat nachgewiesen, daß eine richtige Sozialisation des Kindes ohne »Urvertrauen« *(E. H. Erikson)* oder »Zuversicht« *(Th. Benedek)* nicht möglich ist. Solche Phänomene bedürfen noch der grundlegenden philosophischen Erhellung.
(b) Anthropologische Grunderfahrungen stellen vor die Frage, wie der Mensch die Schwere des Daseins bestehen kann, ohne der Sinnlosigkeit zu verfallen. Eine bestimmte Antwort darauf wird auf ein Ursprungsverhältnis zwischen dem Sein und dem Guten verweisen, also einen letzten »Mut zum Sein« *(P. Tillich)* und ein zustimmendes Ja auf dem Grund der Existenz aufzeigen. Eine solche »ontologische Affirmation« [16] im Sinne eines ursprünglichen und vorgreifenden Aktes der Zustimmung und der fundamentalen Option für die Sinnhaftigkeit des Seins kann philosophisch »Glaube« genannt werden.
(c) In einem sehr weiten Sinne kann Glaube die Art und Weise genannt werden, wie der Mensch auf die Frage nach dem Ganzen, dem Sinn, dem Grund und dem Ziel seines Lebens und der Welt antwortet.
Es gibt freilich auch gute Gründe dafür, den der biblischen Offenbarung entsprungenen Begriff des Glaubens in seinem spezifischen Gebrauch der theologischen Weltauslegung zu überlassen. Ein verantwortlicher philosophischer Gebrauch des Wortes wird erst noch die zerstreuten Elemente in Geschichte und Gegenwart des Denkens sammeln. Dabei wären vor allem auch eine große angelsächsische Tradition und das 19. und 20. Jahrhundert in Frankreich aufzuarbeiten.

ANMERKUNGEN

[1]) *Thomas von Aquin,* In Sent., III, d. 24, q. 2, a. 1. – [2]) In Joh. Ev. tract. 26, 2 in: Migne, PL 35, 1607. – [3]) Vgl. Politeia VI, 511 d–e; VII, 533 e–534 a; X, 601 e; Timaios 29 c. – [4]) Anal. Prior. I 2, 72 a. – [5]) Dazu *M. Nédoncelle,* Croyance, confiance et foi en philosophie, in: *Ders.,* Conscience et Logos, Paris 1961, S. 184. – [6]) Vgl. *J.* u. *W. Grimm,* Deutsches Wörterbuch, Vierter Band, I. Abt., 4. Teil, Leipzig 1949, Sp. 7777–7819 (Glaube) und 7819–7847. – [7]) *I. Kant,* Kritik der praktischen Vernunft, A 230. – [8]) Vgl. *K. Jaspers,* Der philosophische Glaube angesichts der Offenbarung, München 1962; *Ders.,* Chiffren der Transzendenz, München 1970. – [9]) Dazu *H. Wildberger,* »Glauben« im Alten Testament, in: Zeitschrift für Theologie und Kirche 65 (1968), S. 129–159; *E. Jenni, C. Westermann* (Hrsg.), Theologisches Handwörterbuch zum Alten Testament I, München–Zürich 1971, Sp. 177–209 (H. Wildberger). – [10]) Dazu *A. Weiser, R. Bultmann,* Artikel πιστεύω κτλ, in: Theologisches Wörterbuch zum Neuen Testament VI, Stuttgart 1959, Sp. 174–230; *G. Ebeling,* Jesus und der Glaube, in: *Ders.,* Wort und Glaube, Tübingen 1960, S. 203–254. – [11]) *J.* u. *W. Grimm,* a.a.O., Sp. 1816. – [12]) Dazu *J. Trütsch,* in:

J. Feiner u. M. Löhrer (Hrsg.), Mysterium Salutis I, Einsiedeln 1965, Sp. 817–903; *E. Kunz,* Glaube – Gnade – Geschichte, Frankfurt 1969; *G. Ebeling,* Das Wesen des christlichen Glaubens, Tübingen 1959. – [13]) Vgl. *M. Theunissen,* Hegels Lehre vom absoluten Geist als theologisch-politischer Traktat, Berlin 1970, S. 128–147. – [14]) Vgl. *Thomas von Aquin,* Summa Theologiae II–II, 5, 3. – [15]) *I. Kant,* Kritik der reinen Vernunft, B XXX. – [16]) Vgl. *H. Kuhn,* Das Sein und das Gute, München 1962; *Ders.,* Begegnung mit dem Sein, Tübingen 1954, S. 113 ff., 158 ff.; *F. Wiedmann,* Das Problem der Gewißheit, München–Salzburg 1966, S. 166 ff.

LITERATUR

G. W. F. Hegel, Glauben und Wissen (1802/03), Hamburg 1962.
J. H. Newman, An Essay in Aid of a Grammar of Assent (1870); dt. Übers.: Entwurf einer Zustimmungslehre, Mainz 1961.
F. Mallet (= M. Blondel), Qu'est-ce que la foi? Paris ²1908.
H. Reiner, Das Phänomen des Glaubens, Halle/Saale 1934.
K. Jaspers, Der philosophische Glaube (1948), Frankfurt 1958.
M. Buber, Zwei Glaubensweisen, Zürich 1950.
K. Löwith, Wissen, Glaube und Skepsis, Göttingen 1956.
P. Tillich, Der Mut zum Sein, Stuttgart ³1958.
J. Pieper, Über den Glauben, München 1962.
H. Gollwitzer, W. Weischedel, Denken und Glauben, Stuttgart 1965.
H. Bouillard, Logik des Glaubens, Freiburg 1966.
E. Castelli (Hrsg.), Mythe et foi, Paris 1966.
E. Schillebeeckx, Die Funktion des Glaubens im menschlichen Selbstverständnis, in: T. P. Burke (Hrsg.), Künftige Aufgaben der Theologie, München 1967, 61–86.
W. Stegmüller, Glauben, Wissen und Erkennen, Darmstadt ²1967.
G. Waldmann, Christliches Glauben und christliche Glaubenslosigkeit, Tübingen 1968.
L. Wittgenstein, Vorlesungen über den religiösen Glauben, in: Vorlesungen und Gespräche über Ästhetik, Psychologie und Religion, Göttingen 1968, S. 87–110.
G. G. Hardy, The Metaphysical Function of the Act of Faith, in: Akten des XIV. Int. Kongr. f. Phil., Bd. II (Wien 1969), S. 507–511.
L. Malevez, Pour une théologie de la foi, Paris–Bruges 1969.
G. Marcel, Dialog und Erfahrung, Frankfurt 1969.
M. Riedel, Wissen, Glauben und moderne Wissenschaft im Denken Hegels, in: Zeitschrift für Theologie und Kirche 66 (1969), S. 171–191.
H. Verweyen, Ontologische Voraussetzungen des Glaubensaktes, Düsseldorf 1969.

KARL LEHMANN

GLÜCK

1. Doppelfunktion im sprachlichen Ausdruck und in der Vorstellung vom Glück
2. Das Glück als indirektes Ziel des Willens
3. Analogie des Wohlbefindens bei gedanklicher Tätigkeit – als Wunsch und Willen angemessen
4. Abgrenzung der eigentlichen Glückserfahrung hiervon und von der Lust
5. Die Selbsteinstufung des Glückes in der Unterscheidung von Erwartung und Hoffnung
6. Die Allgemeingültigkeit des Verständnisses von Glück, am Unglück aufgezeigt

Was ist das Glück? Ein jeder wird sagen, er wisse es. So wird auch in den meisten philosophischen Auseinandersetzungen mit den Vorstellungen vom Glück eigentlich mehr erörtert, wie es zu erreichen sei, als was es sei. Bei der Besinnung, wie wir uns zu verhalten haben, um glücklich zu werden, müssen wir jedoch zunächst danach fragen, wie es entsteht.

1. Um diese Frage einzuleiten, gehen wir von einer Beobachtung aus: von der Doppeldeutigkeit, die das Wort »Glück« in der deutschen Sprache hat. Glück bezeichnet hier sowohl so etwas wie Zufall, aber begrenzt auf einen *günstigen* Zufall im Zusammenhang mit Ereignissen unseres Lebens: »ich habe Glück gehabt« = »es hat sich für mich günstig ergeben« – als auch jenen eigentümlichen Zustand innerer Erhebung: »ich bin glücklich«, der vollständiger mit der Wortverbindung *Glückseligkeit* beschrieben wird. Andere Sprachen dagegen unterscheiden beide Vorstellungen: das Griechische unterscheidet εὐτυχία und εὐδαιμονία, das Lateinische *fortuna* und *felicitas, beatitudo,* das Französische *fortune* und *bonheur (heureux),* das Englische *luck* und *happiness.* Es wird jedoch auch bei diesen Unterscheidungen meist ein innerer Zusammenhang zwischen beiden Bedeutungen zugegeben.
Untersucht man die mit ihnen verbundenen Vorstellungen genauer, so führt gerade die Verwendung des Begriffs »Glück« in beiden Bedeutungen, wie sie beim deutschen Wort »Glück« vorkommt, dazu, eine beiden gemeinsame Verhaltensweise aufzufinden, die das Glück in einem ersten Durchgang durch zwei Momente kennzeichnen läßt: (1) Es wird im günstigen Zufall etwas Erfreuliches gesehen, weil er meinen Absichten und Zielen gemäß ist, und eben diese Entsprechung meines *Wunsches* und *Willens* erfahre ich, wenn ich glücklich bin. (2) Zugleich aber ordne ich den Zufall als etwas ein, was ich auch beim Glücklich-Sein empfinde, jedoch mir meist nicht bewußt mache, nämlich daß beides meiner Verfügung entzogen ist. Das Sprichwort sagt: »Glück und Glas, wie leicht bricht das«. Es assoziiert den besonderen Charakter der günstigen Umstände im Glück als etwas, das unter dem groben Zugriff des Willens zerbricht.

Ein paradoxer Tatbestand also – das Glück: dem Wunsch und Willen soll es entsprechen und doch durch den Willen nicht erreichbar sein. Diese Erfahrung gilt es weiter aufzuhellen. Folgen wir zunächst der Tradition.
Noch *Kant* bestimmt das Glück oder genauer die Glückseligkeit als einen Zustand, in dem »alles nach Wunsch und Willen geht«[1]. Er stellt dies als eine Entsprechung zum menschlichen Handeln auf, die als Postulat der praktischen Vernunft erscheint und zum Schluß auf Gott berechtigt. Das Glück ist etwas dem Willen gemäßes. Es kommt dann aber nur auf, weil wir tätig sein können. *Kant* nimmt also an, das Glück werde durch die Tätigkeit bestimmt. Er steht damit noch in der Nachfolge des *Aristoteles,* der das Glück als »ein Tätigsein der Seele im Sinne der ihr wesenhaften Tüchtigkeit« (ψυχῆς ἐνέργειά τις κατ' ἀρετὴν τελείαν) verstanden hatte[2]. Wurden auch noch die *günstigen Umstände,* welche die ursprüngliche griechische Vorstellung vom glücklichen Leben als vom Schicksal gewährter Vollendung enthielt – wie sie noch in *Schillers* Ballade vom »Ring des Polykrates« nachklingt –, als notwendig zum Glück gehörend zugegeben, so entwickelt *Aristoteles,* daß wahres Glück dauerhaft nur durch eine dem Menschen eigentlich entsprechende Betätigung erreicht werden kann. Der Zusammenhang von Glücksvorstellung und Zufall wird, da letzterer als denkwidrig erscheint, dem Wesen des Menschen nicht angemessen gefunden und in den Hintergrund gedrängt. *Jeder ist seines Glückes Schmied.*

2. Dabei hat *Aristoteles* andererseits schon aufgedeckt, daß Glück nicht dadurch hervorgebracht wird, daß man glücklich sein *will.* Es läßt sich nicht dadurch erreichen, daß man sich dafür *entscheidet.* »Ich entscheide mich dafür, glücklich zu sein – das geht nicht an«, schreibt *Aristoteles*[3]. Denn dabei trennen sich *Wunsch* und *Wille,* die im Glück zusammengehen sollen, da in der Entscheidung (προαίρεσις) ein Wissen um das ist, wozu ich mich bestimmen kann, und zwar ist dies Wissen durch die Möglichkeiten »aus uns« umschrieben, während sich der Wunsch durchaus auf das Unmögliche richten kann[4]. Die Entscheidung kann sich im Handeln zum mindesten nicht *unmittelbar* auf das Glück richten, denn dies soll auch dem Wunsch gemäß sein. Die Entscheidung richtet sich nur auf die Mittel, nicht auf das Ziel des Handelns[5]. Selbst die Überlegung (βούλησις) erstreckt sich nicht auf ein solches Ziel, sondern zieht nur die Mittel zum Ziel in Betracht[6].
Erst etwa 2000 Jahre später, im England des 18. Jahrhunderts, ist man von diesen Feststellungen aus zu einer genaueren Einsicht in die Struktur der Glückserfahrung gelangt. *Hutcheson* stellt fest, daß das Glück nie absichtlich durch den Willen erlangt werden kann, da es in einem »begleitenden Gefühl« liegt, das nie Objekt des Handelns sein kann. Solche Gefühle, wie auch Freude, Leid, Verdruß, Zufriedenheit usw. finden sich vielmehr bei jeder Handlung als etwas ein, über das man mit dem Willen nichts vermag. Mit Willen kann man höchstens seine Aktivität auf etwas richten, mit dem man gewohnheitsmäßig gewisse Empfindungen verbindet[7]. Dieses etwas ist aber in anderer Weise be-

stimmt. *Hutchesons* weitere Durchleuchtung dieses Zusammenhanges ergibt sich aus *Lockes* später These, das Ziel alles Handelns könne nur sein, Unbehagen *(uneasiness)* zu vermeiden. Das Unbehagen macht sich in der *Begierde* bemerkbar. Die Handlung ergibt sich also nicht direkt aus einem Vorsatz, vielmehr führen die besten Vorsätze nicht zu einer Handlung, wenn nicht die Bedrängnis durch ein gegenwärtiges Übelbefinden hinzutritt. Soweit *Locke*[8]. »Aber das Begehren zielt nicht auf die Entfernung dieses Schmerzes, der das Begehren begleitet, sondern auf ein anderes Ereignis« *(But the Desire does not terminate upon the Removal of the Pain accompanying the Desire, but upon some other Event)*, stellt nun *Hutcheson* fest[9]. Das ist die Freude des Gelingens. Sie kennzeichnet das Glück und kann nur in der Tätigkeit selbst liegen, nicht im Gegenstand des Handelns. Trotzdem: »Es würde nun absurd sein zu sagen, daß die Freude des Erfolges das Motiv war für das Begehren« *(It would be absurd to say that this joy in the success was the motive to the desire)*[10].
Es lassen sich mit diesen von *Hutcheson* aufgrund von Experimenten methodisch geprüften Thesen die paradoxen Züge der Glückserfahrung, die uns zu Beginn auffielen, schon deutlicher einsehen. Das Glück entspricht Wunsch und Willen und läßt sich doch nicht durch sie herbeiführen. Die Freude des Gelingens, des »Glückens«, entsteht im Handeln, sofern dies immer einen Zustand des Handelnden darstellt, nicht aber sofern dabei das Unbehagen aufgehoben wird, obwohl durch es allein – sowohl nach *Locke* wie nach *Hutcheson* – die Handlung ausgelöst wurde.

3. Knüpfen wir daran die weitere Frage: wie kann dabei Wunsch und Willen entsprochen werden? Unsere Gedanken lassen sich nach Wunsch und Willen lenken. Diese Erfahrung müßte etwas mit dem Glück Gemeinsames enthalten. Genau beobachtet *fühlt* man *sich* dabei jedoch nur *wohl,* wenn man die Gedanken als Handlungen erlebt, d. h. darauf gerichtet ist, daß hier die Vorstellung dem Wunsch entsprechend erfolgt. Dieser Zusammenhang scheint dann durch die Ordnung der Gedanken selbst verbürgt zu sein. So wurde von den Stoikern die Einpassung in die gedankliche Ordnung als sicherer Weg zum Glück verstanden. Man glaubte sich dadurch unabhängig von der Sorge, die Handlung könne nicht dem Wunsch entsprechen.
Daß sie einander angemessen erscheinen, ist jedoch durch einen komplizierteren Zusammenhang ermöglicht. Die Gedanken gewinnen einen eigenen Zusammenhalt unter sich, sie verweisen aufeinander und bilden so eine Denkordnung aus. Mag ich auch durch äußere Vorgänge noch so sehr gebunden sein, in jedem Fall stellt sich das in einem eigenen System gedanklicher Folgerungen dar, dessen ich mir bewußt bin. Man kann sich dann in Gedanken gewissermaßen in sich abgeschlossen erleben, und zwar gegenüber den Tätigkeiten, in denen man sich befindet. Es entsteht hierbei ein besonderes Bewußtsein von der Tat: Indem man in ihr steht, ist man zugleich frei von ihr. Das kann nur so verstanden werden, daß man sich als frei von der Tat erfährt, sofern sie uns über den Rahmen des

Bewußtseins hinaus bindet. Das aber tut sie durch die Wirkung. Ein solches Bewußtsein beinhaltet also, daß ich mich von den Wirkungen frei weiß. Meine Gedanken haben keine Folgen, die ich nicht voraussehen könnte, die also in einem anderen Verhältnis beständen als dem, welches ihre Folgen kennzeichnet. Mit diesem Bewußtsein gliedere ich aber das freie Spiel der Gedanken in die Tätigkeit ein, denn frei von den Tatfolgen sein, zeigt sich in einer Denktätigkeit. Dies Bewußtsein ist die *Einbildungskraft.*

In der Einbildungskraft als Spielraum der Gedanken richtet sich alles nach Wunsch und Willen. Da man sich dabei seiner Tätigkeit bewußt werden kann, kann etwas mit dem Glück Gemeinsames in solcher Entsprechung erlebt werden. Alle eudämonistischen Ethiken, die in der geistigen Betätigung das eigentliche Glück sahen, bauten auf dieses Erlebnis auf. Jedoch die so möglichen Erfahrungen genügen nicht zum Glück. Schon die schlichte Beobachtung wies darauf hin, daß man, um glücklich zu sein, nicht nur etwas Wunsch und Willen gemäß finden mußte, sondern auch, daß dies sich durch eine wirkliche Tätigkeit ergab.

4. Manche denken heute: vielleicht hilft der umgekehrte Weg weiter. In der Einbildungskraft drängen sich die Wünsche hervor. Warum sollen sie sich nicht in Handlungen verwirklichen lassen, die ihnen entsprechen? Wir können heute nahezu alles nach Wunsch und Willen gestalten.

Achten wir darauf: nur unter der Bedingung, daß man sich aus der Wirklichkeit zurückzog, konnte in der Einbildungskraft eine Entsprechung von Wunsch und Willen erreicht werden. Mit dem Wirken ergab sich immer wieder eine Ausrichtung des Willens an dem, was man vermag. Sei dies auch noch so ins Unbegrenzte zu steigern, so kann doch ein Handeln, das etwas bewerkstelligen soll, nur an der Wirklichkeit die Leistung kontrollieren. So stellt sich in der Einbildungskraft nicht eine abgedrängte Wirklichkeit dar, sondern die mit der Selbständigkeit des Denkzusammenhanges ermöglichte, der Wirklichkeit gegenüberstehende Vorstellungswelt. In beiden Haltungen ist man genau entgegengesetzt tätig: die wunschgemäßen Vorstellungen der Einbildungskraft sind auf die Erfahrung des Zustandes bezogen, »reflektierende Urteilskraft« im Sinne *Kants.* Die gewollten Absichten sind auf die Veränderung eines Objektes gerichtet; »bestimmende Urteilskraft« muß hier wirksam sein. In der einen erlebt man, daß man tätig ist – wir nennen das Wohlbefinden –, nur im Gegensatz zu der zweiten; dessen ist man sich bewußt. Im Gedanken hat man dies Bewußtsein nur durch den Verzicht auf die Erfahrung der Macht des Wirkens. Beides kann nie zugleich sein[11].

Aber vielleicht ist nur eine Vereinigung gemeint, in der sie aufeinander aufbauen. Handlungen werden vorgenommen, um ihren Erfolg zu genießen. Man merkt gleich, daß hiermit der Gedanke wiedergegeben wird, nach dem die meisten Menschen das Glück suchen. Jedoch schon *Hutcheson* wies nach, daß man sich dabei aus Gewohnheit darauf verläßt, beim Erreichen bestimmter Zwecke werde sich auch das Gewünschte, als Glück Erstrebte einstellen. Damit finden wir aber den gleichen Riß wieder, den man immer im Glück erfahren kann: daß es unverfügbar ist und sich nur indirekt zum Erreichbaren zeigt. Man *verläßt* sich darauf, daß, wenn man etwas Bestimmtes erreicht, eine solche Rückwirkung auf den eigenen Zustand eintritt. Das bedeutet, man kann sie nicht willentlich herbeizwingen. Sowohl in der Einbildung, als erst recht im planenden Wollen verfügten wir aber entsprechend Wunsch oder Erkenntnis. Das Glück dagegen will erwartet werden. Nicht, was man planend erreichen kann, wird also gesucht, sondern man sucht, *dabei* glücklich zu werden. Das Glück muß Wunsch und Wille angemessen sein, aber es muß mir als solches *gegeben* werden. Das Glück schließt eine Willenshaltung ein, die eine Passivität *will.* Ich will zwar glücklich sein, aber ich weiß, daß ich dies nicht durch meinen Willen erreichen kann.

Bei dem oben angeführten Gedanken, gewisse Handlungen würden um des Genusses willen vorgenommen, der das Glück enthalte, ist offensichtlich das Modell der Erfahrung von *Lust* angewendet. Da man sich dabei auf die der Absicht entsprechende Wirkung *verläßt,* liegt auch hierin nicht ein direkt veranlaßter Vorgang, also etwas, das der Struktur des Glücks gemäß ist. Solches *Glück der Sinne* oder *Lust* ist jedoch sehr begrenzt und – wie sich zeigen wird – wesensmäßig unzureichend. Dem Willen ist in der Verfassung der Sinne ein fester Rahmen gegeben. Der dabei wirkende Antrieb wurde schon mit *Locke* als Aufheben des Unbehagens gefaßt. *Locke* stellt auch schon fest, was dann die moderne Erforschung des tierischen Verhaltens an der Struktur der Sinne nachgewiesen hat, daß dieser Antrieb unwiderstehlich ein Handeln auslöst[12]. Die Tätigkeit, die ich erfahre, geht von einem anderen Gesetz als dem meines Willens aus: das erfahre ich als lustvoll. Sie entspricht also nicht dem Willen. Sich ausliefern an einen Kausal-Mechanismus begrenzt die Möglichkeiten durch dessen Wirkungen. Sind diese auch Wirkungen gegenüber einem Willen, so begrenzen sie als Wirkung gerade die Erfahrung des Glücks. Die *Begierde,* welche ein solches Verhalten steuert, ist – wie wir von *Hutcheson* hörten – durch die Tätigkeit, die das Bedürfnis stillt, nicht genügend umschrieben. Sie will mehr, als die Befriedigung der Bedürfnisse geben kann, sie will Wünsche erfüllen. Auch dem Wunsch also kann so nicht entsprochen werden. Er trat mit der Einbildungskraft in den Zusammenhang der Begierde. In der Einbildungskraft verfügten wir ihm gemäß, allein weil wir die Wirkung des Willens ausschlossen. Sieht man durch die Einbildungskraft das Willensverhältnis in bezug auf das Glück, so zeigt sich, was als Wirkung ausgeschlossen werden muß: die *Mühe* in der Verwirklichung des Willens. Die gedankliche Tätigkeit entspricht dem Wunsch, da sie mühelos verläuft.

Die frühesten Menschheitsmythen, der Mythos vom Paradies und vom »goldenen Zeitalter«, zeichnen diesen Zug des glückseligen Zustands. *Hesiod* schildert ausdrücklich die Mühelosigkeit des Tuns im »goldenen Zeitalter«[13], die *Bibel* erwähnt sie indirekt als verlorenen Horizont gegenüber der Mühsal der aus dem Paradies Verstoßenen. Nur der Verfall dieses Mythos als Vorstellung vom *Schlaraffenland* setzt sie in die bloß mühelose Erfüllung sinnlicher Bedürfnisse. Doch gerade diese Vorstellung lebt noch in den Leitbildern der Wohlstandsgesellschaft, wie auch in den ihnen entgegengesetzten Utopien von »klassenloser Gesellschaft« oder »glücklicher Gesellschaft«.

5. Es gibt eine Selbst-Einstufung, in der ein Bewußtsein sich befindet, wenn es Glück erlebt. Man weiß sich verschieden als Glücklicher. Das Märchen vom *Hans im Glück* bringt das in grotesker Weise zum Ausdruck. Woran ich mein Genügen habe, hat den Charakter eines »Anzeichens«. Erinnern wir uns noch einmal an *Aristoteles*. Er hat bereits festgestellt, daß das jeweilige Glücksempfinden ein »Anzeichen« ist[14]. Was mich glücklich macht, kennzeichnet meinen Charakter. Man rechnet jemandem zu, worin er sein Glück findet. Das ist der eigentliche Hintergrund des Gedankens, daß man *seines Glückes Schmied* sei. Keineswegs kann aber durch den Willen festgesetzt werden, was das Glück zu sein habe, denn es findet sich ja als etwas, was dem Willen entgegenkommt; jedoch auch dem Wunsch – und es tritt so auf, daß man nicht darüber verfügen kann, wo man es sucht.
Da der Wille im Glück die Entsprechung gegeben bekommen will, kann er sie nicht selbst festlegen. Er kann wohl finden, was er sucht. Die Ausrichtung aber geht aus etwas anderm hervor. Jeder sieht das dem Wunsch und Willen Entsprechende als ein Gut an. Es gibt aber – wie *Aristoteles* feststellt[15] – Lust am Guten und Lust am Schlechten. Dadurch war das Glücksempfinden für ihn »Anzeichen«. Soll das Glück von sich aus eine Richtung enthalten, so müssen wir in der Beurteilung des Glücksempfindens danach suchen. Tun wir es in der Weise, wie es die Philosophie in der Tradition immer wieder getan hat, so verlassen wir gerade jene Beurteilung zugunsten folgenden abstrakten Denkschemas: Alle suchen das Glück, aber der eine versteht darunter dieses, der andere jenes. Man folgerte daraus auf ein Allgemeines in diesen verschiedenen Gütern: das allgemeine oder *höchste Gut*. Man sah nicht, daß das einzige Allgemeine in diesem *Verstehen* selbst war, nur dies war, daß man alle in einem solchen Streben nach Glück verstand. Dabei ist allein das Verstehen der Weise, wie Glück erlebt wird, allgemein angemessen, da es eine Form der Entsprechung für einen sich äußernden Willen bedeutet. Nur wo ein anderer Wille dem meinen entgegentritt, verstehe ich jemanden. Ebenso hat eine Passivität, in der zugleich etwas gewollt wird, nur zwischen Willen statt. Das Verstehen bedeutet selbst ein System von Tun und Leiden, wobei jeder Wille gegenseitig verbindender Bestandteil ist. So muß auch die Struktur des Glücks darauf angelegt sein, daß sie sich in einem Willen darstellt, der will, daß ihm etwas gegeben werde.
Wie ist aber die Ausrichtung in einem solchen System zu sehen? Es kann sich dabei nicht um eine Hierarchie von Werten handeln. Die Wertphilosophie hat das Gut, das sich im Handeln verwirklichen soll, zwar einerseits aus der Ordnung des Erkennens herausgenommen, andererseits aber auch als völlig unabhängig vom Streben nach Lust und Glück erklärt[16]. Unser Streben nach dem

Glück steht jedoch in einer engen Verbindung zu dem Gut, bei dem wir im Handeln die Entsprechung zu unserem Wunsch und Willen finden. Streben und Gut verhalten sich wie *Absicht* zum *Mittel*, nur daß das, was uns Absicht ist, also das Gut, nicht voll bestimmt werden kann aus den Möglichkeiten des Handelns *aus uns*, d. h. aus dem, was wir wollen können, sondern durch den Wunsch schon immer auf einen bestimmten Rang bezogen ist, der das entsprechende Glück kennzeichnet.
Er hebt sich bereits an der Lust ab. Man sagt mit Recht, man genieße in der Lust. Die Beziehung ist hier aber immer eine individuelle. Die Lust antwortet auf eine *Erwartung*, welche der einzelne in seinen Absichten hegt. Diese Beziehung macht eine Veränderung, die ich erfahre, als etwas greifbar, das in einer Relation zum Individuum steht. *Variatio delectat* trifft in diesem Sinne zu. Die Veränderung ist hier der Absicht, weil der Erwartung, konform. Damit aber läßt sich noch kein Allgemeines im Glück ausmachen.
Zugleich greift jedoch der Wunsch über das individuell Beabsichtigte hinaus. Ich stehe also schon hier auch in einer Beziehung, die nicht durch meine eigene Willensabsicht umschrieben ist, mit ihr aber in der Glückserfahrung korrespondieren kann, sofern sie nämlich dem begleitenden Wunsch angemessen ist. Was also dem Wunsch entgegenkommt, ist unbeabsichtigt und wird doch dem Willen entsprechend erfahren. Wir kennen dieses Phänomen aus dem individuellen Streben. So strebt man immer nach Glück.
Aus den angezeigten Verhältnissen ergibt sich die wichtige Folgerung, daß man über die Erwartung hinaus etwas Wunsch und Willen Gemäßes im Glück annimmt. Wir können es durch die *Hoffnung* umschreiben. Es ist ein Unbestimmtes, welches trotzdem eine Entsprechung zu Wunsch und Willen im Glück annehmen läßt.

6. Das Verständnis wird also in der Hoffnung begründet, die sich auf etwas Wunsch und Willen Gemäßes bezieht, das sich im Verhältnis zu meiner Vorstellung als Erwartung von etwas unterscheidet. Nicht jedoch, was dabei als Entsprechung auftaucht, läßt den Grad des Glückes gegenüber einem Allgemeinen abmessen, sondern die Divergenz, die zeigt, daß etwas Wunsch und Willen nicht gemäß gegeben ist, d. h. die den Unterschied zu diesem Zustand erfahren läßt. Das aber ist beim *Unglück* der Fall. Wäre das Unglück nur eine Enttäuschung in bezug auf das, was der einzelne als Glück erstrebt, so könnte es nicht denen verständlich sein, die nicht das gleiche erstreben. Es gäbe also kein allgemeines Prinzip, aus dem man den Zustand des Glücks abschätzen könnte. Allein im Unglück wird offensichtlich, wie im Streben nach Glück eine innere Ausrichtung enthalten ist, die über die individuelle Erwartung hinausgeht und das Verständnis leitet. Jede Enttäuschung ist immer eine enttäuschte Hoffnung und wird als solche am Unglück von jedem erfahrbar.
Aber diese Ausrichtung ist anderer Art als die, welche wir aufgrund von Erkenntnissen vornehmen. Diese Richtung wird nicht dadurch auffindbar, daß

man die Wünsche der einzelnen kennenlernt und aus den gesellschaftlichen Strebungen der einzelnen schließlich ein gemeinsames Ziel ermittelt. So ließe sich nur ein System der Bedürfnisse finden, da diese eine Kongruenz von Erwartung und Wollen zeigen. Eine Gesellschaft, in der einem nachgewiesen würde, daß man glücklich sein müsse, weil das allgemeine Glück durch Übereinkunft bestimmt worden sei, kann wohl nur als Schreckbild angesehen werden.

Wenn ich jemanden im Unglück verstehe, liegt im Unterschied zu solcher Ermittlung nicht einmal ein Urteil vor. Ich verstehe ihn, deshalb brauche ich nicht zu kennen und nicht zu billigen, was er wünscht. Im Verständnis des Unglücks wird eine Ausrichtung im Glück sichtbar, die nur regulativ wirkt. Ich kann die Ausrichtung des Strebens auf das höchste Gut als Verstehen nur an der Divergenz, die sich im Unglück darbietet, erfahren und deshalb in mein Streben nach Glück diese Divergenz aufnehmen. Da man nur glücklich wurde, wenn einem etwas Wunsch und Willen Entsprechendes zukommt, ohne daß man es selbst bewirken konnte, wird das Glück als konkret erfahren durch die Tat eines anderen handelnden Wesens. Ich kann demnach mein Glück nur richtig erstreben, indem ich das Glück der anderen befördere. Das heißt aber, ich achte sie als nach Glück strebende Wesen und räume ihnen die gleiche Hoffnung ein wie mir selbst, daß nämlich ihrem Wunsch entsprochen werde. Das ist der Ursprung der Idee der *Gerechtigkeit.* Der Widerspruch von Wunsch und Willen wird nur dann aufhebbar, wenn ich mich darauf verlassen kann, daß der andere das gleiche tut.

Zugleich setzt man damit aber etwas an, was *Kant* aus der Idee der Glückseligkeit postuliert: die Übereinstimmung von Glücksstreben und Glückswürdigkeit[17]. Dazu gehört freilich ein *Vertrauen,* das sich nicht am Wollen der anderen ausrichtet, sondern an ihren Wünschen, also nicht an ihrer Erwartung, sondern an ihrer Hoffnung.

ANMERKUNGEN

[1]) *I. Kant,* Kritik der praktischen Vernunft (Akademie-Ausgabe), Band V, S. 224. – [2]) *Aristoteles,* Nikomachische Ethik, 1102 a; deutsche Übers. nach: *Aristoteles,* Werke, Band 6, Nikomachische Ethik, übers. und kommentiert von F. Dirlmeier, Berlin [4]1966, S. 24. – [3]) Deutsche Übers., a.a.O., S. 49; *Aristoteles,* Nikomachische Ethik, 1111 b 28 f.: καὶ εὐδαιμονεῖν βουλόμεθα μὲν καὶ φαμέν, προαιρούμεθα δὲ λέγειν οὐχ ἁρμόζει. – [4]) Vgl. *Aristoteles,* Nikomachische Ethik, 1111 b ff. – [5]) Vgl. *Aristoteles,* Nikomachische Ethik, 1111 b 26 f. – [6]) Vgl. *Aristoteles,* Nikomachische Ethik, 1112 b 11 f. – [7]) Vgl. *F. Hutcheson,* A System of Moral Philosophy, Glasgow 1755 (Nachdruck: New York 1968 und Collected Works of Francis Hutcheson, Band V und VI, Hildesheim 1969), 1. Buch, 1.–4. Kapitel; und: An Inquiry into the Origin of our Ideas of Beauty and Virtue, London [4]1738 (Nachdruck Gregg 1969), vornehmlich S. 139 ff. – [8]) Vgl. *J. Locke,* An Essay concerning Human Understanding, Buch II, Kap. XXI, § 31 ff., hrsg. von Fraser, Oxford 1894, Band I, S. 332 ff. – [9]) *F. Hutcheson,* An Inquiry into the Origin of our Ideas ob Beauty and Virtue, a.a.O., S. 141. – [10]) *F. Hutcheson,* A System of Moral Philosophy, a.a.O., S. 42. – [11]) Dies muß der Glücksauffassung von *H. Marcuse* entgegengehalten werden. Vgl. *H. Marcuse,* Eros and Civilisations, Boston 1955 (deutsch: Eros und Kultur, Stuttgart 1957, bzw.: Triebstruktur und Gesellschaft, Frankfurt 1965); One-Dimensional

Man, Boston 1964 (deutsch: Der eindimensionale Mensch, Neuwied–Berlin 1967). Zur Kritik des Hedonismus, in: Kultur und Gesellschaft I, Frankfurt 1965. – [12]) Vgl. *J. Locke*, a. a. O., Bd. I, S. 343 f., 356, 367. – [13]) Vgl. *Hesiod*, Werke und Tage, Verse 109–120, Hesiodos Erga, erklärt von Wilamowitz-Moellendorff, Berlin ²1962, S. 16 f. – [14]) *Aristoteles*, Nikomachische Ethik, 1104 b 3–5; ferner auch 1153 b 25 f. – [15]) Vgl. *Aristoteles*, Nikomachische Ethik, 1105 a. – [16]) Vgl. *M. Scheler*, Der Formalismus in der Ethik und die materiale Wertethik, Bern ⁴1954, II. Teil, 5. Kap., S. 256 ff., 370 ff.; und *N. Hartmann*, Ethik, Berlin ³1949, vornehmlich S. 95 ff. und 365 ff. – [17]) Vgl. *I. Kant*, a. a. O., S. 242 ff.

LITERATUR

Augustinus, De beata vita.
Seneca, De beata vita.
C. Hilty, Glück, 3 Teile, Frauenfeld–Leipzig 1891, 1895, 1899.
L. Marcuse, Die Philosophie des Glücks, Zürich 1949.
O. *F. Bollnow*, Das Wesen der Stimmungen, Frankfurt ³1956.
K. Düsing, Das Problem des höchsten Gutes in Kants praktischer Philosophie, in: Kant-Studien 62 (1971), S. 5–42.

KLAUS HAMMACHER

GOTT

1. Der Name Gott ist nicht durch die Philosophie in die Sprache eingeführt worden wie etwa das »Eine«, das »Gute« oder das »Absolute«. Der Gott war der Philosophie vorgegeben, als sie im 6. und 5. Jahrhundert v. Chr. in den griechischen Kolonien entstand, und er wurde ihr unter den verschiedenen Namen

des Alten und Neuen Testamentes abermals vorgegeben, als jüdische und christliche Religion begannen, sich mit der griechischen Philosophie auseinanderzusetzen. Auch heute noch ist der Name Gott der Philosophie vorgegeben; sie übernimmt theistische Vorstellungen und Begriffe, die außerhalb der Philosophie, vornehmlich in den Weltreligionen sich herausgebildet haben, und erörtert sie in verschiedenen philosophischen Disziplinen, es sei denn, sie schweigt ausdrücklich von Gott. Die Vorgabe des Namens hindert nicht die Relevanz der mit dem Titel gegebenen Aufgabe für die philosophische Reflexion. Das gilt auch für andere Titel wie »Natur«, »Mensch«, »Freiheit«, »Sprache«, »Staat«, »Kunst« u. a., die ebenfalls der Philosophie vorgegeben waren und sind. Gleichwohl sind sie zu zentralen Begriffsbezeichnungen in der Philosophie geworden. Der Name Gott nennt den Inhalt einer Erfahrung, der sich von anderen möglichen Erfahrungen dadurch unterscheidet, daß allein die Realität der Erfahrung die Realität des Inhaltes verbürgt. Der Inhalt kann nicht begrifflich durch Induktion oder Deduktion oder Reduktion gewonnen werden; ja, er kann nicht einmal außerhalb dieser Erfahrung vorgestellt werden. Diese Erfahrung unterscheidet sich ferner durch eine eigentümliche Widersprüchlichkeit von anderen Erfahrungen. In ihr realisiert der Mensch eine Transzendenz über sich selbst als Vernunftwesen; doch eben diese Transzendenz seiner selbst charakterisiert ihn als Vernunftwesen (*Descartes* hat diesen Widerspruch in der III. Meditation artikuliert[1]). Sofern das Woraufhin dieser Transzendenz als daseiend vorgestellt wird, ist es ein Gott (oder sind es Götter), begriffen als unsterbliches Wesen, als heiliges Wesen, als höchstes Wesen. Innerhalb dieser Vorstellungswelt gibt es kein Atheismusproblem, wohl allerdings das Problem der Alternative von Monotheismus und Polytheismus. Die Möglichkeit des Polytheismus beruht auf den unterschiedlichen Erfahrungen der Transzendenz, seien sie qualitativ (wie die Fruchtbarkeit, der Krieg, das Meer) oder dimensional verschieden (der andere Ort, die andere Zeit oder Generation). Die Möglichkeit des Monotheismus beruht in der symbolischen Zusammenfassung der verschiedenen Erfahrungen in einer dominierenden Grunderfahrung, wie etwa in dem Natursymbol der Sonne, in dem familiaren Symbol des Vaters, oder in dem politischen Symbol des Herrschers. Sofern aus einer Einsicht in die Eigenart der Transzendenz die Möglichkeit einer solchen Vorstellung als Dasein bestritten wird, ist das Woraufhin der Transzendenz ein gegenständliches Nichts. Dieses Nichts kann ebenso der Ausgang für ein subtiles dialektisches Begreifen des Göttlichen sein, wie bei *Eckehart* oder *Nikolaus von Cues*, wie es auch den Hintergrund der atheistischen Aussage, Gott existiert nicht, bilden kann. Sofern die Transzendenz als immanente Struktur des Menschenwesens selbst und mithin als ein anthropologisches Problem aufgefaßt wird, ist das Woraufhin der Transzendenz der Mensch selbst: der »wahre« Mensch oder der »zukünftige« Mensch oder der »Übermensch«. Der Mensch, so wie er ist, bezieht sich in dieser Transzendenz auf sich selbst, so wie er nicht oder noch nicht ist. Innerhalb dieses Verständnisses der Transzendenz wird eine Hypostasierung des geschichtlich Ausstehenden als eines außen-

stehenden Wesens als naiv, falsch oder »ideologisch« kritisiert. Dieses sind nicht alle und sicher nicht alle möglichen Interpretationen der Transzendenz der menschlichen Vernunft; doch erlauben es diese drei idealtypischen Formen, das Feld einer Erörterung des Gottesbegriffs abzustecken.
Wenn der Name Gott als ein Grundbegriff der Philosophie behandelt wird, so legitimiert sich dieses Vorgehen einmal dadurch, daß die gesamte philosophische Tradition bis heute die eigentümliche und formal ausgezeichnete Erfahrung der Transzendenz reflektiert und auf den Begriff zu bringen gesucht hat. Durch diese Tatsache der Geschichte der Philosophie wiederum ist der Philosophierende indirekt und möglicherweise außerhalb einer Erfahrung des Gottes mit der Gottesvorstellung konfrontiert. Ähnlich mag es mit anderen Grundbegriffen stehen wie etwa Schuld, Symbol oder Natur. Auch für sie könnte gelten, daß die Erfahrungen geschwunden, die Begriffe aber erhalten sind und ihre Wirkungsgeschichte sich fortsetzt. Dieser Sachverhalt kann übrigens einen Anstoß geben, den verwandelten, verdrängten oder untergegangenen Erfahrungen nachzuspüren. Es gibt Inhalte, deren Gewinnung oder Wiedergewinnung heute einer Vermittlung durch den Begriff nicht entbehren kann. Eine solche Vermittlung ist deswegen möglich, weil Reflexion nicht nur Erfahrung begreift, sondern der Erfahrung auch den Raum freimacht, der durch petrifizierte Traditionen oder unzureichende Reflexion verstellt ist.
Die folgenden Überlegungen werden nicht die Vorgabe selbst, also die religiöse Erfahrung als solche darstellen[2]. Sie wenden sich direkt der philosophischen Reflexion solcher Erfahrung zu. Im ersten Teil werden Grundstrukturen begrifflicher Bewältigung der Gotteserfahrung in der Geschichte der Philosophie kritisch vorgestellt. Im zweiten Teil soll im Zusammenhang einer transzendental-reduktiven Analyse des Problems der Freiheit untersucht werden, in welcher Weise und wieweit ein Begriff von Gott gedacht werden kann.

2.1 Eine philosophische Methodik, das durch jüdisch-christliche Überlieferung geschichtlich gegebene Gottesverständnis zu erfassen, entwickelt das Denken des Mittelalters auf der Basis der Patristik. Auf zweifache, sich gegenseitig ergänzende und auch sich überschneidende Weise wird ein reflexes Gottesverständnis erarbeitet: einmal im Sinne eines auf *Augustinus* und *Plotin* sowie *Platon* zurückgehenden »Wahrheitsaufweises« und zum anderen im Sinne der »Gottesbeweise« des *Thomas von Aquin*, die auf *Aristoteles* fußen. Das augustinische Verfahren geht so vor, ein qualifiziertes Wahrheitsbewußtsein als Bedingung des geistigen und sittlichen Lebens freizulegen. Die Wahrheit bildet, als Licht und Leben, das Apriori allen Erkennens und Wollens, geht als Ursprung des menschlichen Geistes immer schon und auch jeweilig neu allem Handeln und Denken vorher und ermöglicht es. Die thomistischen Gottesbeweise versuchen zuerst generell, vom empirisch vorfindlichen Seienden und dessen kontingenter Faktizität ausgehend, zu erweisen, daß das vergänglich kontingente Seiende nicht Grund seiner selbst sein kann, sondern mittels eines metaphysischen Prinzips der Kausalität (»das, was nicht durch sich selbst existiert, existiert notwendig durch ein anderes«) auf eine erste Ursache zurückführt, die ihrerseits nicht wieder verursacht ist. Der Ursprung menschlichen Geistseins bei *Augustinus* und die Ursache alles Seienden bei *Thomas* wird mit dem gleichgesetzt, »was alle Gott nennen«. Gemeint ist der Gott der christlich-jüdischen Überlieferung. Beide Methoden, die sich bei *Thomas* selbst und in den verschiedenen mittelalterlichen Schulen gegenseitig ergänzen, stimmen darin überein, die – geistig gedachte – Ursache bzw. den Ursprung alles Seienden mit dem Gott der jüdisch-christlichen Überlieferung zu identifizieren. Es handelt sich zwar nicht um eine schlechthinnige Identifizierung, weil mit diesen Begriffen der Gott der jüdisch-christlichen Überlieferung nicht einfachhin und umfassend begriffen sein sollte, aber dennoch beinhalten sie Gott und nicht etwas anderes. Auch diese partielle Identität wurde insofern modifiziert, als die Identifikation Gottes mit der als Ursprung und Ursache gedachten Letztwirklichkeit durch Analogieschluß aufgehoben wurde, da Gott selbst in dieser Konzeption ausdrücklich mehr ist als nur Ursprung und Ursache allen Seins und Lebens. Diese Aufhebung freilich stand selbst noch einmal unter den grundlegenden Denkbedingungen der metaphysischen Wirklichkeitskonzeption. Die Identifikation dessen, was alle Gott nennen, mit dem metaphysischen Ursache- bzw. vollkommenen Seinsbegriff wurde im Mittelalter allerdings nicht als problematisch empfunden und dementsprechend nicht reflektiert, vor allem nicht im Hinblick auf deren geschichtliche Konsequenz. Für das Mittelalter selbst war der Zusammenhang zwischen dem metaphysischen Begriff Gottes und dem »Vater« des Jesus von Nazareth und damit der Zusammenhang der christlich-kirchlichen Überlieferung mit dem eigenen metaphysischen Denken selbstverständlich. Diese im Mittelalter vorausgesetzte Identität des theoretischen Resultates mit dem Gott Abrahams, Isaaks und Jakobs wird für das spätere Denken das eigentliche Problem. Die Extrapolation des Ursprungs- und Ursachebegriffes in die Unendlichkeit des *actus purus* und dessen Vollkommenheitsattribute und die historische Applikation desselben auf die christliche Offenbarungsgeschichte und damit die metaphysische und geschichtliche Identitäts- wie Analogiekonzeption wird zum Hauptansatz des nachfolgenden neuzeitlichen philosophischen Denkens über Gott.

2.2 Die Problematik der beiden Methoden, christliche Lebens- und Gotteserfahrungen begrifflich zu artikulieren, besteht darin, daß – laut Voraussetzung – die Gottesbeweise Gott als höchstes personales Wesen erweisen sollen und auch die Beziehung zwischen Mensch und Gott als personale und geschichtliche verstanden werden soll, dies aber gerade die benannten Methoden offenbar nicht zureichend leisten. Das Wesen und die Wirklichkeit von Personsein als Freiheit bestehen gerade darin, daß Freiheit Grund ihrer selbst ist, wenn anders der Mensch nicht prinzipiell unverantwortlich für seine Entscheidungen oder zu diesen sogar schlechterdings unfähig sein soll. Freies Personsein steht unter der Bedingung seiner selbst und ist insofern Grund seiner selbst. Wie immer man sich auch eine weitere Begründung dieser sich – mindestens relativ – selbst begründenden personalen Freiheitswirklichkeit denken mag, zur Erfassung einer personal verstandenen Beziehung des Menschen zu Gott wie bereits zum Verständnis des Menschen selbst als eines personalen Wesens, bedarf es einer Methode personaler Begründung, die verständlich macht, wie freies Personsein trotz und in aller Selbstbegründung noch einmal begründet – angerufen oder erzeugt – sein könne. Erst eine derartige Begründung von Selbstbegründung, als solche methodisch reflektiert, würde es vermeiden, den Menschen nach dem Bild faktisch-dinglicher Verursachung vorzustellen. Das Verhältnis des Menschen zu Gott wird aber auch dann noch verdinglicht (nach dem Bilde von »Töpfer und Topf«), wenn die Begründung des Menschen »metaphysisch« und »geistig« (wirk- oder final- oder exemplarursächlich) vorgestellt wird, in dieser nicht-physischen Begründung aber das Wesen personaler Beziehung, nämlich die Differenz zwischen verschiedenen freien Personen und der Vollzug der Beziehung zwischen ihnen nicht im Sinne freilassenden Anrufes und freier Antwort berücksichtigt wird und prinzipiell auch nicht zu berücksichtigen ist.

Daß das mittelalterliche Denken, entgegen der christlichen und biblischen Überlieferung, der Verdinglichung, in der der Mensch zum Objekt eines Schöpfergottes wird, und in diesem Sinne einer theokratischen Hierarchie Vorschub geleistet hat, hängt, von anderen gesellschaftlichen und geschichtlichen Gründen abgesehen, aufs engste mit der Konzeption griechisch-mittelalterlicher Metaphysik überhaupt zusammen. Die metaphysischen Grundbegriffe platonischer und aristotelischer Herkunft wie: Sein, Wesen, Potenz, Substanz, Bewegung, Ursache, Ziel usw., wie auch die mehr oder weniger deutliche Art und Weise, sie in einen inneren logischen Zusammenhang untereinander zu bringen, als auch – ontologisch – auf Wirklichkeit anzuwenden, und die dadurch geformten Anschauungen von Wahrheit, vom Sein und vom Guten, gaben die begrifflichen Mittel ab, Gott zu denken. Speziell in der Scholastik wurde dieses Instrumentar durch die strenge durchgängige Unterscheidung zwischen einem *ordo rationis* und einem *ordo naturae* und durch das Analogiedenken *(via negationis et eminentiae)* erweitert und führte zu einem Begriff Gottes als dem eines *primum (primum movens, prima causa, finis ultimus, summum ens, summum bonum* usw.). Aber auch dieses erweiterte Instrumentar kennt insgesamt nur die Denkstruktur der Identifizierung oder aber der Dualisierung, sei diese nun linear als analoge Erweiterung oder sprunghaft oder als kausale Extrapolation verstanden. Die großen Denker des Mittelalters, die die gesamte Wirklichkeit nicht schlechthin als logisch-kausalen Zusammenhang aller Seienden, mit einem *ens a se* an der Spitze, dem gegenüber alles andere *ens ab alio* ist, vorstellen, vollziehen sehr wohl die Differenz zwischen Seiendem und Sein als eine Unterscheidung zwischen Seiendem und einem Grund des Seienden, der als Grund (= Sein) nicht wiederum ein Seiendes ist. In dieser Konzeption wird Gott nicht als *ens a se* oder *ens realissimum,* sondern als *esse subsistens* und *actus purus* bestimmt und insofern wird die Gottesfrage der Verdinglichung entzogen. Dennoch wird auch hier kein hinreichendes Verständnis für die nicht bloß ontologische, sondern vielmehr interpersonale und freiheitliche Differenz zwischen den Menschen untereinander wie auch zwischen der Menschheitsgeschichte und Gott entwickelt, wie sie die christliche Heilsgeschichte versteht. Das Interesse des Denkens steht im Gesamt eines Vorstellungsschemas bzw. produziert dieses, für das der Prototyp aller Wirklichkeit der Naturgegenstand ist und das deshalb strukturell die gesamte Wirklichkeit nach dem Bilde der Natur und ihrer Erkenntnis vorstellt und denkt. So wird die Begründung der Welt, der Gesellschaft und des Menschen, nach einer Stufen- und Rangordnung vorgestellt, entweder mehr aristotelisch-kosmologisch konzipiert als Stufenfolge von der unbelebten über die belebte Natur, den Menschen und sodann Engeln bis hin zu Gott, oder mehr platonisch-ideenhaft im Sinne einer materiell-seelisch-geistigen Wertehierarchie. Die mittelalterliche und bis in die Neuzeit hinein reichende metaphysische Weise, Gott zu begreifen und vorzustellen (noch *Descartes* denkt Gott unter den Begriffen *substantia infinita* und *ens perfectissimum*, *Spinoza* als Substanz und *Leibniz* als unendliche Monade), machte vom Resultat wie auch von der gesamten methodisch bedingten Konzeption her die Wirklichkeit tendenziell zum Faktum. Durch diese »Schöpfungskonzeption« mußte auch der Schöpfer selbst zu einem Faktor und, genau gesehen, ebenfalls zu einem – bloß höherem – Faktum werden.

Soll nun nach den metaphysischen und tendenziell theokratischen Traditionen der Gottesidee dennoch die philosophische Frage nach dem Gott der jüdisch-christlichen Überlieferung nicht aufgegeben werden, so muß sie grundlegend anders gestellt werden. Wie die Analyse der metaphysischen Fragestellung zeigt, käme es dabei darauf an, Selbstsein und Gottesbeziehung miteinander denken zu können. Selbstbegründung als Freiheit begreifen, kennzeichnet damit das Problem, auf das es in einer neuen Fragestellung sowohl nach dem Wesen des Menschen als einem sittlichen Vernunftwesen als auch einer diesem Vernunftwesen angemessenen und sinnvollen Transzendenz ankommt. Die vorläufige Bestimmung einer solchen Transzendenz als Gott gibt in formaler Hinsicht auf, die Beziehung zwischen Mensch und Gott nicht als ein objektives Gegenüberstehen zu begreifen. Selbstbegründung ist jedoch auch nicht nach dem Bilde des Münchhausen, der sich an den eigenen Haaren aus dem Sumpf ziehen will, vorzustellen. Dies wäre wiederum die objektivistische Vorstellung, als ob der Mensch Ursache seiner selbst sein könne und solle. Der Unbegriff einer Selbstverursachung wäre hier nur von Gott auf den Menschen übertragen, aber die Struktur von Selbstverursachung bliebe so unmöglich und undenkbar wie zuvor in der metaphysischen Konzeption, in der man Gott als die Ursache seiner selbst ansetzte. Es ist freilich bezeichnend, daß das nachmittelalterliche metaphysisch-scholastische Philosophieren, das sich dem neuzeitlichen Autonomiegedanken konfrontieren mußte, mit diesem Gegenbild und dem ihm entsprechenden Argument reagiert hat und damit in der Struktur objektivistischen Denkens verharrte. Die andere Reflexionsstruktur von Selbstbegründung wäre dadurch zu charakterisieren, daß ein Selbst nur dadurch ein Selbst sein kann, daß es sich von sich unterscheidet und zugleich auf sich bezieht. In diesem Unterscheidungsgeschehen ist zugleich eine Beziehungsmöglichkeit eröffnet, die um des Selbstseins willen dem Selbst ein anderes seiner selbst, d. h. ein *anderes* Selbst, aber auch ein wirkliches *Selbst* wie es selbst öffnet. Dergleichen Verhältnis wäre aber nicht kausal oder formallogisch zu denken, sondern – dialogisch, das heißt als Beziehung zwischen Freiheit und Freiheit.

2.3 Diese hier zunächst nur im formalen Sinne angedeutete Figur von Selbstbegründung ist als Reflexionsfigur von Freiheit und Bewußtsein prinzipiell und kritisch erst seit *Kant* im Sinne seiner fundamentalen Unterscheidung zwischen theoretischer und praktischer Vernunft, wie auch im Sinne der Autonomie dieser Vernunft denkmöglich geworden. Diese Denkmöglichkeit, von *Kant* die »transzendentale« genannt, erschließt prinzipiell die Reflexion jenes Bereichs von Wirklichkeit, der Geschichte und Freiheit heißt. Dieses Denken machte es notwendig, die Metaphysik und ihre Gottesvorstellung nicht nur in Einzelheiten zu berichtigen, sondern fundamental zu kritisieren.

Kant kritisiert den Erkenntnis- und damit Wissenschaftsbegriff der überkommenen Metaphysik und eröffnet zugleich einen Raum wirklichen Selbstseins, d. h. autonomer Freiheit. Er differenziert prinzipiell zwischen einem Erkennen als formalem Begreifen und materialem Anschauen und weiter zwischen Objekterkenntnis, reinem Vernunftdenken und dialektischem (Schein-)Wissen. Es wird grundsätzlich unterschieden zwischen theoretisch gegenständlichem Erkennen und einem transzendentalen Denken, das die Bedingungen des gegenständlichen Erkennens erhebt und als solches Wesen und Wirklichkeit des Bewußtseins als Selbstbewußtsein sowie Vernunft als Freiheit denkbar macht. Objekterkenntnis und reines Vernunftdenken werden schließlich vom dialektischen Verhältnisbegreifen abgesetzt, das den Zusammenhang und Unterschied, eben das Verhältnis von gegenständlich erkannter Wirklichkeit oder Natur und Vernunft oder Freiheit herzustellen sucht. Durch diese Differenzierung in theoretisch-faktisches, transzendentales und dialektisches Denken und der jeweils entsprechenden Methode stellt sich auch die Frage nach Gott gegenüber der Metaphysik anders dar. In den Wissenschaften von den Gegenständen kommt nach *Kant* eine der metaphysischen ähnliche Gottesvorstellung nicht vor. *Kant* konzipiert nicht einen obersten Gegenstand als oberste und erste Ursache aller Gegenstände. Ein Begriff von Gott kommt jedoch insofern in *Kants* theoretischer Philosophie vor, als die Vorstellung von der Einheit der Bedingungen aller gegenständlichen Erkenntnis ihrerseits gedacht wird und gedacht werden muß. Diese Einheit nennt *Kant* eine Idee, und »in individuo« vorgestellt, das Ideal der Vernunft. Das Ideal als die oberste regulative Idee der theoretischen Vernunft wird von *Kant* Gott »in transzendentalem Verstande« genannt. Gott das Ideal der theoretischen Vernunft nennen, bedeutet jedoch keine wirkliche Gottesidee im Sinne der Metaphysik, sondern ist im Anschluß an diese Tradition nur ein Titel für ein regulatives Prinzip gegenständlicher Erkenntnis, für ein Moment also innerhalb der theoretischen Vernunft, das als solches gewissermaßen das *primum* aller Bedingungen möglicher Gegenstände ist. Dieser Idee entspricht jedoch keine Anschauung und darum auch kein Objekt, d. h. keine (metaphysische) Wirklichkeit.

Die umfassendste und oberste Einheit der reinen theoretischen Vernunft insgesamt, die die Einheit des Bewußtseins als eines Selbstbewußtseins zum Ausdruck bringt, die transzendentale Apperzeption, wird von *Kant* nicht Gott genannt, und auch das absolute Fundament der reinen praktischen Vernunft, nämlich jenes moralische Gesetz, daß der Wille rein durch sich selbst und d. h. durch Vernunft bestimmt sein soll, nennt *Kant*, obwohl hier der Anschluß an die Tradition ebenfalls gegeben wäre, nicht Gott. In der reinen, d. h. nicht auf Empirie und Natur bezogenen, theoretischen wie auch der reinen praktischen Vernunft kommt Gott also nicht vor, und insofern ist nach *Kant* Gott kein Thema des transzendentalen reinen Vernunftdenkens. Die Kantische transzendentale Selbstbegründung des Bewußtseins und der Freiheit wird also rein aus sich selbst, autonom und ohne einen Rekurs auf einen Gott gedacht. Allerdings führt die transzendentale Kritik zu der Vorstellung eines höchsten Zustandes, nämlich der Idee der Vollzugseinheit von praktischer Vernunft im Sinne vollkommener Sittlichkeit und Freiheit einerseits und von naturbezogener Vernunft im Sinne wahrhafter Glückseligkeit andererseits. Da die praktische und theoretische Vernunft eine Vernunft ist und sein soll und insofern der Mensch als Vernunftwesen wie als Naturwesen eine Einheit bilden muß, so daß seiner möglichen Sittlichkeit auch eine Glückseligkeit korrespondieren kann, ist dieses Ideal sittlich-glückseliger Vollkommenheit das Ideal aller Vernunft schlechthin. Dieses Ideal ist einerseits notwendig theoretische und praktische, schlechthin notwendige Vernunftvoraussetzung, andererseits kann die Einheit als Vollkommenheit nach *Kant* weder durch die theoretische noch durch die praktische Vernunft hervorgebracht werden; denn weder kann die Natur kausal den höchsten Zustand bewirken, noch die Freiheit auf die Natur naturgesetzlich bestimmend einwirken. Aus diesem Dilemma ergibt sich für *Kant* das Postulat, es müsse eine Wirklichkeit geben, die die geforderte Einheit von Natur und Freiheit hervorbringen und gewährleisten könne – hervorbringen freilich nur dann, wenn die Freiheit sich aus sich selbst zur Sittlichkeit bestimmt hat. Diese postulierte Wirklichkeit, gewissermaßen »moralische Weltursache«, nennt *Kant* endgültig Gott und setzt voraus, mit diesem Gottesbegriff sowohl mit der eigentlichen Intention der metaphysischen Gotteskonzeption als auch mit dem Gott der jüdisch-christlichen Tradition übereinzustimmen. Nicht die oberste regulative Idee der gegenständlichen Erkenntnis, sondern der praktisch postulierte Gott ist also nach *Kant* der wahre Begriff von Gott.

Gott ist hier aber nicht erkannt, sondern nur postuliert. Im Bereich der objektiven Erkenntnis kommt Gott nicht vor. Wird Gott dennoch gleichsam als Gegenstand vorgestellt, dann wird diese Vorstellung durch die transzendentale Kritik als dialektischer Schein kritisiert. Das Verhältnis zwischen praktischer und theoretischer Vernunft wird für *Kant* durch das dialektische Denken, das Natur und Freiheit, Erkennen und Handeln zunächst kritisch sondert, auch in Beziehung gebracht. So sehr dem dialektischen Denken eine kritisch-systematische Funktion innerhalb des gesamten Denkens zukommt, so wenig ist jedoch das dialektische Denken wirkliches Erkennen und so wenig bedeutet die praktisch postulierte Wirklichkeit jener »moralischen Weltursache« wirkliche Erkenntnis Gottes.

Freilich bleibt die Frage bestehen, wie denn nach *Kants* eigenen Voraussetzungen ein Postulat der praktischen Vernunft und in diesem Sinn Gott als Postulat bzw. als eine diesem Postulat entsprechende oberste Instanz, also Gott als moralische Weltursache, selbst behauptet und d. h. gedacht und als real gesetzt werden kann. So sehr der Kantische Gottesbegriff sich aus seiner Einteilung und Differenzierung der Denk-, Wissens- und Wollensstruktur nahelegt und so kritisch fruchtbar er sich gegenüber der metaphysisch-objektivistischen und theokratischen Gottesvorstellung gerade im Sinne einer Versittlichung erweist und damit auch fundamental im Hinblick auf Humanisierung, so sehr bleibt die Kantische postulatorische Behauptung Gottes ihrerseits methodisch-kritisch ein Problem. Zu fragen bleibt, ob nicht auch hier wie in der Metaphysik eine Art Faktizismus, wenn auch auf höherer Ebene, statuiert wird, insofern allerdings entscheidend gemildert, als nach *Kant* die Sittlichkeit und Freiheit des Menschen auch völlig unabhängig von der postulatorischen Gottesidee gedacht und vollzogen werden kann und soll. Deswegen bedeutet der Kantische Gottesbegriff auch eher einen Anhang an seine kritische Transzendentalphilosophie hinsichtlich gewisser, für ihn philosophisch nicht lösbarer Lebens- und Welträtsel. Immerhin hat dieser Gottesbegriff keineswegs jene fundamentale, alle Wirklichkeitsbereiche erfassende theokratische Tendenz wie die mittelalterliche metaphysische Gottesvorstellung. So unbefriedigend in theoretischer Hinsicht das Kantische Denken in der Gottesfrage sein mochte, methodisch war durch dessen transzendentale Wende zunächst einmal die Richtung zur Erarbeitung eines kritisch differenzierten Erkenntnisinstrumentars, vor allem im Hinblick auf ein genuines Verständnis von Freiheit gegeben.

2.4 Die Aporie des Gottesbegriffs *Kants* wurde von den Nachfolgern *Kants* erkannt und die Problemstellung im transzendentalen, nicht metaphysischen Sinne weitergetrieben. Diese Entwicklung, die die gesamte idealistische deutsche Philosophie charakterisiert (einschließlich ihrer Gegenbewegungen), wurde zuerst und konsequent von *Fichte* vollzogen. Er kritisierte fundamental die Kantische Grundkonzeption der Erkenntnis und damit die eine Basis seines Gottesbegriffes. Die grundlegende Kantische Differenzierung der einen ganzen Erkenntnis in Begriff und Anschauung behielt *Fichte* als transzendentales Grundprinzip der Bedingung der Möglichkeit jeder wirklichen Erkenntnis bei, negierte jedoch die ausschließliche und alleinige Erkenntnisrelevanz der sinnlichen Anschauung. Dieses Axiom hatte *Kant* gezwungen, Erkenntnis nur im Bereich gegenständlicher Erfahrung und, wissenschaftlich gesehen, im Bereich der Objektwissenschaften anzuerkennen und jedwede Behauptung nichtgegenständlich fundierter Erkenntnis, also auch etwa eine Freiheits- und Gotteserkenntnis, als bloßen dialektischen Schein zu verwerfen. *Fichte* setzt nun nicht im metaphysischen Sinn über die sinnliche eine übersinnliche Anschauung, die gewissermaßen für überirdische Dinge zuständig wäre, sondern zieht aus der praktischen Philosophie *Kants* in der Weise die Konsequenz, daß er die Kantische Behauptung des Gegebenseins des sittlichen Willens in seiner eigentümlichen »Faktizität« auch in theoretischer Hinsicht bedenkt.

Fichte entwickelt einen spezifisch transzendentalen Begriff einer Anschauung sittlich-materialen Willens, die er im Vollzug der sittlichen Evidenz als unmittelbar erfahrbar ansieht. Diese Vollzugsevidenz als Anschauung sittlichen Willens erlaubt ihm, das transzendentale Grundaxiom der Einheit von Begriff und Anschauung jeder wirklichen Erkenntnis beibehaltend, dennoch eine neue Sphäre von Wirklichkeit, die wirklich erkannt werden kann, zu erschließen. Dadurch wird der gesamte Bereich von Freiheit, Interpersonalität und Geschichte prinzipiell erkennbar. Nicht nur dem Objekterkennen ist nun wirkliches Erkennen eigen, sondern das reine Vernunftwissen ist zur Erkenntnis seiner selbst, wie es sich als Freiheit, Personalität und Geschichte entfaltet, fähig.

Für *Fichte* stellt sich philosophisch die Frage nach Gott in Anlehnung an *Kants* Begriff von der »moralischen Weltursache« zunächst unter dem Begriff einer »moralischen Weltordnung« als Frage nach der »Synthesis des Geisterreiches«. Die Unterscheidung zwischen mehreren Vernunftwesen, von denen ein jedes ein Ich und frei ist, und ihre Beziehung zueinander, wird so zu einem Grundproblem, und es ist naheliegend, daß die Gottesidee nun ihren Ort in der Vermittlung freiheitlich-interpersonalen und geschichtlichen Geschehens bekommt. In einer über *Kant* hinausgehenden Radikalisierung des Vermittlungsproblems von theoretischer und praktischer Vernunft erscheint als Licht aller theoretischen Vernunft, d. h. allen Bewußtseins, und als Leben aller praktischen Vernunft, d. h. aller Freiheit, ein absolutes Medium, das zugleich der Vernunft immanent, ja mit dieser identisch ist und mit ihr dennoch auch – in einem neuen dialektischen Sinn – absolut nicht identisch oder ihr transzendent ist. Selbstsein und Begründetsein, Immanenz und Transzendenz, die Vernunft und das Absolute werden in eine radikale gegenseitige Vermittlung gebracht, die auf originäre Weise letztlich in eine *philosophia negativa* führt und insofern den Anschluß an die philosophische Tradition des Kusaners und *Eckeharts* darstellt. Durch diese Vermittlung wird der Mensch nicht nur als Vernunftwesen sondern auch als Geschichtswesen konstituiert und damit auch ein Zusammenhang von Geschichte und Offenbarung eröffnet, der eine inkarnatorische Dimension im christlichen Sinn impliziert. Jenes die absolute Vermittlung ermöglichende Absolute wird von *Fichte* Gott genannt und von ihm ebenfalls, zwar nicht mit dem Gott der Metaphysik, aber mit dem Gott des Johannes-Evangeliums und insofern mit dem Gottesverständnis der jüdisch-christlichen Überlieferung identifiziert. *Fichte* war der Überzeugung, daß allein ein solcher Gottesbegriff sowohl ein wirklicher, d. h. ein denkbarer

Begriff, wie auch ein wirklicher Begriff des wahren Gottes der genuin verstandenen jüdisch-christlichen Tradition ist.

Obwohl der Fichtesche Gottesbegriff dem der platonisch-augustinischen Tradition, wenigstens inhaltlich gesehen, nicht unähnlich ist, geht er in seiner methodischen Reflektiertheit, d. h. seiner Vermittlung von Immanenz und Transzendenz, die zugleich eine radikal interpersonale und geschichtliche Dimension hat, weit über diesen und die *philosophia negativa* hinaus und ist deshalb auch inhaltlich anders. Es wird nicht ein Licht und Leben als (transzendentales) Apriori allen menschlichen Handelns und Erkennens aufgewiesen, als würde sich dieses immer schon und immer nur von Gott her ereignen, sondern dieses Licht und Leben kann sich nur unter gegenseitigen Bedingungen von Freiheit verwirklichen, muß also auch von der endlichen Freiheit schöpferisch erzeugt werden. Dieses Apriori ist also nicht immer schon gegeben, wird auch nicht nur von Gott geschaffen, sondern steht unter den Bedingungen gegenseitiger interpersonaler Freiheitsdifferenz, die sich als Differenz von freiem und freilassendem Anruf und ebenso freier und freilassender Antwort darstellt. Aufgrund der Freiheitsdifferenz hat der Fichtesche Aprioribegriff einen konstitutiv-notwendigen Bezug zur Interpersonalität. Insofern ist der Fichtesche Gottesbegriff auch nicht rein apriorischer Art, sondern geht aus einer Vermittlung von Apriori und Aposteriori hervor, einer Vermittlung, wie sie sich konkret in der freiheitlich-interpersonalen Beziehung als ursprünglich praktischer Vernunftreflexion ereignet. Gegenüber der Gottesvorstellung der Metaphysik hat der Fichtesche transzendentale Gottesbegriff weder eine erste Ursache noch ein bloßes Sein als Beisichsein im Sinne einer neutralen »Gelichtetheit« zum Inhalt. Vielmehr hat dieses Licht unbedingte Bedeutung für das Anerkannt- und Gewolltsein des Selbst, ist also für die Selbstanerkennung und Selbstbejahung der Freiheit und insofern für ihr Leben (im positiven wie im negativen Sinne) von absolut kritischer Relevanz. Diese kritische personbegründende Mächtigkeit wirkt als Freiheitskraft nicht von außen auf die Welt- und Menschheitsgeschichte ein, sondern ist mit der Freiheit als Vernunft identisch, ohne in der Vernunft als bloßem Moment dieser aufzugehen. Gott ist nach *Fichte* der nur dialektisch zu denkende abgründige Grund der Vernunft, nicht ein Moment an und in ihr. Dieser vom späten *Fichte* entwickelte Gottesbegriff ist im Vergleich zu *Kant* auch nicht nur eine regulative und postulatorische Idee, sondern für die theoretische und praktische Vernunft gleichermaßen konstitutiv. Freilich stellt sich auch für *Fichte* das Problem, wie die Einheit von Natur und Freiheit, die für ihn ebenso wie für *Kant* prinzipiell und fundamental zu unterscheiden sind, hergestellt werden kann. Für *Fichte* kann eine solche Versöhnung jedoch nicht durch eine transzendente Instanz herbeigeführt werden, sondern muß mit den Kräften der Vernunft und den Kräften der Freiheit wie des Triebes auch selbst produziert werden können. Die Möglichkeit einer solchen Versöhnung ergibt sich für *Fichte* aus seinem radikalen Vernunftverständnis, in dem die Natur als ein allerdings nicht schon immer integriertes, jedoch integrierbares Moment, als eine Seite der Vernunft selbst, nämlich ihre unbewußte, begriffen wird. Insofern bedeutet die Fichtesche Vernunft von vornherein nicht nur Bewußtsein, auch nicht nur Freiheit, sondern Triebproduktivität. Auch *Fichte* übersieht nicht, daß es, weltgeschichtlich gesehen, eine faktische Diskrepanz zwischen Sittlichkeit und Glück gibt, und er ist mit *Kant* der Ansicht, daß die Bestimmung der Vernunft und insofern des Menschen zur Sittlichkeit die Grundaufgabe des Lebens ausmacht, daß aber der vollkommenen Sittlichkeit das vollkommene Glück entsprechen müsse. Nur interpretiert er gegenüber *Kant* diese Diskrepanz nicht quasi metaphysisch, sondern als eine geschichtlich gegebene Tatsache, die von der Vernunft her gesehen weder notwendig wäre, noch sein soll. Wenn *Fichte* die Aufhebung dieser Diskrepanz als Leistung der Vernunft und ihrer Produktivkräfte selbst begreift, so ist das nicht im Sinne einer Leistung durch menschlich individuelle Vernunft allein zu verstehen, sondern in eben jenem medialen Sinne von Vernunft, der eine (nicht gleichrangige) Wechselbeziehung zwischen der Vernunft als der Vernunft Gottes und der Vernunft der Menschen, der Freiheit Gottes und der Freiheit der Menschen bedeutet. Die Entzweiung von Freiheit und Natur ist für *Fichte* nicht ein metaphysisches Dilemma, wohl aber ein Problem der Entzweiung von Freiheit und Geschichte bzw. Gesellschaft und als solches ein faktisches Problem. Dieses Faktum braucht und soll nach *Fichte* nicht bestehen bleiben, und es aufzulösen postuliert *Fichte;* wie diese Auflösung aber möglich werden kann, fragt er nicht. Trotz der Radikalisierung des transzendentalen, auch die Natur umfassenden Vermittlungsgedankens besteht, inhaltlich gesehen, hierin eine Unreflektiertheit der Fichteschen Geschichtsphilosophie und insofern auch eine gewisse Unreflektiertheit seines Gottesbegriffes. Denn auch der Gottesbegriff dürfte gerade in der Fichteschen freiheitlich-sittlichen Vermitteltheit nicht einfach positiv als personales Licht und Leben beschrieben werden, weil so die geschichtliche Finsternis und der personale Tod, d. h. die moralische Selbstverurteilung der Welt- und Menschheitsgeschichte und die sich daraus ergebenden Konflikte nicht oder doch nur äußerlich postulatorisch berücksichtigt und philosophisch nicht integriert sind. In dieser Hinsicht bedarf also der Fichtesche Gottesbegriff trotz aller dialektischen Vermitteltheit noch einmal einer – nun in einem anderen Sinne – dialektischen Vermittlung und zwar aus seiner eigenen Konsequenz heraus. Eine derartige Vermittlung dürfte die philosophische Bedeutung jener charakteristischen jüdisch-christlichen Überlieferungen herausarbeiten können, die mit den biblischen Worten »Sünde« und »Vergebung« gekennzeichnet sind und nach denen das christliche Gottes- und Selbstverständnis die fundamentale Versöhnung von Freiheit und Unfreiheit in Natur und Geschichte unter dem Symbol von »Kreuzigung« und »Auferstehung« darstellt und aussagt. In Konsequenz Fichteschen transzendentalen Denkens müßte im Zusammenhang mit der Gottesfrage und der umfassenden Dimension der Versöhnung das Problem gestellt werden, wie mit transzendental begrifflichen Mitteln nicht nur Freiheit und Natur, sondern auch Unfreiheit und Freiheit versöhnt werden können und unter welchen absoluten und geschichtlichen Bedin-

gungen diese Versöhnung unmittelbar die Unfreiheit zur Freiheit verwandeln und mittelbar Geschichte und Natur in Freiheit aufheben kann.
Im Zuge solcher neuen dialektischen Vermittlung wäre auch jene methodische und praktische wie didaktische Unvermitteltheit des Fichteschen und transzendentalen Denkens zu kritisieren, die sich in jener appellativen Art ausdrückt, ständig moralisch zu fordern, das, was gesollt ist, zu verwirklichen, aber kein Verständnis dafür entwickelt, wie die Sollensforderung in bezug auf die konkreten Verhältnisse genauer zu verstehen ist und vor allem, wie sie angesichts des wirklichen moralischen und faktischen Dilemmas das Elend wirklich beheben könne. Die grundsätzliche, aber eben nur grundsätzliche Einsicht in die Möglichkeit der Aufhebung des Elends der Weltgeschichte, wird, wenn sie als begrifflich-theoretische unmittelbar als Forderung auf die konkreten praktischen Verhältnisse übertragen wird, zu einem übermächtig-ohnmächtigen Anspruch, der jedoch die unfreien Verhältnisse eher schlechter als besser macht. Eine diese Dimension einbegreifende dialektische Selbstvermittlung Fichtescher Transzendentalphilosophie könnte dann auch ein Verständnis für die Dualismen der Welt- und Freiheitsgeschichte, einschließlich der fundamentalen Dualismen der theistisch-objektivistischen Metaphysik und theokratischen Gesellschaftsverfassung entwickeln und diese in ihrer bedingten Notwendigkeit differenziert verstehen und anerkennen, ohne damit alles bereits zu rechtfertigen, was geschichtlich nun eben nicht ohne Grund vorkommt.
Methodisch hat *Fichte* das Problem der Selbstbegründung radikaler durchdacht als die Philosophie vorher und zwar in einer nicht widersprüchlichen, sondern spezifisch transzendental-dialektischen Selbstbegründung der Selbstbegründung. Dadurch trieb er nicht nur das Transzendenz-Immanenz-Problem auf die Spitze, sondern sprengte auch die bis dahin in der Neuzeit ziemlich durchgängige Verabsolutierung der Subjekt-Objekt-Struktur allen Seins und Denkens durch Aufhebung der Subjekt-Objekt-Differenz in die interobjektive Intersubjektivität. Die interobjektive Intersubjektivität, d. h. der geschichtlich-gesellschaftliche Vollzug von Interpersonalität ist der eigentliche Ort der praktisch-theoretischen Totalreflexion der Vernunft und damit ihre eigentliche Bestimmung. Zugleich damit konnte *Fichte* einen Begriff des Denkens und der Philosophie im Sinne des Selbstbegründungsverfahrens reflektieren und so bestimmen, daß erstmals eine genaue Differenzierung zwischen Denken und Leben, philosophischer Theorie und moralischer und faktischer Praxis möglich und denkbar wurde. Hinsichtlich der philosophischen Frage nach Gott wirkte sich diese methodische Entwicklung dahingehend aus, daß Gott weder bloß logisch und kausal wie in der Metaphysik (ihre transzendentalen Ansätze nicht eingeschlossen), noch bloß auch dialektisch und postulatorisch wie in *Kants* transzendentaler Kritik, sondern theoretisch und praktisch transzendental, d. h., im Hinblick auf die jüdisch-christlichen Überlieferungen, freiheitlich-interpersonal gedacht werden konnte. Die Fichtesche transzendentale Denk- und Begründungsmethode kennt bleibend und konstitutiv gegenüber jedem Apriorismus die Freiheitsdifferenz, impliziert

also keine Freiheit aufhebende Personal- oder gar Sachidentifikation zugunsten irgendwelcher Begründungen, sondern konstituiert Entsprechungsverhältnisse. Dieses Verfahren kann aufgrund der in ihr begriffenen und zugleich unaufhebbaren Entsprechungsverhältnisse ein analoges Denken entwickeln, das jedoch gegenüber dem mittelalterlichen Analogiedenken das Prinzip seiner Analogizität mitsetzt und -begreift. Als dialogisch-analogisches Wechselbegründungsverfahren ist die Fichtesche Methode zugleich auch dialektischer Art, und zwar im Sinne einer auf allen Ebenen bestimmten Transzendenz-Immanenz-Identität und -Nichtidentität.

2.5 Die Hegelsche Dialektik mit ihrem Sinn für geschichtliche Entwicklung und ihrem Bewußtsein für die Bedeutung des Reflexionsstandpunktes des jeweiligen Denkens innerhalb dieser Entwicklung machte deutlich, daß es in der Fichteschen Transzendentalphilosophie trotz ihrer radikalen Reflexion und Selbstreflexion eben diese spezifische Unreflektiertheit, die *Fichtes* Denken insgesamt betrifft, gibt. *Fichte* hatte durch die Explikation seiner »Wissenschaftslehre in specie« ein Selbstverständnis der Transzendentalphilosophie entwickelt, das Philosophie als spekulative Theorie, d. h. als prinzipiell systematisches Bild der Wirklichkeit verstand und insofern Philosophie in Gegensetzung zur Wirklichkeit oder zum Leben begrenzte. Diese Begrenzung und Bestimmung vollzog *Fichte* als Selbstbegrenzung und Selbstbestimmung der Philosophie, als Theorie der Theorie also, setzte jedoch diese Selbstreflexion nicht so in Beziehung zur konkreten Geschichte, daß sie über das applikative oder postulatorische Problem transzendentaler Begriffe auf die konkreten Verhältnisse hinaus auch als durchgängig relevant für das transzendentale System und das aus diesem System hervorgehende Handeln selbst in Ansatz gebracht worden wäre. Dadurch mußte die transzendentale und prinzipielle Idealstruktur des Systems und der von ihm erfaßten Vernunftwirklichkeit in einen unvermittelten Gegensatz zur konkreten geschichtlich-gesellschaftlichen Wirklichkeit treten. *Hegels* Dialektik versucht diesen Gegensatz durch Reflexion auf die geschichtliche Entwicklung – als einer selbst noch vernünftigen – in das System von vornherein miteinzubeziehen. Dadurch lassen sich, auf transzendentalem Niveau, grundlegende Schwierigkeiten und Widersprüche der Verwirklichung von Vernunft nicht nur vom Individuum her und seinem möglichen und weithin wirklichen Mangel an Willen zu Vernunft und Freiheit verständlich machen *(Fichte)*, sondern – den individuellen Bereich übergreifend – strukturell darstellen und so als Infrastrukturen der geschichtlichen und gesellschaftlichen Konflikte im System selbst, als Dialektik, zu Bewußtsein bringen. Für die transzendentale Gottesidee bringt diese neue Dialektik modifizierende Konsequenzen mit sich. Bestehen bleibt, daß der Gottesbegriff aus der Vernunft heraus entwickelt wird, und die Weltgeschichte ist wie bei *Fichte* der Ort der Erscheinung Gottes. Im Gegensatz zu *Fichtes* Geschichtsbegriff jedoch, der fundamental aus einem transzendentalen Freiheitsverständnis konzipiert ist, sich konkret allerdings an der individuell ausgelegten Freiheitsentscheidung orientiert, wird Geschichte nun primär unter überindividuellen, geschichtlich epochalen wie universalen Strukturnotwendigkeiten dialektischer Vernunft gefaßt. Gott bleibt so zwar die letzte Versöhnungswirklichkeit von Vernunft und Geschichte, Freiheit und Natur, aber die Versöhnung wird nicht wie bei *Fichte* spekulativ als denkbar und möglich erwiesen und damit – als vernünftig – sodann auch praktisch postuliert, sondern die praktisch geschichtlichen Bedingungen ihrer Verwirklichung werden selbst noch in den wesentlichen Zügen, wie sie *Hegel* für seine Zeit herausarbeitet, systemintern anzugeben versucht. Danach wird die Gottesfrage nicht mehr als Freiheits- und Vernunftsproblem unter idealen Voraussetzungen verstanden, sondern als Aufgabe, Vernunft und Freiheit, in und trotz ihrer Unbedingtheit zugleich unter den Bedingungen ihrer eigenen jeweiligen geschichtlichen Entzweiung zu denken. Diese Aufgabe läßt sich nicht unmittelbar zu Gott verwirklichen, sondern muß aus der geschichtlichen Situation heraus mittelbar in Angriff genommen werden; sie bedarf vor allem der kritischen Vermittlung – nicht nur der religiösen und speziell christlichen Überlieferungen und ihrer Praxis, sondern der Aufklärung auf allen Gebieten, besonders im Bereich von Gesellschaft und Staat. Für die Hegelsche Dialektik ist nunmehr Atheismus nicht bloß Ausdruck eines individuellen Mangels an Vernunft und Freiheit, sondern sogar die bedingt notwendige Verfassung der bürgerlichen Gesellschaft seiner Zeit und ihrer strukturellen Probleme und Widersprüche. Im Hinblick auf das Vernunftniveau, wenn auch nicht genau im Hinblick auf das Freiheitsverständnis, ist das Hegelsche Gottesverständnis dem *Fichtes* sehr ähnlich, und zwar auch im Sinne prinzipieller Geschichtsbezogenheit; in bezug auf seine konkrete Verwirklichung entwickelt es jedoch sehr viel gesellschaftsbezogener ein Bewußtsein der Schwierigkeiten und Konflikte, die sich notwendigerweise ergeben müssen und die für den Begriff Gottes selbst konstitutiv werden.

Trotz der kritischen Konkretisierung des Gottesproblems durch *Hegel*, ja gerade in ihr, vollzieht das Hegelsche Denken eine in der Folge fundamental kritisierte Überbeanspruchung des spekulativen Begriffs, speziell des Begriffs der Dialektik selbst. Der beanspruchten Durchsetzungskraft und Gesetzmäßigkeit der Dialektik der Vernunft wird die Ohnmacht des Menschen und seines verzweifelten Existierenmüssens in der verfahrenen Geschichte entgegengesetzt *(Kierkegaard)*, und der behaupteten geistigen Macht dialektischer Vernunft wird das Elend des Menschen und seiner materiellen Verhältnisse entgegengehalten *(Marx)*. Mit gleichermaßen grundsätzlicher, den spekulativen Begriff dialektischer Vernunft selbst total destruierender Kritik wird von *Kierkegaard* auf der einen Seite die (durch *Schelling* bereits vorbereitete) existentielle Reaktion auf den deutschen Idealismus eingeleitet – besonders den Hegelschen – und hier vor allem auf den Idealismus des Begriffs. Ebenfalls vom Hegelschen Idealismus und wiederum besonders vom Idealismus des Begriffs setzt sich das neue materialistische Denken ab, das bei *Feuerbach* beginnend, sich über *Marx* bis zu *Bloch* und *Marcuse* entwickelt.

Die philosophische Frage nach Gott bleibt, wenn auch zunehmend immer weniger bedeutsam, in diesen bis heute aktuellen Traditionen gegenwärtig, freilich in völlig veränderter Fragestellung. Sowohl das existentielle wie materialistische Denken weist den Vernunftbegriff Hegelscher Dialektik und mittelbar den des deutschen Idealismus ab und damit auch den aus diesem Begriff gedachten Gottesbegriff. Wenn überhaupt, bekommt die tradierte Gottesvorstellung eine dialektisch kritische Funktion und Bedeutung im Hinblick auf das Verständnis geschichtlich endlicher, zwiespältiger Existenz und materiell geschichtlich verstandener widersprüchlicher Gesellschaft, oder sie wird, wie im Positivismus oder auch in zeitgenössischer analytischer Philosophie, als philosophisch sinnlos aufgegeben. Aufschlußreich ist, daß nach der Überwindung der Metaphysik das Freiheitsverständnis, das für *Kant, Fichte* und auch *Hegel* von entscheidender Bedeutung für den Gottesbegriff wurde, obwohl sich dieses Freiheitsverständnis doch auch materialistisch und existentialistisch auslegen ließe, unreflektiert immer mehr verschwindet und so auch heute noch die Aufgabe sinnvoll erscheint, unter den veränderten Bedingungen, einen Gottesbegriff aus der Analytik der Freiheit zu entwickeln[3].

3.1 Die Philosophie sucht durch das ihr eigentümliche Fragen den Begriff. Der Begriff im engeren Sinne aber ist die Vermittlung der Erfahrung mit dem Wissen des Gegenstandes der Erfahrung. Als die Vermittlung von δόξα und νόησις hat sich die Philosophie bei den Griechen begründet. Diese Vermittlung ist, wie die Strukturtypologie des vorhergehenden Abschnitts gezeigt hat, auf verschiedene Weise möglich. Wird innerhalb einer ontologisch-metaphysischen Philosophie die Gotteserfahrung begrifflich artikuliert, so ist es folgerichtig, den Begriff von Gott entweder als das höchste Seiende *(ens a se)*, als das absolute Sein *(ipsum esse)* oder auch als den seinslosen Grund oder das Nichts zu denken, es sei denn, das Denken selbst, als absolutes und schöpferisches Denken, setzt sich als einen Begriff von Gott. Wenn die Philosophie diese Struktur selber kritisch in Frage stellt und mit dem (von *Heidegger* so genannten) »Schritt zurück« nach den Bedingungen der Möglichkeit einer solchen als Identität und Differenz von Denken und Sein strukturierten Philosophie fragt, so kann sie die Antwort auf diese Frage nicht abermals im Denken oder im Sein finden. Die Vernunft als der Inbegriff der Fragemöglichkeiten erweist sich als eine Transzendenz ihrer selbst, indem sie die Identitäts- und Differenzstruktur ihrer selbst setzt. Die Vernunft bestimmt sich selbst als Vernunft.
Die Entdeckung dieses transzendentalen praktischen Fundamentes der Selbstbestimmung oder der Autonomie der Vernunft ist das Stimulanz der Philosophie in der Neuzeit. In ihr ist die Philosophie des Seins und die Philosophie des Geistes aufgehoben in einer Philosophie der Freiheit. Mit jenen klassischen Typen der Philosophie ist aber auch der Begriff von Gott, sofern er in einer Philosophie des Seins oder des Geistes konstituiert gewesen ist, obsolet geworden. Begriffe dieser Provenienz sind nicht falsch, sondern sie sind leer, weil sie eine Erfahrung interpretieren, welche der neuzeitliche Mensch nicht mehr in der Art macht, wie

sie der Begriff eines ontologischen *primum* voraussetzt. Sofern ein Denken gleichwohl an solchen Begriffen festhält, hat es den Begriff von einem »toten« Gott.

Der Ausdruck »Gott ist tot« als Ausdruck der Umgangssprache oder einer (allerdings philosophisch nicht hinreichend reflektierten) theologischen Terminologie hat meist, im Gegensatz allerdings zu seinem bekanntesten Auftreten in *Nietzsches* »Also sprach Zarathustra«, gegenständliche Bedeutung. Von einem Pseudogegenstand wird die Aussage gemacht, für ihn gelte das Prädikat »tot«. Mit Aussagen solcher Art wird ein geschichtlich überholtes Denken nicht überwunden, sondern konserviert. In demselben Modus, in dem die Aussage »Gott existiert« gemacht ist, wird dieser die konträre Aussage entgegengesetzt. Wer seinen Gott als Substanz *(absoluta, infinita)*, als Ursache *(causa prima)* oder auch als »Person« im Sinne einer selbständigen individuellen Substanz begrifflich vorstellt, für den mag dieser Gott tot sein. Doch der sprachliche Ausdruck für diese negative Erfahrung besagt nicht mehr, als daß der Name Gott durch einen Begriff gedacht und erklärt wird, dem keine Erfahrung korrespondiert. Die Philosophie mit ihrer tradierten Begrifflichkeit der klassischen Metaphysik begreift in diesem Falle nicht eine Erfahrung, sondern greift an möglichen Erfahrungen vorbei; sie greift zwar auf einen festgewordenen Bestand ehrwürdiger Begriffe zurück, die sich indessen als »leer« erweisen. Ein Mensch, der sich mit einer Aussage auf eine Erfahrung seiner Kindheit bezieht, die er als Erwachsener nicht mehr hat, und nun die Leere seiner Aussage anklagend dem Gegenstand zuschreibt, nicht aber dem Fehlgriff seiner Rede, wird kaum in der Lage sein, der früheren oder erst recht der ihm als Erwachsenen möglichen, aber von ihm verfehlten Erfahrung gerecht zu werden.

3.2 Wenn Freiheit, Personalität und Interpersonalität der Ausgangspunkt für eine begriffliche Artikulierung der Gotteserfahrung sein sollen, so kann zunächst damit der Versuch gemeint sein, Gott nicht gegenständlich als das höchste Seiende, sondern personal als Subjekt zu denken. Gott ist nicht Substanz, sondern Person; nicht Ursache, sondern Partner. Diese Kategorien scheinen geeignet, weil sie der Personalität des Menschen Raum lassen. Sie erscheinen auch offensichtlich der biblischen Gotteserfahrung angemessener und entsprechen der in der Theologie anerkannten Lehre vom »persönlichen« Gott.

Doch auch der Begriff der Person, der in der traditionellen Gotteslehre philosophischer und theologischer Art eine große Rolle spielt, enthält Schwierigkeiten. Zunächst liegt die Vermutung nahe, beim Gebrauch personaler Kategorien oder Nomina handle es sich lediglich um die Personifikation von etwas Unpersönlichem, sei es, daß das gegenständliche Höchste um die personale Kategorie erweitert wird, sei es, daß das absolute Überpersönliche, vermittelt durch die Namen und Erfahrungen des Alten und Neuen Testaments, in einer anthropomorphen Weise personifiziert erscheint. Nun geht der Gebrauch der philosophischen Kategorie der Person in der philosophischen Gotteslehre nicht auf ein personifizierendes Sprechen von Gott zurück, sondern auf die Hypostasen-

lehre des Neuplatonismus. Die Begriffe ὑπόστασις und *persona* haben ihren Ort in der Lehre von der Substanz; der Begriff *persona* spezifiziert den Begriff der Substanz im Hinblick auf einen bestimmten *modus existendi* und zwar den *modus per se existens*. Aufgrund dieser philosophisch-kategorialen Bedeutung erschien der Begriff der Person geeignet, das biblische Sprechen von Gott als »personal« zu begreifen. Der von den Neuplatonikern des lateinischen Westens übernommene Personbegriff, der in den Kontext der Begriffe *substantia, natura, existentia* u. a. gehört, diente, abgesehen von der Bedeutung, die er für die Entwicklung der Christologie gewann, vor allem dazu, die biblischen Benennungen Gottes als Vater, als Sohn und als Geist in einen logischen Zusammenhang zu bringen. Die Trinitätsspekulation der mittelalterlichen Theologen zeigt nun aber gerade durch ihre Drei-Personenlehre, daß der ontologische Begriff der Person wenig geeignet ist, geradezu als Begriff für Gott zu stehen. Gewiß ist die biblische Gotteserfahrung eine personale Erfahrung, aber die Redeweise des Alten und des Neuen Testaments betrifft einen anderen Sachverhalt als jenen, den der ontologische Begriff *persona* bezeichnet. Dieser – als spekulativer Begriff eines *modus existendi* – gehört zum begrifflichen Instrumentarium jenes Teils der klassischen Gotteslehre, der vornehmlich die Einheit Gottes als trinitarische Einheit und nicht im Sinne eines abstrakten Monotheismus begreift.
Der neuzeitliche Personbegriff muß von dem ontologisch-spekulativen Personbegriff der mittelalterlichen Philosophie unterschieden werden. Person im neuzeitlichen Sinn ist der Begriff eines Subjekts, das als sittliches Vernunftwesen und als Individuum begriffen ist. Dieser Subjektbegriff aber wäre in einer philosophischen Gotteslehre als Begriff von Gott nicht besser als der korrespondierende Objektbegriff. Mußte der Objektbegriff wegen einer falschen Vergegenständlichung des Inhaltes der Gotteserfahrung zurückgewiesen werden, so der Subjektbegriff wegen einer falschen Moralisierung und Individualisierung dieses Inhaltes. Der Begriff eines personalen Subjekts ist konstituiert durch die Relationen zu anderen Subjekten und zu möglichen Objekten. Ein Subjekt ist ein Subjekt unter Subjekten und ein Subjekt gegenüber Objekten. Eine Begrifflichkeit dieser Art ist aber ungeeignet, eine Erfahrung zu begreifen, die gerade durch eine Transzendierung der Subjekt-Objekt-Relation gekennzeichnet ist. »Die wesenhafte Metapersonalität Gottes« relativiert den Gebrauch des Personbegriffs [4].

Diesem Mangel wird abgeholfen, wenn der Begriff des Subjekts nicht abstrakt, sondern spekulativ als absolute Vermittlung von Subjekt und Objekt gedacht wird *(Hegel)*. In solcher Vermittlung wäre nicht nur jede Vergegenständlichung, sondern auch jede Subjektivierung überwunden und aufgehoben. Doch im Begriff der absoluten Vermittlung ist auch der Begriff der Person aufgehoben und steht insofern nicht mehr für eine philosophische Gotteslehre zur Verfügung. Im übrigen aber ist der Begriff der Vermittlung ambivalent: entweder eliminiert er die Dimension eines ursprünglichen Eröffnens, weil alles und jedes Eröffnen schon in das sich mit sich vermittelnde Ganze eingeschlossen ist; oder die absolute Vermittlung ist selbst eine Leistung der Freiheit. Dann aber wäre nicht die Vermittlung der philosophische Ort eines Begriffes von Gott, sondern jene Freiheit, die sich als absolute Vermittlung setzt.

3.3 Ehe nun von dem Begriff der transzendentalen Freiheit her die Frage nach einem möglichen Begriff von Gott gestellt wird, soll klargestellt werden, unter welchen Voraussetzungen dies allein geschehen kann.

Die Philosophie als Reflexion von Erfahrung reflektiert nur die Erfahrungen, die vorkommen. Erfahrungen sind Tatsachen des Bewußtseins. Die Tatsächlichkeit der Erfahrungen ist nicht zu verwechseln mit der Tatsächlichkeit ihres Inhalts; der Inhalt kann unwirklich, möglich, vergangen, erdacht oder sonstwie nicht tatsächlich sein. Auch die religiöse Erfahrung ist Erfahrung von nicht Tatsächlichem. Gott ist nicht eine Tatsache, sondern dasjenige, worauf der Mensch sich in religiösen Erfahrungen bezieht; die Erfahrungen sind Tatsachen. Die erste Voraussetzung eines Begriffs von Gott ist also die Erfahrung von so etwas wie Gott, mag es nun mit diesem oder einem anderen Namen genannt werden. Ohne eine vorausgehende Erfahrung von Gott, sei sie eine religiöse oder nichtreligiöse (etwa politische oder soziale) fehlt nicht nur ein Interesse an einer philosophischen Gottesfrage, sondern schlechthin die Sache.

Doch allein die Erfahrung Gottes, eines Gottes oder eines Göttlichen genügt nicht, um die Frage nach einem Begriff von Gott zu evozieren. Vielmehr muß die Erfahrung affirmiert, d. h. implizit (wie z. B. im Kult) oder explizit (wie z. B. im Bekenntnis) als wahr behauptet sein. Diese Affirmation besagt nicht nur, daß die Erfahrung tatsächlich gemacht wird, sondern daß der Gehalt der Erfahrung, wie immer er genannt oder sinnbildlich ausgedrückt wird, wahr ist. Erst diese Affirmation ist die Basis, auf der die Frage gestellt werden kann, was da als wahr erfahren ist, ob es und wie es begriffen werden kann. Die begriffliche Aufgliederung und kategoriale Bestimmung des Gehaltes setzt diesen als erfahrenen Gehalt voraus. Dies gilt auch für die Frage nach einem philosophischen Begriff von Gott. Die innerkirchlichen Kämpfe um christologische oder ekklesiologische Fragen in der Zeit der frühen Konzile zeigen, daß jeweils die pointierte Glaubensposition Anlaß für ein begriffliches Symbolon gewesen ist. Auch in den apologetischen Auseinandersetzungen von *Tertullian* bis *Augustinus* geht es wegen der Glaubensposition um eine begriffliche Fassung des Glaubensinhaltes.

Ein durchaus anderer Sachverhalt liegt vor, wenn im Zuge eines begrifflich aufbauenden Denkens eine Reihe von Begriffen – etwa die Reihe der Ursachen – zu einem »ersten« Begriff oder einem »Inbegriff« führt. Jeder Denkende wird in der Lage sein, den Begriff einer »ersten« Ursache, einen »Inbegriff« der »Möglichkeiten« oder den Begriff einer »Einheit von Natur und Freiheit« durch Extrapolation theoretischer oder praktischer Kategorien zu denken. Es liegt aber keinerlei Notwendigkeit vor, das in Begriffen dieser Art Gedachte Gott zu nennen. Ebenso wenig liegt ein Grund vor, das Nichtsagbare oder das, was der Name »nichts« nennt, Gott zu nennen. Jeglicher Grenzbegriff kann gedacht werden; um mit *Kant* zu reden: »*denken* kann ich, was ich will, wenn ich mir nur nicht selbst widerspreche«[5]. Mit der Frage nach Gott hat dies zunächst nichts zu tun. Keine Philosophie wird rein aus sich mehr herstellen können als »höchste Begriffe« wie z. B. den Begriff »Eins«, »Sein«, »unendlich«, »absolut«, »höchstes Gut« usw. Der Begriff »Gott« hingegen ergibt sich auf diesem Weg des Denkens nicht.

Ist religiöse Erfahrung affirmiert, so wird man sich, sofern ein Interesse an einer begrifflichen Fassung des Gehaltes dieser Erfahrung besteht, jener Begriffe bedienen, die dazu am besten geeignet erscheinen. Die Eignung eines Begriffs für die begriffliche Konkretisierung der Erfahrung wird von der Art des Interesses bestimmt sein, das sowohl ein politisches wie ein religiöses wie ein intellektuelles oder sonst ein Interesse sein kann. Die begriffliche Konkretisierung des religiösen Erfahrungsgehaltes aus vorwiegend politischem Interesse greift dabei auf andere Begriffe zurück (König oder Herrschaft o. a.) als eine solche aus vorwiegend religiösem Interesse (heilig, Erlösung, o. a.). Die Philosophie, die ein vorwiegend intellektuelles Interesse an der begrifflichen Fassung des religiösen Erfahrungsinhaltes hat, hat vornehmlich die genannten Grenzbegriffe als geeignet erachtet. Im ersten Teil dieses Artikels sind repräsentative Strukturen philosophischer Gotteslehre oder auch der Kritik an religiöser Erfahrung dargestellt worden. Sie unterscheiden sich vor allem dadurch, daß die früheren Denker den Begriff von Gott als den Begriff eines höchsten Seienden bzw. einer höchsten Qualität, generell als höchste Substanz oder als höchstes Gut, denken. Die späteren Denker hingegen denken den Begriff von Gott als einen transzendentalen Relationsbegriff, d. h. als den Begriff einer höchsten Bedingung.

3.4 Wenn nun im folgenden von der Erfahrung der Freiheit ausgegangen wird und in einer Reflexion auf den Begriff der Freiheit die geeignete Möglichkeit gefunden wird, einen Begriff von Gott zu denken, so folgen diese Ausführungen dem transzendentalen Ansatz. Die *via eminentiae* oder die Methode der Extrapolation von Substanz- oder Qualitätsbegriffen wird verlassen zugunsten einer *via reductionis.* Unter Reduktion wird dabei die begriffliche und logisch kontrollierte Zurückführung eines Gegebenen auf ein nicht Gegebenes verstanden, ohne welches das Gegebene nicht als möglich gedacht werden kann.

Das bedeutet zunächst, daß von Gott nicht als von einem Objekt gesprochen wird, dem diese oder jene Prädikate, vornehmlich die Prädikate der klassischen metaphysischen Gotteslehre, zukämen. Gott als Objekt gibt es nicht; dieser Satz ist nicht ein Satz des Atheismus, sondern ein Satz, der eine objektivierende Redeweise von Gott negiert. Sollte er beinhalten, so etwas wie Gott gäbe es schlechthin nicht, so würde er gerade die objektivierende Sprechweise in Anspruch nehmen, die durch ihn zurückgewiesen wird. Es ist etwas anderes zu sagen, von einem bestimmten Denkansatz her, z. B. dem der Freiheit, sei der Satz »Gott ist allmächtig« nicht möglich, ohne den Ansatz aufzuheben; und etwas anderes, zu behaupten, Gott sei nicht allmächtig; und wieder ist es etwas anderes, zu behaupten, einen allmächtigen Gott gebe es nicht.

Sätze über Gott können unendlich viele gesagt werden; jedoch werden die meisten nicht gesagt, weil entweder der Sprechende kein Bedürfnis empfindet, Sätze zu bilden, oder weil die Bildung von Sätzen, dank einer methodischen Kontrolle, eingeschränkt wird.

Der transzendental-reduktive Ansatz wird keine Möglichkeit enthalten oder entwickeln, solche Sätze über Gott zu bilden, wie sie im Rahmen der *via eminentiae et analogiae* gebildet worden sind; er enthält aber auch keine Möglichkeit, den Inhalt dieser Sätze zu bestreiten. Statt dessen eröffnet er andere Möglichkeiten der Rede, die dem metaphysischen Ansatz mangeln. Der philosophische Bezugsrahmen bestimmt und begrenzt methodisch wie sachlich das Sprechen von Gott.

Die durch den Bezugsrahmen gegebene Relativität eines Sprechens von Gott ist zu beachten. Relativität bedeutet jedoch nicht Relativismus. Denn relational zu sprechen, also einen Gehalt durch Bezüge und nicht durch substantiale Prädikate zu bestimmen, beruht nicht darauf, daß die Sache, von der gesprochen wird, an sich unbestimmt und beliebig wäre, sondern darauf, daß das Sprechen, insbesondere wenn es von Nicht-Tatsachen redet, an die Bedingungen gebunden ist, die durch die Art der Erfahrung und durch das System des Sprechens gegeben sind. Ein Sprechen von transzendentalen Bedingungen der Tatsachen wird sich nicht der gleichen Prädikate bedienen können, wie ein Sprechen von den Tatsachen selber. Und sollte das gleiche Wort gebraucht werden, so bezeichnet es im ersten Fall ein Prädikat, das aus der Funktion (x = Bedingung für A) gewonnen würde; im zweiten Fall aber bezeichnet es ein Prädikat, das A als Objekt zukommt.

3.5 Freiheit wird darum im folgenden nicht als Prädikat für ein Objekt, etwa den Menschen, gebraucht; das Wort bezeichnet nicht eine Eigenschaft des Menschen, sondern Freiheit wird transzendental als die Bedingung des Menschseins schlechthin begriffen. Auch der Ausdruck »vollkommene Freiheit« bezeichnet nicht die Eigenschaft oder Qualität eines höchsten Objekts. Vollkommene Freiheit wird zunächst überhaupt nicht in bezug auf Gott gebraucht, etwa in dem Sinn, Gott besitze absolute Freiheit oder Gott sei absolute Freiheit. Vielmehr wird durch den Ausdruck »vollkommene Freiheit« eine transzendentale Bedingung endlicher Freiheit bezeichnet.

Der Ausdruck »Freiheit als Bedingung des Menschseins« artikuliert begrifflich eine Grunderfahrung, die der Mensch der westlichen Kulturen in der Geschichte der letzten vierhundert Jahre gemacht und sowohl politisch (prototypisch in der Französischen Revolution), wie religiös (prototypisch in der Reformation), wie intellektuell (prototypisch in der Philosophie *Fichtes* oder *Schellings*) realisiert hat. Diese Grunderfahrung hat sich gewiß nicht nur im *Begriff* Freiheit, sondern auch in der innenpolitischen wie weltpolitischen Parole »Freiheit«, und wiederum nicht nur in dieser, sondern auch in anderen Parolen wie »Fortschritt«, »Gleichheit« u. a. artikuliert. In der Philosophie spielt jedoch der Begriff Freiheit seit der Französischen Revolution eine dominierende Rolle.

3.6 Freiheit bedeutet Selbstbestimmung; sie steht in konträrem Gegensatz zur Fremdbestimmung und zum Zwang, sowie in kontradiktorischem Gegensatz zu Nichtbestimmtheit.

Jede Bestimmung bedeutet eine Festlegung *(negatio)* und Gehaltlichkeit *(positio)*. Eine absolut gehaltlose Bestimmung ist ebensowenig denkbar wie eine nichts negierende und mithin nichtbestimmende Bestimmung. Die Komponente des *Gehaltes* der Selbstbestimmung wird, wenn der Begriff der *Selbst*bestimmung streng genommen werden soll, als originäres Sichentschließen für einen Gehalt verstanden; jede andere begriffliche Bestimmung würde ein Moment der Fremdbestimmung enthalten. Die *Festlegung* aber ist eben damit schon erfolgt, daß der transzendentale Aktus des Entschlusses material eben dieser und nicht ein anderer ist. Transzendental gesehen besteht die Negation nicht in einem Ausschalten von a und b zugunsten von c, sondern darin, daß der Entschluß ein Entschluß zu c ist und zu nichts anderem. Die Negation ist demnach transzendentales Implikat der Position.

Freiheit als Selbstbestimmung und diese wiederum verstanden als originärer Entschluß für Gehalt enthält das Charakteristikum transzendentaler Unbedingtheit. Die tatsächliche empirische Handlung wird immer durch Faktoren verschiedener Art fremdbestimmt sein; die Berechtigung jedoch, sie als eine Handlung im praktisch-sittlichen Sinn und als meine Handlung zu bezeichnen, liegt darin, daß ihr ein transzendentales Moment der Unbedingtheit innewohnt. Das originäre Sichentschließen oder die transzendentale Selbstbestimmung steht mithin nicht in einer Konkurrenz zur empirischen Fremdbestimmung, unter die auch noch eine empirische »Selbstbestimmung« fallen würde; diese würde sich lediglich als Nichtwissen der Fremdbestimmung erweisen. Doch als originärer Entschluß für Gehalt modifiziert sie die praktische Relevanz der Fremdbestimmung. Im Kontext der Fremdbestimmung erweist sie sich durch eine Distanzierung, durch eine Reflexion und durch eine Setzung dieses Bestimmungskontextes. Die Bestimmtheiten der Handlung werden durch diesen Prozeß der Distanzierung, der Reflexion und Setzung modifiziert; sie werden dadurch zu »meinen« Bestimmtheiten. Der Ursprung dieser Modifikation der Bestimmung ist der Bestimmende selbst. Insoweit ist die transzendentale Selbstbestimmung das Moment der Unbedingtheit gegenüber allen Momenten der Bestimmtheit.

3.7 Freiheit als transzendentaler Entschluß ist um der Unbedingtheit willen an sich gehaltlos; ihre Gehaltlichkeit gewinnt sie durch den Terminus des transzendentalen Sichentschließens. Selbstbestimmung heißt also nicht, daß die formale Unbedingtheit den Gehalt absolut aus sich heraus setzt; solcher Gehalt bliebe rein formal. Die leere Figur der Selbstsetzung ergibt keine Selbst*bestimmung*. Diese ist nicht anders denkbar denn als originär eröffnende Bezugnahme zu einem Gehalt als Terminus. Nur in dieser Vermittlung bestimmt sich das Selbst nicht bloß formal als absoluter und absolut leerer Akt, sondern gehaltlich als ein Selbst. Der Gehalt ist demnach integrierendes Moment der Selbstbestimmung. Er ist nicht beliebig, sondern steht als terminaler Gehalt der Selbstbestimmung unter dem Kriterium, das gehaltlich Erfüllende der Selbstbestimmung zu sein. Anders gesagt: nur insoweit ist der Gehalt das Ermöglichende der Freiheit, als er das Erfüllende der Freiheit ist; hierdurch bestimmt sich sein Rang als Gehalt und als Terminus des transzendentalen Entschlusses.

Wenn darum auch jeder beliebige Gehalt, der im originären Entschluß zum Bestimmungsgehalt des Selbst wird, formal die Bedingung erfüllt, ohne welche die Selbstbestimmung nicht gedacht werden kann, so erfüllt er sie doch in unterschiedlichem Maß und im Grenzfall eben nur formal. Material erfüllend ist der Gehalt erst dadurch, daß er als Terminus in gleicher Weise durch das Moment der Unbedingtheit ausgezeichnet ist wie der Aktus des transzendentalen Entschlusses selbst. Der unbedingt sich eröffnende Aktus der Selbstbestimmung ist darum nur dann das, was er sein will, wenn der Gehalt, durch welchen das Selbst sich Bestimmtheit gibt, selber den Rang eines unbedingt sich eröffnenden Aktus besitzt. Erst durch einen Gehalt, der selber durch Freiheit ausgezeichnet ist, kann sich die Selbstbestimmung in ihrer Unbedingtheit und als Selbstbestimmung *setzen*.

Zu den Bedingungen der Freiheit, sofern sie verstanden wird als eine sich *als* Freiheit setzende Freiheit, gehört, daß sie sich originär für andere Freiheit eröffnet und andere Freiheit bejaht. Nur in solchem Entschluß kann sie ihre Unbedingtheit des Sichöffnens und Sichbestimmens nicht nur implizit, sondern explizit machen und »realisieren«.

3.8 Freiheit, verstanden als Sichentschließen für andere Freiheit, und Freiheit, verstanden als das Erfüllende für Freiheit, erscheinen komplementär. In dieser Komplementarität ist Freiheit voll zu realisieren, und ihr Unbedingtheitscharakter ist als solcher gesetzt. Das bedeutet, daß die Unbedingtheit transzendentalen Sichentschließens im Kommerzium freier Wesen zu sich selbst kommt. Es kann also keine Rede davon sein, daß deswegen, weil Freiheit in anderer Freiheit ihren adäquaten Gehalt findet, der Charakter der Unbedingtheit zum Erliegen und der transzendentale Entschluß, gewissermaßen saturiert, an sein Ende käme. Indem die Unbedingtheit des Entschlusses als solche gesetzt ist, zeigt sich, daß der unbedingte Entschluß strukturell auf das Unbedingte schlechthin bezogen ist. Der Unbedingtkeitscharakter bestätigt sich ja nicht darin, daß endlos beliebige Gehalte realisiert werden, sondern darin, daß der Gehalt, für den sich die Freiheit öffnet, schlechthin erfüllender Gehalt ist. Die Idee des schlechthin erfüllenden Gehaltes für Freiheit ist die einer unbedingten, allen Gehalt realisierenden und damit schlechthin sich eröffnet habenden Freiheit. Diese jeden Gehalt und sich selbst unbedingt eröffnende Freiheit erfüllt den Begriff einer nicht nur formal, sondern formal und material unbedingten Freiheit. Die Idee des schlechthin erfüllenden Gehaltes von Freiheit wird terminologisch als vollkommene Freiheit gefaßt. Die endliche Freiheit, die sich jeweils Gehalten eröffnet und dadurch nur in jeweiliger Vermittlung sich realisieren kann, ist um ihrer formalen Unbedingtheit willen auf vollkommene Freiheit als jenen Gehalt bezogen, der es ihr ermöglicht, ihr eigenes Freisein in relativer

Vollkommenheit zu realisieren. Erst im Bezug auf vollkommene Freiheit kann sich die Freiheit in ihrem gehaltlich immer relativen Entschluß als unbedingt begründet und unbedingt begründend setzen.

Die Analyse des Begriffs der Freiheit als Selbstbestimmung führt zunächst auf die Basis realisierter Freiheit im Kommerzium freier Wesen. Ohne dieses Kommerzium ist, da ohne es Freiheit nicht vollständig gedacht werden kann, weder das freie Wesen als es selbst, noch auch der Bezug auf vollkommene Freiheit denkbar. Das Kommerzium freier Wesen weist insofern über sich hinaus; die Relation, durch die es konstituiert ist, verweist durch den ihr innewohnenden Charakter der Unbedingtheit strukturell auf unbedingte und vollkommene Freiheit als das schlechthin Erfüllende endlicher Freiheit. Das strukturelle Verweisen des Kommerziums der Freiheit auf vollkommene Freiheit gilt auch im umgekehrten Richtungssinn: das Sichöffnen einer Freiheit für andere Freiheit und deren Bejahung gewinnen nur dann die angemessene Offenheit, wenn sie durch den Bezug auf unbedingt-vollkommene Freiheit qualifiziert sind. Ohne diesen Bezug bleibt der unbedingte Aktus des Entschlusses ohne transzendentale Orientierung[6].

3.9 In der Strukturanalyse der endlichen Freiheit als Selbstbestimmung ist die Idee der unbedingten und vollkommenen Freiheit als ein Bedingungsmoment reduktiv entwickelt worden. Als der Begriff des schlechthin erfüllenden Gehalts, der dem Unbedingtheitscharakter der endlichen Freiheit entspricht, hat er seine eigene Dignität. Gleichwohl darf seine Valenz als Begriff nicht überschätzt werden. Sie darf aber deswegen, weil der Begriff reduktiv gewonnen und lediglich der Begriff einer Bedingung ist, auch nicht unterschätzt werden.

Die Idee der unbedingten und vollkommenen Freiheit ist kein metaphysischer Begriff in dem Sinne, daß durch ihn ein Objekt gefaßt wäre, das über alle mögliche Anschauung hinaus liegt. Es ist überhaupt nicht der Begriff eines Objekts, sondern der Begriff eines notwendig zu denkenden Momentes in einem aktualen Bezug. Er ist nicht ein »objektiver«, sondern ein relationaler Begriff; d. h. außerhalb dieses relationalen Aktus der transzendentalen Selbstbestimmung bleibt der Begriff »leer«. Eine Praxis aus Freiheit, d. h. eine durch transzententale Selbstbestimmung begründete Praxis ist das Medium, dessen die Idee bedarf, wenn sie soll gedacht werden können; insoweit ist sie eine Idee der praktischen Vernunft.

Darüber hinaus ist sie ein relationaler Begriff besonderer Art. Anders als bei den Begriffen »Gehalt«, »andere Freiheit«, oder allgemein »Terminus« ist durch sie nicht geradezu ein Gehalt konkretisiert, sondern die *Idee* von einem Gehalt. Dieser Gehalt kann nur innerhalb der Analyse der Freiheit als der notwendig zu konstruierende Terminus des transzendentalen Freiheitsaktes gedacht werden.

Diese logischen Eigenschaften der transzendentalen Idee der vollkommenen Freiheit mögen dann, wenn die Objekterkenntnis als Maßstab gilt, als ein Defizit gegenüber anderen Begriffen angesehen werden, durch die ein tatsächlicher

Gehalt konkretisiert und objektiviert wird. Unter diesem Gesichtspunkt mag der Begriff als die Frucht einer wenig zweckmäßigen, eher spielerischen Betätigung des Denkens beurteilt werden. Wenn der Maßstab für die Beurteilung aber darin liegt, eine so schwierig aufzugliedernde und kategorial faßbar zu machende Erfahrung wie die der Freiheit reduktiv auf den Begriff zu bringen, muß der Begriff der vollkommenen Freiheit als der Begriff jener transzendentalen Bedingung für endliche Freiheit beurteilt werden, ohne den die Freiheit nicht konsequent als Selbstbestimmung und als unbedingter Aktus begriffen werden kann. Die Bejahung des Bezugs auf vollkommene Freiheit erweist sich dadurch als ein Implikat der Setzung der Freiheit als Freiheit.

Noch einmal ein anderer Maßstab für die Beurteilung der Relevanz dieses Begriffes wird angelegt, wenn gefragt wird, ob durch ihn eine religiöse oder auch nichtreligiöse Erfahrung von Gott begrifflich gefaßt und theoretisiert werden kann. Die Zweckmäßigkeit des Begriffs der vollkommenen Freiheit für das Begreifen einer Gotteserfahrung ergibt sich nicht innerhalb der transzendentalen Analyse der Freiheit. Diese ist abgeschlossen und wird als solche nicht davon tangiert, ob eines ihrer Strukturmomente in anderem und von anderem Interesse bestimmten Denkzusammenhang »Gott« genannt wird. Die Frage ist gewissermaßen von außen herangetragen und fordert eine weitere und andersartige Denkoperation. Für diese können sich nun allerdings die genannten und zunächst defizient erscheinenden logischen Eigenschaften des Begriffs, nämlich nicht objektiver, sondern relationaler Begriff zu sein, sowie sein Charakter als Idee, gerade als zweckmäßig erweisen. Denn es ist das Eigentümliche der postmythischen Gotteserfahrung, daß sich der Gott in ihr nicht objektiv, nicht »dingfest« machen läßt und zwar um so weniger, je mehr religiöse Praktiken oder philosophische Anstrengungen wie z. B. Gottesbeweise danach trachten. Hingegen ist es der Gotteserfahrung eigentümlich, daß in ihr eine Vollkommenheit vorgestellt wird und zwar eine Vollkommenheit, die der Mensch zwar entbehrt, auf die er sich aber mit dem Bewußtsein der Freiheit wie mit dem Bewußtsein der Notwendigkeit bezieht. Dieser Erfahrung kommt es entgegen, wenn ihr Inhalt nicht durch einen objektiven Begriff, sondern durch den Begriff des Relates eines unbedingten Bezugs gedacht wird. – Die reduktiv-analytische Gewinnung des Begriffs einer unbedingt-vollkommenen Freiheit bietet keinen Ansatz dafür, diesen Begriff zu hypostasieren, um eine Art Gottesbeweis zu führen. Für eine objektivierende Vorstellung von Gott bietet sich keine Möglichkeit; sie ist gerade ausgeschlossen. In diesem Zusammenhang wird die Kritik an den Gottesbeweisen, wie *Kant* oder *Kierkegaard* sie geübt haben, bestätigt. Die Idee der vollkommenen Freiheit bietet aber auch keinen Ansatz für andere Hypostasierungen etwa als politische Utopie oder als allgemeines Ideal der Zukunft. Ebensowenig wie die Ideen »Welt« oder »Wahrheit« nicht schon deswegen, weil sie gedacht werden, auch hypostasierbar sind, ist es die Idee der Freiheit. Die Hypostasierung von Begriffen beruht auf einem Mißverständnis, das transzendental-logisch aufklärbar ist: Die Erfahrung ist eine Tatsache; in der

Affirmation der Erfahrung wird der erfahrene Gehalt als wahr anerkannt, und der als wahr anerkannte Gehalt wird kraft des Begriffs gedacht. Der Eindringlichkeit der Erfahrung und ihrer Affirmation können nun fälschlicherweise Objektkategorien wie Dasein, Ursache o. a. unterstellt werden, so daß der Eindruck erweckt wird, dasjenige, was notwendig gedacht wird, sei vorhanden, wirke als Ursache und sei überhaupt ein Objekt, ein Objekt von höchster Dignität. Das Denken von höchster Freiheit rechtfertigt jedoch diese Hypostasierung nicht. Wird auf der Basis dieses Denkens Gott durch den Begriff der unbedingt-vollkommenen Freiheit gedacht, so wird er gedacht als das die Freiheit Ermöglichende und als das die Freiheit Erfüllende. *Ermöglichend* heißt hier, daß ohne den Bezug auf vollkommene Freiheit endliche Freiheit nicht vollständig als möglich eingesehen werden kann. Ermöglichend heißt ferner, daß dort, wo Freiheit bejaht ist, ein Bezug auf Gott impliziert ist, wie umgekehrt ein Glaube an Gott in der philosophischen Lehre von der Freiheit eine begriffliche Klärung finden kann. *Erfüllend* heißt hier, daß jener unbedingte Bezug, der das originäre Sichentschließen kennzeichnet, durch kein innerweltliches Konstrukt wie etwa durch die Idee einer vollkommenen Gesellschaft erfüllbar ist, sondern in bezug auf jedweden erfüllenden Gehalt innerhalb des Kommerziums mit anderer Freiheit eine Offenheit behält. Im endlichen Freiheitsvollzug bleibt prinzipiell eine Bezugsdimension offen, die im Vorgriff auf Gott als erfüllbar gedacht wird.

3.10 Das Charakteristikum der Gottesbegriffe der klassischen Philosophie besteht unter anderem darin, daß sie zwar ein höchstes Wesen begreifen, daß aber die Offenbarung Gottes in der Geschichte, wie sie für die jüdisch-christliche Tradition des Gottesglaubens charakteristisch ist, unbegreifbar bleibt. Es besteht demnach eine Kluft zwischen Wissen und Glauben, die je nach der theologischen Position radikalisiert oder harmonisiert wird. Von Gott als höchstem Wesen kann kraft natürlicher Vernunft Bestimmtes erkannt werden, anderes bleibt schlechthin unbegreifbar; *credo quia absurdum*. Der Gott der Philosophen gerät in einen Gegensatz zu dem Gott Abrahams, Isaaks und Jakobs. Zu den philosophisch unbegreifbaren Glaubensinhalten gehört auch die Vorstellung einer personal-geschichtlichen Offenbarung und insbesondere die Inkarnation, d. h. die Selbstoffenbarung Gottes in einem Menschen. Der Begriff von Gott, der sich im Kontext der transzendental-reduktiven Analyse der Struktur der Freiheit als die Idee der unbedingt-vollkommenen Freiheit ergeben hat, erweist sich nun für den Begriff einer Offenbarung als ergiebig. Denn Freiheit wurde bestimmt als originäres Sichentschließen für andere Freiheit. Das transzendentale Offenbarwerden in der Anerkennung anderer Freiheit gehört zum Wesen der Freiheit schlechthin. Dieses gilt auch für die vollkommene Freiheit, die als der unbedingte, allen Gehalt und damit sich schlechthin eröffnende Entschluß dargestellt wurde. Der Begriff des transzendentalen Sichentschließens und Offenbarwerdens ist allerdings nicht identisch mit dem theologischen Begriff einer geschichtlichen Offenbarung. Aber das Wort Offenbarung kann, sofern es nicht nur Ausdruck für eine pneumatische Erfahrung, sondern für einen theologischen Begriff sein soll, einer transzendentalen Möglichkeit nicht entraten und braucht es auch nicht. Die Offenbarung Gottes in der Geschichte und in einem Menschen ist nur solange absurd, als der Inhalt dieses Glaubens durch ein Denken begrifflich bewältigt werden soll, das die Kategorien der Freiheit nicht entwickelt hat. Für ein objektivierendes Denken, sei es für ein metaphysisch objektivierendes oder ein positivistisch objektivierendes Denken, sind die Kategorien der Freiheit mehr oder minder absurd. Ein durch den Begriff der Substanz oder der Ursache gedachter Gott kann auch dann, wenn dieses Denken auf hohem Niveau steht, nicht als sich offenbarend gedacht werden. Ebenso wird ein abstrakter Offenbarungsbegriff, der Offenbarung wesentlich als positive Wortübermittlung versteht, unbegreiflich bleiben.

Wird der Begriff von Gott jedoch im Modell der transzendentalen Freiheitslehre gedacht, so erscheint eine Offenbarung nicht absurd. Die Idee jener Freiheit, die durch sich selbst für andere Freiheit sich entschließt und eben darin allen Gehalt realisiert, läßt Offenbarung und freie Mitteilung als primäre transzendentale Prädikate für einen Begriff von Gott zu. Die Transzendentalität dieser Prädikate hat zur Folge, daß aus ihnen nicht auf ein geschichtliches Handeln Gottes geschlossen werden kann. Wenn sich aber religiöse Erfahrungen von Gott in eminentem Maß als Geschichtserfahrungen bezeugen, wie in der jüdischen Religion und im Christentum, erfordern sie, wofern die Religion nach einem Begriff ihrer selbst verlangt, Kategorien der Freiheit. Durch sie werden jene Erfahrungen soweit begreifbar, als dies im Rahmen einer transzendental-reduktiven Philosophie möglich ist.

Dieser Rahmen setzt einer philosophischen Gotteslehre eindeutige Grenzen. Sie sind einmal dadurch gesetzt, daß der transzendentale Entschluß unableitbar ist. Das gilt für jeden Begriff von Freiheit, sei es menschliche Freiheit oder vollkommene Freiheit. Das Begreifen kann darum nicht das Ziel haben, eine Notwendigkeit zu erkennen; das Ziel dieses Begreifens ist vielmehr »Praxis«, d. h. die Bejahung anderer Freiheit, orientiert durch den Bezug auf vollkommene Freiheit, zu realisieren. Die andere Grenze des Begreifens liegt mithin darin, daß die transzendentalen Prädikate nicht empirisch-geschichtliche Prädikate sind; im Verhältnis zu diesen sind jene abstrakt. Diese Abstraktheit zu kritisieren, verkennt das Wesen des philosophischen Begriffs. Jede Philosophie ist abstrakt, auch die Philosophie von *Marx* oder anderen Philosophen, die sich konkretistisch geben. Sofern sie es nicht sein wollen, geraten sie unwillkürlich dahin, durch ihre Begriffe das Handeln konkret festzulegen. Die Kategorien der Freiheit werden ebenso unvermittelt wie ungerechtfertigt zu Kategorien eines geschichtlichen Systems. Und wenn Gott nicht mehr an die Kette des Begriffs gelegt werden kann, soll der Mensch und sein Handeln an die Kette gelegt werden – und sei es an die Kette eines philosophisch mißverstandenen Freiheitsbegriffs. Der transzendentale Begriff der Freiheit fixiert nicht die Geschichte, sondern orientiert sie. Ob die Anerkennung anderer Freiheit individuell oder gesellschaftlich durch eine Handlung, durch ein Wort, durch eine Präsenz oder in anderer Weise real wird, ist offen; solche Bestimmtheiten geschichtlicher Art sind nicht durch transzendentale Prädikate festzulegen. Dafür sind geschichtliche Modelle zu entwickeln, die einer transzendentalen Kritik standhalten. Auch das für einen Begriff von Gott in Anspruch genommene transzendentale Prädikat der vollkommenen Freiheit unterliegt dieser Begrenzung; durch es ist Gott nicht bestimmt. Darum ergibt sich aus einem philosophischen Begriff von Gott keine Religionslehre, wohl aber eine kritische Instanz für religiöse Praxis.

ANMERKUNGEN

[1]) *Descartes,* III. Med. 36; vgl. *W. Schulz,* Der Gott in der neuzeitlichen Philosophie, Pfullingen ³1957, S. 35. – [2]) Zur Problematik der Gotteserfahrung vgl. *M. Seckler,* Kommt christlicher Glaube ohne Gott aus? in: Wer ist das eigentlich – Gott? hrsg. von H. J. Schultz, München 1969, S. 181–191. – [3]) Vgl. »Transzendenz«, in: Handbuch philosophischer Grundbegriffe, München 1974. – [4]) Vgl. *H. R. Schlette,* Der Begriff der Personifikation in religionsphilosophischer und theologischer Sicht, in: Aporie und Glaube. Schriften zur Philosophie und Theologie, München 1970, S. 163–181. – [5]) *Kant,* Kritik der reinen Vernunft B 26, Anmerkung. – [6]) Vgl. hierzu *H. Krings,* Freiheit. Ein Versuch Gott zu denken, in: Phil. Jahrb. 77/2 (1970), S. 225–237; ebenso »Freiheit«, in: Handbuch philosophischer Grundbegriffe, München 1973.

LITERATUR

Platon, Symposion 210 e–211 d. Politeia 505–520.
Aristoteles, Physik 7 f. Metaphysik 12.
Augustinus, De libero arbitrio 2.
Anselm, Proslogion 2.
Thomas v. A., S. c. G. Ic, 13 32 ff.; S. th. I, q. 2, a. 3.
R. Descartes, Meditationes III und V.
I. Kant, Kritik der reinen Vernunft, 2. Buch, 3. Hauptstück.
J. G. Fichte, Wissenschaftslehre von 1804, Vortrag I–XV.
Ders., Die Anweisung zum seligen Leben.
G. W. F. Hegel, Vorlesungen über die Philosophie der Religion, I. Teil, 2. Kap., II. Teil, 1. und 3. Abschnitt.
L. Feuerbach, Vorlesungen über das Wesen der Religion (Bolin-Jodl, 2. unv. Aufl.), Stuttgart–Bad Cannstatt 1960.
Ders., Das Wesen des Christentums (Bolin-Jodl, 2. unv. Aufl.), Stuttgart–Bad Cannstatt 1960.
F. Brentano, Vom Dasein Gottes, Leipzig 1929.
C. Nink, Philosophische Gotteslehre, München 1948.
K. Jaspers, Der philosophische Glaube, München 1948.
Ders., Der philosophische Glaube angesichts der Offenbarung, München 1962.
W. Schulz, Der Gott der neuzeitlichen Metaphysik, Pfullingen ³1957.
K. Rahner, Bemerkungen zum Begriff der Offenbarung, in: Interpretation der Welt. Festschrift für Romano Guardini, hrsg. von H. Kuhn, H. Kahlefeld u. K. Forster, Würzburg 1965, S. 713–722.
J. Seiler, Das Dasein Gottes als Denkaufgabe, Stuttgart 1965.
E. Simons, Philosophie der Offenbarung, Stuttgart 1966.
B. Welte, Heilsverständnis, Freiburg 1966.
E. Simons, K. Hecker, Theologisches Verstehen, Düsseldorf 1969.
W. Weischedel, Der Gott der Philosophen, Bd. I, Darmstadt 1971; Bd. II, Darmstadt 1972.

HERMANN KRINGS (1. und 3.) / EBERHARD SIMONS (2.)

GRUND

1. Erkenntnisgründe
2. Grundsätze
3. Gründe des Werdens (Ursachen)
4. Seinsgründe
5. Sein und Grund

Der Ausdruck »Grund« ist so vieldeutig wie die mit ihm verknüpfte Problematik. Die Unbestimmtheit des Sprachgebrauchs äußert sich insbesondere im Fehlen einer allgemein akzeptierten Abgrenzung der Bedeutungen von »Grund«, »Ursache« und »Prinzip«. So werden im Anschluß an *Aristoteles,* der die von ihm verschiedentlich aufgezählten vier Arten von Gründen manchmal als ἀρχαί, manchmal als αἰτίαι bezeichnete, Stoff, Form (bzw. Wesen), Bewegendes und Zweck bald »Ursachen«, bald »Gründe«, bald »Prinzipien« genannt. Im folgenden wird im Interesse der terminologischen Eindeutigkeit »Prinzip« stets im Sinne von »Grundsatz« verwendet, während »Ursache« der Bezeichnung einer bestimmten Art von Gründen, nämlich der Gründe des Werdens, vorbehalten bleibt.

Das Problem des Grundes ist auf verschiedenen Ebenen zu erörtern, die nach methodologischen Gesichtspunkten unterschieden sind. Hierbei erweist sich vor allem die Unterscheidung zwischen einer durch die gegenständliche und einer durch die transzendentale Betrachtungsweise charakterisierten Ebene als wesentlich. Nichtsdestoweniger kann immer noch die Aristotelische Gliederung in Erkenntnis-, Werdens- und Seinsgrund, die von der neuzeitlichen Philosophie – z. B. von *Chr. Wolff* und *A. Schopenhauer* (bei letzterem mit Rücksicht auf bestimmte metaphysische Voraussetzungen um den Grund des Wollens vermehrt) – aufgenommen wurde, als Leitfaden der Darstellung dienen, wenn auch die genannten Arten von Gründen heute nicht mehr in derselben Weise inhaltlich bestimmt werden können wie in der früheren Philosophie. Es wird darauf ankommen, innerhalb der herkömmlichen Gliederung das philosophisch entscheidende Verhältnis von gegenständlicher und transzendentaler Erörterung zur Geltung zu bringen.

Der Versuch, von einer einheitlichen Definition von »Grund« im allgemeinen auszugehen, würde auf das Bedenken stoßen, daß hierdurch möglicherweise nur der Schein der Einheit aller Weisen des Begründetseins durch Homonymie erzeugt würde. Das gilt namentlich für die Bestimmung des Grundes überhaupt als »das Erste, woraus anderes hervorgeht« (τὸ πρῶτον ὅθεν)[1].

Auch der historische Weg des Rückgangs auf den ältesten bekannten Sprachgebrauch führt nicht zu einer einheitlichen Bedeutung von »Grund«, da sich zeigt, daß die Verwendung dieses Ausdrucks in den Anfängen der europäischen Philosophie durch eine Mehrzahl noch nicht differenzierter Bedeutungskomponenten charakterisiert war. Zunächst bedeutete ἀρχή, noch ganz im Sinne des

mythischen Denkens[2], etwas, das, in allen Teilen gegenwärtig, die Einheit eines Ganzen ausmacht. Es ist verständlich, daß ἀρχή, ausgehend von diesem Sinn, die Bedeutung von Stoffursache annehmen konnte. Die kausale Komponente tritt ebenfalls bereits früh zutage, so wenn bei *Anaximander* ἀρχή nicht nur dasjenige ist, aus dem die konkreten Dinge hervorgehen, sondern auch dasjenige, welches das Geschehen »steuert« und ihm hierdurch den Charakter der Notwendigkeit verleiht. Wenn schließlich in der älteren Atomistik angenommen wird, daß nichts zufällig, sondern alles aus einem Grunde (ἐκ λόγου) und mit Notwendigkeit (ὑπ' ἀνάγκης) erfolge, so ist λόγος als Grund schon weit von der magischen Auffassung des Grundes, für die die Indifferenz von Ganzem und Teil kennzeichnend war, entfernt. Gleichzeitig äußert sich in der Verbindung von ἐκ λόγου und ὑπ' ἀνάγκης die für lange Zeit erkenntnistheoretisch leitend bleibende Identifikation von Erkenntnis- und Realgründen[3].
Wegen der Schwierigkeit, wenn nicht Unmöglichkeit, eine einheitliche Bedeutung von »Grund« anzugeben, empfiehlt es sich, von der dem allgemeinen Sprachgebrauch vertrautesten Bedeutung auszugehen. Das ist aber die von »Erkenntnisgrund« im Sinne von »etwas, mit dessen Hilfe das Fürwahrhalten von Urteilen begründet werden kann«.

1. In bezug auf Urteile, die mit dem Anspruch der Wahrheit aufgestellt werden, läßt sich eine Rechtfertigung verlangen, die darin bestehen soll, die fraglichen Urteile auf etwas zu stützen, das den in ihnen zum Ausdruck kommenden Wahrheitsanspruch zu einem nicht nur willkürlich erhobenen macht. Alles, was geeignet ist, das Fürwahrhalten eines Urteils zu legitimieren, kann in einem weiten Sinne Grund desselben heißen.
Die Begründung von Urteilen im weiten Wortsinn kann entweder in ihrer Beziehung auf andere als wahr akzeptierte Urteile bestehen – wobei die logische Folgebeziehung nur eine von mehreren in Betracht kommenden ist – oder in ihrer Beziehung auf den beurteilten Sachverhalt. Im zweiten Fall handelt es sich um Begründung durch Inanspruchnahme von Evidenz. Daß sich der erste Fall nicht auf Begründung durch Herstellung logischer Folgebeziehungen zwischen dem zu begründenden und anderen, als wahr akzeptierten Urteilen einschränken läßt, wird klar, wenn man sich vergegenwärtigt, daß in vielen Fällen Urteile im Hinblick auf ihre Übereinstimmung mit dem Urteil der Sachkundigen oder wegen ihres Zusammenhangs mit Auffassungen einer Tradition oder infolge des Bestehens von Analogien als begründet anerkannt werden. Allerdings ist eine solche Rechtfertigung des Fürwahrhaltens ebenso als subjektiv anzusehen wie die durch Hinweis auf eine (faktische oder vermeintliche) Zustimmungsnötigung, d. h. auf Evidenz im psychologistischen Sinne. Im engeren Sinne heißt nur die objektive Rechtfertigung von Urteilen »Begründung«.
Rechtfertigung von Urteilen im objektiven Sinne liegt erstens vor im Fall der Begründung mit logischen Mitteln. Sätze (oder Satzformeln) gelten als begründet, wenn sie aus anderen, als wahr akzeptierten Sätzen (oder Satzformeln)

logisch gefolgert werden können. Von einer logischen Folge zwischen zwei Satzformeln S_i und S_j spricht man, wenn S_j von S_i logisch impliziert wird, d. h. wenn die Implikation $S_i \rightarrow S_j$ logisch wahr ist[4]. Der Begriff der logischen Folgerung wird somit auf den der logischen Implikation bzw. der logischen Wahrheit eines Konditionalsatzes zurückgeführt, wobei ein solcher logisch wahr ist, wenn sämtliche Interpretationen, welche den Vordersatz des Konditionals wahr machen, auch dessen Nachsatz wahr machen[5].
In gewissem Sinne kann auch die Bestätigung von Hypothesen als eine Art objektiver Begründung des Fürwahrhaltens von Urteilen angesehen werden. Die eine Hypothese stützenden Erfahrungsdaten werden dann als »Grund« dafür gelten, die fragliche Hypothese zu akzeptieren. Im Unterschied zur demonstrativen Begründung liegt im Falle der induktiven Bestätigung keine absolute Rechtfertigung des Fürwahrhaltens der zu begründenden Annahme vor[6].
Zweitens wird von objektiver Rechtfertigung des Fürwahrhaltens von Urteilen im Hinblick auf deren Begründung durch objektive Evidenz gesprochen. Die Ansicht, daß diese Weise der Begründung gegenüber der Begründung durch Demonstration die ursprüngliche sei, wurde nachdrücklich von *Descartes* vertreten und von *F. Brentano* und namentlich von *E. Husserl* erneuert, der sie folgendermaßen ausdrückte: »Die *Urquelle alles Rechtes* liegt hinsichtlich aller Gegenstandsbereiche und auf sie bezogener Setzungen in der unmittelbaren, und enger begrenzt, in der *originären Evidenz*, bzw. in der sie motivierenden originären Gegebenheit. Aus dieser Quelle kann aber in verschiedener Weise indirekt geschöpft, aus ihr der Vernunftwert einer Setzung, die in sich selbst keine Evidenz hat, abgeleitet oder, wenn sie unmittelbar ist, bekräftigt und bestätigt werden«[7]. Die originäre Gegebenheit des im vollen Sinne Bestimmten heißt demgemäß bei *Husserl* »Vernunftgrund«, und der Grundsatz, »daß *jede originär gebende Anschauung eine Rechtsquelle der Erkenntnis* sei«, wird »Prinzip aller Prinzipien« genannt[8].
Die Begründung von Entscheidungen erfolgt so, daß dasjenige, was Gegenstand der in Frage stehenden Entscheidung war, als notwendiges Mittel zu einem Zweck erwiesen und dieser Zweck als Ziel der Handlung genannt wird, wobei unter Umständen für die Zwecksetzung Evidenz in Anspruch genommen wird. Von Begründungen dieser Art wird im folgenden nicht gehandelt. Ihre Form ist diejenige der logischen Demonstration.
In allen Fällen besteht die Begründung darin, das zu begründende Urteil in einen Zusammenhang einzubeziehen, innerhalb dessen es auf anderes, als wahr Akzeptiertes bezogen werden kann. Der Satz vom Grunde des Erkennens muß nicht so verstanden werden, als gäbe es Erkenntnisgründe als einsichtige, subsistierende Wesensbeziehungen; es ist ohne weiteres möglich, ihn als Postulat der Begründung zu interpretieren, wobei nicht Letztbegründung im Sinne des Rückgangs auf absolut gewisse Grundsätze gemeint sein soll. Der in dieser Weise als Postulat gedeutete Satz vom Grunde besagt, daß für Behauptungen nach Möglichkeit eine Begründung gegeben werden soll, und zwar die unter

den jeweils vorliegenden Umständen befriedigendste. Begründungen werden als um so befriedigender zu gelten haben, je besser sie mit anderen innerhalb eines Begründungssystems übereinstimmen und je besser dieses System den beobachtbaren Tatsachen und den entsprechenden praktischen Bedürfnissen gerecht wird. Die systematische Kohärenz ist ein regulatives Prinzip im Sinne *Kants*, d. h. die systematische Einheit der rationalen Begründungen ist nicht objektiv, sondern nur subjektiv notwendig.
Das Begründungspostulat hängt mit der Tatsache zusammen, daß das schlechthin Zusammenhanglose auch das schlechthin Unbegreifliche ist. Soll daher einzelnes begreiflich werden, dann ist seine Einbeziehung in einen gedanklichen Zusammenhang zu fordern. Bedingung der Möglichkeit von Begründungen im allgemeinen ist mithin das Bestehen eines gedanklichen Zusammenhangs, der nicht notwendig durch logische Folgebeziehungen konstituiert sein muß und von dem erst recht nicht angenommen zu werden braucht, daß sich in ihm das Geflecht (συμπλοκή) der Wesenheiten *Platons* oder die das Reich der ewigen Wahrheiten, *Leibnizens pays des vérités éternelles*, bestimmende Gesetzmäßigkeit ausdrücke. Die Forderung, jeden Satz, der nicht den Charakter eines Grundsatzes hat, aus evidenten Grundsätzen logisch abzuleiten, und als Grundsätze unmittelbar evidente Sätze zugrunde zu legen, bezeichnet innerhalb des Spektrums möglicher Formen von Begründung nur den äußersten Punkt auf der Seite des rationalistischen Erkenntnisideals.

2. Begründungen treten im allgemeinen nicht isoliert auf, sondern gehören dem umfassenderen Begründungszusammenhang einer Theorie an, innerhalb deren ihre universalen Prämissen aus allgemeineren Voraussetzungen ableitbar sind. Von »Grundsätzen« oder »Prinzipien« einer Theorie spricht man, wenn es gelungen ist, eine Theorie zu axiomatisieren, d. h. ein widerspruchsfreies und unabhängiges System von Axiomen aufzustellen, die für die Ableitung aller übrigen Sätze der Theorie sowohl hinreichend als auch notwendig sind. Die Axiome pflegen »Grundsätze« oder »Prinzipien« genannt zu werden.
Von realwissenschaftlichen Grundsätzen wird angenommen, daß sie ebenso wie die gesetzesartigen Prämissen spezieller wissenschaftlicher Erklärungen synthetische, aposteriorische und damit prinzipiell widerlegbare Sätze sind. Diese Auffassung galt nicht immer; sie mußte sich vielmehr vom 17. Jahrhundert an gegen die seit *Aristoteles* herrschende Ansicht durchsetzen, derzufolge die Grundsätze einer Wissenschaft im strengen Wortsinn infolge ihrer höchstgradigen Einsichtigkeit absolut wahr und einer Begründung aus anderen Sätzen weder fähig noch bedürftig sein sollten. Die Annahme, daß von Wissenschaft im ausgezeichneten Sinne des Wortes nur gesprochen werden könne im Falle eines Systems von aus evidenten Prinzipien ableitbaren Sätzen, wurde von den Vertretern des Apriorismus in der Neuzeit übernommen. Zwar hat schon *Descartes* gesehen, daß wissenschaftliche Erklärungen hypothetischen Charakter hätten bzw. daß das hypothetisch-deduktive Verfahren der Realwissenschaften

nicht dazu diene, Wirkungen zu beweisen, sondern vielmehr dazu, sie zu erklären[9]; aber letzten Endes hielt er wie seine Zeitgenossen am Ideal absoluter Begründung auch im Bereich der Naturwissenschaften fest, denen er gemäß der Aristotelischen Forderung[10] evidente Prinzipien metaphysischen Charakters zugrunde zu legen suchte. Da die obersten Prinzipien der Cartesianischen Metaphysik mindestens im Ansatz transzendental-philosophischer Natur und somit ungeeignet zur Ableitung realwissenschaftlicher Sätze sind, läßt sich sagen, daß *Descartes* einerseits die Forderung der Begründung überspannte, andererseits den Charakter der Grundlegung seiner eigenen Philosophie wenigstens teilweise mißverstand. Die der aristotelischen Tradition entstammende Cartesianische Forderung der Letztbegründung der Naturwissenschaften mit den Mitteln der Metaphysik behielt jedoch auch für den späteren neuzeitlichen Rationalismus ihre Gültigkeit. Sie stellt jenen Punkt dar, gegen den sich die Angriffe des Empirismus letztlich immer richteten.

Leibniz brachte das Ideal absoluter Begründung auf die Formel des Satzes vom hinreichenden Grunde. Wird dieser Satz dahingehend formuliert, daß für alles ein hinreichender Grund angegeben werden müsse, so tritt folgende Schwierigkeit zutage: Wenn für alles eine korrekte (also nicht zirkuläre) Begründung zu geben ist, dann erscheint ein unendlicher Begründungsregreß unvermeidlich, wenn man das Begründungsverfahren nicht an einem bestimmten Punkte abbrechen und damit die Begründungsforderung außer Kraft setzen will[11]. Mit anderen Worten: Wenn die Forderung, daß Sätze bzw. Urteile durch Beziehung auf andere Sätze bzw. Urteile zu begründen sind, uneingeschränkt gilt, dann kann es keine obersten Grundsätze, die als solche weiterer Begründung nicht bedürfen, geben.

Soll ein unendlicher Begründungsregreß vermieden werden, dann muß diese Forderung irgendwann außer Kraft gesetzt werden. Das bedeutet jedoch nicht, daß in bezug auf Sätze, die den Charakter von Grundsätzen haben sollen, das Begründungspostulat überhaupt zu suspendieren sei; vielmehr wird von den Vertretern einer aprioristischen Philosophie an die Stelle der Forderung einer Begründung durch Ableitung die Forderung gesetzt, Grundsätze durch objektive Evidenz zu begründen. Grundsätze sind daher nur im Hinblick auf demonstrative Begründung unbegründbar; sie bedürfen dagegen wohl der Begründung durch Wesensschau. Wird eine solche für unmöglich erachtet, dann muß allerdings die Auszeichnung gewisser Sätze als oberster Prinzipien willkürlich genannt werden.

Das rationalistische Wissenschaftsideal läßt sich somit nur aufrecht erhalten, wenn die ihm zugrunde liegende Forderung der Letztbegründung durch Evidenz als realisierbar dargetan wird. Hierbei ist »Evidenz« nicht im subjektivistischen Sinne als psychisches Merkmal, das sich an gewissen Begriffen oder Urteilen findet, sondern im Sinne der Einsichtigkeit von (idealen) Sachverhalten zu verstehen. Erblickt man hierin das wesentliche Merkmal einer im weitesten Wortsinn platonistischen Philosophie, dann läßt sich sagen, daß alle dem

Ideal der Letztbegründung verpflichteten philosophischen Systeme platonistisch sind. Dagegen wird der Konventionalismus, der gewisse Sätze durch Festsetzung der Begründungsforderung entzieht, dem Postulat der Letztbegründung nicht gerecht, da Übereinkunft zwar ein Mittel zum Abbruch des Begründungsregresses, nicht jedoch zur Rechtfertigung der Grundsätze ist.
Unten wird zu fragen sein, in welchem Sinne im Bereich der philosophischen Grundlegung die Forderung nach Begründung durch evidente Grundsätze eine Rolle spielen kann. Für den Bereich der wissenschaftlichen Erkenntnis ist, unabhängig von der für die philosophische Grundlegung charakteristischen Fragestellung, festzustellen, daß für sie die Annahme evidenter Grundsätze bedeutungslos geworden ist. In den Naturwissenschaften hat sich die Überzeugung vom kontingenten Charakter aller Erklärungsprinzipien durchgesetzt, wie im Bereich der Mathematik Axiome nicht mehr als »ewige Wahrheiten« bzw. als Ausdruck von Einsichten in an sich bestehende Wesenszusammenhänge gedeutet werden. Wenn von Begründung durch objektive Evidenz bzw. von evidenten Grundsätzen noch die Rede sein kann, dann nur mehr im transzendentalphilosophischen Bereich (vgl. 4.).

3. Noch im 17. Jahrhundert fehlte eine präzise Abgrenzung von »Grund« im allgemeinen und »Grund des Werdens« im Sinne von »Wirkursache«. Für die weitgehend herrschende Identifikation ist *Spinozas* immer wiederkehrende Wendung *ratio seu causa* typisch. Bei *Leibniz* kündigt sich zwar insofern die Unterscheidung beider Begriffe an, als »Grund« *(raison)* als Ursache des Urteils, »Ursache« *(cause)* als das, was dem Erkenntnisgrund in den Dingen entspricht, bestimmt wird[12]; aber erst *I. Kant*, *S. Maimon* und insbesondere *A. Schopenhauer* haben nachdrücklich auf die Notwendigkeit klarer Unterscheidung hingewiesen. Das Ergebnis ihrer Bemühungen um eine saubere Trennung beider Begriffe kann dahingehend formuliert werden, daß Erkenntnisgründe das Fürwahrhalten eines Satzes bzw. Urteils rechtfertigen, Gründe des Werdens oder Ursachen aber Bedingungen für das Eintreten realer Ereignisse sind, wobei zwischen beiden Arten von Gründen keineswegs der von *Leibniz* angenommene Parallelismus besteht. *Leibniz* irrte auch insofern, als er meinte, die Erklärung konkreter Erscheinungen auf die Analyse ihrer Begriffe reduzieren zu können, indem er die als Ergebnis der Begriffszergliederung gewonnenen einfachen Termini als die notwendigen Bedingungen *(requisita)* der fraglichen Phänomene deutete und als deren hinreichenden Grund den Inbegriff der notwendigen Bedingungen bestimmte[13]. Offenbar hatte noch *G. W. F. Hegel* Gründe im Sinne von *Leibnizens requisita,* die durch Begriffsresolution gewonnen werden, vor Augen, als er im Hinblick auf den formellen Grund erklärte, Begründungen – namentlich auch solche im naturwissenschaftlichen Bereich – seien leere Tautologien[14]. Dagegen hatte sich nicht nur bei *Leibniz,* sondern auch schon bei *Descartes* die Anerkennung des das analytische Erklärungsmodell sprengenden synthetischen Moments wissenschaftlicher Erklärungen insofern durchzusetzen

begonnen, als die Rolle hypothetischer genereller Erklärungsprämissen nicht mehr zu übersehen war, sobald man auf die Form wichtiger in der zeitgenössischen Naturwissenschaft vorgetragener Erklärungen reflektierte. So lassen sich schon bei *Descartes* Ansätze jener Auffassung der kausalen Erklärung nachweisen, die *K. R. Popper* prägnant so ausgedrückt hat: »Einen Vorgang ›kausal erklären‹ heißt, einen Satz, der ihn beschreibt, aus Gesetzen und Randbedingungen deduktiv ableiten«[15]. In schematischer Darstellung (sogenanntes *Hempel-Oppenheim-Schema*)[16]:

Explanans	($A_1, \ldots, A_n$	(Sätze über Ausgangsbedingungen)
	($G_1, \ldots, G_r$	(Gesetze)
Explanandum	E	(Beschreibung des zu erklärenden Ereignisses)

Die Verwendung gesetzesartiger Prämissen ist hierbei wesentlich, d. h. solange nur singuläre Bedingungen ins Auge gefaßt werden, kommt eine kausale Erklärung bzw. Begründung nicht zustande. Die Annahme einer gesetzmäßigen Verbindung zwischen bedingenden und bedingten Erscheinungen ist unentbehrlich, wobei die metaphysische Deutung dieser Verbindung zunächst nicht berücksichtigt zu werden braucht: Ob sie als »notwendige Verknüpfung« der als »einfache Naturen« bestimmten Momente des realen Vorgangs *(Descartes)* oder als bloße Regularitätsannahme *(Hume)* verstanden wird: die Form der kausalen Erklärung ist von ihrer erkenntnistheoretischen Interpretation unabhängig.
Unter Zugrundelegung des angegebenen Schemas kann die Frage erörtert werden, was als Grund bzw. als Ursache des im Explanandum beschriebenen Ereignisses zu bezeichnen sei. Moderner Auffassung nach wird dieser Ausdruck für Ausgangsbedingungen reserviert, doch war früher eine Ausdrucksweise gang und gäbe, derzufolge die allgemeinen Gesetzesprämissen wissenschaftlicher Erklärungen ebenfalls als »Ursachen« bzw. als »allgemeine Ursachen« bezeichnet wurden.
Offensichtlich geht es nicht an, ohne präzisierenden Zusatz von *der* Ursache eines Ereignisses zu sprechen, wo korrekterweise nur von *einer* Ursache unter mehreren die Rede sein kann. Wenn dennoch eine Ursache dadurch ausgezeichnet wird, daß man sie *die* Ursache des fraglichen erklärungsbedürftigen Ereignisses nennt, so liegt eine elliptische Ausdrucksweise vor, die etwa so zu vervollständigen ist: etwas ist die im jeweiligen Zusammenhang aus irgendwelchen Gründen für besonders beachtenswert gehaltene Ursache. Vor allem dürften jene Ausgangsbedingungen, die Veränderungen des Zustands des jeweiligen Systems betreffen, den Namen »Ursache« erhalten. *Poppers* Beispiel einer Erklärung für das Zerreißen eines Fadens möge das veranschaulichen:
Folgende Gesetzesaussagen seien gegeben: »Für jeden Faden von einer bestimmten Struktur S gibt es ein charakteristisches Gewicht w, so daß er zerreißt, wenn an ihn ein Gewicht gehängt wird, das größer ist als w«. »Für jeden Faden von der Struktur S_1 beträgt das charakteristische Gewicht w_1 1 kg«.

Außerdem sollen folgende Ausgangsbedingungen realisiert sein: »Dieser bestimmte Faden hat die Struktur S_1«. »Dieser Faden wird mit einem Gewicht von 2 kg belastet«.
Aus diesen Voraussetzungen läßt sich als Konklusion ableiten: »Dieser Faden zerreißt«[17].
Es liegt zweifellos am nächsten, die Belastung des Fadens über seine Zerreißfestigkeit hinaus als »Ursache« seines Zerreißens zu bezeichnen. Daneben scheint jedoch auch die Auffassung vertretbar, daß die Struktur des Fadens Ursache seines Zerreißens war, ja es sind pragmatische Umstände vorstellbar, unter denen man dazu neigen wird, die Struktur in erster Linie als Ursache des erklärungsbedürftigen Ereignisses zu betrachten. Ob es sich empfiehlt, den Ausdruck »Ursache« für jene Ausgangsbedingungen, die Veränderungen betreffen, ausschließlich zu reservieren und die übrigen Bedingungen »Grund« zu nennen, wie *A. Riehl* vorschlug[18], darf bezweifelt werden, doch ist der Sprachgebrauch offenbar fließend, woraus sich zu einem Teil die Abneigung nicht nur der Wissenschaftstheoretiker, sondern auch der Wissenschaftler erklären lassen wird, von Ursachen zu sprechen. Hierauf hat *B. Russell* angespielt, als er meinte, Philosophen hielten die Ursächlichkeit für eines der Grundaxiome der Wissenschaft, während merkwürdigerweise in der entwickelten Wissenschaft das Wort »Ursache« nicht vorkomme.
Mag es auch zutreffen, daß heute eine gewisse Scheu zu konstatieren ist, Wendungen, in denen der Ausdruck »Ursache« vorkommt, zu gebrauchen, so treten doch auch im wissenschaftlichen Kontext immer wieder äquivalente Wendungen auf, weshalb die Frage, unter welchen Bedingungen »Gründe« eines Ereignisses »Ursachen« heißen, keineswegs gegenstandslos ist. In bezug auf das oben angegebene Schema der kausalen Erklärung kann der Begriff »Ursache« so bestimmt werden[19]:
E sei ein Ereignis zum Zeitpunkt *t; H* sei eine Menge von Bedingungen, die hinreichend sind, um *E* in *t* eintreten zu lassen; *U* sei eine der Bedingungen aus *H*. Wenn nun angenommen wird (sei es auch nur mit einer gewissen Wahrscheinlichkeit), daß mit *U* auch die übrigen Bedingungen von *H* verwirklicht sind, während ohne *U* das Ereignis *E* in *t* nicht eintritt, dann ist *U* die kontingent (d. h. relativ auf andere Bedingungen) notwendige Bedingung dafür, daß *E* in *t* eintritt. Unter der Voraussetzung, daß die von *U* verschiedenen Bedingungen in *H* gegeben sind, tritt *E* in *t* genau dann ein, wenn *U* gegeben ist.
Wenn nichtsdestoweniger die Verwendung des Ausdrucks »Ursache« häufig als suspekt empfunden wird, so vermutlich wegen der herkömmlicherweise mit ihm verknüpften Bedeutung von »Realgrund des Werdens«, während doch die an den Naturwissenschaften orientierte Erkenntnistheorie nur die phänomenalistische Deutung von »Ursache« zuläßt, die sich bereits bei *I. Newton* abzuzeichnen begann und die vor allem bei *D. Hume* zu voller methodologischer Klarheit erhoben erscheint. Alle dem Humeschen Phänomenalismus bzw. Positivismus verpflichteten Methodologen haben es seitdem abgelehnt, kausale Relationen

auf Verhältnisse der Wirklichkeit selbst zu beziehen, so wie es unüblich geworden ist, die in kausalen Erklärungen formulierten Beziehungen als Relationen von Realgründen und deren Folgen aufzufassen. Der Rückzug vom Problem der realen Kausalität auf die Frage nach der Struktur kausaler Erklärungen darf als Konsequenz der phänomenalistischen Position angesehen werden. Daß hierdurch keineswegs alle die Kausalität betreffenden Fragen als gelöst gelten können, zeigt besonders die Schwierigkeit, zu bestimmen, wann ein Allsatz den Charakter eines (Kausal-)Gesetzes hat. So wie die realistische Position mit dem Problem der »wahren Ursache« (*vera causa* noch bei *Newton*) belastet war, so erwächst der modernen Betrachtungsweise die Schwierigkeit, den Begriff der Gesetzesartigkeit zu präzisieren.

Die Abkehr von der realistischen Deutung der Kausalität hat die Umdeutung des Kausalprinzips in ein Begründungs- bzw. Erklärungspostulat nach sich gezogen. Während das Kausalprinzip seiner ontologischen Deutung zufolge lautete »Jedes Ereignis hat notwendig eine Ursache (im Sinne eines Realgrunds)«, wäre es nach dem Rückzug von der ontologischen auf die Auffassung der Kausalität als Erklärungspostulat etwa so zu formulieren: »Für jedes Ereignis soll nach einer adäquaten wissenschaftlichen Erklärung gesucht werden«. Es handelt sich bei diesem Postulat nicht um eine logische (und erst recht nicht um eine ontologische) Voraussetzung dafür, daß wissenschaftliche Erklärungen oder Begründungen und damit Wissenschaft überhaupt möglich sind, sondern um ein oberstes, die Tendenz zu möglichst umfassender Systematisierung ausdrückendes Postulat[20].

Vom realistischen Standpunkt aus wird dagegen geltend gemacht, daß kausale Erklärungen mit dem Anspruch aufgestellt werden, für die denkunabhängige Wirklichkeit zu gelten. In diesem Sinne stellte *N. Hartmann* fest: »Eine Gesetzlichkeit, die nichts als Denkgesetzlichkeit wäre, könnte, auf Realverhältnisse übertragen, nur Verfälschung des Realen sein. Ein Denken, welches eine eigene subjektive Logik im Erfassen von Realgegenständen ›anwenden‹ wollte, wäre ein praktisch im Leben unbrauchbares Denken«[21].

Die Anerkennung einer denkunabhängigen Wirklichkeit, die dem realistischen Erkenntnisideal zugrunde liegt, darf nicht mit der naiven Abbildtheorie des Erkennens gleichgesetzt werden. Vielmehr hat der realistische Erkenntnisanspruch den Charakter eines Vernunftideals, auf das die Erkenntnisbemühungen bezogen sind und dem man sich asymptotisch im Ausbau der Wissenschaften annähern kann. Nach der Hume-Kantschen Kritik an der metaphysischen Kausalitätsauffassung wäre es naiv, zu fordern, daß das Verhältnis zwischen dem beobachtbaren Geschehen und seinen »Gründen« im Sinne von realen »Kräften« einsichtig, begreiflich gemacht werden müsse, wenn von Erkenntnis des Geschehens im eigentlichen Wortsinn die Rede sein solle. Wie es Ursachen »machen«, daß bestimmte Wirkungen aus ihnen »hervorgehen«, läßt sich weder direkt noch indirekt zur Evidenz bringen. Hier wie im wissenschaftlichen Erkennen im allgemeinen kommt es vielmehr darauf an, durch sukzessive Vervollkommnung von prinzipiell hypothetischen Theorien deren »Übereinstimmung« mit der erfahrenen Wirklichkeit, ihre »Brauchbarkeit« zu erhöhen. Sofern sich Theorien als brauchbar im Hinblick auf die Bewältigung theoretischer und praktischer Probleme erweisen, darf man annehmen, daß in ihnen eine »Entsprechung« zwischen den in der Theorie verknüpften Begriffen und realen Verhältnissen zum Ausdruck kommt. Da diese Entsprechung genauer und weniger genau sein kann, bleibt stets die Aufgabe der Herstellung weitergehender Entsprechung in Richtung auf das Ideal vollkommener Entsprechung bestehen.

4. Die Frage nach Seinsgründen (im Unterschied zu realen Gründen des Werdens) scheint dem gegenwärtigen Denken fern zu liegen, da meist davon ausgegangen wird, »Seinsgrund« sei gleichbedeutend mit »Wesenheit« oder »substantieller Form«. Daher kam mit der Abkehr von der essentialistischen Metaphysik die Meinung auf, der Begriff des Seinsgrundes sei gegenstandslos geworden. In Wirklichkeit hat, insbesondere durch die transzendentalphilosophische Kritik an der dogmatischen These der Korrespondenz von distinktem Begriff und Wesenheit, die Frage nach den Gründen des Seins nur eine neue Richtung erhalten. Sie stellt sich nunmehr in Gestalt der Frage nach der Konstitution des Erfahrungsgegenstandes. In dieser Gestalt ist die Frage nach Gründen des Seins (von Erfahrungsgegenständen) nach wie vor eine zentrale Frage der Erkenntnislehre.
Als Grund des Seins von Dingen wurde in der Metaphysik von *Platon* und *Aristoteles* über *Leibniz* zu *Hegel* das *Wesen* der Dinge betrachtet, das in ihnen erscheint und dessen Perzeption Erkenntnis im eigentlichen Wortsinn sein sollte. Mit der Auflösung der essentialistischen Metaphysik durch die empiristische und transzendentalistische Kritik schwand die Möglichkeit, die Frage »Was ist der Grund dafür, daß dieses oder jenes Ding gerade das ist, was es ist?« mit dem Hinweis auf seine Wesenheit zu beantworten. Die Transzendentalphilosophie, weit davon entfernt, bloß negative Kritik zu sein, eröffnete gleichzeitig mit der Ablehnung der alten eine neue Möglichkeit, jene Frage zu beantworten, nämlich durch Hinweis auf die Konstitution bzw. Konstruktion der (nunmehr als gegenständliche Erscheinungen begriffenen) Dinge. Das gilt in dieser allgemeinen Formulierung sowohl für die kritizistische wie für die phänomenologische Gestalt der Transzendentalphilosophie.
Mit der transzendentalphilosophischen Wendung der Frage nach den Gründen des Seins erweist sich die hier zum Leitfaden der Darstellung gemachte Einteilung in Erkenntnis-, Werdens- und Seinsgründe als inadäquat, solange sie so verstanden wird, als lägen die verschiedenen »Arten« von Gründen auf derselben logischen bzw. erkenntnistheoretischen Ebene, während unter Voraussetzung der transzendentalphilosophischen Deutung von »Seinsgrund« dieser letztere den anderen Gründen nicht nebengeordnet werden kann. Wenn im Sinne der Transzendentalphilosophie nach dem Grund des Soseins und Daseins gegenständlicher Erscheinungen gefragt wird, so verschiebt sich die Fragestel-

lung auf eine erkenntnistheoretisch höhere Ebene, sofern nicht mehr nach gegenständlichen Gründen, sondern nach den Bedingungen der Möglichkeit gegenständlicher Erfahrung im allgemeinen gefragt wird.

Zwischen dem Problem der gegenständlichen und dem der transzendentalen Begründung besteht ein Zusammenhang, da die Erörterung des ersteren, konsequent zu Ende gedacht, an die transzendentalphilosophische Betrachtung heranführt. Sofern nämlich Begründung im ersten Sinn das Bestehen bzw. die Herstellung eines gedanklichen Zusammenhangs voraussetzt, in den das zu Erklärende bzw. zu Begründende einbezogen wird, zeigt sich die Einheit eines Zusammenhangs als Möglichkeitsbedingung gegenständlicher Begründung. Das hat *A. Riehl* deutlich gesehen: »Läge nicht das ursprüngliche Einheitsprinzip dem Denken aller Erfahrung zugrunde, so könnte auch nicht die Forderung der Begründung erhoben werden« [22].

Mit dem Übergang von der objektiven zur transzendentalen Betrachtungsweise erfolgt eine Verschiebung der Bedeutung von »Grund«. Für die gegenständliche Betrachtung sind Gründe etwas in einem weiten Sinne Objektives, ob es sich nun um Sätze, Sachverhalte, Ereignisse oder Zustände handelt. Auch der im Sinne der essentialistischen Metaphysik verstandene Seinsgrund gehört dem objektiven Bereich an. Für die transzendentale Betrachtungsweise gilt dagegen als Grund gegenständlicher Erscheinungen wie der Gegenständlichkeit schlechthin dasjenige, was Objektivität überhaupt möglich macht. Gegenständlichkeit enthält immer das Moment der Einheit des Mannigfaltigen, das, wie *Kant* sah, nicht auf Empfindungen bzw. Sinneseindrücke zurückgeführt und daher mit den Mitteln des Lockeschen oder Humeschen Empirismus nicht erfaßt werden kann. Daher muß die transzendentale Einheit der Apperzeption, »durch welche alles in einer Anschauung gegebene Mannigfaltige in einen Begriff vom Objekt vereinigt wird« [23], nach *Kant* als »Actus der Spontaneität«, der die alle erfahrenen Inhalte begleitende Vorstellung »Ich denke« hervorbringt, gedeutet werden. »Synthetische Einheit des Mannigfaltigen der Anschauungen, als a priori gegeben, ist also der Grund der Identität der Apperzeption selbst, die a priori allem meinem bestimmten Denken vorhergeht« [24].

Die Auffassung, daß die synthetische Einheit der Apperzeption »Grund« der Gegenständlichkeit von Erfahrungen sei, beherrschte auch das neukantianische Philosophieren. Sie lag *H. Cohens* Prinzip des Ursprungs zugrunde und veranlaßte *P. Natorp*, sie »Prinzip der Prinzipien« zu nennen [25].

Ebenso verhält es sich, wenn man mit *Husserl* [26] die konstituierende Intentionalität als Grund des Sinns von Gegenständen betrachtet: Sie ist nicht etwas Objektives, sondern das, was Objektivität überhaupt ermöglicht. Objektive Wissenschaften sind auf ein gegenständliches Gebiet gerichtet und verfolgen die Aufgabe, eine Theorie desselben aufzustellen. Aber nicht nur die theoretischen Ergebnisse der wissenschaftlichen Bemühungen, sondern das Gebiet der jeweiligen Wissenschaft selbst werden nach *Husserl* geschaffen durch die wissenschaftliche Vernunft [27].

Der Grundsatz, der besagt, daß jede originär gebende Anschauung eine Rechtsquelle der Erkenntnis sei[28], und den *Husserl* »Prinzip der Prinzipien« nannte, läßt sich in einer dem transzendentalen Gesichtspunkt angemesseneren Weise dahingehend formulieren, daß nichts für das Subjekt ist, es sei denn aus eigener (aktueller oder potentieller) Bewußtseinsleistung, d. h. aufgrund der konstituierenden Intentionalität. Jede Rechtsfrage erhält nämlich Sinn und Möglichkeit der Ausweisung aus der jeweiligen Bewußtseinsintentionalität vorgezeichnet[29].

Damit stellt sich das Problem der Möglichkeit oberster Grundsätze von neuem, nunmehr jedoch auf der transzendentalphilosophischen Ebene. Es ist zu fragen, ob nicht für transzendentalphilosophische Grundsätze der Anspruch der Letztbegründung, der im Hinblick auf gegenständliche Begründungszusammenhänge fragwürdig erschien, mit Recht erhoben werden kann.

Die Eigenart transzendentalphilosophischer Grundsätze wie des Kantischen Grundsatzes der synthetischen Einheit der Apperzeption, der in der »Transzendentalen Deduktion der reinen Verstandesbegriffe« als »oberstes Prinzip« erscheint, zeigt sich darin, daß sie zur Ableitung wissenschaftlicher Sätze nicht geeignet sind. Obwohl *Kant* noch an die Möglichkeit glaubte, absolut gewisse naturwissenschaftliche Sätze aufstellen zu können, setzte sich doch in seiner Philosophie bereits die Einsicht entschieden durch, daß es Grundsätze gibt, die nicht Sätze der Wissenschaft sein können, da sie nicht direkt die objektive Erkenntnis, sondern die Bedingungen der Möglichkeit objektiver Erkenntnis betreffen. Mithin können auch die Prinzipien, nach denen Vorstellungsverbindungen im gegenständlichen Sinne bestimmt werden, d. h. die allgemeinen Urteilsfunktionen oder Kategorien, die »alle aus dem Grundsatze der transzendentalen Einheit der Apperzeption abgeleitet« sein sollen[30], lediglich »bloße *Gedankenformen*, wodurch noch kein bestimmter Gegenstand erkannt wird«, sein[31].

Radikaler als *Kant* hat *Husserl* betont, daß jede »reale Wahrheit«, auch im Bereich der Naturwissenschaften, »wesensmäßig in *Relativitäten* verbleibt«[32] und doch für die universale Wissenschaft von der transzendentalen Subjektivität die Möglichkeit absoluter Erkenntnisbegründung in Anspruch genommen[33].

Somit steht auch von seiten der Transzendentalphilosophie der Anerkennung des prinzipiell hypothetischen Charakters aller wissenschaftlichen Sätze, auch der allgemeinsten, kein aprioristisches Dogma mehr entgegen. Erkenntnisarbeit, auch die des Wissenschaftlers, muß, sofern sie gegenständlich gerichtet ist, gedeutet werden als Entwerfen provisorisch akzeptierter, grundsätzlich korrekturfähiger Theorien. Dessen ungeachtet bleibt es sinnvoll, von obersten, logischer Begründung weder bedürftigen noch zugänglichen Grundsätzen zu sprechen, wenn man sich auf die transzendentalphilosophische Ebene begibt und unter Grundsätzen die Prinzipien versteht, die die Bedingungen möglicher Erfahrung überhaupt betreffen.

5. Bestimmt man die Spontaneität des Subjekts, die Einheit des »Ich denke«, die Intentionalität des Bewußtseins als Grund der Gegenständlichkeit und der für Gegenstände konstitutiven Beziehungen, so macht man sie damit auch zur Möglichkeitsbedingung von Begründungen auf der gegenständlichen Ebene. Die Frage nach den Bedingungen der Möglichkeit kann auch in bezug auf den als Konstitutionsgrund verstandenen Seinsgrund gestellt werden, und da als formale Bedingung der Möglichkeit von Begründung überhaupt das Moment der Einheit zu gelten hat, ist nach einer Einheit als Möglichkeitsbedingung auch des konstitutiven Grundes zu suchen.

Die Einheit des »Ich denke« fordert die Einheit des Gedachten und umgekehrt. Das Moment der Einheit muß daher, wie *P. Natorp* sah, jenseits des Gegensatzes von subjektiv und objektiv sein[34] oder mit *H. Wagner* als Einheit des Sichwissens und des Weltwissens begriffen werden[35]. Einheit in diesem Sinne ist Bedingung der Möglichkeit von Erfahrungskonstitution, da die Einheit der transzendentalen Apperzeption nur als konstitutiver Grund der gegenständlichen Einheit gedacht werden kann, wenn auch hier Grund und Begründetes innerhalb eines Einheitshorizonts aufeinander bezogen sind. In diesem Sinne hat *M. Heidegger* festgestellt, daß von Spontaneität als Grund erst die Rede sein kann, wenn Welt transzendierend entworfen ist, weil erst dann gefragt werden kann, wie sich das in der Welt seiende Subjekt zu innerweltlichem Seienden verhalte. Der »Ursprung von Grund überhaupt« liegt daher in der Transzendenz[36]. Aber obwohl »Welt« als Entwurf der Möglichkeiten des Daseins nicht zur »Innensphäre des Subjekts« gehört, gilt sie doch als subjektiv[37]. Die Bestimmung der Einheit als vom Subjekt entworfene Welt bzw. als Sein in der Transzendenz als dem weltentwerfend befindlichen Gründen ist nicht die letzte, sondern die vorletzte. Einheit im Sinne letzter Einheit ist Einheit des Seins, und somit der letzte Grund des Gründens das Sein. Als solchen hat ihn der spätere *Heidegger* dem *principium rationis sufficientis* in seiner Bedeutung als begründendes Verknüpfen von Vorstellungen forderndes Prinzip gegenübergestellt[38].

Der Gedanke, daß Gegenstände durch Akte des Ich konstitutiert sind, bedarf somit der Ergänzung durch den Gedanken, daß ein solcher Konstitutionsbezug nur innerhalb eines den Gegensatz von Ich und Gegenstand übergreifenden Horizonts denkbar ist. Darüber hinaus ist anzuerkennen, daß das Ich nur unter Anerkennung der Einheit des Seins, der es zugehört, erfaßbar wird. So stellt sich zwar einerseits das erkennende Subjekt als Grund nicht nur der Einheit der gegenständlichen Erfahrung, sondern auch der Einheit von Erkennendem und Erkanntem dar[39]; aber zugleich muß als Möglichkeitsbedingung der Konstitutionsbeziehung und damit der gegenständlichen Erfahrung die Seinseinheit anerkannt werden. Diese heißt »Grund« der Erfahrung nicht als Seiendes unter Seiendem, sondern als Möglichkeitsbedingung von Seiendem. Es ist, wie *H. Krings* es ausdrückt, »der schlechthin begründende Terminus« und gehört als solcher der transzendentalen Struktur der Erfahrung als wesentliches Moment an[40].

Das darf nicht so verstanden werden, als gäbe es zwei Gründe, durch deren Zusammenwirken Erfahrungsgegenständlichkeit ermöglicht bzw. konstitutiert würde, sondern die Frage nach den Möglichkeitsbedingungen von Begründung überhaupt führt zur Anerkennung immer weiterer bedingender Einheiten, deren vorletzte die Einheit des »Ich denke« und, korrelativ zu dieser, von Welt, deren letzte aber jene Einheit ist, die Einheit des Seins genannt wird. Als letzte ist sie absolute Einheit, sofern sie nicht mehr auf anderes, von ihr Unterschiedenes bezogen werden kann. Wäre das nämlich möglich, so würde diese Beziehung einen Einheitshorizont des Beziehens erfordern, der die als letzte angenommene Einheit übergreifen müßte, worin ein Widerspruch läge.

Wenn man die absolute Einheit nicht nur als Möglichkeitsbedingung, sondern als absoluten Grund der endlichen Seienden denkt, dann wird es unvermeidlich das für uns Unbestimmte und Unbestimmbare zugleich als an sich Bestimmtes, nämlich im Sinne des Grundes aller relativen Seienden Bestimmtes, anzuerkennen[41]. Wenn das Sein als Grund alles Seienden – das Seiendes nicht im Gegensatz zum Absoluten, sondern im Absoluten ist – gedacht wird, dann wird es als durchgängig bestimmt gedacht werden müssen, d. h. als Vernunftideal im Sinne *Kants*. Hier bleibt allerdings auch *Kants* Überzeugung bedenkenswert, daß das Vernunftideal nur in analoger Weise als etwas begriffen werden kann, worauf alle empirische Realität sich gründet[42].

Die absolute Einheit als solche wird nicht zu Deutungszwecken angenommen oder gar fingiert; sie ist vielmehr als Moment in jeder Erfahrung und namentlich in allem begründenden Denken enthalten. Dagegen sind die Deutung der Einheit als Erzeugnis des Erkenntnissubjekts oder die Deutung der Einheit als vom Sein »geschickt« in der Tat Annahmen zum Zweck der Interpretation gewisser Züge der Erfahrung. Die absolute, d. h. ohne qualifizierende Beziehung auf die Spontaneität des Subjekts oder auf den Inbegriff alles Möglichen als Bedingung der Bestimmung von Seiendem gedachte Einheit ist nichts anderes als das Moment der Einheit in seiner Unabhängigkeit von allen inhaltlichen Deutungen.

Das hier angedeutete Resultat mag als dürftig erscheinen, wenn man es mit den Ergebnissen mancher spekulativen Philosophen vergleicht, die nicht bei der Anerkenntnis des Seinshorizonts als letzter Möglichkeitsbedingung von Erfahrung, mithin auch der Erfahrung von Gründen, stehen bleiben, sondern auf einen seienden Grund der erfahrbaren Wirklichkeit schließen und diesem eine Reihe von Prädikaten beilegen. Man wird das angedeutete Resultat jedoch keineswegs als bedeutungslos bezeichnen, wenn man sich vergegenwärtigt, daß die Anerkenntnis des Seins als des Einheitshorizonts aller bestimmten Wirklichkeitserfahrung dazu angetan ist, die subjektivistische Auffassung der Einheit und die mit dieser zusammenhängende subjektivistische Erkenntnistheorie zu überwinden, indem der Gegensatz zwischen der Einheit des Erfahrens und der Einheit des Erfahrenen in der gegenüber dem Verhältnis von Subjekt und Objekt indifferenten absoluten Einheit aufgehoben und infolgedessen anerkannt wird, daß Einheit und damit Gegenständlichkeit nicht bloßes Erzeugnis der Selbsttätigkeit des Subjekts sein können. Wenn sich das Ich als solches nur setzen kann, sofern die absolute Einheit voraus-»gesetzt« ist, dann kann diese nicht auf eine Idee des Subjekts reduziert, sondern muß als denkunabhängige Wirklichkeit überhaupt anerkannt werden. Damit erscheint die der naiven und insbesondere der praktischen Einstellung wie dem wissenschaftlichen Bewußtsein selbstverständliche realistische Tendenz im Grunde als sinnvoll gerechtfertigt, mag auch diese Tendenz niemals zu adäquater Realisierung des Ideals der vollen Übereinstimmung von Denken und Sein führen, sondern sich nur in asymptotischer Annäherung an ein im Unendlichen liegendes Ziel äußern.

Schließlich ist die Anerkenntnis der absoluten Einheit als des Seins vor allem Seienden dazu angetan, alle bestimmten endlichen Setzungen zu relativieren und damit einen Raum des Glaubens zu eröffnen, der jeden Anspruch beschränkter Erkenntnis auf unbedingte Gültigkeit hinfällig macht. Der höchste Punkt, zu dem die philosophische Besinnung gelangt, ist keine inhaltliche Erkenntnis, sondern Anerkenntnis des Seins als des schlechthin Unbegründbaren.

ANMERKUNGEN

[1]) Vgl. *Aristoteles,* Metaphysik Δ 1, 1013 a 17ff. und *M. Heidegger,* Vom Wesen des Grundes, Frankfurt [4]1955, S. 7: »... ob ... das Wesen des Grundes gefunden werden kann auf dem Wege einer Kennzeichnung dessen, was den ›Arten‹ von Gründen ›gemeinsam‹ ist, muß bezweifelt werden«. – [2]) Vgl. *E. Cassirer,* Philosophie der symbolischen Formen, Bd. II, Oxford [2]1954, S. 65. – [3]) Vgl. *A. Lumpe,* Der Terminus »Prinzip« (ἀρχή) von den Vorsokratikern bis auf Aristoteles, in: Archiv für Begriffsgeschichte, I, Bonn 1955, S. 104–116. – [4]) *R. Carnap,* Einführung in die symbolische Logik, Wien [2]1960, S. 20. – [5]) *W. Stegmüller,* Probleme und Resultate der Wissenschaftstheorie und Analytischen Philosophie, Bd. I, Berlin–Heidelberg–New York 1969, Kap. O, Abschn. 5 und 6. – [6]) *W. Stegmüller,* a.a.O., Kap. IX. – [7]) *E. Husserl,* Ideen zu einer reinen Phänomenologie und phänomenologischen Philosophie, I. Buch, Husserliana Bd. III, den Haag 1950, S. 346. – [8]) Ebd., S. 52. – [9]) *R. Descartes,* Discours de la méthode, VI, Œuvres, hrsg. von Adam und Tannery, Bd. VI, S. 76. – [10]) *Aristoteles,* Zweite Analytiken, I, Kap. 2. – [11]) Vgl. *H. Albert,* Traktat über kritische Vernunft, Tübingen 1968, insb. S. 13. – [12]) *G. W. Leibniz,* Nouveaux essais sur l'entendement humain, IV, Kap. 17, § 1. – [13]) *G. W. Leibniz,* Handschriften der Niedersächsischen Landesbibliothek Hannover, Abt. I (Theol.), vol. 20, Bl. 223 v.; abgedruckt bei *R. Zocher,* Leibniz' Erkenntnislehre, in: Leibniz zu seinem 300. Geburtstag, hrsg. von E. Hochstetter, Lieferung 7, Berlin 1952; vgl. *G. W. Leibniz,* De existentia, in: Kleine Schriften zur Metaphysik, hrsg. von H. H. Holz, Darmstadt 1965, S. 16. – [14]) *G. W. F. Hegel,* Wissenschaft der Logik, II 1, Kap. 3, B. a (Anm.), Sämtliche Werke, hrsg. von G. Lasson, Bd. IV, S. 78ff. – [15]) *K. R. Popper,* Logik der Forschung, Tübingen [3]1969, S. 31. – [16]) Nach *W. Stegmüller,* a. a. O., S. 86. – [17]) *K. R. Popper,* a. a. O., S. 32, N. 1. – [18]) *A. Riehl,* Der philosophische Kritizismus, Bd. II 1, S. 267. – [19]) *E. Nagel,* Types of Causal Explanation, in: Cause and Effect, hrsg. von D. Lerner, New York–London 1965, S. 20f. – [20]) Vgl. *W. Stegmüller,* Das Problem der Kausalität, in: Probleme der Wissenschaftstheorie. Festschrift für V. Kraft, hrsg. von E. Topitsch, Wien 1960, S. 189. – [21]) *N. Hartmann,* Zur Grundlegung der Ontologie, Meisenheim [3]1948, S. 303. – [22]) *A. Riehl,* a.a.O., S. 237. – [23]) *I. Kant,* Kritik der reinen Vernunft (KrV) B 139. – [24]) KrV, B 134. – [25]) *P. Natorp,* Philosophische Systematik, Hamburg 1958, S. 312. – [26]) *E. Husserl,* Formale und transzendentale Logik, S. 207. – [27]) Ebd., S. 205. – [28]) *Ders.,* Ideen zu einer reinen Phänomenologie und phänomenologischen Philosophie, Husserliana III, S. 52. – [29]) *Ders.,* Formale

und transzendentale Logik, S. 208. – [30]) KrV, B 142. – [31]) KrV, B 150. – [32]) *E. Husserl*, Formale und transzendentale Logik, S. 245. – [33]) Ebd., S. 240 f. – [34]) *P. Natorp*, a.a.O., S. 313. – [35]) *H. Wagner*, Philosophie und Reflexion, München–Basel ²1967, S. 214. – [36]) *M. Heidegger*, Vom Wesen des Grundes, ⁴1955, S. 44. – [37]) Ebd., S. 38. – [38]) *Ders.*, Der Satz vom Grund, Pfullingen 1957, S. 208. – [39]) *H. Krings*, Transzendentale Logik, München 1964, S. 49 f. – [40]) Ebd., S. 180. – [41]) *H. Wagner*, a.a.O., S. 126 f. – [42]) KrV, B 702.

LITERATUR

Chr. Aug. Crusius, Dissertatio philosophica de usu et limitibus principii rationis determinantis, vulgo sufficientis, Leipzig 1743.
I. Kant, Principiorum primorum cognitionis metaphysicae nova dilucidatio, Königsberg 1755.
G. W. F. Hegel, Wissenschaft der Logik, Nürnberg 1812–16.
A. Schopenhauer, Über die vierfache Wurzel des Satzes vom zureichenden Grunde, Rudolstadt 1813 (Frankfurt ²1837).
M. Heidegger, Vom Wesen des Grundes, in: Festschrift für E. Husserl (1929), Frankfurt ⁴1955.
M. Heidegger, Der Satz vom Grunde, Pfullingen 1957.
J. Geyser, Das Prinzip vom zureichenden Grunde. Eine logisch-ontologische Untersuchung, Regensburg 1929.
R. Laun, Der Satz vom Grunde. Ein System der Erkenntnistheorie (1942), Tübingen ²1956.
H. Wagner, Philosophie und Reflexion, München–Basel 1959 (²1967).
H. Krings, Transzendentale Logik, München 1964.
W. Stegmüller, Probleme und Resultate der Wissenschaftstheorie und Analytischen Philosophie. Bd. I: Wissenschaftliche Erklärung und Begründung, Berlin–Heidelberg–New York 1969.

WOLFGANG RÖD

DAS GUTE

1. Die Sprachform
2. Die ursprüngliche Setzung
3. Die Aristotelische Umformung
4. Die Parzellierung des Guten

1. Das Gute ist im Deutschen wie auch im Englischen *(the good)* ein substantiviertes Adjektiv, im Französischen und im Italienischen ein substantiviertes Adverb *(le bien, il bene)*. Diese den modernen Sprachgewohnheiten zuwiderlaufende Eigentümlichkeit erklärt sich aus der Nachwirkung des griechischen und insbesondere Platonischen Sprachgebrauchs. Schon durch seine Wortform gibt sich »das Gute« als eine Verdeutschung von τὸ ἀγαθόν oder lateinisch *bonum* zu erkennen. Anders als bei dem verwandten Eigenschaftswort »schön«, an dessen Seite das Hauptwort »Schönheit« getreten ist, hat sich »Gutheit« nicht eingebürgert, und die beiden anderen stammgleichen Hauptwörter, »Güte« und »Gut«, Plural »Güter« (wie ἀγαθά und *bona*) haben sich zu engeren Bedeutungen spezialisiert. So kommt es, daß »das Gute« im wesentlichen ein Wort der philosophischen Sprache geblieben ist. Wo es in der Umgangssprache oder in der gehobenen Sprache der Dichtung auftritt, da gesellt es sich gern »dem Schönen«

oder »dem Wahren« zu wie z. B. in den platonisch gefärbten Zeilen *Goethes:* ... leiten »Zu dem ewig Guten, ewig Schönen/ Ist der Götter Werk« (Pandora, Gedenkausg. VI, S. 443); oder es tritt dem Bösen oder Schlechten polar entgegen; wenn es nicht (eine dritte Möglichkeit) der bloßen Summierung dient; wie wenn wir sagen: »alles Gute, das uns erwiesen wurde...« Der Vorrang, der der Substantivierung des Adjektivs eingeräumt wird, deutet an, daß eine Eigenschaft sui generis gemeint ist. Anders als andere Eigenschaften kann sie auf eine unbegrenzte Mannigfaltigkeit von Eigenschaftsträgern bezogen werden, immer aber so, daß das Gut-sein in polarer Entgegensetzung zum Schlechten oder Bösen auftritt. Diese Verbindung von Universalität und Polarität lenkt den Blick über die unendliche Mannigfaltigkeit des Erscheinens der Qualität »gut« hinaus auf die Qualität selbst – auf das Gute als solches und sein Verhältnis zum Schlechten oder Bösen. Diesem Sachverhalt entspricht die Einreihung des Guten unter die *transcendentalia* der Schulphilosophie d. h. unter die Begriffe, die, wie Einheit, Wahrheit, Sein, alle Grenzen von Seinsgattungen oder Kategorien überschreiten. Durch den ihm innewohnenden Anspruch auf begriffliche Substantialität unterscheidet sich »das Gute« von der Omnipräsenz des Adjektivs in allen Zonen des Sprachgebrauchs. Was kann nicht alles gelobt, d. h. »gut« genannt werden? Nachdem wir »gut« geschlafen haben, nehmen wir ein »gutes« Frühstück zu uns. Doch dieses Alltagswort hat die Fähigkeit, seine einzigartige Würde wiederzugewinnen. So in *Luthers* problematischer Übersetzung von Matth. 19,17 »Was heißest du mich gut? Niemand ist gut, denn der einige Gott«.

Charakteristisch für den Sprachgebrauch ist schließlich die Unterscheidung zwischen einer absoluten und einer relativen Bedeutung. Etwas oder jemand kann an und für sich gut sein. Das Gute in diesem absoluten Gebrauch nähert sich der Bedeutung von Vollkommenheit. Gut heißt dann ein Ding oder Wesen, insofern es in hohem Maße oder ganz und gar *ist,* was es sein *kann.* Seiendes wird als Zu-seiendes verstanden und sein Gut-sein bedeutet die Erfüllung der in ihm angelegten Möglichkeit. Danach wäre ein gutes Leben die volle Aktualisierung einer Lebenspotenz, ein zu seinem Ende oder Seinsziel gelangtes Leben – ein βίος τέλειος. Gut wird aber auch genannt, was gut zu oder für etwas anderes ist. In diesem relativen Sinn kann Leiden, obzwar nicht gut an und für sich, gut sein für die Läuterung des Charakters. Das Mittel ist gut im Verhältnis zum Zweck, und das Mittel kann selbst dann noch gut heißen, wenn der Zweck, dem es dient, dieses Prädikats unwürdig ist. Aber die Reduktion des Guten auf die Zweckmäßigkeit führt zu einer Formalisierung, die der Substantialität dieses Begriffes widerstrebt. So führt das relative Verständnis des Guten weniger zu einer Relativierung als zu einer Hierarchisierung. Etwas ist gut als Mittel zur Erzielung eines Zwecks, der Zweck dient einem höheren Zweck, und so geht es fort in aufsteigender Abfolge, wobei jedes Glied dieser Kette dank seiner Funktion einen unverrückbaren Stellenwert besitzt. Zur Veranschaulichung kann jede arbeitsteilige Produktion dienen: das Gut-sein der Ziegel dient dem Bau, das Gut-sein des Baus ergibt sich aus seiner Angemessenheit an seine besondere Bestimmung, etwa: einer Schule als Unterkunft zu dienen, das Gut-sein der Schule bemißt sich nach der Erfüllung ihres Zwecks, der im Lernen besteht, und so fort. Zweierlei ergibt sich aus dieser Relationsordnung des relativ verstandenen Guten. Einmal kann sich das Gute auf jeder Stufe der Ordnung zu einem Gut kristallisieren. Die Mittel-Zweck-Stufung wird dann zu einer Güterordnung. Gleichzeitig erweist sich die begrenzte Gültigkeit der Unterscheidung von »absolut« und »relativ«. Jedes Gut innerhalb der Stufenordnung ist zwar abhängig von dem jeweils nächsthöheren Gut, aber alle diese Güter sind wahrhaft gut nur, sofern sie samt und sonders von einem absolut Guten abhängen. Die Güterpyramide ruht, wenn man so sagen darf, auf ihrer Spitze – dem Guten an sich oder, in Angleichung an den Plural »Güter«, dem höchsten Gut, dem *summum bonum.* Das Verhältnis dieses an sich Guten zu den Gütern ist einmal das der Konstituierung oder Begründung: nur durch das Gute sind sie echte Güter. Auf der anderen Seite kann das Gute oder auch seine Substantialisierung zum »höchsten Gut« in Konkurrenz treten zu anderen Gütern, und dabei zeigt sich sein unbedingter Vorrang. Allen anderen Gütern wohnt ein Mehr oder Weniger an Gut-sein inne, und dem gemäß fügen sie sich in eine Wertskala ein. Das höchste Gut hingegen ist außer allem Vergleich: auch die Summe aller Güter kann sich nicht mit ihm messen.

Nun hat die Rede vom relativ Guten noch eine zweite Bedeutung. Die Relation betrifft dann nicht das Verhältnis zwischen Mittel und Zweck oder zwischen Gut und Gut, sondern sie subjektiviert das Gute. Das Gute ist gut *für* jemanden, und die Bewußtseinsrelation reicht hinaus über das Kognitive – über das Erkannt- und Anerkanntsein des Guten. Sie ist praktischer Natur. Nicht bloß in akzidenteller Weise wird das Gute gewollt, erstrebt, begehrt, geliebt. Sein Begehrt- oder Geliebtwerden ist konstitutiv für sein Gut-sein. Wiederum finden wir diesen Aspekt des Guten durch eine scholastische Formel umrissen: »Alles Begehrte wird unter der Gestalt des Guten begehrt« *(quidquid appetitur, sub specie boni appetitur).* Der stufenartigen Ordnung der Güter entspricht, wenn auch hauptsächlich als Norm und nur annäherungsweise als Faktum, der *ordo amoris,* d. i. die Ordnung des Begehrens oder Liebens, dem Guten als solchem ein Grundverlangen, und das *summum bonum* ist zugleich das *primum amatum.* Auch hier ist wieder zu bemerken, daß das relativ Gute dem absolut Guten nicht als durchaus Verschiedenes gegenübersteht, sondern an diesem festgemacht ist oder sich zu ihm zurückwendet. Das Gute, absolut verstanden, identifiziert sich mit dem Vollkommenen. Das Grundverlangen nun, das sich auf das höchste Gut richtet, erweist sich, wenn es das Denken und Tun beherrscht, als aufbauend: es bewirkt die Vollkommenheit des von ihm beseelten Wesens.

Die Durchforschung des Sprachgebrauchs ergibt eine Reihe von an die Sache heranführenden Bemerkungen. Das Wort, von dem wir ausgehen, ist ein philosophischer Terminus. Doch obwohl es in der philosophischen Sprache seine Heimstätte hat, steht es in Wechselwirkung mit der Sprache des täglichen Lebens, der Bildungsliteratur und der Dichtung. In objektiver Bedeutung, die das Gute in die Nähe des Vollkommenen rückt oder mit ihm identifiziert, bezieht es sich auf einen nicht zu begrenzenden Bereich von Dingen und Wesen. Es ist ontologisch omnipräsent. Allen Unterscheidungen von Wissensgebieten gegenüber bleibt es neutral. In subjektiver Verwendung ist das Gute zu Haus in dem gesamten Bereich menschlichen Tuns. Die Spannung zu seinem Gegensatz, dem Schlechten oder dem Bösen, ist durchweg fühlbar, und der stets geforderten Unterscheidung folgt die praktische Entscheidung. So wird das Gute zum Prinzip der Ethik und Politik, allgemeiner gesprochen der »praktischen Philosophie«. Vermittelnd zwischen dem vorgefundenen und dem getätigten Guten steht die Welt der vom Menschen geschaffenen Werke, der Artefakta. Das Gutsein stammt hier aus der Subjektivität, doch so, daß die Qualität des werkschaffenden Tuns von der Trefflichkeit des Werkes abhängt. Mit Rücksicht auf die Eigentümlichkeit dieses mittleren Reichs der kunstmäßigen Produktion hat *Aristoteles* zwischen die theoretische und die praktische eine »poietische Wissenschaft« gestellt. Doch mit dieser Vermittelung durch Kunst (im Sinne von τέχνη oder *ars*) ist es nicht getan. Es bleibt die Frage, wie sich das objektiv Gute als Vollkommenheit zu dem Guten als Maßstab menschlichen Handelns in Beziehung setzen läßt. Gründet das Gute als oberstes Ziel menschlichen Wollens und Liebens in dem objektiv vorfindlichen, als Vollkommenheit in Erscheinung tretenden Guten? Anders gesagt: ist Sollen vom Sein ableitbar? Verlangt Ethik nach einer ontologischen Grundlage? Nur wenn diese Fragen bejaht werden, kann die Suche nach dem Sinn von Sein die Form einer Wissenschaft, nämlich der Metaphysik, annehmen. Demgemäß beruht der moderne Widerwillen gegen die Metaphysik auf der Meinung: die Metaphysik, insbesondere in ihrer theistischen Gestalt, projiziere Leitbegriffe des menschlichen Lebens auf nicht-menschliches Sein, oder auch: sie frage vermeintlich nach dem Sein, während sie in Wahrheit das Sein dadurch denaturiere, daß sie sich insgeheim von dem Willen zur Übermächtigung des Seins leiten läßt. »Alles Seiende, als Seiendes betrachtet, ist gut«. Oder, nach der scholastischen Formel, *ens et bonum convertuntur*. Dieser Grundsatz der Metaphysik besagt, daß sich der Mensch, vor die Aufgabe gestellt, »gut« zu leben, die ihm unentbehrliche Aufklärung über das Gute durch eine Wissenschaft vom Sein beschaffen muß.

2. Die ursprüngliche Prägung des Begriffes vom Guten und seine Entfaltung ist die Tat des *Sokrates*. Wenn wir, wie wir wohl dürfen, mit gewissen Einschränkungen den wahren *Sokrates* in den Platonischen Dialogen zu finden glauben; können wir *Sokrates* den Lehrer des Guten schlechthin nennen; und wir können die Fortwirkung dieses Begriffes in der Geschichte der Philosophie als ein Fortleben des *Sokrates* verstehen. Dieser Fortwirkung liegt, in höherem Maße als andere Quellen, ein bestimmtes literarisches Dokument zugrunde: die Seiten des 6. Buches von *Platons* Dialog »Politeia«, auf denen »das größte Wissen«, nämlich »das Wissen vom Guten« (ἡ τοῦ ἀγαθοῦ ἰδέα μέγιστον μάθημα, 505 a), mit einer Ausführlichkeit und Eindringlichkeit behandelt wird wie sonst nirgend in dem Platonischen Werk (503 e – 509 d).

Es geht um die Heranbildung der Herrscher in der »besten Polis«. Im Erwerb der »größten Wissenschaft« soll sich der mühevolle Prozeß des Lernens für diejenigen vollenden, denen die Leitung des Staatswesens anvertraut werden kann. Ist doch die »beste Polis« diejenige, die am meisten sie selbst ist, d. h. die der ihr gestellten Aufgabe, der Verwirklichung der menschlichen Gerechtigkeit, aufs beste genügt, und in dieser ihrer Selbstverwirklichung liegt ihr Gut-sein. Das Gute ist also nicht als eine von dem zu Normierenden abgelöste Norm zu denken, sondern als Inbegriff des Wesens des Staates, wie es sich in seinem Leben offenbart. Es ist nicht ein formaler, sondern ein inhaltlich erfüllter Begriff, und zugleich kommt ihm eine unmittelbar praktische Bedeutung zu. In diesem Punkte unterscheidet sich die politische Kunst nicht von anderen Künsten. Es ist nicht so, daß man Flötespielen lernt und außerdem noch lernt, die Flöte gut zu spielen. Dies zweite ist in dem ersten mitenthalten. So wäre jeder Versuch, eine Polis zu gründen oder zu erhalten, bodenlos ohne Kenntnis des Guten.

Der Zugang zur Frage des Guten, wie ihn *Platon* sich bahnt, ergibt sich aus der Frage nach der besten Polis. Das bedeutet aber nicht, daß er ein speziell »politisches Gutes« im Auge hätte im Unterschied zu anderen speziellen Formen des Guten, deren Vielfalt der Vielheit der »Künste« (τέχναι) entsprechen würde. Vielmehr nimmt *Platon* an, das politisch Gute sei identisch mit dem menschlichen Guten. Doch auch die Frage nach dem, was gut für den Menschen ist, ist für ihn nur eine Vorfrage, die zur Frage nach dem Guten als solchem hinleitet, ohne sie selbst zu stellen. Die Vorfrage betrifft das relativ Gute, nicht das Gute als solches – relativ aber nicht zu irgendwelchen Bezugspunkten, sondern zu dem Menschen, der nach dem für ihn Guten fragt. Aus dieser ersten, »subjektivierenden« Frage ergibt sich als Antwort eine erste Definition des Guten, die ihrerseits als vorläufig zu werten ist. Doch in verwandelter Form erhält sich die vorläufige Antwort in den Sätzen, die über das Gute als solches aussagen.

Was immer wir erwerben – das Erworbene nützt uns nichts, wenn nicht in dem Erworbenen das Gute erworben wird. Was immer wir denken und erkennen – die Erkenntnis bleibt unnütz, wenn in ihr nicht das Gute erkannt wird. Wenn wir uns um vielerlei Wissen ernstlich bemühen und uns nicht zufrieden geben, solange dies Wissen nicht durch Prüfung gesichert und gegen Zweifel geschützt ist, uns aber, was das Gute angeht, beim Unwissen oder Halbwissen beruhigen, dann ist es nicht verwunderlich, wenn wir in die Irre gehen. Was aber ist dies allen Gütern ihre Gutheit verbürgende Gute? Zwei Antworten, meint *Sokrates*, sind bei der Hand – wir kennen sie vor allem aus dem Dialog »Philebos«: das Gute ist Lust; oder: das Gute ist Wissen. Die erste Antwort ist unhaltbar, solange wir genötigt sind, zwischen guter und schlechter Lust zu unterscheiden. Die zweite Antwort ist in Wahrheit keine Antwort, sondern eine Umformung der Frage. Um das Gute zu sein, müßte das Wissen zuallererst Wissen vom Guten sein – und eben dies besitzen wir nicht. Die Umformung der Frage ist freilich ihre Präzisierung. Sie erweist sich gegenüber allen anderen Fragen als diejenige, die unter allen Umständen auf Erkenntnis des Seienden drängt – sie, und nur sie, läßt sich durchaus nicht mit Anschein und Meinung abspeisen. Und das gilt für alle Fragenden, auch für die, die in allen sonstigen Dingen gern mit dem Schein vorlieb nehmen (505 d). Aus diesen Erwägungen entspringt die erste, vorläufige Definition: »Was jede Seele anstrebt und um deswillen sie alles tut, ahnend, daß es so etwas (wie das Gute) gebe, schwankend und zweifelnd aber, fähig weder recht zu fassen, was es ist, noch imstande, darüber zu einer festen Überzeugung zu gelangen wie in anderen Dingen. Und darum greift sie fehl auch in dem, was ihr sonst von Nutzen sein könnte« (505 d–e).

Zunächst scheint es, als sei mit diesen Worten das Gute ganz in die Innerlichkeit des Menschen hineingenommen. Es wird gleichgesetzt mit dem Erstrebten, wobei freilich auf Seiten des Guten unterschieden werden muß zwischen dem wahrhaft Guten und dem scheinbar Guten. Doch legt das Reden von Verinnerlichung eine Fehldeutung nahe: von einer Subjektivierung im modernen Sinn des Wortes kann nicht die Rede sein. Die den Satz einleitenden Worte ὃ δὴ διώκει μὲν ἅπασα ψυχὴ ... erinnern in ihrer fast feierlichen Nachdrücklichkeit an einen verwandten Passus im »Phaidros«, der die Seele als die sich selbst bewegende Quelle aller Bewegung bestimmt: ψυχὴ πᾶσα ἀθάνατος (245 c). Wie nach dem »Phaidros« die Seele die bewegte Ursache aller Bewegung und damit alles Lebens ist, und als solche unsterblich (mit ihrem Stillstand käme die Welt zum Stehen), so ist in der »Politeia« das Gute als Erstrebtes die Ursache der Bewegtheit der Seele. Das emphatische »jegliche« (πᾶσα im »Phaidros«, ἅπασα in der »Politeia«) macht deutlich, daß hier keineswegs nur an die menschliche Seele zu denken ist, sondern an die Seelen aller Lebewesen, nach Platonischer Denkweise auch und vor allem an die Seele des Kosmos. Keineswegs also ist die erste, vorläufige Definition des Guten »relativ« im Sinn des ausschließlichen »gut-für-uns«. Sie enthält bereits die Überleitung zur Frage nach dem an sich bestehenden Wesen des Guten. Im übrigen steht der Gedanke des Guten als universaler Bewegungs- und Lebensursache nicht etwa im Widerspruch zum Gedanken der sich selbst bewegenden Seele (τὸ αὑτὸ κινοῦν). Das Gute muß als der Seele innewohnend gedacht werden.

Wie nun aber die Frage nach dem Wesen des Guten als eines solchen, abgesehen von dem Bezug zum Menschen, auf Antwort drängt, da entschuldigt sich *Sokrates:* es soll mit der Behandlung des »Abkömmlings« des Guten, seines ihm im höchsten Maße ähnlichen Abbilds, sein Bewenden haben. Aber die für den Augenblick und für die gegenwärtige Untersuchung als zu schwierig verschobene Untersuchung findet sich weder in diesem noch in einem anderen der Platonischen Dialoge. Kein Wunder, daß das Interesse an den ἄγραφοι λόγοι, den ungeschriebenen Lehren *Platons,* hier Nahrung findet. Bekanntlich ist uns ein Bericht des *Aristoxenos* über eine von *Platon* gehaltene Vorlesung »Über das Gute« erhalten. Aber bislang hat der Versuch, die Lücke der Platonischen Texte durch eine Rekonstruktion von *Platons* Ideenzahlenlehre zu schließen, zu keinem befriedigenden Ergebnis geführt. Mit der Gleichsetzung der »Idee des

Guten« mit dem Einen, das als Urprinzip der unbegrenzten Zwei gegenübertritt, und mit der Reduktion der Ideenlehre auf eine mathematisch formulierte Henologie ist wenig erreicht. Die Formalität der Idee des Guten, die mit ihrer Bezeichnung durch die Ideezahl Eins zum Vorschein kommt, ist irreführend, wenn sie nicht zusammengesehen wird mit der materialen Sinnfülle, die ihr aus ihrer ontologischen Universalität zuwächst. Im übrigen enthält die analogische oder indirekte Argumentation, mit der *Sokrates* seinem Gegenstand aus dem Weg zu gehen vorgibt, tatsächlich eine genaue Bestimmung des Bedeutungshorizontes, innerhalb dessen das Gute seinen Ort findet.

Das Gleichnis, an dem nach *Sokrates* das Wesen des Guten aufscheinen soll, der »Sproß« der ἰδέα τοῦ ἀγαθοῦ (Idee des Guten), ist die Sonne. Das Verbindende zwischen dem Gleich-ungleichen, dem Guten und Helios, dem Zeugenden und dem Abkünftigen, ist das Herrschen (βασιλεῦειν 509 d). In dem Umriß, der alles Seiende in sich befaßt, zeichnen sich zwei Arten (γένη) oder Örter (τόποι) ab: das Unsichtbare und das Sichtbare, das vom Geist Erfaßte (νοητόν) und das Wahrnehmbare (ὁρατόν), das Ursprüngliche und die Welt (οὐρανός) als das Abkünftige. Wie im Reich des Geistigen, will sagen der Formen oder Ideen, die Idee des Guten herrscht, so im Reich der Sichtbarkeit die Sonne. Die Bedeutung des Herrschens legt sich zweifach auseinander. In der sichtbaren Welt kommt das Sichtbare erst wirklich zu Gesicht dank dem Licht der Sonne, und entsprechend werden im Reich des Unsichtbaren die Ideen dem Auge der Seele sichtbar erst im Lichte der Idee des Guten. Was wir aber auf dem Weg der Sichtbarkeit zur Kenntnis nehmen, bleibt Meinung, während allein das Licht des Guten Wahrheit unter der Form des Wissens oder der Wissenschaft spendet. Wie nun das mit den Sinnen, und vor allem dem Auge Wahrgenommene keineswegs Sonne ist, wohl aber sonnenhaft, so ist gleichermaßen das durch Wissenschaft Erkannte nicht das Gute, sondern das Guthafte, besser das Gutförmige (ἀγαθοειδῆ 509 a). Deuten diese Worte nicht an, warum *Sokrates* ausweichen *muß?* warum das Gute, obzwar Gegenstand des größten Wissens, doch nicht in den Katalog der Gegenstände des Lernens aufgenommen werden kann?

Das Gute ist das Prinzip aller Erkenntnis. Darüber hinaus – und damit kommt das zweite Bedeutungsmoment des Herrschens zur Geltung – ist es auch Prinzip des Seins (*ratio cognoscendi atque essendi*). Nicht nur macht die Sonne die sichtbaren Dinge in Wirklichkeit sichtbar – ihr Werden, Wachsen und ihre Nahrung verdanken sie der Sonne. Wiederum gilt die das Sokratische Argument leitende Analogie. Auch die Ideen, sonst emphatisch das »Seiend-seiende« (ὄντως ὄν) genannt, besitzen dies ihr Sein als Gabe des Guten. Damit ist schon gesagt, daß ebendies Gute seinerseits nicht als »Seinsheit« (οὐσία) beschrieben werden kann: es ist noch »jenseits der Seinsheit, die es an Alter und Macht überragt« (509 b). Wenn die moderne Philosophie unter dem Einfluß der Sprache *M. Heideggers* von »ontologischer Differenz« spricht, so geht sie, meist ohne es zu ahnen, auf *Platon* zurück. Freilich liegt die Platonische Differenz nicht zwischen Sein und Seiendem, sondern zwischen dem Guten und dem Sein, gleichgültig, ob es sich um Seiend-seiendes, d. i. Ideen oder um das phänomenale Sein der wahrnehmbaren und vergänglichen Dinge handelt.

Der Vorrang der Idee des Guten im Verhältnis zu den Ideen – und damit erst recht zur Welt der sinnlichen Wahrnehmung – wird von *Platon* mehr bildlich als begrifflich ausgedrückt als ein Hinausragen durch Alter (πρεσβείᾳ) und Macht (δυνάμει). Als Analogie bietet sich zur Verdeutlichung das Verhältnis des Werkmeisters zu seinem Werke. Auch hier muß der Begriff vom »Zweck« des Werkes – die Bestimmung wozu das Werk gut ist – der Erschaffung des Werkes, also seinem Sein vorangehen. So lenkt sich der Blick natürlicherweise auf den göttlichen Demiurgen im »Timaios«, der zwar nicht das Gute personifiziert – er schafft die Welt im Blick auf einen präexistenten Ideenkosmos –, der aber als »Vater aller Dinge« gut ist. Sein Gutsein zeigt sich in der Güte seines Werkes. Alle Schlechtigkeit (κακία), die sich in der Welt, und insbesondere im Menschen, findet, hat nicht ihn zur Ursache. Eben weil er gut ist, hat er die Welt geschaffen, und so ähnlich ihm selbst als möglich. Güte schließt Mißgunst aus. Darum hat der neidlose Demiurg, soweit möglich, dafür gesorgt, daß alles gut und nichts schlecht sei. Zur Natur des Guten, so zeigt sich hier, gehört, daß es sich selbst mitteilt; nach der bekannten scholastischen Formel: *bonum diffusivum sui*. Der mythisch-anthropomorphen Ausdrucksweise, die dem Demiurgen ein Motiv seiner Weltschöpfung zuschreibt, liegt eine philosophische Wahrheit zugrunde. Mit dem »gut« ist das »besser« gesetzt. Es ist besser, etwas ist als nichts – die vorweggenommene Antwort auf die berühmte Frage *Leibniz': pourquoi il y a plutôt quelque chose que rien* (Principes de la nature et de la grâce, 7). Ferner ergibt sich ein »besser«, das dem ersten, ontologischen »besser« auf dem Fuße folgt: Ordnung (τάξις) ist besser als Unordnung (ἀταξία). Demgemäß führte der Demiurg, da er alles nicht in Ruhe, sondern in regelloser und ungeordneter Bewegung vorfand, das Ungeordnete in die Ordnung über (29d bis 30a).

Zusammenfassend stellen wir fest, daß das Gute bei *Platon* die kosmogonische Macht schlechthin bezeichnet. Die ἰδέα τοῦ ἀγαθοῦ *ist* nicht in dem Sinn, in dem andere Dinge oder Wesen – Formen (εἴδη) oder Sinnendinge (ὁρατά) – seiend genannt werden. Es ist diesen beiden Gattungen des Seins an Ursprünglichkeit überlegen. Die Formen oder Ideen wären nicht, und sie wären nicht, was sie sind, ohne das Gute, und ein gleiches gilt von der Sinnenwelt. Die Ideen sind »gutförmig«, und in vermittelter Weise, durch Teilhabe an den Ideen, trifft das auch auf die »sonnenförmigen«, d. i. sinnlich wahrnehmbaren Dinge zu. Für den Menschen, genauer für den »inneren Menschen«, seine Seele, ist das Gute ebenso grundlegend wie für den Kosmos, aber in eigentümlicher Art. Seine »Gutförmigkeit« entfaltet sich in Tugenden wie Mäßigung, Tapferkeit, Gerechtigkeit und Weisheit, in vollkommener Weise aber in der für ihn grundlegenden Erkenntnis des Grundes alles Seins – eben des Guten. Wie nämlich das Gute, seinem Status (ἕξις) nach nicht auf einer Stufe steht mit sonstigem Seienden, so unterscheidet sich auch das Wissen des Guten von allen anderen geistigen Anschauungen oder Begriffen. Erkenntnisse werden durch Dialektik errungen, d.h. durch ein Verfahren, das mittels Zergliederung zu einer begründenden Zusammenschau anleitet, die ihrerseits zum vollen Verständnis der weiteren Aufgliederung und einer erneuten Synopsis bedarf. Jede Station dieses Erkenntnisweges hat den Charakter einer Hypothesis, will sagen einer Unterstellung: während sie begründet, bedarf sie noch selbst der Begründung. Anders die Schau des Guten. Sie markiert den Endpunkt des Erkenntnisweges als ein ἀνυπόθετον, eine nicht der Begründung zugängliche oder bedürftige Begründung. Sie erschließt den Sinn des Seins überhaupt, und das will sagen: der geistigen wie auch der sichtbaren Welt; darüber hinaus verwirklicht sie den Sinn des Seins als eine die Bedingungen irdisch-menschlichen Daseins übersteigende Seligkeit. Sie bedeutet Angleichung des Schauenden an Gott. Sie, die allein den Schlüssel liefern kann zur Enträtselung des Geheimnisses irdisch-politischer Ordnung, eröffnet zugleich den Fluchtweg aus irdischer Wirre zur Vergottung. Ist das Gute bei *Platon* Gott oder ein Gott? Es ist schwer, wenn nicht unmöglich, das Platonische Gute als Gott zu denken. Die Natur der »Form« (εἶδος), die *Platon* dem Guten zuschreibt, steht dem im Wege. Anderseits ist es unmöglich, nicht zu bemerken, daß Ort und Funktion des Guten im Platonischen Denken eine monotheistische Deutung nahelegen. So nimmt es nicht wunder, daß die von *Platon* vermiedene Gleichsetzung des Guten mit Gott – mit dem Zeus, der nach dem bekannten orphischen Vers »Anfang, Mitte und Ende« ist – bald nach *Platon* von seinen Nachfolgern in der Akademie vollzogen wurde.

3. *A. N. Whitehead* hat die abendländische Metaphysik als eine Abfolge von Fußnoten zu *Platons* Dialogen gekennzeichnet. Fügen wir hinzu, daß fast alle diese Fußnoten die Handschrift des *Aristoteles* verraten, dann trifft die kühne Formel den Fall vor uns. Durch *Platon* wurde die Verbindung des Seins mit dem Guten gestiftet, die das Seinsdenken des Abendlandes nicht bloß, nach *M. Heideggers* Feststellung, als onto-theologisch, sondern vor allem als onto-agathologisch abstempelt. Durch *Aristoteles* und in aristotelischer Umformung wurde das Platonische Gute zur beherrschenden Idee der philosophischen Tradition bis in unsere Tage hinein.

Die Behauptung, die dem *Aristoteles* eine derartige Mittlerrolle zuschreibt, scheint zunächst paradox. Geht doch die Kritik an *Platon,* die das gesamte Werk des *Aristoteles* durchzieht, nirgends mit größerer Entschiedenheit vor als in dem Kapitel der »Nikomachischen Ethik«, das die Verwerfung der Idee des Guten zum Inhalt hat (I, 4). Auch ist sich *Aristoteles* der Tatsache wohl bewußt, daß sein Seziermesser hier den Lebensnerv Platonischen Denkens trifft. Nicht zufällig fällt gerade in diesem Zusammenhang das berühmte Wort, wonach die Rettung der Wahrheit höher zu achten sei als die Rücksicht auf befreundete Männer: auf *Platon* und die Seinen. Eben diese Wahrheit verlangt von uns anzuerkennen, daß von dem Guten als solchem nicht mit Platonischer Direktheit gesprochen werden darf. Wer vom Guten wie von einer nachweisbaren Einheit redet, verfehlt die Vielfalt der von dem Wort gemeinten Bedeutungen. Tatsächlich wird es unter verschiedenen Kategorien gebraucht: bald unter der Kategorie der Substanz (des τί ἐστι) wie »der Gott« oder »der Geist« (ὁ νοῦς) – zwei mit deutlichem Blick auf Platonische Identifizierungen gewählte Beispiele; bald unter der Kategorie der Qualität wie in bezug auf die Tugenden; dann wieder unter der Kategorie der Quantität wie »das Maßhafte« (τὸ μέτριον), oder unter der Kategorie der Relation wie »das Nützliche«; oder schließlich in Beziehung auf das rechte Wann und Wo. Der Hinweis auf die kategoriale Bedeutungsvielfalt wird noch verschärft durch die Überlegung, daß dem Guten als οὐσία (Substanz oder »Seinsheit«) die Priorität gegenüber dem Guten als Qualität, also im prädikativen Gebrauch, zukommt. Damit verliert der Begriff des Guten seinen Anspruch auf Einheit und Allgemeinheit. Gegenüber dieser zerspaltenden Kritik bleibt freilich die Frage offen, warum so verschiedene Bedeutungen durch ein und dasselbe Wort bezeichnet werden. Vielleicht, so erwägt *Aristoteles,* weil sie alle auf die gleiche Herkunft verweisen oder auf Gleiches zielen oder weil sie sich analogisch zueinander verhalten. *Aristoteles* bricht die Untersuchung ab, ohne sich für eine der drei Möglichkeiten zu entscheiden. Eine Prüfung des Aristotelischen Sprachgebrauchs zeigt, daß er der Erklärung des zweiten und dritten Typus den Vorrang gibt – dem Guten als Abzielung oder Worauf-hin (πρός τι) und dem analogisch verstandenen Guten. Im ersten Fall (also bei Erklärung nach Typus zwei) wird das Gute zum Seinsziel oder Telos und fällt damit unter die Kategorie der Relation. Im zweiten Fall, der unter die Kategorie der Substanz gehört, verschmilzt das Gute mit der οὐσία. Dadurch nimmt es teil an dem analogischen Verhältnis der Substanzen (οὐσίαι) zueinander, die ihrer höheren oder geringeren Substantialität nach auf verschiedenen Stufen stehen: die Form (εἶδος) ist mehr Substanz als der Stoff (ὕλη), das Ganze aus Form und Stoff (σύνολον), also das physische Wesen, mehr als die Form, die Form als reine, d. i. stofflose Energeia mehr als das physische Ding. Und durchweg entspricht dem Mehr an Sein ein Mehr an Gut-sein (βέλτιον). So wird der kritischen Zerstückelung des Guten bei *Aristoteles* die Waage gehalten durch ein vorsichtiges Festhalten an der Einheit des Begriffes. Dabei ist es von entscheidender Bedeutung sowohl für die Lehre des *Aristoteles* selbst als für die von ihm beherrschte metaphysische Tradition, daß die Zerlegung des Begriffs eine Zerteilung der verschiedenen Bedeutungen an verschiedene Disziplinen zur Folge hat. Was dem Guten an Einheitlichkeit gelassen wird, reicht nicht hin, nach Platonischem Muster die Dialektik (Philosophie) als Einheitswissenschaft vom Guten zu begründen. Statt das ganze Feld des Seins und Wissens zu umfassen, muß sich die Behandlung des Guten mit einem bestimmten Ort innerhalb eines nach Gebieten aufgeteilten Wissenschaftsganzen zufrieden geben. Das Gute wird zum Prinzip der praktischen Philosophie, die jetzt mit unplatonischer oder besser antiplatonischer Entschiedenheit von der »theoretischen« Wissenschaft so abgetrennt wird, als wäre nicht die Philosophie als solche – das Philosophieren – durch sich selbst eine Art von Praxis. Das Problem des Guten wird zur leitenden

Frage der Ethik und Politik, wobei die letztere die Rhetorik in sich mitbegreift; doch auch in der von *Aristoteles* als dritte Möglichkeit abgezweigten »poietischen Wissenschaft«, d. i. in der Wissenschaft der Produktion, dient das »agathologische« Prinzip als Leitfaden. Überall aber geht es in der praktischen Philosophie nicht um das Gute als solches, sondern um das »menschlich Gute«: nur wenn der Mensch das höchste Wesen wäre, könnte die praktische Philosophie, die Wissenschaft vom *bonum humanum,* die Rolle einer Ersten Philosophie – später »Metaphysik« genannt – für sich in Anspruch nehmen.
Die gebietsmäßige Einschränkung der auf das Gute gerichteten Nachforschung bedeutet nun keineswegs, daß es jenseits dieser Grenzen unwirksam bliebe. Anonym durchwaltet es die gesamte Aristotelische Doktrin einschließlich der »Physik«, deren teleologische Naturbetrachtung erst durch die neuzeitliche Mechanik verdrängt wurde. So innig ist die Verschmelzung des Guten mit dem naturhaften Sein, daß sich seine ausdrückliche Nennung erübrigt: es kann sich hinter Begriffen wie Energeia (dem Gegenpol zu Dynamis) oder wie Telos und Eidos verbergen. Die hierarchisierende Polarität des Lehrgebäudes ist durchweg bestimmt oder mitbestimmt vom Gegensatz des Guten und des Schlechten, ähnlich darin der Pythagoreischen Tafel von Gegensatzpaaren, die *Aristoteles* »überzeugender« findet als die Platonische »Idee des Guten« (Nikomachische Ethik 1096 b 5). Physik ist für *Aristoteles* Bewegungslehre. Diese physikalische Bewegungslehre würde dem *regressus ad infinitum* verfallen, wäre das Gewölbe ihrer Interpretation nicht zusammengehalten durch einen meta-physischen Schlußstein – durch den Gedanken eines »Ersten Bewegers«. Während nach der Aristotelischen Physik immer nur das aktuell Bewegte durch Kontakt ein nur potentiell Bewegtes in Bewegung setzt, bewegt der Erste Beweger in einer Weise, die sonst allein in der Seele vorgefunden wird: »wie ein Gegenstand der Liebe« (ὡς ἐρώμενον, Metaphysik 1072 a 35). So taucht hier, ohne daß der Name genannt würde, die uns durch *Platon* vertraute Formel für das Gute in der Aristotelischen Theologie auf. Nicht nur psychologisch, sondern auch kosmologisch erweist sich das Gute als das Geliebte. Auch das ist zukunftweisend. In der von *Platon* und *Aristoteles* abstammenden metaphysischen Tradition ist der Begriff des Guten ontologisch omnipräsent. Auch ungenannt bestimmt er den Horizont des Philosophierens. In den Vordergrund tritt er jedoch fast nur in der Lehre vom Menschen und in der Lehre von Gott, in der praktischen Philosophie, d. h. in Ethik und Politik, und in der philosophischen Theologie.
Folgerichtig beginnen die beiden großen, der praktischen Philosophie gewidmeten Vorlesungswerke des *Aristoteles,* die »Ethik« und die »Politik«, mit dem Guten des Menschen (τ' ἀνθρώπινον ἀγαθόν), beide Schriften mit jenem feierlichen Nachdruck, der das Aristotelische Proömium auszeichnet. In der »Ethik«: »Jede Kunst und jede Wissenschaft, wie auch Handeln und Entscheiden – sie alle erstreben offenbar ein Gutes; weswegen das Gute mit Recht bestimmt wird als das, wonach alles strebt«. Ähnlich die Eröffnungssätze der »Politik«: jegliche Gemeinschaft (κοινωνία) bestimmt sich durch das jeweils verschiedene Gute,

um dessen willen sie errichtet und gelebt wird, die Familie um des familial-Guten willen, die Polis um des politisch-Guten willen; und all diese Güter fallen unter den Begriff des Gemeinguten. Nun wird vom Menschen als einzelnem vielerlei Gutes erstrebt, und diese Güter ordnen sich in ähnlicher Weise zusammen wie die Künste: eins wird um eines anderen willen erstrebt, dies wiederum um eines anderen willen und so fort. Dieser geordneten Vielfalt gegenüber ist »das Gute und Beste« (τ' ἀγαθὸν καὶ τὸ ἄριστον) dadurch gekennzeichnet, daß es allein um seiner selbst willen, alles andere aber um seinetwillen erstrebt wird. Mit anderen Worten: es ist einerseits ein Absolutum, anderseits das Prinzip der Stufenordnung des relativ Guten. Dies Gute oder Beste muß zugleich das Voll-kommene sein, das, wodurch der Mensch sein Seinsziel erreicht, also ganz er selbst wird. »Das menschlich Gute ist ein Tätigsein (ἐνέργεια) der Seele gemäß ihrer Fähigkeit (κατ' ἀρετήν); da sie aber verschiedene Fähigkeiten hat, gemäß der höchsten und vollkommensten; und das in einem vollendeten Leben« (Nikomachische Ethik 1098 a 16–18). Nun ist der Mensch nicht autark sondern der Hilfe seiner Mitmenschen bedürftig – er ist ein politisches Wesen. Demgemäß ist das menschlich-Gute ein Teil des politisch-Guten, die Ethik ein Teil der Politik. Doch diese Sätze bedürfen einer Einschränkung. Zwar ist es richtig, daß auch die »höchste und vollkommenste« der menschlichen Kräfte, die Fähigkeit der Erkenntnis, dem erkennenden Wesen nicht volle Autarkie schenkt: der Weg zur Erkenntnis muß ihm von anderen gebahnt werden. Aber die Seligkeit geistiger Schau als solche bleibt dem einzelnen vorbehalten. Wie das Gute des *Platon* das Sein überragt, so überragt bei *Aristoteles* die Vernunft (νοῦς) als Göttliches, als reine, mit keiner Stofflichkeit vermischte Aktualität die Naturhaftigkeit menschlicher Konstitution und gemeinschaftlicher Kommunikation. Infolgedessen ist der Satz von der politischen Natur des Menschen nicht von unbegrenzter Gültigkeit. Die Aristotelische Ethik, die zugleich Politik ist, bekrönt sich mit einer Theoretik, die im wesentlichen die Theologie des Buches Λ der »Metaphysik« vermenschlicht. Das Gute für das Weltall wie auch für den Menschen ist letzten Endes die als Seligkeit gedachte, von aller Potentialität befreite, in sich selbst zusammengeschlossene Energeia – νόησις νοήσεως (das Denken des Denkens).

Der Begriff des Guten in der christlichen Ära, die mit den Kirchenvätern beginnt und mit dem neuzeitlichen Zerfall der Metaphysik zu Ende geht, ist von Grund aus bestimmt durch das von der attischen Philosophie entwickelte agatho-ontologische Schema. Auch mit dem Übergang vom frühmittelalterlichen Augustinismus zum Aristotelismus der Hochscholastik ändert sich darin nichts. Denn die agathologische Prägung des Seinsbegriffs ist mehr als ein Merkmal der metaphysischen Tradition – sie ist ihre fraglos hingenommene und die scholastische Ausdrucksform überdauernde Grundlage. *Goethes* »Am Sein erhalte dich beglückt!« (Gott und Welt-Vermächtnis) ist noch Zeugnis ihres lebendigen Fortbestands; und kennzeichnend ist dieser dichterische Ausdruck auch darin, daß er das mit dem Sein verschlungene Gute nicht beim Namen nennt, sondern es durch seine Wirkung bezeichnet: das Sein als solches beglückt. Die Macht der Überzeugung vom Gut-Sein des Seins ist so groß, daß sie durch keine nachdrückliche Versicherung gestützt zu werden braucht, und ihre Wirksamkeit war auch dann noch nicht erschöpft, als die eifrige Bemühung um eine Theodizee von einer Erschütterung der Grundlagen Kunde zu geben begann. Der Versuch, die Ehre Gottes durch den Nachweis zu retten, daß seine Schöpfung gut ist – die beste aller möglichen Welten, wie *Leibniz* beweisen wollte – verteidigt den affirmativen Seinsbegriff mit den Mitteln einer modernen mathematisierten Logik – ein verzweifeltes Unternehmen.

Es ist ein weiter Weg von der Platonischen Idee des Guten und dem Unbewegten Beweger des *Aristoteles* zu dem Gott Abrahams, Isaaks und Jakobs, von dem Stolz des Großherzigen in der »Nikomachischen Ethik« zur Demut des hingeopferten Menschensohnes, zur Bergpredigt und zum Paulinischen Hymnus auf die Liebe im 13. Kapitel des 1. Korintherbriefes. Danach wird man erwarten dürfen, daß die Übernahme des gutförmigen Seinsbegriffes durch die christlichen Theologen und Philosophen eine Umformung bedeutete. Das Gute der attischen Philosophen konnte nicht unverwandelt zum Guten der Kirchenväter und Scholastiker werden. Der biblische Begriff von dem einen allmächtigen Gott, Schöpfer Himmels und der Erde, und zugleich Erlöser der Menschheit, verlangte nicht den Umsturz, wohl aber die Revision der von den heidnischen Philosophen geprägten Begriffe. Die Theologie, wesentlich schon für die Bestimmung des Guten bei den Gründern der Metaphysik, rückte nun ins Zentrum des Blickfeldes. Damit hörte das Sein nicht auf, an sich gut und begehrenswert zu sein, aber der seiende Kosmos wird zur Schöpfung, und ihr Gut-sein enthüllt die Spuren des göttlichen Schöpfungsaktes. Die Vernunft hört nicht auf, das ordnende Prinzip des gut gelebten Lebens für den einzelnen wie für jegliche Form menschlicher Gemeinschaft zu sein, aber sie ist nun gelenkt und überformt durch Agape, die in untrennbarer Einheit Gottes- und Menschenliebe verbindet. Wie bei den Attikern und vor allem bei *Platon* verknüpft sich in Wechselbedingtheit Erkenntnis mit persönlicher Heiligung zum *itinerarium mentis ad Deum.* Aber der Aufstieg des Menschen zur Teilhabe am Göttlichen bedarf der zu ihm herabsteigenden gnadenhaften Hilfe, und seine durch Philosophie errungene Einsicht vollendet sich in einer durch göttliche Offenbarung ihm geschenkten Erleuchtung. In christlicher Sicht ist die Naturordnung überwölbt von einer sie bestätigenden und vollendenden Gnadenordnung. Aber die Erschließung der Dimension göttlich-gnadenhafter Wirkung nimmt dem Begriff des Guten nichts von seiner ontologisch-konstruktiven Bedeutung. Nach wie vor gilt: gut ist ein Ding oder Wesen, sofern es seine Natur verwirklicht, und je vollkommener diese Verwirklichung, um so besser ist es. Dieser universale ontologische Satz wird nicht umgestürzt, sondern modifiziert durch die große Tatsache, daß es ein Wesen gibt – wir selbst, der Mensch – für das dieses sein Gut-sein, d. h. sein Ganz-Mensch-sein, nicht bloß ein Werdensziel, sondern ein Tatziel und einen Auftrag bedeutet, das aber zugleich außerstande ist, dies Ziel ohne göttliche Hilfe zu erreichen. Denn die Gnade hebt die Natur nicht auf, sondern vollendet sie *(non tollit sed perficit)*. Der Mensch ist dazu bestimmt, ganz Mensch zu sein und er ist für Gott bestimmt. Diese beiden Sätze, weit davon entfernt, einander zu widersprechen, entsprechen sich.

Die affirmative Ontologie ist die Basis des Begriffs vom Guten. Sie bestimmt auch den Gegenbegriff, der dem Guten polar zugeordnet ist, das Schlechte. Wie das Gute Seinsfülle meint, so das Schlechte Seinsmangel. Das Schlechte *ist*, aber sein Sein ist ein Nicht-sein im Sein. Schlechtigkeit ist Unvollkommenheit. Doch eine vollkommene Unvollkommenheit, ein Schlechtes an sich, ist undenkbar. Es gibt mehr oder weniger Gutes nur, weil es ein Gutes an sich gibt. Aber das mehr oder minder Schlechte bezeichnet immer nur eine mehr oder minder große Entfernung vom Guten: die abgestufte Negation kann nicht zur Gegenposition werden. Dennoch kommt auch dem Gegensatz zum Guten eine Art von Positivität zu, und es heißt dann nicht Schlechtigkeit oder Übel, sondern das Böse. Das ergibt sich aus der anthropologischen Differenz, die den ontologischen Charakter des Guten in bezug auf den Menschen, seine Freiheit und seine Erlösungsbedürftigkeit nicht aufhebt, aber modifiziert. Wie die Pflanze zum Blühen, das Tier zur Geschlechtsreife bestimmt ist, *so* der Mensch zum Gut-sein. Aber das eine Gleichung herstellende »so« muß gedacht werden als modifiziert durch ein »nicht so«. Denn das Seinsziel des Menschen geschieht nicht bloß an ihm, sondern durch ihn – es ist ihm als seine Tat aufgegeben. Diese seine Freiheit ermächtigt ihn, die ontologische Ordnung des Guten für seine Person zu verneinen, ja sie in ihr Gegenteil zu verkehren. Nicht nur kann er aus Mangel an Kraft, d. h. aus »Schlechtigkeit«, hinter der ihm durch seine Menschennatur gestellte Aufgabe zurückbleiben – er kann sie verleugnen und zurückweisen. Gut ist, was über alles geliebt zu werden verdient und fordert. Doch diese Forderung, gegründet in der Seinsordnung und speziell in der Ordnung menschlichen Seins, ergeht an ein Wesen, das frei ist, auch das Böse zu lieben und damit, durch Implikation oder ausdrücklich, jene Ordnung zu leugnen. Die Aristotelische Ethik spricht von »Verfehlung« (ἁμαρτία), die christianisierte Ethik von »Sünde«. Die Vertiefung des Begriffes menschlicher Bosheit gehört zu den Modifikationen, die das Gefüge der metaphysischen Prinzipien verwandeln, ohne es zu zerstören. In dem Maße, in dem das menschlich Gute höher gerückt und zur Heiligkeit gesteigert wird, vertiefen sich die Schatten des Nicht-Guten über dem Antlitz des Menschen. Was *Platon* und die Tragiker nur ahnten, wird nun zur Einsicht: der Mensch ist fähig, das Wissen von sich selbst nicht bloß zu verfehlen, sondern zu verkehren. Mit Luzifer im Gedicht des *J. Milton* kann er sagen: *Evil, be thou my good! Augustin* hat dieser Einsicht vor allem in seinem Werk über den Gottesstaat Ausdruck gegeben: dem Guten als der Gottesliebe bis zur Selbstverachtung tritt hier das Böse, das Prinzip des Teufelsreiches entgegen als die zur Gottesverachtung gesteigerte Selbstliebe.

Die konstruktive Funktion des Guten in der Metaphysik beruht auf einer spannungsvollen Einheit seiner kosmologischen und seiner anthropologischen

Komponente. Auf der einen Seite ist es die Grundlage des Seinsbegriffes: alles Seiende ist Zu-seiendes, und Teleologie ist die weltliche Form des Seienden. Das gutförmige Sein, von den Griechen konzipiert, findet sich bestätigt durch das billigende Wort Gottes am sechsten Tage der Schöpfung: »Und siehe da, es war sehr gut« (Genesis 1,31). Das menschlich Gute auf der anderen Seite wird zwar von diesem kosmologischen Rahmen mitumfaßt, aber es modifiziert ihn zugleich: der Mensch ist ein weltlich-überweltliches Wesen. Das Merkmal dieser seiner Überweltlichkeit ist seine Freiheit: kraft ihrer gibt er dem negativen Pol des Seins, dem Schlechten als Seinsminderung, eine parasitisch-positive Bedeutung: es wird zum Bösen. Er lebt nicht nur in einem geordneten Universum: durch Gedanke und Tat kann er diese Ordnung sowohl gutheißen wie auch verwerfen. Das Gleichgewicht zwischen den beiden Aspekten oder Komponenten des Guten ist ständig bedroht, und mit dem Zerfall des Seinsbegriffes wird es hinfällig. Seine Störung bringt zwei einander diametral entgegengesetzte und doch verwandte Extremformen des Gedankens hervor – zwei metaphysische Irrtümer, denen je eine der klassischen Häresien entspricht. Entweder wird der Mensch hineingezogen und untergetaucht in die natürliche Teleologie: damit verlieren Sünde und Erlösung ihre Bedeutung und der Sinn der Offenbarung schrumpft zur Vorbildlichkeit ihrer Gestalten – die Position des Pelagianismus. Oder die Störung wirkt in entgegengesetzter Richtung. Die Polarität als menschliche Grunderfahrung, als Konflikt zwischen Gut und Böse, usurpiert den Rang eines kosmologischen Prinzips, das Böse, gleichursprünglich mit dem Guten, wird zu einer Gegenmacht und die Geschichte der Welt zur Geschichte des Kampfes zwischen diesen feindlichen Mächten – das Weltbild der Gnostik. Diese antithetische Mythologisierung der Metaphysik liegt dem Kampf der politischen Ideologien in der heutigen Welt zugrunde, wie *E. Voegelin, J. Passmore* und andere gezeigt haben. *Platon* (Sophistes 246 a) hat von einer Gigantenschlacht um das Sein gesprochen. Bei diesem unausgefochtenen Kampf geht es immer auch um den Sinn des Guten.

4. Das Gute erweist sich in der Metaphysik als ein Begriff von höchster systematisierender Kraft. Diese Konstruktivität ergibt sich aus seiner innigen Verbindung mit dem Begriff des Seins. Mit der Zersetzung des metaphysischen Seinsbegriffes zerfällt auch der Begriff des Guten, und jeder seiner Bestandteile entwickelt die Tendenz, das ganze Gute darstellen zu wollen. In dieser Parzellierung verliert das Begriffswort seinen Rang. Teils wird es als Terminus in eine sich als selbständige Disziplin begreifende Ethik eingeschlossen, teils wird es in die Freiheit der Umgangssprache entlassen und damit dem dichterischen und praktischen Gebrauch überantwortet. Der Statusverlust, den das Gute erleidet, führt schließlich dazu, daß ein Ersatzwort seine Stelle einzunehmen versucht. Der aus der Nationalökonomie importierte »Wert« ist das *caput mortuum* des einst lebendigen Begriffes. Das Gute, losgerissen vom Sein, ontologisch entwurzelt, nicht mehr über-seiend wie bei den Platonikern, sondern eher unter-seiend,

nur noch »geltend« (wie wir auch vom Dollar oder der Mark sagen, daß sie soundsoviel gelten) – das ist der zu kurzlebigen philosophischen Ehren aufgestiegene Wertbegriff. Der Kronzeuge für diese Einschätzung ist *N. Hartmann*, dessen negative Ontologie einen von jedem wesentlichen Bezug auf den Menschen gereinigten Seinsbegriff entwirft. Nach ihm fällt dem Menschen die Aufgabe zu »mit einer nicht auf ihn angelegten Welt zurechtzukommen« (Neue Wege der Ontologie, S. 69f.): Das auf leere Gegenständlichkeit reduzierte Sein drängt hier geradezu auf Ergänzung durch einen Inhalt, den ihr die Wissenschaft vom Nicht-seienden, Phänomenologie der Werte oder Axiologie genannt, zu gewähren verspricht. *Hartmann* tadelt *Heidegger* dafür, daß er die Frage nach dem Sein durch die, wie er meint, unzulässige Frage nach dem »Sinn von Sein« ersetzt. Auf dem Boden der Metaphysik konnte die Sinnfrage nur deswegen nicht aufkommen, weil sie durch die Verzahnung des Seinsbegriffs mit dem Guten prinzipiell beantwortet war. Nach der Erschütterung dieses Bodens die Frage nach dem Sinn von Sein unter Verbot zu stellen – das zeigt sich dem kritischen Rückblick als Symptom tiefer Seinsvergessenheit, um diesen von *Heidegger* geprägten Ausdruck in einem von ihm nicht gebilligten Sinn zu gebrauchen. Anders gesagt: die moderne Frage nach dem »Sinn« – ein Wort, das erst durch *Nietzsche* seine uns geläufige Bedeutungsschwere gewonnen hat – ist im Grund die Frage nach dem Guten, formuliert im Zustand ontologischer Ratlosigkeit.

Die modernen, sich mit Ersatzbegriffen plagenden Formulierungen besiegeln einen im wesentlichen abgeschlossenen, bis in die Anfänge der Neuzeit zurückreichenden Prozeß. Geistige Prozesse der analytischen Zersetzung pflegen ihre destruktive Arbeit mit einer konstruktiven Leistung zu verbinden. Der Erwerb neuer Erkenntnisse bringt mit sich den Verlust nicht nur alter Irrtümer, sondern auch alter Wahrheiten. Das gilt hier wie überall. Die Verwerfung der Zweckursachen in der Natur und damit zugleich der teleologischen Interpretation der Wirklichkeit überhaupt öffnete die Bahn für die neue, von *Galilei* begründete Mechanik, die ihrerseits zur Grundlage der modernen, weltverändernden Technologie werden sollte. Aber schon bei *Descartes*, der als erster der mathematischen Physik die ihr gemäßen philosophischen Prinzipien zuordnete, wurde jene Problematik einer an der Naturwissenschaft orientierten Philosophie deutlich, deren fortdauernde Aktualität sich im Positivismusstreit der zweiten Hälfte des 20. Jahrhunderts kundtut. Der Mensch fügte sich der nach Aristotelischem Vorbild gedachten Schöpfung auch dann noch ein, wenn die Überweltlichkeit dieses Lebewesens sui generis anerkannt wird. Anders steht es mit der als *res extensa* interpretierten Cartesianischen Natur. Der Mensch, eine *res cogitans*, tritt nun der Natur als einer *res cogitata et dominanda* gegenüber, aber er hat keinen Ort in ihr. Mit ihm verliert auch das Gute seinen metaphysischen Ort und seine universale Bedeutung. Nicht daß es bekämpft würde: es wird irrelevant. Denn es gehört zu seinen Funktionen, den Menschen, unerachtet der »anthropologischen Differenz«, in der Welt einzuwurzeln. Alle Versuche, das einigende Band wiederherzustellen – durch Zuordnung des Guten zum Willen bei *Leibniz* oder durch Formalisierung des Vollkommenheitsbegriffes bei *Chr. Wolff* – bleiben unwirksam. Als einzige Zuflucht bietet sich die entschiedene Verinnerlichung des Guten an, die *Kant* in der Nachfolge von *Crusius* und *Rousseau* mit fast erschreckender Kühnheit durchführt. »Es ist überall nichts in der Welt, ja überhaupt auch außer derselben zu denken möglich, was ohne Einschränkung für gut könnte gehalten werden, als allein ein guter Wille« (Grundlegung zur Metaphysik der Sitten, der erste Satz des ersten Abschnitts). Dieser Wille ist allgemein, oberstes und einziges Prinzip der gesetzgebenden praktischen Vernunft und vor allem: er ist rein von allen Beimischungen dessen, was Natur im Menschen heißen kann – will sagen: von Zu- und Abneigung. Das Gute muß allein um des Guten willen getan werden. Dieser Grundsatz war von *Aristoteles* mit aller Deutlichkeit ausgesprochen worden (Nikomachische Ethik 1115 b 12f.). In theologischer Formulierung lebte er fort in der Tradition der »reinen Liebe«, die in der Auseinandersetzung *Fénélons* mit der bürgerlichen Utilitätsmoral einen Höhepunkt erreichte, wie nocheinmal in unserer Zeit durch *S. Weill* und ihre Lehre von der schamhaften Unwissenheit, die die Reinheit des Gutes-tuns umschirmt. In diese von dem Philosophen selbst nicht gekannte Tradition gehört auch *Kants* Lehre vom allgemeinen Willen, der rein ist, sofern keine natürliche Neigung, sondern allein die Achtung vor dem Gesetz ihn motiviert. Die Beschränkung des Guten auf den Bereich menschlichen Tuns wird hier insofern zu einer Tugend, als sie zur Strenge der Selbstprüfung anleitet. Die Abgrenzung des Guten gegen die Utilitätsmoral ist zwar in der Ethik des kategorischen Imperativs nicht schärfer als bei *Fénélon*. Aber bei *Kant* vertauscht sie ihre theologische Formulierung mit einer transzendentalphilosophischen Beweisführung. Die von der Cartesianischen Philosophie aus der Wissenschaft vom Menschen vertriebene Natur rächt sich durch Rückkehr: das aus der Natur heraussublimierte Gute wurde schließlich ersetzt durch ein gröblich materialisiertes Gutes – so geschehen im Zeitalter des Darwinismus, der die Selbsterhaltung und evolutionäre Selbststeigerung des Individuums wie der Art zum Prinzip des individuellen und gesellschaftlichen Lebens erhob. Auch das Über-gute des Übermenschen, mit dem *Nietzsche* dem von ihm als pharisäisch verachteten Guten der Tradition entgegentrat, ist, jedenfalls an der Oberfläche, gefärbt von darwinistischem Naturalismus. *Nietzsche* hatte *Platons* Dialog »Gorgias« gelesen und den Antagonisten Kallikles überzeugender gefunden als Sokrates. Der Prozeß, den *Platon* im Namen des Guten gegen seine verfälschende Parzellierung angestrengt hatte, ist wieder aufzunehmen.

Das durch Verlust seines metaphysischen Rahmens aus der natürlichen Welt vertriebene Gute zieht sich in das Innere des Subjektes zurück, und dann gerät es in Gefahr, entweder naturalistisch, will sagen biologisch umgedeutet zu werden (die vom Darwinismus eröffnete Denkrichtung wurde von der Freudschen Psychoanalyse fortgeführt), oder der Willkür des Individuums anheimzufallen. Umgewortet zu »Wert« und »Werten« erweist es sich, den phänomenologischen

Fixierungsversuchen zum Trotz, als allverfügbar. Werte werden nach Belieben gesetzt, von selbsternannten Legislatoren auf Gesetzestafeln niedergelegt, umgewertet; oder sie dienen als Leitlinie eines aus der Existenzmitte entsprungenen Lebensentwurfes, der bindet, solange er der *einen* Forderung, dem Gesetz der Folgerichtigkeit, genügt. *J.-P. Sartre* mit seinem *Existentialisme est un humanisme* ist das klassische Beispiel.

Folgenreicher noch als die Verinnerlichung des Guten ist der Versuch, im Leben der Gesellschaft und der Geschichte einen Ersatz für das mit der Metaphysik ausgelöschte Koordinatensystem zu finden. Der Zusammenbruch des *Ancien Régime* in der Französischen Revolution zeigte, so schien es den Zeitgenossen, die Menschheit am Scheideweg: ein neues Zeitalter dämmerte herauf, das alle auf bisheriger geschichtlicher Erfahrung beruhenden Erwartungen überstieg. Das im Stil der christlich-metaphysischen Tradition verstandene *bonum humanum* schien unbrauchbar für die dringend gewordene Neuorientierung. Die Antwort auf die Frage, was für den Menschen gut ist, sollte jetzt zwei Bedingungen erfüllen: sie mußte als Geschichtsphilosophie die Bedeutung der Revolution verständlich machen, und zwar entweder als ein im wesentlichen abgeschlossenes Ereignis oder als eine im wesentlichen noch bevorstehende Tat; und sie mußte das Subjekt des Ereignisses, den Täter dieser Tat namentlich bestimmen und zum Gegenstand der Untersuchung machen: das menschliche Gute wurde zum *bonum sociale,* die Gesellschaft zum Subjekt der Geschichte. Beiden Bedingungen wurde vom Hegelianismus und Marxismus einerseits, vom Positivismus anderseits entsprochen. Die drei Antworten pointieren eine alte Antwort durch ihre Verzeitlichung. Sie sagen nicht so sehr, was gut für den Menschen ist als: was heute, in einem gegebenen Geschichtsaugenblick, gut für ihn sein könnte. Der metaphysische wird durch einen historischen Horizont ersetzt.

Geschichte ist für *Hegel* Geistesgeschichte, die dank der Dialektik in der gegenwärtigen Zeit für sich selbst transparent wird: die Philosophie der absoluten Idee vollendet die Revolution in der Sphäre des Geistes und führt die Freiheit zu dem Sieg, der in Frankreich politisch erfochten worden war. Für die Weltgeschichte, die den Horizont dieser Deutung hergibt, stellt *Hegel* die vom Cartesianismus verbannte Teleologie wieder her: die Selbstvollendung des Geistes in der Freiheit absoluten Wissens nimmt die Stellung des Guten ein. Das Verhängnis aber dieser Repristination der klassischen Philosophie und des von ihr tradierten Guten besteht darin, daß sie das Gute als Telos der Geschichte mediatisieren muß. Das Werdensziel kann von dem Individuum, dem Handelnden in der Geschichte, weder gewußt noch gewollt werden. Er dient ihm in Blindheit – mit Ausnahme des Dialektikers der absoluten Philosophie, der die Absicht der Vorsehung kraft geschichtsphilosophischer Einsicht durchschaut und aufgrund dieser Einsicht wollen kann, was notwendigerweise mit oder ohne ihn geschehen muß. So wird die auf das Gute zielende praktische Philosophie der Tradition zur spekulativen Geschichtsphilosophie. Gut heißt jetzt das universalgeschichtlich verstandene Zeitgemäße. Der Handelnde mag fortfahren zu fragen: was soll ich tun? Was ist das Gute? Aber es ist nach Hegelschem Verständnis die Zeit, die ihm jeweils konkret sagt, was das Gute für ihn sei. Ethik wird von einer Geschichtsphilosophie absorbiert, die zu einem sublimen Opportunismus anleitet: nicht von wechselnder Lebenslage, sondern von der Totalsituation der Weltgeschichte hat der Handelnde seine *opportunitas* abzulesen und die allgemeine Maxime »Sei zeitgemäß!« mit wechselndem Inhalt zu füllen. Der aus solchen Prämissen folgende Historismus ist theoretisch leicht zu widerlegen. Als praktische Überzeugung beherrscht er noch heute das Tagesschrifttum. In seiner Sprache ist »gut« nichts als ein altmodischer Ausdruck für »fortschrittlich«. Mißlich dabei ist, daß das Telos der Weltgeschichte, der moderne Statthalter des Guten, abhängig bleibt von konkreter Geschichtskenntnis und Geschichtsdeutung. Da sich aber Kenntnis und Deutung der Daten mit der Geschichtswissenschaft wandeln, da ferner die Historie niemals ausreicht, einen der in Mehrzahl vorgeschlagenen teleologischen Weltgeschichtsentwürfe zu rechtfertigen, bleibt die Wahl einem freien Votum überlassen. Das Votum aber wird mangels rationaler Kriterien gelenkt werden durch die Interessen von Person oder Gruppe. Das gewollte Ziel, statt aus Geschichtswissen hervorzuwachsen, modelt umgekehrt mehr oder weniger skrupellos dieses Wissen oder vielmehr seine Interpretation und usurpiert auf diese Weise die Würde eines wissenschaftlich ausgewiesenen Programmes. An die Stelle der praktischen Philosophie tritt eine instrumental gebrauchte Pseudotheorie. *Hegel* wollte mit seiner Wissenschaft von der Vorsehung der Philosophie ein ihr bislang verschlossenes Imperium, die Weltgeschichte, unterwerfen. In Wahrheit lieferte er die Theorie samt ihrem höchsten Erkenntnisgegenstand, dem Guten, der Geschichte, d. h. dem Spiel der politischen Kräfte aus. So wurde seine Dialektik zur Mutter zunächst, im Zeitalter bürgerlicher Harmlosigkeit, der differierenden, aber sich tolerierenden Weltanschauungen, dann in der eisigen Luft unseres Jahrhunderts der sich bis aufs Messer bekämpfenden und immer schwerer bewaffneten Ideologien.

Marx übernahm von *Hegel* die Ersetzung des metaphysischen durch ein weltgeschichtliches Koordinatensystem und die Bestimmung der Gesamtgeschichte als eines teleologischen Prozesses. Das Telos freilich und die Art seiner geschichtlich-dialektischen Verwirklichung erscheinen bei ihm in verändertem Licht. Die Geistgeschichte *Hegels* wird ökonomie- und sozialgeschichtlich materialisiert. Die wesentliche Unterscheidung aber liegt darin, daß *Hegel* die Gegenwart bejaht, während *Marx* sie verneint, um statt dessen die Zukunft revolutionär zu bejahen. Doch war diese revolutionäre Affirmation zwar größer gesehen aber nicht weniger an eine längst vergangene historische Situation gebunden als die konservative Bejahung *Hegels*. So kommt es, daß heute die Grenze zwischen Hegelianismus und Marxismus mehr und mehr verschwimmt.

Das höchste menschliche Gut ist bei *Marx* wie bei *Hegel* ein historisch-gesellschaftlicher Zustand. Bei *Hegel* besteht er in der Versöhnung von Kirche und Staat: mit ihr wird »das Ziel der Weltgeschichte« erreichbar. Es besteht darin, »daß der Geist sich zu einer Natur, einer Welt ausbilde, die ihm angemessen ist, so daß das Subjekt seinen Begriff von Geist in dieser *zweiten Natur*, in dieser durch den Begriff des Geistes erzeugten Wirklichkeit findet und in dieser Objektivität das Bewußtsein seiner subjektiven Freiheit und Vernünftigkeit hat« (Die Vernunft in der Geschichte, hrsg. von J. Hoffmeister, Hamburg [5]1955, S. 256 f.). Das ist im Grund eine Affirmation und Steigerung dessen, was *Hegel* in seiner eigenen Gegenwart fand. Umgekehrt ist für *Marx* das »Ziel der Geschichte« die Negation all dessen, was er in seiner Gegenwart, der Epoche des Kapitalismus in der Maienblüte seiner Sünden, vorfand: Negation des Privatbesitzes an Produktionsmitteln, Negation des Staates, der Herrschaft und der Nation, Negation der Arbeit in dem bisher bekannten Sinn, Negation des Christentums als eines Jenseitsglaubens. Daß eine so radikale Ablehnung des durch Erfahrung Erprobten und Bekannten eine konkrete Vorstellung von geschichtlich-gesellschaftlicher Vollendung nicht aufkommen läßt, versteht sich von selbst. Es handelt sich für den Marxisten gar nicht darum, eine »beste Gesellschaft« erst zu entwerfen und dann zu verwirklichen. Vielmehr muß er den Advent der Neuen Gesellschaft – die mit geschichtlicher Notwendigkeit kommen *muß*, mit und ohne seine Hilfe – nach Kräften fördern; und diese neue Gesellschaft mit dem ihr eigenen, von uns nicht zu antizipierenden erneuerten Bewußtsein, wird dann das wahre Gute erkennen und verwirklichen. Inzwischen muß nach kritischer Auflösung der bürgerlich-christlichen Moral die Parteidisziplin das ethische Vakuum überbrücken.

Die Geschichtsphilosophie als *prima philosophia* ist zur Dreiteiligkeit verurteilt. Bei *Hegel* lautet das Schema: einer ist frei, einige sind frei, alle sind frei; bei *Marx:* vor-kapitalistische und kapitalistische Gesellschaft; dann, nachdem die Vorgeschichte durch die proletarische Revolution abgeschlossen ist, die nach-revolutionäre Epoche, wiederum dreigegliedert: Diktatur des Proletariats, sozialistische Übergangsstufe, vollendeter Kommunismus. Beim Positivismus schließlich, auch er eine spekulative Geschichtsphilosophie, überläßt sich die Menschheit erst der Theologie, geht dann zur Metaphysik über, um in der abschließenden positiven Epoche ihr Geschick in die Hände der Wissenschaft zu legen. Statt eine neue Metaphysik anzubieten, verwirft der Positivismus die Metaphysik als ein erbauliches aber gegenstandsloses Spiel mit Worten. Vernunft wird von ihm gleichgesetzt mit technologischer Vernunft, höchste Utilität mit dem höchsten Gut. Sein großer Vorzug: die Nähe des Positivismus zur Wissenschaft bindet ihn an die Wahrheit. Zwar ist sein Wahrheitsbegriff, beherrscht durch das Kriterium der Voraussagekraft und Falsifizierbarkeit von Aussagen, über Gebühr eingeengt, aber er ist nicht verfälscht wie im Historismus Hegelscher Provenienz oder im Marxismus.

Mitten im Streit der Parteien herrscht im heutigen Denken als das Verbindende der triadische Milleniarismus, der auf *Joachim von Flora* und seine Lehre von den drei Zeitaltern zurückgeht. Nicht der christliche, wohl aber der joachimistische Glaube verschließt sich der Philosophie. So ist es der Frage nach dem Guten schwer, sich zu Gehör zu bringen. Wie lange noch? »Meinst du, es helfe uns etwas, alle Habe zu erwerben, nur die gute nicht? Oder alles zu verstehen außer dem Guten, das Gute und Schöne aber nicht zu verstehen?« (Politeia 505 b). Dank der Wissenschaft verstehen wir, dank der Technik besitzen wir viel. So verstehen wir uns z. B. auf die Spaltung von Atomkernen und wir besitzen Atomwaffen. Es sollte uns nicht allzu schwer sein, zu begreifen, daß die Platonische Frage nach dem Guten *unsere* Frage ist.

LITERATUR

A. Kastil, Die Frage nach der Erkenntnis des Guten bei Aristoteles und Thomas, Wien 1900.
A. Bayet, L'idée du Bien, Paris 1908.
J. B. Lotz, Sein und Wert. Eine metaphysische Auslegung des Axioms »Ens et bonum convertuntur«, Paderborn 1938.
J. Maritain, La personne et le bien commun, Paris 1946.
A. C. Ewing, The Definition of the Good, London 1948.
J. Pieper, Die Wirklichkeit und das Gute, München [6]1956.
F. E. Sparshott, An Enquiry into Goodness and Related Concepts, Chicago 1958.
B. Blanshard, Reason and Goodness, London 1961.
H. Kuhn, Das Sein und das Gute, München 1962.
G. H. v. Wright, The Varieties of Goodness, London 1962.
S. Rosen, Nihilism: A Philosophical Essay, New Haven–London 1969.
J. Passmore, The Perfectibility of Man, London 1970.

HELMUT KUHN

HANDLUNG

1. Unter Handlung verstehen wir eine Art von Tätigkeit bzw. ihr Ergebnis. Tätigkeit im weiteren Sinne dieses Wortes läßt sich nur aufzeigen und umschreiben, aber nicht definieren, weil alles, wodurch es definiert werden könnte, schon den Sinn der Tätigkeit in sich birgt, freilich auch das Definieren selbst. Es genügt schon gar nicht, auf den grammatikalischen Zusammenhang der

Tätigkeit mit dem Verbum, erst recht nicht mit dessen deutschem Namen »Zeitwort« hinzuweisen: denn keineswegs bedeutet jedes Verbum eine Tätigkeit, so z. B. liegen, sitzen, stehen (was auch Puppen »können«) oder müssen, sein, haben und viele andere Verba; und wohl haben Verba Zeitbestimmungsmöglichkeiten, doch sachlich gibt es auch zeitlose Tätigkeiten, worauf hier nicht beweisend eingegangen werden kann.

Von dem Zusammenhang mit der grammatikalischen Bezeichnungsweise abgesehen sind auch die Bedeutungen der Wörter »Akt« – übrigens ein Nomen wie auch »Tätigkeit« und »Handlung« – und verschiedenste tätigkeitbezeichnende Infinitivformen – Agieren, Setzen, Wirken, Schaffen usw. –, eben Tätigkeiten, während Bestimmen, Bedingen, Determinieren, auch Verhalten usw. tätigkeitsfreie Bedeutungen bezeichnen können. Aufweisen und umschreiben läßt sich die Tätigkeit mit den vorhin genannten Tätigkeitsbezeichnungen, wenn wir ihren Sinn verstehen und vergegenwärtigen; dabei ist freilich das Verstehen und Vergegenwärtigen, überhaupt alles Erleben, immer auch eine Tätigkeit, selbst das erlebte Erleiden, das Erleben des Erleidens; bloß ein unerlebtes Erleiden, etwa das Zerbrechen einer Schale, das aber sachlich etwas weit Unterschiedenes bedeutet als das erlebte Brechen meines Beines, ist tätigkeitsfrei. Auch durch die Bedeutung der Wörter Vorgang, Prozeß läßt sich Tätigkeit nicht definieren, denn mit einer sogleich anzugebenden Einschränkung kann zwar zu Recht gesagt werden, daß jede Tätigkeit ein Vorgang, Prozeß ist, doch ist gewiß nicht jeder Vorgang, etwa das Aufgehen der Sonne, eine Tätigkeit und so läßt sie sich auch durch den Sinn von Vorgang nicht definieren. Es verhält sich sogar umgekehrt, und darauf bezieht sich die Einschränkung: es läßt sich zeigen, daß jeder Vorgang eine Folge von Tätigkeit ist, während eine streng zeitlose Tätigkeit selbst eigentlich kein Vorgang ist.

2. Da alles Erleben und alles, was wir »unternehmen«, im weitesten Wortsinne »tun«, eben schon Tätigkeit ist, braucht uns ihre Undefinierbarkeit in der weiteren Ermittlung des Sinnes von »Handlung« nicht zu behelligen, sondern wir können nun die Unterscheidung der Tätigkeitsart Handlung von anderen Tätigkeitsarten in Angriff nehmen.

Schon *Aristoteles* betont als Kriterien des selbsttätigen, ungezwungen freien Handelns die Bewußtheit und die Gewolltheit. Beide sind grundsätzlich ichhaft, ichzugehörig und tätigkeitsverbunden, Akte bzw. aktive Ichzustände, Selbstbestimmtheiten des – unter anderem – selbst- und gegenstandsbewußten Willenswesens Ich. Alle Tätigkeit im strengen Sinne ist wesentlich ichhaft, ichzugehörig, die sogenannten leiblichen Tätigkeiten, wie Herztätigkeit, Lungentätigkeit, Darmtätigkeit, aber auch Gehirntätigkeit, sind funktionale, prozessuale Wirkungen, Wirkungsfolgen ichhafter Tätigkeiten, so auch die sogenannten physikalisch-materiellen, maschinellen »Tätigkeiten« als energetisch-kinetische Prozesse. Menschliche Gemeinschaftstätigkeiten, eben auch Gemeinschaftshandlungen, die nicht ichhaft, sondern »wirhaft« sind, nicht einem Ich, sondern einem Wir, d. h. nicht *einem* Ich, sondern mehreren miteinander tätigen Ichen zugehören, sind keine Selbsttätigkeiten, sondern sich auf solche aufbauende und sie verbindende Mittätigkeiten, deren aktive Grundlagen und Träger eben die ichhaften Selbsttätigkeiten sind.

3. Die weitere Unterscheidung der Handlung innerhalb des Bereiches der Tätigkeit kann ebenfalls an *Aristoteles* anknüpfen, der hierin eine sehr wertvolle, auch heute als gültig anerkennbare Ergebnisse liefernde Vorarbeit geleistet hat. Er unterscheidet dreierlei Grundtätigkeiten: praktische, theoretische und poietische, und zwar je nach ihrem Ziel. Die theoretische Tätigkeit hat die Erkenntnis, das Erfassen eines diesem Erfassen Vorgegebenen, sagen wir, eines »Sachverhalts«, zum Ziel: hierher gehören, so dürfen wir hinzufügen, die »äußere« (Außenwelt-) oder Sinneswahrnehmung, die »innere« (Innenwelt-)Wahrnehmung und das auf eine Erkenntnis – nicht etwa eine dichterische Gestaltung und Darstellung – gerichtete Denken.
Die poietische, bildende Tätigkeit hat das Bilden, Machen, Verfertigen eines Werkes (ἔργον) zum Ziele: hierher gehört die handwerkliche und die heute – auch aus einem von *Aristoteles* in einschlägiger Beziehung gebrauchten Worte (τέχνη) stammend – technisch genannte Tätigkeit, sowie die Tätigkeit des werkschaffenden Künstlers, die *Aristoteles* noch nach *Platon* als nachahmende von der Tätigkeit des Handwerkers unterscheidet, obwohl er ihren Wert bedeutend höher ansetzt als sein Lehrer, wenn er die Dichtung für philosophischer hält als die Historie und ihr damit gewiß eine erschauende Originalität zuschreibt.
Die Unterscheidung der theoretischen und der poietischen Tätigkeiten durch ihre Ziele ist unschwer begreiflich; schwieriger erweist sich die Bestimmung der in der Aufzählung der Grundtätigkeiten erstgenannten praktischen, die im Deutschen eben die handelnde oder »tätliche« genannt wird bzw. genannt werden darf. Nach *Aristoteles* hat sie ihr Ziel in sich selbst, im Wohlhandeln (εὐπραξία). Wie ist das zu verstehen und wie läßt sich von da zu einer ausführlicheren Bestimmung der Handlung weitergehen?

4. Die praktische Tätigkeit kann vermittels der unmittelbaren leiblichen Wirkungsfähigkeit und der Wirkungsmacht des handelnden Menschen in die physische Welt einwirken: da bringt sie die im gewöhnlichen Sinne des Wortes genommenen Handlungen oder Taten als ihre nächsten Ergebnisse zustande, die sich von der Tätigkeit selbst kaum ablösen, sondern gleichsam mit und in ihr gegeben verlaufen und oft erst in ihren Spuren und Folgen ihre volle und fortdauernde Bedeutung offenbaren. Solche Handlungen, z. B. Gehen, Fechten, Springen, Raufen, sowie zum großen Teile allerlei körperliche Arbeit, Leibesübungen, viele leibliche Spiele, sind mit der Ausübung und mit dem Verbrauch der im Leibe gespeicherten physischen Energien verbunden, deren Einsatz auch die nächste, unmittelbare Wirkung des Handelns, die physische Tat: ein Schritt, ein Schlag, ein Sprung, ist. Die körperliche praktische Tätigkeit ist da streng

genommen eine fortlaufende Reihe von energetischen Wirkungen, also bereits das Ergebnis der eigentlichen, stets psychischen praktischen Akte, vor allem Willensakte, die die leibliche praktische Tätigkeit führen und sie sinngebend beherrschen. Die verbrauchten physischen Energien müssen zur Erhaltung der physischen Handlungsfähigkeiten freilich wieder ersetzt werden, was im wesentlichen durch ebenfalls praktische Tätigkeiten, Essen, Trinken, auch Atmen erfolgt, die den auch dazu notwendigen Verbrauch von physischen Energien nicht nur ausgleichen, sondern für gewöhnlich eine bedeutend höhere Energiemenge durch die »Zufuhr« von energiegeladenen, insbesondere kalorienreichen Stoffen in den Leib wiedergewinnen lassen und verfügbar machen. Schon daran zeigt sich das eigene Ziel der praktischen Tätigkeit: die Macht als gesammelte, ja geballte Tätigkeits- und Wirkungsfähigkeit. Und es zeigt sich nun auch, daß schon die erstgenannten physischen praktischen Tätigkeiten mit ihrer Energieausübung im weitesten Sinne Machtzwecke verfolgen, bei Arbeit und Spiel, beim Gehen, Schlagen, Springen, sei es nur um irgendwo anzukommen, dabei zu sein, sich zu erfrischen usw.

5. Ganz klar zeigen die vorwiegend geistigen praktischen Tätigkeiten ihre Machtziele: wir können sie mit einem zusammenfassenden Namen *politische* Tätigkeiten im weitesten Sinne nennen, der Staats- und Gesellschaftspolitik, Militär-, Wirtschafts-, Finanz- und Kulturpolitik, aber auch der Politik in der Familie, im Verein, im Haushalt und auch im Spiele, im Karten- oder Schachspiel, bei all dem mit Strategie und Taktik, Planung und Entscheidung und Übung verbunden. Das wesentliche Ziel der praktischen Tätigkeit, das sie von der theoretischen und poietischen Tätigkeit und ihrem Erkenntnis- bzw. Werk-Ziel unterscheidet, ist die Macht, ihr Erreichen, Behalten, Steigern, ihr Besitz und ihre Ausübung; Erkenntnis und Wissen sind auch nur bei praktischer Anwendung Macht, d. h. Mittel zu praktischer, technischer, sozialer, politischer, psychologischer Machtgewinnung, »bloß« an sich werden sie vom »reinen« Praktiker bezeichnenderweise als »Ohnmacht« angesehn und gering eingeschätzt.

6. Der Wert der praktischen Tätigkeit und ihres Ergebnisses, der Tat, zur Erreichung und zum Besitz ihres Machtziels ist ihre Nützlichkeit, der vor allem typisch praktische Mittelwert; in dieser Hinsicht kann auch das nützliche Handeln schon Wohlhandeln, weil zielgerechtes Handeln genannt werden, während das wertwidrige, zur Erreichung und zum Besitz des Machtzieles ungeeignete oder gar hinderliche Handeln unnütz bzw. schädlich ist. Eigenartigerweise zeigt sich aber, daß das erstrebte und erreichte praktische Ziel, die Macht, im Wesen wieder nur als Nutzwert, als geballte Lebens- und Wirkungsfähigkeit erscheint und bei ihrer Ausübung tatsächlich und meistens als Mittel zu weiterer praktischer, machtzwecklicher Tätigkeit gebraucht wird, wenn wir auch nicht vergessen dürfen, daß die Macht sehr oft und keineswegs unbedenklich auch an und

für sich geliebt, gesucht, besessen und ausgeübt wird und daß sowohl sie wie auch die praktische Tätigkeit überhaupt in den Dienst von theoretischen oder poietischen Tätigkeiten und Zielen gestellt werden, wie auch umgekehrt das Wissen und das Werk, Theorie und technische, ja künstlerische Fertigkeit und Tätigkeit, praktischen Tätigkeiten und Zielen dienen können; das ist die gegenseitige Lebens- und Wirkensverwobenheit der grundlegenden geistigen Lebenstätigkeiten. Auffällig und oft beklagt aber ist hier die erstgenannte Tatsache, daß das Machtziel der praktischen Tätigkeit immer wieder als bloß nutzwertiges Mittel erscheint, daß das Handeln, von der Alltagstätigkeit der Hausfrau bis zur Staatslenkung des Staatsmannes, als das fortgesetzte Füllen eines Fasses ohne Boden, wenn nicht gar als das ermüdende und zermürbende Hochwuchten eines wieder abrollenden Felsstückes erlebt wird. Wo ist hier das von *Aristoteles* genannte Wohlhandeln? Hat dieses Wort und damit die praktische Tätigkeit, ja das von ihr geführte und erhaltene Leben des Menschen als Praktikers, noch einen tieferen Sinn?

7. Vielfach wird da die theoretische oder die poietische Tätigkeit mit ihren viel mehr endwertig erscheinenden Zielen und Ergebnissen, der Erkenntnis und dem Werk, als das letzte, wenn auch mittelbare Ziel der praktischen Tätigkeit, ja des geistig geschätzten Lebens überhaupt angesehen: *Aristoteles* selbst sieht ja in der Betrachtung und der Erkenntnis der Wahrheit den höchsten Wert und das letzte Ziel, das Glück und die Vollendung des unter den Weltwesen dazu allein fähigen vernünftigen Menschen und seines geistigen Lebens. Allerdings wurde sein Standpunkt schon von Zeitgenossen als einseitig und als verfeinerter Hedonismus, Genußsucht, kritisiert. Das ist zwar übertrieben, doch weist es auf das Unbefriedigende hin, daß der doch meistens vor allem praktisch ausgerichtete Mensch in seiner überwiegend praktischen Alltagstätigkeit eine leere Mühle drehen müsse und in ihr kein menschenwürdiges Ergebnis erreichen könne. Sieht nicht eben auch *Aristoteles* da mehr, wenn er das Wohlhandeln als das eigene Ziel der praktischen Tätigkeit bezeichnet? Ist das wirklich nur die Machtzwecknützlichkeit des Handelns und der Tat?

8. Von guten Taten sprechen wir keineswegs nur und meistens überhaupt nicht im Sinne ihrer Nützlichkeit zu Machtzwecken der Praxis: wohl kann es ein guter Schlag genannt werden, und zwar im Sinne von nützlich, erfolgreich, der einen Angreifer sofort niederstreckt, doch ein ähnlich erfolgreicher Schlag eines Mörders wird gemeinhin nicht als eine gute Tat bezeichnet. Mit einer guten Tat ist üblicherweise eine solche gemeint, die auch unabhängig von ihrem praktischen Erfolg ihrer Nützlichkeit, gelegentlich nicht nur ohne, sondern sogar gegen diese, einen »inneren« Wert an und für sich, einen Endgültigkeits- oder kurz Endwert hat. Und zwar hat sie diesen vor allem und unmittelbar von dem und für den Handelnden, von seiner und für seine Gesinnung, wiewohl sie auf den Gegenstand oder Träger des Machtziels der Tat, z. B. auf eine aus Wasser oder

Feuer zu rettende Person mit dem Machtziel des Gelingens der Rettung gerichtet ist. Doch selbst wenn diese Rettung mißlingt, ist die Tat vermöge der Hingabe der tätigen Opferbereitschaft des Täters gut, insbesondere wenn sie auch nicht ganz unsinnig und damit das Opfer geradezu schädigend ausgeführt wird; denn im Wesen und unmittelbar liegt ihr Gutheitswert in der Gesinnung des Handelnden und nur mittelbar und etwa ausdruckshaft in der Tat als der Wirkung des vor allem psychischen und sich für gewöhnlich physisch auswirkenden Tuns. Daher ist auch eine Wohltat im endwertigen Sinne die Wirkung eines Wohltuns oder Wohlhandelns als Betätigung wahren Wohlwollens, in dem hingebende, helfende, fördernde, auch opfermütige und in der Folge meistens auch achtende und, zuhöchst, liebende Gesinnung des Handelnden lebt und wirkt. In diesem Sinne endwertig aber kann und soll auch jedes, das alltäglichste und einfachste Handeln in Arbeit und Spiel, mühevoller und erholsamer Betätigung sein: und damit verliert das Handeln bei allem endlosen Mittel–Ziel–Mittel–Mahlen seine scheinbare Leere, Ziel- und Sinnlosigkeit, die bedrückt und zermürbt, und gewinnt jedem alltäglichsten und auch seelisch wie leiblich ermüdenden Tun den geistig belebenden und befriedigenden Endwert des Guttuns, des Wohlhandelns in dem von *Aristoteles* in der εὐπραξία wohl ebenfalls gemeinten Sinne. Selbst die sich aus der dauernden Übung solchen Handelns ergebende Gewöhnung und Gewohnheit wird dann nicht zu einem »seelenlosen«, wertlosen oder gar wertwidrigen Zustand und Verhalten, sondern zu einer sich aus Wohlübung entfaltenden Tatfertigkeit, die nicht nur geschickt sein kann und soll, sondern eben auch das hingebende Wohlwollen »einverleibt« und auch ohne ständige Besinnung darauf im vollen Sinne *gut* ist, die Person des Handelnden praktisch-moralisch endwertig gut reifen läßt und dabei ihre Fähigkeit und Bestrebung, das Handeln auch physisch besser, erfolgreicher, leichter, vernünftiger, technisch entwickelter zu machen, nicht vermindert, sondern viel eher vermehrt. Sie ist so seelische und oft auch physische Macht im besten, weil endwertigen Gutheitssinne.

9. Wenn wir die Struktur des Handelns vom Handelnden her betrachten, dann zeigen sich vor allem unserer Selbsterfahrung die praktischen Kräfte der Person und ihre Akte. Nach Jahrzehnten der Vorherrschaft einer »ichlosen« Psychologie hat sich in den letzten fünfzig Jahren auch in der Fachpsychologie die Anerkennung des eigenständigen Ich, das zweifellos als bewußtes Aktsubjekt erlebt wird, sich selbst erlebt, weitgehend durchgesetzt; der Praktiker erlebt und bejaht es am unbefangensten. Auch jene Personkraft, die die handelnde Tätigkeit führt und beherrscht, wird in der modernen Psychologie zunehmend beachtet und in ihrer unzurückführbaren Eigenständigkeit anerkannt: der Wille in seiner unmittelbaren und ursprünglichen Ichhaftigkeit, dessen Akt, dessen Wollen, auf keinen grundlegenderen Akt zurückgeführt werden kann. Dieser Akt und somit die wollende Ichkraft ist unmittelbar setzend, entscheidend, zumindest im bewußten Seelenleben selbst, doch für gewöhnlich auch psycho-

physisch, leiblich handelnd, obwohl hierzu außer dem psychisch setzenden Wollen auch eine physische Machtkomponente nötig ist: das erweist sich, wenn etwa bei einem klaren Bewegungsentschluß der plötzlich gelähmte Leib überraschend »nicht mitmacht«. Der Willensakt muß von allem bloßen Verlangen, wünschenden Streben, affektiven Drängen genau unterschieden werden und zeigt sich bei aufmerksamer Selbstbeobachtung als »farbloser«, »kühler«, »schroffer« Akt, mit dem die Person im Entscheiden unmittelbar den Entschluß als psychische Tat setzt und sich darin als freie, wesentlich von sich aus entscheidend setzende Ichkraft weiß.

In der praktischen Aktstruktur ist dem auch selbst willentlich sinn- und wertbewußten Willensakt für gewöhnlich ein praktischer Verstandesakt zugeordnet, der die Wege, Weisen und Mittel des Handelns unmittelbar, ohne planvolle Überlegung, doch meistens wahrnehmungsbezogen beurteilt, und ein von diesem wohlunterscheidbarer, in der Forschung bisher kaum beachteter, die Taten den konkreten Situationen schmiegsam anpassender, »rollend« gestaltender Geschicklichkeitsakt; dieser letztere ist an sich ebenfalls wesentlich psychisch, obwohl er sich – wie auch die vorher genannten Akte – physisch bedeutsam auswirkt, und in seiner »Schmiegsamkeit« keineswegs mit einer Art von Akten des Sichabfindens zu verwechseln, sondern eine wesentliche Komponente der komplexen praktischen Aktstruktur.

Schließlich finden wir in der lebensvoll vielseitigen praktischen Tätigkeit die eigenartig planende, Ziele und Mittel, Wege und Weise des Handelns überlegende, wertende und den entscheidenden Willen beratende Aktivität der seit altersher sogenannten praktischen Vernunft, sowie die davon klar unterscheidbare drängende und zurückhaltende, für und wider verlangende, affektiv, »gestimmt und gesonnen« bewegende, motivierende, doch das Handeln nicht selbst entscheidende Tätigkeit des zum Handeln Stellung nehmenden Gefühlslebens, des analog zur praktischen Vernunft benennbaren praktischen Gefühls: beide Ichkräfte und ihre eigenartigen Akte sind der praktischen Ichstruktur und ihrem vorhin gezeigten Aktkomplex beigeordnet und vervollkommnen die Praxis zu einer allseitig lebensbezogenen fundamentalen Ichtätigkeit, die auch ganz besonders zur gemeinschaftlichen Mittätigkeit, zum Mittun neigt und damit zum bedeutendsten gemeinschaftsbildenden Lebensfaktor wird, mehr als die überwiegend persönlich individuell vorgehenden theoretischen und poietischen geistigen Lebenstätigkeiten.

10. Die unmittelbare Wirkung der praktischen Tätigkeit ist die Tat. Rein psychisch ist sie der Entschluß, eine eigene objekthafte, doch unsinnliche und unanschauliche, weder bildhafte noch abstrakte, sondern immer einzeln konkrete, seelisch-energetische Realität, die sich an verschiedenste psychische oder physische, anschauliche oder nicht-anschauliche, sinnliche oder unsinnliche Realitäten, Vorstellungen, Sachverhalte, Situationen heftet und ihnen ein eigenartig praktisches Gewicht, eine Durchsetzungsbestimmtheit gibt, die jenen ohne den

anhaftenden Entschluß nicht eignet: »ich kaufe diesen blauen Anzug«, »ich stimme für den Kandidaten Schmidt«, »ich höre jetzt auf zu reden«, »ich stehe um punkt zehn Uhr auf« usf. Entschlußbeschwert gewinnen diese Vorstellungen, Sachverhalte, Situationen praktisches Durchsetzungsgewicht, werden zu Tatträgern, meistens auch physisch energetisch durchgeführt, vollzogen, eben getan, praktisch bewirkt; und gleichsam »über sie« baut sich der mit ihnen engstens zusammenhängende, doch wohlunterscheidbare aktive Ichzustand der Entschlossenheit als Ergebnis eines reflexiv bestimmenden, selbstbestimmenden Willensaktes auf, von dessen aktivem Wesen, von seiner Kraft, nicht nur eine einzelne Tat abhängt, sondern auch eine ganze Reihe gegenständlicher Entschlüsse bewirkt werden kann: »ich will durchhalten«, »ich will siegen«, »ich will konsequent das bestmöglich Erscheinende wählen«, »ich will gerecht sein«, »ich will fortan meinen Vorteil suchen«. Mit diesen Beispielen sind wir auch zur Erwähnung mehr oder weniger allgemein bestimmender praktischer Kategorien gekommen, mit deren kurzer Betrachtung die Wesensanalyse der Handlung abgeschlossen werden kann.

11. Unter praktischen Kategorien werden hier solche Bestimmungen, Eigenschaften verstanden, die dem gesamten praktischen Leben, dem handelnden Subjekt, seinen Handlungsakten und seinen Tatwirkungen in allen besonderen Gebieten des persönlichen und gemeinschaftlichen Handelns eignen, insoweit es nicht mangelhaft, sondern praktisch seinsvollkommen ist. Das bedeutet zugleich und in einem seine mittelhafte und endgültige praktisch positive Wertbestimmtheit; gerade solche Kategorialuntersuchungen erweisen am besten die in der Philosophie der letzten zweihundert Jahre so oft bezweifelte und abgelehnte ununterschiedene Identität von Sein und Wert.
Als einen solchen praktischen »Seinswert«, der sofort am ehesten theoretisch angreifbar erscheinen mag, fassen wir in der mit dem Namen *Gutwilligkeit* bezeichneten Kategorie. Sie hat mit sklavischer oder etwas »dummer« Hingabebereitschaft nichts zu tun, sondern verbindet sich im Gegenteil mit sachlicher Ehrlichkeit und »wohltemperierter« Eifrigkeit des Handelns, mit Eigenschaften, die nicht nur seine Endwertigkeit betreffen, indem sie es aus der »sinnlosen Alltagsmühle« befreien, sondern dadurch auch mittelwertig erfolgreicher betreiben lassen, und in beiden Wertigkeiten zugleich seine praktische Seinsvollkommenheit, Mangelfreiheit bestimmen. Sie geben dem Handeln wesentlich jenes »Wohlhandeln«, das *Aristoteles* als sein Ziel und seine Gelungenheit, seine Seinsvollkommenheit ansieht; diese Erkenntnis und ihre Erwägung kann die vorhin einleitend erwähnte Angreifbarkeit der genannten Kategorie als sachunberechtigt zeigen. Weitere praktische Kategorien, wie Sicherheit und Zweckmäßigkeit, Zieleinheit und Folgerichtigkeit, erscheinen eher mittelwertig als endwertig, lassen aber damit auch die in ihnen gegebene mangellose Seinsbestimmtheit, praktische Seinsvollkommenheit dieser Eigenschaften bzw. des durch sie bestimmten Handelns leichter einsehen. Daß sie zugleich praktische

Endwertbestimmungen sind, zeigt sich vor allem einsichtig daran, daß eben so bestimmte Handlungen auch im tieferen Sinne handlungsgerecht, »wohlgehandelt« und daher auch nützlich, erfolgreich sind, und daß dieses ihr handlungsgerechtes Sein sogar zu ihrem wohlerwogenen, nicht leichtfertig nur auf ein untiefes »Ich-will-ja-nur-was-Gutes«-Verhalten gestützten praktisch-moralischen Seinswert gehört. Das zu bedenken führt auch zu einem tieferen Verständnis des Handelns und seiner gesamten Lebensbedeutung.

LITERATUR

Aristoteles, Nikomachische Ethik.
I. Kant, Grundlegung zur Metaphysik der Sitten (1788).
I. Kant, Kritik der praktischen Vernunft (1788).
J. G. Fichte, System der Sittenlehre (1798).
N. Hartmann, Ethik, Berlin [4]1962.
G. E. Moore, Principia Ethica, Cambridge 1903.
B. v. Brandenstein, Der Aufbau des Seins, Saarbrücken–Tübingen 1950, Teil VI: Tatlehre.
Ders., Grundlegung der Philosophie, Bd. IV, München–Salzburg 1966.

BELA VON BRANDENSTEIN

HERRSCHAFT

1. Das Phänomen: Herrschaft und Anerkennung
2. Entfremdung
3. Diffusität der Begriffe: Instrumentale Deutung
4. Das Problem der Autonomie
5. Gebrochenheit

1. Herrschaft wird als eine soziale Beziehung angesehen, die durch Rangdifferenz gekennzeichnet ist und in ein Steuerungsverhältnis übergehen kann. Der Begriff »Herrschaft« ist theoretischer Natur, er beschreibt nicht ein unmittelbar beobachtbares Faktum, sondern eine latente Kraft, deren Bestand aus bestimmter – sozialer – Gesetzlichkeit erschlossen wird und die polar zwischen zwei Personen(-gruppen) wirksam werden kann.
Wenn sich physische, seelisch-geistige, wirtschaftliche, berufliche, gesellschaftliche und politische Unterordnungsverhältnisse unterscheiden lassen, dann ist Herrschaft am ehesten den politischen Rangverhältnissen zuzuordnen, ohne sich voll mit ihnen zu decken; vor allem ist Herrschaft von Macht abzugrenzen. Sieht man in Macht die Chance, Überordnung auch gegen den Widerstand anderer durchzusetzen, wie auch immer die Durchsetzung geschieht, etwa unter Zuhilfenahme von Zwangsgewalt *(M. Weber),* dann ist Herrschaft ein Spezialfall institutionalisierter Macht und die Chance, für bestimmte Verhaltenserwartungen bei einem angebbaren Personenkreis Entsprechung zu finden *(M. Weber).*

Ausgeschlossen sind daher Rangpositionen, die auf bloßer Angst vor unmittelbarer Bedrohung beruhen. Herrschaft ist auf Dauer eingerichtet und bestimmt eine Beziehung noch da, wo nicht von ihr Gebrauch gemacht wird, weil sie beständig aktualisiert werden kann.

Für Herrschaft ist das Verständnis der in der Herrschaftsbeziehung verbundenen Menschen konstitutiv; nur wo sie als Herrschaftsbeziehung erfaßt ist, gibt es Befehle und Befehlsbefolgung. Das schließt nicht aus, daß eine bewußte Technik der Verhaltenssteuerung, die sich anderer Wege als der des Befehls bedient, als verwandtes Phänomen erkannt und gleichfalls als Herrschaft bezeichnet wird *(Luhmann)*. Die Verwendung des Terminus Herrschaft wird jedoch sinnlos, wenn darunter auch soziale Steuerungsmechanismen erfaßt werden sollen, die, obwohl sie nicht zweckvoll von einem »Herrschenden« ausgelöst oder unterhalten sind, eine Folge herbeiführen, die im »Interesse« der Herrschenden liegt, das gilt vor allem, wenn zugleich den der Herrschaft unterworfenen Menschen jede Autonomie abgesprochen wird und ihr Wille als durch herrschaftliche Manipulation so verfälscht bezeichnet wird, daß sie in ihrem Bewußtsein nur noch die Interessen der Herrschenden widerspiegeln und das emanzipatorische Defizit nicht einmal mehr ahnen. Denn damit ist die Grenze zu mechanischer sozialer Determination schon überschritten, was nur durch die unkritische Verwendung des unausgewiesenen Terminus »Interesse« verwischt wird. Herrschaft ist von dem Sinn her zu verstehen, in welchem sie sich Herrschern und Unterworfenen darstellt; sie läßt sich nicht im Wege der Verhaltensforschung als Regel eines tatsächlichen Geschehens begreifen. Das Gesetz, nach dem sie sich vollzieht, ist auch verbindliche Norm. Herrschaft bildet eine Verfügungsgewalt in einer positiven (Rechts-)Ordnung, die ihrerseits auf Herrschaft verwiesen bleibt *(Plessner)* und fordert im Gegensatz zu bloßer Stärke den Glauben an ihre Legitimität bei Herrschern und Beherrschten, d. h. ein Minimum an Gehorchenwollen und innerer Anerkennung *(M. Weber)*.

Zwischen Herrschaft und sonstigen Unterordnungsverhältnissen bestehen gleichwohl enge Verschränkungen. Wer dem anderen physisch, seelisch-geistig oder wirtschaftlich überlegen ist, kann verlangen, als Herrscher anerkannt zu werden, und wer in Herrschaftsposition über andere Menschen verfügt, gewinnt die Macht, Vorrang und Gehorsam unter Widerstrebenden mit unmittelbarer Gewalt durchzusetzen. Es erweist sich als soziologischer Befund, daß soziale Überordnung zu Institutionalisierung tendiert. Andererseits ist offenbar, daß Vorrang und Überlegenheit des aktuell Stärkeren keine Frage sind; denn wo Macht ist, bedarf es der Institution nicht, und wo institutionelle Herrschaft in Anspruch genommen wird, fehlt es an Macht, sich unmittelbar durchzusetzen *(Rousseau)*.

Die Beziehungen von Herrschaft und Anerkennung werden allerdings nicht aufgehellt, wenn Genealogien der Herrschaft aus Machtverhältnissen gegeben werden. Ableitungen von Herrschaft aus der Machtüberlegenheit von Eroberern, die über Leben und Tod verfügen *(Rüstow)*, oder von Klassen, die es verstanden haben, das Monopol der die Lebensversorgung kontrollierenden Entscheidungspositionen mit Erfolg zu behaupten, können den Umschlag von Macht in legitime Herrschaft nicht erklären. Sie berücksichtigen überdies nicht, daß die Definition dessen, was lebensnotwendig ist oder das Leben lebenswert macht, in weitem Umfang variabel bleibt und selbst die elementarsten Voraussetzungen menschlicher Existenz zur Disposition stehen, so daß sich Herrschaft gerade in der Definition der notwendigen Ressourcen vollzieht.

2. Das Phänomen von Herrschaft wird mißdeutet, wenn in jedem Fall institutionalisierter Machtübung der Anspruch auf Legitimität und willige Unterordnung erwartet werden. Die Verflochtenheit von Herrschaft und Macht läßt es zu, daß Herrschaft *in concreto* als bloße Macht ausgeübt wird und Entsprechung findet. Herrschaft und Macht befinden sich in einer unauflöslichen Gemengelage, wo kritische Reflexion des Legitimitätsanspruchs ausbleibt, etwa wo die der Herrschaft unterworfenen bewußt vereinzelt werden und die Diskussion herrschaftlich machtmäßig unterdrückt wird oder wo ganze Bevölkerungsteile mangels Bildung oder Muße unfähig sind, kritisches Bewußtsein zu entwickeln, weil sie in existentieller Not oder extremer »Sachlichkeit« befangen nicht mehr über die vordringlichen Aufgaben des Alltags hinwegzuschauen vermögen. Wird Herrschaft als Voraussetzung reibungslosen Funktionierens in Kauf genommen, ohne daß die Frage aufgeworfen wird, ob das Ziel reibungslosen Funktionierens selbst herrschaftlich gestellt ist, kann es dahin kommen, daß sich selbst die Inhaber von Herrschaftspositionen dem Funktionsprozeß unterwerfen und »bewußtlos« ihre Lenkungsmacht in diesem Sinne einsetzen. Die Möglichkeit der Gewissenlosigkeit einer ganzen Gesellschaft, die sich der Herrschaft von Sachzwängen, unkritisch hingenommenen Normen, Fakten und Lehren unterstellt hat, betrifft jedoch nicht mehr das eigentliche Problem der Herrschaft, auch wenn unter dem Etikett »Entfremdung« die Tendenz besteht, unterschiedslos Systeme als herrschaftlich zu bezeichnen, weil in ihnen »natürliche« Regulantien durch »unnatürliche« Regulantien ausgetauscht seien. Kritische Reflexion erweist nicht allein den Schein der Natürlichkeit, die erst von einem kulturell entwickelten und zivilisatorisch raffinierten Bewußtsein romantischer Lebenshaltung entdeckt wird, sondern auch die Unausgewiesenheit ihrer Gleichsetzung mit »Zugeeignetsein« und »Fremdsein«. Wer nicht darzutun vermag, inwieweit autonomes Verhalten und selbstverantwortliche Entscheidung möglich ist, kann nicht von Heteronomie und Unterwerfung unter herrschaftliche Manipulationen sprechen. Zu Recht schließt *Hegel* das Phänomen von Herrschaft und Knechtschaft mit der Erfahrung von Spontaneität zusammen. Herrschaft und Freiheit setzen allemal Selbstbeherrschung, d. h. Kontrolle über sich und seine Triebe voraus. Nur unreflektiert kann der Gedanke verfochten werden, Triebbeherrschung sei der Anfang vom Ende persönlicher Freiheit, das Ausleben der natürlichen (sexuellen) Begierde gewährleiste den Abbau autoritärer Syndrome. Demgegenüber gilt, daß derjenige, der seinen Trieben freien Lauf läßt, mangels

Unterscheidungskriterien hinter der Alternative von Selbst- und Fremdbestimmung zurückbleibt.

Der Mangel an Unterscheidbarkeit von Herrschaft und anderen sozialen Unterordnungsverhältnissen hat eine vielfältige Verzweigung des Phänomens zur Folge. Zwischen Überordnungsverhältnissen mit positiver Gefühlsbindung, kraft deren man der Führung folgt, dem paradigmatisch Vorgelebten nachlebt, Ratschlägen nachkommt und Lehren beherzigt, und den emotional neutralen (negativen) Überordnungsverhältnissen, die durch Herrschaft und Dienst, Befehl und Gehorsam, Anordnung und Ausführung gekennzeichnet sind, bestehen nur graduelle Differenzen. Herrschaft erfaßt zahlreiche Verhältnisse in Familie, Gemeinde, Arbeitsbetrieb, Vertragsverhältnis, Verband, Armee und Staat, die wiederum von den verschiedenartigsten Grundstimmungen kommunistischer, faschistischer, patriarchalischer, autoritärer, egalitärer oder liberaler Ordnung geprägt sein können. Institutionalisierte Lenkungsmacht in einem sozialen Verhältnis – welches sich nicht in der herrschaftlichen Struktur erschöpft, dem sie möglicherweise ephemer ist – wird anders erfahren und geübt als in einer emotional unbelasteten Beziehung, die in Befehl und Gehorsam aufgeht. Herrschaft, die der Willkür des Herrschers keine Grenzen setzt, ist von der Steuerungsbefugnis mit beschränktem Spielraum des Ermessens zu unterscheiden; partielle Anordnungskompetenz, die nur einzelne Verhaltensweisen erfaßt oder auf Zeit ausgeübt wird, ist etwas anderes als soziale Beherrschung des Unterworfenen in allen seinen Lebensbereichen. Oktroyierte Herrschaft und freiwillige Unterordnung bleiben Gegensätze.

Ein Typus mangelnder Differenzierung ist es, Herrschaft nur dem zuzusprechen, der über die Letztentscheidung verfügt *(C. Schmitt)*. Komplexe soziale Systeme kennen Herrschaft in diesem Sinne nicht und können ihr auch entraten. Nur in primitiven Sozialordnungen kommt Herrschaft einer höchsten dezisionären Gewalt zu. Thesen von sich durchsichtigen, absoluten Herrschaftssystemen – insbesondere universalen Zuschnittes – lassen sich rational nicht ausweisen *(Luhmann)*. Sie überschätzen Spontaneität und Reichweite der Herrschenden und das Ausgeliefertsein der Beherrschten und vernachlässigen die soziale Abhängigkeit der Entscheidungsträger. Die Vorstellung einer geschlossenen herrschaftlichen Befehlshierarchie enthält eine irrationale Implikation, die sie selbst als irreal erweist. Eine Organisation von Menschen kann nicht auf den Handlungsstandpunkt eines einzelnen gestellt werden. Sie ist nur als Koalition aller zu rationalisieren. In Wahrheit besitzt weder der Inhaber der Herrschaftsposition die umfassenden Informationen, die absolute Herrschaft ermöglichen – der Berichtsweg, auf den er verwiesen ist, läßt sich allein durch Befehl nicht sichern, vor allem wenn spezieller Sachverstand notwendig wird –, noch ist der Untergegebene in jedem Falle bereit und fähig, einen Befehl in seinem Sinn zu erkennen und ihn zu befolgen. Die Befehlshierarchie gibt nur einen idealtypischen Ausschnitt aus der Mannigfaltigkeit von Ranghierarchien und Loyalitäten *(Luhmann)*. Regelmäßig finden sich in komplexen Sozialgebilden nicht von einander abgeleitete, selbständige Herrschaftspositionen, die nebeneinander ausgeübt werden, ohne daß die Entscheidung im Konfliktsfall bei einem obersten Entscheidungsträger mit absoluter Herrschaftsgewalt institutionsalisiert wäre.

3. Sind Herrschaft und Unterwerfung etwas, was den Menschen nicht ohne ihr Zutun geschieht, dann müssen sie verantwortet und aus dem Sinn heraus verstanden werden, den sie für die in sie einbezogenen Menschen besitzen. Er kann in der Funktion gesucht werden, die Herrschaft im Hinblick auf bestimmte vorgegebene Ziele humaner Existenz entfaltet. So wird Herrschaft als Instrument verstanden, Konflikte zu vermeiden und ein relativ stabiles System sozialer Ordnung zu gewährleisten *(Hobbes)*. So erscheint Herrschaft als das Mittel zur Durchsetzung des Guten unter Rechtsblinden *(Platon)*. Herrschaft als Instrument bleibt jedoch problematisch, weil sie nicht ausschließt, daß der Herrschende seine Entscheidungsmacht mißbraucht. Wenn dem einzelnen die Entscheidung nicht überlassen werden kann, weil er den Konflikt sucht oder nicht das Gute im Blick hat, dann ist unklar, warum Punktualisierung der Entscheidungsmacht die Gefahren vermeiden könnte, es sei denn Herrschaft läutere den, der sie ausübt – ein Spiegelbild der Idee, daß die absolute Ohnmacht des Proletariers diesen zur Wahrheit befreie. Ist der Mensch aus so krummem Holz geschnitzt, daß er einen Herrn über sich braucht, dann ist die Aufgabe unlösbar, einen solchen Herrn unter den Menschen zu finden *(Kant)*.
Die Funktion von Herrschaft, Konflikte zu vermeiden, wird zudem in Frage gestellt, wo Konflikte erwünscht sind, etwa im Antagonismus geistiger Auseinandersetzung, oder wo eine Harmonisierung zu erwarten ist, wie in der klassenlosen Gesellschaft. Das gilt vor allem, wenn es sich bestätigen sollte, daß Herrschaft erst die Konflikte erzeugt, die sie zu lösen vorgibt. Ist Herrschaft tatsächlich nur ein Versuch, Entscheidungsschwäche zu vertuschen und Verzicht auf kritisches Bewußtsein durch Willkür und Unterwerfung zu verdecken, so bedarf dieser Versuch der Erklärung. Sie bleibt aus, wenn Herrschaft sozialpsychologisch auf eine autoritäre Persönlichkeitsstruktur zurückgeführt wird, die sich im Zirkel von Befehl und Gehorsam reproduziert. Der Zirkel, in welchem der Mensch sich und seine Umwelt instrumental mißdeutet *(Heidegger)* und entfremdet unter die Kategorie des Habens zwingt *(Marx)*, muß verstanden und durchbrochen werden.
Dem philosophischen Räsonnement ist mit der instrumentalen Deutung von Herrschaft nicht genüge getan, solange nicht der Hintergrund der Wertungen erhellt und überprüft ist, auf dem die instrumentale Interpretation sich vollzieht. Das Denken kann sich nicht bei einem Verständnis von Herrschaft als eines Instruments beruhigen. Nicht die Frage, wozu Herrschaft taugt, sondern ob sie überhaupt menschlicher Existenz angemessen ist, steht an *(R. Stammler)*. Aus der Tatsache, daß Herrschaft ein konstituierendes Merkmal von Sozialordnungen der verschiedensten Qualität ist, kann nicht geschlossen werden, es handele sich um ein neutrales Phänomen sekundärer Relevanz.

4. Das Problem von Herrschaft ist auf das engste mit dem Autonomieanspruch des Menschen verbunden. So stehen herrschaftliche Lenkung, sozialer Vorrang, gesellschaftliche Privilegien in hartem Widerspruch zur Forderung menschlichen Selbstbewußtseins nach autonomer Entscheidung, Selbstzweckhaftigkeit und egalitärer Achtung; dennoch ist Herrschaft nur möglich, wenn sich der Mensch als eines spontan entscheidenden Wesens bewußt ist. Das gilt einmal für den Inhaber der herrschaftlichen Position, der sich in ihr genießt, weil er sie als »eigene Macht« weiß *(Marx)*, d. h. weil er sich als selbstentscheidendes Wesen interpretiert. Das gilt auch für den Beherrschten, der die Herrschaft des anderen als legitim anerkennt, dem Herrscher Spontaneität zuspricht, an dessen Verantwortung appelliert, den Verzicht auf eigene Autonomie empfindet und die Unterwerfung als zu verantwortende Haltung legitimiert.

Herrschaft ist letztlich weder als Instrument zur Durchsetzung von etwas material Gutem noch zur Vermeidung des Konflikts zu begreifen. Sie ist als *ein* bestimmtes Verfahren zu verstehen, aus der Autonomie Gemeinschaft zu leben und soziale Existenz zu kontrollieren und zu rationalisieren. Der Sinn solchen Verfahrens ist dem verantwortlichen Bewußtsein zwar im Prinzip offenbar, gerade wenn es die wachsenden Möglichkeiten sozialer Manipulation und Übermacht durchschaut, die willkürlicher Entscheidung entzogen werden müssen, weil sie verantwortliche Entscheidung bedrohen. Der Anspruch auf Freiheit, der sich erweitert, wenn sich die Handlungsmöglichkeiten vermehren, erfordert die Zusammenfassung der sozialen Kräfte, um Autonomie zu sichern, dehnt die Notwendigkeit der Einflußnahme weiter aus und fordert wiederum deren Beherrschung. Damit stellt sich das Problem, das Verfahren zu gemeinsamer Kontrolle und Rationalisierung auszugestalten, so daß ein Höchstmaß an Durchsichtigkeit und Einfluß gesichert bleibt. Dieses Verfahren kommt ohne Arbeitsteilung nicht aus; die Entlastung von Entscheidung ist für die Freiheit konstitutiv, nicht alle Entscheidungen können von allen getroffen werden. Andererseits ist es gar nicht mehr in Form der Befehlshierarchie einer einfachen Herrschaft zu erreichen. Das gilt nicht nur tatsächlich, weil jede soziale Integration Loyalität voraussetzt, sondern entspricht auch der Forderung nach Selbstverantwortung, die der einzelne sich stellt. Soziale Existenz ist mit dem Verfahren der Herrschaft nicht mehr zureichend zu erfassen; damit wird auch die Möglichkeit eines Begriffs von Herrschaft fraglich, wenn auch der Weg des Anarchismus, der auf Steuerung des sozialen Prozesses ganz verzichtet, dem verantwortlichen Bewußtsein verschlossen bleibt.

Schon seit die Sophistik Herrschaft als konventionelles Moment erwiesen und bewußt der zweiten Natur des Menschen zugewiesen hat, läßt sie sich nicht mehr traditionell als faktisch geltend erweisen. Der Schritt zurück von der bloß konventionellen Herrschaft zur verantwortbaren Ordnung muß gewagt werden. Der Versuch der antiken Philosophie, ein System der guten und stabilen Herrschaft auf die Erleuchtung des Herrschenden zu stellen, ist mit dem Mißtrauen in menschliche Verläßlichkeit in Zweifel gerückt und nicht mit dem

Autonomieanspruch des einzelnen zu vereinbaren. Der christliche Gedanke zweier Äonen, nach welchem Herrschaft in Bereichen, die der selbstverantwortlichen Entscheidung des Gläubigen vorbehalten sind, illegitim ist, wird durch die Ausdehnung der Grenzen, in denen der Mensch frei von herrschaftlicher Ordnung sein soll, und durch Radikalisierung des Anspruchs, an der Gestaltung der Welt teilzunehmen, vertieft, bis Herrschaft als solche fragwürdig wird und in Gegensatz zum Freiheitsanspruch des Menschen tritt.

5. Nachdem Herrschaft schlechthin in Frage gestellt ist, kann zwar der Versuch unternommen werden, ihr schlechthin Sinn zu geben, indem die Versöhnung von Herrschaft und Autonomie durch Aufhebung des Unterschiedes von Herrscher und Untertan im *citoyen (Rousseau)* oder im In-und-mit-dem-Staate-Leben *(Hegel)* und durch Verschmelzung der individuellen und sozialen Bedürfnisse in einer klassenlosen Gesellschaft *(Marx)* gesucht wird. Das bedeutet aber zugleich, alle Sozialformen, welche die Auflösung nicht erreichen, schmerzhaft als herrschaftlich und freiheitsfeindlich zu erfahren. Herrschaft und Dienst erscheinen damit als die auseinandergetretenen Momente eines letztlich einheitlichen Prozesses, in welchem sich die Menschen wechselseitig als autonomes Bewußtsein dienend anerkennen und als eigene Herren darstellen *(Hegel)*, der jedoch, vom einzelnen her ausgelegt und unternommen, immer wieder in Herrschaft und Gehorsam auseinanderzutreten droht und daher beständige kritische Problematisierung verlangt.
Die Differenz von Herrschaft und Recht wird von den Betroffenen nicht mehr nur in Zeiten revolutionärer Umwälzung als real empfunden, sondern fortwährend als Möglichkeit gesehen. Herrschaft zu bekämpfen, bedeutet nicht, den Konflikt mit einer Haltung zu wagen, welche die konkrete Gesellschaft, die sich herrschaftlich verfaßt hat, zur Herrschaft einnimmt *(Plessner)*, sondern entspricht ihr. Herrschaft ist daher nicht progressiv in einer Weise in Frage zu stellen, welche das Bewußtsein, das sie anerkennt, als entfremdetes Bewußtsein zum Objekt der Befreiung macht, und in Erziehungsdiktatur neuer Herrschaft umschlägt *(Strzelewicz)*, auch wenn sie aus der Entfremdung geboren sein sollte. Herrschaft kann nun nicht mehr als äußeres Medium der Freiheit aufgefaßt werden, etwa im Sinne statischer Sicherung einer äußeren Freiheitssphäre oder dynamischer Entwicklung weltbürgerlicher Gesellschaft äußerer Freiheit, sie ist vielmehr aus der Autonomie selbst als der gebrochene Versuch einer angemessenen Sozialordnung zu begreifen, welche die Anerkennung des anderen als Person nur im Umweg über die Unter- und Überordnung vollzieht, aber ihren Ausgangspunkt notwendig überschritten hat und zu egalitärer Zusammenstimmung fortzutreiben ist.

LITERATUR

R. Stammler, Theorie des Anarchismus, Leipzig 1884.
M. Weber, Wirtschaft und Gesellschaft, Tübingen 1922.
Adorno, Frenkel-Brunswick, Sandford u. a., The authoritarian personality, New York 1950.

R. Dahrendorf, Soziale Klassen und Klassenkonflikte, Stuttgart 1957.
H. Plessner, Die Emanzipation der Macht, in: Von der Macht, 1962, S. 7–25.
H. Wein, Geschichtshörige Machttheorien und philosophischer Enthusiasmus, in: Von der Macht, 1962, S. 27–49.
N. Luhmann, Zweck-Herrschaft-System, in: Der Staat 3 (1964), S. 129–158.
K. Holm, Zum Begriff der Macht, in: Kölner Zeitschrift für Soziologie und Sozialpsychologie 21 (1969), S. 269–288.
W. Strzelewicz, Herrschaft ohne Zwang? in: Hartfiel, Die autoritäre Gesellschaft, Kritik I (1969), S. 21–53.
F. Müller, Entfremdung, Berlin 1970.

PETER KRAUSE

HOFFNUNG

1. Begriff und allgemeine Problematik
2. Der Hoffnungsbegriff in der christlichen Theologie und Philosophie
3. Der Sinn und die Rolle der Hoffnung in der marxistischen Theorie

1. Hoffnung umfaßt ein so weites Bedeutungsfeld, daß eine formale Definition so wenig ausreichen wie eine historisch-deskriptive Bestimmung vollständig sein kann. Sie bezeichnet psychologisch als Grundbegriff gewisse Emotionen, sie kann geschichtsphilosophisch als Movens historischer Prozesse verstanden werden, sie hat Bedeutung für die Ethik und gilt in der christlichen Theologie als göttliche Tugend.

In einer vorläufigen Abgrenzung lassen sich methodisch formale und inhaltliche Aspekte unterscheiden: Hoffnung als reiner Akt *(spes qua)* und als erhofftes Ziel *(spes quae)*; im ersten Fall bezeichnet sie in verschiedenen Graden der Intensität und Gewißheit einen Affekt der mit Lustgefühlen besetzten Erwartung künftiger Wirklichkeit, der nicht auf das Individuum beschränkt bleiben muß, sondern gelegentlich als emotives Apriori der gesamten menschlichen Gattung oder einzelner Epochen gilt. Gegenüber Planung, Prognosen und Kalkulation behält sie ein unterscheidendes Element an Unsicherheit und Absolutheit des Ziels, aufgrund ihrer selbstkritischen Offenheit übertrifft sie Phantasmagorien und Halluzinationen an Realitätsgehalt.

Das erhoffte Ziel kann eine nahezu unendliche Spannweite haben, weil es als solches durch die Hoffnung erst mitkonstruiert wird; deswegen auch sprengt Hoffnung per definitionem das Reglement wissenschaftlicher Erkenntnis: sie bezieht sich auf Mögliches, nicht auf Vorhandenes. Dieses kann in Religionen, großen philosophischen Systemen oder künstlerischen Antizipationen ebenso objektiviert werden wie in scheinbar trivialen, kurzfristig angelegten und nur mikrologisch wahrnehmbaren Formen; bisweilen wird Hoffnung als teleologisches Prinzip auch der Natur zugeschrieben.

Aus dem bisher Gesagten lassen sich drei zentrale philosophische Fragen zum

Begriff Hoffnung ableiten: (a) Ist Hoffnung eine ontologische und metaphysische Kategorie, die im Sein, in der Natur oder in einer als Substanz verstandenen Gesamtgeschichte liegt – oder ist sie eine Kategorie subjektiver und kollektiver Emotionen, die sich innerhalb einer endlich-teleologischen Geschichte verwirklichen? (b) Wenn Hoffnung den Rahmen realitätsorientierter Wissenschaft sprengt, wie soll dann *docta spes (E. Bloch)* von Wahn und Irrtum verbindlich unterscheidbar sein? (c) Ist Hoffnung ein unersättlicher und deswegen blinder Affekt, der jede erreichte Erfüllung a priori transzendieren muß, weil er in der Geschichte prinzipiell nicht zur Ruhe kommen kann – oder weil es bisher keine historische Erfüllung von Hoffnung gegeben hat?
Diese drei Fragen haben sich in verschiedener Form vor allem die christliche und marxistische Lehre gestellt. Beide Lehren gleichen sich nicht zufällig darin, daß sie den philosophischen Autarkie-Anspruch in verschiedener Weise aufzuheben trachten, ohne deswegen völlig auf Theorie zu verzichten. Weder Christentum noch Marxismus geben auf die erwähnten drei Fragen eine philosophisch bündige, abschlußhafte Antwort; wo sie es dennoch versucht haben, geschah es um den Preis einer metaphysischen oder ontologischen Vereinnahmung der Hoffnung. Gerade dadurch droht Zukunft zur schließlich fatalen, überraschungsfreien Variation des stets schon Gegebenen, zum bloßen Korrelat der Gegenwart, Hoffnung zur Anamnese eines immer Wahren, das sich bisher bloß verbarg, zu werden. Hoffnung gilt deswegen als philosophischer Grenzbegriff. Es empfiehlt sich mithin, dieser Situation durch eine vorwiegend immanent verfahrende Begriffsanalyse zu entsprechen, damit auch ihre nichtphilosophischen Aspekte (Eschatologie, Erlösung, Revolution, Utopie usw.) zur Sprache kommen können.

2. Während Hoffnung (ἐλπίς) in der griechischen Antike sowohl den guten wie den schlechten Ausgang einer Entwicklung umschließt, bezeichnet sie im biblischen Verständnis bei aller Differenz im einzelnen stets eine optimistische Erwartung. Kassandra kann den Untergang Trojas vorhersagen, ohne daß sich am unverbrüchlichen Nexus des Schicksals etwas ändert; die Ankündigung des Untergangs von Ninive durch den Propheten Jonas hilft, das Drohende abzuwenden; nur in der Unsterblichkeitshoffnung zeigen sich *Platon, Sokrates,* die Orphiker und Anhänger von Mysterienkulten optimistischer als das alte Israel.
Im Leben des alttestamentlichen Frommen sind Gott und Hoffnung – die unter vielfältigen Namen auftritt – fast synonym. Während der griechische Weise angesichts der Ambivalenz der Hoffnung Vorsorge (προμήθεια) treffen muß, vertraut der Israelit der Treue Jahwes, dem die Leitung der Geschichte überlassen bleibt und der seine Verheißungen in der Geschichte realisieren wird; diese beziehen sich primär auf das Volk Israel, erst später setzen sich individualistische Züge bis zur Unsterblichkeitshoffnung dagegen ab. Geschichte stellt sich so als ein linearer Prozeß dar, dessen Ziel und Ende aber nicht in eigener Macht liegt.

Im Neuen Testament fehlt ebenso eine an philosophischen Kategorien geschulte systematische Reflexion des Hoffnungsbegriffs; er tritt in drei Versionen auf: ἐλπίζειν, γρηγορεῖν und ὑπομένειν, die alle das gleiche Bedeutungsfeld einschließen: Vertrauen, Geduld, Erwartung künftigen Heils[1]. Die Grundform der Hoffnung bezieht sich immer auf die Spannung zwischen dem schon anwesenden und noch ausstehenden Heil. Zwar gibt es Ansätze zur Triade von Glaube, Hoffnung und Liebe, doch nicht im Sinne eines Tugendsystems; vor allem der Zusammenhang von Glaube und Hoffnung ist so eng, daß scharfe Unterscheidungen willkürlich wären. Die verschiedenen Nuancen und Akzentuierungen der Hoffnung gehen zumeist auf die Situation der Verfasser und Adressaten zurück. Hoffnung setzt allemal die auszeichnende Erfahrung des Glaubens an Jesus als Christus voraus, so können Heiden keine solche Hoffnung haben; sie setzen ihr Verlangen auf irdische Ziele und Sicherheiten statt auf »äonische«. In frühen Traditionen spielt die Naherwartung eine große Rolle; *Paulus* muß dagegen schon vor schwärmerischen Antizipationen des neuen Äons warnen. Gelegentlich gibt es Anklänge an den hellenistischen Tugendbegriff der Geduld, der später zum patristischen Verständnis der Hoffnung als einer zeitlos-allgemeinen Tugend des Gottvertrauens überleitet. Parusieverzögerung und einsetzende Verfolgungen lassen den Aspekt des geduldigen und treuen Ausharrens betonen. Das Ziel der Hoffnung besteht in der Erwartung künftiger Taten Gottes in Christus, in der Parusie, im Einbruch des Reiches Gottes, damit in der Auferweckung von den Toten, im ewigen Leben der »Herrlichkeit«, an dem die ganze Schöpfung teilhat. Hoffnung unterscheidet sich von bloßer Spekulation, weil ihr legitimierender Grund in Person und Sache Jesu als historisches Ereignis sichtbar geworden ist und damit die Erfüllung der Verheißungen schon begonnen hat. Zwar entfallen damit tragische, stoische und katastrophische Geschichtsauffassungen, was jedoch nicht bedeutet, daß das irdische Leben nicht mit einem Fiasko enden könnte oder daß jede Anstrengung und Selbstverleugnung überflüssig würde: noch ist das volle Heil nicht Gegenwart, womit ein unaufgebbarer Rest an Unsicherheit bleibt; d. h. ebenfalls nicht, daß die Jenseitigkeit des Heils als supranaturale Realität gefaßt werden könnte.

Thomas von Aquin nennt Hoffnung eine »Bewegung der Strebekraft«, die sich stets auf ein *bonum (arduum, futurum, possibile)* bezieht[2]. Als spezielle Tugend des *status viatoris* findet sie im Tod ihre äußerste Bewährung. Soweit sie eine natürliche Begabung oder Tugend darstellt, bezieht sie sich auf ein sinnliches Triebziel oder ein geistiges Gut (Instinkt, Spontaneität); die der ganzen Schöpfung innewohnende Strebekraft wird erst durch ihr Objekt, das übernatürliche Heil, zur theologischen Tugend der Hoffnung, weil dieses erst durch zuvorkommende Gnade als erstrebenswert erkannt werden kann. Offenbarung und Glaube stellen somit das Formalobjekt, das ewige, glückselige Heil in der Gemeinschaft mit Gott das Materialobjekt der Hoffnung dar. Alle anderen weniger vollkommenen Formen der Hoffnung beziehen sich letztlich auf diese absolute Erfüllung. Somit bestehen die prinzipiellen Verfehlungen der Hoffnung in Vermessenheit *(perversa securitas)* als Vorwegnahme des Heils, und in der Verzweiflung bzw. Trägheit *(acedia)* als Vorwegnahme der Nichterfüllung.

Mit dem Glauben und der Liebe expliziert die Hoffnung eine Tugendeinheit, die den Rechtfertigungsakt gemeinsam konstituiert. Der Gewißheitsgrad der Hoffnung ist durch die Spannung zwischen zweifelsfreiem Glauben und noch nicht eingetretener Erfüllung gekennzeichnet. Als Tugend bezieht sich Hoffnung primär auf das hoffende Subjekt. Hierbei wird der Totalitätscharakter der Hoffnung, die sich im biblischen Verständnis auf das gesamte »Volk« ebenso wie auf das Individuum bezog und die gesamte Geschichte einschloß, verkürzt; ebenso geht der eschatologische Aspekt weitgehend verloren zugunsten einer statisch konstruierten Zwei-Naturen-Lehre. In der Folge entstand daraus die bis auf den heutigen Tag kritisierte Dislozierung von innerweltlichen und übernatürlichen Hoffnungsgehalten, die einherging mit der Mißachtung konkreter Not und weltlicher Bedürfnisse. In einer Welt, die sich weder am mittelalterlichen Ordo noch an der antiken Polis zu orientieren bereit war, mußte diese Tugendlehre an Plausibilität verlieren. Das mit dem Beginn der Neuzeit verknüpfte moderne Wissenschaftsideal okkupierte die Weltgeschichte für das menschliche Handeln, auf das sich die menschlichen Hoffnungen immer mehr richteten, während Gott und Jenseits fast nur noch als eine Instanz behauptet werden konnten, die für die Kompensation einstweilen unvermeidlicher individueller Leiden zuständig war. Heilsgeschichte und Weltgeschichte fielen damit als unverbundene Größen auseinander; einerseits ergab sich daraus eine Geringschätzung der »Werkgerechtigkeit« gegenüber dem ganz anderen Heil Gottes, andererseits verselbständigte sich die Weltgeschichte im Fortschrittsbegriff zu einer säkularen Heilsgeschichte. Das moderne Erkenntnis-Ideal, das *more geometrico* vorging und auch in der Geschichte Erkennen eng mit Handeln oder Machenkönnen verband, konnte sich mit einer theologisch oder emotiv begriffenen Hoffnung nicht begnügen, sondern verlangte wissenschaftliche Kriterien und methodische Sicherheit. Hoffnung mußte sich dementsprechend auf vielfältige geschichtsphilosophische Konstruktionen stützen; diese reichten von der Überzeugung, Geschichte wissenschaftlich organisieren zu können über die Annahme einer teleologischen Vernunftgeschichte, einer Naturteleologie mit evolutiven Zügen, restaurative, romantische und revolutionäre Utopien bis zum Zweifel an der Selbsterlösungsfähigkeit der Menschen im Pessimismus und dem erneuten Versuch heute, mit Hilfe verfeinerter Techniken durch Prognostik, Planung und Organisation nach szientifischem Modell Zukunftsforschung zu betreiben.

In allen Entwürfen wird jedoch Hoffnung nicht einfach substituiert, vielmehr kehrt sie als deren implizites Moment wieder und wird spezifiziert, korrigiert, konkretisiert oder auch negiert. Aber ihre traditionelle Form als christliche Tugend hat sie verloren; wo der Fortschrittsoptimismus kritisiert wird, geschieht es nur selten in legitimer Weise anhand der christlichen Auffassung; die Geschichtstheologie findet ihre Krise und ihre Aporien im Theodizeeproblem, des-

sen Unbeantwortbarkeit gerade die kritischen Geister abschreckte, von erkenntniskritischen Fragen einmal abgesehen.
Je mehr jedoch die neuen Hoffnungsentwürfe objektivistische Züge (historische Notwendigkeit) annahmen und sich auf Totalitäten bezogen (Gattung, Gesamtgeschichte), desto weniger konnten die konkreten, individuellen und naturgegebenen Probleme mit den absoluten Perspektiven der Geschichtsphilosophie vermittelt werden; diese unversöhnten Bereiche – etwa Tod, Leiden, Unglück, Endlichkeit, Versagen, Schuld, Trauer – bildeten ein Reservoir, aus dem die Renaissance subjektiver Hoffnungsbilder in personalistischen, existential-ontologischen bzw. existenzialistischen, transzendentalphilosophischen u. ä. Theorien schöpfen konnte. Die christliche Theologie partizipierte an diesen Neuansätzen und befreite sich mit ihrer Hilfe von scholastischen und biblizistischen Verkrustungen.
Allerdings geriet sie auf diese Weise wieder in eine gegenaufklärerische oder doch aufklärungskritische Position, ohne das Programm der neuzeitlichen Philosophie, eingeschlossen die geschichtsphilosophischen Entwürfe, hinreichend diskutiert zu haben. Die eigentümliche Rolle der philosophischen Kritik von Aufklärung und Idealismus besteht jedoch heute zu einem großen Teil darin, auf dem von diesen Lehren bereiteten Boden erst zur Kritik ansetzen zu können. Für den hier relevanten Aspekt mag der globale Hinweis genügen, daß diese von *Marx, Nietzsche, Freud, Kierkegaard* oder im Positivismus sehr verschieden formulierte Kritik die Unmittelbarkeit und die Absolutheit etwa des transzendentalen Apriori, des weltkonstituierenden Ich oder der Weltvernunft durch den Hinweis auf vortheoretische Bedingungen und Impulse problematisiert. Erkenntnis und Entscheidung verlieren dadurch auch noch jenen Rest naiver Unvermitteltheit, der sich trotz aller Reflexion und Selbstkritik in Aufklärung und Idealismus noch erhalten hatte. Daraus ergab sich für die Theologie die Notwendigkeit, die Vermittlung von privater Glaubensentscheidung und Frömmigkeit mit historischen, gesellschaftlichen, politischen und naturgegebenen Bedingungen erheblich stärker als bisher zu beachten. In Titeln wie »Theologie der Zukunft«, »Theologie der Hoffnung« oder »Politische Theologie« kündigt sich die bedeutende Rolle der Hoffnung für diese Neuorientierung an[3].
Dabei lassen sich drei Aspekte unterscheiden: Zunächst war es nötig, mit Hilfe der Idee einer sich selbst transzendierenden Natur die scholastische Zäsur von Natur und Übernatur zu überwinden; dabei gewinnt der Begriff »Inkarnation« an zentraler Bedeutung: in Jesus Christus ist das von Gott zugesagte Heil nicht nur als moralisches Exempel, sondern als realitätsverändernde Macht konkret, geschichtlich und menschlich offenbar geworden. Damit sind Natur und Gnade nur noch begrifflich unterscheidbare Größen, insofern die Erfüllung ein Strukturelement der Wirklichkeit bildet, das nur durch den bewußten, freien Akt der Widersetzung reversibel gemacht werden kann; zugleich wird die Unterscheidung von Heils- und Weltgeschichte vorläufig, weil ihre Identität als eschatologisches Ziel im Glauben antizipiert werden kann.

Dieses eschatologische Ziel als absolute Zukunft relativiert alle endlichen Zwecke nach Maßgabe des Verhältnisses von Kreuz und Auferstehung. Verabsolutierung innerweltlicher Größen erscheint damit als Götzendienst; die Theologie der Hoffnung kann kraft ihrer eschatologischen Perspektiven zur Ideologiekritik werden. Dabei muß sie keineswegs in eine neue Form besserwisserischer Überheblichkeit verfallen – die ihr schließlich den Vorwurf eingetragen hat, Opium des Volkes zu sein –, weil sie aufgrund der erwähnten Natur-Gnade-Relation schon in der Weltgeschichte in Form einer am Evangelium orientierten Praxis ihre Bewährung suchen muß; auf diese Weise kann die alte Jenseits-Vorstellung durch eine futurische Transzendenz ersetzt oder ergänzt werden, was wiederum einen großen Spielraum möglicher Kooperation mit jenen historischen Kräften eröffnet, die ohne christlichen Glauben für eine menschenwürdigere Welt arbeiten. Dazu gehört besonders der Marxismus. Sein Einfluß auf die jüngere Theologie dürfte sich vor allem aus zwei Gesichtspunkten erklären lassen: einerseits hat der Marxismus in seinen besten Stücken eine endlich-teleologische Selbsterlösung des Menschen von seinen geschichtlich-gesellschaftlichen Nöten proklamiert, andererseits hält er den Gedanken an ein mögliches, qualitativ Neues in der Zukunft aufrecht. Indem hier Welt- und Heilsgeschichte weder unterschiedslos identifiziert noch gänzlich auseinandergerissen werden, zeigen sich wenigstens Analogien zum christlichen Verständnis von Zukunft und Hoffnung.

3. Hoffnung, soweit sie im Marxismus ausdrücklich eine Rolle spielt, wird von der christlichen Idee jedoch dadurch unterschieden, daß – neben den aus der Religionskritik resultierenden Vorbehalten – Zweifel an der im Glauben begründeten Eschatologie und an der Möglichkeit bleiben, diese absolute Zukunft des Reiches Gottes ohne Mißachtung der Bedürfnisse eines Reichs der Menschen in besserer Zukunft aufrechtzuerhalten. Die trotz der schon erwähnten geschichtsphilosophischen Modelle verbliebene »unbefriedigte Aufklärung« *(Hegel)* führte in der Marxschen Theorie zu dem Versuch, empirisch-technische Methoden und Kenntnisse mit den aus Tradition und Gegenwart entwickelten utopischen Gehalten in einen – selbst wieder wissenschaftlichen Ansprüchen genügenden – Zusammenhang zu bringen. In diesem Zusammenhang allein soll Hoffnung einen kognitiven Wert erhalten. Die durch Arbeit sich reproduzierende und fortentwickelnde menschliche Gattung setzt in diesem Prozeß Triebziele der Geschichte frei, die über die bloße Lebenserhaltung durch Produktion und Konsum hinausgehen; vormals nur in Vorstellungen und Ideologien mögliche Hoffnungen auf Mündigkeit, Freiheit, humane Kommunikation und Glück zeigen ihre unabweisbare Evidenz in jener Epoche, in der aufgrund der hochentwickelten Produktionsverhältnisse Naturzwänge gebändigt und politisch-soziale Zwänge entsprechend überflüssig werden können.
Dadurch verändert sich auch der Wissenschaftsbegriff; bisher in seiner maßgeblichen Form auf Tatsachenerkenntnis bezogen, vermag er nicht mehr länger das

inzwischen mißliche Verhältnis von Tatsachen und historischen Möglichkeiten zu erfassen. Im Interesse an einer revolutionären Herbeiführung des Möglichen verschaffen sich Hoffnung und Utopie Eingang in handlungsorientierende Theorie und in Praxis selbst, weil diese Hoffnung nicht länger nur als Idee oder Abstraktum, sondern als wahrnehmbare Realität in Gestalt des Proletariats auftritt; dessen Empörung geht wiederum nicht auf bloß subjektive, moralische Emotionen zurück, sondern findet seinen objektiven Grund in der antagonistisch zugespitzten sozialen Situation, wie in der »Kritik der Politischen Ökonomie« von *Marx* mit wissenschaftlichem Anspruch nachgewiesen werden sollte.

Hoffnung, so auf Faktischem basierend und dennoch zugleich kontrafaktisch orientiert, ist somit Substanz der Wirklichkeit selbst. Der Erweis ihrer Wahrheit hängt dabei freilich in hohem Maße von der Relevanz und Stringenz der erfahrungswissenschaftlich gewonnenen Kenntnisse ab. Bestimmte Lehrstücke haben sich heute als unzureichend erwiesen (Klassen-, Krisen-, Revolutionstheorie, Arbeitswerttheorie u. a.), und vor allem der Begriff »Arbeit« scheint bei *Marx* bisweilen so sehr der von ihm kritisierten Logik kapitalistischer Produktion zu gehorchen, daß gesellschaftliches Handeln und geschichtliche Entwicklung nahezu vollständig unter technischen bzw. ökonomischen Kategorien gefaßt werden. Dies mag ein Grund dafür sein, weshalb im weiteren Verlauf die revolutionäre Hoffnung durch bürokratisch-zentralistische Organisation, Kritik der Spontaneität, durch Identifizierung von Natur- und Menschheitsgeschichte mit kausalmechanisch notwendigen Gesetzen und durch die Reduktion des Fortschritts auf Machterhaltung bzw. -erweiterung sowie auf technische Innovationen ersetzt werden konnte.

Diese »Entwicklung des Sozialismus von der Utopie zur Wissenschaft« *(Engels)* hat weder die zentralen Elemente der marxistischen Theorie noch die Intentionen der Marxschen Lehre völlig ausschöpfen können. Vor allem *Bloch* hat das Element Hoffnung im Marxismus rehabilitiert; sie wird ihm zum »Prinzip«, zur Weltformel »S ist noch nicht P«[4]; das Subjekt hat in der Geschichte noch nicht jene dialektische Identität mit seinen Prädikaten, die das menschliche Reich der Freiheit auszeichnen soll. So ist die Menschheit erst auf dem Weg zu einer Zukunft, die in der Hoffnung vorweggenommen und durch sie konstituiert werden soll, ohne daß es eine Garantie für das gute Ende gäbe. Zahllose Hoffnungsbilder in Vergangenheit und Gegenwart zeugen für diesen »Latenz-Zustand«, das »Noch-Nicht-Sein«, von dem Geschichte und Natur gleichermaßen betroffen sind. Die Welt bildet ein *laboratorium possibilis salutis,* in dem es keine »Resurrektion des Menschen« ohne die der Natur (und vice versa) geben kann. Theologische, naturtheologische, mystische und geschichtsphilosophische Traditionen unterstützen diese Hoffnungslehre ebenso wie literarische und künstlerische Manifestationen des »Nichtgeheuren«, Mysteriösen und Rätselhaften.

Nicht nur die umfängliche Rezeption dieser Lehre durch die jüngere Theologie und nicht nur die Terminologie *Blochs* weisen auf den spekulativen, quasitheologischen Charakter dieser *docta spes* hin; sie wird als »Prinzip Hoffnung« eine metaphysische Weltformel, die ontologische Züge annimmt, indem sie Geschichte zur Substanz objektiviert; damit tritt erneut die Spannung von individueller und gattungs- bzw. naturgeschichtlicher Hoffnung ungelöst hervor, was sich ebenfalls an der Relation des jetzigen »Dunkels des gelebten Augenblicks« zu einer noch unbekannten, gänzlich anderen Zukunft, die aber doch jetzt schon tendenziell erkennbar sein muß, aufzeigen läßt; ein objektives Geschichtsziel wird zugleich vorausgesetzt und erst konstituiert.

Hoffnung als gärende, sprengende und revolutionäre Unruhe fügt sich nur schlecht einem auf Prinzipien und Identitätsphilosophie beruhenden System; sie bezeichnet, das zeigt gerade *Bloch,* vielmehr eine kraftvolle Neugier, die sich durch zivilisatorische Tabus und Denkverbote nicht domestizieren läßt und die Phantasie nicht völlig dem Realitätsprinzip unterwirft. Als utopiehaltiges Denken bleibt sie auch in neueren Versuchen virulent, auf dem Boden Marxscher Einsichten neue Formen der Handlungswissenschaft zu entwerfen.

Allerdings legt das Scheitern des Marxschen Programms bis hin zur Verkehrung in sein Gegenteil, die Verselbständigung technologischer Rationalität zur zeitgenössischen Ideologie par excellence *(Marcuse)* sowie die auf neuem Niveau abgestützte Restitution politischer, militärischer und ökonomischer Zwänge, einen Umschlag der Hoffnung in Pessimismus geradezu nahe *(Horkheimer, Adorno).* Das Ende dieser Hoffnungsgestalt wäre mit der dauerhaften, institutionell verankerten Regression der menschlichen Vernunft auf die ausschließlichen Interessen der bloßen Produktion und Konsumtion von Lebensmitteln besiegelt, weil dadurch die Mittel selbst zu Zwecken geworden sind; diese Form der Zukunfts- und Geschichtslosigkeit degradierte die Menschen zu geschickten Tieren oder verurteilte sie – nach vielfacher psychologischer Meinung – zum Suizid. Pessimismus als radikale Negation dieser Wirklichkeit wäre die einzige Möglichkeit, dann noch die Hoffnungsgehalte zu bewahren. In der Überzeugung, daß Glück und Erkennen endlich und Denken stets nur ein Teil der ganzen Realität ist, die nicht einfach logischer Notwendigkeit gehorcht und damit keinen originären Sinn offenbaren kann, enthält der Marxismus ein materialistisches Element an Pessimismus. Dies provoziert freilich keine praktische Resignation, sondern macht es der desillusionierten Menschheit zur Aufgabe, angesichts ihrer Verlassenheit in Geschichte und Kosmos, jeder Form von Zwang durch Natur und Mensch solidarisch zu widerstehen. Der in den utopischen Hoffnungsbildern zutagetretende Hunger nach noch nie Dagewesenem geht freilich über solche Bescheidung hinaus und wird zu einem wichtigen Korrektiv gegenüber der Dominanz totaler Planung in den Handlungswissenschaften, zu Recht, wie sich inzwischen an den zahlreichen, unkalkulierbaren Variablen in Prognostik und Systemtheorien gezeigt hat. Statt solcher Ansätze scheint es plausibler, das ehemals einer Klasse vindizierte, später objektivierte *(Lukács)* Streben nach Befreiung und Mündigkeit als »erkenntnisleitendes Interesse« *(Habermas)* – ohne dogmatische Parteilichkeit – in eine »nichtszientifische Wissenschaftsphilosophie«[5] zu überführen; die tradierten Hoffnungsgehalte, abgeleitet aus der Bildungsgeschichte der menschlichen Gattung, können damit zum bestimmenden Motiv bei der Auswahl einzelwissenschaftlicher Ergebnisse für die Praxis werden. Selbst wenn damit eher ein Weg angedeutet als der sichere Gang auf ihm gewährleistet erscheint, bleibt mit der so begründeten Umwandlung von reiner, analytischer Theorie in Kritik und technisch-szientifischer Strategien in kommunikative Praxis eine so gewaltige Bedeutung für die Hoffnung, daß Fragen nach dem letzten Ziel ihrer Energie und dem Zustand ihrer Erfüllung fast als leere Spekulation erscheinen.

ANMERKUNGEN

[1]) *R. Bultmann, K. H. Rengstorf,* ἐλπίς, in: Theologisches Wörterbuch zum Neuen Testament, hrsg. von G. Kittel, Stuttgart 1933 ff., Bd. II, S. 15–31. – [2]) Vgl. *Thomas von Aquin,* Summa theologica I, quaestio 81, articulus 2; u. a. – [3]) *W. D. Marsch,* Hoffen worauf? Hamburg 1963; *J. Moltmann,* Theologie der Hoffnung, München 1964; *J. B. Metz,* Zur Theologie der Welt, Mainz–München 1968; *K. Rahner,* Zur Theologie der Zukunft, München 1971. – [4]) Alle Zitate aus: *E. Bloch,* Zur Ontologie des Noch-Nicht-Seins, Frankfurt 1961. – [5]) *J. Habermas,* Wozu noch Philosophie? in: Philosophisch-politische Profile, Frankfurt 1971, S. 34 f.

LITERATUR

E. Bloch, Geist der Utopie, Berlin 1923.
J. Pieper, Über die Hoffnung, Olten 1935.
M. Horkheimer, Th. W. Adorno, Dialektik der Aufklärung, Amsterdam 1947.
G. Marcel, Homo Viator, Düsseldorf 1949.
E. Bloch, Das Prinzip Hoffnung, 3 Bde., Berlin 1954 ff.
A. Schmidt, Der Begriff der Natur in der Lehre von Marx, Frankfurt 1962.
H. U. von Balthasar, Das Ganze im Fragment, Einsiedeln 1963.
G. Sauter, Zukunft und Verheißung, Zürich 1965.
J. B. Metz, Gott vor uns, in: Ernst Bloch zu ehren, hrsg. von S. Unseld, Frankfurt 1967, S. 227–241.

WERNER POST

IDEAL

1. Das vorphilosophische Verständnis von »ideal« und »real« und seine skeptische Aufhebung
2. »Ideal« und »real« als Bezeichnungen für zwei Genera des Vorgestellten
3. Die Beziehung des Idealen zum Realen, aufgewiesen am »Ideal«
4. Der Ursprung des Ideals: negative Erfahrung und implizites Sollen
5. Der regulativ-pragmatische Charakter des Ideals

1. Wer vorphilosophisch-umgangssprachlich das Wort »ideal« gebraucht, will von der Person oder der Sache, welcher dieser Terminus zugesprochen wird, Vollkommenheit und Vorbildlichkeit aussagen. In den Wortverbindungen »idealer Lehrer«, »ideale Verfassung«, »ideale Arbeitsbedingungen« soll durch die Beifügung »ideal« ausgedrückt werden, daß die als »ideal« bezeichnete Person oder Sache so beschaffen ist, wie man sie sich als bestmöglich und vorbildhaft für alle, die zur Gruppe dieser Personen oder zur Gattung dieser Sachen hinzugehören, vorstellt. Dem vorphilosophisch-umgangssprachlichen Verständnis gilt dieses als »ideal« Bezeichnete, vor allem dann, wenn dieses individualisiert, als »Ideal« erscheint, zumeist als etwas, was nicht schon wirklich ist, was nur in unserer Vorstellung, mit dem Merkmal »Wirklichkeit anzustreben« existiert. Derjenige, der von sich, sei es bloß durch die Rede, sei es bloß durch Handeln, sei es durch beide, erkennen läßt, daß »Ideale« ethischer, politischer, religiöser Art für ihn verbindlich sind und er sie ohne Rücksicht auf eigenen Vorteil und ohne Erwartung äußerer Anerkennung durch die Gesellschaft realisieren will, obwohl die bekannte Wirklichkeit keinen Anhaltspunkt für das Gelingen einer Realisierung bietet, ja dieser sogar sich widersetzt, heißt »Idealist«, seine Gesinnung »Idealismus«. Gerade das Bewußtsein des Idealisten bezeugt, daß überall dort, wo vom Idealen und vom Ideal die Rede ist, das Wirkliche als das Unvollkommene, dessen Wert am Idealen zu messen ist, erscheint. Das Ideale ist hierbei das Andere zum Wirklichen, eben das, was nur im Vorstellen Existenz hat.

Das besagt: dem vorphilosophisch-alltäglichen Weltverständnis liegt die Prämisse zugrunde, das Ideale sei das Vorstellungshafte, dem in fundamentaler Differenz das Wirkliche gegenüber sei; ideal sei das, was nur in der Vorstellung ist, real jedoch das, was auch unabhängig, »außerhalb« von der Vorstellung Geltung habe. Diese Differenz, die in anderem Erfahrungs- und Sprachzusammenhang als Unterschied von Theorie und Praxis sich modifiziert, wird hierbei so aufgefaßt, daß sie an sich zwar unaufhebbar sei, daß zugleich aber Kongruenz herrschen solle zwischen dem Vorstellungshaften und dem ihm korrespondierenden Etwas außerhalb der Vorstellung. Gerade dort, wo in der Umgangssprache von einem Ideal, z. B. einem ethischen Ideal, gesprochen wird, wird durch den Soll-Charakter, der diesem Ideal eignet, die Forderung nach der Kongruenz der beiden angeblich ursprünglich getrennten Sphären des Idealen und des

Realen deutlich. Maßgebend und leitend ist bei der Forderung nach Aufhebung der Inkongruenz immer die Seite der vorgestellten Sache; sie erscheint als das im Vorstellen präsente Bild, nach welchem jeweils Wirklichkeit gebildet werden soll, und zwar nach Maßgabe des in diesem Bild repräsentierten Vollkommenen und Nachahmenswerten.

Dieses Verständnis der Differenz von »ideal« und »real« als Differenz von Vorstellungshaftem und Außervorstellungshaftem zeigt seine Unhaltbarkeit darin, daß in ihm die Möglichkeit sowohl eines theoretischen als auch eines lebenspraktischen Skeptizismus angelegt ist, welcher konsequent dieses Verständnis von »ideal« und »real« zerstört. Zu einem theoretischen Skeptizismus – im vorphilosophischen Bereich bereits – gelangt man dadurch, daß man Ernst macht mit der Behauptung, Vorstellungshaftes, Ideales, und Außer-Vorstellungshaftes, Reales, seien prinzipiell getrennt: insofern ich mich immer nur vorstellend erfahre, fiele die Sphäre eines »Außerhalb« weg und mit ihr auch das mit ihm vorgängig identifizierte Wirkliche. Dieser vorphilosophische theoretische Skeptizismus ist dort am Werk, wo es heißt, das Wirkliche sei bloß ein Traum, »Schleier der Maya«. Zur philosophischen Theorie erhoben besagt diese Position: alles, was mit Wirklichkeitsanspruch auftritt, zersetzt sich schon in seinem Anspruch; denn, unter der Voraussetzung, daß Wirklichkeit identisch ist mit Vorstellungsunabhängigkeit, besitzen wir immer nur Vorstellungen, während über das Wirkliche nichts ausgemacht werden kann. – In anderer Weise zerstört sich dieses Verständnis der Differenz von »ideal« und »real« im Gang der alltäglichen Erfahrung: in ihr wird, je angestrengter die Realisierung des Idealen angestrebt wird, desto deutlicher, daß sich die gelebte gesellschaftliche Wirklichkeit nicht dem Bilde fügen will, welches die Vorstellung dem Handeln zum Maßstab setzt. Das ausdrückliche Bewußtsein der Getrenntheit von Idealität und Realität kann durch solche negative Erfahrung dahin radikalisiert werden, daß es, verzweifelnd an der Möglichkeit einer Gestaltung des Realen durch das Ideale, zugleich die Unwirklichkeit des Idealen zum Anlaß nimmt, es als irrelevant für die Lebenspraxis und, im Falle einer Reflexion dieser konkreten Erfahrung, als inexistent zu bezeichnen. Bezweifelt der erstere Skeptizismus die Gewißheit eines Wirklichen und betont er die (negativ bewertete) Vorstellungshaftigkeit aller Gegenstände, so der letztere, veranlaßt durch die mangelnde Realisierbarkeit des Idealen, den Wert und die Geltung dieses Idealen für die Praxis, nur das akzeptierend, was »wirklich« (d. i. für dieses praxisorientierte Weltverständnis: außerhalb der Vorstellung) ist. Wie das Wirkliche für den theoretischen Skeptizismus ist das Ideale für den der Lebenspraxis entstammenden Skeptizismus eine Chimära und ein Trug sich täuschender Vernunft.

2. Beide Spielarten des Skeptizismus heben sich auf, wenn der Unterschied von »ideal« und »real« nicht mehr in die Differenz von »vorgestellt« und »außerhalb der Vorstellung befindlich« gesetzt wird; wenn überdies erkannt ist, daß diese Differenz für das philosophische Weltverständnis sich als ein Produkt der

Abstraktion erweist, Vorstellen also kein »Außerhalb« kennt und die wirkliche Sache, ebensowenig wie sie abtrennbar ist vom Vorstellen, zur Möglichkeit des Vorstellens notwendig hinzugehört. Denn: was immer als ein Etwas erscheint, ist schon auf das Vorstellen bezogen und wenn immer Vorstellen sich vollzieht, ist es auf ein Etwas bezogen, das vorgestellt wird. Wenn der lebenspraktische Skeptiker zum Resultat kommt, »nur« das Wirkliche sei gegeben, so ist dem hinzuzufügen, daß das Wirkliche als solches schon vorgestellt sein muß, um präsent sein zu können; und wenn der solipsistische Skeptiker meint, Wirkliches sei »bloßer Schein«, »nur« Vorstellungshaftes sei uns präsent, so verkennt er, daß alles Vorstellen nur dadurch möglich ist, daß es, direkt oder indirekt, auf Wirkliches bezogen ist. »Ideal« kann daher nicht heißen: nur in der Vorstellung, »real« nicht: außerhalb der Vorstellung befindlich. Worin aber unterscheiden beide sich, wenn es überhaupt sinnvoll sein soll, sie zu unterscheiden?

Sollen beide überhaupt unterschieden werden, so können die beiden Termini jeweils nur Bezeichnungen für die immanente Struktur des Vorstellens sein, das kein »Außerhalb« kennt. Folgende Antwort wäre dann zu erwägen: Das »Ideale« bezeichnet in der Vorstellungsstruktur die Seite der Spontaneität des Vorstellens, das »Reale« hingegen das Etwas, auf welches jene Spontaneität gerichtet ist. Gegen die Festlegung der beiden Termini auf diese Funktionen ist prinzipiell zwar nichts einzuwenden (es bedürfte hier bloß einer terminologischen Übereinkunft), allein diese Festlegung würde verhindern, den Konnex zum umgangssprachlichen, vor allem aber zum traditionellen philosophischen Wortgebrauch zu erhalten; geben doch Umgangssprache und philosophische Tradition für einen durchreflektierten Begriff von »ideal« und »real« schon soviel an Bedeutungsantizipationen vor, daß die vorgeschlagene Verteilung der Termini allzu willkürlich das umbenennen würde, was durch Umgangssprache und philosophische Tradition bereits in differenzierter Weise vorgeformt ist. Der latenten Intention des alltäglichen Sprachgebrauchs und den Tendenzen traditioneller philosophischer Terminologie entspricht es viel eher, wenn man »ideal« und »real« als Benennungen zweier möglicher Gattungen von Vorstellungen versteht, denen zwei mögliche Vollzugsweisen des Vorstellens als Ursprung korrespondieren.

Es sind dies einmal die Vorstellungen des Denkens und Einbildens – ideale Vorstellungen –, zum anderen die Vorstellungen des unmittelbaren sinnlichen Anschauens – reale Vorstellungen. Beide Genera von Vorstellungen unterscheiden sich nicht, wie häufig angenommen wurde, dadurch voneinander, daß das erste Genus Vorstellungen ohne jegliche Beziehung zur Zeit, das zweite Genus dagegen Vorstellungen zeitlicher Art umfassen würde. Wohl haben die idealen Vorstellungen durchweg keinen unmittelbar zeitlichen Charakter und auch keinen unmittelbar-faktischen Bezug zu zeitlichen Vorstellungen, einen *möglichen* Bezug zu Zeitlichem haben sie aber nichtsdestoweniger, darin nämlich, daß sie eben als Strukturen zeitlicher Erscheinungen auftreten: so unterstehen alle Vorstellungen der Wahrnehmung zugleich den in sich zeitlosen logischen Gesetzen;

so können die geometrischen Figuren, obwohl ihre Gesetzlichkeit keine zeitliche ist, jederzeit als unmittelbare sinnliche Anschauungen präsentiert werden. Der prinzipielle Unterschied zwischen idealen und realen Vorstellungen ist demnach nicht in der prinzipiellen Zeitentrücktheit des Idealen einerseits und der schlechthinnigen Zeitlichkeit (bzw. Raum-Zeitlichkeit) des Realen andererseits zu sehen, sondern darin, daß die idealen Vorstellungen nicht a priori auf *bestimmte* Zeit restringiert sind (sie gelten für beliebige Zeiten), während die realen Vorstellungen zeitlich bzw. raumzeitlich unaufhebbar determiniert sind, d. h. notwendig sich eben nur jeweils auf das beziehen, was sie punktuell repräsentieren.

Das Genus der *idealen* Vorstellungen läßt sich in zwei Spezies aufgliedern: Einmal in solche ideale Vorstellungen, die nur von theoretischer Relevanz sind; so die dem reinen Denken entspringenden und seinen Vollzug regulierenden logischen Formen; so auch die der reinen Einbildungskraft entstammenden geometrischen Gebilde, die zwar a priori räumlich determiniert sind, aber zeitlich beliebig dargestellt werden können. Zum anderen sind die idealen Vorstellungen solche von praktischer Relevanz; so die dem Denken entstammenden Gesetze, die das Handeln bestimmen, und die durch die Einbildungskraft gebildeten, auf die Gestaltung des Handelns abzweckenden individualisierten Allgemeinvorstellungen, die Ideale, mit denen wir uns später in erster Linie beschäftigen werden.

Das Genus der *realen* Vorstellungen umfaßt einmal die nur zeitlich determinierten Vorstellungen der inneren Anschauung, des Gegenstandsbereichs empirischer Psychologie traditioneller Art; zum anderen umfaßt dieses Genus die räumlich und zeitlich determinierten Vorstellungen der äußeren Anschauung, die in ihrer Gesamtheit die uns bekannte Welt des alltäglichen Umganges ausmachen.

3. Ideale und reale Vorstellungen existieren aufgrund der den idealen Vorstellungen immanenten Bezugsmöglichkeiten nicht relationslos nebeneinander; die Verflechtung der möglichen und wirklichen Bezüge beider Vorstellungsgenera macht eine Totalität aus, die nur approximativ erfaßt werden kann. Innerhalb dieser Totalität ist vor allem *eine* Verflechtung des Idealen und des Realen wichtig: der auch von dem vorphilosophisch-umgangssprachlichen Weltverständnis immer wieder angesprochene Bezug des »Ideals« zur Wirklichkeit, d. h. auf der nun gewonnenen Basis der Reflexion: der Bezug des durch Einbildungskraft in praktischer Relevanz hervorgebrachten, durch den Soll-Charakter (und hiermit als Handlungsaufforderung) ausgezeichneten zeitlich indeterminierten Vorstellungsbildes (des Ideals) zu den Vorstellungen der unmittelbaren sinnlichen Anschauung. Dies ist vor allem festzuhalten: der Bezug des Ideals zur Wirklichkeit, auf den das vorphilosophische Weltverständnis, ohne dem freilich theoretischen Ausdruck geben zu können, latent abzielt, ist nicht der Bezug eines Vorstellungshaften zu einem Vorstellungsunabhängigen, sondern der Bezug eines Vorstellungsgenus auf ein anderes: nämlich der Bezug einer zeitlich indeter-

minierten (wohl aber auf Zeitliches beziehbaren) Vorstellung auf eine zeitliche bzw. zeitlich-räumlich determinierte. Für das Ideal gilt speziell: es hat, wie alle idealen Vorstellungen von praktischer Relevanz, in seinem Begriff den Auftrag, den Bereich der realen Vorstellungen nach den speziellen in ihm konzipierten Sollensmerkmalen zu gestalten, es hat in sich den Anweis auf Handlung[1]. Im Unterschied zu anderen idealen Vorstellungen theoretischer oder praktischer Relevanz ist das Ideal, wie *Kant* in seiner Definition von »Ideal« sagt, eine Idee »in individuo«[2]. Dem Ideal liegt die allgemeine Idee, wie das Kantische Zitat andeutet, also eine Vorstellung des reinen Denkens von großer Allgemeinheit zugrunde. Um für die Praxis funktionabel zu werden, individualisiert die Einbildungskraft diese allgemeine Idee. Denn nur durch den Individualcharakter des an sich Allgemeinen kann die ideale Vorstellung zum Handlung hervorrufenden und Handlung maßgeblich leitenden Bild werden, nach welchem das sinnlich Anschauliche geformt werden soll; denn da das sinnlich Anschauliche als einzelnes (gleichwohl in einem gewissen Maße immer noch allgemeines) vorgestellt erscheint, muß auch das Ideal, nach welchem die sinnlich anschaulichen Vorstellungen, die Wirklichkeit, geformt werden sollen, in der Form des einzelnen erscheinen, freilich ohne seine Allgemeinheit und damit seine Entrücktheit von der determinierten Zeit aufzugeben. Das Ideal ist daher ein Allgemeines, das, ähnlich wie der Typus, individuell auftritt. Paßt es dadurch, daß es »in individuo« erscheint, der Einzelheit des sinnlich Wahrnehmbaren sich an, so übersteigt es dadurch, daß es ungleich allgemeiner ist als das Wahrnehmbare, das je einzelne in seiner punktualen zeitlichen Determiniertheit, um beliebig viele determinierte einzelne in zeitlicher Beliebigkeit seiner gestaltenden Funktion zu unterwerfen.

4. Wenn, wie behauptet, die Funktion des Ideals darin besteht, dem Realen eine ihm vorgebildete Gestalt zu verleihen, so fragt es sich, aus welchem Grund überhaupt wirklichkeitsgestaltende Ideale erforderlich sind, woraus sie also, ihrer Motivation nach, entspringen. Diese Frage führt über das bloße Beschreiben der Funktion und der inneren Struktur des Ideals hinaus; ihre Beantwortung trägt aber zur Einsicht in eben jene Funktion und in eben jene innere Struktur wesentlich bei.

Man würde freilich die Problemlage verkennen, wollte man annehmen, die Frage nach der Motivation der Idealbildung könnte rein deduktiv beantwortet werden. Denn dies könnte nur dann in zureichender Weise geschehen, wenn die im Vorstellen faktisch auftauchende Differenz von Denken–Einbilden einerseits und von sinnlicher Anschauung andererseits, also auch die Differenz von idealen und realen Vorstellungen, in ihrer Genesis einsichtig zu machen wäre. Wäre die Evidenz dieser Genesis zu erbringen, so würde auch deduktiv erkannt, warum ideale Vorstellungen faktisch den Anweis in sich haben, reale Vorstellungen zu gestalten. Diese Genesis läßt sich aber weder logisch deduzieren noch auf irgendeine andere Weise in ihrem Grunde aufhellen, da jedwede Deduktion oder begründende Nachzeichnung dieser Genesis nur unter der Voraussetzung der Faktizität der Differenz möglich ist; der Deduzierende oder Nachzeichnende *ist* nämlich als Vorstellender schon diese Differenz inklusive der ihr immanenten Verweisungen und Aufforderungen zu ihrer Aufhebung.

Gleichwohl läßt sich, unter Voraussetzung eben der Faktizität der Differenz innerhalb des Vorstellens, eine freilich faktisch bleibende Antwort auf die Frage nach dem Motiv der Gestaltung des Sinnlich-Anschaulichen durch ein Ideal geben. Hierzu bedarf es einer Betrachtung des sinnlichen Anschauens und der realen Vorstellungen in ihnen selbst, aber nicht allen sinnlichen Anschauens und nicht aller realen Vorstellungen, sondern nur des rein zeitlichen inneren Anschauens, kraft dessen das Subjekt sich selbst erlebt. Der Aspekt, unter dem das innere Erleben zu befragen ist, folgt aus dem Anspruch des Ideals, dieses sinnliche Erleben mitgestalten zu müssen; die Frage an das innere Erleben lautet: ist dieses Erleben durch eine solche Defizienz charakterisiert, daß eine Gestaltung durch ein von der Einbildungskraft vorgebildetes Ideal notwendig wird? Die Betrachtung des inneren Selbsterlebens führt auf eine prinzipielle Defizienz, sich äußernd in Erfahrungen wie Schmerz, Unlust, Überdruß, physische Bedürftigkeit usw. – auf eine Defizienz, die nur beschreibbar, aber nicht logisch ableitbar ist. Denn diese Defizienz ist nichts anderes als ein Aspekt der unableitbaren Zeitlichkeit des inneren Erlebens. Defizienz als Aspekt der inneren Zeitlichkeit bedeutet: unter einer bestimmten Rücksicht, nämlich dann, wenn das innere Erleben dieser seiner unaufhebbaren Zeitlichkeit selbst inne wird, geht dem Erleben auf, daß diese Zeitlichkeit das Prinzip seiner permanenten Selbstverzehrung ist und daß es nie in Totalität, sondern nur in je bestimmte Zeiten zerstückelt sich besitzt. Das Aufbewahren verzehrter Zeit – das geschichtliche Bewußtsein – repräsentiert zwar eine gewisse Totalität, aber eine tote, nicht mehr unmittelbar erlebbare. Wenn die Zeitlichkeit des inneren Lebens als solche dem inneren Leben aufgeht, sprechen wir von negativen Erfahrungen, ganz gleich, welcher Art diese im jeweiligen Fall sind. Sowohl die äußere und innere Erfahrung – nicht nur die unmittelbare Körperlichkeit des erlebenden Individuums – wie auch das Bezogensein auf andere, also das gesellschaftliche Dasein in allen seinen möglichen Verhältnissen, bieten Anlässe genug, daß das innere Erleben sich seiner unausweichlichen Zerstörung durch die Zeit bewußt wird.

Aber so unabänderlich dieser je nach Anlaß anders bewußt werdende Prozeß der Selbstverzehrung des Erlebens auch ist und so wenig in ihm selbst Möglichkeiten einer Transzendenz angelegt sind, so verweist er eben durch seine Defizienz doch darauf, daß das, woran sich das Bewußtsein der Selbstverzehrung des Erlebens entzündet, nicht so ist, wie es sein soll. Die Defizienz beschließt, wie immer sie erfahren wird, die Aufforderung zu ihrer Aufhebung in sich. Denn die gefühlte Defizienz des inneren Erlebens *ist* nichts anderes als das in diesem Erleben präsente Bewußtsein, daß das so gefühlte Erleben geändert werden muß und eine Änderung postuliert, – eine Änderung freilich, die es selbst nicht leisten kann. Weil nun das innere Erleben der eigenen Defizienz an der

Defizienz nichts ändern kann, äußert sich die Forderung des als defizient Erlebten nur als ein rein formales, inhaltlich (d. h. bezüglich der Weise, in der geändert werden soll) nicht festgelegtes Wissen. Denn das innere Erleben, das seine Defizienz erfährt, hat nur sich selbst. Nicht also, wie und in welcher Richtung, sondern nur *daß* geändert werden soll, geht aus der Defizienz-Erfahrung logisch hervor.

Denken und Einbilden leisten für das innere Erleben, was es selbst nicht kann: das Denken durch praxisbezogene Gesetze (z. B. darüber, wie das Miteinander der Menschen zu regeln sei; Gesetze, welche Anweisungen dafür enthalten, wie die im gesellschaftlichen Umgang erfahrene Defizienz zu überwinden ist), die Einbildungskraft durch Ideale: sie gestaltet das Bewußtsein der Aufhebung der Defizienz, das rein formale Sollen, material aus, und zwar je nach Anlaß und konkreter Situation. Ideale liegen also nicht für alle Zeiten fest, gelten nicht a priori, sondern wandeln sich mit den Anlässen, die zu ihrer Erstellung führen. Da das reine Sollensbewußtsein die Totalaufhebung der Defizienz fordert, muß auch das materiale Bild, das diese Aufhebung leiten soll, eben das Ideal, für den jeweiligen Fall eine bestimmte Totalität der Veränderung vorstellig machen, d. h. es muß eine bestimmte Vollkommenheit vorstellen.

Beides, die Erfahrung des Negativen und die Forderung nach seiner Aufhebung durch ein konstruktives Bild des Seinsollenden, läßt sich gut an traditionellen Entwürfen philosophischer Gesellschaftstheorien exemplifizieren: so enthält z. B. der von *Hobbes* beschriebene ursprüngliche Zustand gegenseitiger Anfeindung und Auslöschung – weil dieser Zustand einen »existierenden Widerspruch« darstellt – das logische Postulat seiner Aufhebung in sich. Der Staatsentwurf des »Leviathan« impliziert, im ganzen genommen, alle Elemente eines »Ideals«: eines material ins einzelne ausgeführten, auf totale Aufhebung des erfahrenen gesellschaftlichen Negativen abzielenden Bildes, das (auch wenn *Hobbes* selbst an die endgültige Realisierbarkeit geglaubt haben mag) trotz Anspruch auf totale Verwirklichung im vorhinein auf sie verzichtet. Ähnlich dialektische Gebilde stellen die seit der Antike aufgetretenen religiösen und politischen Utopien dar. Wohin die Mißachtung des diesen Idealen eigenen dialektischen Charakters (d. i. des strukturellen Zusammens von Totalitätsanspruch und Unmöglichkeit seiner Realisierung) führt, zeigen u. a. die in der Reformationszeit unternommenen Versuche, ein Reich Gottes auf Erden mit Gewalt gründen zu wollen. Das Ideal, obgleich auf Totalaufhebung des negativ Erfahrenen abzielend, hebt selbst sich auf, wenn die Totalität, auf die es aus ist, nicht mehr als Produkt der Einbildungskraft gewußt wird.

5. Wenn nun auch das Ideal eine Vollkommenheit vor Augen führt, die in dieser Weise nie in der äußeren oder inneren Anschauung erfahren wird, so entstammen die Komponenten, aus denen die Einbildungskraft das Ideal zusammenfügt, doch alle dem Bereich bekannter äußerer und innerer Vorstellungen. Die Produktionsweise der Einbildungskraft ist Komposition: sie fügt aus den ge-

gebenen Vorstellungen kraft des ihr eigenen synthetisierenden Vermögens einzelne Anschauungen zu einem neuen Individuellen zusammen, das alle bekannten Vorstellungszusammensetzungen übersteigt, indem all das eliminiert wird, wodurch das Defizienzbewußtsein hervorgerufen wurde. Das Ideal ist daher dem inneren und dem äußeren Anschauen so weit voraus, daß es selbst nie real werden kann; es drückt zwar aus, daß die Realität so beschaffen sein müsse, wie es sie vorstellig macht; seine die realen Vorstellungen je übersteigende Vorstellungsstruktur, die unbestimmte Zeitlichkeit, in der die dem realen Vorstellungsbereich entnommenen Elemente zusammengefügt sind, verhindert aber, daß es selbst je real werden kann, auch wenn es dem bestimmten Zeitlichen vorschreibt, wie es beschaffen sein soll; sie verhindert damit, daß die bestimmte Zeitlichkeit des inneren Erlebens nicht auf sich selbst aufmerksam werden kann: also negatives Erfahren nicht statt hat.

Ideale haben also, aufgrund ihrer Bezogenheit auf Zeitliches, pragmatisch-regulativen Charakter. Falsch wäre es daher, ihnen eine Eigenbedeutung zuschreiben zu wollen, die über bestimmte, nicht antizipierbare Situationen hinausgehen würde. Ebenso falsch wie die Hypostasierung von Idealen zu zeitlos gültigen »Leitbildern« wäre aber auch die Behauptung, ein Ideal sei in der Wirklichkeit antreffbar. Das Mißtrauen in diese Verdinglichung des Ideals zeigt sich in den Religionen z. B. darin, daß sie das Ideal des vollkommenen *homo religiosus*, des Heiligen, zumeist in einen schon Toten setzen, also nicht in den in zeitlicher Determination anschaubaren Menschen, sondern in dessen zeitlich indeterminiertes Bild.

Wird daran festgehalten, daß Ideale, obwohl auf bestimmtes Zeitliches bezogen, selbst nicht von bestimmter Zeitlichkeit sind, und wird zugleich festgehalten, daß Ideale, obwohl sie bestimmtes Zeitliches übersteigen, nichts ewig Gültiges repräsentieren, so bleibt dem Skeptiker, der die Relevanz von Idealen bezweifelt, nur das Argument: ihm widerfahre das nicht, was die Erzeugung von Idealen motiviert, er erfahre keine Defizienz und kein Sollen, er wisse nichts vom Tod.

ANMERKUNGEN

[1]) *I. Kant*, Kritik der reinen Vernunft, B 597. – [2]) Ebd., B 595.

LITERATUR

A. Schlesinger, Der Begriff des Ideals. Eine historisch-psychologische Analyse, Leipzig 1908.

G. Kahl-Furthmann, Das Ideal des sittlich reinen Menschen. Dargestellt an Gedanken von Plato und Kant, München 1928.

B. Giulano, Il valore degli ideali, Bologna 1946.

L. S. Stebbing, Ideals and Illusions, London 1948.

N. Hartmann, Grundzüge einer Metaphysik der Erkenntnis, Berlin [4]1949.

N. Hartmann, Zur Grundlegung der Ontologie, Berlin [4]1965.

N. Hartmann, Möglichkeit und Wirklichkeit, Berlin [3]1966.

RUDOLF MALTER

IDEE

Eine *Idee* ist der im Geist gefaßte und festgehaltene Umriß eines Sachgehaltes in seiner Allgemeinheit, d. h. in seiner Reinheit von empirisch-materiellen Besonderungen. In dieser *vorläufigen* Bestimmung ist die Feststellung enthalten, daß die Rede von einer Existenz der Ideen außerhalb des Geistes keinen Sinn hat; ebenso die Konsequenz, daß das nähere Verständnis von *Idee* abhängig ist von dem besonderen Verständnis von *Geist*.

1. *Geist* wird je verschieden verstanden als endlicher oder unendlicher, als theoretischer oder praktischer, als der Geist des einzelnen, der einer Gruppe oder der der Menschheit, auch wohl als göttlicher, schließlich als immer seiender oder als werdender. Wie immer aber und als was auch Geist verstanden wird, so ist doch dieses Verstehen selber ein geistiger Akt: Der Geist begreift sich selbst, d. h. er erfaßt das, was er ist, und er *ist* dieses Begreifen. Indem so der Geist eine Erkenntnis über sich gewinnt, verwandelt er sich, und indem er sich verwandelt, bleibt er nicht das, als was er sich erfaßt hatte. Das Verständnis von *Geist*, das für das Verständnis von *Idee* vorauszusetzen ist, beginnt mit dieser Einsicht: Die volle Wirklichkeit oder das unverkürzte Sein des Geistes ist Tätigkeit – die Tätigkeit, in der der Geist sich in seiner jeweiligen Bestimmtheit anschaut, damit über seine Bestimmung hinausgeht und sich so in eine neue Bestimmung selber hervorbringt. Diese geistige Entwicklung, in der die wesentliche Erfahrung des Denkens über sich selbst besteht, kann jeder an sich selbst verifizieren.

Die Form des Geistes (tätige Selbstbestimmung) ist unablösbar von seinem aktualen Gedanken, von dem also, was er denkt, wenn er sich als denkenden begreift. In seinem jeweiligen Gedanken hat der Geist seine gegenwärtige Bestimmtheit. Das, was der Geist denkend erfaßt und festhält, sind allgemeine Sachgehalte in ihrem reinen Wassein – angefangen von dem Sachgehalt natürlich entstandener oder künstlich hergestellter (herzustellender) Dinge bis hin zu dem Sachgehalt allgemeinerer, über das einzelne hinausgehender Vorstellungsinhalte. Diese allgemeineren Vorstellungsinhalte sind entweder solche, durch die jene Dinge (wie z. B. Rose, Sinfonie, Atommeiler) in ihrem Sinnzusammenhang verstehbar sind (wie Leben, Kunst, Technik), oder solche, durch die sich der Geist selber verstehend auslegt (wie Sachbezogenheit, Selbstbestimmung, auch Endlichkeit oder Unendlichkeit).

Die Philosophie ist immer mehr dazu übergegangen, diese Vorstellungsinhalte, die über den Sachverhalt gegenständlich auffindbarer oder herstellbarer Dinge hinausgehen, im betonten Sinne *Ideen* zu nennen, während der geistig aufgefaßte allgemeine Sachgehalt von Dingen eher als *Begriff* bezeichnet wird – *conceptus,* d. h. Zusammennahme aller unterscheidbaren Merkmale in die Einheit einer Sachvorstellung bei gleichzeitiger Unterscheidung aller nichtzukommenden Bestimmungen. Demgegenüber bezeichnet *Idee* eine – Unterschiedliches in sich begreifende – Totalität, die selber als solche nicht gegenständlich auftritt, sondern allenfalls in gegenständlichen Bereichen sichtbar wird, wenn zuvor diese Bereiche durch einen geistigen Entwurf konstituiert worden sind. Von der *Idee eines Dinges* kann im weiteren Sinne nur gesprochen werden, wenn es als ein Werk des Geistes angesehen wird. Die Selbstverständlichkeit, mit der das Wort *Idee,* gerade auch unthematisch, in diesem Sinne verwendet wird, verweist darauf, daß mit ihm vorzüglich diejenigen Sachgehalte gemeint sind, deren Umriß durch die Tätigkeit des Geistes allererst zu entwerfen, auszufüllen und zu realisieren ist. Wenn beispielsweise *Kant*[1] den zu errichtenden Völkerbund ohne weiteres eine Idee nennt, dann zeigt dieser unreflektierte Sprachgebrauch noch nachhaltiger als die terminologische Klärung des Sinnes von *Idee*[2], daß auch bei ihm die Idee durchgängig verstanden wird als ein *Entwurf* für die tätige Selbstbestimmung vernünftiger Wesen. Dieses Verständnis, das den Ideen einen – wie man sagen kann – normativen Charakter zuspricht, bestätigt sich in der Funktion, die *Kant* den Ideen für die Erkenntnis von empirisch vorgegebenen Sachverhalten zuschreibt: Zwar kann die Idee – die immer eine Vollkommenheit, eine Unbedingtheit, eine Totalität ausdrückt, welche in der Erfahrung nie gegeben ist (z. B. das Weltganze) – zur Erkenntnis empirisch vorfindlicher Dinge in ihrem Sachgehalt (»Begriff«) nichts beitragen; aber dadurch, »daß sie Grundsätze sind, unseren Verstandesgebrauch zur durchgängigen Einhelligkeit, Vollständigkeit und synthetischen Einheit zu bringen«[3], haben die Ideen eine regulative Funktion für die erkennende Verstandestätigkeit des Geistes selbst unter der Bedingung *seines* Bestehens, der Einheit des Bewußtseins. Mithin drückt die Idee, sowohl in der theoretischen wie in der praktischen Tätigkeit des Geistes, immer ein *Sollen* (des Geistes), nicht ein *Sein* (der Dinge) aus. Und das war es, was zunächst unter Berufung auf *Kant* aufgezeigt werden sollte.

Damit wird der Zusammenhang von *Idee* und *Geist* um ein weniges deutlicher. Der Geist *ist* nur als tätiger; tätig ist er im Erfassen von Sachgehalten; dies Erfassen erscheint zunächst als das Erkennen vorgegebener Dinge in ihrem Begriff; indem aber der Geist auf seine erkennende Tätigkeit, d. h. auf sich selbst und sein eigenes Sein hinsieht, bemerkt er, daß er die erkannten Dinge immer schon in Zusammenhängen sieht, die ihrerseits nicht wie Dinge vorkommen und wie sie aufgenommen werden können, sondern welche die Sichtweisen sind, die er selbst aufbringen muß und aufgebracht hat, um in ihrem Licht überhaupt Verstehbares denken zu können. Nennen wir diese ursprünglich geistigen Hinsichten – die in der Erfahrung, die der Geist mit sich als dem erkennenden macht, korrigiert und immer wieder neu entworfen werden – *Ideen,* dann ist das Leben oder Dasein des Geistes eine freie Selbstentfaltung im Durchgang durch Ideen.

In dieser Bestimmung klingt einerseits – sofern sie nämlich vom Leben des Geistes im Durchgang durch Ideen spricht – die Platonische Bestimmung der νόησις[4] nach; andererseits jedoch – in der Annahme einer tätigen Selbstentfaltung des Geistes zu neuen, aus ihm selbst aufkommenden Bestimmungen – widerspricht sie offenbar der ebenfalls auf *Platon* zurückgeführten Behauptung, in den Ideen würden ewige Wahrheiten gefaßt, denen sich das Erkennen wohl anzunähern, die es aber nie vollends erreichen könne. Um diesen Widerspruch zu klären, muß das Verständnis von *Geist* näher betrachtet werden.

Das Verständnis von Geist ist immer ein geistiges; das Verständnis des Geistes *(genitivus objectivus)* ist Verständnis des Geistes *(genitivus subjectivus)*. Geist wird für uns zunächst immer in der Gestalt unseres eigenen Geistes faßbar (wie immer »unser eigen« näher zu bestimmen ist). Auch können wir der Einsicht nicht ausweichen, daß dieser unser eigener Geist, wenn er sich fragend sich selber zuwendet, für diese Rückfrage immer schon in Bestimmungen vorliegt, die er nicht (oder doch jedenfalls nicht durchweg) aus seiner Individualität entwickelt, sondern lernend übernommen hat. Das Sich-selbst-Begreifen – das wir jetzt tätig zu vollziehen suchen – kann nicht von *überkommenen* Erfahrungen des Geistes, d. h. von einer über das Dasein des begreifenden Geistes hinaus zurückreichenden Geschichte, absehen. Wenn irgendwo, so ist in dem Fragen nach Ideen der Blick auf die Geschichtlichkeit des Denkens unumgänglich; und wenn wir jetzt meinen, daß uns das Denken in Ideen nur in einem geschichtlichen Verstehen des Geistes möglich sei, dann haben wir um so mehr Anlaß, uns *Platon* zuzuwenden, der einerseits das Philosophieren als ein Denken in Ideen auf die Bahn seiner Geschichte gebracht hat und der andererseits in ihnen – wie man sagt – die »ewigen Wahrheiten« erblickte. Dabei geht es nicht um frühere Lehren, sondern um bestimmende Anfänge *unseres* Denkens.

Der Anstoß zur Ausbildung der Ideenlehre war eine ethische Frage oder, neuzeitlich ausgedrückt, ein Problem der praktischen Vernunft: wie konnte die Verbindlichkeit der politisch-menschlichen Kardinaltugenden (Einsicht, Gerechtigkeit, Mut, Besonnenheit) aus Vernunftgründen nachgewiesen werden? *Platon* zeigte, daß Annahme wie Ablehnung der Tugenden (ἀρεταί) ein Wissen, *was* sie seien, voraussetzt, daß aber dieses Wissen nicht aus der Erfahrung gewonnen sein könne, weil bereits die Auswahl der für eine Bestimmung beigezogenen Handlungen ein wenigstens umrißhaftes Wissen um das, was als gerecht, tapfer usw. angesprochen wird, voraussetzt. Den Umriß des Wasseins, den sich der Geist (Seele, ψυχή) vorhält, um sich in die entsprechende Haltung zu bringen, nannte *Platon* Idee (ἰδέα). Damit war das ethische Problem der rechten Verhaltensweise – und dies war der maßgebliche Anfang des abendländischen Denkens – zu einer Frage des Wissens geworden. Zwar stellte sich, weil menschliches Handeln immer ein Handeln unter natürlichen Bedingungen ist, sogleich das Wissenkönnen in seiner Universalität mit zur Untersuchung (vernünftiges Tun schließt das Wissen um alle Bedingungen ein), aber die Frage nach *dem Guten* blieb die leitende, und die Theorie (θεωρία) stand von vornherein unter der Forderung der Vernunft, die Natur müsse als geistig gestaltete das sittliche Handeln in ihr zulassen. Die Fassung der Idee als der Gestalt eines vom Werden unberührten, d. h. den Zeitbedingungen enthobenen und insofern immerseienden Wasseins, in dem die geistige Ordnung (κόσμος νοητός) der Sinnenwelt einsichtig ist, nötigte *Platon* zu dem Gedanken einer Vernunft (νοῦς), die über die menschliche hinaus- bzw. ihr vorausliegt; insofern heißt sie göttlich oder auch »der Gott« – ein Verständnis des Geistes, dem die spätere christliche Personalisierung noch fremd ist. Damit wird menschliches Erkennen zu einem nachfassenden Ergreifen der im zeitlosen Geist ursprünglich gefaßten reinen Sachgehalte. Wie sehr aber auch im Gedanken des göttlichen Geistes der paradigmatische Charakter der Idee als Vorentwurf zeitlicher Realisation mächtig war, zeigt der Mythos vom Weltwerden im »Timaios«. Die theoretische Bedeutung der Ideen in *Platons* »Idealismus«, die sie als dem Werden und damit der Zeit enthobene Wesensgestalten (reines Wassein) auftreten läßt, ist eine Folge der choristischen Unterscheidung von menschlichem Geist, der unter den Bedingungen der Natur (φύσις) steht, und dem νοῦς oder λόγος selbst, in dem die Ideen ihren (zeitlosen) Entwurfcharakter haben. Die Rede vom »An-sich-sein« der Ideen als selbständiger Wesenheiten hat den Sinn des Immerseins nur für das nachfassende menschliche Erkennen; für den zeitlosen λόγος, in dem sie bestehen, heißt das An-sich-sein nur, daß sie voraussetzungslos und uneingeschränkt, also in Unbedingtheit das sind, als was der Geist sie faßt. Die vermeintliche Doppelgestalt der Idee als der unabhängig von der Vernunfttätigkeit bestehenden ewigen Wesenheit und dem Wirklichkeit gestaltenden Hinblick beruht nur auf der Nichtunterscheidung *des maßgeblichen Begriffes* vom Geist. Als sich in der Wendung vom Mittelalter zur Neuzeit der Geist in seiner zeitlichen Gestalt und Wirklichkeit zum maßgeblichen Selbstbegriff wurde, begann eine Verwandlung des metaphysischen Ideenbegriffs in einen existenziellen. Dieses geschichtliche Ereignis, in dem der Geist zu der Einsicht kam, daß er nur als über sich hinausgehende Tätigkeit *wirklich* ist und sich so in seine neuzeitliche Bestimmung hervorbrachte, hat seinen Ursprung in der Erfahrung, die der Geist mit dem Moment des Willens in sich gemacht hatte.

2. Der *Wille* ist das eigentliche Element der Idee. Das bezeugt sich bis in den alltäglichen Sprachgebrauch hinein. Wenn jemand sagt: »Ich habe eine Idee...«, dann ist sinngemäß fortzusetzen »...wie das zu machen ist«. »Auf Ideen kommt man« nur, wenn man etwas will. *H. Marcuse* sieht die »imperativische Qualität«[5] des Denkens bereits in der Platonischen Dialektik: so drückt der Satz »Der Mensch ist frei« nach ihm ein Sollen, nicht ein Sein aus; genauer: keine Wirklichkeit, aber auch keine bloße Möglichkeit, sondern eine zu vollbringende und als zu vollbringende vorgestellte Wahrheit. Die Zeitlosigkeit der Idee bekommt hier einen neuen Sinn: Sie ist die Fassung des Sachgehaltes, der immer

schon zu verwirklichen war und ist und sein wird. Man kann daran zweifeln, ob diese Auslegung das Platonische Selbstverständnis trifft, aber man wird nicht leugnen können, daß die Möglichkeit dieses Verständnisses in *Platon* angelegt ist. Für uns ist dann zu fragen, durch welche Erfahrung das Denken dieses in ihm angelegte Verständnis zu einer wirklichen Vorstellung und damit zu einer bestimmenden Wirklichkeit seiner selbst entfaltet hat.

Zur Entdeckung des Willens in sich kam der Geist nicht im griechischen Denken, sondern durch das jüdisch-christliche Selbstverständnis. Hat die Rede von den Ideen als selbständigen Wesenheiten unter Absehung von einem die Welt gestaltenden Geist schon bei *Platon* keinen Sinn, weil er ein zwar ungeschichtliches, aber doch in Vernunft gegründetes Sein denkt, so gilt das um so mehr für die christlich-theologische Philosophie. Indem sie – im Unterschied zu *Platon* – Gott als Person denkt (späterhin sogar den Geist Gottes als eigene, dritte Person), werden ihr die Ideen zu Gedanken der göttlichen Vorsehung. Ihr paradigmatischer Charakter tritt jetzt mit aller Entschiedenheit heraus: Sie sind von Gott entworfene Vorbilder der Schöpfung – und beides, Entwurf wie Verwirklichung, gründet im *Willen* Gottes. Allein, weil es ihm wohlgefällt, erschafft Gott Himmel und Erde – und zwar aus dem Nichts. Dem Nichts, vor dem die Einsicht versagt (und das die Griechen daher aus dem Denkbaren ausschlossen), ist nur der Wille gewachsen, der ihm Sein und Wirklichkeit abzwingt. Noch vor der Erschaffung der Welt war das Erzeugen der Ideen ein Entwurf in das Nichts.

Die mit der Personalisierung des die Welt beherrschenden Geistes in einem Schöpfergott zusammengehende Voluntarisierung der Ideen, in denen sich der Geist die zu erwirkende Wirklichkeit vorentwirft, hat bedeutende Konsequenzen für das Verständnis von *Zeit.* Zeit wird nicht mehr, wie bei den Griechen, primär als Maß des Werdens (»das Gezählte der Bewegung«[6]) gesehen, sondern als vorausgeplante Dauer: der göttliche Wille setzt ihren Anfang und bestimmt ihr Ende. Für den Menschen ist die Zeit nunmehr die ihm vorgegebene Frist, in der er sich in seinem Wollen dem göttlichen Willen, der im Gebot des »Du sollst« zu ihm spricht – wie die Schöpfung im »Es werde« gründet –, anzupassen hat. Erkenntnis im genuin christlichen Sinne ist Einsicht in den Heilsplan Gottes, ist Erfassen der göttlichen Ideen, in denen sich sein Wille gefaßt hat. In dieses gewandelte Verständnis können die Platonischen Gedanken insofern übernommen werden, als das Fassen der Ideen für den Menschen ein rückgreifendes Aufnehmen von Sachgehalten und Bestimmungen ist, die seinem Willen entzogen, weil ihm vorausgedacht, vorausgewollt und so seine Zeit überdauernd sind. Dabei verstärkt sich die (von *Marcuse* so genannte) *imperativische Qualität* der Wesenssätze, weil die Idee, der im (göttlichen) Geist gefaßte Sachgehalt einer jeden Sache, ursprünglich eine Willenssetzung ist und dem – natürlichen oder endlich-geistigen – Werden ein *Ziel vorschreibt.* »Die kategorische Feststellung verkehrt sich so in einen kategorischen *Imperativ;* sie stellt keine Tatsache fest, sondern die Notwendigkeit, eine Tatsache zu *schaffen.* Zum Beispiel könnte sie so lauten: der Mensch *ist* (in Wirklichkeit) *nicht* frei, nicht ausgestattet mit unveräußerlichen Rechten usw., aber er *sollte es sein,* weil er frei ist in den Augen Gottes, seiner Natur nach usw.«[7]. Die Unbedingtheit, deren Ausdruck die Idee trägt, gründet allein im Willen.

Vom Beginn der Neuzeit an verwandelt menschlicher Geist seinen den Ideen nachgeordneten Status in einen autonomen. Der Vorgang läßt sich so umschreiben: Vor dem Willen zur Wahrheit und zum Wissen, in welchem der Mensch dem göttlichen Geist um seines Heiles willen nahezukommen sucht, weicht dieser in das Unendliche seiner unerforschlichen Grundlosigkeit zurück, bis der Mensch in der Erfahrung des *Umsonst*[8] sich auf sich selbst zurückgeworfen sieht. Fortan wird die Selbstgesetzgebung seiner tätigen Wirklichkeit zu einer Bedingung seines Daseins: Er beginnt, sich selber auf die aus ihm aufkommenden Ideen anzuweisen. Solche autonomen Vernunftbegriffe, in denen der *tätig seiende* Geist seinen Vor- und Anhalt findet, haben ihre Unbedingtheit aus der hypothetischen Notwendigkeit seines Daseins (seiner *Natur*) und sind Vor-Bildungen von Totalitäten, in die sich das empirisch Vorfindliche sinnvoll einordnen und so a priori dem einzig ursprünglich Wirklichen seiner Natur, der Einheit des Selbstbewußtseins, unterwerfen läßt. Die (formale) Bindung der Ideen an die praktische Vernunfttätigkeit des Menschen und die (materiale) Bindung der praktischen Vernunfttätigkeit an Ideen wird absolut. Nur scheinbar hält sich dieser Vorgang zunächst – in ausdrücklicher Anknüpfung an *Platon*[9] – im engeren Bereich der Ethik (Idee der Gerechtigkeit, Idee der Freiheit usw.); in Wahrheit sind auch die Ideen in theoretischer *Absicht* (Idee der Natur, Idee der Geschichte) im Willen der Vernunft zu sich selbst gegründet. Mit dem Hinweis auf die regulative Kraft der Ideen beginnt bereits die Wendung in jenen absoluten Idealismus, in dem der Geist, sich selbst begreifend und sich so in seine Freiheit hervorbringend, in seinem *Wollen* das *Ursein* erblickt[10]. In dieser Sicht werden ihm die Ideen, die er schöpferisch aus sich entwirft, zum Umriß *seiner* Möglichkeiten.

3. Der Rückblick auf die Erfahrung des Denkens hat deutlicher gemacht, inwiefern die unterschiedlichen Interpretationen der Idee abhängig sind von dem jeweiligen Verständnis von Geist. Versteht sich der menschliche Geist als abkünftig oder abhängig von einem über-menschlichen Geist, den er als Schöpfer oder Gestalter der Welt ansieht, dann sind ihm die Ideen die ewigen Wesensgestalten der Dinge, die *er* erkennend aus diesen heraushebt und sie so in ihrer ursprünglichen Geistgestalt wieder herstellt. In diesem nachgreifenden Aufnehmen einst gesetzter Seinsbestimmungen findet er zur Wahrheit, die er in den Ideen denkend anschaut.

Die metaphysische Bestimmung der Wahrheit als *adaequatio rei et intellectus* war nur möglich unter Voraussetzung der an sich (unabhängig vom menschlichen Geist) bestehenden, aber von dem über-menschlichen Geist vorgedachten Ideen: Die Wahrheit des Seins besteht in dem Hineinwachsen des Werdenden in sein

Wesen (γένεσις εἰς οὐσίαν), in der Angleichung des Entstehenden an seine ihm zugedachte Bestimmung *(adaequatio rei ad intellectum divinum);* die Wahrheit der Erkenntnis besteht im Sichangleichen des menschlichen Geistes an die selbst geisthaften, weil vorgedachten Wesensgehalte der Dinge *(adaequatio intellectus humani ad rem),* einer Angleichung in das Göttliche (ὁμοίωσις θεῷ). Mit dem Schwund des Gedankens einer einsichtigen Vorsehung, die in Allmacht und Allwissenheit die Welt gestaltet, verflachte und verfiel dieses Wahrheitsverständnis: Erkenntnis ist beschränkt auf den Kausalnexus von Naturerscheinungen, dessen innere Notwendigkeit uneinsehbar bleibt. Wohl aber entspringt der Gedanke einer nach einheitlichen Gesetzen verlaufenden Natur, der den neuzeitlichen Wissenschaften zugrunde liegt, als eine Idee der menschlichen Vernunft – Selbstanweisung des Geistes zu der universalen Methode einer totalen Forschung, deren Resultat die einzig noch mögliche Herrschaft des Geistes über die Natur sichern *soll.* Als wahr wird nur noch zugelassen, was sich erkennbar dieser Idee fügt.

Konsequenterweise macht der Name *Idee* für das an den Dingen Erkennbare – nicht mehr Wesen, sondern Gesetzlichkeit des Aufbaus – dem Terminus *Begriff* Platz, der das bezeichnet, was das nachforschende Denken aus den vorliegenden Erscheinungen jeweils an allgemeinen Sachgehalten herauszuheben vermag, ohne den Anspruch, darin etwas Unbedingtes (durch einen allmächtigen Willen Gesetztes) erkennen zu können. Entsprechend präzisiert sich der Name Idee zur Benennung für Entwürfe des Geistes, und zwar des menschlichen.

Die Wahrheit solcher Ideen kann nicht mehr in einem wie immer gearteten Jenseits des menschlichen Vernunftwillens gesucht oder angenommen werden. Wird der Sinn von Wahrheit beschränkt auf das ins Wissen aufgenommene genetische Gesetz des Wirklichen, dann gerät die Idee in den Anschein des bloß Ausgedachten; weit entfernt davon, auch nur wahr sein zu können, ist sie nicht einmal unwahr. Und wirklich ist die Wahrheit der Idee nicht die, die sie *hat,* sondern die, die sie *gibt.* Das zeigt sich in der Theorie ebenso wie in der Praxis: Schon die neuzeitliche Wissenschaft und ihre Wahrheit (die sich zu der allein maßgeblichen aufzuwerfen sucht) entsprang der Idee der Methode im Cartesischen Sinn – eine Idee, die in keiner Weise irgendwie oder irgendwo immer und an sich vorhanden war, sondern die der menschliche Geist aus sich hervorgebracht hat, um Erkenntnisse des (durch sie bestimmten) Wirklichen auf dem einzigen Fundament seiner Selbstgewißheit erlangen zu können. Ähnlich ist das Verständnis der Geschichte, wenn sie nicht mehr als ein nur im Glauben anzunehmender Heilsplan Gottes gesehen werden kann, nur mehr im Licht einer endlichen Idee möglich: einer einheitlichen Sicht, in der die einzelnen Ereignisse als Momente eines sie bestimmenden Zusammenhangs erscheinen und so allererst *als* geschichtliche gesehen werden können; in diesem Sinne ist auch die marxistische Geschichtsauffassung – und sie ist gegenwärtig die einzig wissenschaftlich durchdachte, wenn auch sicher nicht die einzig mögliche – eine Idee. Ideen *haben* immer nur so viel Wahrheit, als sie *geben* – das meint: sie sind eröffnende

Sichten, die sich schon deshalb an nichts Seiendes angleichen können, weil das, was als seiend angesprochen wird (natürlich seiend, geschichtlich seiend, auch sein sollend), allererst in ihrem Licht – ihrer Wahrheit – erscheint.

Auch in dieser Bestimmung der Idee, eröffnende Sicht zu sein, klingen platonische Bestimmungen an; nur ist sie jetzt einzig aus dem menschlichen Geist aufscheinende Sicht. Damit verwandelt sich zugleich ihr Charakter der Überzeitlichkeit. »Ewig« können die Ideen nur heißen unter der Voraussetzung eines ewigen Geistes. In der Zeitlichkeit menschlichen Geistes kann die Überzeitlichkeit der Ideen nur heißen: Sie sind – weil vor-entworfen, um die Wirklichkeit des daraufhin *wirklich* Genannten zu umreißen – von dem Ablauf des Wirklichen unabhängig. Sie sind aber nicht unabhängig von der Zeitlichkeit des Geistes selbst, d. h. von der geschichtlichen Gestalt, in die er sich durch seine Erfahrung mit sich selber hervorgebracht hat. Deshalb gehen Ideen auch nicht »zu Ende«, weil sie realisiert, durch die Wirklichkeit eingeholt wären, weil ihr Umriß aktual erfüllt wäre; dies kann nie geschehen, weil sie immer eine über alle Summe von Verwirklichung oder Erfüllung hinausliegende Totalität darstellen. Wohl aber können sie in der Geschichte des Geistes überholt werden, wenn dieser, durch sie hindurchgehend, zu einer neuen Gestalt findet. Und so schwindet mit dem Hinfall der metaphysisch gedachten Idee der Gedanke »ewiger Wahrheiten«.

Dafür stellt sich das Problem der Verbindlichkeit der Ideen, aus denen die Wahrheit über das Wirkliche erscheinen soll. Die geschichtliche Wahrheit der endlichen Idee ist, wie es scheint, abhängig von den Möglichkeiten des Geistes. Was ist unter solchen Möglichkeiten zu denken?

4. Die gedankliche Verbindung von *Idee* und *Möglichkeit* ist alt. Nach dem metaphysischen Verständnis der Idee ist der geistige Vorentwurf eine Erschaffung des Wesens *(essentia)*, zu der das Dasein *(existentia)* hinzukommen muß. Essenz und Existenz stehen mithin im Verhältnis von Möglichkeit *(potentia)* und Wirklichkeit *(actus)*. Zeitliches Dasein ist Verwirklichung der Idee. Die Idee ist so die – selber zeitlose – ermöglichende Möglichkeit unabsehbar vieler Verwirklichungen in den einzelnen Seienden dieses Wesens. Das einzelne ist um so mehr es selbst, als es seine Idee, seine ihm vorgedachte Möglichkeit in seine Wirklichkeit umsetzt: existierend wird es wirklich, was es seiner Möglichkeit nach immer schon gewesen ist. Unter der Voraussetzung eines ewig sich selbst gleichen Geistes, in dem die Ideen gehalten sind, bedeutet Wesen für das einzelne die zeitlose, unabänderliche Gewesenheit seiner ihm vorbestimmten und aufbehaltenen Möglichkeit. Wesenserkenntnis ist dann verstehender Rückgang in die den Dingen *zukommende* Möglichkeit – eine Wesenszukunft von Ewigkeit her. Das erkennende Denken geht hier über sein Gegenüber zu den Dingen hinaus in ein Gegenüber zu den Ideen, in dem es selber am Immer-Sein teilhat; es kann und muß dies tun, weil es *den Geist,* der die Ideen ursprünglich in sich faßt, selbst in einem – es übersteigenden – Gegenüber sieht. Sucht nun der Geist

sich selber zu begreifen, dann findet er sich selber immer schon als wirklichen, d. h. als bestimmt durch seine Inhalte, die ihm die bestimmte Wirklichkeit geben: Im Hinblick des Geistes auf den Geist sind die Ideen das allein Wirkliche.

Der Sinn von Wirklichkeit, den dieser Gedanke enthält, ist abhängig vom Verständnis der Zeitlichkeit des Geistes. Wird Geist verstanden als der zeitlos sich selbst Gleiche, dann ist zwar die Existenz der Dinge Verwirklichung des bleibenden Wesens und insofern fallen in ihnen Idee und Wirklichkeit auseinander; der Geist selber aber in seiner Vollkommenheit ist immer ganz, was er sein kann: Idee und Dasein, Möglichkeit und Wirklichkeit fallen in ihm schlechthin zusammen. In dem Maß aber, als der Geist den Willen in sich begreift, d. h. indem er seine bestimmende Tätigkeit nicht nur an anderem, sondern vor allem an sich selber sieht, d. h. indem er sich selber als zeitlich versteht, beginnt er, Möglichkeit und Wirklichkeit auch in sich zu unterscheiden. Indem er sein *Wesen* (nun verbal zu denken) als tätige Selbstbestimmung begreift, ist ihm seine gegenwärtige Wirklichkeit die gewesene Möglichkeit seiner selbst, zu der er sich hervorgebracht hat; und insofern er sein *Wesen* im Unterschied zum bleibenden (»toten«) Sein als Leben denkt, sieht er sich in seiner Wirklichkeit wesentlich bestimmt durch die Möglichkeit, die er sich in seiner Gegenwart erschließt. So versteht sich beispielsweise der Student in einer gegenwärtigen Wirklichkeit aus dem Möglichkeitshorizont damit erschlossener künftiger Berufsausübung, so wie das gegenwärtige Studentsein die (durch die Tätigkeit des Lernens in der Schule eröffnete) *gewesene* Möglichkeit *ist*, die er realisiert hat. Indem also, allgemein gesprochen, der Geist sein *Wesen* in der vorausgenommenen Einheit seines Lebens sieht, versteht er sich (und bestimmt sich so) aus *seinen* Möglichkeiten – Möglichkeiten, die ihm nicht mehr »an sich« (von einem anderen) vorentworfen sind, sondern die aus seinem eigenen *Wesen* aufkommen und in deren Ergreifen (und Nichtergreifen) er sein *Wesen* bestimmt. Die inhaltliche Fassung der Möglichkeiten als Wesensentwurf kann füglich Idee heißen.

Verdeckte Ansätze in metaphysischer Überformung finden sich im Selbstverständnis des zeitlichen Geistes seit den Anfängen der philosophischen Neuzeit. Offen hervorgetreten sind sie, nach der Überwindung der metaphysischen Substruktion einer ewigen Wahrheit an sich, in den Daseinsanalysen *Heideggers*. Für einen Geist, der sich nicht mehr wie immer geartete Substanz ist, sondern das sein Sein verstehende Dasein, wird der Entwurf-Charakter der Wahrheit vordringlich. Für den Menschen, dem das Sein nicht mehr unwandelbare Gegenwart und das »Wesen« nicht mehr höhere Bestimmung ist, bedeutet die Auslegung der gegenwärtigen Wirklichkeit als gewesener Möglichkeit zugleich, daß das Gewählthaben dieser gewesenen Möglichkeit (die das Verworfenhaben anderer Möglichkeiten und deren Nichtsein einschließt) einen gegenwärtigen Möglichkeitshorizont eröffnet hat, der aus der so erfolgten Bestimmung des Gegenwärtigen durch Sein und Nichtsein seinerseits beschränkt, d. h. bestimmt ist. Der Gedanke des *Wesens* in einem offenen, aber bestimmten Möglichkeitshorizont – in einem Dasein, das sich vordenkend auf diese Möglichkeiten entwirft und so aus ihnen auf seine Gegenwart zurückkommt – prägt auch die Erfassung des Gewesenen: Der Blick auf die eigene Geschichte ist bestimmt durch die gegenwärtige Wirklichkeit (die gewesene Möglichkeit) und steht so unter Bedingungen, die aus gewesenen Möglichkeitshorizonten hervorgegangen sind. So wie die Sorge (ἐπιμέλεια) zum existierenden Selbstentwurf des Geistes wird, wird die Erinnerung (ἀνάμνησις) zur Hermeneutik seines geschichtlichen Daseins. Da aber die Wirklichkeit nur aus der Selbstbestimmung des Geistes aus dem Möglichen gestaltet ist, erscheint auch das Gewesene notwendigerweise im Licht dieser Ideen.

Zur Hermeneutik gehört die Einsicht, daß die jeweilige Wirklichkeit des Individuums nicht in jeder Hinsicht durch seine Wahl entstanden ist. Zur Bestimmtheit seiner Möglichkeiten gehört immer auch die allgemeine Situation, in die es sich hineinversetzt sieht – nach Zeitalter, Nation, Stand, Geschlecht. Seine Möglichkeiten sind Modifikationen der allgemeinen Möglichkeiten seiner Umwelt. Diese Umwelt aber ist einerseits selbst eine geschichtlich verwirklichte Möglichkeit, die auf Kosten anderer Möglichkeiten intersubjektiv verwirklicht worden ist; andererseits steht auch die Auslegung dieser gewesenen Möglichkeit der Menschheit unter Bedingungen, die als wirklich gesetzt sind. Die Auslegung der Situation nach Möglichkeit und Wirklichkeit im einzelnen und im allgemeinen geschieht in der Begrifflichkeit einer Sprache, die selber geschichtlich ist, d. h. die als das Gedächtnis der Menschheit aus der Gestalt, als die sie (geworden) *ist*, uns die Möglichkeiten des Verstehens vorgibt. Die Sprache, die wir aufnehmend weitersprechen, ist *die* Tradition, die, indem sie Möglichkeitshorizonte des Verstehens eröffnet und begrenzt, im voraus über die Bildung von Ideen verfügt. Aus den geschichtlichen Möglichkeiten des Verstehens werden je und je Sichten gebildet, in denen der menschliche Geist das, was er selber ist, und das, was er als anderes in sich faßt, aufnimmt und auslegt. So ist der Gedanke einer kausalgesetzlich determinierten Natureinheit eine Idee, unter der sich die einzelnen Naturphänomene für die dieser Idee gemäß einsetzende Forschung in einem Zusammenhang präsentieren, der nur als der Umriß eines Entwurfs *wirklich* ist. So ist der Gedanke der Geschichte als eines Erwirkungszusammenhangs nach Ideen selbst eine Idee, der Umriß für eine historisch-hermeneutische Forschung, durch den sich die in diesem Licht erscheinenden Ereignisse so darstellen, wie sie dann für den aufnehmenden Geist *wirklich sind*. So ist die menschliche Freiheit eine Idee, die nach der »Natur des Geistes« entworfen ist – einer Natur oder Wesensart, die selbst geschichtlich, nicht durch Setzung von Ewigkeit her, zu verstehen ist: der Umriß einer aus dem geschichtlich verstandenen »Apriori« des wirkend-wirklichen Geistes entwickelten Selbstbestimmung mit dem Imperativ der Verwirklichung.

Die Verbindlichkeit einer Idee des Möglichen ist durch keine Rückführung auf Wirkliches zu erweisen, weil sie das Wirkliche, das nur in ihrem Licht als solches erscheinen kann, immer schon überschreitet. *Kants* Einsicht, daß der Idee als einem Vernunftbegriff kein kongruierender Gegenstand in den Sinnen gegeben werden kann, bedeutet in der geschichtlichen Interpretation des Geistes, daß die Wahrheit einer (im Geist wirklichen) Idee durch Erfahrung weder ausgewiesen noch belegt werden kann. Ihre Verbindlichkeit liegt allein in dem Willen des Geistes, nach ihr zu verfahren, und ihre Unbedingtheit in der Autonomie des Vernunftwillens.

Insofern der Geist als menschlich-zeitlicher in keinem Jenseits, sondern ganz in der Welt ist, bedeutet die Selbstbestimmung nach Ideen immer zugleich ein Wirken in der Welt, die als solche schon durch Ideen geprägt ist, und an den in dieser *unserer* Welt antreffbaren Dingen und Verhältnissen. Die Unbedingtheit der Idee enthält die Anweisung zur Praxis; das gilt in gleicher Weise für die Ideen, die in der geistigen Gemeinsamkeit der Menschen, wie für die, die als Modifikationen gemeinsamen Geistes vom einzelnen entwickelt werden. In der Aufhebung der Abstraktion eines zeit- und weltlosen »Geistes an sich« ist die verbindliche Idee eine (um mit *Bloch* zu reden) *konkrete Utopie* – das meint: aus dem geschichtlich wirklich gewordenen Möglichkeitshorizont entworfene Anweisung zur geistigen Bewältigung des von Natur Vorgegebenen. So entspringt die alle Ideen umfassende Leitlinie einer Verwandlung von Natur in Geist – allem zuvor im Menschen selbst. In dieser Idee, die als Motiv vom Anfang her den griechisch-abendländischen Geist auf die Bahn seiner Geschichte gebracht hat, weist sich der Geist, der sich nicht mehr als an-sich-seiender, sondern als zeitlich-in-der-Welt-seiender begreift, nicht darauf an, die Natur aufzuheben, sondern sie zu gestalten dergestalt, daß er sich in ihr die Bedingungen für *seine bleibende Möglichkeit* erwirkt. Diese Idee, die man mit *Platon* »das Gute« nennen kann, ist der Umriß der zum vollendeten Dasein entwickelten bestimmenden Wirklichkeit des Geistes für die menschliche Existenz. Diese Idee, die der Natur des Geistes gemäß ist, ist das Maß aller geschichtlich auftretenden Ideen, die *gut* heißen können, wenn sie (wie die der Freiheit, der Gerechtigkeit, des in Vernunft bewahrten Friedens) die Verwirklichung jener befördern.

ANMERKUNGEN

[1]) *I. Kant,* Idee zu einer allgemeinen Geschichte in weltbürgerlicher Absicht, 7. Satz. – [2]) *I. Kant,* Kritik der reinen Vernunft, A 312–320 / B 368–377. – [3]) *I. Kant,* Prolegomena § 56. – [4]) *Platon,* Politeia VI 511, bes. b 3 ff. – [5]) *H. Marcuse,* Der eindimensionale Mensch, Neuwied–Berlin [3]1970, S. 148. – [6]) Vgl. *Aristoteles,* Physik IV 217 b ff., bes. 219 b 3 ff. – [7]) *H. Marcuse,* a. a. O., S. 149. – [8]) Vgl. *F. Nietzsche,* Der Wille zur Macht, 1. Buch I 1, 12 A. – [9]) Vgl. *I. Kant,* Kritik der reinen Vernunft, A 314 f. / B 371 f. – [10]) Vgl. *F. W. J. Schelling,* Über das Wesen der menschlichen Freiheit und die damit zusammenhängenden Gegenstände, Werke I 7 (1860), S. 350.

LITERATUR

B. Bauch, Die Idee, Leipzig 1926.
E. Cassirer, Idee und Gestalt, Berlin [2]1924.

C. A. Emge, Über die Idee, 1926.
J. Hering, Bemerkungen über das Wesen, die Menschheit und die Idee, in: Jahrbuch für Philosophie und phänomenologische Forschung, Bd. IV (1921), S. 495–543. – Sonderdruck Darmstadt 1968.
H. Heyse, Idee und Existenz, Hamburg 1935.
W. Knuth, Ideen, Ideale, Ideologien, Hamburg 1955.
H. Spiegelberg, Über das Wesen der Idee, in: Jahrbuch für Philosophie und phänomenologische Forschung, Bd. XI (1930), S. 1–238.

WALTER HIRSCH

IDEOLOGIE

1. Kennzeichnung der dominierenden Konzepte
2. »Postideologisches Zeitalter«?
3. Der Dialektikstreit
4. Ideologie und aporetische Theorie
5. Politische Implikationen

Der modische, schlagwortartige und somit in eins vulgäre und polemische Gebrauch der Vokabel »Ideologie« erschwert deren Anerkennung als »philosophischer Grundbegriff«. Freilich gehört Ideologie nicht zu den »klassischen« Grundbegriffen (wie etwa Idee, Wahrheit, Denken), doch ist das Wort aufgrund der mit ihm anzuzeigenden fundamentalphilosophischen Problematik spätestens seit *Marx* zum Rang eines »Grundbegriffs« avanciert.

1. Die bloße Historie des Wortes Ideologie – es wurde erstmals programmatisch herausgestellt von *A. Destutt de Tracy*, der es in »Les éléments d'idéologie« (1801–1807) als die Wissenschaft von der Entstehung der »Ideen« aus der Sinneswahrnehmung und der Empirie verstand – ist im wesentlichen bekannt und hier nicht zu rekapitulieren. (Die Idolenlehre *F. Bacons* [Novum Organon I, 38–62], die Kritik der Vorurteile bei *J. Toland* [Briefe an Serena, I] sowie in der Aufklärungsphilosophie des 18. Jahrhunderts stellen primär Stationen der Geschichte der Erkenntnistheorie dar, können aber, insofern sie auch Mythen- und Religionskritik sind, mit *K. Lenk* u. a. zur Vorgeschichte der Ideologiekritik gezählt werden, wenn gleichzeitig beachtet wird, daß Ideologiekritik im weitesten Sinne so alt ist wie das Philosophieren überhaupt, im engeren Sinne jedoch erst mit *Marx* einsetzt.)
Das Ideologie*problem*, weit älter als der Ideologiebegriff, läßt sich ebensowenig wie dieser eindeutig bestimmen. Da nicht nur der formale, sondern auch der sachliche Zusammenhang mit fundamentalen Problemen und Positionen, die umstritten sind, den Bezugsrahmen bietet, in dem jeweils die inhaltliche Fixierung des Ideologiebegriffs geschieht, ist eine apriorische bzw. transzenden-

talphilosophische Deduktion unmöglich. Daher empfiehlt sich zunächst die Kennzeichnung der dominierenden Interpretationen von Ideologie, bei deren Deskription eine vereinfachende Schematisierung hier unvermeidlich ist.

(a) Das erkenntniskritisch-(neo)positivistische Ideologieverständnis: Auf der Grundlage einer Fixierung des (Wissenschafts- und) Wahrheitsbegriffs in einer Kombination positiv-empirischer (auch historischer) und logisch-rationaler Verifikationsverfahren wird die Aufdringlichkeit eines Problem- und Fragefeldes unabweisbar, über das mit Hilfe der zugelassenen erkenntniskritischen Methodik keine Aussagen getroffen werden können; es handelt sich insbesondere um die Bereiche Metaphysik, Ethik, Geschichts-, Kunst-, Religionsphilosophie, genauer: um die in diesen »Disziplinen« thematisch werdenden Probleme selbst. Zur Bezeichnung dieser weiten, »positiv« nicht faßbaren Wirklichkeitszonen oder einfacher: dieser Fragen dient hier der Titel »Ideologie«; je nach Einschätzung der Tragweite der angewandten Erkenntnisprinzipien erweist sich der Gebrauch des Ideologiebegriffs als »wertfrei« oder als negativ wertend (z. B. in der Behauptung der Nicht-Existenz des Nicht-Erkennbaren bzw. des Nicht-Verifizierbaren).

(b) Das sich an *Marx* orientierende Ideologieverständnis: *Marx* war der Überzeugung, die Abhängigkeit des Bewußtseins der Menschen von ihrem gesellschaftlich-materiellen »Sein« bzw. vom »historischen Lebensprozeß«[1] als ein generelles Verhältnis erkannt zu haben, das jeder menschlichen Objektivation und Artikulation zugrunde liegt. Demgemäß muß eine »falsch« organisierte Praxis zu einem »falschen Bewußtsein«[2] der Menschen von sich selbst und ihrer geschichtlichen Situation sowie zu »falschen« gesellschaftlich-politischen Fixierungen in Staat, Sittlichkeit, Religion, Philosophie führen. Derlei Figurationen des falschen Bewußtseins sind für *Marx* »Ideologie«, die durch »wirkliches Wissen« abgelöst werden soll[3]. Insofern *Marx* dialektisch denkt, ist für ihn das Verhältnis von Praxis und Theorie nicht das einer rein mechanistisch verstandenen »Widerspiegelung«, vielmehr einer durch »Arbeit« vermittelten »*Reflexion* des Wirklichen«[4], und übersieht er andererseits nicht die geschichtlich-gesellschaftliche Berechtigung jener (»bürgerlich«) ideologischen Ausformungen, die gerade als »Reflexe« der Negativität die »Wahrheit« dieser Falschheit, die Wahrheit in der Gestalt ihrer Entfremdung, ausdrücken[5]. Dieser Ansatz gilt im Grunde für alle marxistischen und neomarxistischen Varianten, wenn auch nicht selten das Moment der gezielten Verwendung von Ideologie als Herrschaftsmittel in der Hand der »Herrschenden« stärker hervortritt als in der Marxschen Theorie. Der offizielle Marxismus-Leninismus bezeichnet sich auch selbst als »Ideologie«; er verstößt damit gegen *Marx*' Sprachgebrauch und übernimmt eine geläufig gewordene, philosophisch nicht ernsthaft reflektierte Terminologie.

(c) Das wissenssoziologische Ideologieverständnis: Darunter versteht man in erster Linie die von *M. Scheler* und *K. Mannheim* begründete, sowohl von der empirischen Sozialforschung *(M. Weber)* wie auch von *Marx* beeinflußte Denkweise, die eine sehr weitreichende Bedingtheit jeglicher geistigen Artikulation behauptet (wenngleich sie im Ganzen behutsamer urteilt als z. B. *E. Durkheim* und *V. Pareto*). *Scheler* versuchte, zwei disponierende (nicht zwingende) »klassenmäßig bestimmte formale Denkarten« nachzuweisen, beruhend auf »klassenbedingten Neigungen unterbewußter Art«; darin sah er die Grundlage einer kritischen »soziologischen Idolenlehre«[6]. *Mannheim* spricht von dem allgemeinen Zusammenhang zwischen »sozialer Seinslage« und »Sicht«, aus dem ein durchgehender »Relationismus« aller Erkenntnis folge, von welchem nur die kritische Intelligenz ausgenommen sei[7]. Die These von der Abhängigkeit der Ideologie von der empirisch zu analysierenden »Seinsverbundenheit« rückt die Wissenssoziologie in die Nähe von *Marx*, jedoch mehr noch in die Nähe weniger kritisch durchdachter Positionen auf liberal-ökonomischer sowie psychologischer Grundlage; den historisch-deskriptiven Ansatz samt der Forderung nach methodischer Urteilsenthaltung (»Wertfreiheit«) teilt die Wissenssoziologie in unterschiedlichem Grade mit dem (Neo-)Positivismus.

(d) Faktisch trifft man auf zahlreiche kompromißhafte, modifizierende, unpräzise Verwendungen von Ideologie, wobei die Akzente wechseln und nicht zuletzt die Intensität des Einflusses etwa von *Nietzsche, Freud, Carnap* u. a. bei der näheren Bestimmung des Begriffsinhalts den Ausschlag gibt. Nicht ein eigenes »Konzept« von Ideologie, sondern lediglich eine vulgarisierte Terminologie liegt vor, wenn Ideologie mehr oder minder synonym für »politisch relevante Weltanschauung« oder als eine Art »Gattungsname« für divergierende Arten politischer Entwürfe, Welt- und Geschichtsdeutungen u. ä. verwendet wird (z. B. Faschismus, Kommunismus, Liberalismus, Rassismus). In solch formaler Redeweise wird gelegentlich auch versucht, das Wort »Ideologie« von seinem negativen Assoziationsballast zu befreien und die mit ihm bezeichnete »Sache« als etwas anthropologisch und politisch Nützliches, Erwünschtes und Notwendiges zu kennzeichnen. Verbreitet ist ebenfalls jene Terminologie, die – von *Mannheims* Begriff der »partikularen« Ideologie sowie von soziologischen, (neo-)marxistischen und tiefenpsychologischen Motiven beeinflußt, doch ohne bestimmte Fixierung – Ideologie als eine Form des dezeptiven Vorwands, der vermeintlichen oder vorgeblichen Rechtfertigung überkommener, kritisch-rational nicht begründbarer Traditionen, Usancen, Praktiken usw., kurz: als »Rationalisierung« sogenannter »irrationaler« oder »emotionaler« Positionen und Anschauungen versteht.

Die geschilderten Konzepte und Verwendungsweisen des Wortes »Ideologie« weisen lediglich insofern eine formale Gemeinsamkeit auf, als sie sämtlich abzielen auf die Erkenntnis der Differenz von philosophisch-politisch-gesellschaftlicher Wahrheit und Unwahrheit und damit zugleich auf die mehr oder minder engagierte Freilegung (»Entlarvung«) der Unwahrheit als solcher, wobei bald logisch-erkenntnistheoretische, bald gesellschaftliche und politische Gesichtspunkte und Interessen im Vordergrund stehen.

2. Konfrontiert mit der Sprache der Öffentlichkeit sowie den dominierenden Auslegungen von Begriff und Problem der Ideologie wirkt die These vom »Ende des ideologischen Zeitalters« (vgl. *D. Bell, S. M. Lipset*) verwegen. Sie stammt aus einer ökonomokratisch, technokratisch und bürokratisch orientierten, sich als pragmatisch verstehenden Denkweise und stellt nur die Konsequenz aus der primär (neo-)positivistischen Ideologiekritik dar; diese ist ihrem Ansatz nach der Ausdruck eines ontologistisch-empiristischen »Funktionalismus«, für den jede rational nicht kalkulierbare und kontrollierbare Regung in Religion, Kunst, Philosophie, Spiel usw. die Gefahr fundamentaler »Störungen« der »wissenschaftlich« geplanten Abläufe, ja bisweilen die Gefahr völliger »Veränderung« des Bestehenden mit sich bringt und folglich nur kontrolliert »zugelassen« werden kann, wenn sie den totalen Funktionalismus fördert (sei es durch »positive« Verhaltensweisen wie Gehorsam, Pünktlichkeit, Sauberkeit, Zuverlässigkeit, sei es durch systemerhaltende und produktionssteigernde Rekreation in Gestalt von Hobby-Kultur, Massentourismus, Konsumsex, Kunst als Moral- und Lebenshilfe, »politische Religion« usw.). »Ideologie« gilt also als unnötig, unnütz, durch »Wissenschaft« längst überholt und depotenziert.

Auch wenn die hier sichtbar werdende Denkfigur zumeist nicht in ihrer bedrohlichen Perspektive expliziert, sondern im Gegenteil durch Einsatz der Sozial- und Werbepsychologie in ihrem Charakter verschleiert wird, läßt sich nicht bestreiten, daß vom Prinzip dieses »eindimensionalen« Funktionalismus aus die warnenden Negativ-Utopien eines *Samjatin, Huxley* und *Orwell* ihre nachträgliche Bestätigung erhalten, zumal die Möglichkeiten der Gegenwehr außerordentlich gering sind und sich nur formal empfehlen lassen: »Seid unbequem, seid Sand, nicht das Öl im Getriebe der Welt« *(G. Eich)*. Die These vom postideologischen Zeitalter kann deshalb selbst als »Ideologie« bezeichnet werden, weil sie unkritisch bestimmten Interessen dient; diese Ideologiekritik wird übrigens von neomarxistischer wie von konservativer und christlicher Seite erhoben.

Hinter der puristischen These vom Ende der Ideologie steht die optimistische Annahme einer »reinen« Vernunft; diese Hypothese muß jedoch in Anbetracht der humanwissenschaftlichen Forschung in Biologie, Biochemie, Medizin, Psychologie, Soziologie aufgegeben werden, da diese die »Nicht-Existenz der reinen Vernunft« als die bei weitem gesichertere These erwiesen hat; folglich ist jenen Theorien der Vorzug zu geben, die »von der Abhängigkeit des Bewußtseins vom Sein oder der Seinsverbundenheit des Denkens« sprechen[8] und damit die Herstellung eines total entideologisierten, szientifisch gewordenen Zustands für illusorisch erklären.

Die Vision des »postideologischen« Zeitalters bewirkt *via negationis* die Einsicht in die formale Notwendigkeit von Ideologie, ideologischem »Streit« und auch einer Ideologiekritik, deren Ziel nicht die Abschaffung oder Stillegung von Ideologie überhaupt sein kann, vielmehr die permanente rationale Kritik ihrer Berechtigung und Begrenztheit zu sein hat. Solche »Notwendigkeit« von Ideologie kann nur auf der Grundlage einer bewußten und rational kommunikativen humanen »Wertung« begründet werden; damit drängt sich erneut die fundamentalphilosophische Begründungsproblematik auf[9].

3. Sie steht denn auch zu Recht im Mittelpunkt einer (in der Sache alten, doch in jüngster Zeit mit Vehemenz aufgebrochenen) Kontroverse: Nicht das in den Grenzen der Nachprüfbarkeit geltende naturwissenschaftlich-technische Denken, das die gegenwärtige Zivilisation trägt, bildet den Hauptgegenstand dieses Streites, sondern die mit dem Titel »Dialektik« angezeigte Problematik des Verhältnisses von Subjekt und Objekt, Natur und Geschichte, Ontologie und Utopie, Resignation und Hoffnung. Da die Frage der Auslegung von Ideologie im Kontext des »Dialektikstreits« damit letztlich zum Streit um die Möglichkeit und den Modus von Philosophie überhaupt sich ausweitet, kann dieser Konflikt hier nur in groben Zügen dargestellt werden.

Für das nicht-dialektische Denken, dessen Struktur dem geschilderten Funktionalismus gleichkommt, wenn auch in bezug auf die Interpretation der erwünschten politisch-gesellschaftlichen Konsequenzen tiefgreifende Unterschiede festzustellen sind (vgl. etwa das sozialreformerische Engagement des »kritischen Rationalismus« bei *Russell, Popper, Albert, Topitsch, Chomsky* u. a.), besteht ein »erkenntniskritisch bestimmtes *Abgrenzungsproblem«* hinsichtlich des Unterschieds von »Wissenschaft« und Ideologie (bzw. Metaphysik oder auch »Philosophie«) sowie ein »soziologisches *Erklärungsproblem«* [10]. Ideologie wird in dieser Perspektive als nicht-verifizierbare Objektivation des Irrationalen bzw. Emotionalen bald wertfrei, bald negativ wertend in die Beschreibung der Gesamtgesellschaft »integriert«. In bezug auf die unumgängliche Vorbereitung auf Zukunft gilt Ideologie jedoch als rein illusorischer, »spekulativer«, bestenfalls als theologisch-mythisch vermittelter Erwartungs-, Hoffnungs- oder Sehnsuchtshorizont. Jede Theorie über »Dialektik« als philosophischer Entwurf zur Aufdeckung objektiver verändernder Gesetze und Prozesse in Natur und Gesellschaft gilt als nicht nachweisbar; ihr wird allenfalls rückblickend hermeneutisch-didaktischer Sinn zugetraut, keinesfalls aber kritisch-normierende und prognostische Relevanz.

Demgegenüber halten die primär von *Hegel* und *Marx* bestimmten Vertreter dialektischen, zumeist neomarxistischen Denkens (*Bloch, Adorno, Horkheimer, Marcuse, Habermas* und – von diesen vernachlässigt: *Sartre*) an der Möglichkeit fest, in »kritischer Theorie« das je Gegebene (zunächst) im Gedanken zu transzendieren auf nicht nur technologisch extrapolierbare zukünftige Gesellschaftsorganisation, sondern auf eine fundamental veränderte Weise menschlichen Zusammenlebens, in der »Entfremdung« überwunden ist und wahre Humanität für alle erst möglich wird. Dieses »dialektische« Denken beschwört die potentiell revolutionäre Erinnerung *(Horkheimer, Marcuse)*, lebt aus dem Protest gegen die unversöhnten Leiden vergangener und gegenwärtiger Geschichte und wird so zum Anwalt der kritisch reflektierten (nicht bloß unmittelbar proklamierten)

legitimen »Bedürfnisse« *aller* Menschen. Innerhalb des dialektischen Denkens werden in bezug auf Praxis und speziell auf »Revolution« unterschiedliche, zum Teil skeptisch-ernüchterte Positionen vertreten; gleichzeitig empfindet es sich als Verteidiger des sogenannten liberalen Erbes, d. h. humaner Werte, wobei die Notwendigkeit eines Ausgleichs zwischen sich ausschließenden Ideen wie Freiheit und Gerechtigkeit nicht zweifelhaft bleibt. In dieser Intention des geschichtlich-dialektischen Denkens ist die Präsenz der Formalstruktur hebräischen Denkens zu erkennen, und nur in dieser Hinsicht kann von »theologischen« Implikationen die Rede sein[11]. Auch von hier aus ergibt sich die Möglichkeit der Übereinkunft in der antifunktionalistischen (Ideologie-)Kritik zwischen neomarxistisch-dialektischer Linken und wertphilosophisch-konservativer (aus der Tradition christlichen Philosophierens hervorgehender) Kulturkritik (z. B. bei *Guardini*).
Es fehlt nicht an Versuchen, zwischen den Fronten zu vermitteln (dies gilt bereits für *Camus*, neuerdings für *Albert*, *Althusser*, *Chomsky*, *Habermas*). Man hat anzuerkennen, daß der Positivismus sich nicht nur subjektiv als aufklärerisch und gesellschaftskritisch empfand, sondern es historisch und soziologisch gesehen auch war und, insofern Wissenschaft und Technik für immer die Bedingungen jeglichen Humanismus bleiben werden, nach wie vor ist. Ein Ende des Streites um die Dialektik (mehr als um den »Positivismus«), in dem gegenseitig der Ideologieverdacht und -vorwurf erhoben wird, ist indes trotz der Vermittlungsversuche nicht möglich, solange die Methodik von Begründung überhaupt kontrovers ist.

4. Damit erhebt sich die Problematik der dezisionistischen Auflösung der Alternative. Ein derartiges Verfahren geriete mit Recht unter den Ideologieverdacht »beider Seiten«, und zwar jeweils in erkenntniskritischer wie in gesellschaftlich-politischer Hinsicht. In dem hier allein angemessenen Streit mit Argumenten (doch was ist hier noch »Argument«?) wurde bisher der eindeutige definitive Nachweis eines »Irrtums« nicht erbracht. Ein »Beweis« aufgrund der uns bekannten »Praxis« bzw. aus den »Früchten« scheidet aus; ein Beweis aufgrund theoretisch-antizipativer, möglicher Praxis ist ebenfalls ausgeschlossen, denn er steht in der Gefahr des Wunschdenkens, das weder mit Berufung auf Möglichkeit und Notwendigkeit von »Aufklärung« noch mit der Hoffnung auf »Veränderung« oder gar auf »das Andere« schlechthin sich in Sicherheit verwandeln läßt.
Somit erhebt sich an dieser Stelle der Reflexion die Frage: Gibt es überhaupt eine Möglichkeit, den Dialektikstreit durch eine *wahre* und damit *normativ* werdende Lösung zu beenden? Die Bedingung einer solchen Auflösung wäre die Sicherheit bezüglich der Erkenntnisprinzipien, die aber gerade fehlt bzw. unter Ideologieverdacht gerät[12]. Das Problem ist offenbar mit der Beschwörung einer höheren Instanz nicht zu lösen. Zwar darf der Radius künftiger Begründungs- und Erkenntnismöglichkeit auch philosophisch nicht vom gegenwärtig als ver-

tretbar Erscheinenden her präskriptiv eingeengt werden, doch bleibt die hier anknüpfende Hoffnung oder Erwartung wiederum leer und unbegründbar. Das gleiche gilt für die Erwartung einer künftigen Lösung des Streits aufgrund neuer oder andersartiger »Praxis«, wenngleich die Fundierung der Hoffnung in der geschichtlich-gesellschaftlich vermittelten Subjektivität ontologisch ernster zu nehmen ist, als dies seitens der Positivisten und kritischen Rationalisten geschieht.

Die kritische Analyse der Voraussetzungen einer Lösung des Dialektikstreits und insofern auch des Ideologieproblems gelangt gegenwärtig zu dem »Ergebnis«, daß hier jedenfalls faktisch eine Aporie besteht. Gegenüber einem Denkstil, der zwingende Rechtfertigungen sucht und für erreichbar hält, sowie gegenüber dem Dezisionismus erhebt eine aporetische Theorie in diesem Dilemma die Forderung nach uneingeschränkter, freier Fortsetzung des Denkens durch »permanente Kritik« im Bereich der Methodologie und ganz allgemein nach »Erziehung zu rationalem Problemlösungsverhalten« [13]. Dieser Ansatz aporetischer Theorie unterscheidet sich von der »kritischen Theorie« durch Skepsis gegenüber den Maßstäben derselben, insofern sie die neomarxistische Hoffnung, Sehnsucht oder Utopie »rechtfertigen«. Da auch aporetische Theorie den Streit nicht schlichten kann, liegt ihr Vorzug im Hinblick auf das hier primär interessierende Ideologieproblem in der Möglichkeit, die jeweiligen Konzepte nicht nur vom Gegenkonzept her zu kritisieren, sondern in skeptischem Probabilismus offen zu bleiben, ohne dadurch zugleich wieder jenem wohlfeilen Methoden- und Wertpluralismus anheimzufallen, der unter den Ideologieverdacht (wenigstens) der »kritischen Theorie« geraten muß. Die Position der aporetischen Theorie ist nicht selbst dogmatisierbar, sondern bleibt äußerst labil, enthält aber die (wenn auch geringe) Chance, zwischen den fixierten Fronten zu vermitteln, insbesondere durch die Aufdeckung der jeweils implizierten, durch rationale Anstrengung *motivierten Optionen*.

5. Über die politiktheoretischen und politischen Implikationen des bisher Entfalteten hinaus seien die folgenden vielfach ineinander verschränkten Problembereiche, an denen die politische Relevanz von Ideologie in besonderer Weise sichtbar wird, noch ausdrücklich hervorgehoben.

(a) Theoretisch wie praktisch drängt sich die Frage auf, ob in der Geschichte – stets, zumeist oder bisweilen – *Macht* im Dienst von Ideologie steht oder umgekehrt. Wird jede geistig-ideelle Artikulation ohnehin als Ausdruck vitalsozialer Interessen angesehen (*Pareto*, weniger kraß auch *Mannheim* und *Scheler*), so wird Ideologie das beliebig verwendbare Instrument von Propaganda im Sinne von Manipulation des zynisch eingeschätzten *profanum vulgus* (wie vor allem im kapitalistischen Wirtschaftsliberalismus und in den Varianten des Faschismus). Kritisch-rationaler Aufklärungswille und marxistisches Veränderungspathos vermögen demgegenüber, jedenfalls ihren Prinzipien nach, den sekundären Rang der Macht zu akzeptieren. Die Wirkungen der die Ideologie

»einsetzenden« Macht bis in die Bereiche der Sprache, Kunst, Erziehung usw. sind bekannt; die faktisch bestehenden politischen Objektivationen, denen die Prätention auf Kommunismus eigen ist, sind – trotz der Schwierigkeit, das reale Verhältnis von Ideologie und Macht in ihnen zu beurteilen – in bezug auf die exklusive Zulassung und Verwendung ihrer Doktrin weit hinter *Marx* zurückgefallen, mögen sie sich auch mit der problematischen Berufung auf »Dialektik« exkulpieren.

(b) Das Zusammenleben der Menschheit erfordert – mehr denn je – eine international anerkannte, rechtsphilosophisch mindestens plausible allgemeine Zustimmung zu minimal-inhaltlichen Grundwerten bzw. zu einem minimal-inhaltlich zu bestimmenden *Humanismus.* Dieses Postulat wird als solches bestätigt und hat einen geltenden Ausdruck gefunden in der Erklärung der Menschenrechte durch die Vereinten Nationen (1948). An diesem Schlüsselproblem der internationalen Politik und des Völkerrechts wird die Bedeutung des Ideologieproblems und der Ideologiekritik klar erkennbar. Da praktisch in Anbetracht der unaufhebbaren »ideologischen« Differenzen (die sich auf dieser Ebene konkret in philosophischer, religiöser und »weltanschaulicher« Pluralität darstellen) der Kompromiß notwendig ist, erweist sich die andauernd unterschiedliche Auslegung von gemeinsam akzeptierten Formulierungen und Formeln als ein bleibender Index für den weder wissenschaftlich-technologisch noch dialektisch zu eliminierenden Risiko-Charakter der Politik und der Geschichte überhaupt.

(c) Der Zusammenhang von Ideologie, *Frieden* und *Friedensforschung* verdient eigens hervorgehoben zu werden, da innerhalb der methodisch noch weithin ungeklärten »Friedensforschung« eine Tendenz dominiert, die der unter 2. behandelten recht nahe kommt, oder aber der Appell zu einer »außerordentlichen moralischen Anstrengung«[14] philosophisch unreflektiert bleibt. Sobald man den Begriff »Frieden« nicht mehr bloß als puren Gegensatz zu Krieg begreift, sondern positiv zu bestimmen beginnt, spaltet er sich bekanntlich auf in äußerst schwer bestimmbare und kontroverse Begriffe aus philosophisch-politischer Theorie und Praxis wie z. B. Recht, Gerechtigkeit, Freiheit, Befreiung, Wahrheit, Sittlichkeit, Menschenwürde, Geschichte, Sinn, Transzendenz. Daß also Ideologieproblematik und Ideologiekritik (und insofern philosophisches Denken überhaupt) konstituierend zur Friedensforschung gehören und über diese ihre politische Relevanz zur Geltung zu bringen haben, liegt auf der Hand und kann nur zum Schaden von Politik, Friedensforschung und Frieden ignoriert werden.

ANMERKUNGEN

[1]) *K. Marx,* Die deutsche Ideologie, in: Die Frühschriften, hrsg. von S. Landshut, Stuttgart 1953, S. 349. – [2]) *F. Engels,* Brief an Mehring v. 14. 7. 1893, in: K. Marx, F. Engels, Ausgewählte Schriften II, Berlin 1952, S. 467. – [3]) *K. Marx,* Die deutsche Ideologie, a. a. O., S. 350. – [4]) Vgl. *H. Lefèbvre,* Probleme des Marxismus, heute, Frankfurt 1965, S. 93, vgl. S. 89–94. – [5]) Vgl. *M. Kangrga,* Arbeit bei Hegel und Marx, in: Hegel und die Folgen, hrsg. von G.-K.

Kaltenbrunner, Freiburg 1970, S. 300 u. 308. – [6]) Vgl. *M. Scheler*, Die Wissensformen und die Gesellschaft (1926), Bern–München [2]1960, S. 162–185. – [7]) Vgl. *K. Mannheim*, Ideologie und Utopie, Frankfurt [3]1952, S. 27–34; S. 71–91; dazu: *P. Berger, Th. Luckmann*, Die gesellschaftliche Konstruktion der Wirklichkeit. Eine Theorie der Wissenssoziologie, Frankfurt 1969, S. 9–20. – [8]) Vgl. *H. Albert*, Traktat über kritische Vernunft, Tübingen 1968, S. 91. – [9]) Vgl. ebd., S. 8–28. – [10]) Ebd., S. 83. – [11]) Vgl. *H. R. Schlette*, Strukturen des Christentums, philosophisch, in: Aporie und Glaube. Schriften zur Philosophie und Theologie, München 1970, S. 102–121. – [12]) Vgl. *J. Habermas*, Erkenntnis und Interesse, Frankfurt 1968, S. 362–364. – [13]) Vgl. *H. Albert*, a.a.O., S. 87f. – [14]) Vgl. *C. F. v. Weizsäcker*, Bedingungen des Friedens, Göttingen 1964, S. 7 u. 18–22.

LITERATUR

G. Lukács, Geschichte und Klassenbewußtsein (1923), Neuwied–Berlin 1968.
K. Mannheim, Ideologie und Utopie (1929), Frankfurt [3]1952.
M. Horkheimer, Th. W. Adorno, Dialektik der Aufklärung (1944), Frankfurt 1969.
H. Barth, Wahrheit und Ideologie, Zürich 1945.
Th. Geiger, Ideologie und Wahrheit, Stuttgart–Wien 1953.
H. Plessner, Abwandlungen des Ideologiegedankens, in: Zwischen Philosophie und Gesellschaft. Ausgewählte Abhandlungen und Vorträge, Bern 1953.
D. Bell, The End of Ideology, New York 1960.
Ideologie – Ideologiekritik und Wissenssoziologie, hrsg. u. eingeleitet von K. Lenk, Neuwied [4]1970 (mit ausführlicher Bibliographie).
Th. W. Adorno, Jargon der Eigentlichkeit. Zur deutschen Ideologie, Frankfurt 1964.
L. Althusser, Pour Marx, Paris 1965 (dt.: Frankfurt 1968).
J. Barion, Ideologie, Wissenschaft, Philosophie, Bonn 1966.
H. Marcuse, Der eindimensionale Mensch. Studien zur Ideologie der fortgeschrittenen Industriegesellschaft, Neuwied–Berlin 1967.
H. Albert, Traktat über kritische Vernunft, Tübingen 1968.
J. Habermas, Erkenntnis und Interesse, Frankfurt 1968.
Ders., Technik und Wissenschaft als ›Ideologie‹, Frankfurt 1968.
Ders., Zur Logik der Sozialwissenschaften, Frankfurt 1970.
Th. W. Adorno u. a., Der Positivismusstreit in der deutschen Soziologie, Neuwied–Berlin 1969.
A. Wellmer, Kritische Gesellschaftstheorie und Positivismus, Frankfurt 1969.
K. Lenk, Leben wir im postideologischen Zeitalter? in: Abschied von der autoritären Demokratie? Die Bundesrepublik im Übergang, hrsg. von L. Romain u. G. Schwarz, München 1970, S. 11–25.

HEINZ ROBERT SCHLETTE

INDIVIDUUM

1. Die ontologisch-logische Bedeutung
2. Die personale Bedeutung
3. Strukturanalyse des Begriffs Individuum

Der Begriff »Individuum« ist sowohl ein Begriff der Logik, der in der antiken und mittelalterlichen Philosophie eine Rolle gespielt hat, als auch ein Begriff der praktischen Philosophie, dessen Bedeutung in der Philosophie der Neuzeit herausgestellt worden ist und besonders in der sogenannten Existenzphilosophie, in den Ethik- und Sozialwissenschaften sowie in den – im Unterschied zu den »nomothetischen« Naturwissenschaften – »idiographischen« Geisteswissenschaften[1] eine zentrale Stelle einnimmt.

1. *Individuum est ineffabile.* Diese These der mittelalterlichen Philosophie behauptet die Unsagbarkeit des Individuums. Was bedeutet das: etwas ist unsagbar? In welcher Weise und warum ist das Individuum unsagbar? Eine erste Antwort auf diese Fragen läßt sich bei *Platon* finden. Das platonische Denkmodell sieht einen fundamentalen Unterschied zwischen reinen Formen (Ideen), die an sich erkennbar sind, und empirisch antreffbaren Gegenständen, die nur erkennbar sind, sofern auf ihre Form reflektiert wird. Den Grund für die Unerkennbarkeit desjenigen am Empirisch-Faktischen, was nicht Form ist, nennt *Platon* Materie (ὕλη). Wie die Idee Prinzip der Einheit, des Seins, der Erkennbarkeit ist, so die Materie Prinzip der Vielheit, des Nichtseins, der Unerkennbarkeit[2]. Daher sind alle werdenden, geschichtlich sich verändernden Gegenstände nur erkennbar – mithin mitteilbar – im Hinblick auf ihre unveränderliche eidetische Form; ihre hyletisch bedingte Einzelheit und Besonderheit entzieht sich dem Erkennen und Mitteilen, so daß die materielle Bestimmtheit des Individuellen, d. h. seine radikale Einzelheit, prinzipiell nicht Gegenstand einer Aussage werden kann.
Die Materie ist das *principium individuationis,* und zwar – nach *Thomas* – die bestimmte, meßbare, durch Raum und Zeit konstituierte Materie – *hoc os et haec caro*[3]. Ist das Individuum ontologisch gesehen also ein aus Stoff- und Formmomenten Zusammengesetztes, so stellt es sich unter logischem Gesichtspunkt als irreduzibler Letztbegriff einer Reihe dar: *genus-species-individuum.* Unter den logischen Begriff »Individuum« fällt somit alles numerisch Einzelne, das sich durch seine Materialität von anderm, derselben Art zugehörigem Einzelnen unterscheidet. Wird das Individuum seiner ontologischen oder logischen Struktur nach als Einzelnes gedacht, so ist es jedoch nur als abstraktes Einzelnes überhaupt, nicht aber als konkretes »Dieses-da« begriffen. Ein bestimmtes, empirisch antreffbares Individuum (jener graue Stein, der Kater Moritz) ist in seiner undifferenzierten Ganzheit nicht mitteilbar. *Aristoteles* verdeutlicht diesen Sachverhalt durch seinen Begriff der οὐσία πρώτη. »Substanz (οὐσία) im eigentlichen, ursprünglichen und vorzüglichsten Sinne ist das, was weder von einem Subjekt ausgesagt wird, noch in einem Subjekt ist, wie z. B. ein bestimmter Mensch oder ein bestimmtes Pferd«[4]. Sofern jedwede Aussage sich ihrer Struktur nach als die logische Verbindung mehrerer Begriffe darstellt, bleibt sie notwendig hinter der ursprünglichen Einheit des durch den Subjektbegriff angezeigten Substrats (ὑποκείμενον) zurück.
Kann das Substrat nicht als ganzes mitgeteilt werden, so können doch Aussagen *über* es gemacht werden. (Jener graue Stein stammt aus der Eiszeit. Der Kater Moritz hat den Sonntagsbraten gestohlen.) Diese Aussagen teilen nicht die οὐσία πρώτη ihrer Totalität nach mit, vielmehr distanzieren sie sich gerade von

ihr, indem sie die mit Namen genannte »Sache« ihrer ursprünglichen, komplexen Einheit (σύνολον) berauben und in die Vielheit von Aspekten zerlegen. Dabei bleibt das Substrat prinzipiell unsagbar, eben weil kein Begriff – weder ein empirischer noch ein abstrakter Begriff – die Ganzheit eines mit Namen genannten Individuums zu fassen vermag; die οὐσία πρώτη ist eine durch kein Prädikat einholbare Voraussetzung, die immer schon gemacht ist, wenn jemand anhebt, über »etwas« zu sprechen. »In der Sprache liegt die Reflexion, und daher vermag die Sprache das Unmittelbare nicht auszusagen«[5]. Sagbar sind jeweils nur Aspekte, Hinsichten, unter denen die ursprüngliche Totalität eingegrenzt und von anderem abgegrenzt wird. So kann *Thomas* sagen: *Individuum ... est, quod est in se indistinctum, ab aliis vero distinctum*[6].

Die Begriffe, durch die *Aristoteles* jenes an sich selber unsagbare Substrat einer Aussage bezeichnet – οὐσία πρώτη, τόδε τι[7], ἄτομον[8], σύνολον[9] u. a. – geben keine inhaltlich positive Bestimmung des Substrats, sondern drücken lediglich die Negation der Aussagestruktur im Hinblick auf das ὑποκείμενον aus: dieses ist weder ein abstrakter Art- oder Gattungsbegriff (»zweite Substanz«[10]), noch eine allgemeine Bestimmtheit, noch ein teilbares, in sich gegliedertes Ganzes. Der logische Begriff »Individuum« ist mithin ein Grenzbegriff und steht in der Funktion des Kantischen »Ding-an-sich«-Begriffs, durch den eine Grenze gedacht wird, die das begriffliche Erkennen von dem ihm Vorgegebenen scheidet. Die sich in der Unauflöslichkeit des Gegebenen manifestierende Grenze von Unerkennbarem und Erkennbarem, Unsagbarem und Sagbarem, Unmittelbarem und Mittelbarem, Individuum und Begriff ist nicht naturaliter antreffbar, sondern selber Leistung des Begriffs. Indem etwas begriffen wird, wird immer schon das Unbegreifbare davon ausgeschlossen, und dieses Ausgeschlossene wird als an sich unbegreifliches Individuum begriffen. Zwar hebt das Erkennen beim unmittelbar gegebenen Einzelnen an, aber es trifft nicht das Einzelne als Einzelnes, sondern immer ein bereits vermitteltes, verallgemeinertes Einzelnes, dessen wirkliche Genesis ihm verborgen bleibt.

Kündigt sich im Begriff »Individuum« die Eigentümlichkeit eines geistigen Aktes an, der sich selbst als begrenzt weiß, so erklärt sich daraus die Aristotelische These, daß es keine reine Wissenschaft (Metaphysik) vom Einzelnen geben könne, weil es sich aufgrund der Materialität seines Individualitätscharakters weder durch Definition (ὁρισμός) noch durch Beweis (ἀπόδειξις)[11] begreifen ließe. Eine Metaphysik vom Individuum im strikten Sinn ist nicht möglich, eben weil im Begriff »Individuum« etwas prinzipiell Unbegreifliches mitgedacht werden muß, das ein mathematisch exaktes, notwendiges Wissen nicht erlaubt. Wissen vom einzelnen kann nur nachträglich gewonnen werden und ist veränderliches, geschichtliches, nie vollständiges, perfektes Wissen. Dieses kann nicht Gegenstand der Metaphysik sein, die die Prinzipien des Seienden als Seienden zu ergründen sucht und daher von einer Erforschung der materiellen Bestimmtheit des einzelnen Seienden absieht, um die Wahrheit des ewig und an sich Gültigen zu finden[12]. Dennoch ist nach *Aristoteles* die Zuwendung zum einzelnen eine wichtige Aufgabe, nämlich für den, der eine Kunst (τέχνη) ausübt und deshalb der Erfahrung (ἐμπειρία) bedarf, die allein ein Wissen vom einzelnen vermittelt. So besteht die ärztliche Kunst z. B. darin, den Sokrates oder den Kallias gesund zu machen, nicht aber den Menschen an sich. Um einen bestimmten Menschen heilen zu können, muß der Arzt die tatsächlichen Ursachen der menschlichen Krankheiten erforschen[13]. Der Naturwissenschaftler, der Arzt, der Historiker, der Soziologe, der Jurist, sie alle haben es als empirische bzw. als praktische Wissenschaftler mit dem Individuellen zu tun, freilich nicht mit der Individualität von Individuen, sondern mit dem Allgemeinen an Individuen, das erkennbar und ein technisch verwertbares Wissen ist.

2. Wird das Individuum als praktischer Begriff gedacht, so umfaßt er nicht jedwedes empirisch antreffbare Objekt, sondern in vorzüglicher Weise den Menschen. Die Spannung von Allgemeinheit und Besonderheit, die sich unter theoretischem Gesichtspunkt in dem ontologischen Gegensatz von Form und Materie bzw. in dem logischen Gegensatz von Begriff und Nichtbegriff ausdrückt, kehrt unter praktischem Gesichtspunkt in den ethischen Gegensätzen von Freiheit und Notwendigkeit, sittlicher Norm und Faktizität, Pflicht und Neigung *(Kant)*, reinem Trieb und Naturtrieb *(Fichte)* wieder. Werden diese Gegensätze jedoch nicht im Medium der Sittlichkeit, sondern nach dem ontologischen Denkschema gedeutet, so resultiert daraus eine Abwertung des Individuellen zugunsten des Allgemeinen.

Parmenides, Platon, Plotin und schließlich *Hegel* betonen die Vollkommenheit der Idee, der gegenüber das Individuum als nichtiges, veränderliches, vergängliches einzelnes erscheint. *Hegels* Formulierung des Prinzips der »List der Vernunft« macht deutlich, wie aus dem Untergang des Individuellen das Allgemeine hervorgeht: »Man kann es die *List der Vernunft* nennen, daß sie die Leidenschaften für sich wirken läßt, wobei das, durch was sie sich in Existenz setzt, einbüßt und Schaden leidet. Denn es ist die Erscheinung, von der ein Teil nichtig, ein Teil affirmativ ist. Das Partikuläre ist meistens zu gering gegen das Allgemeine; die Individuen werden aufgeopfert und preisgegeben. Die Idee bezahlt den Tribut des Daseins und der Vergänglichkeit nicht aus sich, sondern durch die Leidenschaften der Individuen«[14].

Dieser Metaphysik des Allgemeinen steht im Christentum ein Gegner gegenüber, der die Einmaligkeit und Besonderheit des Individuums – wie sie sich in der Gestalt Jesu Christi prototypisch ausprägt – in den Mittelpunkt seines Denkens stellt. *Kierkegaard*, der Antipode *Hegels*, bringt dies beispielhaft zum Ausdruck: Das Christentum »legt ein ganz anderes Gewicht auf mein kleines Ich, und auf jedes noch so kleine Ich, da es dieses Ich ewig selig machen will«[15].

Durch die Deutung der Schöpfung als einer positiven Tat Gottes geschieht zugleich eine pointierte Zuwendung zum Individuum. Die dadurch akzentuierte Bedeutung nicht nur der allgemeinen Wesensstruktur, sondern auch der Individualität des Individuums tritt in den beiden christlichen Termini Sünde – ewige

Seligkeit in besonderer Weise hervor. Die Sünde liegt in der Ablehnung der Individualität des Individuums, das nicht es selbst sein will, sondern Gott. Das Selbst-Sein wiederum ist eine Leistung – und dies wird an der Tat Jesu Christi deutlich –, die der einzelne in seiner Individualität erbringen muß, um die ewige Seligkeit zu erlangen. »Ich werde mir zugleich meiner ewigen Gültigkeit bewußt in meiner sozusagen göttlichen Notwendigkeit und meiner zufälligen Endlichkeit (daß ich dies bestimmte Wesen bin, geboren in diesem Land, zu dieser Zeit, unter allen mannigfaltigen Einflüssen dieser wechselnden Umgebungen)« [16].

Die Individualität des Individuums besteht nicht oder jedenfalls nicht primär in seiner ontologisch bedingten Singularität, sondern ist etwas, das das Individuum selber vollbringen muß, um Individuum zu sein. Dieser Akt der »Verinnerlichung« oder »Aneignung« des »Selbst« begründet die absolute Positivität des Individuums, das sich selber zum Prinzip seiner Individualität macht, indem es sich in seiner Geschichtlichkeit akzeptiert und als schlechthin verantwortlich für sein Handeln bestimmt. Der Ursprung der Individualität liegt mithin im Modus der freien Selbstbestimmung des einzelnen, die aufgrund ihrer Geschichtlichkeit den Charakter der Einzigartigkeit hat und so als das Ureigenste des Individuums in allen seinen Handlungen wirklich ist.

Da Individualität die »Form« eines praktischen Vollzugs ist, der weder mit logischer Notwendigkeit noch beliebig oder willkürlich geschieht, hat der praktische Begriff »Individuum« sittliche Relevanz. Individualität, sofern sie als sittliche Selbstrealisierung des einzelnen gedacht wird, stellt sich als die je neu zu findende Mitte zwischen zwei extremen Handlungen dar, durch die sich das Individuum verfehlt. Die reine Willkürhandlung auf der einen Seite trifft deswegen das Individuelle nicht, weil sie nicht oder nicht ausdrücklich unter der Form der Individualität – die wesentlich frei verantwortete Selbstbestimmung ist, nicht aber schlichte Beliebigkeit des Wählenkönnens – vollzogen ist. Auf der anderen Seite verfehlt sich der einzelne in seiner Individualität aber auch dann, wenn er den Maßstab seines Handelns fraglos von »Autoritäten« übernimmt, denn in diesem Fall läßt er sich von anderswoher bestimmen, ohne dabei *sich selbst* zu realisieren. Individuelles Handeln muß daher als die Mitte zwischen bloß willkürlichem Handeln und unreflektiertem, »programmiertem« Tun verstanden werden. Es hat seinen Grund in der sittlichen Selbstbestimmung des Individuums, die als Bejahung der unableitbaren, einzigartigen »Jemeinigkeit« in jeder Handlung aktuell gegenwärtig ist. *Fichte* spricht im Zusammenhang damit von der Selbsthervorbringung des Individuums: »Wer bin denn ich eigentlich, d. i. was für ein Individuum? Und welches ist der Grund, daß ich *der* bin? Ich antworte: ich bin von dem Augenblicke an, da ich zum Bewußtsein gekommen, *derjenige, zu welchem ich mich mit Freiheit mache, und bin es darum, weil ich mich dazu mache«* [17].

Ist das Individuum theoretisch nur denkbar in der Dialektik von Nichtbegriff und Begriff als Substrat, das prinzipiell nicht im Begriff aufgeht, so ist es praktisch nur im Hinblick auf andere Individuen konzipierbar, weil der Mensch, sofern er nicht nur pure, selbstbezügliche Besonderheit ist, sondern sich als Handelnder auf etwas allgemein Verbindliches bezogen weiß, seine Individualität nur im Verhältnis zu anderen Individuen realisieren kann: »Ein Individuum ist nur dadurch möglich, daß es von einem anderen Individuum unterschieden wird; mithin etwas Individuelles nur dadurch, daß es von einem anderen Individuellen unterschieden wird. Ich kann mich nicht als Individuum denken, ohne ein anderes Individuum mir entgegenzusetzen« [18].

Die Individualität des Individuums ist daher nie etwas isoliert für sich Bestehendes, sondern immer schon wesentlich auf die Individualität anderer, sich ebenfalls in freier Selbstbestimmung realisierender Individuen bezogen. Das Individuum bedarf, um sich als Individuum verstehen zu können, der Anerkennung anderer, es in seinem Sein bestätigender Individuen, die wiederum durch seine Anerkennung allererst Individuen sein können. Die Selbstbestimmung des Individuums impliziert also die Anerkennung anderer, und jede Negation der Freiheit des anderen hat eine Selbstentfremdung des Individuums zur Folge, da seine Individualität durch andere Individualität vermittelt ist. Diese Vermittlung ist keine Tatsache, sondern eine eminent sittliche Leistung, insofern die Individuen ihre besonderen Bedürfnisse und Privatinteressen freiwillig so weit einschränken, als es notwendig ist, um niemanden in seiner Freiheit zu behindern oder zu negieren. Damit setzt das Individuum eine allgemeingültige, seine Besonderheit transzendierende Norm – die schlechthinnige Bejahung der Freiheit –, deren Anspruch es geschichtlich als das jeweils zu Tuende, von ihm persönlich Geforderte und vor den anderen zu Verantwortende vernimmt. Die wirkliche Bewältigung dieser sittlichen Aufgabe ist in ihrer Konkretion weder a priori konstruierbar noch a posteriori aus dem »Charakter« des Individuums deduzierbar, weil aus der allgemeinen Bestimmung des Begriffs der Individualität überhaupt keine besondere, materiale Bestimmung folgt. Diese ist vielmehr Produkt einer geschichtlichen, nur durch Freiheit begründeten Tat des einzelnen und als solche in ihrer Ganzheit unwiederholbar, unüberholbar, einzigartig.

Stellt sich das Individuum unter praktischem Aspekt als in seiner Individualität durch andere Individuen vermittelt dar, so kann das *principium individuationis* in praktischer Hinsicht durch den Freiheitsbegriff gefaßt werden. Die Freiheit ist der Grund sowohl dafür, *daß* sich das Individuum selbst bestimmt, wie dafür, *als was* es sich selbst bestimmt. Daher ist die Bestimmtheit eines Individuums nicht begreifbar, auch nicht durch einen »Individualbegriff«, wie ihn *Duns Scotus* und *Leibniz* zu konstruieren versucht haben. Denn selbst wenn es gelingen sollte, in der *haecceitas* die *entitas positiva*, die Form der Sobestimmtheit eines Individuums (z. B. die *Petreitas* des Petrus) positiv zu eruieren [19], so würde damit nicht die Begriffsbestimmung eines Individuums gegeben, sondern ein Prinzip entwickelt, mit dessen Hilfe die Geschichte eines Menschen totaliter rekonstruierbar bzw. vorhersagbar wäre. *Leibniz* führt diesen Gedanken weiter aus, wenn er sagt, »daß das Wesen einer individuellen Substanz bzw. eines vollständigen Seienden darin besteht, daß ihm ein derart vollkommener Begriff eigen ist, der ausreicht, alle Prädikate des Subjekts, dem dieser Begriff zukommt, zu verstehen und aus ihm herzuleiten«[20], aber er fügt sogleich hinzu, daß diese Herleitung der Prädikate, mithin der Summe der wirklich geschehenen und noch geschehenden Handlungen eines Individuums aus dessen Individualität nur Gott aufgrund seiner Allwissenheit möglich sei. Der Mensch vermag die Individualität eines Individuums nicht zu erkennen; die Konzeption des vollständigen Individualbegriffs eines Individuums, durch den ein Mensch in seiner Individualität totaliter erschließbar wäre, würde die Freiheit des einzelnen, sich selbst zu bestimmen, aufheben und dadurch gerade die Möglichkeit, sich zu »individualisieren«, vernichten. Die Individualität ist ein praktischer Vollzug, eine geschichtliche Selbstrealisierung, nicht aber ein formulierbarer, mitteilbarer Inhalt. Es zeigt sich, daß der Satz *individuum est ineffabile* in gewisser Hinsicht auch vom praktischen Individuum gilt, insofern nur die Geschichte eines Individuums mitteilbar ist, nicht aber seine Individualität. Eine Biographie berichtet über einzelne Handlungen, nicht über die Individualität eines Individuums. Der Grund für die Unsagbarkeit des Individuums ist jedoch unter praktischem Aspekt nicht die Materie, sondern die Freiheit.

3. Der Begriff »Individuum« ist ein Relationsbegriff, der sowohl unter theoretischem wie unter praktischem Gesichtspunkt über seine Struktur hinausweist auf etwas hin, das sich aus der Struktur nicht herleiten und erklären läßt. Theoretisch stellt sich der Begriff »Individuum« als die komplexe Einheit einer auf eine Raum-Zeit-Stelle fixierbaren, empirisch begegnenden Mannigfaltigkeit dar (z. B. der Mond, der Nußbaum in Herrn Meiers Garten, Julius Cäsar). Die philosophische Rekonstruktion dieser Einheit ist nur möglich unter der Voraussetzung, daß der als Individuum erfaßte Gegenstand sich als »etwas« gezeigt hat, das eine begriffliche Abgrenzung gegen andere Individuen erlaubt. Eine solche Abgrenzung kann nicht durch Definition des Gegenstandes geschehen, weil er dadurch nur unter einen allgemeinen Gattungsbegriff subsumiert, nicht aber in seiner Individualität erkannt wird. (So ist der Mond nicht aus dem Begriff »Himmelskörper«, der Nußbaum in Herrn Meiers Garten nicht aus dem Begriff »Baum«, Julius Cäsar nicht aus dem Begriff »Mensch« vollständig erkennbar.) Vielmehr muß über das allgemeine definitorische Moment hinaus, das das begriffliche Wesen einer Klasse von Individuen bezeichnet (Himmelskörper, Baum, Mensch), noch ein empirisch-materielles Moment gedacht werden, durch das ein a priori nicht konstruierbarer, nur a posteriori erfahrbarer Unterschied bezeichnet wird, der die positiv-inhaltliche Abgrenzung eines Individuums gegen Individuen derselben oder einer anderen Gattung ermöglicht. Der Modus des aposteriorischen Gegebenseins ist konstitutiv für den Begriff »Individuum«, den die theoretische Reflexion als den Inbegriff des Empirischen und Zufälligen denkt. Die Einheit dessen, was durch den Begriff

»Individuum« gedacht wird, ist primär durch wirkliche Erfahrung begründet und gelangt daher in der Einheit des Begriffs nur sekundär und nachträglich zur Erscheinung. Das über die Einheit des Begriffs hinausgedachte vorbegriffliche »Mehr« begründet die Individualität des Individuums, die, sofern sie sich äußert, als Geschichte erzählbar, nicht aber als Begriff a priori konstruierbar ist. (Der Nußbaum in Herrn Meiers Garten kann im strengen Sinn nicht begriffen, sondern über ihn kann allenfalls eine Geschichte erzählt werden.)
Stellt sich der Begriff »Individuum« unter theoretischem Gesichtspunkt als eine komplexe Einheit dar, die durch logische Re-konstruktion nur abstrakt erfaßbar ist, so wirft die praktische Bewältigung der Einheit des Individuums andere Probleme auf, insofern sie nicht als etwas bereits Konstituiertes begriffen ist, das es lediglich nach-zudenken gilt, sondern als etwas, das allererst hergestellt werden soll, und zwar durch eine Praxis hergestellt werden soll. Daher erfährt der Begriff »Individuum« unter praktischem Aspekt eine Einschränkung derart, daß er nicht jedwedes theoretisch als Einheit einer Mannigfaltigkeit Denkbare, sondern ausschließlich das sich handelnd als Einheit Setzende begreift, und das ist in vorzüglicher Weise das menschliche Individuum. Der entscheidende Unterschied zwischen menschlichen Individuen tritt primär nicht als raum-zeitlich-materieller Unterschied hervor, da durch diesen nur eine den Individuen äußerliche Verschiedenheit konstatiert wird. Die ontologische (natürlich, geschichtlich, sozial usw. bedingte) Vereinzelung ist im Hinblick auf die sittliche Vereinzelung von relativer Bedeutung, da sie nur die faktische Bestimmtheit des Individuums, nicht aber seine freie Selbstbestimmung betrifft. Der wesentliche Unterschied zwischen menschlichen Individuen geht also aus der jeweiligen Praxis hervor, durch welche der einzelne sich in seiner Individualität bestimmt und damit als Einheit allererst setzt. Dieser Akt der Selbstsetzung des Individuums geschieht aus Freiheit, d. h. er ist formaliter unbedingt; im Hinblick auf das jedoch, was unbedingt bejaht wird, ist die Freiheit an das »Selbst« gebunden, das der Selbstbestimmung des einzelnen zum Individuum geschichtlich vorgegeben ist, insofern er, wenn er anfängt, aufmerksam auf sein Tun zu werden und verantwortlich zu handeln, nicht einen schlechthin neuen Anfang setzt. Er hat vielmehr eine Vergangenheit und damit eine Geschichte, die nicht negiert werden kann, sondern in die Selbstbestimmung mit einbezogen werden muß. Die Selbstbestimmung zum Individuum realisiert sich daher als Verhältnis zu sich selbst, als unbedingte Bejahung der Geschichtlichkeit des Selbst, die zugleich die unbedingte Verneinung der Ungeschichtlichkeit des vorindividuellen Selbst impliziert, dessen Handlungen der Einheit entbehren, da sie nicht aus der sich verantwortlich wissenden Freiheit des Individuums hervorgegangen sind, sondern die bloße Beliebigkeit, die Bestimmtheit durch das zufällig Begegnende zum Prinzip haben.
Der stellungnehmende Bezug des sich in seiner Individualität setzenden Individuums auf die sich als Geschichte darstellende Vergangenheit seines vorindividuellen Selbst enthält eine doppelte Implikation: Einerseits wird der einzelne

darin gänzlich isoliert und auf sein konkretes Eigenwesen zurückgeworfen, das aus seiner vorindividuellen Verschlossenheit in zukünftiger Praxis frei entfaltet werden soll; andererseits ist das vorindividuelle Selbst, insofern es eine Geschichte hat, nicht bloß Tat des einzelnen, sondern Produkt einer Vermittlung, eines je schon Verflochtenseins mit anderen Geschichten. In dieser Vermitteltheit drückt sich die allgemeine Bestimmung des abstrakten Begriffs des »Individuellen an sich« aus, der als solcher etwas Überindividuelles, allen Individuen, sofern sie als Subjekte *einer* Gattung betrachtet werden, Zukommendes beinhaltet. Menschliche Individualität überhaupt besteht darin, ein Vernunftwesen zu sein, d. h. Selbstsein ist nur dann gerechtfertigt, wenn es zugleich die allgemeine Menschennatur in sich begreift. Da der Seinsvollzug des Individuums jedoch kein abstrakter Vorgang, sondern nur durch eine gehaltliche Vermittlung hindurch möglich ist – das Individuum begreift sich als Subjekt nur an einem ihm entgegenstehenden Objekt, erfährt sich als Selbst nur im dialogischen Verhältnis zu einem anderen Selbst –, ist es je schon an das andere seiner selbst verwiesen, von dem es sich, indem es sich selbst setzt, absetzt, doch so, daß es zugleich auf es als die Bedingung der Möglichkeit seiner Erfüllung bezogen bleibt. Darin liegt die Dignität des Individuums, daß es in der praktischen Realisierung seiner selbst immer mehr verwirklicht als seine eigene Besonderheit. Dieses »Mehr«, das in der mitgesetzten Anerkennung anderer Freiheit liegt, begründet die Möglichkeit der Gemeinschaft von Individuen, innerhalb derer der einzelne in freier Entfaltung seiner Besonderheit geschichtlich zu sich selber kommt.

In der Aktualität einer wirklichen Gemeinschaft – sei sie in der Ehe, in der Gesellschaft, im Staat, in der Kirche u. a. vollzogen – erfährt sich das Individuum als Person. Der Charakter des Personseins kommt dem Individuellen Sein unter dem Aspekt der Sittlichkeit zu, die die Basis eines gemeinsamen Handelns – sei es mit dem Partner, mit Mitgliedern der Gesellschaft und des Staates oder mit Gott – ausmacht. Durch dieses Verhältnis konstituieren sich verschiedene Individuen als selbständige Personen, indem sie den andern dadurch als gleichberechtigten Partner anerkennen, daß sie ihr Handeln ihm gegenüber zu verantworten und zu rechtfertigen bereit sind. Eine solche Rechtfertigung ist aber nur möglich, wenn der Maßstab des Handelns ein sittlicher ist, mithin dem Verhältnis entnommen ist, nicht aber einseitig einem der Glieder des Verhältnisses. Wird entweder die pure Besonderheit eines Individuums auf der einen Seite oder das Interesse einer Menge von Individuen auf der anderen Seite zur allgemein geltenden Handlungsnorm hypostasiert, so entstehen zwei extreme Fehlnormen individuellen Handelns, die als Individualismus und Kollektivismus bezeichnet werden können. Dem Individualismus liegt das Mißverständnis zugrunde, daß angenommen wird, das Individuum müsse sich dadurch als Individuum erweisen, daß es sich in gänzlicher Isoliertheit unabhängig von der Beeinflussung durch andere Individuen in seiner Individualität entwickle und erst nachträglich – sozusagen als seinem Wesen nach fix und fertiges Individuum – in Beziehung zu anderen Individuen treten könne, aus der dann mit der Zeit ein gemeinschaftliches Handeln erwüchse. Der Kollektivismus dagegen setzt umgekehrt das allgemeine Moment des Wechselverhältnisses zwischen Individuen absolut, interpretiert es aber empirisch als das, was die Mehrheit will, ohne darüber nachzudenken, ob und wie sich dieses Interesse der Mehrheit sittlich rechtfertigen läßt. Sowohl der Individualismus als auch der Kollektivismus sind deswegen ein theoretisches Mißverständnis menschlichen Handelns, weil sie den Verhältnischarakter jedweder Praxis negieren und damit die das Verhältnis fundierende Sittlichkeit aufheben. In beiden Fällen entzieht sich der einzelne der persönlichen Verantwortung, indem er sich entweder in sich selbst verschließt und dem anderen eine Rechtfertigung seines Tuns verweigert, oder in die Anonymität der Masse flüchtet und ihr die Verantwortung für sein Tun zuschiebt. Beide Male verfehlt sich das Individuum als Individuum, weil es weder in selbstischer Verschlossenheit noch in selbst-loser Veräußertheit zur Einheit seines Seins findet. Die Einheit des Individuums mit sich selbst stellt sich nur im praktischen Vollzug der Anerkennung der Verhältnisstruktur menschlichen Handelns her, in welchem das Individuum seine ureigenste Besonderheit geschichtlich so verwirklicht, daß dadurch die Besonderheit anderer Individuen in ihrer Positivität sichtbar wird – im gemeinsamen Medium der Freiheit.

ANMERKUNGEN

[1]) Vgl. *W. Windelband*, Geschichte und Naturwissenschaft, Straßburg 1894. – [2]) Vgl. Staat, 474 e – 480 a; 509 c – 511 e; vgl. auch den Mythos vom Sturz der Seele in die Materie, Phaidros, 246 a – 248 d. – [3]) *Thomas*, De ente et essentia (Deutsch-Lateinische Ausgabe, Fischer Bücherei Bd. 293), Frankfurt–Hamburg 1959, S. 21. – [4]) Kat., 2 a. – [5]) *S. Kierkegaard*, Entweder-Oder, Erster Teil, Düsseldorf 1964, S. 74. – [6]) S. Th. I, 29, 4 c. – [7]) Met., III 6, 1003 a 10. – [8]) Ebd., III 3, 998 b 15. – [9]) Ebd., VII 15, 1039 b; XI 3, 1060 b 20. – [10]) Kat., 2 a. – [11]) Met., VII 15, 1039 b f. – [12]) Vgl. ebd., II 2, 993 a f. – [13]) Vgl. ebd., I 1, 981 a. – [14]) Die Vernunft in der Geschichte (Philosophische Bibliothek, Bd. 171 a), Hamburg 1955, S. 105. – [15]) Unwissenschaftliche Nachschrift, Erster Teil, Düsseldorf 1957, S. 14 f. – [16]) Tagebücher, Bd. I, Düsseldorf 1962, S. 228 f. – [17]) Das System der Sittenlehre nach den Prinzipien der Wissenschaftslehre, Jena und Leipzig 1798, S. 295. – [18]) *J. G. Fichte*, Grundlage des Naturrechts nach den Prinzipien der Wissenschaftslehre, Jena und Leipzig 1796, S. 130. – [19]) Vgl. *Duns Scotus*, In 1. sent. 2, dist. 3, qu. 6, 11. – [20]) Metaphysische Abhandlung (Philosophische Bibliothek, Bd. 260), Hamburg 1958, S. 19.

LITERATUR

Th. Litt, Individuum und Gemeinschaft. Grundfragen der sozialen Theorie und Ethik, Leipzig-Berlin 1912.

R. Müller-Freienfels, Philosophie der Individualität, Leipzig 1921.

K. Mácha, Individuum und Gesellschaft, Berlin 1964.

H. Drexler, Die Entdeckung des Individuums, Salzburg 1966.

P. W. Medawar, Die Einmaligkeit des Individuums, Frankfurt 1969.

ANNEMARIE PIEPER

INTERESSE

1. Kritische Vorbemerkung
2. Interesse als Mitte zwischen Bedürfnis und Besitz
3. Interesse als Vermögen praktischer Vernunft
4. Interesse als primäre Aktfundierung
5. Interesse als dialektische Selbstvermittlung
6. Interesse als anthropologische Grundkategorie

1. Mit welchem Recht man das Interesse zu den philosophischen Grundbegriffen zählen kann, muß sich im folgenden erweisen. Daß zunächst einige Skepsis angebracht zu sein scheint, dafür spricht schon die Bedeutungsgeschichte des Wortes »Interesse«.

Das Wort ist lateinischer Herkunft und bedeutet wörtlich übersetzt: »dazwischen sein«, »sich dazwischen befinden«. Neben dieser Grundbedeutung kommen zwei genau entgegengesetzte Bedeutungen vor: einmal *interesse* = »entfernt sein« und zum anderen *interesse* = »gegenwärtig sein«, »Anteil nehmen an«. Dieser auffallende Bedeutungsgegensatz von Entfernung und Gegenwärtigkeit erklärt sich sachlich, wenn man auf die Spannung achtet, die in dem *inter* = »zwischen« der Grundbedeutung liegt. Je nachdem von welcher Seite aus und in welcher Richtung ich blicke, muß sich ein Zwischen, sofern es sich bewegt, als ein Sich-entfernen oder als ein Sich-nähern zeigen.

Auf zwei Wegen ist das lateinische *interesse* als Fremdwort in die deutsche Sprache gelangt, und zwar zunächst über die Rechts- und Handelssprache als Fachwort für »einen aus Ersatzpflicht entstandenen Schaden«. Hieraus entspringt vom Standpunkt des Schuldners die Bedeutung »Zinsen«, von dem des Gläubigers die Bedeutung »Vorteil«, »Nutzen«, »Gewinn«. Seit dem 18. Jahrhundert setzt sich auf dem Weg über das französische *intérêt*, das näher am lateinischen Ausgangspunkt bleibt, die Bedeutung »Anteilnahme« durch, aber so, daß die Bedeutung von »Vorteil« und »Eigennutz« neben der allgemeinen Bedeutung von »Anteilnahme«, bzw. häufig in diese hineinspielend, weiterbesteht.

Die Skepsis, ob dieser Begriff philosophisch brauchbar ist, verstärkt sich noch, wenn man sieht, daß der Versuch, den Bedeutungsgehalt des tatsächlichen Sprachgebrauchs zu umschreiben, – mit mehr oder weniger Recht – über hundert verschiedene Bezeichnungen anführen kann, die den Sinn des Wortes »Interesse« wiedergeben sollen: Gefühl, Streben, Neigung, Lust, Aufmerksamkeit, Wille, Wohlgefallen usw.[1]

Wichtiger ist jedoch ein anderer Einwand, der sich von dem in der philosophischen Tradition vorherrschenden Theoriebegriff her stellt. Die Theorie als die höchstmögliche Lebensform des Geistes bedarf zwar beim Menschen gewisser Voraussetzungen; es gibt unumgängliche Lebensinteressen und Lebensbedürfnisse, deren Erfüllung erst das freie Leben ermöglichen, wie z. B. Gesundheit,

Geld, geordnete staatliche Verhältnisse. Aber das alles ist nur Vorbedingung des eigentlichen menschlichen Lebens, das ein Leben der Vernunft ist und seine Erfüllung in der Theorie (θεωρία) findet, d. h. in der Betrachtung des Seins. Insofern der Mensch Geist ist, d. h. in ihm etwas Göttliches ist, erfährt er seine Autarkie im Vollzug der Theorie. Das, was dem philosophierenden Geist nur momenthaft vergönnt ist, das genießt der göttliche Geist in ewiger Ruhe und Gleichheit, er, der selbst unbewegt alles andere bewegt und in Atem hält, sich selber als Gegenstand genügend in ewiger Seligkeit[2]. Dieses griechische Ideal des βίος θεωρητικός hat sich – wenn auch unter gewissen Umformungen – im Denken des Mittelalters als die unbedingte Vorrangigkeit der *vita contemplativa* erhalten. Die Erkenntnis der Wahrheit selbst – letztlich allerdings erst in der *visio Dei in vita aeterna* gegeben[3] – vollzieht sich jenseits aller Interessen, Bedürfnisse und Nötigungen, ruht selig in sich selbst. »In den stillen Räumen des zu sich selbst gekommenen und nur in sich seienden Denkens schweigen die Interessen, welche das Leben der Völker und der Individuen bewegen«[4], schreibt *Hegel* in der Vorrede zu seiner Logik und macht damit deutlich, daß die Vorherrschaft des Theorie-Ideals anhält: Das Reich des Geistes liegt jenseits aller Interessen.

Nach *Marx* beweist jedoch die konkrete Geschichte, daß dieses Reich eine Utopie ist: »Die Idee blamierte sich immer, soweit sie von dem Interesse unterschieden war«[5]. Am Beispiel des Jahres 1789 zeigt sich, daß die politische Idee der Französischen Revolution insofern Wirklichkeit annahm, als sie dem Interesse der Bourgeoisie entsprach. Das Interesse erweist sich als das »passive Element«, als die »materielle Grundlage«; die Geschichte vollzieht sich diesseits des Interesses. »Es genügt nicht, daß der Gedanke zur Wirklichkeit drängt, die Wirklichkeit muß sich selbst zum Gedanken drängen«[6]. Sicher ist daraus nicht zu folgern, daß die Idee nur die Funktion eines Interesses ist. Aber auch wenn man der Idee Eigenleben und Eigenberechtigung zugesteht – insofern ihre Verwirklichung prinzipiell von Interesse und Bedürfnis abhängig ist, ist sie als bloße Idee ein *ens rationis*, ein Hirngespinst.

Auch die moderne Anthropologie kritisiert den Theoriebegriff der Tradition. Dank seiner biologischen Mängelstruktur muß sich der Mensch aus eigenen Mitteln und eigentätig »entlasten«, d. h. er muß »die Mängelbedingungen seiner Existenz eigentätig in Chancen seiner Lebensfristung umarbeiten«[7]. In diesem Sinne versucht *Gehlen* alle Leistungen, von den scheinbar rein »organischen« bis zu den sublimsten, scheinbar rein »spirituellen«, unter dem Gesichtspunkt der Entlastung zu analysieren und zu erklären. Demgegenüber ist zu fragen, ob es gerechtfertigt ist, den gesamten Bereich der Kultur als Inbegriff aller Leistungen des menschlichen Geistes biologisch in die Totalität eines Lebensinteresses aufzuheben. Insofern man den Geist auf seine Wirksamkeit und Funktionstüchtigkeit in Bios und Sozietät hin betrachtet, erscheint er unter Bedingungen gestellt und von Lebens- und Gesellschaftsinteressen gesteuert. Aber damit ist über die Eigenart des Geistes noch nichts ausgemacht. Gibt es ein Interesse

des Geistes selbst, ein Interesse also, dem er nicht als Objekt unterworfen, sondern in dem er gerade als Subjekt sichtbar wird?
Anhand dieser Leitfrage wird im folgenden gezeigt, an welchen Stellen und in welchem Sinn der Begriff des Interesses im philosophischen Denken auftaucht und wie von den verschiedenen Ansätzen her sich die Sache des Interesses entfalten läßt.

2. Der Begriff des Interesses taucht zuerst bei den französischen Materialisten des 18. Jahrhunderts auf, vor allem bei *Helvetius.* Er spricht von dem Interesse als unserem »einzigen Triebrad«, d. h. das Interesse ist die Kraft, die alle unsere Tätigkeit in Bewegung hält. Diese Kraft, die auch als »Selbstliebe« bezeichnet wird, aktualisiert sich ständig im Meiden von Schmerz und Suchen nach Vergnügungen. Wir müssen begehren, damit wir tätig sind, tätig aber sind wir, um glücklich zu sein. Das Glück als letztes Ziel aller Tätigkeit indessen »wohnt nicht so sehr im Besitz als vielmehr im Erwerb der Gegenstände unserer Begierden« [8], d. h. das eigentümlich Menschliche erfüllt sich nicht in der Ruhe eines Endzustandes, sondern in der dynamischen Mitte zwischen Bedürfnis und Besitz. Besonders deutlich wird das, wo von dem »Schmerz und Vergnügen der Erwartung« die Rede ist, die höher zu veranschlagen sind als die unmittelbare Triebbefriedigung.
Wie ist das zu verstehen? Der Genuß dessen, wonach es mich gelüstet, bedeutet nicht nur den Höhepunkt der Lust, sondern zugleich deren Ende. Das aber heißt: Alle Lust ist tragisch. Sie will den Genuß, von dem sie sich ihre höchste Steigerung verspricht, – und sie bereitet sich gerade darin ihr eigenes Ende. Keine Wiederholung ihrer selbst vermag diese Tragik aufzuheben und den Zirkel zu zerbrechen, der Genuß und Begierde umschlingt. Die Begierde will den Genuß und ist auf diesen aus; indem sie ihn aber erreicht, sieht sie sich um sich selbst betrogen; sie will Dauer, will Ewigkeit – und findet in diesem Wollen immer nur ihr eigenes Ende. Das Interesse, d. h. jene ursprüngliche Bewegungskraft, die sich immer wieder als ein bestimmtes Verlangen und Begehren artikuliert, ist also die Mitte zwischen Bedürfnis und Besitz. Diese Mitte wird erfahren in der Erwartung, und zwar in einer Erwartung, die sich als Tätigkeit vollzieht, d. h. im Erwerben.
Wenn nun auch mit Recht das Interesse als genuin anthropologische Kategorie herausgestellt wird, so bleibt doch fragwürdig, ob der Mensch nur als Teil der materiellen Natur gesehen werden darf, als ein ausschließlich sinnliches Wesen, als ein biologischer Spezialfall. Zwar heißt es, daß – wie das physische Universum unter dem Begriff der Bewegung – so das moralische Universum eben unter dem Begriff des Interesses subsumiert werden könne. Aber wenn man den Kontext der vorhin skizzierten Grundgedanken hinzuzieht, sieht man unschwer, daß dieser Ausspruch nicht für den Interessenbegriff, wohl aber gegen den hier vorgetragenen Moralbegriff spricht, der alle Moral letztlich in der Selbstliebe gründet. Dementsprechend ist die Ethik funktionalisiert als »die Wissenschaft

von den Mitteln, welche die Menschen erfunden haben, um auf die glücklichste Art und Weise, die nur möglich ist, miteinander zu leben«[9].

3. Ganz anders *Kant!* Zwar wird auch bei ihm das Interesse als allgemeine Antriebskraft gefaßt, d. h. der Begriff des Interesses entspringt nach ihm aus dem Begriffe einer Triebfeder, aber einer solchen, die als Triebfeder des Willens nur einem Vernunftwesen zukommt. »Aus dem Begriffe einer Triebfeder entspringt der eines Interesses, welches niemals einem Wesen, als was Vernunft hat, beigelegt wird und eine Triebfeder des Willens bedeutet, sofern sie durch Vernunft vorgestellt wird«[10]. Kennzeichnet so die Interessenstruktur den Menschen gerade als Vernunft- und nicht als ein Naturwesen und wird Interesse allgemein bestimmt als »das, wodurch Vernunft praktisch, d. h. eine den Willen bestimmende Ursache wird«[11], so verläuft durch das solchermaßen vom bloßen Naturdrang abgesetzte Interesse nochmals eine qualitative Trennungslinie, die ein bedingtes und ein unbedingtes Interesse voneinander unterscheidet. Der Unterschied besteht darin, daß ich einmal »an etwas Interesse nehme«, im anderen Falle »aus Interesse handle«. Allein kraft dieser Unterscheidung ist es möglich, in den Blick zu bekommen, was den Menschen auszeichnet: seine Moralität. Eine moralische Handlung geschieht nicht aus einem bestimmten Interesse, d. h. damit dieses oder jenes für mich herausspringt, sondern aus Achtung vor dem Sittengesetz, das unbedingt verpflichtet. Treibt uns auch kein Interesse dazu, aus Pflicht zu handeln, so müssen wir doch notwendig daran ein Interesse nehmen. Der Ursprung dieses Interessenehmens wird allerdings nicht nur nicht geklärt, sondern *Kant* sagt ausdrücklich, daß es nicht zu erklären sei, weshalb uns das Sittengesetz selber interessiere. Und doch weist der unmittelbare Kontext in eine Gedankenrichtung, die hier nur angedeutet, von *Fichte* dann innerhalb seines Systems konsequent zu Ende gedacht ist: »Soviel ist nur gewiß: daß es nicht darum für uns Gültigkeit hat, weil es interessiert . . ., sondern daß es interessiert, weil es für uns als Menschen gilt, da es aus unserem Willen als Intelligenz, mithin aus unserem eigentlichen Selbst entsprungen ist«[12]. Da also das Sittengesetz jenes Gesetz ist, das unser eigentliches, d. h. intelligibles Selbst sich selbst gibt, indem es sich diesem unterstellt, erklärt sich die Sittlichkeit nicht aus dem Interesse, wohl aber das Interesse an der Sittlichkeit aus dieser selbst, insofern diese Selbstbestimmung ist, d. h. Autonomie.

Geht man das Interessengefüge, das *Kant* entfaltet, durch, so zeigt sich, daß es schlechterdings nichts gibt, an dem wir kein Interesse nehmen könnten. Sogar das »rein uninteressierte Wohlgefallen«, das wir am Schönen finden, ist nur insofern uninteressiert, als es nicht aus einem Interesse entspringt, wohl aber Interesse nimmt und daher dem moralischen Interesse sehr nahe steht; beide Interessenformen, das moralische wie das ästhetische Interesse, sind keine Interessen der Neigung, bei welcher die Lust dem Begehren vorausgeht. In beiden Fällen folgt vielmehr die Lust dem Begehren, sie ist intellektuelle Lust, und ein Interesse dieser Art ist Vernunftinteresse.

Nelson hat, aufbauend auf *Kants* »Kritik der praktischen Vernunft«, eine allgemeine Theorie des Interesses entwickelt. Interesse ist für ihn eine »elementare Qualität« und deshalb nicht definierbar. Allerdings gibt er eine funktionale Bestimmung des Interesses an: »Damit eine Vorstellung zu einem Antrieb werden kann, muß zu der Vorstellung des Gegenstandes das hinzukommen, was man Interesse an dem Gegenstand nennt. Wir werden also das Vermögen der Antriebe mit zu den praktischen Vermögen rechnen im Unterschiede von den Erkenntnisvermögen« [13]. Zum Erkennen und zum Wollen tritt das Vermögen »sich zu interessieren« hinzu. Zwar wird das Interesse zu den praktischen Vermögen gerechnet, insofern ohne es kein Wollen möglich ist; Interesse ist die notwendige, aber nicht hinreichende Bedingung für das Wollen. Seinerseits ist das Interesse notwendig, wenn auch nicht hinreichend bedingt durch die Erkenntnis; denn wie könnte ich mich für etwas interessieren, das ich gar nicht kenne. Das bedeutet also: »Von den drei Vermögen des Erkennens, des Interesses und des Wollens ist jedes der beiden ersten eine notwendige, aber nicht hinreichende Bedingung für das folgende. Es ist zwar das Wollen nicht ohne Interesse und das Interesse nicht ohne Erkenntnis möglich, wohl aber wäre Erkenntnis ohne Interesse und Interesse ohne Wollen möglich« [14].
Für unseren Zusammenhang ist es interessant, daß hier dem Interesse die Bedeutung eines Vermögens zukommt und es damit dem Range nach der Erkenntnis und dem Wollen koordiniert wird. Insofern es jedoch dem Fundierungsverhältnis nach dem Willen zwar übergeordnet, dem Erkennen aber nachgeordnet ist, kommt das Interesse zwar notwendig dem Geist als wollendem zu, nicht aber dem erkennenden Geist als solchem. »Man kann sich ohne Widerspruch ein Wesen denken, das auf das bloße Vermögen der Erkenntnis des Daseins der Dinge beschränkt wäre, und das über seine Erkenntnis des Daseins der Dinge hinaus kein Interesse am Dasein oder Nichtsein irgendwelcher Dinge nehmen könnte ... Für ein solches Wesen wären keine Antriebe möglich; es hätte daher auch nicht die Möglichkeit zu handeln« [15]. Was in einer solchen Spekulation aufs schärfste deutlich wird, ist die Erklärung eines Primats der Erkenntnis. Ist aber der menschliche Geist primär ein erkennender – oder ist das Erkennen seinerseits in einem anderen fundiert?

4. *Scheler* ist ganz entschieden dem »idealistischen« Erkenntnisprimat entgegengetreten, indem er einen Primat der interessenehmenden Akte erklärt. – Insofern allerdings der Erkenntnisprimat einen »Idealismus« bedeutet, muß ihm von verschiedener Seite Kritik zuwachsen. Was z. B. den Marxismus angeht, so sei auf *Bloch* verwiesen, der von einem »Selbstzustand« spricht, einer affektiven intransitiven Selbst-gegebenheit vor aller Erkenntnis. Diese Affekte (Hunger, Hoffnung, Liebe) sind von dem »Streben«, dem »Trieb«, dem »Intendieren« bewegt, »das allen Intentionsakten, auch den vorstellenden und denkend-urteilenden, zugrunde liegt. Das ›Interesse‹ liegt ihnen zugrunde und ist dasjenige, was die Menschen wirklich am nächsten berührt« [16].

Dafür, daß das Interesse allererst unser Wahrnehmen, Vorstellen, Denken ermöglicht, spricht die Beobachtung der Psychologie. Das Interesse öffnet, treibt über sich hinaus, setzt jede Form der Intention allererst in Bewegung. Dadurch, daß das Interesse jene Grundtendenz ist, die alle Einzelintentionen des Erkennens wie auch des Wollens in Bewegung setzt, ist das Interesse *in concreto* immer gegeben als ein bestimmtes Interesse, d. h. als ein so oder so gerichtetes. Das Interesse wirkt selektiv, ist notwendig als konkretes ein einseitiges, es gewinnt seinen Gegenstand nur, indem es dafür mit dem Verlust der anderen bezahlt. Das gilt nicht nur individuell, sondern auch epochalgeschichtlich. Es gibt eine »Interessenperspektive des Zeitgeistes«, die nahezu hypnotisch den Blick in eine Richtung lenkt; andrerseits aber wird die Einseitigkeit des einen Zeitgeistes durch den kommenden allmählich eingeschränkt und die Wahrheit als Ganzes gerade erst im Kampf der Zeitgeister sichtbar[17]. Das, was sich durch die Gerichtetheit quantitativ als Einbuße zeigt, ist qualitativ ein Gewinn: Erst der Lichtstrahl des Interesses hellt den intendierten Gegenstand auf und bringt ihn zum Leuchten. Dieses kommt zwar auch der Erkenntnisintention zu, und nicht nur dem Interesse. Was aber beide unterscheidet, ist die Unstetigkeit des Interesses, seine Ermüdungs- wie seine Steigerungsfähigkeit. Es gibt leidenschaftliches Interesse für etwas, das nicht verwechselt werden darf mit dem Interesse der Leidenschaft. Die Intention des Erkennens, die sich gleichsam in einer Zone kühler und gleichmäßiger Temperiertheit bewegt, gewinnt ihre Dynamik von dem sie in Bewegung haltenden Interesse, an dessen Steigerungsmöglichkeit sie also mittelbar teilnimmt. Daß ich etwas mehr oder weniger, ungenauer oder schärfer erkenne, ist abhängig von meinem Interesse. Die Anschauungs- und Bedeutungsfülle des Erkannten wächst mit dem sich steigernden Interesse. In diesem Sinn ist der Satz »Liebe macht blind« gerade umzukehren in »Liebe macht sehend«; denn Interesse ist eine »niedere« Form der Liebe, eben jenes Über-sich-hinaus und Auf-ein-anderes-hin, was als der identische Grundzug von Interesse und Liebe erscheint[18].

Die Voraussetzung für den entgegen dem griechischen Ideal der θεωρία behaupteten Primat des Interessenehmens ist die Grunderfahrung des Christentums, daß der Gott nicht aristotelisch-unbewegt die Welt als letztes Worum-willen bewegt, sondern daß der Gott selbst ein Gott der Liebe ist. Dieser Gott interessiert sich so sehr für den Menschen, daß er selbst Mensch wird und darin erst sich dem Menschen als er selbst zu erkennen gibt. Im christlichen Erlebnis wird so die griechische Metaphysik auf den Kopf gestellt, es geschieht eine radikale Umstellung von Liebe und Erkenntnis[19]. Aber es ist nicht so, als wäre das ein bloß von außen hinzukommender religiöser Sinnbezug, der die innerweltlichen Verhältnisse nicht beträfe. In diesem Sinnbezug wandelt sich grundlegend die Erkenntnisstruktur überhaupt, denn das Wort Jesu »Ich bin die Wahrheit« ermöglicht nicht Erkenntnis, sondern fordert Bekenntnis. Die Wahrheit ist die Existenz, die Existenz Jesu, die weder erfaßbar ist nach Weise der *cognitio* noch der *cogitatio*, sondern allein in der *imitatio*.

Scheler, der seine Interessenlehre eng an *Augustinus* anschließt und sich dessen metaphysisch-theistischer Konzeption verbunden weiß, hat sich später entschieden von allem Theismus losgesagt. Aber auch in der metaphysischen Perspektive seines Spätwerks spricht er sich gegen eine Priorität des Erkennens aus. Geist und Drang sind die beiden gleich-ursprünglichen Attribute des Seins, in deren gegenseitiger Durchdringung sich der Prozeß von Mensch- und Gottwerdung in eins vollzieht. Der Geist, der zwar ursprünglich sehend ist, bleibt ohnmächtig, solange er sich nicht gegenseitig mit dem dämonischen, d. h. blinden Drang verbindet und so erst lebendiger Geist wird.

Wenn man von hier aus zurückblickt, so scheint es, als hätten sich nunmehr zwei Interessensformen gezeigt, ein egoistisches Interesse (Handeln aus Interesse) und ein altruistisches (Interesse an etwas nehmen).

Aber sind Egoismus und Altruismus überhaupt mögliche Kategorien für das Interesse? Auch wenn ich das Interesse als liebende Anteilnahme an etwas verstehe, so bin ich es doch, der Anteil nimmt. Dieses Nehmen, Ergreifen, Auf-etwas-aus-sein ist schlechterdings nicht von dem Interesse abzutrennen, und allein dieser Tatsache verdankt der Mensch, daß er es im Leben überhaupt aushält. »Wenn nicht jeder ein so ganz übertriebenes Interesse an sich selbst nähme, so wäre das Leben so uninteressant, daß keiner es darin aushielte«[20], meint *Schopenhauer*.

5. Wer aber nicht abnehmen will, daß der Mensch zuerst und zumeist an sich selbst interessiert ist, der muß sich von *Kierkegaard* sagen lassen, daß der Mensch sogar ein absolutes Interesse an sich selbst hat. Der Mensch ist immer der konkrete Mensch, d. h. der einzelne, der Existierende. Dieser mag sich für vieles interessieren, für dieses und für jenes, ein Interesse indessen überragt alle anderen: das Interesse am eigenen Selbst. Dieses Interesse ist nicht ein relatives, d. h. eines unter anderen, sondern ein unendliches, absolutes Interesse: unendlich, weil dieses Interesse weder an einem anderen Interesse noch überhaupt irgendwann enden kann, es greift sogar über den Tod hinaus; es ist absolutes Interesse, weil alles andere auf dieses bezogen wird und von ihm her seine Bestimmung erfährt. Dieses absolute Interesse am eigenen Selbst, provoziert und begründet durch die Lehre des Christentums, die jedem einzelnen ewige Seligkeit verheißt, ist keine pathologische Introversion, sondern die Voraussetzung für eine Aufgabe, die die höchsten Anstrengungen des Menschen erfordert. Interessiert bin ich nur an etwas, wenn und insofern ich dieses noch nicht habe bzw. bin. Das aber bedeutet: ich bin an meinem eigenen Selbst interessiert, weil und insofern ich erst dieses werden muß, d. h. das Selbst erscheint als Telos.

Was *Kierkegaard* unter dem Selbst versteht, entwickelt er in der »Krankheit zum Tode«, wo er den Menschen als Geist, Geist aber als Selbst auslegt. Das Selbst ist ein Verhältnis, das sich zu sich selbst verhält. Ein Verhältnis ist indessen nur zwischen mehreren, d. h. mindestens zwei Momenten möglich. Der Mensch ist ein solches Zusammen von mehreren Momenten. »Der Mensch ist eine Synthesis von Unendlichkeit und Endlichkeit, von dem Zeitlichen und dem Ewigen, von Freiheit und Notwendigkeit«[21].

Der Mensch als Synthesis, das darf nicht mißverstanden werden, so als sei er ein *mixtum compositum*, ein aus Verschiedenem fertig zusammengesetztes, etwa aus Leib und Seele, sondern der Mensch muß die Momente von Endlichkeit und Unendlichkeit, von Zeitlichkeit und Ewigkeit zusammenbringen, zusammenhalten – und zugleich unterscheiden. Der Mensch ist erst im Vollzug dieser Synthesis, indem er also die Momente ins Verhältnis setzt, ein Selbst, insofern er zugleich damit sich zu sich selbst verhält, d. h. sich als dieses Verhältnis setzt. Diese in ihrer Formalität sehr abstrakte Strukturdarstellung des Selbst gewinnt an Konkretion, wenn man sieht, was geschieht, insofern das Selbst als das unterscheidende Zusammenhalten nicht geleistet wird. In der Vereinseitigung der Endlichkeit sinkt der Mensch zusammen in die Nichtigkeit des bloß Vorhandenen. In der Vereinseitigung der Unendlichkeit flüchtet er sich in das abstrakte Denken, in die unverbindliche Allgemeinheit der Idee. Der Mensch als Existierender: das bedeutet Subjektivität, Spontaneität, Entscheidung. Insofern der Mensch zur Entscheidung aufgerufen ist und indem der Mensch sich und damit zugleich über sich entscheidet, erweist sich der Mensch als ethische Existenz. In der Sphäre der ethischen Existenz vollzieht sich und drückt sich zugleich aus, was das Sein des Menschen ausmacht: das *inter-esse*, d. h. das Zwischen-sein zwischen Realität und Idealität, zwischen Sein und Denken. Dieses Zwischen ist der stets neue Versuch, die Synthesis zu leisten, d. h. das Endliche zu verunendlichen und das Unendliche zu verendlichen, das Sein ins Denken emporzuheben und das Denken ins Sein zu bringen.

Allerdings – so ist kritisch anzumerken – kommt bei einer solchen Betrachtung eines nicht in den Blick: die gesellschaftliche Dimension des Interesses. Das Interesse des einzelnen ist immer schon gesellschaftlich vermittelt, nicht nur situativ mit Gesellschafts- und Gruppeninteressen verflochten, sondern prinzipiell durch das soziale Kommunikationsfeld der Sprache artikuliert. Auch von hier aus ist der Theoriebegriff einer Kritik zu unterziehen. Die These, daß die erkenntnisleitenden Interessen sich im Medium Arbeit, Sprache und Herrschaft bilden und daß von daher die Analyse des Zusammenhangs von Erkenntnis und Interesse zu der Auffassung führe, daß Erkenntniskritik nur als Gesellschaftskritik möglich sei, macht zumindest deutlich, daß die soziale Vermittlung des Interesses nicht unterschlagen werden darf. Im Gegenteil! Es spricht einiges dafür, daß der Interessenbegriff gerade sozialphilosophisch von Relevanz und heuristischer Ergiebigkeit ist[22].

6. Insofern sich – bei aller Unterschiedlichkeit im einzelnen – das Interesse als eine genuin anthropologische Kategorie herausstellt, läßt sich so resümieren: Der Mensch läßt sich in seiner Wesensart bestimmen als »das interessierte Wesen«. Im selben Maße, wie seine Fähigkeit und Bereitschaft Interesse zu nehmen abnimmt, verebben seine menschlichen Vollzüge – sei es in psychischer Apathie

oder im physischen Tod. Alle Formen sogenannter »Desinteressiertheit« stellen nur eine Interessenverlagerung bzw. eine Interessenumformung dar. Selbst die Langeweile, die doch das Gegenteil von Interesse, nämlich Interesselosigkeit zu sein scheint, erweist sich bei näherem Zusehen als eine Leerform des Interesses, d. h. auch sie besitzt noch die Struktur des Interesses, nämlich auf etwas aus zu sein; allerdings auf solches, was sich nirgend abzeichnet, so daß sie quälend ins Leere verläuft.

Dieses unabdingbare Interessiertsein gründet im Sein des Geistes, insofern er inkarnierter Geist ist, menschlicher Geist. Der Mensch hat nicht nur Interesse, sondern er »ist« ein *inter-esse,* ein Zwischen-Sein. Von alters her ist das Zwischen des Menschen betont worden: zwischen Tier und Engel, zwischen Zeit und Ewigkeit, zwischen Verdammnis und Erlösung. Aber man war leicht in Gefahr, dieses Zwischen statisch zu interpretieren und als eine ruhende Mitte mißzuverstehen. Das Denken der Neuzeit legt das Zwischen des Menschen dynamisch aus, d.h. das Interesse wird zu einer Kategorie der Subjektivität. Der Mensch ist nicht nur zwischen Innerweltliches gestellt, nicht nur zwischen Welt und Gott, sondern er ist so sehr ein Zwischen, daß er sogar zwischen sich selbst gestellt ist, was er am deutlichsten *ex negativo* erfährt, wenn und insofern er sich selbst im Wege steht, so etwa in der Erfahrung der Reue, wo er sich erfährt zwischen dem, der er ist, und dem, der er sein sollte. Das Interesse erscheint so zugleich als Möglichkeit wie Notwendigkeit von Welt- und Selbstvermittlung und widerlegt damit die Vorstellung von Denken als Selbstbesitz. Denken als Selbstbesitz ist Sache des Gottes und nicht des Menschen. Das reine Denken ist die Logik. Diese entspringt methodischer Abstraktion. Insofern die Logik aber sich selbst als das Letzte setzt, d. h. im Anspruch als Denken des Absoluten dieses selbst zu sein, wird Logik unter der Hand zu »Theologik« und vergißt in diesem Aufschwung die Bedingungen, denen sie sich *per viam negationis* verdankt. Indem das Denken das Nur-Methodische zum Pan-Konstitutiven umfälscht, wird es »unmenschlich«; es vergißt die Bedingungen, von denen es zwar abstrahieren, denen es aber nie entraten kann: das Eingelassensein in eine Situation, die Perspektivität, von der die pragmatische Zweckperspektive nur eine mögliche Spezifizierung ist, das Bedürfnis, der Mangel, das Interesse, das auch noch das Denken treibt, welches sich über alle vordergründigen Wünsche erhaben weiß.

Oder anders ausgedrückt: Das heuristische Prinzip des »Zwischen« auf das Denken bezogen, erweist dieses als ein unabdingbar interessiertes, weil das Denken selber ein dynamisches Zwischen ist, eine Mitte, nämlich die Vermittlung von Subjekt und Objekt, die dialektische Verschränkung von Immanenz und Transzendenz. Diese Mitte ist dynamisch und damit äußerst labil. Sie pendelt sich ein zwischen den zwei möglichen Extremen der Vereinseitigung, zwischen einem »biologischen Subjektivismus«, der alle geistigen Vollzüge in der Lebensbehauptung aufgehen läßt, und einem »noologischen Objektivismus«, der eine an sich seiende Wahrheit zu treffen wähnt im Absehen von dem lebendigen, d. h. tief in geschichtliche und gesellschaftliche Bedingungen verflochtenen

Subjekt. Am Modell der traditionellen Wahrheitsbestimmung als *adaequatio intellectus ac rei* dargestellt, bedeutet das, daß die *res* jenseits aller möglichen Willkür nach Maßgabe des *intellectus* erscheint, und zwar nicht nur in dem allgemeinen Sinne der Endlichkeit oder im Sinne der Kantischen kategorialen Formalität, sondern auch nach Maßgabe des Interessenhorizontes und der Interessenperspektive der individuell- oder epochal-geschichtlichen Situation. In diesem Sinne können Denkgehalte, auch ohne daß sie logisch oder empirisch als falsch erwiesen werden, schal und bedeutungslos werden. Erkenntnisse können aufkeimen, aufleben und absterben, ohne daß es dazu logischer Analyse oder empirischer Verifizierung bedarf.

Damit aber dürfte sich der Interessenbegriff von besonderer Relevanz für die moderne Ideologieproblematik erweisen[23]. Die Unabdingbarkeit der Interesseenstruktur nötigt das Denken ständig neu, sich auf seine vorwaltenden Interessen hin zu überprüfen und skeptisch gegen sich selbst zu sein. Demnach ist es im Interesse der Wahrheitsfindung Sache des Geistes, nicht nur zu denken, sondern zugleich gegen sich an zu denken.

ANMERKUNGEN

1) Vgl. *G. Lunk,* Das Interesse, 2 Bde., Leipzig 1926/27, besonders Bd. I, S. 14ff. – 2) Vgl. *Aristoteles,* Metaphysik 1072 a 19 – 1073 a 14. – 3) Vgl. *Thomas v. A.,* Summa theologiae II–II quaestio 180 articulus 8 ad 1. – 4) *G. W. F. Hegel,* Wissenschaft der Logik I, Theorie-Werkausgabe, hrsg. von E. Moldenhauer u. K. M. Michel, Frankfurt 1969, Bd. 5, S. 23. – 5) *K. Marx,* Die heilige Familie, in: Frühe Schriften I, hrsg. von H. J. Lieber u. P. Furth, Darmstadt 1962, S. 761. – 6) Ebd. – 7) *A. Gehlen,* Der Mensch, Bonn [6]1950, S. 38. – 8) *C. A. Helvetius,* Werk vom Menschen, Breslau 1774, Bd. I, S. 247. – 9) *Helvetius,* a.a.O., Bd. II, S. 13. – 10) *I. Kant,* Kritik der praktischen Vernunft, hrsg. von K. Vorländer, Hamburg 1952, S. 93. – 11) *I. Kant,* Grundlegung der Metaphysik der Sitten, hrsg. von K. Vorländer, Hamburg 1957, S. 87. – 12) *Kant,* ebd., S. 88. – 13) *L. Nelson,* Vorlesungen über die Grundlagen der Ethik, Leipzig 1917, Bd. I, S. 344. – 14) *Nelson,* a.a.O., S. 345. – 15) Ebd. – 16) *E. Bloch,* Das Prinzip Hoffnung, Frankfurt 1959, S. 79. – 17) *M. Scheler,* Vorbilder und Führer, in: Schriften aus dem Nachlaß Bd. I, Bern [2]1957, S. 295 f. – 18) Vgl. *M. Scheler,* Ordo amoris, in: Schriften aus dem Nachlaß Bd. I. – 19) Vgl. *M. Scheler,* Liebe und Erkenntnis, in: Krieg und Aufbau, Leipzig 1916. – 20) Aus *Arthur Schopenhauers* handschriftlichem Nachlaß, hrsg. von Frauenstädt, Leipzig 1846, S. 448. – 21) *S. Kierkegaard,* Krankheit zum Tode, Düsseldorf 1957, S. 8. – 22) Vgl. hierzu *J. Habermas,* Erkenntnis und Interesse, Frankfurt 1968. – 23) Vgl. hierzu *H. Lübbe,* Politische Philosophie in Deutschland, Basel–Stuttgart 1963, S. 14ff.

LITERATUR

M. Scheler, Liebe und Erkenntnis, in: Krieg und Aufbau, Leipzig 1916.
L. Nelson, Vorlesungen über die Grundlagen der Ethik, Leipzig 1917.
G. Lunk, Das Interesse, 2 Bde., Leipzig 1926/27.
J. Habermas, Erkenntnis und Interesse, Frankfurt 1968.

ALBERT ESSER

INTUITION

1. Unter Intuition versteht man das unvermittelt unmittelbare Gewahren eines Wesens, eines Wertes oder das unvermittelt unmittelbare Innesein eines Handlungszieles.
Ob und wie eine menschliche Sicht sich *unmittelbarer göttlicher Eingebung* verdanken kann und insofern Intuition ist, versucht Theologie, Religionswissenschaft und Religionsphilosophie zu klären. Im Rahmen dieses Artikels soll vornehmlich untersucht werden, ob die Philosophie und die theoretischen Wissenschaften in *Prinzipien* gründen, die unmittelbar einsichtig sind, und zwar so, daß die Prinzipien und ihre Sicht selber nicht vermittelt sind. Mit *H. Scholz* soll die so bestimmte Intuition *noetische Intuition*[1] (νοῦς bzw. νόησις; vgl. *Aristoteles*, An. post. I 12, 77 b 30/31) genannt werden. – Sinn und Recht der Intuition lassen sich nur im Rahmen wissenschaftstheoretischer Grundbegriffe erörtern, die daher hier insoweit aufzunehmen sind, als sie zur Bestimmung der Intuition beitragen. – Daß die Grundsätze und Grundbegriffe der theoretischen Wissenschaften unmittelbar einsichtig und selber nicht mehr vermittelt sind, haben *Aristoteles* und in der Gegenwart die Phänomenologen herausgestellt. Nach *Aristoteles* wie nach der Phänomenologie soll daher der Begriff der noetischen Intuition präzisiert werden.

2. Das unmittelbare, sinnliche Meinen des Hier und Jetzt (die *Ostension*) ist zwar gewiß, aber nicht *einsichtig* (noetisch); es ist nur *sinnlich gewiß*. Die Ostension setzt nämlich das Hier wie Jetzt als Distinktionsbasis *(Grenze)* voraus. Sie ist selber ein Fall, der seine Bestimmtheit allein durch anderes hat, das sie in Ansehung der Grenze schon jenseitig und äußerlich der Grenze belassen hat. (Z. B. das Meinen des Jetzt – des Tags hat schon die Nacht jenseitig des Jetzt.) Die Ostension bringt als Ostension ihre *eigene Bedingung* nicht vor Augen. Insofern Intuition noetische Intuition ist, ist sie daher nicht nur unmittelbar; sie ist vielmehr ⟨1⟩ in der Weise unmittelbar, daß sie als Unmittelbarkeit ihre

eigene Bedingung in sich enthält. Intuition ist daher nach *Aristoteles* der νοῦς (vgl. An. post. II 19, 100 b 5–16); nach der Phänomenologie die *Vernunft* (vgl. Husserliana Bd. III, S. 333 ff.).

3. Wie enthält die Unmittelbarkeit ihre eigene Bedingung in sich? Um diese Frage zu beantworten, ist das Verhältnis des wissenschaftlichen Satzes zu seiner Begründung zu entwickeln. Nach *Aristoteles* ist ein wissenschaftlicher Satz ein Ausdruck für einen Sachverhalt, »der nicht anders sein kann, als er ist« (...τοῦτ' ἀδύνατον ἄλλως ἔχειν; An. post. I 2, 71 b 15 f.). Diese Bestimmung ist jedoch nur eine hinreichende, nicht eine notwendige. Es gibt nämlich in jeder Wissenschaft nicht nur beweisbare Sätze, sondern auch *unbeweisbare*, so daß der wissenschaftliche Satz den *Grund* für sein Nicht-anders-sein-können diesen unbeweisbaren Sätzen als *Grundsätzen* verdankt. Wodurch sind die Grundsätze bestimmt? Es gibt nach *Aristoteles* »einen Wissensanfang, insofern wir die Terme kennen« (ᾗ τούς ὅρους γνωρίζομεν; An. post. I 3, 72 b 23–25). Die Unmittelbarkeit der noetischen Intuition enthält ihre eigene Bedingung in sich, insofern sie *evidentia ex terminis* ist. Die noetische Intuition ist daher ⟨2⟩ *evidentia ex terminis.* Auch wenn die wissenschaftlichen Grundsätze in der Weise unmittelbar sind, daß sie ihre eigenen Bedingungen in sich enthalten, so könnten sie dennoch durch ihre Termini (Grundbegriffe, Kategorien) *vermittelt* sein[2]. Von der noetischen Intuition verlangt man indes ⟨3⟩, daß ihre Unmittelbarkeit ihre eigene Bedingung *unmittelbar* in sich enthält und vor Augen bringt. Die Grundsätze nennt *Aristoteles* daher ἀξιώματα, ἀρχάς, πρῶτα; sie sind Grundwahrheiten (ἀληθῆ καί πρῶτα; Top. I, 100 b 18 ff.).

Die Ausgangssätze sind als Grundsätze in der Weise unmittelbar einsichtig, daß sie *Notwendigkeit* verbürgen (An. post. I 3, 74 b 5). Noetische Intuition verbürgt ⟨4⟩ *Notwendigkeit.*

Nach *Aristoteles* sind die Axiome κοιναί δόξαι (Met. III 2, 996 b 28), d. h. sie sind gemeinsame Überzeugungen aller Menschen. »Der Mensch hat von Natur die hinlänglichen Voraussetzungen für das Wahre und trifft auch die Wahrheit in den meisten Fällen« (Rhet. I, 1355 a 15–17). Noetische Intuition beruft sich also nicht auf das *je-meine* Sehen; sie meint vielmehr unvermittelt unmittelbares Offenbarsein, und zwar *von vornherein* für jedermann. *Aristoteles* unterscheidet zwischen den gemeinsamen und den einer Wissenschaft eigentümlichen, besonderen Wissenschaftsprinzipien. Die letzteren sind als unvermittelt Unmittelbares – *Anfang* der besonderen Wissenschaften. Ausgezeichnet ist das Erste, das alle Besonderungen übersteigt, das *Sein.* »Das Sein ist definitorisch aus höheren Begriffen nicht abzuleiten und durch niedere nicht darzustellen«[3]. Das Sein ist das, was als *Unmittelbares,* als Anfang und *Erstes* sich der Vernunft eröffnet.

Prinzip des Beweises ist das *Wesen.* Die Wissenschaft im Aristotelischen Sinn ist eine Folge von Sätzen über ein und dasselbe Gebiet (γένος; vgl. An. post. I 7, 75 a–b). Die Festlegung des Gebietes erfolgt nicht durch arbeitsteilige Forscherpraxis, durch Konvention. »Für *Aristoteles* und das antike Wissenschaftsbewußtsein überhaupt gibt es für jede Wissenschaft nur *einen* korrekten Aufbau, nämlich den ›natürlichen‹«[4]. Noetische Intuition ist ⟨5⟩ jene Sicht, deren Bedingung eine *natürliche Begriffsordnung* ist.

4. In der Gegenwart versucht die Phänomenologie Grundzüge des Aristotelischen Wissenschaftsbegriffs zu bewahren. So schreibt *Husserl:* »Jeder Wissenschaft entspricht ein Gegenstandsgebiet als Domäne ihrer Forschungen, und allen ihren Erkenntnissen, d. h. hier richtigen Aussagen, entsprechen als Urquellen der rechtsausweisenden Begründung gewisse Anschauungen, in denen Gegenstände des Gebietes zur Selbstgegebenheit ... kommen« (Husserliana Bd. III, S. 10–11). Die *Urquellen* der »rechtsausweisenden Begründung« sind die obersten *Wesen;* sie sind als *Urquellen* unmittelbar, Grund ihrer selbst und daher keiner weiteren Vermittlung fähig noch bedürftig; sie weisen sich in *eidetischer Intuition* oder in »Wesenserschauung« (Husserliana Bd. III, S. 13 ff.) oder in »Ideation« (vgl. dazu ebd., S. 15, Anm. 2) aus. In der Phänomenologie bestimmt sich die noetische Intuition ⟨1⟩ als *Wesenserschauung* (als eidetische Intuition).
Auch *Husserl* behauptet eine *natürliche Ordnung der Begriffe:* »Oberste Wesensallgemeinheiten ... umgrenzen ›Regionen‹ oder ›Kategorien‹ von Individuen« (ebd., S. 13.) »Das ⟨in der Ideation⟩ Erschaute ist ... das ... *reine* Wesen oder Eidos, sei es als oberste Kategorie, sei es eine Besonderung derselben, bis herab zur vollen Konkretion« (ebd., S. 13).
Das Gebiet einer Wissenschaft nennt *Husserl* »regionale Ontologie« (vgl. ebd., S. 23–26). Von den Prinzipien der besonderen Wissenschaften sind die Grundsätze zu unterscheiden, die allen regionalen Wissenschaften gemeinsam sind; von den *regionalen Ontologien* ist die *formale Ontologie* unterschieden (vgl. ebd., S. 32–34). Der unvermittelt unmittelbare Anfang, der allen regionalen Anfängen vorausgeht, ist das *Sein,* das sich in formal-ontologischen Kategorien abwandelt.

5. *Husserl* versucht indes, die Grundzüge der Aristotelischen Wissenschaftstheorie unter der Voraussetzung der *neuzeitlichen Philosophie* zu bewahren und auszubauen. Zwei Bedingungen gegenwärtiger Philosophie und Wissenschaft sind hier hervorzuheben: der Rückgang auf »den denkbar letzten Erfahrungs- und Erkenntnisstandpunkt« des *ego cogito* (Die Pariser Vorträge, in: Husserliana Bd. I, S. 15) und der Formalismus (vgl. Husserliana Bd. VI, S. 45–58).
Wesenserschauung ist letztbegründender *Akt* (vgl. Husserliana Bd. III, S. 21). Das Wesen ist *Gegenstand, Gegebenheitsweise, Bewußtseinsweise;* es ist *cogitatum* der *cogitatio, Noema* der *Noesis.* »Das cogitatum ist nur in der besonderen Weise des cogito möglich« (Die Pariser Vorträge, in: Husserliana Bd. I, S. 17). Intuition ist daher in der Phänomenologie ⟨2⟩ nicht nur unvermittelte Unmittelbarkeit, sondern unvermittelt unmittelbarer *Akt,* der als dieser sein *im* Akt Gemeintes zur Gegebenheit bringt.

Die Intuition ist nach *Husserl* – im Gegensatz zum Aristotelischen Ansatz – ⟨3⟩ der *jemeinige* Akt, der das Vermeinte zur Selbstgegebenheit bringt. Die Allgemeinvernunft ist daher selber erst von der *jemeinigen* Subjektivität her transzendental zu konstituieren (vgl. Cartesianische Meditationen, in: Husserliana Bd. I, S. 121–177).

Nach *Aristoteles* und *Husserl* gilt: »Apodiktische Wissenschaft muß aus wahren, ersten, unvermittelten, bekannteren und früheren Sätzen ... entspringen« (An. post. I 2, 71 b 20). Insofern die Grundsätze wahr und früher sind als die aus ihnen hergeleiteten Sätze, sind sie nicht *beliebig* gesetzt. Sie sind vielmehr auch und gerade in Ansehung der Erfahrung *vorausgesetzt;* sie werden daher als Vorausgesetzte von seiten der Erfahrung zugänglich. *Aristoteles* schreibt: »Es ist offenkundig, daß wir das Allererste mit Hilfe der Epagogé erkennen müssen« (An. post. II 19, 100 b 4).

Husserl bemüht sich, die Aristotelische Epagogé im Horizont des neuzeitlichen Fragens zu bewahren. Er definiert das Wesen als »das im selbsteigenen Sein eines Individuums als sein *Was* Vorfindliche« (Husserliana Bd. III, S. 13). Zwischen dem individuellen Gegenstand und seinem Wesen hat ein selbst eidetischer Zusammenhang statt, »wonach jedem individuellen Gegenstand ein Wesensbestand zugehört als *sein* Wesen, wie umgekehrt jedem Wesen mögliche Individuen entsprechen, die seine faktischen Vereinzelungen« sind (ebd., S. 21). Das oberste Wesen, die Region, ist zwar einer Begründung weder fähig noch bedürftig. Die Region ist aber selber *begründend* (vermittelnd) und *als solche* auf das Individuum bezogen, so daß sie *vom Individuum her* zugänglich wird. Das Wesen ist jedoch nur dann unvermittelt Erstes, d. h. die noetische Intuition ist nur dann möglich, wenn das Begründen sich einzig *von seiten des Wesens* vollzieht, wenn das Wesen Vorausgesetztes, aber als Vorausgesetztes nicht selber Gesetztes seitens des Individuums ist. Die eidetische Intuition erblickt ⟨4⟩ das *vorausgesetzte* Wesen, welches als dieses nicht Gesetztes seitens des Individuums ist.

6. *Husserl* hebt einerseits hervor, daß das Wesen vermittelnd auf das Individuum bezogen ist; andererseits betont er: »*Setzung* und zunächst anschauende Erfassung von Wesen *impliziert nicht das mindeste von Setzung irgendeines individuellen Daseins«* (Husserliana Bd. III, S. 17). Darin liegt nicht nur, daß die Wesenswahrheiten *als solche* keine Tatsachenwahrheiten beinhalten, sondern auch, daß das Wesen *an sich* vorstellig ist, »Geltungseinheit an sich« (Logische Untersuchungen, II/1, S. 44), »›ideale‹ Objektivität« (Husserliana Bd. VI, S. 368), ein »neuartiger Gegenstand« (Husserliana Bd. III, S. 14) ist. Die Setzung des Wesens ist von der Art, daß es »gleichgültig« ist, »ob Derartiges je in aktueller Erfahrung gegeben war oder nicht« (ebd., S. 14). Das Wesen ist insofern *nicht* Vorausgesetztes, sondern bloße Setzung. Hier verläßt die Phänomenologie endgültig die Aristotelische Basis. Man hat ihr »platonischen Realismus« vorgeworfen – mit Blick auf *Plato* sicherlich zu Unrecht.

Das Wesen hat lediglich im Erschauen (Sehen) Bestand. Die Intuition ist als Sehen das Prinzip aller Prinzipien. Das Prinzip aller Prinzipien ist nämlich nach *Husserl*, »daß *jede originär gebende Anschauung eine Rechtsquelle der Erkenntnis* sei, daß *alles*, was sich uns *in der Intuition originär* (sozusagen in einer leibhaften Wirklichkeit) *darbietet, einfach hinzunehmen sei, als was es sich gibt*, aber auch *nur in den Schranken, in denen es sich gibt*« (ebd., S. 52). Intuition ist somit ⟨5⟩ unvermittelt unmittelbares Sehen, das seine eigene Bedingung in eben der unvermittelt unmittelbaren Schau (in »leibhafter Wirklichkeit«, originär) hat. Die Bestimmungen ⟨4⟩ und ⟨5⟩ der Intuition widersprechen sich: Wesen ist Vorausgesetztes und nicht Vorausgesetztes.

7. Unvermittelt unmittelbar gewahren wir nach der Phänomenologie nicht nur Wesen, sondern auch *Werte* wie den *Sinn von Handlungen*. »Die ›theoretische‹ oder ›doxologische Wahrheit‹ bzw. Evidenz ⟨*noetische* Intuition⟩ hat ihre Parallele in der axiologischen und praktischen Wahrheit bzw. Evidenz« (ebd., S. 343; *axiologische* Intuition und *praktische* Intuition).

8. Intuition ist nach *Husserl* ⟨6⟩ *Evidenz*. Die Evidenz (Intuition) ist eine ausgezeichnete Bewußtseinsweise. Ihr Gegenbegriff ist das Bewußthaben, das a priori leer vermeinend, indirekt, uneigentlich ist (vgl. Cartesianische Meditationen, in: Husserliana Bd. I, S. 92/93). Intuition (Evidenz) ist »die ganz ausgezeichnete Bewußtseinsweise der Selbsterscheinung, des Sich-selbst-darstellens, des Sich-selbst-gebens einer Sache, eines Sachverhaltes, einer Allgemeinheit, eines Wertes usw.« (ebd.).
Intuition ist insbesondere unvermittelt unmittelbare Selbsterscheinung der Sache (des Sachverhaltes, Wesens, Wertes) »im Endmodus des Selbst da... originaliter gegeben« (ebd.). Die Intuition kann ⟨6a⟩ *adäquate Evidenz* sein. Nach *Husserl* läßt sich z. B. das Wesen Ton zur adäquaten Evidenz bringen (Husserliana Bd. III, S. 13). Andere Wesenheiten können jedoch nach ihm nur »›einseitig‹, im Nacheinander ›mehrseitig‹ und doch nie ›allseitig‹ gegeben sein« (ebd., S. 14). So ist z. B. das Wesen Ding wesenhaft nur *einseitig* (bzw. mehrseitig) gebbar. Die Wesenserschauung und damit die Evidenz ist in diesem Falle inadäquat. Die Intuition kann ⟨6b⟩ *inadäquate Evidenz* sein.
Kann aber sinnvoll von inadäquater noetischer Intuition die Rede sein? Ist die Wesenserschauung damit nicht zur puren Ostension geworden? Daß das Ding im alltäglichen Anblick z. B. als Vorderseite mit einer leeren Vormeinung auf die Rückseite erscheint, ist nicht nur tatsächlich. Daß ich überhaupt auf diese Seite *faktisch* hinweisen kann, setzt schon voraus, daß das Ding seiner Natur (seinem Wesen) nach *durch Seiten* konstituiert ist; und eben eine der Sache zugehörige Seite (Hinsicht) ist in der Wesensschau, auch wenn sie eine inadäquate ist, unmittelbar vor dem Blick. Die Unmittelbarkeit der Wesensschau enthält ihre eigene Bedingung insofern in sich, als sie als Wesen *Prinzip* ist, von dem her ein faktischer, individueller Anblick allererst möglich wird.

Der hierarchisch-aristotelischen Ordnung des Wesens korrespondiert in der Phänomenologie eine *horizontale, regionale Ordnung*. Im Fall der adäquaten Evidenz kommen horizontale und vertikale Ordnung zur Deckung. Im Fall der inadäquaten Evidenz ist offenbar eine jegliche einseitige Bestimmtheit des regionalen Wesens, die in der Wesenserschauung herausgehoben wird, selber wieder Wesen, und zwar *Art*, so daß die horizontale Bestimmtheit sich wieder in die hierarchische Ordnung einfügt, wenn eine weitere Bestimmung erfüllt ist, nämlich die *Vollständigkeit* (s. u.).

Die Unmittelbarkeit der Art enthält ihre Bedingung insofern in sich, als sie *als Besonderung* einer eidetischen Allgemeinheit bewußt ist. »Das Bewußtsein einer Notwendigkeit, ... in dem ein Sachverhalt als Besonderung einer eidetischen Allgemeinheit bewußt ist, heißt ein *apodiktisches*« (ebd., S. 19). Von der adäquaten bzw. inadäquaten ist ⟨6c⟩ die *apodiktische Evidenz* zu unterscheiden. »Eine apodiktische Evidenz aber hat die ausgezeichnete Eigenheit, daß sie nicht bloß überhaupt Seinsgewißheit der in ihr evidenten Sachen oder Sachverhalte ist, sondern sich durch eine kritische Reflexion zugleich als schlechthinnige Unausdenkbarkeit des Nichtsein derselben enthüllt; daß sie also im voraus jeden vorstellbaren Zweifel als gegenstandslos ausschließt« (Cartesianische Meditationen, in: Husserliana Bd. I, S. 56). In Ansehung der Art ist die Evidenz insofern apodiktisch, als sie *als Besonderung ihres vorausgesetzten Allgemeinen* gewußt ist. Während nach *Aristoteles* der allgemeine Grundsatz schon als solcher Notwendigkeitsbehauptung ist, hebt *Husserl* ausdrücklich hervor: Es ist vor allem wichtig, »nicht Wesensallgemeinheit (wie man es gewöhnlich tut) selbst als Notwendigkeit zu bezeichnen« (Husserliana Bd. III, S. 19).

Eine jede inadäquate Intuition weist über sich leer hinaus, mit der Maßgabe, diese Leere selber zur Gegebenheit (Intuition) zu bringen. Dies gilt insbesondere von der eidetischen Intuition. Die Wesenserschauung unterscheidet sich wesentlich dadurch von der Ostension, daß die Leerintention ihre Bestimmtheit in der Gattung *(Region)* hat und *als Art* der Region zur Gegebenheit kommt. Eine jede Art zeigt eine offene unendliche Möglichkeit von Weiterbestimmungen an, »einen Spielraum apriorischer Möglichkeiten« (Erfahrung und Urteil, S. 32). Anzeige, »Voraussicht« meint nach *Husserl Induktion* (vgl. Husserliana Bd. VI, S. 51). *Husserl* nimmt unter diesem Titel die Aristotelische Epagogé auf[5]. Intuition gründet in der Induktion; genauer: das unmittelbare Gewahren ist ⟨7⟩ noetische Intuition, wenn es seine Bedingung innerhalb seiner hat, und zwar als *Induktion*.

Die Epagogé des *Aristoteles* führt von dem für uns Bekannten zum an sich Bekannten (An. post. I 2, 71 b / 72 a). Die Veränderung der Aristotelischen Epagogé zeigt sich darin, daß in der Phänomenologie die Intuition *subjektives Vermeinen* ist. Das *an sich* Bekannte ist in der Induktion *für uns* (intuitiv), das Vorausgesetzte ist Leitfaden des Setzens. Das regionale Wesen ist an sich bekannt, insofern die Region vollständig bestimmt ist. *Husserl* schreibt, daß gewisse Wesen »in einer schlichten *abgeschlossenen* Erscheinung nur ›einseitig‹ im

Nacheinander ›mehrseitig‹ und doch nie ›allseitig‹ gegeben sein können« (Husserliana Bd. III, S. 14). Insofern die Erscheinung einseitig bestimmt ist, verweist sie leer auf anderes; eine solche Intention kann sich *im Falle enttäuschen.* Die Region ist aber *vollständig* bestimmt (abgeschlossen), d. h. was auch immer im Fortgang einer bestimmten Induktion im Rahmen der Region sich vollziehen mag, so steht doch vorweg schon fest, daß das im Fortgang der Induktion sich Zeigende entweder der Region zugehörig ist (daß die Induktion sich im Rahmen der Region erfüllt) oder daß es der Region nicht zugehörig ist (daß die Induktion sich enttäuscht). Wesensnotwendigkeit ist damit nicht nur Besonderung des Allgemeinen, sondern die Bestimmtheit einer jeden möglichen Besonderung, die *Bestimmtheit der Induktion,* und zwar als Vollständigkeit. Allein die *Vollständigkeit* verbürgt ⟨7a⟩ noetische Intuition.

Die Region ist das *An sich* einer fortsetzbaren Induktion. Sie ist der *Horizont* möglicher Ideationen. Eine jede Region setzt aber als Horizont schon einen Horizont voraus, der selber nicht mehr Region ist, sondern von dem her allererst Regionen als Horizonte möglich werden. Dieser Horizont ist der *Welthorizont;* er ist in einer jeden Region *mitgesetzt.* Insofern er nur mitgesetzt ist, ist er nicht selber im Thema; er kommt als Mitgesetzter weder adäquat vor den Blick noch ist sein nicht Nichtseinkönnen erwiesen. Das Wesen ist *in eidetischer Intuition* nur *als Besonderung* und als Bestimmtheit einer jeden möglichen Besonderung der vorausgesetzten Region apodiktisch; die mitgesetzte Welt ist aber in eidetischer Intuition keineswegs *apodiktisch gewiß.* In Epoché zur Welt zeigt sich das nicht Nichtseinkönnende *ego-cogito-cogitatum.* Das Ich schaut sich selbst als *ego-cogito-cogitatum* zu. Intuition ist daher ⟨8⟩ das Geschehenlassen (Zuschauen) und unmittelbare Aufnehmen des *ego-cogito-cogitatum;* sie ist *transzendentale Intuition.* Die transzendentale Intuition ist nach *Husserl* apodiktisch gewiß, aber nicht adäquat, da das *ego-cogito-cogitatum* strömendes Bewußtseinsleben ist, so daß das zum Gegenstand der transzendentalen Intuition werdende Ich immer schon ein vergangenes und nie das eigentlich präsente (originäre) Ich ist. *Husserl* bemühte sich später, die apodiktische Evidenz zur Adäquation zu bringen, und zwar als *lebende Gegenwart,* d. h. als Einheit von stehender Identität in der strömenden Selbstobjektivation (Zeitigung)[6].

9. *Husserls* Bestimmung der »Lebendigen Gegenwart« bleibt im Dunkel. Man geht aber sicherlich nicht fehl, wenn man in dem Husserlschen Entwurf eine Kritik der *intellektuellen Anschauung* im Sinne *Fichtes* oder *Schellings* sieht. In Ansehung der Bestimmung der noetischen Intuition als intellektueller Anschauung sind jedenfalls drei Momente kritisch hervorzuheben:

(a) Nach *Fichte* und *Schelling* ist das Ich als *absolutes von vornherein* allgemein. Nach *Husserl* ist die Allgemeinheit des Ich hingegen allererst aus dem jemeinen transzendentalen Ego zu konstituieren (s. o.).

(b) Das Bewußtsein fungiert nach *Husserl* nicht nur zeitlich, sondern es ist selber *Zeitlichkeit.* Selbst die Gegenwärtigkeit ist ein Modus der Zeit. *Husserl* ist der Überzeugung, »daß alle Konstitution jeder Art und Stufe eine Zeitigung ist..., während erst durch die allumspannende universale Synthesis, in der Welt konstituiert wird, alle diese Zeiten ⟨= die vielfältigen Zeitigungen⟩ synthetisch zur Einheit einer Zeit kommen« (Husserliana Bd. VI, S. 172). Die intellektuelle Anschauung ist hingegen nach *Schelling* »ein geheimes, wunderbares Vermögen, uns aus dem Wechsel der Zeit in unser Innerstes, von allem, was von außen her hinzukam, entkleidetes Selbst zurückzuziehen, und da unter der Form der Unwandelbarkeit das Ewige in uns anzuschauen« (Briefe über Dogmatismus u. Kritizismus, 8; Werke I, S. 318 f.). *Fichte* bestimmt die intellektuelle Anschauung: »Dieses dem Philosophen angemutete Anschauen seiner selbst im Vollziehen des Aktes, wodurch ihm das Ich entsteht, nenne ich intellektuelle Anschauung. Sie ist das unmittelbare Bewußtsein, daß ich handele und was ich handele; sie ist das, wodurch ich eben weiß, weil ich es tue« (2. Einl. in die Wissenschaftslehre (1797), Werke I, S. 463). Das Anschauen meiner selbst im Vollziehen des Aktes (= transzendentale Intuition), wodurch das Ich entsteht, ist nach *Husserl* vielmehr *Zeitigung* (s. u.).

(c) *Kant* hat die Voraussetzung benannt, unter der der Idealismus im Unterschied zur Phänomenologie *Husserls* die Intuition bestimmt. Nach *Kant* ist unser Verstand ein diskursiver und nicht ein intuitiver. Unser Verstand geht vom »analytisch Allgemeinen (von Begriffen) zum Besonderen (der gegebenen empirischen Anschauung)«. »Nun können wir uns aber auch einen Verstand denken, der, weil er nicht wie der unsrige diskursiv, sondern intuitiv ist, vom Synthetisch Allgemeinen (der Anschauung eines Ganzen, als eines solchen) zum Besonderen geht...« (Kritik der Urteilskraft B 349/350). Die Möglichkeit eines intuitiven Verstandes vermögen wir zwar nicht einzusehen, dennoch »muß ... die Idee von einem anderen möglichen Verstande, als dem menschlichen, zum Grunde liegen«. Wir müssen »eine andere mögliche Anschauung in Gedanken haben«, »wenn die unsrige als eine besondere Art, nämlich die, für welche Gegenstände nur als Erscheinung gelten, gehalten werden sollte« (Kritik der Urteilskraft B 349/350). *Husserl* bestimmt hingegen die Eigenart des menschlichen Verstandes gerade so, daß wir nicht »eine andere mögliche Anschauung ⟨eine göttliche als Grenzbegriff⟩ in Gedanken haben«. Die Transzendenz Gottes ist in Ansehung der Bestimmung der transzendentalen Intuition vielmehr auszuschalten (Husserliana Bd. III, S. 138 ff.).

Die Phänomenologie der Göttinger wie Münchener Schule bestimmte den Verstand als einen intuitiven im ausdrücklichen Gegensatz zum neuzeitlichen Subjektivismus. Der Verstand erschaut nach diesen Schulen das Wesen der Sprache selbst. *Husserl* erkannte indes, daß der Gegenstand sich nach dem Denken richtet und nicht umgekehrt. Er wiederholte die kopernikanische Wende *Kants* (vgl. Die Pariser Vorträge, in: Bd. I, S. 8). Nach *Kant* ist das Denken auf anderes als zu Bestimmendes (auf Erscheinung) verwiesen, das nicht selber aus dem Ichdenke deduziert werden kann. Das andere ist *an ihm selbst* unbekannt; bekannt ist es nur *im Bestimmen*. Unser Denken ist auf das Bestimmen und das zu Be-

stimmende, die Erscheinung, *eingegrenzt.* Das zu Bestimmende ist an ihm selbst »ein Etwas = x, wovon wir gar nichts wissen« (Kritik der reinen Vernunft A 280). Andererseits müssen wir ein Begrenzendes, eine Grenze, ein Ding an sich denken, wenn wir das Ding an sich auch nicht erkennen, denn »sonst würde der ungereimte Satz daraus folgen, daß Erscheinung ohne etwas wäre, was da erscheint« (Kritik der reinen Vernunft B XXVI). Auch nach *Husserl* ist das Denken zunächst und zumeist auf anderes verwiesen, das aus dem Denken nicht deduziert werden kann; es ist auf die Erscheinung *(= mundus sensibilis)* eingegrenzt. Das zu Bestimmende ist an ihm selbst ein Etwas = x, wovon wir in solchem Bestimmen gar nichts wissen, denn die Welt *(= mundus intelligibilis)* ist in einem solchen Bestimmen nur *mitgesetzt* (vgl. *Husserliana* Bd. II, S. 57ff.).
Nach *Kant* erfährt die Erscheinung ihre fortgesetzte Bestimmung seitens des Ich-denke und seiner Kategorien – diesseitig der Grenze. Das andere kann daher nur das Material sein, angesichts dessen das Denken einzig *diskursiv* fungiert. Die transzendentale Bedingung, daß sich der Gegenstand nach dem Denken richtet, gründet hingegen nach *Husserl* darin, daß ein jedes etwas »›etwas‹ aus der Welt, der uns ständig als Horizont bewußten« (Husserliana Bd. VI, S. 146) ist. Der Horizont ist zunächst und zumeist als Grenze, daher nicht an ihm selbst, gewußt; er ist bekannt, aber nicht erkannt, d. h. er *ist* als X fortzusetzender Bestimmungen, in der Weise, daß diese sich im Fall erfüllen oder nicht erfüllen. Im Fall ist der Horizont *intuitiv* vorstellig, nämlich dann, wenn er sich in Ansehung einer Bestimmung erfüllt. Gegenbegriffe sind daher nach der Phänomenologie nicht diskursiv – intuitiv, sondern Leerbewußtsein – erfülltes (intuitives) Bewußtsein. Der Horizont fungiert nach *Husserl* zunächst und zumeist als Grenze fortzusetzender Bestimmungen. Diese Seinsweise wird eine *mundane* genannt. Die Differenz der Seinsweise eines Objektes in der Welt und der Welt selbst begründet eine Differenz zweier Bewußtseinsweisen; von der mundanen ist die *transzendentale* unterschieden. Da der Welthorizont aber nur im Sonderbewußten aktuell ist, ist die Subjektivität Endlichkeit. Die noetische Intuition ist ⟨9⟩ die *Sichtweise des endlichen Subjekts.* Unter dieser Voraussetzung entfällt die Konstruktion einer absoluten intellektuellen Anschauung.

10. *Husserl* versucht, in Ansehung des formalistischen Aufbaus der gegenwärtigen Wissenschaften, Grundzüge der Aristotelischen Wissenschaftsbegründung zu bewahren. Um den Sinn der logischen Intuition zureichend bestimmen zu können, sind folgende Gesichtspunkte festzuhalten:
(a) Bei jeder Definition eines Begriffs muß etwas als bekannt vorausgesetzt werden, mittels dessen definiert wird. Dieses kann seinerseits wieder definiert sein; schließlich wird man beim weiteren Rückgang etwas anerkennen, das undefinierbar ist. Entsprechend sind die Grundsätze, in denen die Grundbegriffe enthalten sind, nicht mehr auf weiteres zurückführbar. Dies ist die gemeinsame Basis von *Aristoteles* und dem Formalismus *(Hilbert).*

(b) Nach *Aristoteles* wie *Husserl* und *Frege* sind Grundbegriffe wie Grundsätze nicht nur nicht auf weiteres zurückführbar, sondern sie sind auch »die Urbausteine der Wissenschaft«, die »wie im Keime deren ganzen Inhalt« enthalten[7]. Nach *Aristoteles* sind darüber hinaus die Grundsätze wahrer als das aus ihnen Hergeleitete. Er erklärt diese Eigenschaft auf folgende Weise: »Denn stets hat ein Ding, um dessentwillen ein anderes Ding eine bestimmte Eigenschaft hat, diese Eigenschaft in einem höheren Grade, wie z. B. ein Ding, um dessentwillen wir irgend etwas anderes lieben, uns in einem höheren Grade lieb ist« (An. post. I 2, 72 a 29 f.). *Scholz* wendet gegen diese These ein: »Der Evidenzbegriff, sofern er für die moderne Axiomatik überhaupt existiert, ist ebensowenig steigerungsfähig wie der Wahrheitsbegriff«[8]. Er vertritt in diesem Zusammenhang die These des Formalismus, wenn er behauptet, »daß der definitive Verzicht auf das Aristotelische Evidenzpostulat zugunsten des scharf formulierbaren Postulates der Widerspruchsfreiheit einer der wichtigsten Schritte ist, den die neuere Axiomatik über Aristoteles hinaus getan hat«[9]. Der Formalismus hat die noetische Intuition aufgegeben.

(c) Voraussetzung der Aristotelischen These ist die natürliche (hierarchische) Rangordnung der Begriffe. In der neuzeitlichen Philosophie tritt an die Stelle der hierarchischen Ordnung eine horizontale Verweisung. So schreibt *Frege* bezüglich seiner »Begriffsschrift«: »Es liegt nahe, die zusammengesetzteren dieser Urteile aus einfacheren abzuleiten, nicht um sie gewisser zu machen, was meistens unnötig wäre, sondern um die Beziehungen der Urteile zueinander hervortreten zu lassen. Es ist offenbar nicht dasselbe, ob man bloß die Gesetze kennt, oder ob man auch weiß, wie die einen durch die anderen schon mitgegeben sind. Auf diese Weise gelangt man zu einer kleinen Anzahl von Gesetzen, in welchen, wenn man die in den Regeln enthaltenen hinzunimmt, der Inhalt aller, obschon unentwickelt, eingeschlossen ist«[10]. Auch nach *Husserl* ist die Region Horizont möglicher Verweisungen.

Frege weist jedoch den Formalismus zurück: Aus der Wahrheit der Axiome folgt nach ihm, daß sie sich nicht widersprechen; *Hilbert* hingegen lehrt, daß, wenn die Axiome »einander nicht widersprechen mit sämtlichen Folgen«, sie wahr sind und die durch die Axiome definierten Dinge existieren[11]. *Frege* beruft sich jedoch nicht auf eine unvermittelt unmittelbare Einsicht. Die Grundbegriffe müssen nach ihm als »Einfaches, nicht weiter Auflösbares anerkannt werden«. Das Einfache wird im Ringen mit der Sprache gewonnen. Es ist nicht »von vornherein gegeben, sondern wird erst durch wissenschaftliche Arbeit gewonnen«. *Frege* ist zudem behutsam: Das Vorausgesetzte ist einfach »oder muß bis auf weiteres als einfach gelten«[12].

(d) *Husserl* fragt nicht nur nach der formalen Geschlossenheit von Gesetzen in vorausgesetzten Gesetzen als Axiomen, sondern auch nach der Begründung der Axiome durch *Epagogé*. Sind die Grundbegriffe (und Axiome) nicht in einem bestimmten Sinn als einfach zu begreifen? Zwei Momente sind bedeutsam:

(α) Die Art ist in der Region intuitiv beschlossen. Eine jede Art weist in Leere auf eine andere. Die Vorderseite des Dinges z. B. weist in Leere auf die Rückseite. Dieser Hinweis auf diese Seite ist zwar faktisch, er ist aber als dieser nur ein *Fall einer Handlungsmöglichkeit;* er ist Exempel. »Das Eidos, das *reine Wesen,* kann sich intuitiv in Erfahrungsgegebenheiten ... exemplifizieren« (Husserliana Bd. III, S. 16). Die Intuition ist ⟨10⟩ *exemplarisches Handeln.*

(β) Die Region ist selber *Horizont. Husserl* erkennt in seinem Spätwerk, daß der Horizont *Distinktionsbasis,* d. h. Grenze *(limes),* ist, in Ansehung derer Unterscheidungen und fortgesetzt Unterscheidungen statthaben. *Husserl* hat in der Spätzeit seine These vornehmlich am Exempel der euklidischen Geometrie entwickelt (vgl. Husserliana Bd. VI, S. 21ff.). *Dinglers* und *Lorenzens* Begründung der Axiome der euklidischen Geometrie kommen in den Grundzügen mit der Grundlegung *Husserls* überein. Der Horizont der euklidischen Geometrie ist als »geometrische Idee«[13] gesetzt, d. h. als Vollkommenheit gegenüber unvollkommenen, aber fortgesetzt zu vervollkommnenden räumlichen Gegebenheiten. *Lorenzen* fragt: »Müssen diese ⟨die Grundbegriffe der euklidischen Geometrie⟩ nun bloß als undefinierte Grundbegriffe innerhalb einer axiomatischen Theorie fungieren?« *Lorenzen* antwortet: »Hier setzt der neue Gedanke *Dinglers* ein: Diese Grundbegriffe sind nicht bloß irgendwelche Grundbegriffe, sie sind vielmehr als räumliche Formen durch gewisse Homogenitäten charakterisierbar. Was hier Homogenität (*Dingler* spricht statt dessen von Symmetrie) bedeutet, sei zunächst am Grundbegriff der Ebene erörtert. Wir gehen aus von dem vorwissenschaftlichen Begriff eines Körpers. Die Begrenzung eines Körpers wird von Flächen gebildet. Solche Flächen können eben oder uneben sein. Was heißt das? Nun, die Ebenheit ist dadurch zu charakterisieren, daß man keine Verschiedenheit bemerken kann. Eine ebene Fläche ist an jeder Stelle genauso wie an jeder anderen. Das trifft allerdings auch auf die Oberfläche einer Kugel zu. Bei einer Kugelfläche sind aber die beiden Seiten leicht zu unterscheiden, nämlich als konvex, bzw. konkav. Dies führt zu der folgenden Dinglerschen Charakterisierung der Ebene durch ein Prinzip der Homogenität: Eine Ebene ist eine Fläche, bei der alle Punkte (und beide Seiten) ununterscheidbar sind«[14]. Die Grenze ist hier gesetzt als das Ununterschiedene des Unterschiedenen, d. h. als Auflösbares, als *Einfaches.* Die These des phänomenologischen Intuitionismus ist auf solche Weise bewahrt und doch radikal verändert: Intuitiv sind die exemplarischen Handlungen, die ihre Bestimmtheit durch die Grenze erfahren. Die Grenze ist aber nicht unvermittelt unmittelbar Erstes; sie ist vielmehr *vermittelte Unmittelbarkeit.* Die Husserlsche These der Intuition als Wesenserschauung ist überwunden; andererseits hält *Husserl* auch in seinem Spätwerk an seiner Wesenslehre fest[15].

11. Die Intuition hat nach *Husserl* ihren Leitfaden in der *Zeitlichkeit.* Sie ist *im Falle* Erfüllung einer Intuition, d. h. die Intuition ist originäre Gegebenheit, Präsentation. Intuition ist ⟨11⟩ *Präsentation.* Die Präsentation ist *Darstellung an der Grenze;* sie hat ihre Bestimmtheit durch die Grenze. Wodurch hat aber

die Grenze ihre Bestimmtheit? Nach *Husserl* ist die *Gegenwärtigkeit* die Bestimmtheit der Grenze. Daß eine Intuition nicht adäquat ist, besagt: die Präsentation vergeht, doch so, daß sie als vergehende behalten, *retiniert* wird. Der Horizont *erhält sich*, da er als vergehender auf Künftiges weist, so daß im Vergehen das Künftige Gegenwart wird. Zukunft ist »künftige Gegenwart« (Husserliana Bd. VI, S. 172). Der Vorgriff auf das Künftige wird *Protention* genannt. Retention und Protention unterscheiden sich an der Grenze.
Die Intuition bestimmte sich als die Unmittelbarkeit, die ihre eigene Bedingung unmittelbar in sich enthält. Die Unmittelbarkeit ist die jeweilige *Präsentation*. Die Bedingung der Intuition ist die Induktion, insofern die Präsentation sich in der Induktion als künftige Gegenwart erhält. Die Intuition enthält ihre eigene Bedingung genau dann *unmittelbar* in sich, wenn die Grenze sich als Urquell (Urimpression) bestimmt, d. h. wenn sie als unvermittelt unmittelbarer Grund vermittelnd fungiert; vermittelnd fungiert sie als Induktion, als künftige Gegenwart. In der Retention und Protention verharrt die Gegenwärtigkeit als Urimpression. Intuition ist ⟨12⟩ *Urimpression.*

12. Ist aber Intuition möglich? Kann die Grenze als Grenze unvermittelt unmittelbar sein? *Hegel* erkannte bereits die Unwahrheit dieser These. Es sei das Jetzt und seine Bewegung aufgenommen. Nach *Hegel* gilt: »Es wird das *Jetzt* gezeigt, *dieses Jetzt. Jetzt;* es hat schon aufgehört zu sein – indem es gezeigt wird ...«[16] *Husserl* bemerkt: »Indem ein ... Jetzt auftritt, wandelt sich das Jetzt in ein Vergangen ...« (Husserliana Bd. X, S. 21). »Das Jetzt, wie es uns gezeigt wird, ist ein *Gewesenes* ...«[17] Das Gewesene ist nicht Jetzt. Es ist die *Negation* der Gegenwärtigkeit. Die Gegenwärtigkeit ist daher nicht ein Quellpunkt unmittelbarer Impression, wie *Husserl* meint; sie ist vielmehr Negation der Negation. Grenze ist *vermittelte Unmittelbarkeit;* sie ist nicht wie bei *Husserl* Unmittelbarkeit als Vermittelndes, Vorausgesetztes, das nicht selber vermittelt, gesetzt ist. Die Grenze ist vielmehr vorausgesetztes Gesetztes und gesetztes Vorausgesetztes. Sein ist nach *Hegel* nicht unvermittelt unmittelbares Erstes, sondern Einfaches, *Resultat*[18].
Nach *Husserl* wie *Hegel* ist die Grenze *vollständige Disjunktion:* die Protention ist umgekehrte Retention. Ist die Grenze nicht vielmehr Protention? Als vollständige Disjunktion unterschlägt sie Distinktionsmöglichkeiten. Ist die Grenze selber Protention, so ist die Präsentation *vergehende Protention.* Die Präsentation erfolgt selber aus einem Vorgriff; das fortgesetzte Präsentieren ist anläßlich eines bestimmten Iterierens des Vorgriffs dann wohlbestimmt[19]. Nach *Brouwer* nimmt die Mathematik in der Zeitsukzession ihren Anfang, und zwar insofern, als die Zeit die Zahlenreihe ermöglicht.

ANMERKUNGEN

[1]) *H. Scholz,* Mathesis universalis. Abhandlungen zur Philosophie als strenger Wissenschaft, hrsg. von H. Hermes, F. Kambartel und J. Ritter, Basel 1961, S. 36. – [2]) Vgl. *G. W. F. Hegel,*

Wissenschaft der Logik, Bd. I (Philosophische Bibliothek Bd. 56), Leipzig 1951, S. 51–64. – [3]) *M. Heidegger,* Sein und Zeit, Tübingen [7]1953, S. 4. – [4]) *Scholz,* a.a.O., S. 34, Anm. 18. – [5]) Vgl. *G. Buck,* Lernen und Erfahrung. Zum Begriff der didaktischen Induktion, Stuttgart–Berlin–Köln–Mainz [2]1969, S. 28–46 und 55–72. – [6]) Vgl. *K. Held,* Lebendige Gegenwart, Den Haag 1966, S. 118–137; vgl. *Th. Seebohm,* Die Bedingungen der Möglichkeit der Transzendentalphilosophie, Bonn 1962, S. 113–130. – [7]) *G. Frege,* Über formale Arithmetik, in: Kleine Schriften, hrsg. von I. Angelelli, Darmstadt 1967, S. 104. – [8]) *Scholz,* a.a.O., S. 35. – [9]) *Scholz,* a.a.O., S. 36/37. – [10]) *G. Frege,* Begriffsschrift. Eine der arithmetischen nachgebildete Formelsprache des reinen Denkens, Halle 1879, S. 25. – [11]) *D. Hilbert,* Brief an Frege von 1899 oder 1900, zitiert nach: J. M. Bochenski, Formale Logik, Freiburg–München 1956, S. 14. – [12]) *G. Frege,* Über Begriff und Gegenstand, in: Kleine Schriften, hrsg. von I. Angelelli, Darmstadt 1967, S. 167. – [13]) *P. Lorenzen,* Das Begründungsproblem der Geometrie als Wissenschaft der räumlichen Ordnung, in: Methodisches Denken, Frankfurt 1968, S. 129. – [14]) *Lorenzen,* a.a.O., S. 128/129. – [15]) Vgl. *L. Eley,* Die Krise des Apriori in der transzendentalen Phänomenologie Edmund Husserls, Den Haag 1952, S. 40–43. – [16]) *G. W. F. Hegel,* Phänomenologie des Geistes (Philosophische Bibliothek, Bd. 114), Hamburg 1952, S. 85. – [17]) *Hegel,* Phänomenologie, a.a.O., S. 85. – [18]) *Hegel,* Logik, a.a.O., S. 54. – [19]) Vgl. *L. Eley,* Metakritik der formalen Logik. Sinnliche Gewißheit als Horizont der Aussagenlogik und elementaren Prädikatenlogik, Den Haag 1969, S. 323–356.

LITERATUR

G. W. F. Hegel, Phänomenologie des Geistes, Hamburg 1952.

G. W. F. Hegel, Wissenschaft der Logik, Bd. I, Leipzig 1951.

J. M. Bochenski, Formale Logik, Freiburg–München 1956.

G. Frege, Begriffsschrift. Eine der arithmetischen nachgebildete Formelsprache des reinen Denkens, Halle 1879 (Wiederabdruck Hildesheim 1964).

G. Frege, Kleine Schriften, hrsg. von I. Angelelli, Darmstadt 1967, S. 102–111 und 167–178.

M. Heidegger, Sein und Zeit, Tübingen [7]1953.

L. E. J. Brouwer, Mathematik, Wissenschaft und Sprache, in: Monatshefte für Mathematik und Physik, Bd. 36, Leipzig 1929, S. 153–164.

E. Husserl, Gesammelte Werke. Aufgrund des Nachlasses veröffentlicht vom Husserl-Archiv in Löwen unter Leitung von H. L. Van Breda (Husserliana), Den Haag seit 1950; Bd. I, Cartesianische Meditationen und Pariser Vorträge, Den Haag [2]1963; Bd. III, Ideen zu einer reinen Phänomenologie und phänomenologischen Philosophie. Erstes Buch, Den Haag 1950; Bd. VI, Die Krisis der europäischen Wissenschaften und die transzendentale Phänomenologie, Den Haag 1954; Bd. X, Zur Phänomenologie des inneren Zeitbewußtseins, Den Haag 1966.

E. Husserl, Logische Untersuchungen, Tübingen [5]1968.

E. Husserl, Erfahrung und Urteil. Untersuchungen zur Genealogie der Logik, redigiert und hrsg. von L. Landgrebe, Hamburg [2]1954.

H. Scholz, Mathesis universalis. Abhandlungen zur Philosophie als strenger Wissenschaft, hrsg. von H. Hermes, F. Kambartel und J. Ritter, Basel 1961.

P. Lorenzen, Methodisches Denken, Frankfurt 1968, S. 120–141.

Köln–Mainz [2]1969.

L. Eley, Die Krise des Apriori in der transzendentalen Phänomenologie Edmund Husserls, Den Haag 1952.

L. Eley, Metakritik der formalen Logik. Sinnliche Gewißheit als Horizont der Aussagenlogik und elementaren Prädikatenlogik, Den Haag 1969.

LOTHAR ELEY

KATEGORIE

1. Kategorien als Typen, Schemata der Aussage
2. Der kritische Sinn der Kategorie
3. Probleme der Kategorienidentifikation
4. Begründung der Kategorie als konstruierte Struktur möglicher Erfahrung
5. System, Vollständigkeit und Ableitbarkeit
6. Die Kategorie in Funktion: Operationalisierung des Verfahrens
7. Kategorienlehre als Propädeutik einer nicht-hermetischen Philosophie

1. Der Terminus Kategorie wurde von *Aristoteles* aus der griechischen Gerichtssprache, in der er die Bedeutung von Anklage besaß, in die philosophische Fachsprache übernommen und erhielt als *terminus technicus* zur Differenzierung verschiedener Aussagearten die Bedeutung Aussageschema bzw. Prädikationstypus (τὰ γένη τῶν κατηγοριῶν). »Nebenbei gesagt bedeutet der Singular ›Kategorie‹ ursprünglich ganz einfach Prädikat; aber der Plural ›Kategorien‹ konnte natürlich im Sinne von ›verschiedene Arten oder Formen von Prädikaten‹ benutzt werden; der vollständige aristotelische Ausdruck für das, was *wir* eine ›Kategorie‹ nennen, ist ›Art von Kategorie‹ oder ›Form von Kategorie‹«[1]. Als Typen möglicher Prädikation bezeichnen die von *Aristoteles* eingeführten Kategorien Aussageschemata, die voneinander abgegrenzt und unterschieden werden müssen, um Mehrdeutigkeiten der philosophischen Argumentations- und Diskussionssprache, insbesondere in Verwendung des vieldeutigen »ist«, zu vermeiden.
Die von *Aristoteles* aufgezählten zehn Kategorien: Substanz (τί ἐστιν; οὐσία), Quantität (ποσόν), Qualität (ποιόν), Relation (πρός τι), Wo (ποῦ), Wann (ποτέ), Lage (κεῖσθαι), Haben (ἔχειν), Wirken (ποιεῖν), Leiden (πάσχειν)[2], bezeichnen »Gruppen ohne Verbindung gesprochener Worte« hinsichtlich ihrer Bedeutung als mögliche Bestandteile von Sätzen. Daß *Aristoteles* auf den Charakter »ohne Verbindung« (ἄνευ συμπλοκῆς) Wert legt, macht deutlich, daß es sich bei der Analyse der Kategorien nicht um eine Analyse von Urteilen, sondern von Satzgliedern für mögliche Urteile handelt. Während nämlich Aussagen (Urteile) daraufhin befragt werden müssen, ob sie wahr oder falsch sind, hat die Analyse von Prädikationstypen nichts mit Urteilswahrheit zu tun. Der für sie maßgebende Horizont ist nicht die Disjunktion wahrer oder falscher Aussagen, sondern die Differenz von Sinn und Unsinn. Darauf deuten schon die im ersten Kapitel der Kategorienschrift eingeführten Bestimmungen von Homonymie und Synonymie, wonach gleiche Deskriptionen für »Dinge«, die verschiedenen Kategorien angehören, als Äquivokationen zu beurteilen sind. Andererseits ergeben sich bei der Verwechslung etwa der Kategorien Qualität und Substanz Sinnlosigkeiten wie die, daß das Schöne selbst als schön, das Weiße selber als ein weißes Ding erscheint. In ihren wesentlichen Bestimmungen, etwa der Unterscheidung von essentiellen und akzidentellen Prädikationen oder der Vorrangstellung der οὐσία πρώτη, erweist sich die Aristotelische Kategorienlehre als In-

strument der Kritik eines täuschenden Wortgebrauchs, bzw. der Diagnose sinnloser Wortverbindungen. Indem sie den Begriff der Gattung von dem der Kategorie trennt – in jeder Kategorie können Gattungen von Arten und Individuen ausgesagt werden: essentielle Prädikation –, und indem sie alle nicht-substanziellen Kategorien auf die erste Substanz als auf dasjenige, was weder in einem Subjekt ist, noch von einem Subjekt ausgesagt wird, ursprünglich bezieht, entwickelt sie eine Vielfalt von Gesichtspunkten zur Analyse des in der Vorstellung des »Allgemeinen« liegenden Scheins und Hilfsmittel zu seiner Vermeidung. Mit der Unterscheidung der Funktion von Eigennamen bzw. definierter Beschreibungen von der Funktion allgemeiner Terme (Prädikatoren), die seither zum Grundbestand philosophischer Logik gehört, ist jedoch noch keineswegs, wie vielfach angenommen wird, eine ontologische Entscheidung getroffen, wird doch die Vermutung, als schließe die logische Vorrangstellung der ersten Substanz bereits inhaltliche Rangunterschiede der Substanzen selbst ein, durch *Aristoteles* implizite mit dem Hinweis widerlegt, daß der Begriff der ersten Substanz als solcher kein Mehr oder Minder zuläßt. »Ein bestimmter Mensch ist um nichts mehr Substanz als ein bestimmter Ochs«[3].

Günther Patzig hat in der Perspektive der modernen formalen Logik die Bedeutung der Aristotelischen Kategorienlehre, wonach *Aristoteles* die Differenz von singulären und allgemeinen Termen aufgewiesen und die allgemeinen Terme nach einstelligen und mehrstelligen differenziert habe, skizziert[4] und gleichzeitig deutlich gemacht, daß diese »Leistung« des *Aristoteles* über die von ihm verfolgte Intention keine zureichende Auskunft biete. Die eigentliche Absicht seiner Kategorienlehre liege vielmehr darin, »zu zeigen, daß ›ist‹ eine Reihe wesentlich verschiedener Funktionen in Sätzen haben kann, nicht nur eine, wie die Platoniker unterstellten. Er interessierte sich für die Vielzahl der Kategorien; es genügte ihm, daß er wenigstens zehn aufweisen konnte. Demgegenüber scheint es von untergeordneter Bedeutung, daß er später der Meinung zuneigte, diese zehn Kategorien könnten ausreichen, um alle verschiedenen Funktionen von ›ist‹ zu erfassen«[5]. Wenngleich in dieser Auskunft der unmittelbar kritische Sinn der Aristotelischen Kategorienlehre vergleichsweise eingeschränkt zu sein scheint, widerspricht sie doch nicht der von *Ernst Kapp* aus einer Analyse der Aristotelischen Topik eruierten ursprünglichen Funktion des Kategorienverzeichnisses, »vor Trugschlüssen und Irrtümern zu schützen, die aus ähnlichen sprachlichen Formen verschiedener Aussagen entstehen konnten«[6]. Überdies hebt auch *Kapp* hervor, daß *Aristoteles* selbst beim späteren Gebrauch der Kategorien im Zusammenhang metaphysischer Diskussionen das erste Opfer der Illusion geworden sei, »daß die zehn Gruppen von Kategorien von Anfang an dazu bestimmt gewesen wären, und ohne Bedenken oder weitere Untersuchung dazu verwendet werden könnten, den Gesamtbereich der möglichen Bedeutung von einzelnen Wörtern zu erfassen«[7].

Sowohl *Patzig*, wie früher schon *Kapp*, verweisen damit zugleich auf ein Desiderat der Aristotelischen Philosophie wie auf ein entscheidendes Problem einer

Theorie der Kategorien. Dies ändert nichts daran, daß die Aristotelische Kategorienlehre mit Recht als ein maßgeblicher Versuch der Analyse zu gelten hat, der die für philosophische Diskussionen unverzichtbaren Grundstrukturen menschlicher Rede entwickelt und Grundbedeutungen von Worten herausarbeitet, deren Vernachlässigung noch vor aller inhaltlichen, thematischen Diskussion über die Prinzipien des Wirklichen sinnvolles Reden unmöglich macht. Dennoch steht mit der fehlenden Vollständigkeit der Kategorien zugleich das Problem ihrer Rechtfertigung auf dem Spiel. Beanspruchte Vollständigkeit setzt ein Prinzip der Analyse voraus, das es erlaubt, genau diejenigen Aussageschemata zu entwickeln, die alle möglichen Bedeutungen umfassen, so daß zu jedem Ausdruck genau eine Kategorie angegeben werden kann, zu der er gehört. Damit ist zugleich gefordert, daß sich Kategorien nicht überschneiden dürfen. Denkt man hierbei an die Ungenauigkeiten in der Aristotelischen Fassung von Qualität und zweiter Substanz bzw. an die Überschneidungen von Qualität und Relation oder Quantität und Ort bzw. Zeit, so erscheint die von *Aristoteles* in metaphysischen Erörterungen implizit in Anspruch genommene Vollständigkeit seiner Kategorien nicht nur fragwürdig, sie läßt vielmehr vermuten, daß seine Kategorienanalyse lediglich faktischer Natur ist. In diesem Zusammenhang ist die Vermutung einer ontologisch-bedeutsamen Präokkupation allerdings nicht von der Hand zu weisen: Die Frageschemata der Kategorien beziehen sich ausschließlich auf ein Einzelding, im besonderen auf ein menschliches Individuum. Mit welchem Recht aber bilden diese Fragen den Grundriß aller möglichen Bedeutungen? Als Standardfragen an jedes auftretende Seiende (τόδε τι) bestimmen die Kategorien einen Bereich möglicher Antworten. Was berechtigt aber dazu, so und nicht anders zu fragen? Sind denn die Fragen selbst hinreichend distinkt, sind sie vernünftig, sind sie selbst dem Wirklichen, worauf sie sich beziehen, angemessen?

Weder im Rahmen seiner Kategorienlehre noch anderswo gibt *Aristoteles* darauf eine direkte Antwort. Indirekt allerdings läßt sich aus der Gesamtkonzeption der Aristotelischen Philosophie ein Hinweis entnehmen, in welcher Richtung die Lösung dieses Problems zu suchen ist[8]. *Vollrath* bestimmt in einer umfassenden Interpretation die Kategorien als »das im Logos von den Sachen selbst her zum Vorschein gebrachte Sein der Sachen selbst« und schließt seine Untersuchungen mit der These, »der Horizont des aristotelischen Denkens nicht nur im Umkreis der Kategorien, sondern überhaupt« sei »der Logos als Physis, d. h. als das in der Sprache dem Menschen sich anvertrauende Sein des Seienden«[9]. Diese Erwägungen verweisen mit Recht auf die bei *Aristoteles* implizit vorausgesetzte ursprüngliche Korrespondenz von Logos und Sein. In ihr läßt sich der Ort der Kategorien bestimmen und ihre Rechtfertigung als in der Offenbarkeit des Seins im Logos gegründet erkennen. Das im Logos offenbare Sein ermöglicht es, die faktischen Strukturen menschlicher Rede als Strukturen des vorliegenden Wirklichen zu begreifen und zu begründen. Die logischen Typen der Prädikation sind daher zugleich ontologische Prinzipien des Seienden, inso-

fern beide aus der Einheit des sich eröffnenden Seins hervorgehen. Ihr kritischer Sinn zur Ordnung vernünftigen Sprechens erscheint daher als gerechtfertigt. Ist er es aber wirklich?
Diese Lösung des Problems der Rechtfertigung hat doch nur solange Plausibilität, als die Offenbarkeitsthese nicht selbst als problematisch erkannt ist. Wie soll durch sie denn die Differenz von Sinn und Unsinn aufrecht erhalten werden können, die eine notwendige Voraussetzung des Kategorienbegriffs darstellt? Andererseits ist Offenbarkeit des Seins bestenfalls eine notwendige, nicht eine hinreichende Bedingung zur Abgrenzung bestimmter Kategorien. Obwohl diese Lösung daher nicht übernommen werden kann, erscheint für den Fortgang unserer Überlegungen gleichwohl zweierlei von Bedeutung: erstens zeigt sich, daß eine einseitige Lokalisierung des Kategorienproblems, sei es im Bereich der Logik (Denken), sei es im Bereich der Ontologie (Sein), vordergründig bleiben muß, wenn die Frage nach der Rechtfertigung gestellt wird. Obwohl Kategorien primär als Strukturen der in Argumentationen verwendeten Sätze zu thematisieren sind, sind sie doch, sollen sie Sinn stiften können oder repräsentieren, immer schon Formen des Wirklichen in der Sprache. Ihre Zuordnung zu einem der beiden Felder erscheint daher von vornherein als problematisch. Ihrem Topos nach sind Kategorien sonach Weisen der Vermittlung bzw. des Vermitteltseins von Sein und Denken. Diese Einsicht besagt indessen nichts über die Möglichkeit ihrer Rechtfertigung, sie beschreibt nur den »logischen Ort« der Kategorien selbst, und d. h. die Unterscheidung von Logik und Ontologie erweist sich für das Begründungsproblem als irrelevant. Zweitens zeigt sich an der Aristotelischen Kategorienlehre und ihrem weiteren philosophischen Kontext, daß ihre Funktion als kritisches Instrumentarium offensichtlich nicht ohne systematische Argumentation zureichend begründet werden kann. Kritische Instrumente lassen sich als solche nur durch Überlegungen rechtfertigen oder auch widerlegen, die in einem wie auch immer näher zu bestimmenden Sinn systematischen Charakter tragen. Das Problem der Vollständigkeit der Kategorien und ihre Rechtfertigung als eindeutige und gültige Schemata der Aussage erfordern mehr als eine bloß faktische Analyse des Denkens bzw. der Sprache. Aus dem Kontext der Aristotelischen Theorie der Kategorien läßt sich vermuten, daß die Unterscheidung von sinnlosen und sinnvollen Aussagen einen Vorgriff auf Strukturen der Vermittlung von Sein und Denken im Wissen notwendig macht, der seinerseits die Differenz von Sinn und Unsinn allererst begründet.

2. Eine erste Explikation dieser Vermutung führt indessen zu eigentümlichen Schwierigkeiten. Obwohl die kritische Funktion der Kategorien dem Anschein nach nur in einem systematischen Kontext gerechtfertigt werden kann, haben Kategorien jedoch selbst nichts unmittelbar mit ihm zu tun. Sofern nämlich systematische Überlegungen dem Kriterium von Wahr und Falsch unterstehen, setzen sie bereits voraus, daß ihre Thesen gemäß den Kategorien überhaupt Bedeutung beanspruchen können. Der Kategorienbegriff scheint daher eine von ihnen un-

abhängige Bedeutung und Funktion zu besitzen. Es ergibt sich die folgende paradoxe Situation: Sätze über Kategorien, die ihre Brauchbarkeit begründen sollen, müssen selber bereits kategorial wohlgeformt sein. Sind sie aber kategorial wohlgeformt, so können sie die Funktion der Kategorie höchstens bestätigen, jedoch nicht begründen. Sind sie nicht kategorial wohlgeformt, so können sie als sinnlose Sätze überhaupt nichts begründen. Daraus scheint zu folgen, daß die kritische Funktion und der Stellenwert der Kategorie in gewisser Weise autonom und unabhängig von systematischen Überlegungen begründbar sein müssen. Ein Versuch in dieser Richtung müßte sich jenes Mediums vergewissern, in dem Kategorien fungieren. Will man nicht vorweg schon metaphysische Hypothesen einführen, so kann dieses Medium zunächst nichts anderes als die menschliche Sprache sein, in der die Kategorien möglichen Nonsens diagnostizieren lassen.

Anhand der Aristotelischen Kategorienformulierungen läßt sich nun zeigen, daß Nonsens in der Sprache immer dann entsteht, wenn auf bestimmte Fragen so geantwortet wird, als wäre eine andere Frage gestellt worden. Antwortet jemand auf die Frage »Wer war Sokrates?«: »Er war ca. 76 kg schwer« oder »Sokrates ist auf dem Markt«, so verwechselt der Antwortende die Kategorie der Substanz mit den Kategorien der Quantität bzw. des Ortes und produziert nicht falsche Urteile, sondern einen Zusammenhang von Frage-Schema und Antwort-Schema, der weder wahr noch falsch ist. Kategorienverwechslungen erzeugen nicht widersprüchliche Aussagen, sondern Nonsens. Die Kategorientheorie hat also primär zu tun mit der möglichen Kombinatorik von Ausdrücken einer Sprache. Je nach Ansatzpunkt diagnostiziert sie sprachlichen Unsinn als Bedeutungsverwechslung *(Husserl)*, Sphärenvermengung *(Carnap)*, Typenfehler *(Russell)* oder Kategorienfehler *(Ryle)*. Zu beachten ist dabei allerdings, daß erstens die an der Sprache orientierten Kategorienlehren in gewisser Weise abhängig sind von dem faktisch der Analyse zugrunde liegenden Sprachsystem, und zweitens die verschieden motivierten Kategorientheorien nicht nur zu verschiedenen Kategorienbegriffen (Bedeutungskategorien, Typen, Sphären, Antwortklassen) sondern je nach Ansatz auch zu einer gelegentlich unüberschaubaren Anzahl von einzelnen Kategorien führen.

Andererseits ist auch der Begriff des Nonsens noch zu differenzieren: nicht jede grammatikalisch intakte Wortverbindung schließt Unsinn aus. Der Satz »meine orangefarbenen Ideen sind schlafen gegangen« entspricht allen Regeln der Syntax, ohne daß man ihn ohne weiteres schon darum als sinnvoll bezeichnen könnte. Das Problem der Kategorie führt daher bei Berücksichtigung der doppelten Bedeutung von »Nonsens« notwendigerweise zur Unterscheidung syntaktischer und semantischer Kategorien, von denen *Chomsky* nachzuweisen versuchte, daß sie sich bei natürlichen Sprachen nicht aufeinander zurückführen lassen; während für künstliche, d. h. konstruierte Sprachsysteme allgemein ihre Identität angenommen wird. Syntaktische Kategorien lassen sich definieren als jene Klassen von Ausdrücken, die in Sätzen ausgetauscht werden dürfen, ohne daß die syntaktische Wohlgeformtheit zerstört wird. Semantische Kategorien hingegen bezeichnen Klassen austauschbarer Ausdrücke, die bei Einsetzung in entsprechende Kontexte die Bedeutungsstruktur nicht verändern. Aus diesen Bestimmungen von Kategorie ergeben sich, wie es scheint, handhabbare Verfahren zu ihrer Identifikation.

3. Zunächst aber ist die Frage zu klären, ob sich Kategorien als Klassen austauschbarer Ausdrücke streng bestimmen lassen. Danach gehören zwei Ausdrücke der gleichen syntaktischen bzw. semantischen Kategorie an, wenn sie in verschiedenen Kontexten ohne Veränderung der Wohlgeformtheit *(well-formedness)* bzw. der Bedeutungsstruktur *(meaning-fulness)* wechselseitig austauschbar sind. Umgekehrt gilt, daß Ausdrücke, die unter den genannten Bedingungen nicht austauschbar sind, zu verschiedenen Kategorien zu zählen sind. Je nach spezieller Kategorientheorie führt eine Kategorienverwechslung daher zu absurden Konsequenzen, im spezifischen Fall *(Russell)* zu logischen Paradoxien. Obwohl *Russells* Intention einer Vermeidung des *circulus vitiosus* nicht koextensiv identisch ist mit derjenigen *Ryles*, lassen sich beide jedoch hinsichtlich des Verfahrens der Kategorienfindung aufeinander wie auch auf *Aristoteles* beziehen. Nehmen wir ein Beispiel aus den »Analytica Posteriora« (83 a 30ff.) des *Aristoteles*, um die gemeinsame Intention zu verdeutlichen: »die Farbe Weiß ist weiß« ist nach der Aristotelischen Lehre ein Kategorienfehler, der auf der Verwechslung der Kategorien Qualität und Substanz beruht. In gleicher Weise erweist sich dieser Satz als Verwechslung logischer Typen, kann er doch umformuliert werden zu dem äquivalenten Satz: »die Klasse der weißen Gegenstände ist selber ein weißer Gegenstand«. Stimmen hierbei *Aristoteles* und *Russell* direkt überein, so läßt sich andererseits unschwer ein analoges Beispiel bei *Ryle* anführen: »wenn zwei Ausdrücke zur selben Kategorie gehören, dann ist es zulässig, durch Konjunktionen verbundene Sätze zu bilden, die diese Ausdrücke enthalten. Ein Käufer kann z. B. sagen, er habe einen rechten und einen linken Handschuh gekauft, aber nicht, er habe einen linken Handschuh, einen rechten Handschuh und ein Paar Handschuhe gekauft«[10]. Identisches Prinzip der Feststellung von Kategorien ist die Tatsache, daß aus einer Satz-Konjunktion von Ausdrücken verschiedener Kategorien sich absurde Konsequenzen ergeben. Verschiedene Kategorien sind darum nicht in Sätzen konjungierbar, Ausdrücke, die zu verschiedenen Kategorien gehören, nicht ersetzbar.

Das Prinzip der Austauschbarkeit *(interchangeability)* in Kontexten *salva beneformatione* bzw. *salva significatione* ist jedoch, obwohl es sich zur Auffindung und Identifikation von Kategoriendifferenzen in vergleichsweise harmlosen Paradigmen menschlicher Rede eignet, nicht unproblematisch. Es erlaubt nämlich eine exakte Unterscheidung von Ausdrücken und ihre Klassifizierung unter wohlunterschiedene Kategorien nur dann, wenn es sich um Austauschbarkeit in allen möglichen Kontexten handelt. Diese Totalität möglicher Kontexte ist indessen gerade einer ausschließlich linguistischen Analyse nicht zugänglich. Das

Prinzip der Austauschbarkeit schließt, soll es sinnvoll angewandt werden können, eine totalisierende Generalisation über alle Kontexte *(Husserl, Leśniewski)* ein, wonach gelten soll: sind zwei Ausdrücke austauschbar in irgend einem Kontext, so müssen sie es in allen Kontexten sein. *Carnap* und *Bar-Hillel (Chomsky)* wandten mit Recht ein, daß die Anwendung dieses Prinzips auf natürliche Sprachen nicht nur eine willkürliche Einschränkung freier Ausdrucksbildung, sondern ebenso eine selbstzerstörerische Vermehrung von Äquivokationen hervorruft *(an intolerable and self-defeating proliferation of homonymies*[11]*)*. Dies hat zur Folge, daß das Prinzip der Austauschbarkeit höchstens für Sprachen mit besonders einfacher Struktur Geltung beanspruchen kann. Geht man davon aus, daß die Sprache der philosophischen Reflexion, obgleich vermutlich nicht koextensiv mit natürlichen Sprachen, jedenfalls nicht die einfache Struktur der hier geforderten Sprache besitzt, so ergibt sich die Konsequenz, daß das Prinzip der Austauschbarkeit nicht als Basis einer logischen Grammatik für philosophische Reflexion dienen kann.

Das durch linguistische Analysen nahegelegte Konstruktionsverfahren zur Kategorienidentifikation erweist sich daher für eine philosophische Kategorienlehre als nicht durchführbar. Eine logisch-linguistische Theorie der Kategorienfindung und -bestimmung muß unter dieser Voraussetzung als unmöglich erscheinen. Die Konsequenz kann also nicht lauten: Rekurs auf Umgangssprache, sondern allenfalls Versuch einer Festlegung jenes allgemeinen Kontextes (seiner Struktur nach), der philosophisches Argumentieren bestimmt. Der Aufweis eines der Philosophie entsprechenden Kontexts läßt sich aber weder mit logisch-analytischen, noch mit linguistischen Mitteln in Angriff nehmen; er wäre, wofern überhaupt möglich, ein Problem erkenntniskritischer bzw. erkenntnistheoretischer Art. Es scheint, daß Kategorien bestenfalls in einer Theorie der menschlichen Erkenntnis, die gleichzeitig alle möglichen Kontexte der philosophisch relevanten, und d. h. auf Erkenntnis dessen, was ist, ausgerichteten Sprache bestimmt, und nicht in einer Analyse aller möglichen und unmöglichen Ausdrücke faktischen Sprechens aufgewiesen und begründet werden können. Nur im Rahmen von Erkenntnistheorie ließen sich auch das bereits angesprochene Problem der Vollständigkeit kategorialer Schemata zureichend stellen und der implizit normative Charakter der Kategorie, der ihre kritische Funktion allein rechtfertigen kann, begründen.

4. Die Bewältigung des Problems der Totalität sieht sich der Situation konfrontiert, daß eine Theorie der Kategorien nur im Hinblick auf eine eingeschränkte, und d. h. unter bestimmten Gesichtspunkten konstruierte Sprache durchgeführt werden kann. Generalisationen über alle Ausdrücke und Kontexte sind nur bei sukzessiv generierten, künstlichen Sprachen möglich. Kategorien wären dann konstruierte Grundstrukturen einer künstlichen Sprache. Damit ist noch nicht gesagt, welcher Art diese Sprache sein muß, d. h. welche Konstruktionsverfahren für sie in Anschlag zu bringen sind. Wie immer man Philosophie-Sprache,

die Fragen nach dem Wesen, nach dem Ganzen, nach Prinzipien, Bedingungen und Verhältnissen des Wirklichen muß enthalten können, bestimmen wird, als mögliche letzte Metasprache für alle Sprachtypen und Sprachstile, läßt sich ihre Affinität zur normalen (Umgangs-)Sprache nicht von der Hand weisen. Es entsteht daher die paradox anmutende Situation, daß zur Bewältigung des Kategorienproblems eine konstruierte Sprache nach Art der natürlichen Umgangssprache möglich sein muß. Wie aber läßt sich eine solche der natürlichen Sprache affine und doch eingeschränkte Sprache mit endlich vielen wohldifferenzierbaren Sprachmustern bestimmen? Die einzige Möglichkeit scheint darin zu bestehen, bestimmte Charaktere bzw. Wortgruppen innerhalb der Umgangssprache auszuzeichnen. So etwa wäre die Aristotelische Auszeichnung der Kategorie der Substanz gegenüber den Akzidenzien zu verstehen. Soll eine solche Profilierung des Sprechens nicht bloß faktisch, sondern nach einem irgendwie ausweisbaren oder sich selbst rechtfertigenden Prinzip aufgegriffen bzw. eingeführt werden, so ist allein ein erkenntnistheoretischer Ansatz in der Lage, ein gegenüber der Umgangssprache reduziertes Modell menschlicher Welterfahrung als der Dinge, über die wir nicht nur reden und denken, sondern die wir auch erkennen können, zu begründen. Eben deshalb ist das Kategorienproblem nur auf dem Weg einer Theorie des Erkennens zu lösen.

Kants Konstruktionsprinzip der einheitlichen Verstandeshandlung genügt nun nicht nur den genannten Bedingungen, es ist zugleich Maßgabe der als erkennbar rekonstruierten Welt der Erfahrung. Sein Begriff der Kategorie repräsentiert auf diese Weise zugleich die Strukturiertheit der Welt möglicher Erfahrung, wie die Grundstrukturen möglicher Erkennbarkeit. Mit der Eingrenzung der auf dem Prinzip des Widerspruchs gegründeten formalen Logik auf das Denken im allgemeinen und dem Übergang zu einer transzendentalen, d. h. das reine Denken von *Gegenständen* bestimmenden Logik wird eine Theorie des Erkennens etabliert, die der formal-logischen Unlösbarkeit des Kategorienproblems Rechnung trägt. Sind Kategorien »Begriffe von einem Gegenstande überhaupt, dadurch dessen Anschauung in Ansehung einer der *logischen Funktionen* zu Urteilen als *bestimmt* angesehen wird«[12], so bilden sie Strukturmomente des Erfahrungsgegenstandes, die durch die Schematisierung der zwölf verschiedenen Urteilsfunktionen auf die Anschauungsform der Zeit entspringen. Die systematischen Zusammenhang und Vollständigkeit vorgeblich garantierende Urteilstafel, welche die verschiedenen Funktionen zu urteilen festlegt, bildet daher den Grundriß möglicher Kategorien. Es handelt sich dabei um die vier Gruppen Quantität, Qualität, Relation und Modalität, denen jeweils drei Urteilsfunktionen zugeordnet sind: allgemeine, besondere, einzelne Urteile als Urteile der Quantität; bejahende, verneinende, unendliche Urteile als Urteile der Qualität; kategorische, hypothetische, disjunktive Urteile als Urteile der Relation und problematische, assertorische und apodiktische Urteile als Urteile der Modalität. Die aus ihrer Schematisierung entspringenden Kategorien sind in der entsprechenden Reihenfolge die Kategorien Einheit, Vielheit, Allheit (Quantität);

Realität, Negation, Einschränkung (Qualität); Substanz, Ursache, Gemeinschaft (Relation); und Möglichkeit, Dasein, Notwendigkeit (Modalität)[13]. *Kants* Kategorien erweisen sich daher als Grundkonstruktionen der Welt der Erfahrung, wobei aus jeder der vier Kategorien-Gruppen jeweils eine Kategorie den Gegenstand der Erfahrung bestimmt. Gerade darum aber können sie für die Welt der Erfahrung uneingeschränkte Geltung beanspruchen. Sie sind a priori gültige Begriffe von Gegenständen.

Im Zusammenhang einer derartigen Rekonstruktion der Erfahrung verändert sich nunmehr aber die kritische Funktion des Kategorienbegriffs. Da jeder Gegenstand durch jeweils eine der Kategorien aus den vier Gruppen bestimmt wird, sind Kategorienfehler nicht mehr primär Kategorienverwechslungen, es sei denn, man würde beispielsweise einzelne Urteile als besondere Urteile mißverstehen, oder man würde die Kategorie der Realität mit der Kategorie des Daseins konfundieren. Entscheidend vielmehr wird die kritische Funktion des Kategorienbegriffs im Ganzen. Gebraucht man nämlich Urteilsfunktionen ohne Einschränkung auf in den Anschauungsformen von Raum und Zeit gegebene Gegenstände, so entsteht ein dialektischer Schein, der sich in widersprüchlichen Äußerungen nach Art der von *Kant* dargestellten Paralogismen bzw. Antinomien der reinen Vernunft kundgibt. Primär fehlerhaft sind daher also nicht mehr Kategorienverwechslungen, sondern der illegitime Gebrauch von Kategorienbegriffen außerhalb des Bereichs möglicher Erfahrung. Außerhalb dieses Bereichs, d. h. ohne Schematisierung sind Kategorien »nur Funktionen des Verstandes zu Begriffen, stellen aber keinen Gegenstand vor. Diese Bedeutung kommt ihnen von der Sinnlichkeit, die den Verstand realisiert, indem sie ihn zugleich restringiert«[14]. *Kants* Kategorienlehre erweist sich also als eine durch den Begriff einer möglichen Erfahrung in Verbindung mit einer Theorie der Synthesisfunktion des Urteils entwickelte zugleich konstruierte und normative Kategorienlehre. Aufgrund der endlich vielen synthetischen Funktionen des Denkens (als Funktionen der Synthesis von Vorstellungen), bilden die Kategorien ein geschlossenes und vollständiges System von Strukturen, welche die Totalität möglichen faktischen Urteilens durchdringen und Erkenntnis allererst begründen.

Die Leistungsfähigkeit dieser Theorie hinsichtlich einer erfolgreichen Diagnostik sinnloser Sätze ebenso wie hinsichtlich einer gerechtfertigten Reduktion von Totalität beruht indessen auf zwei Voraussetzungen: erstens auf dem keineswegs jeder vernünftigen Diskussion entzogenen restriktiven Begriff einer möglichen Erfahrung als dem Korrelat von Erkennbarkeit überhaupt und zweitens auf dem in der vorausgesetzten Einheit der Verstandeshandlung begründeten einheitlichen Konstruktionsverfahren als dem Korrelat der synthetischen Urteilsfunktionen. Beide Voraussetzungen tragen den Charakter von quasi-metaphysischen Entscheidungen, mindestens jedoch von nichtempirischen Hypothesen, die in der Folgezeit immer wieder Anlaß zu Diskussionen gegeben haben. Rekonstruktionen der Kantischen Theorie im Neukantianismus *(Cohen, Natorp, Lask)* schließen sich hier ebenso an wie transzendentalontologische Theorien, sei es des Seinsbegriffes *(Heidegger)*, sei es der kategorialen Urteilssynthesis *(Krings)*. Gegenüber diesen mehr oder minder sporadisch zurückgreifenden Theorien hat die Philosophie des sogenannten deutschen Idealismus direkt den Kategorienbegriff in der ihm von *Kant* gegebenen Fassung und die mit ihm gestellten Probleme der systematischen Vollständigkeit und Ableitbarkeit der einzelnen Kategorien zum zentralen Thema erhoben und das Problem einer spekulativen Begründung in verschiedenen Ansätzen durchzuführen gesucht.

5. Die Kategorienauffassung des Idealismus bewegte sich zunächst in dem von *Kant* ausdrücklich formulierten Verständnis des Kategorienbegriffs. »Dieses System der Kategorien macht nun alle Behandlung eines jeden Gegenstandes der reinen Vernunft selbst wiederum systematisch und gibt eine ungezweifelte Anweisung oder Leitfaden ab, wie und durch welche Punkte der Untersuchung jede metaphysische Betrachtung, wenn sie vollständig werden soll, müsse geführt werden; denn es erschöpft alle Momente des Verstandes, unter welche jeder andere Begriff gebracht werden muß«[15]. Kategorien sind daher, wie schon bei *Aristoteles*, ihrer Bedeutung nach Strukturmomente metaphysischer Argumentations- und Diskussionspraxis. Darüber hinaus sind sie aber nicht nur Sinnkriterien metaphysischer Theorien, sondern zugleich Garant der Vollständigkeit aller möglichen Gesichtspunkte. Mit diesem Anspruch setzt sich *Kant* entschieden von *Aristoteles* ab; zugleich aber entsteht dadurch ein systematisches Problem mit weitreichenden, den Kategorienbegriff selbst wesentlich betreffenden Konsequenzen. Erschöpfen nämlich die Kategorien alle Momente des Verstandes, so müssen sie aus einem Prinzip der Einheit alles Wissens *abgeleitet* werden können. Diese Forderung hat freilich zur Voraussetzung, daß die durch *Fichte* erstmals ausgeführte idealistische Kritik an *Kants* Transzendentaler Apperzeption als dem höchsten Punkt des menschlichen Wissens als stichhaltig angesehen wird. Dann aber werden die bei *Kant* noch nebeneinanderstehenden vier Kategorien-Gruppen notwendigerweise aufeinander bezogen und es entsteht die Frage, wie, und in welcher Reihenfolge sie aus dem obersten Grundsatz alles Wissens sich entwickeln lassen.
Durch *Fichte* angeregt hatte *Schelling* in seiner Schrift »Über die Möglichkeit einer Form der Philosophie überhaupt« (1794)[16] den ersten Versuch unternommen, die Kategorien der Relation auf den sich in drei Sätzen entfaltenden obersten Grundsatz so zu beziehen, daß kategorische, hypothetische und disjunktive Form als identisch mit den drei obersten Grundsätzen erkannt werden und in entsprechender Reihenfolge den Kategorien der anderen drei Gruppen zugrunde liegen. Die kategorische Form wird identisch gesetzt mit der des unbedingten Gesetztseins (erster Grundsatz) und liegt den Kategorien Einheit, Realität und Möglichkeit zugrunde. Entsprechend ist die hypothetische Form identisch mit der des bedingten Gesetztseins (zweiter Grundsatz) und begründet die Kategorien Vielheit, Negation und Wirklichkeit (= Dasein). Endlich ist die disjunktive Form identisch mit der des durch ein Ganzes der Bedingungen be-

dingten Gesetztseins und damit Grundlage der Kategorien Allheit, Limitation und Notwendigkeit. Daß die von *Kant* differenzierten analytischen und synthetischen Urteile und ihre Verknüpfung als identisch mit den drei obersten Grundsätzen nachgewiesen werden, sei nur erwähnt. *Fichtes* Theorie der Kategoriendeduktion, wie sie in der »Grundlage der gesamten Wissenschaftslehre« (1794)[17] etwas später durchgeführt wird, weicht lediglich im Hinblick auf die Vorrangstellung der Relationskategorie von *Schellings* Theorem ab. Gemeinsam ist beiden systematischen Versuchen die Intention einer progressiven Herleitung der einzelnen Kategorien aus einem obersten Grundsatz, der die Identität von Sein und Wissen gemäß der dieser Identität zugrunde liegenden Tathandlung formuliert. Demzufolge ist alles, was überhaupt wissend erkannt wird, durch die Kategorien derart bestimmt, daß jedes zu behandelnde Thema – ganz im Sinne der Kantischen Intention – nach den gegebenen kategorialen Gesichtspunkten erschöpfend durchgeführt werden kann. Was nicht in den Bereich des Wissens fällt, kann weder gedacht noch erkannt werden. So erweisen sich die Kategorien als Grundbegriffe des Wissens schlechthin. Als Strukturmomente der rekonstruierten Tathandlungen des Bewußtseins behalten sie ihren eigentümlich konstruktiven Charakter, verlieren aber ihre spezifisch-kritische Funktion; es sei denn, man würde den Ableitungsort eines bestimmten Kategorienbegriffs verkennen und falsche Bezüge systemintern herstellen. Daher sind die Kategorien lediglich Elemente des Gliederbaus des Wissens selbst, systematisch abgeleitete und verschieden lokalisierte Bestimmungen der Einheit von Sein und Wissen, ohne Außenfunktion. Ihr kritischer Stellenwert betrifft darum nicht mehr, wie noch bei *Kant,* das Verhältnis von Erkennbarem zu Denkbarem, sondern das Verhältnis von Vernunft zu Sprache. Als Konstruktionsmomente vernünftiger Wirklichkeit sind sie in ein System des Wissens eingeschlossen, das nur als Ganzes zur Kritik eines möglicherweise gedankenlosen Sprechens tauglich ist.

Mit dem Versuch der Systematisierung zeigt sich von *Kant* her fortschreitend die Veränderung der Kategorien von kritischen Instrumenten zu im Gang der sich rekonstruierenden bzw. sich begreifenden Vernunft verschieden lokalisierten Vernunftprinzipien. Damit tritt erneut ein paradoxer Tatbestand auf: Der Versuch, kritische Prinzipien des Wissens aus dem Wissen selbst zu begründen, führt in der Konsequenz zur Aufhebung ihrer kritischen Funktion. War der Bereich des Sinnlosen und Widersprüchlichen bei *Kant* noch bezogen auf ein Denken ohne Anschauung, so wird er jetzt zum Bereich der Sprache als bloßer Äußerung *(flatus vocis).* Immerhin ist auf diese Weise dem Kategorienbegriff noch ein Rest von kritischer Bedeutung verblieben.

Vollends aufgehoben wird diese Funktion durch die Systemphilosophie *Hegels.* Ist bzw. wird nämlich die Sprache in den Prozeß des Zu-sich-selbst-kommens der Vernunft selbst noch einbezogen, so verlieren sich die für *Fichte* und den frühen *Schelling* noch gültigen Differenzen und Grunddisjunktionen des Wissens: Form und Inhalt, Subjekt und Prädikat; und darüber hinaus geht jeder mögliche Sinn der gleichwohl unverzichtbaren Differenz von Theorie und Wirklichkeit, von Denken und Sprache, von Wissen und Meinung verloren. Gibt es aber kein Außerhalb mehr zur philosophischen Theorie – die Kehrseite der absoluten Idee, in der die Selbigkeit von Wissen und Gegenstand prozessual sich begreift – so verwandelt sich der Begriff der Kategorie, indem er zugleich das Ganze des Wissens wie auch seine Bedingungen, seine Momente und sein Ziel als Stadien des Zu-sich-selbst-kommens bezeichnet, in je nach Reflexionsstufe bestimmte Prinzipien des jeweils thematisierten Gegenstandes. Mit der These, daß die absolute Idee selbst die höchste Kategorie sei, wird nicht nur die Differenz von Kategorie und Seinsprinzip eingezogen, sondern auch die zwischen den mannigfaltigen Kategorien und dem Begriff von Kategorie selbst. Es hat den Anschein, daß eine so konzipierte Philosophie, indem sie alles zu begreifen versucht, gerade nichts mehr begreift.

In der Systemphilosophie des Idealismus werden in der skizzierten Perspektive die von *Kant* noch berücksichtigten Restriktionen von Totalität fortschreitend aufgehoben und damit die Basis verlassen, auf der ein vernünftiger und d. h. distinkter Begriff von Kategorie entworfen werden könnte. Eine Theorie der Kategorien erweist sich aber nicht nur als untauglich, wenn sie den Kategorienbegriff nicht mehr definieren kann, sie gerät darüber hinaus in einen fundamentalen Selbstwiderspruch, wenn sie sich als uneingeschränkte Theorie zu etablieren versucht. Der normative Charakter des Kategorienbegriffs zur Ordnung und Kritik sachhaltigen und vernünftigen Sprechens verliert sich darum in der Perspektive der Systemphilosophie ebenso wie im Rekurs auf die Totalität der Umgangssprache; unterscheiden sich doch Totalität des Wissens und Totalität der Umgangssprache lediglich durch den Charakter reflexiver Differenziertheit.

Mit der Aufhebung der Differenz von Kategorie und Seinsprinzip durch *Hegel* wird zugleich eine Tradition des Verständnisses und Gebrauchs des Terminus »Kategorie« eingeleitet, die – unter anderen Vorzeichen zwar – Kategorien als Prinzipienbegriffe für beliebiges Konkretes begreift. Diese Tradition reicht über die akademische Philosophie des 19. Jahrhunderts bis hin zur Kategorienlehre von *Nicolai Hartmann*[18]: Nach der Destruktion der idealistischen Systemphilosophie verliert der Kategorienbegriff seinen systematischen Stellenwert als Strukturbegriff des sich begreifenden absoluten Wissens, mit der unausweichlichen Konsequenz, daß eine philosophische Kategorienlehre auf die faktische Aufsammlung von bloß noch allgemeinen Bestimmungen der verschiedenen Regionen des Wirklichen, wo nicht aus dem Wissensbestand der Wissenschaften, so aus dem der philosophischen Tradition verwiesen wird.

Philosophiehistorisch gesehen endet so das *Problem* der Kategorie, läßt man einmal sein faktisches Ende in *N. Hartmanns* Prinzipiensammlung einerseits und in der Historiographie der Kategorienlehre *(Trendelenburg, Ragnisco, Heimsoeth)* andererseits außer Betracht, in einer aporetischen Situation. Die Analyse des Prinzips der Austauschbarkeit im Hinblick auf faktisch gegebene Sprachen hat gezeigt, daß eine vernünftige Theorie der Kategorien nur durch Eliminierung der Totalität natürlicher Sprachen möglich ist. Eine Rekonstruktion im Sinne *Kants* setzt einerseits zugleich nichtempirische und nichtevidente hypothetische Annahmen voraus. Die idealistische Bewältigung der bei *Kant* in der Perspektive der Systemphilosophie offengebliebenen Probleme führt durch den Rekurs auf die Totalität des Wissens von der anderen Seite her zur erneuten Aufhebung des Kategorienbegriffs. *Kants* und *Aristoteles*' Kategorienlehren entwickeln zwar einen vernünftigen und handhabbaren Begriff von Kategorie, erweisen sich aber hinsichtlich des Anspruchs von Letztbegründung als nicht durchreflektiert. Sich dezisionistisch auf ihre Hypothesen einzulassen ist ebenso unbefriedigend, wie die metaphysische Reflexion ihrer Voraussetzungen. Bleibt also nur die Rückkehr zu *Ryles* Konzept von Absurdität? Das aber hieße, da *Ryle* ebensowenig in der Lage ist, generalisierbare *Kriterien*, hier des Absurden, anzugeben, Kriterien im strikten Sinn, mithin die Intention einer ausgeführten Kategorien*theorie* preiszugeben.

6. Eine befriedigende Lösung des Kategorienproblems hat daher – wie es scheint – die Klärung folgender Fragen zur Voraussetzung: Läßt sich an der kritischen Intention der von *Aristoteles* und *Kant* obzwar jeweils anders begründeten Kategorienlehre festhalten, ohne einen wohldifferenzierten Begriff von Kategorie zu besitzen und ohne auf eine apriori erweisbare systematische Vollständigkeit aller Kategorien, aller möglichen kategorialen Schemata, verweisen zu können? Ferner: läßt sich vernünftig etwas über Kategorienfehler zur Beurteilung konkreten Sprechens und Urteilens ausmachen, ohne auf eine künstliche Sprache zurückgreifen zu können, in der die Kategorien als Konstruktionsprinzipien bereits festliegen? Und schließlich: läßt sich etwas über Sinnlosigkeit menschlichen Sprechens festlegen, ohne in einem systematischen Kontext auf das Problem eines möglicherweise apriorischen Zusammenhangs von Vernunft und Sprache, von Denken und Common sense zu reflektieren?
Unter der Überschrift »What is a Theory of Categories?«[19] diskutiert *Manley Thompson* den Versuch von *P. F. Strawson*, auf dem Wege einer deskriptiven Metaphysik zu einem *conceptual scheme of ordinary language*[20] zu gelangen. Seine Antwort auf *Strawsons* Versuch zeigt, daß das bereits bekannte Problem wiederkehrt: *Strawson* schwanke zwischen der Notwendigkeit, eigene metaphysische Hypothesen einzuführen, und dem Ausweg *Ryles*, einen unspezifischen Absurditätsbegriff des Common sense in Anspruch zu nehmen. *Thompsons* eigener Auffassung nach bleibt der Versuch einer deskriptiven Metaphysik, sofern sie gegenüber einer philosophisch-analytischen Theorie einen eigenen Gegenstandsbereich beansprucht, zweideutig. Bedeutet sie nicht bloß eine immer weitere Fortsetzung des ursprünglichen analytischen Ansatzes, so kann sie den Charakter von reiner Deskriptivität nicht letztlich beibehalten. Eine deskriptive Kategorienlehre jedenfalls könnte keine hinreichende Allgemeinheit in Anspruch nehmen, ohne im Ansatz wenigstens in nicht-deskriptive Konzeptionen nach Art der Theoreme von *Aristoteles* und *Kant* überzugehen.

So stellt sich für das Kategorienproblem die Frage, ob man sich für *Kants* konstruktive Theorie mit ihren wie auch immer diskussionswürdigen Voraussetzungen und damit für eine *Theorie* der Kategorien überhaupt entscheiden, oder ob man auf eine unvollständige und nicht definite philosophische Analyse des jeweils ad hoc vorliegenden Diskussionsstandes sich beschränken will, um von Fall zu Fall Kategorienfehler *in concreto* festzustellen. Für die weniger problematische zweite Möglichkeit, die man eine Theorie der »Kategorien in Funktion« [21] nennen könnte, ließe sich immerhin ein exaktes Konstruktionsverfahren zur Operationalisierung des Kategorienbegriffs angeben und festlegen, in welcher Weise Kategorien der Form nach bestimmt sind, ohne jedoch letzte Schemata und einen vollständigen Aufweis begründen zu können. Überdies enthielte ein Ansatz in dieser Richtung wenigstens eine ungefähre Assonanz an jene ursprüngliche Intention einer Diskussionslogik zur Übung für philosophisch relevante Streitgespräche, die *Aristoteles* mit seinem ersten logischen Werk, der »Topik«, auszuarbeiten versucht hat.

Im einzelnen wäre in diesem Zusammenhang an die vielfältige Grundlagendiskussion in der gegenwärtigen Logik anzuknüpfen: an die wesentlichen Unterscheidungen von Grundelementen (Elementaraussagen, Termini, Begriffe, logische Partikeln) [22]; an die bekannten Term-Einteilungen (vgl. die bei *Aristoteles* schon vorkommende Differenz von singulären und allgemeinen, einstelligen oder mehrstelligen Termen); sowie etwa auch an die Prädikatenklassifikation nach »An-sich-Seiendem, Gegensätzlichem und Relativem«, deren Ineinander-Verschränktsein *Walter Bröcker* anläßlich einer *Platon*-Interpretation deutlich machen und als eine übersichtliche und vollständige Klassifikation von Prädikaten nachweisen konnte [23]. Allerdings sind diese logischen Grundkategorien zunächst nur Hilfsmittel zur Differenzierung syntaktisch-logischer Kategorien und gehören nur zu einem Teilbereich der in Frage stehenden näheren Bestimmung von Nonsens. Bezüglich der semantisch-inhaltlichen Differenzierung wird man darauf achten müssen, welche zusätzlichen Voraussetzungen als notwendige Bedingungen für vernünftige Diskussionen Geltung beanspruchen: Diskussionen beziehen sich auf Probleme, Probleme aber werden als Sätze formuliert, die im Disput als vorweg gegebene Konklusionssätze zu findender Syllogismen fungieren. Bezüglich dieser Problemsätze ist zu fordern, daß sie sich erstens auf einen Gegenstand beziehen *(reference)* und daß sie zweitens in ihrem Prädikationsteil Bestimmungen der Gegenstände, auf die der Satz verweist, einschließen. Werden also in einer Diskussion Sätze formuliert, die denselben Gegenstand betreffen sollen, so ist erstens die Identität des Bezugs festzustellen und zu überprüfen und zweitens darauf zu sehen, daß die verwendeten Prädikatsausdrücke *mögliche* Antworten auf die in der Diskussion gestellten Fragen hinsichtlich des Gegenstandes enthalten, auf den die Sätze sich beziehen. Um letzteres festzustellen – d. h. Kategorien im engeren Sinne ausfindig zu machen – kann man sich des Verfahrens bedienen, das *J. R. Searle* in seiner Theorie der Sprechakte darstellt: Wird der Prädikationsausdruck P vom Gegenstand X erfolgreich in einem Sprechakt geäußert, dann ist eine der Bedingungen die, daß X zu einer solchen Kategorie gehören muß, »daß der Prädikatsausdruck oder seine Negation ihm zukommen oder nicht zukommen können«[24]. Aus dieser Bedingung einer *sinnvollen* Prädikation erhellt, daß der Begriff Kategorie als Korrelat gegebener Prädikate einen Typus von Gegenständen bezeichnet, »von denen jenes Prädikat wahrheitsgemäß oder nicht wahrheitsgemäß prädiziert werden kann«[25]. Dieser Begriff von Kategorie gibt eine operationale Definition und ermöglicht ein hinreichend präzises Verfahren der jeweiligen Feststellung: Man stellt fest, ob dasjenige, was der Prädikatsausdruck »voraussetzt«, dem Gegenstand X, worauf verwiesen wird, zukommt. »Voraussetzen« bestimmt *Searle* im Sinne *Strawsons* wie folgt: »Ein Ausdruck a setzt einen Ausdruck b dann und nur dann voraus, wenn, damit a einem Objekt X zukommt oder nicht zukommt, b X zukommen muß«[26]. Daraus ergibt sich für *Searle* als eine notwendige Bedingung eines erfolgreichen Prädizierens die Regel: »P darf nur geäußert werden, wenn X zu einem solchen Typus oder einer solchen Kategorie gehört, daß es logisch möglich ist, daß P X zukommt oder nicht zukommt«[27]. Kategorienfehler entstehen in diesem skizzierten Sprachgebrauch von Kategorie genau dann, wenn es eine Voraussetzung des Prädikatsausdruckes P gibt, die bezüglich des Gegenstandes X eine Klasse von Aussagen festlegt, die ihm nicht zukommen können.

Ein zweites handhabbares Verfahren zur Bestimmung von Kategorienfehlern läßt sich im Sinne *Ryles* beschreiben als Feststellung der Inkonvenienz von Frage und Antwort: Problemsätze formulieren in ihrem Kontext Antworten auf gestellte Fragen. Es kommt darauf an, ehe man zur Sache etwas beizutragen versucht, den Sinn der Frage und die in ihr implizierten Antwortmöglichkeiten zu analysieren. In diesem Sinne stellt *Ryle* fest: »Ausdrücke, mit denen man die gleiche Frage beantworten kann, gehören zur gleichen Kategorie; während Ausdrücke, bei denen es sich um mögliche Antworten auf verschiedene Fragen handelt, zu verschiedenen Kategorien gehören«[28]. Hinsichtlich der Aristotelischen Standardfragen lassen sich nun sehr leicht Kategorienfehler als ungereimte Antworten aufdecken, da es evident ist, daß eine mögliche Antwort auf die Frage »wie groß?« nicht die Fragen »wo?« oder »wer ist das?« beantworten kann. Selbst wenn man aber Fragen dieser Art noch über die Aristotelische Liste hinaus beliebig erweitern können sollte, was zu vermuten ist, bleibt dabei doch ein entscheidendes Problem offen: Das Problem der Feststellung, wann und unter welchen Bedingungen eine Frage selbst sinnvoll ist. Versuchte man sinnvolle Fragen zu definieren als Fragen, auf die es mögliche Antworten gibt, dann würde diese Definition zwar für den alltäglichen Gebrauch der Umgangssprache ausreichen, mit Rücksicht auf das Kategorienproblem jedoch zirkelhaft sein. Außerdem wären Innovationen wissenschaftlicher Art ausgeschlossen und es bestünde keine Entscheidungsmöglichkeit für den Fall, daß auf eine ungereimte Frage eine ebenso ungereimte Antwort gegeben wird; den Fall also, den *Kant* bezüglich der Frage nach einem allgemeinen positiven Kriterium von Wahrheit

durch das Bild beschreibt, »daß einer den Bock melkt, der andere ein Sieb unterhält« (KrV B 82 f.). An dieser Stelle zeigt sich, daß dieses zweite Verfahren des Frage-Antwort-Vergleiches nur unter Voraussetzung bereits als sinnvoll anerkannter Fragen möglichen Unsinn diagnostizieren läßt und hinsichtlich der Frage- bzw. der Problemformulierung selbst auf den ersten Weg der Prädikaten-Analyse angewiesen bleibt. Immerhin: Auch die Feststellung dessen, wovon die Rede ist, kann unter der genannten Voraussetzung als Leitfaden dienen, sinnvolle mögliche Antworten von sinnlosen zu unterscheiden.
Aus der Operationalisierung des Kategorienbegriffs in den beiden skizzierten Weisen läßt sich ersehen, daß es aufgrund der a priori nicht bestimmbaren Vielfalt möglicher Prädikationen und Fragen letzte Kategorienschemata, und damit eine vollständige Kategorientafel, nicht geben, daß aber gleichwohl die kritische Funktion des Kategorienbegriffs im reflektierenden Vollzug der Diskussionsthemen zur Geltung gebracht werden kann. Die Aristotelische Intention einer Topik als Diskussionslogik erscheint auf diese Weise zugleich gewahrt und unter den Bedingungen des Scheiterns einer systematischen Kategorienlehre verändert. Ohne ontologische Annahme und ohne Vorgriff auf metaphysische Thesen ist eine Kategorienlehre im Sinne der Analyse der »Kategorien in Funktion« ein Kathartikon der philosophischen Argumentation und hat ihren Ort im allgemeinen Bereich der Logik, insbesondere im Bereich der ad-hoc-Festlegung von Absurdität und Nonsens, nicht jedoch im Bereich einer Logik des folgerechten Schließens.

7. Die allgemeine Bedeutung einer so verstandenen Auffassung von Kategorie liegt in der durch sie repräsentierten Einschätzung von Philosophie überhaupt. Und dies erscheint als das Positive am Scheitern einer systematisch aus letzten Prinzipien begründeten Kategorienlehre. Ist nämlich die Kategorie, im Sinne *Hegels*, identisch mit dem Thema der Philosophie selbst, so erweist sich ihre konkrete Anwendung als kritisches Instrument nicht nur unter dem Gesichtspunkt von Totalität als unmöglich, vielmehr werden philosophische Diskussionen von vornherein auf systemkonforme Probleme festgelegt. Dies bedeutet, daß mit dem Thema Kategorie nicht mehr ein unabhängiges, vor aller sachhaltigen und metaphysische Thesen erörternden Diskussion liegendes Instrument der Kritik diskutiert wird; daß vielmehr Metaphysik, jeweils anders freilich, ihre eigene Sprachregelung hervorbringt. Verschiedene Metaphysiken lassen sich daher nicht mehr sinnvoll miteinander vergleichen, ganz zu schweigen davon, daß jede Diskussion zwischen ihnen selber sinnlos wird. Die schon gelegentlich angeführte Paradoxie ließe sich für diesen Kontext so formulieren: wird Kategorie metaphysisch begriffen und abgeleitet, so wird sie selber sinnlos. Auf diese Weise repräsentiert ein kritisches Verständnis der Kategorienlehre die Ansicht, daß Philosophie im Ganzen nicht hermetisch in sich geschlossen sein, d. h. ihre eigene Sprache mit den zulässigen Argumentationsmustern nicht aus sich selbst heraus festsetzen darf. Kategorienlehre verbleibt im propädeutischen Vorfeld

der philosophischen Theorie. Sie bestimmt das Feld, in dem eine Philosophie ihren Anspruch auf Gültigkeit hinsichtlich ihrer Problemlösungen allererst erheben kann: ein Feld, in dem sie sich der Überprüfung ihrer Annahmen stellt und zu stellen hat. Mit dem Thema des möglichen Nonsens ist eine kritische Kategorienlehre Index dafür, daß menschliche Vernunft sich selbst dem Anspruch auf Überprüfbarkeit nicht entzieht.

Gerade die Kantische Theorie hält in bestimmter Weise zwischen willkürlichen Festlegungen von Unsinn und metaphysisch absoluten Begründungen der Kategorien eine wenngleich diskutierbare Mitte. Mindestens ist ihre Intention einer transzendentalen Rekonstruktion der Kategorien aus den Funktionen des Urteilens ein sinnvoller Weg, den *formalen* Begriff einer »Kategorie in Funktion« in dieser Hinsicht als gültigen Schemabegriff möglicher Sinn stiftender Synthesis zu begründen. Daher erscheint es nur konsequent, daß in der Diskussion der Sinndimension von Sprache sowohl in der Hermeneutik als auch in den Theorien normativer Logikbegründung in Analogie zu *Kant* der Schwerpunkt auf Handlungsvollzüge gelegt wird, die ein quasi-transzendentales Fundament sinnvollen menschlichen Sprechens begründen sollen. Die einschlägigen Versuche von *K.-O. Apel, J. Habermas, J. R. Searle, P. Lorenzen* und *K. Lorenz*[29], die hier nur paradigmatisch aus einer Vielzahl vorliegender Untersuchungen genannt seien, erweisen sich als weiterführende Beiträge zu einer sinnvollen Theorie der Kategorien, deren Ansatz sich gleicherweise der Kantischen Intention transzendentaler Begründung wie dem Diskussionsstand der gegenwärtigen nicht nur zu ihrem Nachteil linguistisch orientierten Sprachphilosophie verdankt.

Ob allerdings der gelegentlich versuchte Rekurs auf Geschichte die zutreffende Instanz einer transzendentalen Theorie sein kann, erscheint mehr als fragwürdig: Daß eine a priori gültige Unterscheidung sinnvoller und sinnloser Sätze im Prinzip gescheitert ist, begründet zwar konsequent den Übergang zu einem »Adhoc-Verstehen«[30], nicht aber die Extrapolation von Sinn in ein kontinuierliches, unabgeschlossenes »Sprachspiel der menschlichen Geschichte im Ganzen«[31]. Eine Extrapolation dieser Art wäre nur dann philosophisch harmlos, wenn sie nicht erneut unter Hegelschem Vorzeichen, wenn auch modifiziert, Sinntotalität hypostasierte – in diesem Fall aber wäre sie zugleich irrelevant.

ANMERKUNGEN

[1]) *E. Kapp*, Der Ursprung der Logik bei den Griechen, Göttingen 1965, S. 28. – [2]) Vgl. Topik 103 b 20ff. und Kategorien 1 b 25 ff. – [3]) *Aristoteles*, Kategorien 2 b 27. – [4]) Vgl. *G. Patzig*, Bemerkungen zu den Kategorien des Aristoteles, in: Einheit und Vielheit. Festschrift für C. F. v. Weizsäcker zum 60. Geburtstag, hrsg. von E. Scheibe und G. Süßmann, Göttingen 1973, S. 60–76; S. 66. – [5]) *G. Patzig*, a.a.O., S. 76. – [6]) *E. Kapp*, a.a.O., S. 46. – [7]) *E. Kapp*, a.a.O., S. 51. – [8]) Vgl. *E. Vollrath*, Studien zur Kategorienlehre des Aristoteles, Ratingen 1969. – [9]) *E. Vollrath*, a.a.O., S. 104. – [10]) *G. Ryle*, Der Begriff des Geistes (aus dem Englischen übersetzt von K. Baier; Übersetzung überarbeitet von G. Patzig und U. Steinworth), Stuttgart 1969, S. 22. – [11]) *Y. Bar-Hillel*, Syntactical and semantical categories, in: The Encyclopedia

of Philosophy, hrsg. von P. Edwards, London 1967, Bd. 8, S. 57–61. – [12]) *I. Kant*, KrV B 128. – [13]) Vgl. die Zusammenstellung der »logischen Tafel der Urteile« und der »transzendentalen Tafel der Verstandesbegriffe« in: *I. Kant*, Prolegomena, hrsg. von K. Vorländer, in: Philosophische Bibliothek Bd. 40, Hamburg ²1953, S. 59f.; ebenso KrV B 95 und B 106. – [14]) KrV B 187. – [15]) *I. Kant*, Prolegomena § 39, a.a.O., S. 85. – [16]) In: Schellings Werke, hrsg. von M. Schröter, Bd. I, München 1927, S. 45–72. – [17]) In: J. G. Fichte-Gesamtausgabe, hrsg. von R. Lauth und H. Jacob, Werke Bd. 2, Stuttgart-Bad Cannstatt 1965, S. 249–451. – [18]) Vgl. *N. Hartmann*, Der Aufbau der realen Welt. Grundriß der allgemeinen Kategorienlehre, Berlin ³1964. – [19]) Vgl. *M. Thompson*, Categories, in: The Encyclopedia of Philosophy, hrsg. von P. Edwards, London 1967, Bd. 1, S. 46–55. – [20]) A.a.O., S. 52, linke Spalte. – [21]) Vgl. den in einem analogen Kontext gegebenen Hinweis bei *H. Krings*, Transzendentale Logik, München 1964, S. 274f. – [22]) Vgl. *P. Lorenzen*, Methodisches Denken, Frankfurt 1968, S. 70ff. – [23]) Vgl. *G. Patzig*, a.a.O.; und *W. Bröcker*, Materialien zur Geschichte der Philosophie, Frankfurt 1972, S. 13f. – [24]) *J. R. Searle*, Sprechakte. Ein sprachphilosophischer Essay, Frankfurt 1971, S. 193. – [25]) A.a.O. – [26]) A.a.O., S. 193f. – [27]) A.a.O., S. 195. – [28]) *G. Ryle*, Begriffskonflikte, deutsch von E. Bubser, Göttingen 1970, S. 16. – [29]) Vgl. die in *Anmerkung* 22 und 24 genannten Werke und: *K.-O. Apel*, Die Entfaltung der »sprachanalytischen« Philosophie und das Problem der »Geisteswissenschaften«, in: Philosophisches Jahrbuch 72 (1964/1965), S. 239 bis 289; *W. Kamlah, P. Lorenzen*, Logische Propädeutik. Vorschule des vernünftigen Redens, Mannheim 1967; *K. Lorenz*, Elemente der Sprachkritik. Eine Alternative zum Dogmatismus in der Analytischen Philosophie, Frankfurt 1970; *J. Habermas*, Vorbereitende Bemerkungen zu einer Theorie der kommunikativen Kompetenz, in: J. Habermas, N. Luhmann, Theorie der Gesellschaft oder Sozialtechnologie – Was leistet die Systemforschung? Frankfurt 1971, S. 101 bis 141. – [30]) *K.-O. Apel*, Die Frage nach dem Sinnkriterium der Sprache und die Hermeneutik, in: Weltgespräch 4, Basel 1968, S. 28. – [31]) *K.-O. Apel*, ebd., S. 27.

LITERATUR

P. Ragnisco, Storia critica delle categorie dei primordi della filosofia greca fino al Hegel, 2 Bde., Florenz 1871.

H. Heimsoeth, Zur Geschichte der Kategorienlehre, in: Nicolai Hartmann. Der Denker und sein Werk, hrsg. von H. Heimsoeth und R. Heiss, Göttingen 1952, S. 144–172.

M. Thompson, On Category Differences, in: Philosophical Review, Bd. 66 (1957), S. 468–508.

P. F. Strawson, Individuals, London 1959.

J. L. Ackrill, Aristotle's Categories and De Interpretatione, translated with Notes, Oxford 1963.

A. Trendelenburg, Geschichte der Kategorienlehre (Historische Beiträge zur Philosophie, Bd. 1), Berlin 1846 (Neudruck Hildesheim 1963).

R. Bubner (Hrsg.), Sprache und Analyse, Göttingen 1968.

E. Kapp, Die Kategorienlehre in der aristotelischen Topik (Habil.-Schrift 1920), in: Ausgewählte Schriften, Berlin 1968, S. 215–253.

E. v. Savigny, Die Philosophie der normalen Sprache. Eine kritische Einführung in die »ordinary language philosophy«, Frankfurt 1969.

W. Bröcker, Kant über Metaphysik und Erfahrung, Frankfurt 1970.

J. Simon, Sprachphilosophische Aspekte der Kategorienlehre, Frankfurt 1971.

H. J. Krämer, Das Verhältnis von Platon und Aristoteles in neuer Sicht, in: Zeitschrift für philosophische Forschung 26 (1972), S. 329–353.

K.-O. Apel, Transformation der Philosophie, Bd. I, Sprachanalytik, Semiotik, Hermeneutik; Bd. II, Das Apriori der Kommunikationsgemeinschaft, Frankfurt 1973.

W. van Orman Quine, Philosophie der Logik (Deutsche Ausgabe), Stuttgart 1973.

HANS MICHAEL BAUMGARTNER

KAUSALITÄT

I

1. Unter Kausalität oder Verursachung, Bewirkung verstehen wir das Verhältnis eines Verursachenden, Bewirkenden, der Ursache zu einem Verursachten, Bewirkten, der Wirkung. Das ist näher zu erklären.
Schon eine flüchtige historische Betrachtung zeigt, daß der Begriff der Ursache mit dem des Grundes, der Begriff der Verursachung mit dem des Begründens, Bestimmens in engem Zusammenhang gesehen und oft keineswegs genügend unterschieden wurde; die Bedeutung der griechischen Wörter ἀρχή und αἴτιον (oder αἴτια) und des lateinischen Wortes *causa* umfaßt meistens beides. Unter *Grund* verstehen wir etwas, das begründet, bestimmt, wobei begründen und bestimmen im weitesten Sinne verstanden dasselbe aussagen. Daraus wird klar, daß die Bedeutung des Wortes »Grund« nicht mehr definiert werden kann, weil jede Definition als Bestimmen, Begründen schon den Grund im Sinne von Bestimmtheit, Bestimmung überhaupt voraussetzt. Eine solche letzte Bestimmtheit, eben Grundbestimmtheit = Grund kann nur an Beispielen aufgewiesen und in etwaigen Arten unterschieden werden: die Unterscheidung ergibt auch Beispiele.

2. Unter den Gründen finden wir sog. logische Gründe, als »letzte« (oder in der Begründungspriorität »erste«) die logischen Prinzipien, z. B. das Identitätsprinzip. Diese bringen nichts zustande, sondern bestimmen, »bedingen« alles Bestehende in dem Sinne, daß es ohne diese Bestimmtheit nicht bestehen kann: so ist eben alles und jedes Bestehende das, was es ist, eben identisch. Dann gibt es mathematische oder gestaltliche Gründe, die selbst – in einem dynamischen, aktiven, wirkenden Sinne – ebenfalls nichts zustande bringen, aus denen aber

weiteres hervorgebracht, gestaltet werden kann, z. B. aus der Einheit durch Teilung die Vielheit. Und wir finden dann auch dynamische, aktive, setzende Gründe, von oder aus welchen etwas hervorgebracht, bewirkt, ins Sein gesetzt oder in seinem Sein verändert, etwa auch aufgehoben wird: solche Gründe werden gemeinhin – mit einem nicht genauen Ausdruck – Realgründe genannt und meistens auch mit der Bedeutung des Wortes Ursache identifiziert, was wieder nicht ganz genau ist, weil sich zeigen läßt, daß ein sehr wohl möglicher, sich bestimmender Realgrund – z. B. ein sich für oder gegen etwas entscheidendes Subjekt – nicht eine *Selbstursache* in dem sachunmöglichen Sinne des sich selbst *ins Sein setzenden Grundes* ist. So gelangen wir schließlich zu dem bereits genau definierbaren Sinn der Ursache: Ursache ist ein etwas – anderes, die Wirkung – ins Sein setzender Realgrund und Verursachung oder Kausalität ist das Insseinsetzen eines (dadurch) Seienden, der Wirkung, von einem Seienden, der Ursache. In diesem Sinne fällt der Begriff der Ursache mit dem der *causa efficiens,* der bewegenden oder Wirkursache (ὅθεν ἡ κίνησις) der aristotelisch ausgerichteten Philosophie weitgehend in eins. Und so kann die Ursache als eine Art von Grund vom »Grund überhaupt« unterschieden werden und in diesem Sinne kann wieder, wie sich zeigt, nicht ganz genau von Grund und Ursache, *ratio* und *causa,* gesprochen und etwa ein Prinzip des zureichenden – meistens logischen oder mathematischen – Grundes und ein Prinzip der zureichenden (Wirk-) Ursache aufgestellt werden. *Leibniz* spricht eher vom ersteren bei seinem *principium causae* (und nicht, wie besser zu sagen wäre, *rationis*) *sufficientis,* und wenn *Spinoza* von der *causa sui* handelt, meint er nicht eine sachunmögliche sich selbst ins Sein setzende Selbstursache, die setzen und damit sein müßte, bevor sie ist, sondern einen durchaus möglichen sich bestimmenden Realgrund, der, wie sich erweisen läßt, auch als aktiv sichsetzender, d. h. sichwollender, allerdings nur als urfreier, widerspruchsfrei möglich ist und besteht.

3. Können wir auch unter den Ursachen und damit der Kausalität grundlegend unterschiedliche Arten finden? Jedenfalls wird etwa von physikalischer, biologischer, psychologischer, geistiger, wirtschaftlicher, geschichtlicher Kausalität in jeweils mehr oder weniger verwandtem Sinne gesprochen. Wären da nicht exakter und grundlegender faßbare Ursachen und Kausalitätsweisen denkbar und unterscheidbar?

In dieser Hinsicht läßt sich eine Frage stellen, die dem philosophisch Ungeschulten zunächst verwunderlich, ja abwegig erscheint, die aber zu einem überraschenden Ergebnis bezüglich des Kausalproblems führt. Wir können fragen, ob es möglich oder gar notwendig ist, daß eine Ursache bei oder nach dem Bewirken ihrer Wirkung bzw. Wirkungen ganz oder teilweise vergeht oder aber nicht vergeht. Nun ist es mindestens denkbar, und heute wird es oft als selbstverständlich und gar nicht anders möglich angenommen, daß eine Ursache mit oder nach dem Bewirken und Zustandekommen ihrer Wirkung ganz oder teilweise vergeht, weil sie entweder in die Wirkung übergeht oder doch mit dem

Bewirken der Wirkung von ihrem Sein, von ihrer »Seinskraft« abgibt und an Sein verliert, ihr Sein etwa ganz verliert. Die Wirkung könnte dann selbst wieder wirken, zur Ursache werden und nun in ihre Wirkung übergehn, dieser von ihrem Sein abgeben, wie auch schon ihre vorhin genannte Ursache die Wirkung einer noch früheren ganz oder teilweise vergangenen, also vergänglichen Ursache gewesen ist. Wir können diese Art von Kausalität durchgängige oder durchgehende, *transitive* oder transeunte nennen.

Es ist aber jedenfalls mindestens denkbar und als Annahme erwägbar, daß die Ursache mit oder nach dem Bewirken ihrer Wirkung oder Wirkungen weder ganz noch teilweise vergeht, sondern weiter besteht und auch weiter etwas wirkt. Da läßt sich denken, daß sie entweder irgendwie in ihren Wirkungen, »in ihrer Tiefe« inwohnt oder aber wesentlich außer, über, etwa »hinter« ihnen, sie überragend oder übersteigend, in bestimmtem, wesentlichem Sinne von ihnen auch getrennt besteht: Wir können die erstgenannte Art einer solchen nicht-transitiven Kausalität inwohnende oder *immanente*, die zweitgenannte überragende, übersteigende oder *transzendente* Kausalität nennen.

In der Hinsicht der Vergänglichkeit oder Beständigkeit der Ursache ist kein weiterer Fall außer den drei angeführten denkbar, vorstellbar: denn entweder kann oder muß die Ursache mit oder nach dem Bewirken ihrer Wirkungen ganz oder teilweise vergehn, oder aber sie muß bzw. kann mit oder nach dem Bewirken ihrer Wirkungen weder ganz noch teilweise vergehn; und im letzteren Falle kann sie entweder in den Wirkungen inwohnend oder wesentlich außerhalb dieser bestehend, seiend gedacht werden. Die beiden Disjunktionen ergeben eine vollständige Aufteilung der denkbaren Kausalitätsweisen in transitive, immanente oder transzendente Kausalität. Denkbar sind alle drei und von jeder lassen sich zahlreiche Beispiele in der Geschichte der Philosophie und der Wissenschaft überhaupt aufweisen.

3.1 In den Frühstadien menschlichen Denkens begegnen wir der Annahme von immanenter Kausalität am häufigsten. Das ist ohne weiteres verständlich, denn sie zeigt sich in der Gestalt der seelischen Kausalität, wie ja die immanente Ursache weitaus zumeist als Seele gefaßt wird, die einem menschlichen, tierischen, oder pflanzlichen Leibe oder gar dem All als einem riesigen leiblichen Lebewesen innewohnt und den lebenden Leib, das Lebewesen entwickelt und bewegt, »von innen« formt und regiert. Diese Auffassung nimmt der Mensch vor allem aus der Selbsterfahrung, dann aus der analog gedeuteten Erfahrung der anderen Menschen, der Tiere und im weiteren der Pflanzen als Lebewesen und schließlich aus der schon stark phantasiegetragenen Deutung der Himmelskörper und des Alls. Bereits zu Beginn der griechischen Philosophie scheinen die sogenannten Hylozoiker, *Thales*, *Anaximander*, *Anaximenes*, die gesamte Körperwelt aus den Wandlungen einer seelenartig belebten Urmaterie – Wasser, Luft, das »Grenzenlose« – erklärt zu haben, und *Heraklit* sieht das im Wesen aus den Wandlungen des Urfeuers bestehende Universum von einem selbst wandellosen, ewigen, gesetzlich bestimmenden Ursinn, dem Weltlogos, durchwirkt und durchwaltet an. *Aristoteles* erklärt das Leben und Wirken der Lebewesen, der Pflanzen, Tiere und Menschen, mittels der bildenden Tätigkeit der ihnen einwohnenden seelischen Lebensformen, und selbst *Platon* spricht von einer das einheitlich lebende Weltganze immanent belebenden Weltseele. Die Aristotelische Konzeption stimmt mit der bis heute alltäglichen Lebensauffassung am besten überein und sie hat sich nicht nur in der scholastischen Philosophie, sondern auch in der Monadologie von *Leibniz*, wo die seelenartigen Monaden die selbsttätige Kraft-Kernschicht der im Raume erscheinenden Körperwelt sind, durch- und fortgesetzt.

3.2 Allerdings kennt *Aristoteles* auch die transzendente Kausalität der rein geistigen und unwandelbar ewig überweltlichen Gottheit gegenüber der von ihr angezogenen und anfang- und endlos ihr zustrebenden Welt, auch wohl der »von außen« bewegenden Sterngeister und im Grunde auch der obersten und eigensten menschlichen Seelenkraft, der »von außen« kommenden und allein unsterblichen tätigen Vernunft, des später so genannten *intellectus agens* (νοῦς ποιητικός). Wir haben es da wohl mit dem Rest der rein geistigen Seele in der Platonischen Philosophie zu tun, die dort als wesentlich transzendente Ursache und als im Körper geradezu gefangen und als nicht wesenszugehörig wirkend konzipiert war. Schon der alte *Platon* hatte sie im »Timaios« in ihrer reinen und unsterblichen Geistigkeit auf die bloße Vernunftkraft reduziert.

Auch *Platon* ist keineswegs der erste, bei dem die transzendente Kausalität in der griechischen Philosophie auftaucht. Die beiden Kräfte Liebe und Haß, die nach der Lehre des *Empedokles* die vier Elemente Feuer, Wasser, Luft und Erde vereinigen bzw. trennen und dadurch Welten bilden und zerstören, sind wohl nicht als materienimmanente Kräfte der Anziehung und der Abstoßung anzusehen, sondern als körpertranszendente, etwa mythisch-göttliche Kraftursachen, wie auch die Seele des Menschen eine im Wesen leibüberlegene, bloß zeitweilig aus Strafe im Leibe gefangene dämonische, d. h. hier geistige Kraft ist. Die Vernunft oder der Geist (νοῦς) in der Philosophie des *Anaxagoras* ist auch als weltüberlegen gefaßt, wird aber allerdings – das tadelt *Aristoteles* an dem sonst für die Einführung des Geistprinzips von ihm hochgelobten Denker – nicht konsequent als allbildend, sondern eher als Lückenbüßer in Ermangelung geeigneter anderer Erklärungen für bestimmte Weltgestaltungsprozesse gebraucht.

In der religiösen Tradition der Juden ist der allmächtige und ewige Schöpfergott absolut transzendent gegenüber der von ihm aus nichts geschaffenen Welt: diese klare transzendente Kausalität behält auch das Christentum bei aller engsten Weltverbindung mit und Weltdurchdringung durch Gott vermöge der zweiten und der dritten Person der göttlichen Trinität. Diese Lehre, mit der Platonischen bzw. der Aristotelischen Philosophie eng verwoben, beherrscht dann sowohl die patristische als auch die scholastische Philosophie, die auch in der innerweltlichen Kausalität neben immanent seelenartigen auch transzendente geistige Ursachen, Engel, annimmt und vor allem in der platonischen Nachfolge auch die Menschenseele als wesentlich selbständig geistige und leibüberlegene, insoweit transzendent wirkende Kraft ansieht. Hiervon keineswegs unabhängig, wenn auch neuartig, »neuzeitlich« gefaßt, ist nicht nur Gott nach der Lehre *Descartes'* absolut welttranszendent und ständig aus nichts weltschöpferisch tätig, sondern auch die Seele ist mit dem wesentlich mechanisch bestimmten und funktionierenden Leibe nur locker verbunden und wirkt daher auf diesen, obwohl sie in der Zirbeldrüse »sitzt«, wesentlich »von außen«. Auch nach *Leibniz* ist Gott welttranszendenter Schöpfer, und selbst *Kant* sieht die »Kausalität durch Freiheit«, also eine zweifellos transzendente, als die grundlegendste, freilich nur praktisch – aus dem Erlebnis der moralischen Gesetzlichkeit – postulatorisch sicherbare an. Sie gilt als solche für das Ding an sich, für Gott und auch für den ansichseienden Subjektkern des Menschen; auch das so viel umstrittene Affiziertwerden des Subjekts durch das Ding an sich kann nicht gut anders denn als transzendent verursacht verstanden werden. Innerhalb der Erscheinungswelt gilt dann schon die transitive Kausalität, wie sie vor allem in der neuzeitlichen Naturwissenschaft, insbesondere von der Galilei-Newtonschen Physik, gefaßt wird, und mit der Kategorie der (bloß ohne Zusatz genannten) Kausalität in der Erscheinungswelt, unter Erscheinungsrealitäten, meint *Kant* schon eben diese transitiv eindeutig determinierte Kausalität.

3.3 In der altgriechischen Philosophie wird die transitive Kausalität konsequent und als allein gültig nur in der klassisch-materialistischen Lehre der Atomisten (*Leukipp* und *Demokrit,* von denen wir nur den letzteren näher kennen) sowie von dem die atomistische Naturphilosophie übernehmenden *Epikur* und seinen Schülern vertreten. Danach besteht das All aus unendlich vielen, bloß an Gestalt und Anordnung unterschiedenen kleinen, weiter unteilbaren Teilchen, den Atomen, die im leeren Raume anfang- und endlos vermöge ihres Gewichtes fallen und bei ihren vielfältigen Zusammenstößen die verschiedenen aufeinanderfolgenden Welten bilden. Ihre Bewegungszustände folgen nach *Demokrit,* nicht nach *Epikur,* mit Notwendigkeit bestimmt auf- und auseinander in einer anfang- und endlosen Kausalverkettung, in einer so alleingültigen transitiven Kausalform. Diese streng materialistisch-naturalistische Lehre der Atomisten hatte außer dem erwähnten *Epikur* und seinen Jüngern durch die Jahrhunderte des Altertums und des Mittelalters hindurch keine bedeutenden Nachfolger; die in ihr mit klassischer Prägnanz gefaßte transitive Kausalität aber wurde, nach manchen spätmittelalterlichen und frühneuzeitlichen Versuchen, in der Physik und Naturphilosophie *Galileis* durch die strenge Fassung der mechanischen Bewegungsgesetze erneuert und vermöge der empirisch immer wieder bezeugten Gültigkeit dieser herrschend. Sie wurde von *Descartes, Leibniz* und *Newton* naturphilosophisch weiter ausgebaut und durch die Begriffe des Impulses und besonders der Energie, sowie durch die Energiesätze vielfältig bereichert und allmählich auf den Gesamtbereich der Physik ausgedehnt, als nämlich das Prinzip von der Erhaltung der Energie bei allen physikalischen Energieumwandlungen, von *R. Mayer* besonders für das gesetzliche Äquivalenzverhältnis von mechanischer und Wärmeenergie erhärtet, anerkannt wurde. Durch die

Erkenntnis dieser physikalischen Gesetzmäßigkeit setzte sich die sie am besten, ja allein erklärlicherweise zu tragen scheinende, streng eindeutige, mit Notwendigkeit gültige transitive Kausalität als naturphilosophisches Grundprinzip durch, obwohl schon der scharf kritische Geist des »skeptischen« Vorpositivisten *Hume* klar sah, daß das regelmäßige Aufeinanderfolgen von Bewegungen und durch sie bewirkten Zuständen kein Auseinanderfolgen dieser zeige und – außer durch die bloße Gewöhnung daran – beweise. Die als durchaus brauchbare naturphilosophische Hilfshypothese faßbare transitive Kausalität wurde bis in die neuesten Zeiten selbst von sonst positivistisch ausgerichteten Theoretikern, keineswegs nur von Naturwissenschaftlern, sondern auch von Psychologen, Soziologen, Juristen und Philosophen in den Rang eines gleichsam selbstverständlichen Seinsprinzips, eines geradezu dogmatisch metaphysischen Grundsatzes erhoben, an dem zu rütteln weithin für unwissenschaftlich galt und vor dem auch Behauptungen über menschliche Freiheit und Selbstverantwortung als grundsätzlich nicht mehr diskutabel, Theorien über autonome moralische Werte und ihre absolut verpflichtende Gültigkeit als veraltet und illusionär, bestenfalls als wesentlich umdeutungsbedürftig und ihres gesellschaftlich tabuistischen Charakters zu entkleiden reif erschienen. Bezeichnenderweise war es die im Laufe der Neuzeit zur Königin der Wissenschaften emporgestiegene Physik, die das fast unangreifbar erscheinende Ansehen ihres eigenen philosophischen Geschöpfes in den letzten Jahrzehnten erschütterte: die moderne Mikrophysik, deren Beobachtungs- und vorherrschende Deutungsergebnisse eine Akausalität oder zumindest eine nicht streng eindeutige Kausalkonsequenz nahe zu legen scheinen.

4. Diese Ergebnisse werden selbst dem von der Gültigkeit der transitiven Kausalität noch Überzeugten die folgende Frage nicht mehr abwegig erscheinen lassen: Sind alle drei im Vorigen dargestellten denkmöglichen Kausalarten auch seinsmöglich oder nicht, und wenn es nicht alle sind, welche ist oder sind es, und welche nicht? Mindestens eine muß allerdings seinsmöglich sein, wenn wir überhaupt Kausalvorgänge erfahren; die Tatsache, daß wir solche erfahren, läßt sich schwer bestreiten. Bestritten wurde und wird schon im 19. Jahrhundert und bis heute vielfach die transzendente Kausalität, und zwar von Theorien, die das gesamte Weltsein rein evolutionistisch, entwicklungsgeschichtlich zu erklären suchen, und sie wurde seit jeher von einem rein materialistischen Standpunkt, wie z. B. jenem *Demokrits*, und von einer extrem monistischen Lehre, wie die des *Parmenides* gewesen sein mag, ausgeschlossen, während die Philosophie *Spinozas* neben den für die einzelnen Attribute Gottes angenommenen transitiv kausal bestimmten Modalketten immerhin eine zwar nicht transzendente, doch immanente Kausalität der einzigen göttlichen Substanz zu ihren unendlichfach unendlich vielen Modis lehrt. Aber der sich seit den Anfängen der Neuzeit bis in unsere Tage immer mehr ausbreitende Naturalismus, ob evolutionistisch gerichtet oder nicht, lehnt auch die immanente Kausalität zunehmend ab und erkennt bloß die transitive als seinsmöglich an (allerdings in einer kritisch keines-

wegs genügend fundierten, naiv wissenschaftlichen Weise), jedenfalls bis zu ihrer Erschütterung in unseren Tagen, wo schließlich eine Verlegenheit allen Kausalauffassungen gegenüber Platz greift, die manchmal bis zur Behauptung reiner Akausalität, Ursachlosigkeit schlechthin, reicht. Die Absurdität der letztgenannten Behauptung, die nicht bedenkt, daß erfahrungsgemäß doch vieles irgendwie wird, entsteht, und rein von nichts auch nichts werden, zustande kommen kann, weil sonst das Nichts schon etwas, eben Seinsquell, Ursache, wäre, diese Absurdität legt wieder die kritische Prüfung der Frage nahe, welche Art von Kausalität unter den denkmöglichen auch seinsmöglich ist.
Nun erhebt sich aber gegen die Forderung der kritischen Prüfung der Einwand: Wie kann eine solche Prüfung überhaupt vollzogen werden? Sie hat zweifellos auch ihre erkenntnistheoretischen Aspekte. Eine Prüfung der Seinsmöglichkeit von Kausalität schlechthin und ihren denkbaren Grundarten aber kann nur mehr seinsphilosophisch sein, d. h. metaphysisch oder etwa ontologisch, und das geht doch heutzutage, unter welcher Bezeichnung auch immer, nicht mehr an. Dieser kategorisch antimetaphysische Standpunkt bedarf jedoch, um theoretisch ernst genommen werden zu dürfen, einer Prüfung und wenn möglich einer Begründung seiner Berechtigung. Die soll zunächst kurz geboten werden.

5. Der einseitig positivistische Zweig der metalinguistischen, sprachanalytischen Untersuchungen in der modernen Philosophie, der weiteste Gebiete philosophischer Problembehandlungen zu einer Art von Spiel mit grammatischen Spielregeln deklariert, bemerkt und anerkennt nicht, daß alle philosophischen Klassiker und die ernst zu nehmenden philosophischen Denker bis heute ihre freilich auch sprachlich auszudrückenden Begriffe nicht auf die weitgehend willkürlich wählbaren und austauschbaren sprachlichen Bezeichnungen, sondern auf die von diesen eben nur bezeichneten – signierten, markierten – Bedeutungen beziehen, die die Sprache von einem bloßen Geplapper erst zur Sprache bilden. Diese Sprachbedeutungen werden ursprünglich vorsprachlich, durch unmittelbare Erfahrung, Sinneswahrnehmung und Selbsterleben, erfaßt und im Wesen auch später aus fortgesetzter Erfahrung bereichert sowie durch Vorstellungs- und Denkakte weiterentwickelt, die insoweit sprachüberlegen und daher sprachindifferent sind, als sie sehr oft sprachfrei abstrakt gedacht und kombiniert, nicht nur bildhaft vorgestellt werden und ohne die kein fortgesetztes Handeln möglich wäre; ihre sprachliche Bezeichnung, die im Falle theoretischer Begriffe in allen Kultursprachen eindeutiger getroffen und übersetzt werden kann, als ihr Gebrauch in derselben Sprache bei Kundigen und Unkundigen ist, dient zu ihrer möglichsten Fixierung und Mitteilung und kann dann einen unermeßlichen und sich auch im praktischen Gebrauch fortgesetzt bestätigenden Wissensschatz speichern. (Vgl. *B. v. Brandenstein:* Sprache, Denken [irrtümlich gedruckt »Deuten«], Philosophie, im Märzheft 1966 von Wissenschaft und Weltbild, Wien, S. 62–63). Den Grund und Hintergrund aller Sprachen als Sprachen bildet daher ein »metagrammatisches« Bedeutungsgerüst mit seinslogischen »Spielre-

geln«, das allgemeinmenschliche Verstehbarkeit und praktisch erfolgreiche Brauchbarkeit hat und aus der sachzugewandten Seinserfahrung und ihrer ebenfalls sachberechtigten psychischen Bearbeitung stammt.
Nun betont der schon selbst sachverbundene Positivismus, daß Erkenntnis nur bis an die Grenzen der Erfahrung, doch keinesfalls darüber hinausgehend, »metaphysisch«, möglich ist. Wenn er unter Erfahrung *tatsächliche* Erfahrung versteht, dann widerspricht sein Grundsatz sich selbst, weil seine Gültigkeit doch auch für alle zukünftige Erfahrung, die niemals total tatsächlich werden kann, beansprucht wird. Wenn er aber unter Erfahrung *mögliche*, alle mögliche Erfahrung versteht, dann ist der so gefaßte Grundsatz wohlbegründend zu erweisen, um nicht im schlechten Sinne »dogmatisch« zu sein und auf wissenschaftlichem Gebiet, sogar im Grundsätzlichen, Glauben statt Einsicht zu verlangen. Eine beweiskräftige Begründung gibt der Positivismus für diesen Grundsatz nicht, er stellt ihn als Postulat auf; doch kann er den Anspruch und den Versuch einer solchen Begründung bei *Kant* finden und von ihm borgen.

6. *Kant* sucht seine kritizistische Grundthese, daß alle (theoretische, »spekulative«) Erkenntnis nur innerhalb der Grenzen der möglichen Erfahrung möglich und gültig ist, auf seine in der Einleitung zur »Kritik der reinen Vernunft« vorgetragene Urteilslehre zu gründen. Danach gibt es analytische Urteile – Beispiel »Der Körper ist ausgedehnt« – in denen der Prädikatsbegriff im Subjektsbegriff bereits enthalten ist und die daher auch keine neuen Erkenntnisse geben. Und es gibt synthetische Urteile, in denen der Prädikatsbegriff im Subjektsbegriff nicht enthalten ist, sondern zu diesem von außen hinzukommt. Wir erfahren ihre Zusammengehörigkeit in den Fällen der synthetischen Urteile a posteriori, d. h. im Urteilen nach und aus der Erfahrung, z. B. in dem Urteil »Der Körper ist schwer«. Es gibt aber, vor allem zweifellos in der Mathematik, immer wieder neue Erkenntnisse, also durch synthetische Urteile, die aber nicht auf Erfahrung beruhen und aus ihr gewonnen werden, sondern vor aller Erfahrung mit notwendiger und streng allgemeiner Gültigkeit faßbar sind und eben ihrerseits alle einschlägigen Erfahrungen bestimmen. Das sind die synthetischen Urteile a priori, z. B. »7 + 5 = 12«. Woher wird in diesen die Zusammengehörigkeit von Subjekt und Prädikat erkannt? Aufgrund und mittels der reinen Anschauungen der Zeit und des Raumes. Die reinen Anschauungen aber sind apriorische Formen unserer Sinnlichkeit und gelten nicht für die Dinge, wie sie an sich sind, sondern für sie als Erscheinungen, wie sie in unserer Wahrnehmung, durch unsere Erkenntniskräfte geformt, erscheinen, somit nur innerhalb der Grenzen unserer möglichen Erfahrung. Da die – herkömmliche – Metaphysik über die Dinge, wie sie an sich sind, Aussagen machen will, kann sie weder die sinnliche noch die reine Anschauung verwenden, sondern versucht mittels reiner Begriffsverbindungen neue Erkenntnisse zu gewinnen. Begriffe ohne Anschauung aber sind leer, daher geben die sterilen, gegenstandslosen metaphysischen Urteile keine gültigen neuen Erkenntnisse, sondern können allenfalls zur Lenkung unseres

Erkenntnisfortgangs mit der Fassung von Ideen als absoluten Erkenntnisrichtlinien dienen. Theoretische – nicht praktische – Erkenntnis ist also für uns nur in den Grenzen der möglichen Erfahrung faßbar.
Es läßt sich nun klar erweisen, daß alle Urteile, auch die von *Kant* als Beispiele von synthetischen Urteilen genannten, im Kantischen Sinne analytisch sind, ihr Prädikatsbegriff ist im Subjektsbegriff enthalten, dessen Sachbedeutung allerdings, doch vor dem Urteil, das von ihm das Prädikat aussagt, synthetisch gebildet worden ist. So ist eben nur der unter Gravitationswirkung stehende Körper schwer und die Synthese erfolgt bei der faktischen Wirkung der Gravitation auf den Körper; wir erfahren den schon unter Gravitationswirkung stehenden Körper und heben aus seiner Sachbedeutung, die seinem – wahren – Begriff zugrunde liegt, die Sachbedeutung der Schwere, begrifflich gefaßt, analytisch heraus. Bei »7 + 5 = 12« wird der Subjektsbegriff, besser dessen Sachbedeutung, operativ, eben durch Addition, die ein Gestaltensverfahren und kein Urteil ist, gebildet: da ist die Synthese, die aber erst die Subjektbedeutung »7 + 5« zustande bringt, aus der dann ihre Gleichheit mit zwölf, die Prädikatsbedeutung »= 12«, analytisch ermittelt, herausgesehen und in einem analytischen Urteil hervorgehoben wird. Und so geben die, wie schon *Leibniz* wußte und lehrte, immer analytischen Urteile sehr wohl neue Erkenntnisse, z. B. auch das Kantische Urteil »Der Körper ist ausgedehnt«, wenn wir dieses Urteil nicht in unstatthafter Weise als Tautologie oder willkürliche Nominaldefinition betrachten. Durch die sachlich nicht haltbare Begründung *Kants* ist es somit keineswegs von vornherein ausgeschlossen, daß die zu ihrer Sacherkenntnis keine Zeit- oder Raumanschauung als Urteilsbindeglied benötigenden analytischen Urteile durch Analyse des ursprünglich der Erfahrung entstammenden Subjektsbegriffs in diesem auch solche notwendige Bestimmungen ermitteln können, die transzendent-metaphysische Erkenntnisse über Dinge, wie sie an sich sind, ergeben (siehe des näheren *B. v. Brandenstein,* Metaphysische Beweise, in: Kantstudien, Band 53, Heft 2, und *B. v. Brandenstein,* Wahrheit und Wirklichkeit, Meisenheim 1965, Kap. 14).

7. Solche Erkenntnisse sind tatsächlich streng wissenschaftlich gewinnbar. Auszugehen ist dabei von einer unmittelbar erlebten und daher unbezweifelbaren Erfahrung, wie etwa das von *Descartes* zum Ausgang genommene Erleben selbst *(cogitatio)* oder das Erleben eines Wechsels, eines Wandels, einer Veränderung, gleichgültig ob diese nur in mir oder außer mir, erscheinungshaft oder an sich, wesentlich oder »mitfolgend« (»akzessorisch«) ist; sie ist unbezweifelbar, ihr Bezweifeln bedeutet auch schon einen Wandel in der Situation des Bezweifelnden, der ja nicht von Anfang an in der gleichen Situation war. Wenn wir nun fragen, ob das Nacheinander von Veränderungen überhaupt, die Wechselreihe der Weltgegebenheiten in oder außer (je) mir begonnen habe oder nicht, läßt sich diese historisch formulierte und so philosophisch nicht lösbare Frage philosophisch umformulieren zu der Frage, ob die Wechselreihe notwendig an-

fanglos, d. h. unmöglich begonnen, oder notwendig begonnen, d. h. unmöglich anfanglos, oder aber sowohl anfanglos als auch begonnen möglich ist; beides kann nicht unmöglich sein, denn sie ist ja tatsächlich gegeben. Die dritte Eventualität führte zur historischen Beantwortungsbedürftigkeit und somit zu keiner vollen Lösung, wohl aber die erste oder die zweite. Die Antwort muß, um streng philosophisch annehmbar zu sein, mit der unbedingten Gültigkeit des Widerspruchsatzes – *A non est Non-A* – gegeben werden, dessen Verneinung – *A est Non-A* – streng genommen jede Erkenntnis und jede Aussage sofort aufhöbe.
Die Annahme, daß die Wechselreihe anfanglos ist, schließt auch die weitere Annahme ein, daß ihrem heutigen, zweifellos gegebenen Wechselzustand mehr als endlich viele, je endlich dauernde Wechselzustände vorausgegangen sind; und d. h. auch, daß die anfanglose Wechselreihe auch solche vergangene Wechselglieder gehabt haben mußte, die von dem heutigen durch mehr als endlich viele, ebenfalls schon vergangene Wechselzustände zurückliegen. Wenn es solche nicht, sondern nur vor endlich vielen vergangenen Wechselgliedern zurückliegende Glieder in ihr gab, hat die Wechselreihe mit dem nunmehr irgendwann notwendig ersten Wechselglied begonnen. Von einem beliebigen solchen Wechselreihenglied unter vielen aber, die selbst keineswegs ein erstes haben müßten, das durch mehr als endlich viele Glieder von dem heute gegebenen zurückliegt, kann die Wechselreihe, die sich ihrem Wesen gemäß gliedweise nacheinander aufbaut und *so* nur eine immer größere, doch stets nur endliche Gliederanzahl erreicht, das heutige, durch mehr als endlich viele Glieder zu erreichende Wechselreihenglied unmöglich erreichen. Da aber dieses letztere zweifellos gegeben ist, sind alle solchen Wechselreihenglieder, die durch mehr als endlich viele Zwischenglieder der Reihe vom heutigen zurückliegen und in einer anfanglos angenommenen Wechselreihe vorhanden gewesen sein müßten, unmöglich, und die Wechselreihe, die Weltreihe aller Veränderungen in oder außer (je) mir, samt ihrer »reinen Wechselform«, der Zeit, hat notwendig begonnen. Das beweist auch *Kant* in der Thesis seiner ersten Antinomie klar: »Nun besteht eben darin die Unendlichkeit einer Reihe, daß sie durch successive Synthesis niemals vollendet sein kann«. Dagegen scheitert der Beweisversuch der Antithesis, der vor der Zeit der begonnenen Welt eine leere Zeit annimmt, ebenso klar daran, daß eine leere Zeit vor allem wandelbaren Sein sich selbst widerspricht. Die Antinomien setzen ja nach *Kants* eigener Betonung metaphysische Realitäten voraus, so auch eine reale, sei es »volle«, sei es »leere«, Zeit, keine bloße Anschauungsform des menschlichen Subjekts.
Da nun etwas, das wandelbare Sein – nennen wir es Weltsein – nicht von nichts herkommen, zustande kommen kann und eben auch nicht von einem wieder nur wandelbar Seienden, setzt es mit seinem notwendigen (zeitlichen) Seinsbeginn eine unwandelbare, absolut zeitlos-überzeitliche Ursache voraus, von der allein es als Wirkung »schlechthin« herkommen kann, herkommen muß. Und zwar kann es nur *von* ihr gesetzt und *nicht aus* ihr als ein Teil oder eine totale oder partielle Fortsetzung ihres Seins entstanden sein, weil sonst dieses selbst wandel-

bar und als die Ursache des wandelbaren Seins überhaupt unmöglich wäre. Es ist so mit der Gültigkeit des Widerspruchssatzes einsichtig und erweislich, daß das wandelbare Sein überhaupt notwendig begonnen hat und von einem unwandelbaren Ursein, von dem es als wandelbares Sein wesentlich verschieden ist, schlechthin ins Sein gesetzt ist. Diese Ursache ist dem Weltsein absolut überlegen, und die Urkausalität ist daher einsichtigerweise transzendente Kausalität. Ihr Aufweis erweist zugleich, daß es Kausalität überhaupt gibt, daß der erfahrungsgegebene Wandel nicht bloß ein in sich ursachlos vorgehendes Wenden und Winden eines einzig daseienden Urseins ist, sondern daß er das Insseingesetztwerden des wandelbaren Seins von seiner transzendent unwandelbaren, urseienden Ursache voraussetzt bzw. letzthin auch schon ist.

8. Dieses Insseinsetzen der Wirkung ist naturgemäß eine Tätigkeit der Ursache, in diesem Sinne immer ein dynamisches Bestimmen, ein Setzen, während ein logisches, bedingendes, oder ein mathematisches, gestaltendes Bestimmen als solches selbst nichts ins Sein setzt und insoweit undynamisch ist. Wenn nun die erkannte erste, unwandelbare Ursache zu ihrem Verursachen eindeutig vorbestimmt wäre, dann wäre sie selbst zu ihrem dynamischen Bestimmen eben dynamisch bestimmt, d. h. von einem dynamisch bestimmenden Faktor eindeutig vorbestimmt und erst dieser wäre die erste, ursprünglich setzende Ursache, sei es als »tieferes Wesen« der dynamisch vorbestimmten, angeblich ersten Ursache, sei es eine noch höhere, noch erstere Ursache. Bei dieser stellte sich die eben genannte Frage wieder. Daraus wird einsichtig, daß die unwandelbare transzendentale Erstursache in ihrem Weltbewirken nicht eindeutig, und d. h. hier dynamisch eindeutig, vorbestimmt sein kann, sondern rein von sich aus setzend, frei ist.

9. Nun zeigt es sich auch in einem aus den bisherigen Erkenntnissen durchaus verständlichen Erfahrungssinne, daß Kausalität, Verursachung auch innerhalb des wandelbaren Seins, der Welt, überall vorkommt. Und da stellt sich die Frage wieder, welcher Art unter den drei denkbaren Kausalitätsarten die innerweltliche Kausalität sein kann.

Um das zu beantworten, nehmen wir an, daß es solche Ursachen geben kann, die mit oder nach dem Bewirken und Entstehen ihrer Wirkungen ganz oder teilweise vergehen können. Als ganz oder teilweise vergängliche und somit wandelbare müssen auch sie entstanden, bewirkt sein. Wenn ihre Ursachen mit oder nach dem Bewirken ihrer Wirkung wieder ganz oder teilweise vergehen können und dieses Kausalverhältnis sich in Richtung der Ursachen unbegrenzt in ähnlicher Weise fortsetzen kann, haben wir es mit der schon bekannten denkbaren Art der transitiven Kausalität zu tun, und zwar in dem Falle, daß das Kausalverhältnis nach den Ursachen hin sich »überhaupt«, d. h. unbegrenzt weiter erstrecken kann, mit einer anfanglos möglichen transitiven Kausalität ganz oder teilweise vergänglicher Ursachen. Diese widerstreitet aber klar der mit notwendiger Gültigkeit gewonnenen Einsicht der Unmöglichkeit einer anfanglosen

Wechselreihe. Die Beschränkung der Möglichkeit der transitiven Kausalität auf irgend welche, doch notwendigerweise endlich viele vorausgehende Ursachen widerstreitet aber der einsichtigen Freiheit der Erstursache, die an kein bestimmtes wandelbares Weltseiendes als notwendig erstes, an keinen wandelbaren Weltzustand als notwendig ersten gebunden ist, sondern jeden als ersten hätte bewirken können. Damit kann keine gültige Sachgrenze einer beschränkten transitiven Kausalität bestehen, bis zu welcher sie möglich und darüber hinaus unmöglich ist, sondern es erweist sich überhaupt als unmöglich, daß die Ursache mit oder nach dem Bewirken ihrer Wirkung ganz oder teilweise vergeht, daß es vergängliche Ursachen geben könne.

10. So kann es zwar, wie wir stets erfahren, vergängliche Wirkungen, doch nur mindestens an Seinsdauer unvergängliche und daher auch an Seinsinhalt unerschöpfliche Ursachen, wirkensfähige Seiende geben. Diese müssen an Seinsinhalt und Seinsdauer ihre Wirkungen in höherem als endlichem Maße, an »Seinsrang« überragen, sonst würden sie entweder bei der Bewirkung der Wirkungen an Seinskraft und Seinsinhalt verlieren oder aber es würde bei dem Entstehen der Wirkungen etwas von nichts. Des weiteren kann die Wirkung *nicht aus* der Ursache als ihr Teil oder ihre Fortsetzung herkommen, sonst würde diese ganz oder teilweise vergehen, eben in die Wirkung übergehen, was sich als unmöglich erwiesen hat, sondern sie kann nur *von* der Ursache ohne Seinsabgabe und Seinsverlust schlechthin gesetzt werden. So haben wir es auch bei der innerweltlichen Kausalität nur mit alleinmöglich transzendenten Ursachen zu tun und gegenüber dem alten transitivkausalen Prinzip *causa aequat effectum* gilt in Wahrheit, daß die Ursache die Wirkung seinsrangmäßig, in mehr als endlichem Maße überragt, im Falle einer an Seinsinhalt und Seinsdauer in sich endlichen Wirkung mindestens unerschöpflich-unvergänglich und als solche Ursache naturgemäß aktiv, d. h. ein aktiv potential-unendliches, dynamisch bestimmendes, metaphysisch kraftartiges Seiendes sein muß. Als solche Weltkraft kann sie noch wandelbar sein und sie ist als bloß potential unendliche, wie wir sie mindestens in unserem eigenen wirkfähigen Ich unmittelbar erlebend erfahren, tatsächlich so. Denn unmittelbar erleben wir ja nur das eigene persönliche Wirken: und das ist die normalerweise als frei erlebte – und dem ermittelten Kausalprinzip eben so durchaus gemäße – Selbsttätigkeit meines bewußt wollenden Kraftzentrums Ich, das die Wirkungen von sich – doch nicht etwa aus sich als seine Ichstücke – als nicht selbst persönliche, sondern rein objekthafte, an sich passive, dem setzenden persönlichen Subjekt gegenüber *andere* Seiende, Taten, Vorstellungen, Gedankeninhalte setzt, durch deren Setzen das Ich gewiß nicht weniger, sondern viel eher noch mehr, d. h. entfalteter, wird. Und bei anderen Menschen sowie in der Natur erfahren wir unmittelbar nur endlich vergängliche objekthafte, wohl oft subjektiv ausdrückliche, doch nicht selbst persönliche Wirkungen, deren Dynamik nicht Eigendynamik ist, sondern »hinter« sie zurückweist auf transzendente Kraftursachen, selbst bei pflanzlichen und auch noch bei tierischen Lebe-

wesen auf die »in« ihnen waltenden und wirkenden Artkräfte. Alle diese wandelbaren und daher entstandenen Weltursachen aber erfordern selbst eine wieder seinsranghöhere Ursache, damit nicht etwas von nichts werde oder gerade die Ursache von Ursachen bei dem Bewirken ihrer Wirkungen an Sein verliere und so wenigstens teilweise verginge, was unmittelbar widersprüchlich wäre: diese Ursache von in sich schon aktiv potential-unendlichen Wirkungen kann nur mehr aktiv aktual-unendlich und damit unwandelbar sein und erweist sich so mit der erkannten Ursache des Weltseins überhaupt identisch.

11. Damit hat sich die philosophische Grundproblematik der Kausalität lösen lassen. Es ist allein die transzendente Kausalität seinsmöglich, wo die Ursache ihre Wirkung in mehr als endlichem Maße an Seinsrang überragt; daher können in sich endlich-vergängliche Seiende nicht wirken, verursachen, sondern sie sind bloß in sich Wirkungen mindestens aktiv potential-unendlicher Ursachen, der Weltkräfte; diese aber setzen nunmehr die weltüberlegene aktiv aktual-unendliche Erstursache als ihre unmittelbare Ursache voraus. Die als immanent gedachte Kausalitätsart führt wohldurchdacht schon vermöge des notwendigen Seinsrangunterschiedes von Ursache und Wirkung auf die alleinmögliche transzendente zurück, und die erst durch die Physik unserer Tage erschütterte Vorstellung einer transitiven Kausalität muß wahrheitsgemäß auf ihre empirisch alleingegebene Grundlage eines – je nach verschiedenen Weltaufbaugebieten mehr oder minder genauen und festen – *konstant-gesetzlichen Aufeinanderfolgens* von bloßen, nicht selbsttätigen Wirkungen zurückgebracht werden; in solchem Sinne könnte dieses, doch streng verstanden sollte es nicht »Kausalität« genannt werden. (Siehe näheres in *B. v. Brandenstein*, Der Aufbau des Seins, Saarbrücken–Tübingen 1950; *ders.*, Grundlegung der Philosophie, 3. Band, München [2]1966; und *ders.*, Vom Sinn der Philosophie und ihrer Geschichte, Bonn 1957, Kapitel 11.)

BÉLA VON BRANDENSTEIN

II

1. Die Kritik an der metaphysischen Kausalitätsauffassung
1.1 *Hume*
1.2 *Kant*
2. Das Kausalgesetz
2.1 Die alltägliche Formulierung des Kausalgesetzes
2.2 Der Begriff der kausalen Erklärung
3. Das Kausalprinzip und das Problem seiner Begründung

1. Die gegenwärtige Diskussion der Probleme, die mit dem Begriff der Kausalität verbunden sind, bewegt sich, historisch betrachtet, in dem Feld zwischen *Kant* und *Hume* und basiert auf der diesen Denkern gemeinsamen Kritik an der metaphysischen Kausalitätsauffassung. Diese hatte die Zusammenhänge der

Wirklichkeit so interpretiert, daß in ihnen getrennte Substanzen derart aufeinander einwirken, daß aus einer Ursache mit Notwendigkeit eine Wirkung entspringt.

1.1 Hieran knüpfen sich *Humes* skeptische Bedenken an der Richtigkeit unserer Verstandestätigkeiten. Ausgehend von der Unterscheidung zweier fundamentaler Arten von Relationen, der zwischen Vorstellungen und der zwischen Tatsachen, lokalisiert er das Kausalitätsproblem im Bereich der Faktenbeziehungen und scheidet die Frage logischer Verknüpfung von Vorstellungen nach Grund und Folge aus der Untersuchung aus. Zwei Tatsachen aber verbinden wir nach Ursache und Wirkung, wenn wir über geraume Zeit ihren Zusammenhang erfahren haben. Wir supponieren dann geheime Kräfte zwischen ihnen, welche die Notwendigkeit dieser Verbindung garantieren sollen. Genau dies erweist sich jedoch als eine durch nichts zu begründende metaphysische Annahme. Weder können wir nämlich aus einer Ursache logisch die Wirkung ableiten, denn dann befänden wir uns im Bereich der Vorstellungen und ihrer Grund-Folge-Beziehung und bedürften der Erfahrung nicht mehr. Noch können wir im Umkreis der Erfahrung garantieren, daß einer einmal angenommenen Beziehung zwischen Tatsachen die zukünftige Beobachtung entspricht. Wenn wir uns streng an das Beobachtbare halten, dann fehlt uns nämlich das Bindeglied zwischen der ersten und zweiten Tatsache, es fehlt uns der Blick in innere Kräfteverhältnisse, die wir als Ursache und Wirkung unterschieben. Die Zusammenhänge zwischen den Tatsachen stellen sich somit nur her gemäß den drei Weisen der Verbindbarkeit, der Berührung in Raum und Zeit und der Ähnlichkeit. Die Humesche Kritik an der metaphysischen Auffassung von Kausalität besteht also darin, daß sie die Verknüpfung *(connexion)* von Tatsachen mittels geheimer Kräfte leugnet und nur den beobachtbaren Zusammenhang *(conjunction)* zwischen ihnen zuläßt[1].

1.2 *Kant* greift diese Kritik positiv auf, indem er den Bereich des uns Erfahrbaren als Erscheinung (Phaenomenon) von dem Bereich des Denkbaren, der Dinge an sich (Noumenon) unterscheidet. Kausale Verknüpfung ist für ihn nicht aus reiner Vernunft zu begreifen, sondern nur in der Erfahrung auszumachen. Dennoch gibt er der Humeschen Kritik eine andere Wendung. Verursachung läßt sich nicht aus »öftern Beigesellung«[2] von Eindrücken in der Wahrnehmung, d. h. aus Assoziation erklären. Dies hieße, lediglich der Abfolge von Erscheinungen zu folgen, welche regellos in der Anschauung gegeben sind. Hieraus aber wären allenfalls Wahrnehmungssätze zu gewinnen, die in hypothetischer Form einen subjektiven Zusammenhang von Vorstellungen behaupten, z. B.: Wenn ein Körper lange genug von der Sonne beschienen ist, so wird er warm. Von Erfahrung dagegen kann man erst dann sprechen, wenn es gelingt, durch den Begriff eine Regel in diese Abfolge hineinzutragen, wodurch sie in objektiver Weise verknüpft wird. Ein solcher Erfahrungssatz aber stellt in assertorischer Form fest: Sonne ist durch ihr Licht die Ursache der Wärme[3].

Wie aber kommen wir dazu, der Erfahrung einen notwendigen Zusammenhang zu supponieren? Wenn die Annahme der alten Metaphysik mit ihrer Konstruktion von geheimen Kräften, weil als bloßes Noumenon entlarvt ausscheidet, dann kann die Lösung nicht mehr im Bereich der Dinge, sondern nur noch in unserem Wissen gesucht werden. Gegen *Hume* besteht somit *Kant* auf der unmittelbaren Überzeugung notwendiger Verknüpfung, gegen die Metaphysik sucht er sie allerdings nicht mehr in den Dingen selbst. Die Frage nach den Bedingungen der Möglichkeit ursächlicher Verknüpfung weist auf eine vorgängig notwendige, logische Form des Urteilens, welche uns zwingt, unsere Vorstellungen nach Ursache und Wirkung zu ordnen. In der Kategorie der Kausalität erkennt *Kant* jenen Verstandesbegriff, der die synthetische Einheit unserer Erfahrung im Hinblick auf die zeitliche Folge garantiert. Auf sinnliche Erscheinungen angewandt läßt er sich als Regel oder Grundsatz der Kausalität in folgender Weise explizieren: Was nur als Folge existieren kann, hat seine Ursache. Sucht man schließlich für dieses Kausalitätsprinzip selbst nochmal eine Begründung, dann kann sie jedenfalls nicht in Wahrnehmung, Erfahrung oder Gewohnheit gefunden werden, da sie diese ja begründen soll. Vielmehr zeigt die mit sich identische Form dieses Satzes, daß er sich selbst begründen und durch sich selbst einleuchten soll[4]. Inwiefern aber kann dieses formale Prinzip in der Sinnlichkeit fruchtbar werden? Als allgemeine Regel für die Konstitution von Erfahrung sagt es inhaltlich nichts Bestimmtes über sie aus. Mit dem Prinzip des So-und-nicht-anders-denken-könnens ist noch keine besondere kausale Verknüpfung gefunden. Aber es ermöglicht ein Voranschreiten der Erkenntnis gemäß dieser Regel, welches die besonderen Kausalgesetze ausfindig macht und dadurch den Erscheinungen ihre bestimmte Stelle in der Zeit anweist.

2. Die bei *Kant* gelegentlich unscharfe Differenzierung zwischen dem der philosophischen Begründungsdimension angehörigen allgemeinen Kausalgesetz oder Kausalprinzip und dem der einzelwissenschaftlichen und alltäglichen Erkenntnis eigenen Suchen nach besonderen Kausalgesetzen veranlaßt *Stegmüller* die Frageintentionen *Humes* und *Kants* scharf gegeneinander abzugrenzen. Ging es nach ihm *Hume* um die Klärung des Problems, wie wir in der Wahrnehmung Zusammenhänge feststellen, so zielt *Kants* Frage darauf, warum wir dem unausweichlichen Zwang unterliegen, so etwas wie eine notwendige Verknüpfung unserer Erfahrung zu unterlegen. Jener wollte den Begriff des Kausalgesetzes im Hinblick auf die Wahrnehmung bestimmen, dieser das Prinzip kausalen Verknüpfens im Wissen als universal erweisen. Während uns *Hume* nicht erklären kann, wieso wir trotz aller Einschränkung unserer Beobachtungen auf die Feststellung loser Zusammenhänge nicht ablassen, notwendige Verknüpfung zu supponieren, kann sich *Kants* These der universellen Reichweite des Kausalitätsprinzips, die in seiner Kategorialität begründet ist, nie in der Erfahrung bestätigen. Hieraus folgert *Stegmüller* die Notwendigkeit einer grundsätzlichen Unterscheidung der Frage nach dem Kausalgesetz von der nach dem Kausal- oder Determinismusprinzip[5].

2.1 Für das an der Nähe zur Erfahrung orientierte wissenschaftstheoretische Denken stellen sich die den Kausalitätsbegriff ausmachenden Probleme in der Stufenfolge, daß die Fragen nach dem Begriff der Ursache, dem Begriff des *Kausalgesetzes* und der kausalen Erklärung den Vorrang haben. Erst wenn diese unterschieden und befriedigend beantwortet sind, kann auf ihnen die Formulierung eines Kausalprinzips aufbauen. Dazu aber ist es nötig, daß wir das, was wir in der Alltagssprache in mehrdeutiger Weise als Ursache-Wirkungsverhältnis bezeichnen, logisch präzisieren. Die Ungenauigkeit unserer gewöhnlichen Redeweise zeigt sich, wenn wir die verschiedenen Bedeutungen des Satzes »A ist die Ursache von E« voneinander abheben. Die Alltagssprache geht davon aus, daß als Ursache eines Ereignisses nur ein besonders auffallendes Faktum in Frage kommt. Demgegenüber ist festzuhalten, daß »sämtliche relevanten Bedingungen« herangezogen werden müssen. »Dazu gehören nicht nur die sich gerade ändernden Bedingungen, welche uns besonders in die Augen fallen, sondern auch die konstanten Bedingungen oder Prozesse, ohne die das fragliche Ereignis nicht stattfinden könnte«[6]. Ferner gebrauchen wir das Wort »Ursache« in praktischen Situationen. Es genügt uns im gewöhnlichen Sprachgebrauch, jenes Moment als Ursache herauszugreifen, welches hinreicht, ein gewünschtes Ergebnis zu erzielen bzw. ein unerwünschtes zu vermeiden. Wir stellen diese Frage aus dem Blickwinkel des Fachmannes einer Disziplin und erhalten stets eine andere Antwort, je nach der Perspektive unter der wir sie angehen. Sie erweist sich alltagssprachlich als relativ auf pragmatische Kontexte. Logisch gesehen dagegen können wir nicht darauf verzichten, die Ursache eines Ereignisses als die »Gesamtheit der Antecedensbedingungen« zu begreifen, »auf Grund deren E deduktiv-nomologisch erklärbar ist«[7]. Selbst *Hume* konnte sich hierin nicht ganz vom mehrdeutigen Sprachgebrauch des Alltags lösen, sondern verstand das Ursache-Wirkungsverhältnis im Sinne eines singulären Kausalzusammenhanges, statt auf die Gesamtheit aller relevanten Randbedingungen zu rekurrieren. Darüber hinaus versäumte er es, eine weitere Unterscheidung durchzuführen, die in unserem gewöhnlichen Verständnis der Kausalbeziehung zusammenfließt. Die Rückführung eines zu erklärenden Ereignisses auf die relevanten vorausgehenden Tatsachen allein genügt noch nicht zu einer Ableitung, vielmehr ist von dem beobachtbaren Zusammenhang noch die Annahme genereller Kausalgesetze zu unterscheiden, die erst den Schluß erlauben, daß die hic et nunc festgestellte Beziehung – weil eine allgemein geltende Relation – zu diesem Resultat führen muß. Damit haben wir uns die Elemente erarbeitet, die es ermöglichen, den Begriff kausalen Erklärens unter jenen allgemeinen, weiteren Begriff des Erklärens zu subsumieren, welchen *Hempel-Oppenheim* in ihrem Modell präzisiert haben. Demnach läßt sich ein Explanandumereignis E nur ableiten, wenn das Explanans, bestehend aus den hypothetischen Gesetzesannahmen $G_1 \dots G_n$ und den relevanten Antecedensbedingungen $A_1 \dots A_n$, dies erlaubt.

2.2 Was aber unterscheidet den besonderen Begriff kausalen Erklärens von dem allgemeinen des wissenschaftlichen Explizierens überhaupt? *Stegmüller* entwikkelt alle Differenzierungsmerkmale am Begriff des Kausalgesetzes, den er damit aus dem allgemeinen Gesetzesbegriff herausarbeitet. Unter acht möglichen Kriterien erweisen sich schließlich drei als hinreichend, um einen praktikablen Begriff des Kausalgesetzes und hiervon abgeleitet des kausalen Erklärens zu gewinnen. Zunächst einmal ist zu bestimmen, um welche Art von Gesetzen es sich im Begriff kausalen Erklärens handelt. Unter den beiden Möglichkeiten, den streng deterministischen Gesetzen, die keine Ausnahme gestatten, und den statistischen Regularitäten scheint es sinnvoll, lediglich die deterministischen mit aufzunehmen, weil die Einbeziehung statistischer Gesetze eine solche Ausweitung des Begriffs bedeuten würde, daß er schließlich wieder mit dem allgemeinen Gesetzesbegriff fusionieren und damit uninteressant würde. Dies erlaubt uns bereits, den Begriff des Kausalgesetzes als eines streng *deterministischen* Gesetzes festzulegen. Für den Begriff der Erklärung würde es allerdings eine zu starke Einschränkung bedeuten, wollte man in ihm ausschließlich deterministische Gesetze zulassen. Dadurch würde er in einer unpraktikablen Weise verengt. Wenn man jedoch davon ausgeht, daß in ihm mindestens eines der strengen Gesetze aufgenommen werden muß, kann er als deduktiv-nomologisch beschrieben werden. Fragt man sich zweitens nach der Begriffsform dieser im kausalen Erklärungsbegriff verwendeten Gesetze, so könnte man prinzipiell qualitative, komparative oder quantitative Ausdrucksformen einsetzen. Die alltäglichen Kausalbehauptungen begnügen sich mit qualitativen und komparativen Verknüpfungen etwa der Art: »Das Essen süßer Speisen bereitet Durst« und »je tiefer der See, desto langsamer seine Erwärmung«. Die moderne Wissenschaft dagegen verlangt eine Quantifizierung der aufgestellten Kausalbehauptungen, um sie metrisch präzise nachprüfen zu können. Es erweist sich daher als angebracht, den Begriff kausalen Erklärens im Sinne der Forderung *quantitativer* Gesetzesformen zu verschärfen. Eine dritte Differenzierung zielt auf die »Zeitgestalt« der verwendeten Gesetze. Die Alternative, welche sich hier stellt, besteht darin, sich entweder für die Zulassung der Gleichzeitigkeit in der Verknüpfung von Ursache und Wirkung zu entscheiden oder nur ihre Nachzeitigkeit zu akzeptieren. Demzufolge steht die Verwendung von Zustands- oder nur von Sukzessionsgesetzen zur Wahl. Geht man davon aus, daß man im Erklärungsbegriff einen eindeutigen und adäquaten Begriff der Ursache zur Hand haben will, dann empfiehlt es sich, nur *Ablaufgesetze* zu berücksichtigen, da bei Zustandsgesetzen meist Ursache und Wirkung austauschbar sind. Gegenüber diesen drei Bestimmungen des Kausalgesetzes erweisen sich andere als nicht so dringlich. Dennoch liegt darin ein dezisionistisches und konventionalistisches Moment, wenn man den Begriff des Kausalgesetzes auf diese drei Merkmale festlegt und definiert, daß er als deterministisch zu gelten habe, daß seine Begriffsform quantitativer Natur sei und er als Sukzessionsgesetz aufzutreten habe.

Diese Ausdifferenzierung des Kausalgesetzes aus dem allgemeinen Gesetzesbegriff ermöglicht auch eine Weiterbestimmung des Begriffs kausalen Erklärens im Horizont wissenschaftlichen Erklärens überhaupt. *Stegmüller* definiert folgendermaßen: »Eine kausale Erklärung ist eine deduktiv-nomologische Erklärung, für die mindestens ein deterministisches, quantitatives Ablaufgesetz benötigt wird und deren Antecedensereignis nicht später ist als das Explanandumereignis«. Demgegenüber bleibt der sich aus den vorherigen Überlegungen ergebende Begriff der Ursache wissenschaftstheoretisch problematisch, weil unentschieden bleibt, ob die Ursache eines Ereignisses lediglich in seinen relevanten Randbedingungen gesucht werden soll oder ob die Randbedingungen nur in Verbindung mit den Gesetzen als Ursache betrachtet werden können. Entscheidet man sich für die erste Annahme, dann ergibt sich folgende Definition: »Unter einer Ursache eines Ereignisses E soll die Totalität der Antecedensbedingungen einer adäquaten kausalen Erklärung von E verstanden werden« [8].

3. Unabhängig von der Aufgabe einer logischen Präzisierung des kausalen Erklärungsbegriffs ergibt sich die Notwendigkeit, jene umgangssprachliche Behauptung einer analytischen Prüfung zu unterziehen, wonach »jedes Ereignis eine Ursache« habe. Die Ausweitung der Behauptung kausaler Erklärbarkeit auf alle Ereignisse bildet den Inhalt der Formulierung eines *Kausal- oder Determinismusprinzips.* Seine präzise Fassung müßte lauten: »Zu jedem Ereignis existiert eine adäquate kausale Erklärung«. Damit aber hängt die Fassung des Determinismusprinzips davon ab, welchen Begriff kausalen Erklärens, genauer welche Form des Explanans wir einsetzen, da sich dieses ja verschärfen oder abschwächen läßt. Man könnte etwa das Determinismusprinzip strenger formulieren, wenn man im Explanans des verwendeten kausalen Erklärungsbegriffs nur deterministische Gesetze zuläßt, was die Behauptung einschließen würde, daß für jedes Ereignis eine adäquate kausale Erklärung existieren würde, die auf alle statistisch festgestellten Regularitäten verzichtet und nur streng deterministische Gesetze verwendet. Man kann das Determinismusprinzip aber auch abschwächen und das Explanans E' so liberal fassen, daß alle Gesetzestypen, seien sie deterministischer oder statistischer Art, zugelassen werden. Dieses Verfahren hat zur Folge, daß aus dem Determinismusprinzip unter der Hand die Behauptung einer allgemeinen Erklärbarkeit von Ereignissen aufgrund von Gesetzmäßigkeit überhaupt geworden ist und die spezifisch kausalen Bestimmungen weggefallen sind.

Stegmüller stellt sich die Frage, welche Chance von Bewahrheitung man einem solchen Determinismusprinzip gleich in welcher Fassung zugestehen könnte und zeigt drei Möglichkeiten auf. Entweder man faßt es bloß als eine tautologische Formulierung etwa der Art auf: Jede Wirkung hat eine Ursache, was soviel besagt wie, daß man unter einer Wirkung das zu verstehen habe, was ein Ursache besitzt. Dann ist dieses Prinzip belanglos, weil es inhaltlich nichts aussagt. Oder aber man faßt es als eine notwendige Einsicht auf, welche einen Erkenntnisfortschritt einschließt, dann bewegt man sich in einem synthetischen Wissen a priori, welches *Stegmüller* als metaphysisch ablehnt. Bleibt noch übrig, darin eine empirische Aussage zu sehen, welche eine Allaussage mit einer Existenzbehauptung verbindet. Eine solche läßt sich empirisch weder verifizieren noch falsifizieren. Sie könnte daher lediglich als pragmatische Hypothese für den Forschungsgang fungieren, die sich nur in dem Maße bestätigt, als tatsächlich solche kausalen Erklärungen im wissenschaftlichen Fortschritt gefunden werden.

Diese Entscheidung für die dritte und gegen die zweite Möglichkeit von Bewahrheitung soll ein Votum für *Hume* und gegen *Kant* einschließen. Spätestens an dem Punkt jedoch scheint es problematisch, ob die schematische Abgrenzung der Frageintentionen *Kants* und *Humes* und die Festlegung des Kantischen Problems auf das Kausalitätsprinzip als legitim angesehen werden können. *Kant* ging es doch nicht darum, ein Kausalitätsprinzip zu erarbeiten, das im Sinne einer metaphysischen Aussage jedem Ding eine Ursache zuspricht. Bewahrheitung des Kausalitätsprinzips kann daher bei ihm auch nicht besagen, daß in Form eines metaphysischen Schlusses behauptet würde, daß dieses Prinzip auf die gesamte Wirklichkeit zutrifft. Vielmehr zielte er darauf ab nachzuweisen, daß wir aufgrund der Kategorie der Kausalität in unserem Wissen notwendig so verfahren müssen, nur das als gesicherte Erkenntnis anzuerkennen, was wir streng kausal verbinden können. Die Formulierung des Kausalitätsprinzips expliziert somit keine Regel für die Wirklichkeit, sondern lediglich für unser Wissen. Sie behauptet keine metaphysische Wahrheit, sondern eine transzendental-logische. Deshalb schließt sie zunächst nicht die Behauptung ein, daß eine ihr entsprechende Wirklichkeit in der Erfahrung auszumachen sei. Allerdings kann sie nur in der Anwendung auf eine solche als sinnvoll betrachtet werden. Der Grundsatz der Kausalität gibt somit die Regel für die Auffindung von bestimmten Kausalgesetzen an und fungiert als regulative Idee für den Forschungsprozeß[9]. Die Kantische Frage nach dem Prinzip kausalen Verbindens läßt sich nicht strikt von seiner Realisierung in bestimmten Kausalgesetzen abtrennen. Auch die Frage der Bewahrheitung läßt sich nicht auf das Problem transzendental-logischer Geltung des Prinzips reduzieren. Vielmehr zeigt sich, daß seine inhaltliche Bestätigung davon abhängt, wieviel bestimmte Kausalgesetze in der Erfahrung gefunden werden können[10]. Die strenge Abtrennung der zweiten und dritten Möglichkeit von Bewahrheitung bei *Stegmüller* und die Zuordnung *Kants* zur zweiten kann somit nicht aufrechterhalten werden.

Darüber hinaus muß die These der Universalität des Kausalitätsprinzips von *Kant* her eine wichtige Einschränkung erfahren. Strenggenommen ist es nur innerhalb des Kontextes der theoretischen Vernunft und ihres Interesses, Ordnung in das Mannigfaltige der Erscheinungen zu bringen, sinnvoll, das Netz der Kausalität über die Wirklichkeit zu werfen. Die Anwendung des Grundsatzes der Kausalität ist somit rückgebunden an die praktische Vorentscheidung, sich Natur als Gegenstand der Erkenntnis geben zu lassen. Unter dem Blickwinkel der praktischen Vernunft und ihres letztlich übergeordneten Interesses an Selbstbestimmung jedoch tritt ein ganz anderer Begriff von »Kausalität« an die Stelle der lückenlosen Verknüpfung von Ursache und Wirkung, nämlich der einer Ursache seines eigenen Handelns oder der »Kausalität aus Freiheit«.

ANMERKUNGEN

[1]) *D. Hume*, Eine Untersuchung über den menschlichen Verstand, hrsg. von R. Richter, Hamburg 1964, S. 85 u. 90. – [2]) *I. Kant*, Kritik der reinen Vernunft B 5. – [3]) *I. Kant*, Prolegomena § 29. – [4]) *I. Kant*, Kritik der reinen Vernunft B 290. – [5]) Vgl. *W. Stegmüller*, Probleme und Resultate der Wissenschaftstheorie, Band I: Wissenschaftliche Erklärung und Begründung, Berlin–Heidelberg–New York 1969, S. 444. – [6]) Vgl. *W. Stegmüller*, a. a. O., S. 433. – [7]) *W. Stegmüller*, a. a. O., S. 434. – [8]) *W. Stegmüller*, a. a. O., S. 462. – [9]) *I. Kant*, Kritik der reinen Vernunft B 223. – [10]) *I. Kant*, Kritik der reinen Vernunft B 244.

LITERATUR

J. Ebbinghaus, Kantinterpretation und Kantkritik, in: Deutsche Vierteljahresschrift 2 (1924), S. 80–115.
H. Feigl, Notes on Causality, in: H. Feigl and H. Brodbeck, Readings in the Philosophy of Science, New York 1953, S. 408–418.
A. H. Basson, David Hume, London 1958.
H. U. Hoche, Nichtempirische Erkenntnis, Meisenheim 1964.
R. Carnap, Philosophical Foundations of Physics, hrsg. von M. Gardner, New York 1966.
W. Stegmüller, Gedanken über eine mögliche, rationale Rekonstruktion von Kants Metaphysik der Erfahrung, Teil I, in: Ratio, Heft 1 Bd. 9 (1967); Teil II, in: Ratio, Heft 1 Bd. 9 (1968).
W. Stegmüller, Probleme und Resultate der Wissenschaftstheorie, Band I: Wissenschaftliche Erklärung und Begründung, Berlin–Heidelberg–New York 1969, S. 428–517.

ALFRED SCHÖPF

KONSTRUKTION

1. Auf den technisch-praktischen Sinn von »Konstruktion« soll hier nicht eingegangen werden. In theoretischem Zusammenhang aber wird das Wort fast stets entweder in einem mejorativen Sinn (»gesicherter Aufbau«) oder in einem pejorativen Sinn gebraucht, bei dem die Willkürlichkeit der Konstruktion mitschwingt (»nur eine Konstruktion«).
Beide Verwendungsweisen haben in die wissenschaftliche Terminologie Eingang gefunden: die aufwertende für die verschiedenen mathematischen Begriffe von »konstruktiv«, die abwertende in der Bildung »Konstrukt« *(construct)*, die auf Begriffe angewendet wird, die nicht in Strenge auf die Empirie reduzierbar sind.

2.1 Nach *Kant* heißt einen Begriff konstruieren, »die ihm korrespondierende Anschauung a priori darstellen«. Bei *Schelling* und auch *Hegel* ist die spekulative Begriffs-Konstruktion das Verfahren apriorisch-begrifflicher Ableitung und Verknüpfung.
2.2 *Freges* Analysen der Begriffe Sinn und Bedeutung, des Funktionsbegriffs und des Zahlbegriffs (: »die Anzahl, welche dem Begriff *F* zukommt, ist der Umfang des Begriffes ›gleichzahlig mit dem Begriffe *F*‹«) sind paradigmatisch für das, was *Russell* später »logische Konstruktion« von Begriffen nennt. Damit ist die definitorische Zurückführung eines Begriffes oder eines Systems von Begriffen auf eine geringe Anzahl von Grundbegriffen gemeint; wobei nicht nur Explizit- sondern auch Kontextdefinitionen zugelassen sind.
Eine derartige Zurückführung gelingt *Russell* für Kennzeichnungen und in Zusammenarbeit mit *Whitehead* (*Freges* und *Peanos* Arbeiten weiterführend) in den »Principia Mathematica« für einen Großteil der damals bekannten mathematischen Begriffe. Dieser Erfolg legte die Übertragung der Methode der *logischen Konstruktion* auf die Darstellung der Naturwissenschaften nahe. Aus Sinnesdaten (*sensed sensibilia* gemäß einigen von *Russells* Arbeiten – nach anderen auch aus *unsensed sensibilia*) sollten letzten Endes die Begriffe der Physik, der Psychologie usw. definiert werden. Die Durchführung dieses Programms durch

Russell – soweit sie erfolgte – erreichte nicht das Präzisionsniveau der »Principia«.
Carnap greift das Programm in seinem »Logischen Aufbau der Welt« 1928 auf. Er entwirft ein System zur *Konstitution* der naturwissenschaftlichen Begriffe aus dem Grundbegriff der Ähnlichkeitserinnerung. Ein Begriff *a* wird aus den Begriffen $b_1, \ldots, b_n$ konstituiert, heißt, es wird eine Regel zur Übersetzung jedes *a* enthaltenden Satzes in einen nur die Begriffe $b_1, \ldots, b_n$ enthaltenden Satz gegeben. Wie *Russells logische Konstruktion* umfaßt die *Konstitution* Explizit- und Kontextdefinition. Wäre das Carnapsche Programm durchgeführt, so könnte man jeden naturwissenschaftlichen Satz in einen Satz über die Relation der Ähnlichkeitserinnerung übersetzen.
Daß das Programm tatsächlich nicht durchführbar ist, sondern an relativ früher Stelle scheitert, erkannte *Carnap* selbst zuerst. Schon die Dispositionsprädikate – wie, »x ist löslich«, »x ist zerbrechlich« usw. lassen sich nicht aus den zugehörigen manifesten Prädikaten »x löst sich«, »x zerbricht« konstituieren.
Der vorläufig letzte Ansatz zu einer logischen Rekonstruktion, wenigstens der phänomenalen Welt, stammt von *N. Goodman*[1]. Die von *Carnap* entdeckte Grenze der Definierbarkeit wird dadurch umgangen, daß im Effekt nur die Definierbarkeit einer isomorphen Struktur verlangt wird. *Goodmans* Kriterium für *Constructional Definition* ist nur für in seinem Sinne nominalistische Systeme gedacht. Es ist daher nicht direkt mit *Carnaps* Übersetzbarkeitskriterium vergleichbar, obwohl es in seiner Formulierung eine starke äußerliche Ähnlichkeit zu diesem aufweist.
2.3 *Lorenzen* begründet die Mathematik *operativ*[2]. Seine Begründung der Physik kann auch operativ genannt werden. Geleistet werden die Begründungen in den Grundwissenschaften der Protologik und Protophysik (welch letztere Geometrie, Kinematik und Chronometrie sowie Mechanik enthalten soll). Hierbei werden Ansätze von *Hugo Dingler* weiterentwickelt, dessen ehrgeiziges Programm zum Ziel hatte, eine in jedem Schritt eindeutige und absolut sichere »Vollbegründung« der Mathematik und Physik zu liefern.
Voraussetzung dafür, daß man exakte Naturwissenschaft (einschließlich Geometrie) treiben kann, sind – so betont *Dingler* – exakte Meßgeräte. Deren Konstruktion setzt aber schon wieder Naturgesetze voraus. Um diesem Zirkel zu entrinnen läßt *Dingler* die Naturwissenschaft beginnen mit einem Beschluß zur Realisierung gewisser einfacher ideeller (nicht *notwendig* geometrischer) Formen (etwa der Ebene). Aus der Idee der Form ergibt sich eine Herstellungsvorschrift (im Falle der Ebene das Drei-Platten-Verfahren) deren iterierte Anwendung stets unvollkommene, aber immer genauer werdende Realisierungen der Idee liefert, welche als solche auch immer genauer idealen Gesetzen genügen – an deren Gültigkeit gemäß Konstruktion kein Zweifel möglich ist. Daher ist die auf apriorische Konstruktionen gegründete Protophysik (*Lorenzens* Terminologie) der a priori gültige Teil der Physik.
Bei *Lorenzen* werden die idealen Formen durch *ideative Normen* charakteri-

siert, welche nichts anderes sind als Homogenitätsprinzipien, deren Gültigkeit für die Realisierungen postuliert und durch die Konstruktion gesichert wird. Bei der Ebene sind das die Forderungen der inneren Homogenität (alle Aussagen über einen Punkt p_1 in der Ebene S und diese Ebene gelten auch für einen beliebigen anderen Punkt p_2 in S und S: $p_1 \in S \wedge p_2 \in S \wedge \mathrm{A}(S, p_1) \rightarrow \mathrm{A}(S, p_2)$) und der äußeren Homogenität, welche analog Aussagen über Punkte p_3, p_4 außerhalb S betrifft[3]. – *Janich* überträgt das Verfahren auf Kinematik und Chronometrie[4].

3.1 Eine Definition von Konstruktion in der Mathematik gibt es nicht. Man kann höchstens den Wortgebrauch beschreiben: Es handelt sich wohl stets um den Aufbau einer Entität aus einfacheren Bestandteilen mit Hilfe bestimmter Operationen. Hierbei braucht es nicht unbedingt der Fall zu sein, daß, wie bei geometrischen Konstruktionen, nur eine endliche Zahl effektiv gegebener und tatsächlich ausführbarer Operationen oder Konstruktionsschritte auftritt. Man denke etwa an die Konstruktion der algebraischen Hülle eines Körpers, bei der man den Grundkörper unendlich oft um die Lösungen der bisher formulierbaren algebraischen Gleichungen erweitert, dann die Vereinigungsmenge bildet, sodann wieder erweitert usw.
Die klassische geometrische Konstruierbarkeit läßt nur Zirkel und Lineal als Hilfsmittel zu. Man sah schon früh, daß eine Erweiterung der Hilfsmittel auch eine Erweiterung der Klasse der lösbaren Konstruktionsaufgaben bedeutet – so daß man etwa auch Winkeldreiteilung und Würfelverdopplung durchführen konnte. Der klassische Konstruktionsbegriff scheint ein Musterbeispiel für Überschaubarkeit und Endlichkeit zu sein. Aber bereits die Konstruktion des gleichschenklig rechtwinkligen Dreiecks führt auf eine Unendlichkeit: Wie man ganz elementar zeigen kann – eine Tatsache, die vermutlich schon den Pythagoräern bekannt war –, sind Kathete und Hypothenuse dieses Dreiecks inkommensurabel: es gibt keine endliche Länge, und sei sie noch so klein, von der beide ganzzahlige Vielfache wären. *Hilbert* wies auf eine moderne Erklärungsmöglichkeit für diese Erscheinung hin: es könnte sein, daß jenseits einer gewissen unteren Grenze Längen gar nicht mehr physikalisch bestimmbar sind.
3.2 Die mathematische Grundlagenkrise, die zu Beginn dieses Jahrhunderts durch *Russells* Entdeckung eines Widerspruchs im Fregeschen System ausgelöst wurde, erschütterte zugleich Sicherheit und Einheit der Mathematik; die Sicherheit, weil sich in dem ersten zusammen mit seiner Logik voll axiomatisierten und formalisierten System der Arithmetik aus scheinbar evidenten Axiomen ein Widerspruch ergab; die Einheit, weil unter den möglichen Lösungen der Paradoxie keine klar ausgezeichnet erschien.
So bildeten sich mehrere *mathematische Standpunkte* heraus, von denen jeder auf seine Weise den *konstruktiven* Aufbau der mathematischen Entitäten aus Grundelementen forderte oder doch wenigstens gestattete. Am ältesten und bekanntesten sind die Standpunkte des *Logizismus*, *Formalismus* und *Intuitio-*

nismus. Die präzise Charakterisierung dieser und weiterer Standpunkte durch *formale Systeme* oder *Folgen von formalen Systemen* wird angestrebt, ist aber noch nicht durchgehend erreicht. Eine grobe Einteilung der Standpunkte liefert die Frage nach den zugelassenen Unendlichkeiten (endlich, abzählbar unendlich, überabzählbar unendlich). Man kann hier eine Beziehung zu den ontologischen Positionen im mittelalterlichen Universalienstreit herstellen[5]. Die im folgenden behandelten Standpunkte sind – nach abnehmender Konstruktivität geordnet: *Ultrafinitismus, Finitismus, Intuitionismus, prädikativer Standpunkt, Typentheorie, mengentheoretischer Platonismus.*

Der *Ultrafinitismus* geht von der Bemerkung aus, daß es sehr große Zahlen gibt, die nie jemand durch Zählen erreichen oder im Zehnersystem ausschreiben wird; daß man demgemäß nicht so mit ihnen umgehen kann, wie mit kleinen Zahlen und ihre Existenz auch nicht in gleicher Weise sichern kann. Demgemäß sollte man eine Arithmetik der erreichbaren Zahlen *(feasible numbers)* aufbauen, was zur Folge hätte, daß viele arithmetische Gesetze ihre Gültigkeit verlören. Mit diesem Standpunkt, der in jüngster Zeit von *van Dantzig* und *Esenin-Volpin* vertreten wurde, hat auch *Wittgenstein* sympathisiert.

Der *Finitismus* will sich auf das »direkte, inhaltliche in Gedanken-Experimenten an anschaulich vorgestellten Zeichen sich vollziehende und von axiomatischen Annahmen freie Schließen« beschränken. Die Beweismittel dieses Standpunkts sollten nach dem Hilbertschen Programm des *Formalismus* genügen, um innerhalb einer Metasprache die Widerspruchsfreiheit formalisierter Objekttheorien, etwa der Mengenlehre oder der Arithmetik, zu beweisen. Als ein Satz von *Gödel* zeigte, daß das unsprüngliche formalistische Programm nicht einmal für die Arithmetik durchführbar ist und *Gentzen* dennoch die Konsistenz der Arithmetik durch transfinite Induktion (bis ε_0) beweisen konnte, waren *Hilbert* und *Bernays* geneigt, den anfänglich eingenommenen *finiten Standpunkt* um gewisse Fälle der transfiniten Induktion zu erweitern. – Von *Kreisel* stammt die Charakterisierung einer finiten Arithmetik als eine rekursive Progression von Theorien.

Der *Intuitionismus* wurde von *Brouwer* begründet. Er wird inzwischen in verschiedenen Varianten vertreten. Eine der extremeren ist wohl die von *Griss,* der versucht, eine negationsfreie Logik aufzubauen. Dem Intuitionismus liegt der Gedanke zugrunde, daß die mathematischen Gegenstände nicht unabhängig von der Tätigkeit des Mathematikers als existierend vorausgesetzt werden dürfen, sondern als erst nach und nach in bestimmter Reihenfolge durch Konstruktion aufgebaut. Analog verhält es sich mit Eigenschaften. Sie können nur dann einem Objekt zugesprochen (abgesprochen) werden, wenn *beweisbar* ist, daß das Objekt sie besitzt (nicht besitzt). Da man nicht voraussetzen kann, daß für eine Aussage A stets A oder $\neg A$ beweisbar ist, wird im Intuitionismus der Satz vom ausgeschlossenen Dritten abgelehnt. Die klassische Prädikatenlogik ist in der intuitionistischen (von *Heyting* formalisierten) interpretierbar, ebenso die klassische Arithmetik in der intuitionistischen nicht aber die klassische Theorie der reellen Zahlen in der von *Brouwer* entwickelten. Diese ist wohl die interessanteste intuitionistische Theorie. Hier spielt der Begriff der freien Wahlfolge eine entscheidende Rolle, der zur Zeit noch Gegenstand verschiedener Präzisierungsversuche ist[6].

Dem Intuitionismus nahe steht *Lorenzen*. Er hat nacheinander zwei Begründungen der intuitionistischen Aussagen- und Prädikatenlogik geliefert. Seine Theorie der reellen Zahlen basiert im Gegensatz zur Brouwerschen auf einer (transfiniten) verzweigten Typentheorie (vgl. Anm. 2).

Den Anlaß zur Entwicklung der *Typentheorie* gab die Entdeckung *Russells*, daß die Menge aller Mengen, die sich nicht selbst als Elemente enthalten, eine in *Freges* System definierbare und widerspruchsvolle Gesamtheit ist. Der Widerspruch ist eine Folge der Annahme, daß jeder Eigenschaft ein Begriff, genauer, daß jeder Eigenschaft F die Menge jener Dinge entspreche, die diese Eigenschaft besitzen. Formal läßt sich diese Annahme, wenn wir »y besitzt die Eigenschaft F« mit »Fy« ausdrücken, folgendermaßen schreiben: (K) $\bigvee x \bigwedge y \, (y \in x \longleftrightarrow Fy)$ (uneingeschränktes Komprehensionsschema). Durch Spezialisierung von Fy zu $\neg\,(y \in y)$ erhält man $\bigwedge y \, (y \in x_0 \longleftrightarrow \neg\,(y \in y))$ für ein x_0; und durch Spezialisierung von y zu x_0 ergibt sich der Widerspruch: $x_0 \in x_0 \longleftrightarrow \neg\,(x_0 \in x_0)$. D. h. x_0 enthält sich selbst als Element genau dann, wenn es sich nicht als Element enthält.

Dieses Paradox wird in der Typentheorie dadurch vermieden, daß man die Welt (den Bereich der ins Auge gefaßten Entitäten) in (numerierte) Schichten einteilt, für jede Schicht (der Nummer *n*) eine eigene Art von Variablen (x_n, y_n, ...) schafft und $x_n \in y_m$ nur dann zuläßt, wenn $n + 1 = m$ (I). Das verhindert beide oben durchgeführten Spezialisierungen und damit den Widerspruch. Unter der eben erwähnten Voraussetzung erhält man aus (K): (K'): $\bigvee x_{n+1} \bigwedge y_n (y_n \in x_{n+1} \longleftrightarrow Fy_n)$ wo Fx nun der Bedingung (I) genügen muß.

Damit haben wir den Rahmen abgesteckt, in dem wir die *einfache Typentheorie (Ramsey*[7]*)* von der historisch früheren (*Russell* und *Whitehead*[8]) *verzweigten Typentheorie* abgrenzen, beide Theorien zu transfiniten Typentheorien verallgemeinern und unter den verzweigten Typentheorien jene lokalisieren können, die als Formalisierung des prädikativen Standpunktes angesehen wird *(Schütte*[9]*, Feferman).*

Der von *Heinrich Scholz*[10] so genannte Standpunkt des *R-Platonismus* (reduzierter Platonismus) entspricht der *einfachen Typentheorie*. Sie wird durch (K') charakterisiert. Hierbei ist zugelassen, daß in F auch gebundene Variablen der Stufen $j > n$ auftreten, d. h. daß Mengen mit Hilfe von Gesamtheiten definiert werden können, denen sie selbst angehören. Werden, wie *Poincaré* vorschlug, derartige *imprädikative Definitionen* verboten, fordert man also $j \leq n$ für alle in F vorkommenden gebundenen Variablen, dann erhält man die *verzweigte Typentheorie*. Eine wesentliche Verstärkung dieser Theorie erhält man, wenn man als Stufenindizes nicht nur endliche sondern auch transfinite Ordinalzahlen zuläßt. Eine Möglichkeit wäre, sämtliche konstruktiven Ordinalzahlen zuzu-

lassen. Das entstehende System hätte zwar interessante Schließungseigenschaften, wäre aber nicht axiomatisierbar (als deduktive Schließung eines Axiomensystems darstellbar). Ein axiomatisierbares System einer transfiniten, verzweigten Typenlogik, und zwar das, das als Formalisierung des *prädikativen Standpunktes* vorgeschlagen wurde, erhält man folgendermaßen. Man definiert ein Prädikat O(x); »x ist eine konstruktive Ordinalzahlbezeichnung« und eine Folge von verzweigten Typentheorien, die mit den Theorien von endlichem Index beginnt und mit einer Theorie $T\alpha$, in der $O(\beta)$ beweisbar ist, stets auch $T\beta$ enthält. ($T\gamma$ enthält Variablen vom Index γ und kleinerem Index und die zugehörigen Komprehensionsaxiome (K′)).
Der *mengentheoretische Platonismus* ist eigentlich kein *konstruktiver Standpunkt* mehr, eher *der nicht konstruktive Standpunkt* par excellence. Es gibt viele Systeme, die beanspruchen könnten, Formalisierungen dieses Standpunktes zu sein. Am bekanntesten ist das System von *Zermelo-Fränkel.* Hier treten an die Stelle des (inkonsistenten) allgemeinen Komprehensionsschemas (K) einige seiner Spezialfälle: Nullmengen-, Paarmengen-, Unendlichkeits-, Potenzmengenaxiom usw. sichern die Existenz einer leeren Menge, einer Paarmenge zu zwei Mengen, einer unendlichen Menge und der Menge aller Teilmengen einer Menge.
Selbst für dieses Axiomensystem gibt es aber, wie *Gödel* zeigte, Modelle, welche die Struktur verzweigter Typentheorien mit sehr hohem transfinitem Index haben, also in gewissem Sinne konstruktiv sind (*Gödels* Klassen konstruktibler Mengen)[11].
3.3 Während es für die Mathematik des 19. Jahrhunderts charakteristisch war, daß man einen als selbstverständlich vorausgesetzten platonistischen Standpunkt der »An-sich-Existenz« von Mengen, Funktionen und Strukturen seinen Konsequenzen nach ausschöpfte, verursachten die Ergebnisse *Russells* und *Gödels* eine Wendung zum Konstruktiven und Berechenbaren. Grundlegend hierfür war die von *Gödel* vorbereitete, von *Kleene, Church* und *Turing* auf verschiedene aber äquivalente Weise durchgeführte Explikation des Begriffs der »effektiven Berechenbarkeit« von Funktionen (deren Argument-, und Wertbereich die ganzen Zahlen sind). So gab der mathematische Begriff der »allgemeinen Rekursivität« [12] als Präzisierung des intuitiven Berechenbarkeitsbegriffs Anlaß und Basis für aus den entsprechenden klassischen Begriffen abgeleitete konstruktive Begriffsbildungen wie rekursive reelle Zahlen, rekursive Analysis[13], rekursive Algebra, rekursive Ordinalzahlen. Letztere erwiesen sich in der Beweistheorie und bei der Formulierung von mathematischen Standpunkten als äußerst nützlich. Während bei den klassischen Ordinalzahlen jeder aufsteigenden Folge von Ordinalzahlen (jeder Fundamentalfolge) eine neue Ordinalzahl entspricht, die größer ist als alle Glieder der Folge, sind die rekursiven Ordinalzahlen dadurch gekennzeichnet, daß sie durch ganze Zahlen bezeichnet werden, und zwar derart, daß jeder *rekursiven* Fundamentalfolge eine neue rekursive Ordinalzahl entspricht (vgl. Anm. 11).

4. Mit »Konstrukt« übersetzen wir das englische Wort *construct*. Von *K. Pearson* in die neuere wissenschaftstheoretische Diskussion eingeführt, wurde es von *Bridgman* und *Margenau* aufgegriffen. Die genannten Autoren stimmen zwar darin überein, daß ein Konstrukt über das unmittelbar sinnlich gegebene hinausgeht, verbinden aber im einzelnen verschiedene Begriffe mit dem Wort. *Bridgman* vertritt die Ansicht, daß jeder physikalische Begriff durch seine Meßmethode *definiert* sei (also durch die *Operationen*, die zur Festlegung seines Wertes führen: *Operationalismus*). Dies führt zu einer Aufspaltung der üblichen physikalischen Begriffe in so viele Begriffe, wie es Meßmethoden für sie gibt. (Ein scharfes Identitätskriterium für Meßmethoden wird nicht angegeben.)
Für *Margenau*[14] sind zwar etwa die gleichen physikalischen Begriffe Konstrukte wie für *Bridgman*. Er behauptet jedoch nicht ihre Definierbarkeit aus dem unmittelbar Gegebenen. *Margenaus* Konstrukte entsprechen ziemlich genau den *theoretischen Begriffen* in der Terminologie von *Carnap* und *Hempel*. Wie diese mit den Beobachtungsbegriffen so sind jene mit der »unmittelbaren Erfahrung« durch *Zuordnungsregeln* verbunden. Dem kontinuierlichen Übergang zwischen *percept* und *concept* bei *Margenau* entspricht bei *Carnap* ein gewisser Spielraum bei der Wahl der (scharfen) Grenze zwischen Beobachtungs- und theoretischer Sprache. Die Undefinierbarkeit der theoretischen Begriffe aus den Beobachtungsbegriffen ist bei *Carnap* und *Hempel* Definitionsbestandteil der Abgrenzung. Auf die Frage, welche theoretischen Begriffe zu Recht eingeführt werden, antwortet *Bridgman:* »Man ist berechtigt, einem Konstrukt physikalische Realität zuzuschreiben, wenn es eindeutig mit anderen physikalischen Phänomenen verknüpft ist, die unabhängig von jenen sind, die in seiner Definition vorkommen«[15]. Eine Antwort wie diese kann Wissenschaftstheoretiker aus der Tradition des logischen Empirismus nicht befriedigen. Ihre eigenen Versuche allerdings, »vernünftige« und »metaphysische« theoretische Begriffe voneinander abzugrenzen, haben trotz oder vielleicht wegen ihrer größeren logischen Präzision nur zu beweisbaren Mißerfolgen geführt[16], und es erscheint heute höchst zweifelhaft, daß mit rein logischen Mitteln ein Erfolg möglich ist. Übereinstimmung herrscht aber wohl in allen Lagern darüber, daß Konstrukte (theoretische Begriffe) wenn auch prinzipiell entbehrlich, so doch für die Wissenschaft praktisch unerläßlich sind.

5. Der Begriff der Mathematik hat im Laufe der Geschichte eine starke Wandlung durchgemacht. Zunächst entstanden Arithmetik und Geometrie als angewandte Wissenschaften des Zählens und der Feldvermessung. Die Zahlen, die Begriffe »Punkt«, »Gerade« waren aus heutiger Sicht Konstrukte (theoretische Begriffe) in jenen Wissenschaften. *Euklids* Axiomatisierung leitete eine Periode der »inhaltlichen« Axiomatik ein, gekennzeichnet durch nicht-formales anschauliches Schließen, bereitete aber doch auch die Loslösung von der realen Anwendung und die Entwicklung zu einer Formalwissenschaft vor. Der Übergang war nicht leicht. Vollzogen wurde er wohl erst mit dem Aufbau der nicht-euklidi-

schen Geometrien, die dann innerhalb der Mathematik gleichberechtigt neben die euklidische Geometrie traten; und im Falle der Arithmetik durch die axiomatische Einführung und Untersuchung neuer, von den ganzen Zahlen verschiedener Größensysteme[17]. Die Beschäftigung mit zunächst ungedeuteten Systemen ließ langsam klar werden, daß die Deutbarkeit der klassischen Disziplinen vom mathematischen Standpunkt aus als akzidentelle Eigenschaft zu betrachten ist, was eine Reinterpretation von physikalischer Geometrie und inhaltlicher Arithmetik (mit ihren partiell gedeuteten – daher theoretischen – Begriffen) als rein formale Wissenschaften (mit ungedeuteten Grundbegriffen) zur Folge hatte – ein Vorgang, der analog auch innerhalb der Mathematik immer wieder auftritt: man denke z. B. an den Übergang von den (konkreten) Permutationsgruppen zum abstrakten Gruppenbegriff.

ANMERKUNGEN

[1]) Vgl. *N. Goodman*, The structure of appearance, New York [2]1966. – [2]) Vgl. *P. Lorenzen*, Einführung in die operative Logik und Mathematik, Heidelberg 1955. – [3]) Vgl. *H. Dingler*, Die Ergreifung des Wirklichen (eingeleitet von K. Lorenz u. J. Mittelstraß), München 1955. – [4]) Vgl. *P. Janich*, Die Protophysik der Zeit, Mannheim 1969. – [5]) Vgl. *W. Stegmüller*, Das Universalienproblem einst und jetzt, in: Archiv für Philosophie 6 (1956), S. 192–225, und 7 (1957), S. 45–81. – [6]) Vgl. *A. Heyting*, Intuitionism. An introduction, Amsterdam 1956. – [7]) Vgl. *F. P. Ramsey*, The foundations of mathematics (Hrsg.: R. B. Braithwaite), London 1931. – [8]) Vgl. *A. N. Whitehead, B. Russell*, Principia Mathematica, Bd. 1, Cambridge [2]1925. – [9]) Vgl. *K. Schütte*, Logische Abgrenzungen des Transfiniten, in: M. Käsbauer, F. v. Kutschera (Hrsg.), Logik und Logikkalkül, Festschrift für W. Britzelmayr, Freiburg 1962. – [10]) Vgl. *H. Scholz*, Grundzüge der mathematischen Logik, Berlin 1961. – [11]) Vgl. *Shoenfield*, Mathematical logic, London 1967. – [12]) Vgl. *S. C. Kleene*, Introduction to metamathematics, Amsterdam 1952. – [13]) Vgl. *A. Heyting* (Hrsg.), Constructivity in mathematics, Amsterdam 1959, S. 43. – [14]) Vgl. *H. Margenau*, The Nature of physical reality, London 1950. – [15]) Vgl. *P. W. Bridgman*, The logic of modern physics, New York [2]1955, S. 56. – [16]) Vgl. *W. Stegmüller*, Theorie und Erfahrung, Berlin 1970, S. 293 ff. – [17]) Für die verschiedenen Geometriebegriffe vgl. *R. Carnap*, Einführung in die Philosophie der Naturwissenschaften, München 1969 (Teil III).

LITERATUR

G. Frege, Grundgesetze der Arithmetik (Nachdruck der Ausgabe von 1893–1903), Hildesheim 1962.
R. Carnap, Der logische Aufbau der Natur, Berlin 1928.
P. Schilpp (Hrsg.), The philosophy of Bertrand Russell, New York 1951.
K. Schütte, Beweistheorie, Berlin 1960.
P. Schilpp (Hrsg.), The philosophy of Rudolf Carnap, La Salle 1963.
G. Kreisel, A survey of proof theory, in: The Journal of Symbolic Logic 33 (1968), S. 321–388.
W. Stegmüller, Wissenschaftliche Erklärung und Begründung, Berlin 1969.

WALTER HOERING

KRITIK

1. Der Ursprung der Kritik
2. Praktische Kritik
3. Technische Kritik
4. Wahrheit als Voraussetzung der Kritik

1. Vielerlei nennt sich heute »Kritik« oder »kritisches Denken«, und mehr noch, als Kritik selbst zu begreifen und zu beschreiben gesucht wird, wird sie universal gebraucht, fast schon synonym mit Denken oder Vernunft überhaupt, jedenfalls mit Verstehen, mit Reflexion und auch Wissenschaft. Doch zeigt eben dieser vielfältige und globale Gebrauch von Kritik Widersprüche, die auf Widersprüchliches in Herkunft und gegenwärtigem Verständnis des Begriffes deuten.
Seit alters wird Kritik dem allseitig und allgemein Gebildeten zugeschrieben, im Gegensatz zum Wissenschaftler, dessen Urteil auf ein bestimmtes Gebiet, in welchem er sachverständig ist, beschränkt ist. *Aristoteles* unterscheidet als erster zwischen allgemeiner Bildung und Wissenschaft: »Der allseitig Gebildete ist nach unserm Urteil sozusagen ein Kritiker über alle Fragen« (τὸν ὅλως πεπαιδευμένον ... περὶ πάντων ὡς εἰπεῖν κριτικόν τινα νομίζομεν εἶναι)[1]. Diese Differenzierung hat sich durchgehalten bis zu der Einrichtung der Feuilletons und politischen Kommentare unserer Zeitungen, die heute im besonderen Maß Schauplatz der Kritik sind. Schon von ihrem Beginn im 17. Jahrhundert an bieten Zeitschriften wie das *Journal des Savants* und die *Acta Eruditorum* dem gebildeten Laien Gelegenheit zur Kritik in Kunstdingen und öffentlichen Angelegenheiten. Unter dem Titel der Pressefreiheit bildeten sich seit Aufklärung und französischer Revolution die Zeitungen als hervorragendes Organ der Kritik in diesem allgemeinen Sinn aus. Sie artikulieren und formen die öffentliche Meinung und prüfen in deren Vertretung das politische und allgemeine kulturelle Geschehen.
Dem steht allerdings entgegen, daß ebenfalls seit der Zeit der Aufklärung die neue Naturwissenschaft als Methode zur exakten Findung der Wahrheit gerade im Gegensatz zur allgemeinen Bildung der rhetorischen Schulung als Kritik sich etabliert, »die, um ihre erste Wahrheit nicht nur vom Falschen, sondern auch vom bloßen Verdacht des Falschen freizuhalten, alle sekundäre Wahrheit, sowie alles Wahrscheinliche genauso wie das Falsche aus dem Denken entfernt wissen will« *(critica..., quae, quo suum primum verum ab omni, non solum falso, sed falsi quoque suspicione expurget, vera secunda et verisimilia omnia aeque ac falsa mente exigi iubet)*[2]. Danach ist es nun gerade der wissenschaftliche Sachverstand, der allein zur Instanz der Kritik erhoben wird. Entweder Common sense und Prüfung im Namen des gelebten Allgemeinen, des immer nur Wahrscheinlichen, oder Kritik, und das heißt begrenzte, aber wissenschaftlich exakt gewonnene Wahrheit, lautet die Alternative. In der neueren philoso-

phischen Diskussion wird »die Idee der kritischen Prüfung«, wie sie in der experimentellen Methode der Naturwissenschaft praktiziert wird, als grundsätzlich immer weiter fortschreitendes Prüfen mittels »Versuch und Irrtum« als die einzig mögliche kritische Haltung emphatisch vertreten, der gegenüber jedes Beharren auf gefundener Wahrheit bloßer Dogmatismus sei[3]. Im Anklang an *Lessing* formuliert *Popper:* »Nicht der *Besitz* von Wissen, von unumstößlichen Wahrheiten macht den Wissenschaftler, sondern das rücksichtslos kritische, das unablässige *Suchen* nach Wahrheit«[4]. Aber meint solche wissenschaftliche Askese nicht gerade das Gegenteil von dem, was der humanistisch gebildete Aufklärer einer sich auf sich selbst zurückziehenden Theologie und Dichtung in seiner Kritik als Anwendung durch die gelebte Erfahrung entgegenhält? Dieser herausragende Kritiker der Aufklärung vermag bei aller Hochschätzung der Kritik dieser nur die Funktion einer Krücke zuzubilligen, die zwar dem Lahmen zur Fortbewegung verhelfen kann, aber ihn nicht zum Läufer macht[5].

Auch die Schule, die sich heute im eminenten Maße kritisch nennt, die Frankfurter Schule der »kritischen Theorie«, wendet gegen den Kritizismus Popperscher Prägung ein, daß diese Methode der fortwährenden kritischen Prüfung, ohne je eine Wahrheit bestimmt zu erreichen, bloß formal sei und damit nur die je behauptete und anscheinend feststehende Wahrheit positivistisch befestige. Kritik habe nicht nur Instrument, sondern immer zugleich Kritik der Gesellschaft zu sein[6]. Sie mißt die bestehende gesellschaftliche Wirklichkeit an der Idee einer vernünftigen gesellschaftlichen Organisation und gewinnt beides aus der »Konstruktion des Geschichtsverlaufs als des notwendigen Produkts eines ökonomischen Mechanismus«[7]. Kritik steht derart immer im Dienst und Anspruch von Wahrheit, aber zugleich bringt sie diese Wahrheit in ihrem Vollzug auch erst hervor.

In derartig verschiedenen Gestalten stellt sich heute Kritik dar: als abgewogenes Urteil im Namen des vorgegebenen Allgemeinen, wie es sich in Bildung manifestiert; als methodisch geprüfte Gewißheit – zumindest *via negationis* –, die sich im wissenschaftlichen Experiment herausstellt; als politisch-gesellschaftliches Engagement im Verbund mit soziologischer Totalkonstruktion der Gesellschaft. Schon diese verschiedenen Aspekte des Begriffs Kritik, denen man sich ja nicht beliebig durch Definition oder willkürliche Stellungnahme entziehen kann, machen es schwer, Kritik eindeutig auf den Begriff zu bringen. Kann man mit *Adorno* feststellen, daß »wenig übertreibt, wer den neuzeitlichen Begriff der Vernunft mit Kritik gleichsetzt«[8]? Wie stimmt damit überein, daß *Aristoteles* äußerst allgemein das kritische Vermögen überhaupt (τὸ κριτικόν) als die eine Funktion der Seele aller Lebewesen, die Wahrnehmung und Denken umfaßt, gegenüber der anderen der Bewegung bezeichnen kann?[9] Ist es nicht doch so, daß Kritik ein sehr unterschiedliches Verhalten meinen kann, von der Unterscheidung in der sinnlichen Wahrnehmung, die auch den Tieren eigen ist, bis hin zur methodischen Prüfung in einer kaum noch zur Evidenz zu führenden abstrakten Denkoperation? Vielleicht sogar, daß darin eine Entwicklung nicht nur des Begriffs, sondern auch des damit genannten Verhaltens liegt, dessen Differenzierung in einer immer größeren Distanzierung von seinem intendierten Gegenstand besteht und dessen verschiedene Auffassungen daher einander sehr fremd erscheinen können.

In der Tat gibt es schon ein bestimmtes sprachloses Handeln, welches wir als Kritik empfinden, ein Gefühl der Unstimmigkeit und einen Ausdruck des Mißfallens, die sich auf vielerlei Weise kundgeben können: beispielsweise als körperliche Gewalt, die anderes Verhalten abwehren oder im eigenen Sinn korrigieren will; als Unbehagen, das sein Desinteresse am Tun des anderen oder seine Unzufriedenheit mit der eigenen Situation durch schweigende Ablehnung oder Flucht zeigt; als Trennung, die durch ihre vollzogene Unterscheidung von dem nicht Passenden ihre Kritik zwar nicht sagt, wohl aber lebt. In solchen Formen der schweigsamen Kritik liegt immer etwas Gewalttätiges, Rohes, wie es eben ein unvermitteltes hartes Aufeinanderprallen von nackten Interessen und bloßen Gefühlen mit sich bringt. Diese Roheit ist die der Natur. Aufgehoben ist sie erst in Sprache.

In der Benennung dessen, was sonst kraß nebeneinander steht oder sich in seinen Gegensätzen auslebt, entsteht das, was menschliche Kultur ausmacht und den Fortschritt von roher Gewalt und zufällig fallendem Schicksal zu gewollter Veränderung als vernünftiger Gestaltung der Wirklichkeit ermöglicht. Aber anderseits wird Sprache noch nicht richtig begriffen, wenn allein auf ihre Funktion als Vermittlung des sonst Beziehungslosen geblickt wird. Sprache ist auch Waffe: sie greift das selbstverständlich Geltende an, die Sitte, die Religion, diese ersten Verwirklichungen des gesellschaftlichen Seins der Menschen, und fordert sie vor die Schranken der Vernunft. Die sprachlose Kritik vermag zwar ein Unbehagen zum Ausdruck zu bringen, aber sie bleibt doch im vorgegebenen Rahmen der Zielsetzungen stehen, sie kann nicht neues Leben ermöglichen. Erst Sprache erlaubt und verwirklicht eine solche Distanz zum unmittelbar Gegebenen, daß nun gefragt werden kann nach der Vernunft des Geltenden, nach der Wahrheit von Sitte, Religion und in eins damit von Kunst, und also danach, ob wir in dem, was wir tun und denken, mit uns übereinstimmen, und zwar nicht nur momentan und vereinzelt, sondern im Hinblick auf das Ganze unseres Lebens und des Zusammenlebens mit anderen. Daß wir als Menschen unser Leben nur in Sprache haben, bedeutet das Schmerzliche, daß wir nie schon unmittelbar in Identität sind – sonst brauchten wir die Differenz, die das Benennen eines Dinges im Verhältnis zu ihm bedeutet, nicht auszuhalten –, weist anderseits auf die Hilfe hin, daß wir in Prüfung, in Frage und Aussage – und d. h. eben: in Kritik – schon aus sind auf Übereinstimmung, unter uns und im Hinblick auf das Gemeinte.

Aus diesem Befragen und Prüfen des Gegebenen entsteht Philosophie als Forderung nach der vernünftigen Rechtfertigung: dem λόγον διδόναι. Die Platonischen Dialoge, besonders der frühen und mittleren Periode, stellen *Sokrates* als das gelebte Beispiel einer solchen philosophischen Kritik heraus. Die »Apologie« zeigt, wie seine menschliche Weisheit (ἀνθρωπίνη σοφία) darin bestand, das selbstverständliche und anscheinend richtige Tun der anderen, der Politiker, der Dichter, der Handwerker, zu befragen (20c–22e). Und noch die Dihairese im »Sophistes«, die in der Bestimmung der »Sophistik aus edlem Geschlecht« (ἡ γένει γενναία σοφιστική) der Beschreibung des Wesens der Philosophie am nächsten kommt, lebt von dem Sokratischen Beispiel, wenn sie das, was Philosophie ist, unter dem Titel einer »Kunst der Sonderung« (διακριτικὴ τέχνη) auseinanderzulegen sucht (231b). Insofern Philosophie Liebe zur Weisheit bleibt und noch nicht die Wahrheit selbst zu sein beansprucht, insofern und solange das kritische Fragen auf dem Weg zur Wahrheit die Suche nach Wahrheit treibt, ist Philosophie sokratisch. Wie sehr die Sprache, sobald man sich ihr anvertraut, zur Instanz der Kritik wird – auch gegen den Willen des Sprechenden –, wie unvermeidlich sie unter den Prüfstein der Vernunft gerät und damit Philosophie wird, Kritik an ungerechtfertigt geltender Überlieferung und Autorität, an selbstverständlich sich durchsetzender Sitte und Gewohnheit, mag ein Wort von *Heine* illustrieren, in welchem er die Zweideutigkeit der Hilfe schildert, die etwas absolut – und das heißt, über aller Kritik – Geltendes beim Argument sucht: »Von dem Augenblick an, wo eine Religion bei der Philosophie Hilfe begehrt, ist ihr Untergang unabwendlich. Sie sucht sich zu verteidigen und schwatzt sich immer tiefer ins Verderben hinein. Die Religion, wie jeder Absolutismus, darf sich nicht justifizieren. Prometheus wird an den Felsen gefesselt von der schweigenden Gewalt. Ja, Äschylus läßt die personifizierte Gewalt kein einziges Wort reden. Sie muß stumm sein. Sobald die Religion einen räsonierenden Katechismus drucken läßt, sobald der politische Absolutismus eine offizielle Staatszeitung herausgibt, haben beide ein Ende. Aber das ist eben unser Triumph, wir haben unsere Gegner zum Sprechen gebracht, und sie müssen uns Rede stehn. Es ist freilich nicht zu leugnen, daß der religiöse Absolutismus, eben so wie der politische, sehr gewaltige Organe seines Wortes gefunden hat. Doch laßt uns darob nicht bange sein. Lebt das Wort, so wird es von Zwergen getragen; ist das Wort tot, so können es keine Riesen aufrecht erhalten«[10].

So ist zwar Kritik gegeben mit Sprache überhaupt und entfaltet sich in ausgezeichnetem Maße mit Philosophie, aber dennoch ist Kritik in pointierter Weise ein Begriff der Neuzeit. Er hebt ein Moment hervor, das zwar von Anfang an als treibendes Motiv sich in Philosophie geltend macht, das aber erst in der Neuzeit als beherrschend sich durchsetzt. Kritik ist eine Denkbewegung, die etwas relativ auf eine Norm beurteilt. Diese sehr allgemeine Bestimmung besagt, daß im Vollzug des Kritisierens eine Norm als Kriterium in Anspruch genommen wird, die im Prozeß des Kritisierens selbst je nicht in Frage gestellt werden darf. So mag ein Gesetz fragwürdig sein, im Urteilsspruch des Richters fungiert es als geltende und im Vollzug des Urteilens selbst absolute Norm. Auch wenn Normen selbst kritisiert werden, geben immer wieder neue höhere Normen die Kriterien ab. Insofern ist Kritik immer nur funktional und instrumental verstanden. Dies belegt die antike und mittelalterliche Begriffsgeschichte.

Kritik stammt als fester Begriff aus der Tradition der stoisch-ciceronischen Dialektik: Der Methode der Findung von Wahrheiten (*via inveniendi* oder τοπική) entspricht die Methode der Beurteilung des Aufgestellten (*via iudicandi* oder κριτική)[11]. Der komplizierten Geschichte des Begriffs in der spätmittelalterlichen Dialektik, wo das Begriffspaar von *inventio* und *iudicium* dazu dient, alles Mögliche als probabel zu disputieren[12], kann hier nicht nachgegangen werden. Jedenfalls stimmt die Geschichte des Begriffs mit der herausgestellten Struktur zusammen, daß Kritik etwas relativ auf eine jeweils absolut geltende Norm beurteilt.

Einen neuen Gehalt und damit erst seine epochale Bedeutung erhält der Begriff dadurch, daß die Normen selbst in den Brennpunkt der Kritik geraten. Dieser neuzeitliche Begriff der Kritik zeichnet sich dadurch aus, daß er eben nicht nur dienendes Instrument sein will, sondern als Gegeninstanz zu unbezweifelten und selbstverständlichen Normen sowie zu absolut gesetzter Autorität in Religion und Staat auftritt. *Kant,* dieser Kritiker *par excellence,* feiert seine Zeit entsprechend: »Unser Zeitalter ist das eigentliche Zeitalter der Kritik, der sich alles unterwerfen muß«, so beginnt seine »Kritik der reinen Vernunft«, und mit der Feststellung: »Der kritische Weg ist allein noch offen«, schließt sie und übt eine ungeheure Wirkung aus. Historisch ist dieser Weg der Kritik vorbereitet einerseits durch die Ramistische Logik, welche die *via iudicii* der klassischen Dialektik zur Methode der Kritik weiterentwickelt, andererseits durch die Cartesianische Methode, die aus dem Vollzug des Urteilens die Findung von demonstrativen Prämissen ableitet. Das Kennzeichnende und Neuartige dieser Kritik tritt dadurch hervor, daß sie sich nicht mehr auf eine Norm bezieht, die für sich gesetzt ist, sondern daß mit der Relativierung der geltenden Autoritäten alle Normen ins Unausdrückliche zurückweichen oder gar in dem Vollzug der Reflexion erst hervorgebracht werden. Kritik wird selbst etwas Absolutes, oder die kritische Reflexion wird doch so herrschend, daß ihre Substanz, das woraus sie lebt und worauf sie sich als ihr Voraus bezieht, kaum noch faßbar ist oder gar ganz durch die Reflexion verzehrt wird. Kritik ist mehr als nur Reflexion oder gar Urteil, in ihr mischt sich ein ethisches Moment mit dem theoretischen. Der kritische Geist der Wahrheitssuche um jeden Preis, auch um den Preis, daß alles Geltende zerstört wird, lebt von tieferen Motiven als nur solchen des richtigen Denkens und der logischen Stimmigkeit. Reflexion der Reflexion reicht darum auch nicht schon, sie in ihre Grenzen wieder einzubinden und übersteigerte Ansprüche mit überlegener Richtigkeit zurückzuweisen. Sondern es gilt, das kritische Handeln auf seine Bedingungen und Voraussetzungen zurückzuführen und insofern über das aufzuklären, was im Vollzug der Kritik geschieht. Es zeigt sich dann vielleicht, daß Kritik auch in ihrer schärfsten Form noch mehr *ist,* als sie *sagt,* das will sagen, daß sie von einer Substanz lebt, die zwar im Gefunkel des kritischen Feuers fast verschwindet, die aber bei aller Faszination durch die Kritik doch das Tragende bleibt und die es wieder in den Blickpunkt zu rücken gilt.

2. Gibt es etwas, was aller Kritik gemeinsam ist, was trotz aller Widersprüchlichkeit der verschiedenen Formen und Auffassungen von Kritik diese bedingt? Kritik entsteht aus erfahrener Unstimmigkeit, die nicht schon ihren Grund in der Endlichkeit menschlichen Lebens hat, sondern veranlaßt ist durch freies Handeln. Wir kritisieren nicht Naturabläufe, sondern immer eine menschliche Aktivität oder etwas, was in irgendeiner Weise auf das Handeln von Personen zurückzuführen ist. Nicht Krankheit, Tod, Katastrophen als solche sind Gegenstand unserer kritischen Beurteilung, sondern das Verhalten des Arztes, die politischen Ursachen des Krieges oder die unzureichende Vorsorge, welche die Auswirkungen des Erdbebens nicht verringern konnte. Kritik gibt es, wo ein Sollen in Frage steht. Sie ist nicht am Platz, wo ein Sein festgestellt und seine Gründe untersucht werden, also in der Betrachtungsweise der antiken θεωρία. Allerdings fallen auch hier die theoretischen Meinungen als menschliche Hervorbringungen in den Bereich der Kritik, aber die theoretische Betrachtung selbst, z. B. der Gründe und Ursachen, der Bewegung und des unbewegt Seienden – nach *Aristoteles* Physik, Methaphysik und Erste Philosophie oder Theologie[13] –, ist keine kritische. Solche Wissenschaft betrachtet das, was ist. Keine Differenz zwischen dem, was gedacht wird, und dem, was gedacht werden soll, reizt die Kritik, es sei denn, es wird einfach fehlerhaft gedacht. Im Gegenstand des Denkens selbst liegt kein Anlaß zur Kritik. Ganz anders verhält es sich, wenn das Denken grundsätzlich auf einen Gegenstand ausgeht, der ja nach Vorstellung und Entscheidung so oder anders sich darstellt, wenn prinzipiell eine Differenz zwischen Sein und Sollen besteht und wenn folglich die Verwirklichung des Sollens nicht nur einfach wahr oder falsch sein kann, sondern gut oder schlecht, schön oder häßlich, gerecht oder ungerecht, passend oder ungeeignet: wenn also das, was geschieht, bedingt ist durch Freiheit. Die Bestimmungen der Aristotelischen Wissenschaftseinteilung beschreiben Handeln (πρᾶξις) und Hervorbringen (ποίησις und τέχνη) als diesen Bereich[14]. In diesem Umkreis reicht eine bloße Feststellung des Tatsächlichen nicht aus, denn in diesem Gebiet des durch Freiheit Veränderlichen ist das bloß Faktische prinzipiell getrennt vom Seinsollenden, und es hat seine Wirklichkeit erst im Hinblick darauf, worumwillen es ist. In der Freiheit des handelnden und planenden Menschen entscheidet sich, ob das, was getan wird, mehr oder weniger gut, recht, passend ist – und es unterliegt daher grundsätzlich der Kritik. Kritik betrifft nicht die Dinge für sich selbst, sondern nur, insofern sie als abhängig vom menschlichen Handeln gedacht werden, und das bedeutet, daß der Grund ihrer Veränderlichkeit im freien Willen des Menschens liegt.

Kritik findet darum ihre erste und hauptsächliche Anwendung in der ethischen Praxis. *Aristoteles* hat die Strukturen des ethischen Handelns und auch den möglichen Ort der kritischen Reflexion in ihm mit nicht übertroffener phänomenologischer Kraft beschrieben. Darum und wegen der großen Wirkungsgeschichte der von ihm inaugurierten praktischen Philosophie sollen seine Analysen hier als exemplarisch für die philosophische Beschreibung der ethischen

Praxis genommen werden. Ihre Aufgabe verwirklicht Kritik in der Entscheidung oder Wahl (προαίρεσις) als »Prüfen des Ethos« (κρίνειν τὰ ἤθη)[15], als Verständigkeit (σύνεσις) und Unterscheidung (γνώμη), die als »richtige Beurteilung des Billigen« (κριτικὴ τοῦ ἐπιεικοῦς ὀρθή) von der sittlichen Einsicht oder Klugheit (φρόνησις) geleitet werden[16]; auch im Deutschen haben wir noch das Fremdwort »Diskretion«, das denselben Wortstamm aufweist, für das richtige Entscheiden, den Takt, in ethischen Fragen. Nicht daß das kritische Urteil erst bestimmt, was als Ziel des Handelns gelten soll. Dies – etwa das Glücklichsein – liegt aller Überlegung als das Erstrebenswerte voraus. Aber auf welchem Weg des Handelns dieses Ziel, soweit uns möglich, erreicht werden kann, ist Gegenstand der Entscheidung, von *Aristoteles* auch mehrfach κρίσις genannt: im Zusammenhang des Richtens als Unterscheidung zwischen Recht und Unrecht (κρίσις τοῦ δικαίου καὶ τοῦ ἀδίκου) verstanden[17]. Was im konkreten Einzelfall als ein solches Ziel erstrebenswert ist, unterliegt ebenfalls der prüfenden Wahl, wenn auch in minder willkürlicher Freiheit, denn diese persönlichen Ziele verfestigen sich zu Tugenden (ἀρεταί) und festen Haltungen (ἕξεις), die nun die ethische Klugheit (φρόνησις) formen und das Handeln leiten. Freiheit hat sich im Ethos verwirklicht. Kritik als Abwägung der richtigen und damit Verwerfung einer anderen möglichen Praxis steht der Rechtspraxis nahe. Noch die Bezeichnungen des Kritikers als Kunstrichter und der praktischen Klugheit als Urteilskraft sowie die Gleichsetzung von Geschmack und Urteil im 18. Jahrhundert belegen diese Nähe. Gleichzeitig wird die Grenze eines solchen ethisch-praktischen Begriffs von Kritik angezeigt. Diese Kritik als Entscheidung, als Geschmack, als Klugheit ist nicht lehr- und lernbar, sie ist nur in Beispielen indirekt mitteilbar und kann darum als Gefühl für das richtige Maß zwar geübt und in Haltungen und Tugenden eingeschliffen werden; weil sie aber ihr Ziel und ihre Norm im richtigen Handeln selbst (εὐπραξία) findet und diese Norm wiederum Folge eines richtigen Lebens ist, kann eine solche Kritik nie das Ganze der Praxis in den Blick bekommen. Der ethisch Handelnde kann nie ganz aus seiner eigenen Praxis heraustreten, um sie in die Prüfung der Reflexion einzuholen. Denn auch im Handeln der Reflexion bleibt er in seine konkreten Lebensbezüge eingebunden. Ein grundsätzliches Argumentieren, das nicht nur die Mittel, sondern auch die Zwecke meint, ist auf dem ethischen Standpunkt sinnlos. Angesichts einer Entscheidung für anscheinend falsche Ziele, eines roh und wirr scheinenden Geschmacks und eines Mangels an praktischer Klugheit, angesichts also von Dummheit oder Beschränktheit hört jede Diskussion auf: Kritik ist zurückgeworfen auf ihren nichtsprachlichen Ausdruck.

Kritik im neuzeitlichen emphatischen Sinn, Kritik, die Normen betrifft und daher eine ganze Praxis von außen beurteilt, gibt es nur, wenn das Ziel des Handelns nicht im Handeln selbst schon besteht, sondern wenn der Handelnde es als Hervorbringung aus sich heraussetzt. Zumindest als Anspruch muß dieses Ziel aus dem Handeln ergehen, es weist über das unmittelbare Handeln selbst hinaus, und je nach dem Grad der Verwirklichung, den es vermittels des Handelns gefunden hat, wird es dann beurteilt, nämlich kritisiert. Der Zweck des Handelns muß dann vorgegeben sein – als Entwurf eines Hausplanes oder auch eines geglückten Menschenlebens bzw. einer richtig eingerichteten Gesellschaft. Gemessen an den Aristotelischen Beschreibungen kann ein Handeln, das dieser Struktur folgt, nicht mehr als Praxis bezeichnet werden, sondern gehört in den Bereich der Poiesis. Zwar fällt in die Augen, daß die neuzeitliche praktische Philosophie, von *Hobbes* über *Kant* bis zu *Marx* genau so vorgeht: eine grundlegende Bestimmung des menschlichen Handelns wird als Ziel projektiert – der Wille zum Überleben, die autonom sein sollende Bestimmung der Triebfedern des Handelns, die nur noch in einer Revolution anzustrebende künftige Verwirklichung des Menschen in nicht entfremdeter Arbeit –, aber dies besagt nur, daß am Maß der antiken Philosophie diese praktische Philosophie nicht praktisch, sondern technisch ist. Sie versteht das Leben der einzelnen Menschen und der Gesellschaft im Ganzen nicht mehr aus einem verbindlichen Ethos, das zwar in sich differenziert ist und in der ethischen Wahl angeeignet und entsprechend weitergeformt wird, das aber nicht als solches übersprungen und als ganzes auf seine Funktionen für den Handelnden hin analysiert werden kann; sondern ihr ist gerade der ursprünglich und naiv geltende Zusammenhang des Ethos, Autorität und Überlieferung von Normen, suspekt geworden, denn sie haben nicht nur Freiheit und Glück, sondern Bürger- und Religionskriege, blinde Autorität und entsprechenden Utilitarismus sowie Verelendung ganzer Massen mit sich gebracht. Das ethische und politische Handeln der Menschen wird darum von ihr objektiviert und einer radikalen Kritik unterworfen: darum der »Leviathan« als »ein künstlicher Mensch«, der gemacht werden kann, darum »Kritik der praktischen Vernunft« und »Kritik der politischen Ökonomie«. Wenn man nicht mehr in einer einheitlichen und selbstverständlich vorgegebenen Praxis steht – und dies ist die Situation der gesamten Neuzeit –, ist die Reduktion auf einen Teilaspekt des menschlichen Lebens, der gemacht werden kann und also ganz in unserer Hand liegt, verständlich und plausibel. Hier kann nicht die Gegenrechnung aufgemacht werden, was bei solcher ausschließlichen Einschränkung der Ziele des Praktischen verlorengeht und nun unter der Hand als private und damit partikulare Zwecksetzung sich auswirkt, ohne in das Ganze der praktischen Überlegungen aufgenommen werden zu können. Als Instrument, Leben überhaupt zu ermöglichen, hat die politische Kritik ihre unbestreitbare Evidenz: wer nicht leben kann, vermag nicht glücklich zu werden; wer nicht wenigstens in formaler Freiheit über sich selbst bestimmt, ist unkontrollierbaren Autoritäten ausgesetzt; wer gezwungen ist, sich ins Elend zu verkaufen, kann sich nicht in Arbeit verwirklichen. Wenn diese primitiven Funktionen menschlichen Lebens – die, so gering sie als Lebensziele gewertet sein mögen, doch lebenswichtig sind – gefährdet werden, so setzt die Reflexion sie aus dem Ganzen des Lebens heraus, und Kritik greift aus dieser Gegenposition die bestehende Wirklichkeit und die vorhandene Praxis an, um sie so zu verändern, daß diese Lebensfunktionen möglich werden. Die Position der Kritik ist zwar nur ein chimärischer Standpunkt, nicht anders als die Utopie, das Land ohne Ort (οὐ τόπος), deren eigene Wahrheit, wie die Utopia des *Thomas Morus* deutlich zeigt, nur darin besteht, den schlechten gegenwärtigen Verhältnissen ein Bild der möglichen besseren entgegenzuhalten, die als Fiktion eines vernünftig und weise eingerichteten Staates beschrieben werden. Kritik gleicht darin dem anatomischen Modell der Mediziner, das es konkret lebendig gar nicht gibt, sondern das nur ein ungefähres und willkürlich gesetztes Maß für die Beurteilung von Krankheiten abgeben soll. Aber die Funktion von Kritik, auch der radikalsten und vernichtendsten, wird deutlich: sie befragt, prüft und verurteilt, damit das, was als erfahrene Unstimmigkeit sie verursachte, aufgehoben wird. Nur Wahrheit ist Kritik damit eben noch nicht, so wenig wie das anatomische Schema des Arztes einen Menschen darstellt.

3. Leichter als in diesen lebenswichtigen praktischen und politischen Fragen hat Kritik es von jeher gehabt, sich in dem Gebiet durchzusetzen, in dem es von vornherein um ein künstliches Machen oder um die Selbstvergegenwärtigung des menschlichen Lebens in Religion und Kunst ging. Denn die kritische Reflexion ist immer Kritik von etwas. Kritisch sein heißt, auf einen möglichen Gegenstand gerichtet sein. Die Gegenstände der Kritik bilden die vorgegebenen Ziele des Handelns und Machens, und die nachkommende Kritik prüft sie auf ihre Wahrheit hin. Entscheidend ist dabei nicht, daß die Wahrheit schon selbst gegeben ist. Nur selten und nur in ganz untergeordneten Verhältnissen, etwa einer bestimmten technischen Aufgabe oder der Textkritik, läßt sie sich – obzwar immer nur mit Wahrscheinlichkeit – ausmachen. Vielmehr ist nur die Richtung des Prüfens angegeben, in welcher der Gegenstand der Kritik – immer eine menschliche Aktivität – im kritischen Prozeß geläutert und dabei seiner Wahrheit, das heißt seiner Identität mit sich selbst und seiner Übereinstimmung im Fragen der vielen möglichen Kritiker, angenähert wird. Der Gegenstand der Kritik weist ihr derart ihren konkreten Ort zu: in der Religions- und Mythenkritik, dem ältesten Stachel der philosophischen Kritik, die in der Platonischen Dichterkritik ihr großartigstes Zeugnis hervorbrachte; in Literatur- und Kunstkritik, die mit der Philologie den Berufsstand des Kritikers schon in Alexandrien hervorbrachte, welcher bis heute in Gestalt des Rezensenten das Geschäft der Kritik vertritt – oft auch tatsächlich nur als Geschäft; in der historischen Kritik, in der seit dem 18. Jahrhundert alle anderen bisherigen Formen der Kritik aufgehen, insofern sie alle menschlichen Gestaltungen radikal allein aus dem Gesichtspunkt ihrer Produktion faßt: nicht was, sondern wie etwas entstanden ist, zu beurteilen, heißt im Historismus ihre vornehmste Aufgabe; in der noch radikaleren Sprachkritik, in der aus grundlegenden Bedürfnissen und ihnen folgenden Handlungsgewohnheiten die Herstellung einer exakten und jederzeit überprüfbaren Sprache angestrebt und damit der Übergang aus dem Übereingekommensein, das Sprache bedeutet, in ein technisches Machen auch im eigentlichsten menschlichen Bereich zu vollziehen gesucht wird. Ein konkreter Ge-

brauch von Kritik ist in diesen Gebieten überall ursprünglicher und selbstverständlicher als die jeweilige Reflexion über Kritik selbst. Er kann daher Recht haben und Einsicht eröffnen, auch wenn die Kritik selbst überlastet und ihre Funktion überspitzt beschrieben wird. Mögen derart die »Minima Moralia« *Adornos*, das härteste Beispiel einer Kulturkritik, an dem Widerspruch leiden, daß in ihren Reflexionen der Gedanke nur seine eigene Unmöglichkeit begreifen kann, seine unrettbare Verstriktheit in den Betrieb, die ihm doch nur »in der Hölle noch die Luft zum Atmen« läßt, so klagt doch die moralistische Kritik seiner Aphorismen ein Moment von Freiheit und von Selbstverwirklichung ein, dessen Mangel durchaus nachvollziehbar den Blick aufs Leben heute beirrt.

Die wirkungsträchtige Kritik, die unsere Zeit fast total bestimmt und in dieser Totalität ihr ursprünglich nur kritisches Motiv längst hinter sich gelassen hat, ist die Wissenschaft, verstanden als die methodisch ermittelte demonstrative Gewißheit durch Reflexion, die von allen Vorgegebenheiten abstrahiert. Es mag verwunderlich erscheinen, Wissenschaft als Kritik zu bezeichnen, meint man doch, in ihr reiner Theorie und objektiver Erfahrung zu begegnen und frei zu sein von der subjektiven Willkür der Kritik. Nicht nur populär, sondern auch von den Wissenschaftlern selber wird behauptet, daß Wissenschaft als solche nicht kritisiert oder gar in den Bereich des Kritisierbaren fällt, sondern daß sie wie die antike Theorie objektiv feststellt. Aber dies ist nur Schein. Schon die Begriffsgeschichte zeigt, daß *Vico* gerade diese methodische Wissenschaft als *critica* gilt. Ihre Erklärung findet diese Gleichsetzung von Wissenschaft und Kritik darin, daß Wahrheit nun nicht mehr vorgegeben ist, sondern allein aus dem Vollzug der Beurteilungskunst der traditionellen Dialektik (*iudicium* oder κριτική) gesetzt wird. Wahrheit wird nicht mehr gefunden, sondern Konstruktion macht die wissenschaftliche Wahrheit aus. Allein der Vollzug der Reflexion verbürgt Wahrheit im Cartesianischen Zweifelsargument und läßt den Gegenstand der Wissenschaft im »klaren und deutlichen« Gesetz des Denkens, statt in undeutlichen Empfindungen gegeben sein. In klassischer Weise beschreibt *Kant* das Vorgehen der Naturwissenschaft, nach dem »die Vernunft nur das einsieht, was sie selbst nach ihrem Entwurfe hervorbringt« und daher mit dem Experiment die Natur nötigt, auf die Fragen zu antworten, die sie ihr vorlegt[18]. Die Wissenschaft in diesem Sinn ist keineswegs wie die antike Theorie daran interessiert zu wissen, was ist, sondern allein daran, was geschieht unter diesen oder jenen Bedingungen. Die Bedingungen aber werden vom Menschen gesetzt oder sind doch nach Gutdünken manipulierbar. Nicht θεωρία, sondern ποίησις ist ihr Geschäft, wie die mächtigste Gestalt dieser Wissenschaft, die Technik, schon durch ihren Namen belegt: das *verum* ist verstanden als *factum*. Was falsch sein kann, ist dementsprechend auch nicht die Natur selbst, sondern der Entwurf, nach dem sie erforscht wird; entweder falsch in dem trivialen Sinn, daß falsch gerechnet wurde, oder falsch in der ethisch-praktischen Hinsicht, daß etwas, was nicht sein soll, der Verfügung des Menschen zur beliebigen Ausnützung hingegeben wird. Nicht die Natur selbst wird erfahren, sondern die an die Natur gelegten Entwürfe des Menschen, soweit sie mittels der Natur realisierbar sind – und machbar ist im Zeitalter der Technik und wissenschaftlichen Großforschung fast alles. Wissenschaft ist damit Kritik und provoziert Kritik. Sie ist Kritik, denn die Wirklichkeit wird analysiert, nicht wie sie ist, sondern wie sie funktioniert, unter dem Gesichtspunkt möglicher Veränderung: *scientia propter potentiam* heißt die Devise der Wissenschaft seit ihren Anfängen. Als Kritik hat sie ihren Gegenstand: sie richtet sich gegen die selbstverschuldete Abhängigkeit von Natur und Gesellschaft. Statt sich mit scheinbar naturgegebenen Grenzen menschlichen Lebens wie Krankheit, Naturkatastrophen und Krieg abzufinden, prüft sie die Bedingungen und nimmt durch Kennnis Einfluß auf sie. Die wissenschaftlich-technische Machbarkeit aller Dinge kann sich bis zur Utopie einer vollständig geplanten Gesellschaft versteigen, wie sie *Orwell* und *Huxley* schildern, in der dann nicht mehr nur eine seinsollend vernünftige Gesellschaft den Fehlern der gegenwärtigen entgegengehalten wird, sondern bestimmte manipulierbare Bedingungen wie Todesangst oder Sexualfunktion dazu dienen, eine enthumanisierte Organisation der Menschheit aufzubauen, um Fehler, wie sie in geschichtlich lebenden Gesellschaften vorkommen können, zu vermeiden. Denn vom Standpunkt der Wissenschaft aus heißt diese Aufgabe lediglich: Dysfunktionen zu verhindern. Weil Kritik sich notwendig nur im Element von Entwürfen, Plänen, Experimenten bewegt, immer nur das erfaßt, was als unstimmig erfahren und darum als Vorstellung der Reflexion vorgehalten wird, bekommt sie immer nur Teilaspekte der Wirklichkeit zu Gesicht. In dieser Einseitigkeit der wissenschaftlichen Kritik liegt ihre methodische Stärke, ihre kompromißlose Wahrhaftigkeit und Ehre. Denn nur ihr verdankt sie es, daß sie ihre Gegenstände in durchsichtiger Exaktheit entwerfen kann.

Aber diese Einseitigkeit provoziert auch Kritik. Denn wenn Wissenschaft etwas klären und beherrschbar machen will, so untersteht diese Zielsetzung doch wieder einer praktischen Entscheidung. Warum wird die Technologie bis zur höchsten Entwicklung gebracht, um den Mond zu erforschen, und nicht vielmehr die Möglichkeit untersucht, die technologische Struktur der Länder der Dritten Welt zu verbessern? Warum werden immer neue Wunderwerke an Waffen erfunden, statt eben die Konflikte, welche die Waffen nötig machen, durch Erhellung und Beeinflussung der Ursachen zu beherrschen? Beide Male geht es um Methoden, den Anstoß, der die Kritik erregte, zu beseitigen, einmal den Mangel an technischem Können zur Bewältigung großer natürlicher Hindernisse, das andere Mal die Gefahr, die von gesellschaftlichen Konflikten ausgeht. Aber welche Methode ergriffen wird, bedarf doch wiederum der Entscheidung und ruft daher ebenso wieder die Kritik auf den Plan. Weil hier noch nicht eine Entscheidung im Sinne der antiken praktischen Philosophie zu beurteilen ist, die schließlich nur im Rekurs auf das zugrunde liegende Ethos zu beschreiben wäre, sondern weil hier ein Machen zur Debatte steht, wie natürliche Hindernisse zu beheben, Konflikte zu beherrschen sind, muß die kritische Diskussion fortgeführt werden, bis entweder Wahrheit – eine Übereinstimmung zur Lösung des anstehenden Problems, die evident ist – erreicht wird oder doch nach Ethos und entsprechender sittlicher Einsicht entschieden werden muß. Ein reiner Dezisionismus verbietet sich allemal, er schneidet die Kritik dort schon ab, wo sie auf den Bereich freien Verhaltens trifft, wo sie also eigentlich erst ihren würdigsten Gegenstand hat. Denn mehr noch als gegenüber Dingen entfaltet sich Freiheit gegenüber Menschen – und unterliegt der Kritik. Aber dennoch verläuft ein ständiges Fortsetzen der Kritik, ein ewiger Prozeß der Reflexion, der immer neue Zwecke aus sich heraussetzt und beurteilt, in der Aporie. Wir können nicht alles bis zur letztgültigen Evidenz prüfen, einfach weil wir selbst geschichtlich-endlich sind und uns nie ganz in Reflexion einholen können. Eine Kritik, die total durchgeführt und dann allerdings Wahrheit konstituieren würde, verlangt eine empirische Konstruktion der Totalität, ein über- und unmenschliches Unternehmen zugleich. So aber bleibt nur festzustellen, daß Kritik immer nur Methode ist – Weg zur Wahrheit, nicht diese selbst – und angewandt wird vom Menschen, der in der Mitte einer Sprache und seiner geschichtlichen Welt kritisiert und dieser naiven Selbstverständlichkeit nie vollständig entfliehen kann. Kritik fängt an bei einem konkreten Anstoß, der durch Freiheit gegeben ist, und hört auf bei einer relativen Wahrheit, die durch eine endliche Identität begrenzt ist.

4. Kritik – so stellten die bisherigen Überlegungen heraus – entzündet sich an einer Bedingung, der von menschlicher Freiheit, und lebt von einer Voraussetzung, die sie nicht erst selbst hervorbringen kann, der von Wahrheit. Wie bezieht sie sich auf diese ihr vorgegebene Wahrheit und wie wird Wahrheit im kritischen Prozeß aufgedeckt? Da es nicht möglich ist, einfach und eindeutig zu bestimmen, was Wahrheit ist, außer in sehr untergeordneten Verhältnissen, und da folglich die Grenze von Kritik ebenso ungenau bleibt, richtet sich diese Frage nach der wesentlichen Relation von Kritik und Wahrheit auf etwas recht Unklares. Die Reflexion fühlt sich bei einer harten und deutlichen Alternative mehr befriedigt. Sie fordert darum entweder den unendlichen Prozeß, der in einer immer erneuten kritischen Operation jedes Urteil in Frage stellt und jede erreichte Wahrheit wieder auflöst, weil erst in der totalen Konstruktion aller möglichen Aussagen auf ihre Bedingungen hin die Kritik alles selbst hervorgebracht hat und diese totale Wahrheit erst ganz die ihre ist. Oder sie resigniert bei einer ebenso umfassenden Skepsis, der alles als gleich-gültige Hervorbringungen voneinander isolierter Subjektivitäten gilt, die deswegen nicht zu kritisieren sind, weil es keine das Partikulare umfassende Wahrheit gibt, ausgenommen einige Naturbedingungen und entsprechende Verhaltensweisen, die als solche ohnehin nur zu beobachten und hinzunehmen, nicht aber zu kritisieren sind. Beide Male hat Kritik ihren Ort verloren. Wenn alles Bestehende falsch erscheint und darum *ab ovo* konstruiert werden muß und ebenso wenn alles gleich richtig gilt und darum jeder übergreifende Maßstab fehlt, gibt es keinen endlichen Anstoß zur Kritik und vermag nichts das kritische Fragen zu befriedigen.

Die Mittelstellung der Kritik im Ganzen des Denkens schließt sich durch Konfrontation mit diesen konsequenten Standpunkten der Reflexion auf, die auch beide immer wieder ihre Fürsprecher finden: So begreift *Habermas* Kritik als »ein penetrierendes Verstehen«, das in einer tiefenhermeneutischen Sprachanalyse jede mögliche Kommunikationsform in einer Universalpragmatik aufbaut und von dieser Konstruktion die empirische Herstellung einer idealen Sprechsituation in Zukunft erwartet, indem nämlich »keine Vormeinung (und kein Geltungsanspruch) auf Dauer der Thematisierung und der Kritik entzogen bleiben«[19]. Auf der Gegenseite beschreibt *Gehlen* Kritik als »unterste Eskalationsstufe der Aggression«, die Folge davon, daß die »Hypertrophie des humanitär-eudaimonistischen Ethos« der Intellektuellen ein ursprüngliches und allein Halt gebendes Ethos von instinktnahen Sozialregulationen, den sogenannten physiologischen Tugenden, die sich von Verhaltensforschern beobachten lassen, zerstört. Da diese Sozialregulationen prinzipiell »weltoffen« sind, also nicht nach einem vorgegebenen Maßstab beurteilt werden dürfen, besteht ihr Kriterium allein in ihrer arterhaltenden Zweckmäßigkeit, Kritik kann dann nur als Symptom von Fehlentwicklung gelten[20].
Diese beiden Beispiele einer lebensleeren Reflexion, die Kritik überfordern oder ausschließen, werden allerdings widerlegt nicht schon durch mangelnde logische Stringenz, sondern durchs konkrete Leben, das wir in der Mitte einer geschichtlichen Existenz und einer gewordenen durch Freiheit geformten Sprache führen. Wer total konstruiert, kritisiert nicht, sondern setzt neu. Wahrheit, die mehr als partikulare Setzung darstellt, wird aber erst erreicht, wenn in einem unendlichen Prozeß alle Setzungen verglichen wurden und Übereinstimmung im Verhältnis zueinander erreicht ist. Wird aber die praktische Vielfalt des Lebens reduziert auf einen objektivierbaren Sinn, um zu einem Ende zu kommen, beispielsweise den Zweck des Überlebens, so steht wieder der Sinn dieser ersten Setzung in Frage, der durchaus sich kritisieren läßt. Man kann ihm etwa entgegenhalten, daß in bestimmten Situationen ein erfüllter Tod mehr Identität mit den vorgenommenen Lebensintentionen bietet als ein bloßes Dahinvegetieren. Was eben noch als zwar simple, aber unausweichbare Wahrheit einleuchtete, ist zurückgefallen auf den möglichen Standpunkt einer Kritik. Jede solche erste Setzung wie auch die konstruierte Totalität sämtlicher Setzungen kann auf den Entschluß zur Annahme hin kritisiert werden. Denn mit einem Rest seiner Existenz, der winzig klein sein mag, vielleicht nur noch der Vollzug und das Benennen dieser letzten Reflexion selber, welcher aber entscheidend ist, weil er noch vorgegebenes – praktisches – Menschsein darstellt, bleibt der Konstruierende noch außerhalb seiner Setzungen – er lebt nämlich noch – und hat daher noch nicht alle mögliche Kritik beantwortet. Wer einen solchen Anspruch an Kritik stellt, hat, nur weil er zu viel von der Reflexion erwartet, damit keineswegs Kritik außer Kraft gesetzt; im Gegenteil, gerade auch mit solcher Überspannung der kritischen Reflexion als solcher kann sehr wohl ein fruchtbarer Gebrauch von Kritik in ihren konkreten Gegenständen einhergehen. Wer

dagegen total zweifelt an jeder Verbindlichkeit, außer jener durch blinde Naturprozesse, nimmt für sich eine radikale Skepsis in Anspruch. Jede Übereinstimmung unter anderen apostrophiert er als zufällig, jede vermeintliche Wahrheit als determiniertes Geartetsein oder als Einbildung. Aber kann man solchen Skeptizismus leben? Stimmig ist eine solche Haltung, wenn man wie *Kratylos* lebt, der aus seiner »heraklitisierenden« Ansicht, daß alle Worte und Benennungen als solche gleich richtig seien und also niemand etwas Falsches sagen könne, weil über das nur fortwährend sich Wandelnde sich nichts Wahres aussagen lasse, die konsequente Lebensführung ableitete: »Er glaubte schließlich überhaupt nichts mehr sagen zu sollen und wackelte nur noch mit dem Finger«[21]. Aber selbst dieser wackere Verfechter seiner Philosophie geriet in Widerspruch mit sich selbst, als er *Heraklit* tadelte, weil dieser seinen Satz von der ewigen Bewegung nicht radikal genug ausgedrückt habe. Denn als er sprach und gar tadelte[22], kritisierte er – und d. h., er begab sich ins Medium der Sprache und teilte sich in ihr mit. Sobald man miteinander redet, sobald man sich in Sprache an andere wendet und nicht nur ein Bedürfnis bezeichnet, sondern etwas als etwas benennt, hat man den Standpunkt des radikalen Skeptizismus verlassen. Ob man will oder nicht, in diesem Augenblick hält man etwas für richtig und kann sich auch irren, – man ist der Kritik ausgesetzt. Beide Extreme, die Kritik als solche verunsichern können, das eine Mal durch übermenschliche Überforderung, das andere Mal durch tierische Reduktion, verschlagen nichts. Als Menschen leben wir im Zwischen der Sprache, wir besitzen weder die reine Wahrheit, sondern im Sprechen wird uns alles individuell zuteil, noch leben wir in bloßer Mannigfaltigkeit dahin, sondern im Sprechen richten wir uns auf gemeinsame Wahrheit aus. Dazwischen üben wir in abgestuften Graden Kritik wie Freiheit als Ausdruck von sowohl geschichtlicher Endlichkeit wie auch von Leben in Wahrheit. Wahrheit ist der Kritik nicht äußerlich als fester Maßstab gegeben, an dem sie das Kritisierte mißt – jedenfalls dort nicht, wo Kritik in einigermaßen wichtigen Beziehungen ihre Trennungskunst verwirklicht. Kritik beschreitet zwar immer nur den Weg zur Wahrheit, ihr Ziel ist die Wahrheit selbst, aber man darf das Verhältnis von Kritik zu Wahrheit doch nicht als simple Mittel-Zweck-Relation beschreiben. Denn der Zweck steht in ihrem Fragen nicht schon für sich selbst fest. Dies unterscheidet Kritik im emphatischen Sinn von der Beurteilungskunst der alten Dialektik oder auch von einem neueren Dezisionismus. Dort sind die Zwecke probabel gegeben oder unableitbar gesetzt. Kritik aber ist Weg, den man begeht wegen eines »Um zu«, man hat ein Ziel, ohne es jedoch zu sehen. Maßstab, Norm, Wahrheit sind dem kritischen Denken nicht für sich vorgegeben, sondern sie liegen ihm als seine Voraussetzung zugrunde. Kritik selbst ist aufzuschließen: Warum tadelt man, streitet sich, hält etwas für falsch, anderes für richtig und dies in abgestuften Graden der Gewißheit? All diesen Akten der Kritik liegt Wahrheit als ihr Anspruch zugrunde, ohne daß sie selbst als ganze zur Sprache kommen müßte. Ja, erst dort, wo Wahrheit an sich zurückgewichen ist in das Dunkel von Meinungen, Überzeugungen, Gefühlen, von angestrebten, aber nie schon erreichten Zielen, bekommt Kritik ihr Gewicht. Wir würden uns nicht streiten, wenn wir nicht in einem bestimmten Sinn Wahrheit für uns beanspruchten. Nun könnte unsere Wahrheit jedoch partikulare Überzeugung sein, im Ganzen des Denkens vielleicht nur ein allgemeiner Irrtum. Der Weg der Kritik würde uns weiterführen: immer größere Einheiten des Denkens setzen sich einander entgegen, von subjektiven Gefühlen über verbreitete Überzeugungen bis hin zu wissenschaftlich plausiblen Meinungen, und streiten miteinander um ihr Recht und bestehen auf Evidenz. Wie wir in diesem Prozeß immer wieder Übereinstimmung im einzelnen finden, so ist es unausweichbar, im ganzen Wahrheit anzunehmen, die allen einzelnen kritischen Schritten zugrunde liegt und sie trägt. Sonst wäre alles Denken sinnlos. Die Alternative zur Voraussetzung dieser grundlegenden Wahrheit ist allein die totale Skepsis – und die winkt sprachlos mit dem Finger. Indem wir denken, führen wir jeden einzelnen Gedanken nicht so vereinzelt durch, daß wir jedes Mal ganz von neuem und ohne Beziehung zum schon Gedachten anfangen und dann endlos fortschreiten müßten, sondern wir erfahren Identität im Gedachten und setzen voraus, daß diese Übereinstimmung auch prinzipiell für noch nicht Gedachtes gilt, die wir allerdings im kritischen Hin und Her von Frage und Antwort je noch weiter klären können. Die totale Identität, die endgültige Wahrheit bleibt uns allerdings reflexiv unerreichbar, als endliche Menschen müssen wir dabei stehenbleiben, sie nur als Voraussetzung anzunehmen.

Aber Kritik stellt uns doch auf den Weg dorthin. Von der Kritik her läßt sich das Wahre nur negativ bestimmen: als Verminderung des Falschen! Es gibt eine Unterscheidung, die seit den Tagen *Rousseaus* so populär geworden ist, daß kein Politiker, kaum eine Zeitung, selten ein Lehrer auf sie verzichtet, die zwischen negativer und positiver, destruktiver und konstruktiver, zersetzender und aufbauender Kritik. Doch der weitverbreitete Gebrauch dieser Unterscheidung macht sie nicht vernünftiger. Denn wäre Kritik aufbauend und konstruktiv, also positiv, so würde sie wieder mit der unendlichen Aufgabe belastet, Wahrheit erst zu stiften. *Rousseau* und *Hegel* erhoben diesen übersteigerten Anspruch, der einer vorhergehenden ebenso vernichtenden Kritik entspricht. *Goethe* faßt im »Faust« die Erfahrung von der genialischen Kraft solcher Kritik zusammen: »Weh! weh! Du hast sie zerstört, die schöne Welt, mit mächtiger Faust; sie stürzt, sie zerfällt!... Mächtiger der Erdensöhne, prächtiger baue sie wieder, in deinem Busen baue sie auf!« Diese aufbauende Leistung der Kritik wurde hier als der menschlichen Endlichkeit ungemäß abgewiesen. Aber ob die populäre Rede von der aufbauenden oder konstruktiven Kritik solchen Radikalismus der Überforderung auch wohl meint? Diese vulgäre Kritik an der Kritik will doch eher das Zerstörerische, Vernichtende an Kritik neutralisieren, indem sie es im Namen der zu rettenden Wahrheit zurückweist. Doch welcher Wahrheit? Eine Wahrheit, die schon äußerlich, positiv gegeben ist und darum auch leicht aufzubauen wäre, ist der ganzen Anstrengung nicht wert, die Kritik unternimmt, um das Falsche zu zersetzen, den Schein aufzulösen. Sie stellt jedenfalls nicht den eigentlichen Gegenstand der emphatischen Kritik dar. Die politische Wirklichkeit trägt dem Rechnung. Die Grundrechte, in denen Kritik ihren Schutz findet, die von Meinungsfreiheit, Pressefreiheit, Freiheit von Forschung und Lehre, werden nur negativ bestimmt – Freiheit von fremder Zensur –, um in der Ausübung der ihnen eigenen Kritik die Wahrheit, die den von ihr angegriffenen Gegenständen zugrunde liegt, heller ins Licht zu rücken. Bei aller Gefahr, die in solch leerer Bestimmung liegt, wird doch deutlich, daß die Aufgabe der Kritik, das Falsche vom Wahren zu trennen, nur so gewährleistet ist. Das Positive, das man von Kritik so leichtfertig fordert, darf und kann sie nicht geben, sie würde ihrer Aufgabe untreu und verwechselte sich mit Wahrheit. Das Positive entsteht von selbst in der Durchführung der Kritik, denn es ist vor aller Kritik – als ihr Grund – vorausgesetzt und wird in ihr wieder sichtbar: das Wahre, das in der Verminderung des Falschen erst sich zeigt. Das Ergebnis bestätigt die These: Kritik *ist* immer mehr, als sie *sagt*. Über das Sollen hinaus, welches sie bei den von ihr angegriffenen Gestalten einklagt, steht sie in der Kraft und Wirkung eines Seins, das über die Frage nach dem Wesen der Kritik hinaus auf die größere Frage nach dem Wahren verweist.

ANMERKUNGEN

[1]) *Aristoteles,* De part. an. I 1, 639 a 6 ff. – [2]) *G. B. Vico,* De nostri temporis studiorum ratione (lat.-dt. Ausgabe), Darmstadt 1963, S. 26; vgl. das ganze 3. Kap. – [3]) *H. Albert,* Traktat über kritische Vernunft, Tübingen [2]1969, S. 35 f.; vgl. *K. R. Popper,* Logik der Forschung, Tübingen [3]1969, S. 18, 223 ff. – [4]) *Popper,* a. a. O., S. 225. – [5]) *G. E. Lessing,* Hamburgische Dramaturgie, 101.–104. Stück. – [6]) *Th. W. Adorno,* Zur Logik der Sozialwissenschaften, in: Der Positivismusstreit in der deutschen Soziologie, Neuwied 1969, S. 135; vgl. S. 133 ff. – [7]) *M. Horkheimer,* Traditionelle und kritische Theorie, in: Kritische Theorie II, Frankfurt 1968, S. 177; vgl. S. 155 ff. – [8]) *Th. W. Adorno,* Kritik, in: Kritik. Kleine Schriften zur Gesellschaft, Frankfurt 1971, S. 11. – [9]) *Aristoteles,* De an. 432 a 15–17; vgl. 424 a 6 sowie 427 a 17 ff. – [10]) *H. Heine,* Zur Geschichte der Religion und Philosophie in Deutschland, Sämtliche Schriften, hrsg. von K. Briegleb, Bd. III, S. 578. – [11]) Z. B.: *Cicero,* Topica II, 6, 7; *Quintilian,* Inst. Oratoriae V, 14, 28; *P. Ramus,* Scholae dialecticae seu animadversiones in Organum Aristotelis, Frankfurt 1594 (Nachdruck 1965), passim. – [12]) Vgl. *K. Michalski,* La philosophie au XIVe siècle. Six études, (Nachdruck) Frankfurt 1969. – [13]) *Aristoteles,* Met. VI 1. – [14]) Met. 1025 b 21–25; Nik. Eth. VI. – [15]) Nik. Eth. 1111 b 6. – [16]) Nik. Eth. VI 11 f., bes. 1143 a 8–10 u. 23. – [17]) Nik. Eth. 1143 a 20, 1134 a 31 f.; vgl. Pol. 1253 a 39. – [18]) *Kant,* Kritik der reinen Vernunft B XIII. – [19]) *J. Habermas,* Der Universalitätsanspruch der Hermeneutik, in: Hermeneutik und Ideologiekritik, Frankfurt 1971, S. 153 ff.; *ders.,* Vorbereitende Bemerkungen zu einer Theorie der kommunikativen Kompetenz, in: J. Habermas, N. Luhmann, Theorie der Gesellschaft oder Sozialtechnologie, Frankfurt 1971, S. 136 ff. – [20]) *A. Gehlen,* Moral und Hypermoral, Frankfurt 1969, S. 55 ff., 141 ff. – [21]) *Aristoteles,* Met. 1010 a 7–14; vgl. *Platon,* Kratylos 427 d – 430 a. – [22]) *Aristoteles,* Met. 1010 a 13 f.

LITERATUR

F. Schleiermacher, Über Begriff und Einteilung der philologischen Kritik (1830), in: F. Schleiermachers sämtliche Werke, Berlin 1835, 3. Abteilung: Zur Philosophie, 3. Bd., S. 387–402.
F. Schleiermacher, Dialektik, hrsg. von J. Halpern, Berlin 1903.
G. Saintsbury, A History of Criticism and literary Taste in Europe from the earliest Texts to

the present day, 3 Bde., London 1900 ([6]1949).
M. Horkheimer, Traditionelle und kritische Theorie (1937), in: Kritische Theorie, Bd. II, Frankfurt 1968, S. 137–200.
R. Koselleck, Kritik und Krise, Freiburg 1959.
Studium Generale 12 (1959), Heft 7–12, S. 393–763; mit Beiträgen zum Thema Kritik u. a. von L. v. Wiese, R. Strohal, K. H. Sarbin, P. Wilpert, H. Beumann, L. Borinski, W. P. Krause, P. Schneider, U. Klug, G. Mensching, H. Grass, C.-F. Graumann, R. Wellek, H.-E. Hass.
R. C. Kwant, Critique: its Nature and Function, Louvain 1967.
H. Albert, Traktat über kritische Vernunft, Tübingen 1968.
Hermeneutik und Ideologiekritik, Frankfurt 1971; mit Beiträgen von K.-O. Apel, C. v. Bormann, R. Bubner, H.-G. Gadamer, H. J. Giegel, J. Habermas.

CLAUS VON BORMANN

KULTUR

1. »Kultur« bezeichnet dem heutigen Sprachgebrauch nach in erster Linie den Gesamtzusammenhang von Theorie und Praxis, Praxis als Handeln und Machen verstanden. Kultur ist das, was die Menschen aus sich und ihrer Welt machen und was sie dabei denken und sprechen. So ist alles Kultur, was nicht Natur ist. Kultur ist geleistet, ist Schöpfung nach menschlichem Entwurf; Natur ist gewachsen.

Dabei sind Kultur und Natur keineswegs getrennte Bereiche. Unsere Wirklichkeit ist die Verbindung und Trennung von Natur und Kultur. Kultur ist die Emanzipation des Lebewesens Mensch aus der Natur[1], eine Bewegung, die auf ihre Naturbasis angewiesen bleibt. Die totale Emanzipation wäre das Ende des Lebens und damit zugleich der Kultur. Auch noch der Gedanke an einen geschichtlichen Übergang von der Bio- in die Noosphäre[2], aus dem Gewachsenen in das reflexive Aus-sich des Gedankens, erwächst aus der Biosphäre.

Der Mensch ist von Natur ein Kulturwesen. Die Natur hat ihn dahin entwickelt, sich und seine Welt bilden zu können. Selbst *Kant,* der Kultur einerseits definiert durch »höhere Zwecke, als die Natur selbst liefern kann«, bestimmt sie andererseits nicht in Absetzung von Natur, sondern als »letzten Zweck ..., den man der Natur in Ansehung der Menschengattung beizulegen Ursache hat« (Natur als »teleologisches System« betrachtet). Beide Seiten der Kultur sieht er vermittelt in einem »zweckmäßigen Streben der Natur« nach einer Ausbildung eben jener die Natur übersteigenden Zwecke. Auch heute, nachdem dieses Streben so weit gediehen ist, daß – wie man sagt – naturhafte Entwicklung in gemachte Geschichte übergeht, können die Menschen weder sich noch ihre Welt *aus nichts* machen. So weit reicht das Vermögen nicht, »sich selbst willkürlich Zwecke zu setzen«, welches der Mensch als »betitelter Herr der Natur« nach *Kant* hat. Doch ist nun die technische Kultur so weit fortgeschritten, daß sie *sich zu nichts* machen und auf der Erde die Biosphäre, alles Leben abschaffen kann. Solche Vernichtung wäre im Kantischen Sinn kein höherer, sondern nur ein alle Naturzwecke negierender Zweck. Kultur als höherer Zweck liegt nach ihm in einer Selbstbestimmung, die alle Kultur des Machens (»Geschicklichkeit«) übersteigt und zu einer Beherrschung (nicht Vernachlässigung oder gar Verletzung) unserer Tierheit durch eine »Kultur der Zucht (Disziplin)« führt[3].

2. Die neuesten Versuche, ethisch-politische Kultur so weit wie möglich – oder noch weiter – durch technische Kultur, also äußere Naturbeherrschung zu ersetzen, konnte *Kant* noch nicht kennen. Doch ist die Gefahr nur oder vorwiegend technischer Kultur früh prinzipiell gesehen worden. In der Prometheussage drückt sich das Bewußtsein aus, daß die äußere Zähmung der Naturkräfte ihre bedenkliche Seite hat. Die Schuld des Prometheus liegt von heute her geurteilt darin, daß die Zähmung potentiell Steigerung ins Zerstörerische ist, eine Vernichtung, die nicht mehr eine feindliche Natur den Menschen, sondern diese einander mit Hilfe dienstbar gemachter Naturkräfte antun. Die Schuld des Prometheus ist wie beim Brechtschen Galilei die nur auf Erforschung und Anwendung der Naturkräfte bedachte Einseitigkeit. Wenn der Mensch von Natur oder durch bleibende geschichtliche Bedingungen aggressiv und damit sich selbst feindliche Natur ist, bringt die Indienststellung der feindlichen Außennatur die Potenzierung der feindlichen Innennatur mit sich.
Dieser doppelten Natur entspricht eine doppelte Kultur, die erstere je spezifisch zähmen soll, und zwar so, daß die zweite Kultur auch die erste Kultur zähmt, sofern in ihr die wilde Natur des Tieres Mensch wieder zum Durchbruch kommt. Schon der Sophist *Protagoras* unterscheidet in dem nach ihm benannten Platonischen Dialog zwei Kulturen. Er erzählt einen Mythos[4], nach dem Prometheus den Menschen »die kunstreiche Weisheit des Hephaistos und der Athene ... die zum Leben nötige Wissenschaft« gebracht habe. Da ihnen jedoch die politische, das Zusammenleben betreffende Weisheit (σοφία πολιτική) fehlte, konnten sie sich zwar Wohnung, Kleidung, Nahrung beschaffen und sich gegen die wilden Tiere schützen, doch nicht vor einander, zumal die gegen Tiere brauchbaren Tötungstechniken auch gegen einander angewandt werden konnten. Damit die Menschen auf diese Weise nicht untergingen, verlieh ihnen nach dem Mythos Zeus »Scham und Recht« (αἰδώς und δίκη) sowie soziale Tugend und Wissenschaft (ἀρετή und τέχνη πολιτική).
Es gibt demnach eine Kultur des Machens, und eine des Handelns, und in beiden spezifisches Wissen und Können, rationale Praktiken. Die klassische praktische

Philosophie, vor allem *Platon* und *Aristoteles,* reflektiert diese Doppeltheit der Kultur und stellt den sie in damaliger Zeit bestimmenden Primat des Handelns vor dem Machen heraus. Die herstellenden Künste dienen dem Handeln der Menschen miteinander und mit ihren Göttern. Dem entspricht eine herrschaftlich gegliederte Sozialstruktur: Eine mit der unmittelbaren Produktion befaßte Schicht (Bauern und Handwerker) dient einer Oberschicht, die vor allem handelt, d. h. beaufsichtigt, koordiniert, entscheidet, Religion und Politik treibt, Krieg führt, sich bildet, faulenzt, genießt. Vermittelnd dazwischen stehen die Handeltreibenden und womöglich die Intellektuellen. Dieser für alle alten Kulturen typische Primat des Handelns vor dem Machen bestimmt mit der im alten Hellas erarbeiteten hohen Bewußtheit die abendländische Kultur bis hin zur Neuzeit. Zunächst nur durch ihr höheres Reflexionsniveau unterscheidet sich bis dahin die abendländische Kultur von anderen Hochkulturen, weiter jedoch durch die jüdisch-christliche Religion, deren Keim in dem so bereiteten Boden wächst.

3. Es ist eine der großen und als solche noch nicht genügend gewürdigten Einsichten *Hegels,* daß das Christentum die Bewußtseinsvoraussetzungen für den Sprung schuf, der die abendländische Kultur von allen anderen abhob, und zwar so, daß nun alle anderen historisch oder wenigstens historistisch in ihr aufgehoben sind und auch die eigene abendländische Kulturgeschichte von der Antike bis hinein in die Neuzeit als eine gleichfalls überwundene andere Kultur zurückzubleiben scheint. Es gibt kein Anzeichen dafür, daß die technischen und ökonomischen Verhältnisse rein aus sich in Europa dahin fortentwickelt waren, daß der Sprung in die technische Weltkultur unausweichlich war. Das Abendland hatte, bis es »christlich« wurde, in dieser Hinsicht keinen besonderen Vorsprung vor anderen Hochkulturen, etwa der chinesischen. Was dann kam, mußte mit einem besonderen Bewußtsein, in einem zunächst religiösen Weltentwurf vorgedacht sein. So schreibt *Freyer* über die Renaissance, diesen Anfang der »Weltgeschichte Europas«: »nur wer sucht findet, ... nur wer weiß entdeckt ... nur derjenige kann die Erde umsegeln, der sie zuvor als rund, endlich und vom Menschen beherrschbar erkannt hat«[5]. Nach *Hegel* war es das Christentum, besonders in seiner protestantischen Form, das den Menschen dazu freisetzte, »das Sinnliche als Sinnliches, das Äußerliche als Äußerliches zu wissen, in dem Endlichen auf endliche Weise sich zu betätigen und eben in dieser Tätigkeit als eine gültige, berechtigte Subjektivität bei sich selbst zu sein«[6]. Die religiöse Konzentration auf eine Innenwelt ließ allererst eine Außenwelt als das fremde andere erstehen. Und aus dieser Entzweiung war es dann ein naheliegender Schritt zu dem Bestreben, sie technisch, durch Veränderung der Außenwelt zu beheben, also die als äußerlich gesetzte Welt den Bedürfnissen und Wünschen des Subjekts gemäß zuzurichten. Dabei mußte freilich dieses seine religiös garantierte Zentriertheit in sich aufgeben und an den kollektiv organisierten Progreß der Naturbeherrschung entäußern.

So bereitete das Christentum die Gemüter für eine weltgeschichtliche Umkehrung: den Primat des Machens vor dem Handeln, der Industrie und Ökonomie vor der »Politik«, die ja in ihrem ursprünglichen, klassischen Begriff als Einheit von Politik und Ethik und als offen zutage liegende Herrschaft weniger über viele die Entfremdung an die losgelassene Bedürfnisexpansion und den zugehörigen expansiven Naturbeherrschungsprozeß verhinderte.

Nicht als wenn dieser neue Primat christlich oder eine direkte Folge des Christentums wäre. Man kann ihn vielmehr als den Versuch deuten, die ungeheure Zumutung dieser Religion möglichst bequem und äußerlich, systematisch und wirksam zu erledigen. Technik und Industrie sind Nächstenliebe ohne Barmherzigkeit; sind als bloßes Machen verwirklichte Menschlichkeit; sind Liebe, vermittelt durch kollektive Naturbeherrschung; und weiter Liebe, die dadurch verwirklicht wird, daß die Natur als bloßes Material, verfügbares und zerstörbares Objekt, und die Menschen ebenfalls als Objekt kollektiver Bedürfnisbefriedigung genommen werden, indem sie, die eigentlich Subjekt, d. h. Selbstzweck sein sollten, auch einander objektivieren, vermitteln und verdinglichen.

Dieser Härte gegen sich selbst und die Natur war keine andere Kultur gewachsen. Sie wurden belogen, betrogen, betrunken gemacht, niedergeschossen. Dabei sollte der »christlichen«, zivilisatorischen, humanitären, demokratischen Ideologie nach im weiteren Verlauf diese Härte dem Zweck dienen, die mit dem alten Primat des Handelns verbundenen Herrschaftsstrukturen von ihrer Ursache her aufzuheben. Der Knappheit der Mittel wegen soll Herrschaft von Menschen über Menschen notwendig gewesen sein, um zum Arbeiten anzutreiben. Mit dem durch industrielle Technik möglichen Überfluß werden Herrschaft und Triebversagung – durch Automation womöglich auch Arbeit – überflüssig, nicht jedoch zerstörerische Herrschaft über die Natur. Der alte Primat des Handelns war immer um eine gewisse Naturgemäßheit bemüht, suchte nach kosmischer Fundierung politischer Ordnung [7] oder wollte wenigstens keine Feindschaft zwischen menschlichen Setzungen und Natur [8]. Der Primat des Machens verwarf dieses Eingebettetsein oder Harmoniestreben als ideologisch. Es sollten nur noch die vom Menschen im Dienst seiner Selbsterhaltung und seines (kurzfristigen) Wohlergehens gesetzten Zwecke gelten, ohne objektive, natürliche Fundierung. Natürliche Teleologie wurde verworfen, der Natur jedes Eigenrecht abgesprochen, damit man sie um so »objektiver« im Lichte menschlicher Interessen erforschen konnte.

Machen heißt, daß ein Subjekt, ein Verstand von vergleichsweise unendlichem Wert, über einen von sich aus vergleichsweise recht- und wertlosen Objektbereich verfügt. Es hat seinen Zweck außerhalb, ist die Herstellung von etwas, das dann für ein anderes Machen oder schließlich für ein Handeln gebraucht wird. *Handeln* dagegen ist getragen von mehr oder weniger Rücksichtnahme auf das Eigenrecht des Mithandelnden, der damit nicht Objekt, sondern Partner ist. Da Handeln es mit Selbstzwecken zu tun hat, kann auch es Selbstzweck sein, hat es die Erfüllung in sich selbst. Machen ist ein einseitiges Handeln, denn auch

Machen ist auf das Ding als Partner bezogen, kann freilich darüber in der kurzsichtigen Vernutzung oder sinnlosen Zerstörung hinwegsehen[9]. Das so eintretende Unglück verweist auf den Primat des Handelns.

Mit dem Bewußtsein der Naturreligionen handelten die Menschen auch, wenn sie die Erde, eine Göttin, kultivierten oder ein erlegtes Tier nach kultischen Regeln verzehrten. Überall waren Götter und kultisch zum Handeln stilisiertes Machen. Seitdem ist der Bereich des Handelns auf die zwischenmenschlichen Beziehungen geschrumpft oder strebt gar noch weiter gegen Null, nachdem der (christliche) Humanitarismus den Menschen, eine Leerformel, zum einzigen Selbstzweck erklärt hat. Alles, auch der Mensch, sofern er als Natur und lebendiges Ding greifbar ist, verfällt objektivierender Rationalität. *Sie* ist die Macht, mit welcher die Bourgeoisie »alle feudalen, patriarchalischen, idyllischen Verhältnisse zerstört ... und kein anderes Band zwischen Mensch und Mensch übriggelassen hat als das nackte Interesse«[10]. Die kapitalistische Ökonomie ist nur ein Sonderfall dieser Herrschaftslogik. In ihr allein und dem ihr zugrunde liegenden Entwurf eines Primats des Machens war die Überlegenheit der »westlichen Zivilisation« begründet, die jener Chinesenkaiser, der die Bitte des englischen Königs um Akkreditierung eines Handelsattachés beim chinesischen Hof ablehnte, nicht begreifen konnte. Wie *Platon* vom Primat des Handelns her argumentierend, schrieb er: »...habe ich nur ein Ziel im Auge, nämlich eine vollkommene Regierung zu führen und die Staatspflichten zu erfüllen... Ich lege keinen Wert auf seltsame und sinnreich erfundene Gegenstände«[11]. Wie *Toynbee* weiter darlegt, wurde China dann doch mit Hilfe von Opium zivilisiert.

4. Neben dem Begriffspaar Natur – Kultur ist das andere: Kultur – Zivilisation geeignet, den Begriff der Kultur näher zu bestimmen. Ursprünglich bezeichnet »Kultur« (*cultura*, mit *colo*, *cultus* usw. zusammenhängend) ein menschlicher Bedürfnisbefriedigung dienendes, vorindustrielles Machen, nämlich die Bearbeitung des Bodens (Landwirtschaft), während »Zivilisation« (von *civilis*, mit *civis*, *civitas* usw. zusammenhängend) das wesentlich auf der Grundlage der Landwirtschaft ruhende System des Handelns (Sitte, Recht, Staat) benennt. Seitdem in den fortgeschrittensten Ländern die Industrie wichtiger geworden ist als die Landwirtschaft und auch diese immer mehr technisiert und industrialisiert wurde, tendiert heute im Deutschen und teilweise auch Englischen[12] »Zivilisation« dahin, die Basis, das wissenschaftlich-technisch-industrielle Machen, dieses ganze komplizierte System der Mittel zu bezeichnen, während »Kultur« eher das nicht unmittelbar machbare, sondern traditional »gewachsene«, geschichtlich sich verändernde System der Zwecke meint. Von diesen Tendenzen her bietet sich also »Zivilisation« zur Bezeichnung der nach dem Mythos des *Protagoras* ersten Kultur an, und »Kultur« zur Bezeichnung der zweiten.

Dem vorherrschenden Sprachgebrauch nach bezeichnet jedoch »Kultur« (1) die ganze, Denken, Sprechen, Handeln, Machen umfassende Lebensform einer Person, einer Gruppe oder Gesellschaftsschicht, eines Volkes, einer Religion, einer Völker- und Staatengruppe, wobei besonders in der letzten, weitesten Bedeutung in bezug auf technisch-industriell fortgeschrittene Länder alternativ von »Zivilisation« gesprochen wird. Werden beide Wörter einander entgegengesetzt, so bekommt »Kultur« (2) den Sinn von »höherer Kultur«: Kunst, Religion, Wissenschaft, Philosophie, Weltanschauung, Journalismus, Dauerkirmes [13], als wolle schon der Sprachgebrauch andeuten, daß die Zivilisation, das technisch und sozialtechnisch Machbare, vorrangig geworden sei, während sich die Ordnung des Handelns in höhere, »geistige« oder Freizeit- und Hobby-Sphären verflüchtigt habe.

In der Tat kennzeichnet diese zweite Bedeutung von »Kultur« die Lage und verweist auf das, was unter der Vorherrschaft des Machens von der Kultur, Kunst, Ethik des Handelns übriggeblieben ist. Diese Reste bilden kein Gegengewicht zu dem gewaltigen Bereich der Mittel. Sie sind in dieser abgedrängten Form ungeeignet, in Abstimmung mit dem technisch Möglichen eine Vernunft der Zwecke und Ziele zu entwickeln. Ihr Ort ist die »literarische Bildung« und die sogenannten Geisteswissenschaften, die beide zusammen als ein historistisch-ästhetisches Phänomen keinen Grund haben, gleichberechtigt neben der naturwissenschaftlich-technischen Bildung zu stehen. Diese offene Tür rennen *Snow* [14], *Steinbuch* [15] und andere mit Elan ein, ohne Bewußtsein darüber, in welchem weltgeschichtlichen Zusammenhang die von ihnen aufgeführte Diskussion über die »zwei Kulturen« steht: wovon die literarische Kultur die Schwundstufe ist. Wenn sich über menschliches Handeln im Prinzip nicht mehr sagen läßt, als daß »jeder Mensch als Individuum sich in einer tragischen Situation befindet« [16], was dann ja wohl auch von politischen Handlungseinheiten wie Völkern und Staaten gilt, so ist freilich dieser ganze Bereich in der Literatur vom Groschenroman bis zum absurden Bühnenspiel und dem Feuilleton darüber am besten aufgehoben.

Schon *Platon* bekämpfte jedoch in einer ähnlichen geschichtlichen Lage, als die überkommene Religion, Ethik und allgemeine Weltanschauung brüchig geworden war, den Monopolanspruch der schönen Literatur und ästhetischen, tragischen oder absurden Lebenskonzeption auf den ethischen Bereich. Im Anschluß an *Sokrates* bemühte er sich – und das hat ihn zu einem der Väter des Abendlandes gemacht – um eine an Rationalität der Kultur des Machens *gleichwertige*, an Bedeutung *überlegene* Kultur des Handelns, die den Menschen allererst zum Stehen bringt. Daß diesen dann trotzdem ein »ratloses Unglück« niederwerfen kann, weiß er [17]. Herstellungstechniken aller Art können sicher dazu beitragen, das Stehen, die Kultur in dem Sinne, wie auch *Kant* sie als letzten Naturzweck meint, zu fördern und zu sichern. Aber überläßt man diese Mittel des hohen Zwecks wegen, dem sie dienen können, einem Selbstlauf, so geraten sie, wie sich zeigt, in ein krebsartiges Wuchern, das den Leib Kultur, von dem sie ein integraler Teil sein sollen, gefährdet.

5. Die neuere Kultur- bzw. Zivilisationskritik richtet sich mit zunehmender Klarheit gegen diese Art von Zivilisation, die nicht nur das Ende der Kultur als

einer Verbindung von Natur und Künstlichkeit sowie von Machen und Handeln, sondern auch der Menschengeschichte sein kann. Nach *Heidegger* liegt ihr der »Wille zum Willen« und »Wille zur Macht« zugrunde, der »jedes Ziel an sich leugnet und Ziele nur zuläßt als Mittel«[18]. Sicher zu recht sieht er in dieser Ziellosigkeit eine große Gefahr. Was einige aussprechen, ist allgemein fühlbar. Man will den Mangel an Kultur (des Handelns) beheben durch Kulturplanung, also wieder durch ein Machen. Auch das Problem der zweiten Kultur erscheint unter den gegenwärtigen Bedingungen und Vorurteilen als ein technisches. Die Forderung wird erhoben, eine Ethik und Politik zu erfinden und den Menschen beizubringen, die zu dem gewaltigen System technischer Naturbeherrschung paßt; also Zwecke zu finden zu vorhandenen und beschleunigt expandierenden Mitteln. Pädagogik bekommt plötzlich Hochkonjunktur; eine Technologie der Erziehung soll die Antwort sein auf die Herausforderung aller übrigen Technologien. Das ist so sinnvoll, wie es der Versuch wäre, Menschen für den Wettlauf mit Raketen zu trainieren.

Eliot hat dargelegt, daß man Kultur weder so noch anders *machen* kann, weil Kultur die Art und Weise ist, in der gemacht und gehandelt wird. Kultur beruht jeweils auf nicht machbaren, höchstens zerstörbaren, in diesem Sinne übermenschlichen, religiös-axiomatischen Voraussetzungen[19]. Diese können entfaltet, reflektiert, verweltlicht, verschieden ausgelegt werden. Ihre Abschaffung oder grundsätzliche Veränderung jedoch bedeutet, daß eine Kultur zu Ende ist. Die Vorstellung – falls nach ihr tatsächlich gelebt werden kann –, daß alle Voraussetzungen so oder anders machbar sind, bedeutet, daß alle Kultur in dem zweiten und damit auch in dem doppelten Sinne, von dem hier im Anschluß an den Platonischen Protagoras die Rede war, zu Ende ist. Denn damit ist ja das absolute Aus-sich eines Subjekts, in diesem Fall des kollektiven Subjekts industrielle Gesellschaft, gesetzt, das keinerlei Gegebenheiten als Partner anerkennt, sondern seinen absoluten Wert und Herrschaftsanspruch auf alles, was ist, geltend macht. Die daraus folgende Vernutzung des Seienden (um mit *Heidegger* zu sprechen) soll dazu beitragen, daß sich innerhalb dieses Kollektivs, das möglichst alle Menschen umfassen soll, die Individuen als kleine Subjekte einander in ihrem gesellschaftlich vermittelten und insofern nur relativen Wert anerkennen. Doch auch sie sind technisch beherrschbare und manipulierbare Natur, so daß die Naturbeherrschung, die sich nur nach außen richten soll, zugleich der Schnitt ins eigene Fleisch ist. Das zeigt sich am brennendsten bei der Sexualität, wo eine Symbiose von Natur und Kultur, diese als Handeln und Machen verstanden, nötig ist. Der Versuch, auch dieses Problem nur technisch zu lösen, führt in einen sexuellen Dauerkrampf und eine fast allgemeine latente Unbefriedigung, die dann natürlich nach mehr Aufklärung, Emanzipation, Technologie und anderem ruft, was in diesem Zusammenhang nur Surrogat sein kann. Aus solchem Elend resultiert eine mit Friedensgerede zugedeckte Bereitschaft zur Zerstörung und Selbstzerstörung, gegen welche das von *Freud* analysierte Unbehagen an der Kultur samt dem damit zusammenhängenden Todestrieb[20] eine harmlose Vorstufe war. Denn die alte Ethik, die *Freud* psychologisch auseinandernimmt, enthielt die offene und von ihren Voraussetzungen her rationale Forderung nach Triebunterdrückung und -sublimierung, wohingegen die neuen Vorstellungen darüber jedem – da ja alles machbar ist – das Recht auf eine Befriedigung bescheinigen, die dann z. B. der vergessenen Natur wegen, doch nicht oder nicht in genügendem Maße gewährt wird, so daß entweder er selbst oder die Gesellschaft schuld sein muß.

Als Gegenbewegung zum unendlichen Progreß des Machens, der in alle Bereiche eindringt und in dem es, wie *H. Arendt*[21] und andere erkannt haben, weniger auf die Produkte des Machens und mehr auf die entfremdete Lust am Prozeß des Produzierens, Konsumierens, Funktionierens ankommt, gibt es neuerdings Bestrebungen, die höhere Kultur als nicht bloß ästhetische und historistische Bildung, sondern als Richtmaß des Handelns aufzuwerten. Auf der Suche nach einem Ort außerhalb des Systems der losgelassenen Mittel versucht *Marcuse* eine Neubestimmung der Kultur[22]. Danach ist Kultur zunächst nichts weiter als das Nachdenken über die vorgefallene Entwicklung und über Alternativen, von denen aus möglicherweise die gesamte Entwicklung der »westlichen Zivilisation« samt ihren östlichen Ablegern als ein – wenn auch notwendiger – Irrweg erscheint. So würde Kultur zur Kulturkritik. Die Kulturoptimisten, die meinen, es stehe gar nicht so schlimm um die westliche und überhaupt um unsere von Naturbeherrschungstechniken bestimmte Zivilisation, wehren sich dagegen meist mit der »reductio ad Hitlerum«[23]. *Sterns* Rede von Kulturpessimismus als politischer Gefahr mag ihre Berechtigung haben bei Autoren wie *Lagarde, Langbehn, Moeller van den Bruck*[24], – gegen Kulturkritik allgemein gewendet, ist jedoch diese Reduktion wohl nicht bloß eine politische Gefahr. Sie ist in der gegenwärtigen Epoche der Versuch, den Menschen das zu bestreiten, was sie nach der abendländischen Vernunfttradition zu Menschen macht, nämlich die Voraussicht nicht bloß als Nachdenken über das, was man machen kann, sondern über mögliche Zwecke, die es wert sind, machend und handelnd verwirklicht zu werden.

Demnach wäre es das generelle Ziel, den Primat des Handelns über der alle bisherigen Kulturen hinter sich lassenden, die Überwindung materieller Not ermöglichenden, technischen Basis wieder aufzurichten. Der bisherige Sozialismus ist dazu ein recht unvollkommener Ansatz, bleibt von *Marx* bis *Habermas* dem Primat des Machens verhaftet. Für *Marx* ist diese Behauptung leicht zu beweisen[25], für *Habermas* schwieriger, fragt er doch, ausgehend von der Diskussion um die zwei Kulturen nach einer Bildung, die wieder wie die frühere Orientierung im Handeln vermittelt. Da die neuen, wissenschaftlich-technischen Möglichkeiten die alte Kultur gesprengt haben, so daß diese nun als vortechnisch und veraltet erscheint, geht es nach *Habermas* darum, eine zu der jetzigen Rationalität des Könnens passende Rationalität des Wollens zu entwickeln. Kultur ist die Dialektik von Können und Wollen oder – im Falle der Aktualisierung – von Machen und Handeln[26]. Doch bezeichnet »Dialektik« hier nur die Wechselwirkung, die handelnde und verhandelnde Individuen und Gruppen aufeinander ausüben, wobei sie ihr Handeln orientieren »im Lichte der soziokulturellen Rückwirkungen von fortschreitenden Sub-Systemen zweckrationalen Handelns« [27] – von Subsystemen des Machens also, schlichter ausgedrückt. Allein konkret an dieser Dialektik sind die fortwuchernden Subsysteme, hinter denen das mächtige Interesse an wachsender Naturbeherrschung steht. Ob dieser Dialektik eine Rangordnung der Zwecke zugrunde liegt, an der sich die kämpfenden Interessen orientieren könnten, oder sie zu einer solchen hinführt, und ob dabei Zwecke des Handelns oder aber des Machens mehr gelten, bleibt unklar.

Die Gefahr unserer Kultur ist ganz offenbar, daß das erkenntnis- und tatleitende Interesse an wachsender Naturbeherrschung alle anderen Zwecke unterdrückt, und so Kultur als zweite Natur: als ein immer komplizierteres System der Selbsterhaltung und des Lustgewinns, gerade nicht dahin führt, daß sich »ein Stück Natur Autonomie in der Natur« [28] erwirbt, sondern dahin, daß geschichtlich sich entwickelnde Kultur derjenige Teil der Naturgeschichte [29] ist, in dem ein Stück Natur ein anderes, auf das es angewiesen ist, aufzehrt.

Nach *Kant* ist der Mensch nur Herr der Natur, sofern er höhere als bloße Naturzwecke hat. Diese höheren Zwecke brachte *Goethe* in Verbindung zu einer dreifachen Ehrfurcht: vor dem, was über uns ist, was uns gleich ist, was unter uns ist [30]. Die Ehrfurcht nur vor dem, was uns gleich ist, umfasse sie auch die ganze Natur- und Kulturgeschichte der Menschengattung, scheint auf eine Bakterienkultur hinauszulaufen, die sich zerstörend und selbstzerstörerisch ausbreitet, indem sie die Substanz verbraucht, von der und als die sie lebt.

ANMERKUNGEN

[1]) Über den Anfang dieser Emanzipation: *C. Lévi-Strauss,* Natur und Kultur, in: Kulturanthropologie, hrsg. von Mühlmann u. Müller, Köln–Berlin 1966, S. 80–103. – [2]) Vgl. *P. Teilhard de Chardin,* Die Entstehung des Menschen (aus dem Französischen), München 1961. – [3]) *Kant,* Kritik der Urteilskraft § 83; vgl. Idee zu einer allgemeinen Geschichte in weltbürgerlicher Absicht. – [4]) *Platon,* Protagoras 320 d ff. – [5]) *H. Freyer,* Die politische Insel, Leipzig 1936, S. 90; Weltgeschichte Europas, Stuttgart [3]1969. – [6]) *Hegel,* Vorlesungen über die Philosophie der Weltgeschichte, hrsg. von Lasson, Hamburg 1968, S. 872; vgl. *W. Kern,* Atheismus – Christentum – Emanzipierte Gesellschaft, in: Zeitschrift für katholische Theologie 91 (1969), S. 289–321. – [7]) Vgl. *E. Topitsch,* Mythos – Philosophie – Politik, Freiburg 1969. – [8]) So *Platon,* Nomoi 890 d. – [9]) Dazu *Heideggers* Spätwerk; vgl. *R. Maurer,* Von Heidegger zur praktischen Philosophie, in: Rehabilitierung der praktischen Philosophie, hrsg. von M. Riedel, Freiburg 1972. – [10]) *K. Marx / F. Engels,* Manifest der Kommunistischen Partei (1848), Kap. I. – [11]) *A. J. Toynbee,* Kultur am Scheideweg, Zürich–Wien 1949, S. 78. – [12]) Vgl. *R. Williams,* Culture and Civilization, in: The Encyclopedia of Philosophy, hrsg. von Edwards, New York–London 1967, 2. Bd., S. 273 ff., insbes. über *R. M. MacIver;* vgl. *H. Marcuse,* s. Anm. 22. – [13]) Im andern Teil Deutschlands heißt eine dauernd in Betrieb befindliche Kirmes »Kulturpark«. – [14]) *C. P. Snow,* Die zwei Kulturen (aus dem Englischen), Stuttgart 1967; vgl. Literarische und naturwissenschaftliche Intelligenz. Dialog über die »zwei Kulturen«, hrsg. von H. Kreuzer, Stuttgart 1969. – [15]) *K. Steinbuch,* Falsch programmiert, Stuttgart 1968. – [16]) *Snow,* a. a. O., S. 13. – [17]) *Platon,* Protagoras 344 c–d. – [18]) *M. Heidegger,* Vorträge und Aufsätze, Pfullingen 1954, S. 89; vgl. *M. Horkheimer,* Zur Kritik der instrumentellen Vernunft, Frankfurt 1967; *H. Schelsky,* Der

Mensch in der wissenschaftlichen Zivilisation, in: H. Schelsky, Auf der Suche nach Wirklichkeit, Düsseldorf–Köln 1965, S. 439 ff. – [19]) *T. S. Eliot*, Zum Begriff der Kultur (aus dem Englischen), Hamburg 1961. – [20]) *S. Freud*, Das Unbehagen in der Kultur, zuerst 1930; vgl. *H. Marcuse*, Eros und Kultur, Stuttgart 1957 (aus dem Englischen), auch unter dem Titel: Triebstruktur und Gesellschaft, Frankfurt 1970. – [21]) *H. Arendt*, Vita activa oder Vom tätigen Leben, Stuttgart 1960. – [22]) *H. Marcuse*, Bemerkungen zu einer Neubestimmung der Kultur, in: Kultur und Gesellschaft 2, Frankfurt 1965. – [23]) *L. Strauss*, Naturrecht und Geschichte (aus dem Englischen), Stuttgart 1953, S. 45. – [24]) *F. Stern*, Kulturpessimismus als politische Gefahr (aus dem Englischen), Bern–Stuttgart 1963. – [25]) Vgl. *R. Maurer*, Entfremdung, in: Handbuch philosophischer Grundbegriffe, München 1973, S. 348–360. – [26]) *J. Habermas*, Technik und Wissenschaft als ›Ideologie‹, Frankfurt 1968, S. 104 ff. – [27]) Ebd., S. 98. – [28]) Ebd., S. 160. – [29]) *K. Marx*, Frühschriften, hrsg. von Landshut, Stuttgart 1953, S. 245. – [30]) *J. W. Goethe*, Wilhelm Meisters Wanderjahre, 2. Buch, 1. Kap.

LITERATUR

F. Nietzsche, Werke, insbes. Unzeitgemäße Betrachtungen; Nachlaß.
O. Spengler, Der Untergang des Abendlandes. Umrisse einer Morphologie der Weltgeschichte, München 1923.
A. Dempf, Kulturphilosophie, München–Berlin 1932.
M. Horkheimer, Th. W. Adorno, Dialektik der Aufklärung, Amsterdam 1947.
A. Gehlen, Urmensch und Spätkultur, Bonn 1956.
H. Freyer, Theorie des gegenwärtigen Zeitalters, Stuttgart 1958.
R. Williams, Culture and Society, London 1958.

REINHART MAURER

KUNST

1. Kunst und ästhetisch-historisches Bildungsbewußtsein
2. Erste Ansätze der Ästhetikkritik
3. Kunst in der Bewegung der Emanzipation und des Wirklichkeitsverlustes
4. Kunst und Kunstreflexion unter Bestimmungen der Technik
5. Neue Anstöße zur Philosophie der Kunst

1. Unmittelbar sich der Kunst zuzuwenden – um ins Wissen zu bringen, was sie ist, von woher und wozu sie ist, oder auch nur, wie ihr Begriff zu denken sei – ist der philosophischen Reflexion gegenwärtig aus mehreren Gründen verwehrt. Nicht nur aus dem Grund, weil Philosophie ihre immanenten Voraussetzungen selbst bewußt zu machen hat. Philosophie der Kunst wird darüber hinaus aufmerksam auf bestimmte Leitvorstellungen, die ihr im besonderen aus einer Geschichte der Ästhetik der Kunst überkommen sind, welche jedenfalls nicht bruchlos, und sei es in neuen Anläufen, fortgeführt werden kann. Und zwar kann sie deshalb nicht bruchlos fortgeführt werden, weil das ästhetische Bewußtsein, wie es sich in dieser Ästhetikgeschichte artikulierte, hinsichtlich seiner Rechtmäßigkeit zweifelhaft geworden ist. Es ist zweifelhaft geworden, obgleich dieses ästhe-

tische Bewußtsein sich – trotz der Ästhetikkritik *Hegels,* in anderer Weise *Kierkegaards* und *Nietzsches* – in mannigfachen und weithin undurchschauten Formationen am Leben hält. Aus diesem Grunde muß Philosophie der Kunst mindestens ebensosehr auf die Kunst wie auf ihre eigene Ästhetikgeschichte reflektieren.

Der Beginn dieser Geschichte selbst wird bei *A. Baumgartens* »Aesthetica« (1750) gesehen. Zum erstenmal erhielt hier die Dimension des Sinnlichen (durchaus im Verfolg der nachwirkenden platonischen Unterscheidung von sinnlich-hinfälliger und geistig-beständiger Wirklichkeit) eine eigene Erkennbarkeit und damit eine eigene Wahrheit zugesprochen. Schönheit bedeutete nun die größtmögliche Selbstdurchsichtigkeit des Sinnlichen als Sinnlichen, war die Weise ihres offenbarsten Gegenwärtigseins. So schien die Wahrheit des Logisch-Rationalen eingeschränkt, ihr die des Sinnlichen gleichberechtigt zur Seite gestellt. Die Wahrheit des Sinnlich-Schönen bedurfte jedoch noch der (ihre Dimension übersteigenden) ästhetischen Theorie, um zur endgültigen und vollen Wahrheit gebracht werden zu können; im letzten war die Wahrheit des Sinnlichen nicht sinnlich, sondern allein im Denken adäquat gegenwärtig. Ästhetik wurde denn auch als *gnoseologica inferiora* bestimmt und unter das Richtmaß rational-begrifflichen Erkennens gestellt. In dieser Auslegung aber kam die platonisch-aristotelische Tradition der reinen Theorie als reiner, weil geistiger und von Sinnlichem unberührter Schau erneut zum Austrag und gab hiermit die Blickbahn auf die ästhetisch angepeilte Sinnlichkeit vor. Das analog zum geistigen im Bereich der Sinnlichkeit rein anschauende Bewußtsein bekam den Rang eines Sehenkönnens zugesprochen, welches »interesselos« und unberührbar von aller widerständigen Faktizität entrückt seinen (schönen) Gegenstand sich rein gegenüber hat. Das Objekt solchen Sehens, ebenso entrealisiert und entrückt, abgeschlossenes Selbstsein und »schöner Schein«, besteht in letzter Konsequenz (und in der Verdeckung der Differenz zwischen Natur-Schönem und Kunst-Schönem und der Ausklammerung allen möglichen Werkcharakters) einzig nur noch als Anlaß zur sich selbst schauenden Selbstgegenwart so schauenden ästhetischen Bewußtseins. Dieses ästhetische Bewußtsein von Kunst, als eine selbst erst geschichtlich gewordene Bewußtseinsgestalt, rückte in die Zweifelhaftigkeit, ob und in wie weit es mit seinen Kategorien die Kunst erreicht, auch die ihm zeitgenössische Kunst. Zwar scheint es dieser am ehesten zu korrelieren. Hat sich doch das, was sich in der Neuzeit, in freilich unterschiedlichem Maß der Kunstgattungen, als »autonome Kunst« herausbildete, zunehmend von tradierten Bindungen religiöser, sittlicher, politischer Lebenspraxis emanzipiert. Und diese Emanzipation bezeugte sich in fortschreitender individueller Freiheit des Künstlers von (im weitesten Sinn) ikonographischen und auch schließlich von stilistischen Kanones, die zugleich Freiheit zu einer größeren Fülle formaler und inhaltlicher Möglichkeiten bedeutete. Und ist doch ähnlich Charakteristikum des ästhetischen Bewußtseins seine Distanzierung gegenüber und Abstrahierung von allem unmittelbar praktischen Interesse (*H.-G. Gadamer:* die ästhetische Unter-

scheidung)[1] und seine reine Selbstbezüglichkeit, in die es alle möglichen Formen und Inhalte aufnimmt, worin es zugleich eine ungehemmte Offenheit für den Reichtum historischer Bildungen vorgibt.
Aber die vielberufene Lösung aus der Bindekraft institutionalisierter Traditionen mußte für die Kunst (auch außerhalb z. B. politisch engagierter Kunstbewegungen) nicht schon die Isolierung vom praktischen Lebensinteresse überhaupt bedeuten. Und wo dieser Bruch der Übereinstimmung mit dem praktischen Lebensinteresse tatsächlich eintrat, konnte er, Kehrseite der künstlerischen Freiheit, immer noch als Verlust auch erlitten und diese Defizienz im Werk selbst bewußt mit zum Ausdruck gebracht werden. Dann wäre dies die Wahrheit des Lebens selbst, das seine geschichtliche Substanz verloren oder noch nicht gefunden hat. Dagegen zieht sich das ästhetische Bewußtsein, das zwar geworden ist, aber seine Genese vergißt, aus der wirklichen Geschichte und ihrem Verlauf zurück. In der Perennierung des ästhetischen Augenblicks meint es die Ewigkeit zu haben und reklamiert Gleichzeitigkeit mit den Werken aller Zeiten (erinnert sei nur an *Schopenhauers* Ausführungen über die ästhetische Befindlichkeit im 3. Buch des 1. Bandes von »Die Welt als Wille und Vorstellung«: »Jenes Freiwerden der Erkenntnis hebt uns aus allem so sehr und ganz heraus... Glück und Unglück sind verschwunden: Wir sind nicht mehr das Individuum ... sondern nur noch reines Subjekt der Erkenntnis: wir sind nur noch da als das *eine* Weltauge was aus allen erkennenden Wesen blickt«[2]). In seinem insularen Glück versteht es sich als der Hort einer Totalität, in der ihm aber die Werke vielmehr nur Anlaß und Mittel seines Genusses sind, seiner Selbstaffektion, die niemals weh tut. Hieran zeigt sich endgültig die Identität des ästhetischen mit dem historistischen Bewußtsein, das bereits *P. Bayle* als vater-, mutter-, abstammungslos charakterisierte, wie es dann *J. Burckhardt* in den »Weltgeschichtlichen Betrachtungen« exemplarisch zu Wort kommen ließ: »Könnten wir völlig auf unsere Individualität verzichten und die Geschichte der kommenden Zeit mit ebenso viel Ruhe und Unruhe betrachten, wie wir das Schauspiel der Natur ... mitansehen, so ... würde es ein wunderbares Schauspiel ... sein, dem Geist der Menschheit erkennend nachzugehen«[3].

2. Freilich ist dieses ästhetisch-historische Bildungsbewußtsein und seine Kunstauffassung nochmals, wenn auch gerade ohne es zu wissen, Ausdruck eines geschichtlichen Lebens. Und zwar verweist es auf ein solches geschichtliches Leben, das eines verbindlichen Fundaments nicht mehr oder noch nicht gewiß ist und so die Reaktion ästhetisch-historischer Bildungsemigration ermöglicht und herausfordert. Mit Berufung auf die wirkliche Geschichte und auf die Verwurzelung der Kunst in je ihrer geschichtlichen Wirklichkeit konnte und kann deshalb Philosophie der Kunst nur zugleich als Ästhetikkritik zu erhellen suchen, was Kunst ist, was sie war, oder was sie sein wird.
Nietzsche deklassierte das geläufig gewordene ästhetisch-rezeptive Verhalten, das seit dem Ende des tragischen Griechentums auch das künstlerische Schaffen

infiziert und gelähmt habe. Er versteht demgegenüber Kunst als höchste produktive Vermittlungstätigkeit des substanziellen Willens einer Zeit, in dem dieser Wille sich in den Werken seine Zielgestalten produziert und damit klärt, was er je zu dieser seiner Zeit will[4]. Aber im Zeitalter der Dekadenz, des schwachen Nihilismus, ist der Wille vermutlich für lange ermattet und vermag seine eigene Widersprüchlichkeit nicht mehr durchzuhalten und zusammenzunehmen. Hier liegt die höchste Verwirklichung der Kunst nur in der Zukunft, in der sie aber dann erst sein wird, was sie bislang überhaupt noch nicht war: nämlich die adäquateste Selbstvermittlung eines geschichtlichen Wollens, das nichts und alles will und deshalb auch noch mit sich gegen sich will. Maßstab für diese grundsätzliche und ausschließliche Rückbezogenheit des substanziellen Willens einer und jeder Zeit auf sich ist die, sei es auch »tragische«, Selbstversöhnung und der Selbstgenuß (jenseits von gut und böse, von wahr und unwahr). Darin aber leuchtet noch eine Affinität nach zur ästhetischen Selbstaffektion und ihrem Glück. Dieser ästhetisierenden Metaphysik der Willensgeschichte wird die Welt zum »ewig sich selbst gebärenden Kunstwerk«, und dementsprechend sind hier auch alle Tätigkeiten und Verhaltensweisen des Menschen überhaupt »nur Ausgeburten seines Willens zur Kunst«[5].

Kierkegaard dagegen hat das, was Wirklichkeit ist, nicht aus solcher Art Rückbezüglichkeit des menschlichen Verhaltens und Tuns auf sich selbst allein bestimmt, die vielmehr nur unverbindliche und unentschiedene Möglichkeiten sehen läßt. Sondern er bestimmt Wirklichkeit aus dem Existieren im Verhältnis zu einem anderen, einer ethischen und religiösen Forderung, die in gewisser Weise von außen und oben kommt und den Menschen und seine Zeit treffen will. Als Grundweisen der Antwort auf solche Forderung, und damit als Grundweisen tragender Wirklichkeitsbezeugung, vermochte *Kierkegaard* nur Ethos und Religion zu verstehen, nicht aber die Kunst. Sie wird vielmehr der Sphäre der bloßen Möglichkeiten überlassen. So werden künstlerische und ästhetische Existenz identifiziert[6] und als der Sphäre des Unernstes der bindungslosen Freiheit und der beliebigen Möglichkeiten zugehörig kritisiert. Nicht nur sie, sondern die »ganze moderne Philosophie«, insbesondere die Hegelsche historisierende »Identitätsphilosophie«, wird dieser selben Sphäre zugerechnet, der »Leichtfertigkeit«, der »Unbestimmtheit des Metaphysischen«, des »reinen Scheins«[7]. Und diese Kritik und Zurechnung des ästhetisch-künstlerischen und des historisierenden Identifizierens des Metaphysischen erfolgt von einer Situation der Geschichte des Christentums her, dessen substanzielle Christlichkeit verflüchtigt ist, und das, statt ernsthaft Wirklichkeit zu erbauen und Freiheit in Entscheidung und Tat zu binden, sich vielmehr in ästhetisch-künstlerische (und metaphysisch-spekulative) Betrachtung entzieht, wo es nicht den Adiaphora des alltäglichen Lebens verfällt. Für eine eigenständige philosophische Reflexion auf die Kunst bleibt hier kein Zugang eröffnet.

Aber gerade *Hegel* hatte zuvor das eskapistische ästhetische Bewußtsein als substanz- und wirklichkeitferne Erdichtung des schönen Scheins und des eitlen

Selbstgenusses schärfstens von der Kunst als einer wahrhaften Erscheinungsgestalt der substanziellen Wirklichkeit und Arbeit an dieser getrennt. Schönheit ist als Stufe und Form der Wahrheit auf diese verpflichtet. Damit jedoch wird die Kunst, als die anschaulich-erkennende Präsentation der Wahrheit der Wirklichkeit, in ihrer vollen Bedeutung auf jenen geschichtlichen Stand der Wirklichkeit festgelegt, dem diese anschaulich-erkennende Präsentation auch voll adäquat war. Dies war aber die griechische Polis als sittlich-religiöse Lebenseinheit. Kunst nach der Seite dieser ihrer höchsten Bestimmung, Wirklichkeit als ganze in ihrer Substanz zu vergegenwärtigen, ist deshalb »für uns ein Vergangenes« [8]. Die griechische Lebenstotalität, die sich noch in der Anschauung der Kunst vor sich selbst zu bringen vermochte, ist untergegangen; und ebenso auch die mittelalterliche Welt, deren Selbstentsprechung die christlich-gläubige Vorstellung leistete. Seitdem aber ging die Zeit in die Zerrissenheit und die Wirklichkeit in die äußerste Entzweiung von subjektiver Freiheit und objektiver Allgemeinheit auseinander, so daß die Versöhnung und Herstellung der Einheit nicht mehr im Bild der Kunst gelingen kann, aber ebensowenig auch in der bloß gläubigen Vorstellung der Religion, sondern allein in begrifflicher Erkenntnis. Die abstrakt-ästhetische Versöhnung, in die noch *Schillers* Versuch einer Neugewinnung der Lebenseinheit mündete (nach Aufgabe der Bestimmung der Kunst als poetisch-pädagogischem Vorschein der versöhnten politischen Wirklichkeit) [9] erweist sich von hier aus als Flucht aus der Wirklichkeit und Resignation vor der Härte ihrer Gegensätze. Und die nur ästhetische Auffassung verfehlt auch die vergangene Kunst, wenn sie diese nur als flüchtiges Spiel einer Scheinwelt versteht und nicht als ernsthafte Wahrheitsgestalt einer wirklichen Welt, die aber freilich die unserige nicht mehr ist. Wenn allein der Gedanke im absoluten Wissen es nun leisten kann, die Entzweiung der gegenwärtigen Wirklichkeit in die individuelle Freiheit und die allgemeine Substanzialität zu überwinden – und zwar in einer Einheit, welche die Gegensätze zugleich bewahrt und deshalb nur begrifflich, und nicht anschaulich-erkennend adäquat gefaßt werden kann –, dann ist allerdings die Kunst ihrer höchsten Bestimmung nach zu Ende. Aber in einer inferioren Bestimmung ist die Kunst dadurch erst freigesetzt und weiter entwickelbar, nämlich in der Bestimmung, ohne inhaltliche und stilistische Beschränkung »das unvergänglich Menschliche in seiner vielseitigsten Bedeutung und unendlichen Herumbildung« auf anschauliche Weise zum Bewußtsein zu bringen [10]. Kunst ist jetzt befreit von der Last, Totalität präsentieren zu müssen, aber sie ist freilich auch als partielle Wahrheitsvermittlung noch inferior den höheren Erkenntnisweisen. Nun weiß freilich – so *Hegel* – im absoluten Wissen der Gedanke, die Idee, sich selbst als die Mitte, die sich in Natur und Geist entzweit und in der geschichtlichen Bewegung sich zu sich selbst vermittelt, so daß »die ewige an und für sich seiende Idee« es ist, die »sich ewig als absoluter Geist betätigt, erzeugt und genießt« [11]. *Kants* interesseloses Wohlgefallen der endlich-ästhetischen Subjektivität ohne natürliche objektive Realität, das sich bei *Schiller* zum Spiel in einer künstlichen

Objektwelt erweitert, die aber Exklave der natürlichen Realität bleibt, hat sich bei *Hegel* zur wohlgefälligen Interessiertheit der absoluten Subjektivität an sich selbst gesteigert. In solcher Rückbezogenheit der Geistsubstanz (bei *Nietzsche* der Willenssubstanz) aller Wirklichkeit und Geschichte zeigt sich, wiederum, auf höchstem Niveau die selbe Figur wie beim ästhetischen Selbstgenuß. Dies auch dann, wenn *Hegel* in diese Substanz, in das »Spielen der Liebe mit sich selbst«, den Ernst, den Schmerz, die »Arbeit des Negativen« [12] als Dialektik einbrachte (wie *Nietzsche* die Tragik in den Willen), wodurch die Substanz Subjekt ihrer Wirklichkeit und Geschichte und damit ihrer selbst wird. Die νόησις νοήσεως des *Aristoteles* ist zur produktiven Selbstanschauung als dem wahrhaften Prinzip der Gegenwart vollendet, in die deshalb alle Vergangenheit eingeholt ist. Nur in solcher Gewißheit kann *Hegel* sagen, daß, wo der einigende Gedanke die zerrissene Wirklichkeit ergriffen habe, diese nicht aushalte, sondern sich die Härte der Gegensätze mildere.

3. Indessen hat diese Wirklichkeit aber ausgehalten, ihre Gegensätzlichkeit hat sich vielmehr verhärtet und die Entzweiung ausgebreitet. Eine freie Übereinstimmung hinsichtlich einer gemeinsamen Substanz gegenwärtiger Wirklichkeit ist nicht sichtbar, eine verbindende Weltorientierung und darin ein Konsens über Natur und Geschichte ferner denn je, und so auch, eine fundamentale Erfahrung und ein universales Verständnis von Kunst, die nur in einem Begriff gefaßt zu werden brauchten. Der einigende Gedanke, der in *Hegels* Erkenntnis die Wirklichkeit ergriffen habe, hat sie in der Tat erfaßt und zunehmend durchdrungen. Aber er hat diese Wirklichkeit in Besitz genommen nicht in der Gestalt der die individuelle Freiheit mit der allgemeinen Notwendigkeit versöhnenden Vernunft und der Bildung ihrer Welt, sondern er hat dies getan in der Gestalt der technikbezogenen Wissenschaft, der wissenschaftlich-gegründeten Technik und ihrer Industriewelt. In dieser Wirklichkeit technischer Herrschaft, worin ein jegliches, das Menschliche wie das Natürliche eingeebnet, als Mittel unterworfen wird und das Ganze keinen Sinn mehr gewährt, nimmt offensichtlich die Bedrohung des Menschlichen, der Schwund des menschlichen Gehalts in der äußerlichen Vermehrung der Formen zu. Weit entfernt davon, daß die Kunst, wie *Hegel* meinte, befreit wäre, das unvergängliche Menschliche in seiner Bedeutungsvielfalt gegenwärtig und zukünftig zur Anschauung des Bewußtseins zu bringen – als erste, wenn auch nun nicht mehr zugleich höchste »Lehrerin des Menschengeschlechts« [13] nach wie vor, *biblia pauperum,* zu denen ein jeder auch gehört, selbst in der Epoche des absoluten Wissensbesitzes –, erfährt die Kunst und bringt sie zur Erfahrung gerade die Armut der Lebensformen an affirmativer menschlicher Bedeutung. Wo Kunst noch gelingt, scheint sie dies, beim »Künstler« wie beim »Betrachter«, weithin nur mehr als Kunst der Defizienz, des Verstummens zu können. Und selbst die Sprache des Schweigens wird nicht in einer breiten Gemeinsamkeit und Verbindlichkeit vernommen, weder unter den Künstlern noch unter den Betrachtern. Das gilt nicht nur für das Mensch-

liche, sondern auch für das Natürliche, in dem und mit dem der Mensch lebt. Auch aus seiner Erscheinungsvielfalt schwindet das, was es seiner Natur nach ist. Daß seit der Renaissance die Natur, die Landschaft, die Dinge in der Darstellung eine Hauptfunktion erlangen, die sie zuvor nicht hatten, widerspricht dem nicht. Vielmehr korrespondiert es gerade der »Emanzipation« aus den tradierten gehaltvollen Normen menschlich-praktischer Beziehung. Natur wird zum Halt, den die Geschichte nicht mehr gewährt. Im Impressionismus kündigt sich bereits an, was schließlich in der Akzeleration des Stilwandels offenbar wird, der Verlust der scheinbaren Eindeutigkeit und verläßlichen Gestalthaftigkeit auch der Dinge: »Es stellte sich heraus, daß vom Standpunkt ihrer Gegenständlichkeit betrachtet, die technische Welt im zunehmenden Maße eine gegenstandslose Welt geworden ist, eine Welt, die gegenständlich nicht erfaßt und beschrieben werden kann« [14]. Wie in der Wissenschaft, deren die Zeit durchherrschender Reflexionsbewegung auch die Kunst sich nicht entziehen kann und darf, wird schließlich die Analyse auf immer elementarere Figuren und Strukturen und Situationen des Natürlichen wie des Menschlichen zum Primärverhältnis. Und wie in der Technik dieser Wissenschaft tritt an Stelle der Repräsentation schließlich die Konstruktion. Dieser Wirklichkeit der Kunst scheint im besonderen die sogenannte »Informationsästhetik« *(M. Bense)* adäquat zu entsprechen: als ästhetische Theorie von solcher Wirklichkeit der Kunst ebenso herausgefordert wie als ästhetisches Programm solche Wirklichkeit befördernd. Sie ist Theorie spezifischer Informationen (enthält darin noch den Nachhall der Bestimmung des Kunstwerks als »Ausdruck«) und hat den »ästhetischen Gegenstand« (in der Nachfolge der Differenznivellierung zwischen Naturschönem und Kunstschönem durch die klassische Ästhetik) ausgelegt als transponierbar in funktionale Daten, wie sie der funktionale Zusammenhang des Informationssystems fordert: »Die ›Informations-Ästhetik‹, die mit semiotischen und mathematischen Mitteln arbeitet, kennzeichnet die ›ästhetischen Zustände‹, die an Naturgegenständen, künstlerischen Objekten, Kunstwerken oder Design beobachtbar sind, durch Zahlenwerte und Zeichenklassen ... die relativ zu einer Quelle, das heißt einem Répertoire von Elementen oder materialen Mitteln gebildet wird« [15]. Analog zu dieser Auslegung (als deren Konsequenz) ist die Bestimmung des Kunstwerks als technisch produzierbarem Konstrukt, zusammengefügt aus den »Elementen eines Répertoires« [16] qua Bestand. Das Ergebnis dieser Konstruktion tritt nie als Vollendungsganzes, sondern als stets noch überholbarer und insofern immer fragmentarischer Entwurf des »Machens« und »Experimentierens« hervor. Das ist ein weit radikalerer Vorgang wie selbst noch in der ironischen Distanzierung des romantischen Künstlers. Dessen gottähnliches Genie konnte die Welt ästhetisch vernichten, um sie, wenigstens der Intention nach, ästhetisch neu vollendet zu erbauen. Aber das Genie ließ dabei aus einem noch festgehaltenen Grundbestand wesentlich die alte Welt wieder hervorgehen, nur phantastischer, »poetischer«, unwahrscheinlicher. Auch der Grundbestand hat heute seine Beständigkeit eingebüßt. Was das Natürliche und

Menschliche in je seiner »wesenhaften« Bedeutung sei, ist zwar nun die Frage der Kunst, die aber ihre Antwortlosigkeit vom Wirklichen selbst her, das nicht mehr sagt, was es ist, sichtbar macht. Schon *Mallarmé* konnte als Idealgedicht nur mehr »das schweigende Gedicht aus lauter Weiß« [17] suchen.

4. Seit *Aristoteles* war Kunst als Mimesis der Wirklichkeit aufgefaßt worden, als Darstellung ihrer exemplarischen Ordnung, als Verlautbarung ihres immer gleichen Logos. In der Auffassung der neuzeitlichen Genietheorie sollte zwar die Kunst gerade nicht mehr die Nachahmung einer bloß vorgegebenen wirklichen Welt, sondern abseits der wirklichen eine künstliche Weltleistung des freien herrscherlichen Subjektes sein. Aber selbst in dieser Auffassung lebte die Kunst noch aus der geheimen Voraussetzung eines Einverständnisses eben dieses herrscherlichen Subjektes mit dem göttlichen schöpferischen Weltgrund (so z. B. *Novalis:* »Wenn unsere Intelligenz und unsere Welt harmoniren – so sind wir *Gott gleich*« [18]). *Hegel* gibt allerdings der Kunst und ihrer Schönheit gegen die ästhetische Abstraktion die Wahrheitsbestimmung zurück und begreift sie als Vermittlungsweise der freien Subjektivität und der allgemeinen Objektivität: Die Schönheit der Kunst ist die zwar aus dem subjektiven Geist geborene Erscheinungsgestalt, doch sie ist Erscheinungsgestalt der substantiellen Wahrheit der Wirklichkeit [19]. Aber nun hat in *Hegels* Einsicht diese substantielle Wahrheit nicht mehr den Charakter unveränderlich-gleicher Ordnung, sondern je ihren geschichtlichen Stand; und dieser geschichtliche Stand bedingt gegenwärtig, daß Kunst und ihre Schönheit heute und in Zukunft nicht mehr die abschließende und totale Vermittlungsweise sein kann und zu sein braucht. Dennoch, auch in der befreienden Beschränkung auf Partialität und Entlastung von der Totalitätszumutung wird Kunst dann leben aus der offenbaren, im Wissen hervorgebrachten und gehaltenen Substanz der Wirklichkeit, aus dem Einblick in das, was ist. In dieser Gewißheit ist Kunst in ihrer höchsten Bestimmung schon zu Ende und in ihrer herabgesetzten Bestimmung schon im Anfang. Jedoch, die Erfahrung der Zeit nach *Hegel* scheint eher *Nietzsche* recht zu geben und in seiner Einsicht gesammelt zu sein, daß die Substanz abgestorben ist und der Nihilismus sich ausbreitet. Daß freilich die Kunst es sein werde, die zukünftig aufzeige, was als Substanz allgemein gewollt werde, bleibt ebenso nur die Gewißheit *Nietzsches.* Inzwischen teilt die Kunst – nicht nur sie – die Ungewißheit über das, was im Ganzen und in Wahrheit ist, und demonstriert sie. Und darin wenigstens ist ihr und ihrem anschaulich-erkennenden Werk das gleiche Recht zuteil geworden wie der Philosophie und ihrem Begriff, in einer Wirklichkeit, in der das technische Wissen und seine Produktion unberührt von der Frage nach dem, was im Ganzen und in der Wahrheit sei, Natur und Menschheit zur »einen Welt« zusammenschließt, in der die erinnerbaren oder auch utopisch verlangten Züge des Natürlichen wie des Menschlichen verblassen. In dieser Situation kann Philosophie wenigstens darauf aufmerksam werden, daß sich weder Kunst und ihre bildhaft-verstehende Anschauung im Werk als nur anfängliche

historische und logische Stufe in den begrifflichen Erkenntnisgang der Philosophie einlösen und unterordnen lassen, noch umgekehrt Philosophie und begriffliches Erkennen nur als modale Ausgeburten des Willens zur Kunst und künstlerischen Anschauung.

Auch nach *Hegel* und *Nietzsche* freilich blühte die Ästhetik und eine ästhetische Reflexion auf die Kunst in allen Spielarten der philosophischen Schulen und der »Wissenschaften vom Menschen«. Freilich blieb diese Ästhetikentwicklung weithin unberührt durch *Hegel* und *Nietzsche*. Kaum erfaßte sie die Problematik des Verhältnisses von Kunst und Philosophie, von Erkenntnis in Anschauung und Erkenntnis im Begriff, von Bild also und Begriff, von Wille und Geist. Nur oberflächlich betroffen blieb sie von der Wirklichkeit des Substanzschwundes oder reagierte darauf mit der Selbstverständlichkeit, als ob die Erneuerung oder Neuerung nicht nur auch, sondern rein und allein Sache der Anstrengung sei; wie dies sich etwa in Manifesten und Dichtungsprogrammen niederschlagen konnte, welche in der öffentlichen Fixierung der Mißstände und ihrer Gründe zugleich detaillierte Anweisungen und Mittel zu seiner Behebung angaben (man vgl. hierzu etwa: »Eine Ohrfeige dem öffentlichen Geschmack« – Manifeste des russischen Kubofuturismus [20]). Vorausgesetzt war dabei immer noch oder schon die prinzipielle Offenbarkeit dessen, was das Natürliche und Menschliche, die Welt und das Wesen des Wirklichen ist; vorausgesetzt, ohne ausgesagt werden zu können. Denn es bleibt verborgen, und zwar gerade dadurch, daß die Differenz des Natürlichen und Menschlichen, in welcher jedes seine umrissene Bedeutung für das andere gibt und durch das andere empfängt, nivelliert wird. Diese Differenz offen zu halten, fällt schwer in der Zeit der Naturwissenschaft, die keine Wissenschaft von der Natur mehr ist, sondern gleicherweise Wissenschaft vom Menschen geworden ist, und in der Zeit der Technik, die nicht mehr innerhalb des menschlichen Lebens als einer seiner Wirklichkeitsbezüge und Wirkungsweisen hervortritt, sondern übergreift und zum Grundbezug wird, in dem die Eigengesetzlichkeit des Lebens als solchen in der Allgemeingesetzlichkeit von Mensch und Natur unterschiedslos verschwindet. Wenn in der modernsten Kunst vorgeführt werden kann, daß ein beliebig herausgegriffenes »Objekt« allein durch diesen Herausgriff zum Kunst- (oder auch Antikunst-)Gegenstand der Betrachtung wird, so ist weniger entscheidend, ob hier der Anspruch auf Kunst (oder Antikunst) erfüllt ist, als vielmehr bezeichnend, daß die Möglichkeit solcher Versuche ihren gegenwärtigen Wirklichkeitsgrund hat. »In früheren Epochen sah sich der Mensch der Natur gegenüber«, im Zeitalter der Naturwissenschaft und Technik aber gilt, »daß zum erstenmal im Laufe der Geschichte der Mensch ... nur noch sich selbst gegenübersteht«, daß, wem und was immer er begegnet, in diesem er nur wieder sich selbst begegnet [21]. Aus den Erfahrungen dieser reinen Selbstbegegnung her aber legt es sich nahe, zugleich zu sagen, daß, wo nichts anderes, Nicht-Menschliches dem Menschen in seinen Begegnungen entgegenkommt, sondern wo jegliches nur als Mittel der Selbstbegegnung und Selbstgewinnung in deren Gebrauch und Genuß restlos einbezogen wird, daß

dort und dann der Mensch auch nicht mehr sich selbst begegnet und gewinnt, sondern gerade Menschlichkeit verfehlt, nichtmenschlich wird.
Die Rückbezogenheit auf sich selber, die sich als Grundcharakter der ästhetischen Subjektivität wie, in je eigener Weise, der Hegelschen dialektischen Geistbewegung und der Nietzscheschen tragischen Willensbewegung zeigte, erweist sich hier noch einmal als Grundstruktur der Wirklichkeit, diesmal der technischen.
Ein vordergründiger Reflex dieses Verhältnisses ist, daß die Gesamtheit der technischen Objekte in deren (technischer) Formgebung *(design)* in sich als ästhetische Objekte deklarierbar, so in den Bereich des Ästhetischen einholbar ist; daß technische Objekte, allein auf ihren Stellenwert im technischen Systemzusammenhang hin entworfen und von ihrer jeweiligen Funktion her durchformt, schon dadurch zu »schönen Dingen« werden; daß industriell-ästhetische Formgebung identisch (und quasi austauschbar) wird mit industriell-technischer Funktionalisierung und Rationalisierung[22]. Diese vordergründig-faßbare Identität aber scheint eben auf jenen grundlegenderen Zusammenhang zu deuten, daß nämlich der ästhetischen Subjektivität – und der in deren Leitbahn ausgelegten Kunst – Denkstrukturen eigen sind, welche als Grundfiguren technischer Welt eine ausgebreitete Realität gefunden haben. Daher scheint die Welt der Technizität in umfassendem Maße in der Lage zu sein, nicht allein die Kunst der ästhetischen Subjektivität sich zu integrieren, sondern aller möglichen Kunst (im Rahmen des klassisch-ästhetischen Verständnisses) den Wirklichkeitsraum (und das *répertoire*) vorzugeben.

5. In dieser technischen Wirklichkeit allerdings wird Kunst dann zugleich mit dem Gebrauch der Mittel und dem Genuß der Selbstherstellung zur Not des Auf-sich-selbst-zurückgeworfen-seins: »Das Differenzlose der autarken Subjektivität verstärkt das Gefühl der Ungewißheit... Der widerstandslos in sich kreisenden Innerlichkeit wird versagt und zum Rätsel, was immer der schlecht unendlichen Bewegung Einhalt geböte«[23]. Solche Not zeigt sich noch, allen auch vorhandenen Autismus überlagernd, in der Bescheidenheit, in der die Sprache analytisch nur mehr über die Sprache spricht, das Verstehen hermeneutisch sich selbst zu verstehen sucht und schließlich die Kunst artistisch zur Kunst der Kunst wird. *Heidegger* hat diese Rückbezogenheit unter den Titeln der neuzeitlichen Subjektivität und des »Gestells« gefaßt. An der ästhetischen Ausprägung dieser Subjektivität – aber nicht nur an dieser Ausprägung – wird sichtbar, daß sie alles ihr Begegnende als Gegenstand auf ihre Zuständlichkeit bezieht, vernutzt und genießt, und damit die Wahrheit des Seins des Seienden verdeckt[24]. »Sein« aber ist die Differenz oder das Ereignis, die es zu denken gelte; und zwar andenkend entgegen dem Zug, in dem das Denken nur identisch (und sei es dialektisch) sich selbst denkt. Wahrheitseröffnung dieses Seins, der Differenz oder des Ereignisses aber geschieht gleichursprünglich – und gleich bedroht – mit dem Denken in mehreren Weisen. Und zwar in der Kunst z. B. als im Werk eingerichteter Streit von geschichtlich aufgehender Menschenwelt und tragender Erde

(Natur), in welchem Streit das eine je das andere »in die Selbstbehauptung ihres Wesens« hebe[25]. Aber solche Bestimmungen der Kunst sind noch gewonnen im Blick auf Vergangenheit, vornehmlich am griechischen Tempel. Dieser war jedoch gerade nicht »Kunst«-werk, sondern Kultwerk. Und daß gerade griechische Kunst (wie jede religiös-»gebundene« Kunst, die sie immer war und noch durch die mittelalterliche Geschichte hindurch) überhaupt als Kunst und zudem exemplarisch angesprochen wird, ist eben fragwürdig. So fragwürdig wie *Hegels* paradoxe Bemühung, gerade die griechische Werkbildung als Kunst in ihrer höchsten Bestimmung anzusprechen. Diese Bemühung drückt sich denn auch in der paradoxen Formulierung »Religion der Kunst« und »Kunstreligion« aus. Aber auch die an *Van Goghs* Bild abgenommene Welteröffnung auf bäuerlichem Lebensboden[26] und das hieran sich haltende Kunstverständnis ist retrospektiv und setzt eine Einheit und durchsichtige Wahrheit des Menschlichen und Natürlichen voraus, die nicht mehr vorausgesetzt werden kann. Ob Kunst heute, im technischen Zeitalter, sein kann, d. h. zugleich, ob und in welcher Weise sie die Wahrheit der Technik in dieser Zeit »ereignen« lassen kann, »vermag niemand zu wissen«[27].

Adorno reflektiert die Rückbezogenheit, im Anschluß an *Heidegger*, unter den Titeln der totalen Identifikation und des Systems. Totale Identifikation ist die Herrschaft des Begriffs, der das andere, ihm Heterogene (Materielle), das Begriffslose, Einzelne und Besondere, sich unterwirft und damit mißachtet. Dementgegen soll Denken von der »Utopie der Erkenntnis« geleitet sein, in negativer unabgeschlossener Dialektik »das Begriffslose mit Begriffen aufzutun, ohne es ihnen gleichzumachen«[28]. Aber »die Anstrengung, über den Begriff ... hinaus zu gelangen«, kann auf dem gegenwärtigen Stand der Reflexion nur »durch den Begriff« gelingen[29]. In der Affinität von Kunst und Philosophie[30] verfehlt ähnlicherweise »die Kunst ihre Autonomie ohne das ihr Heterogene«[31], so wie auch das bloß ästhetische Bewußtsein die Kunst verfehlt: wird Kunst »strikt ästhetisch wahrgenommen, so wird sie ästhetisch nicht recht wahr genommen«[32]. Im Zeitalter technischer Rationalität kann auch Kunst nur gelingen, wenn überhaupt, als begriffsähnliche, aber nicht begriffsgleiche Rationalität, »welche diese kritisiert, ohne ihr sich zu entziehen«[33]. Sie kann im Zeitalter der Technik, wenn überhaupt, nur gelingen als entwickelte Technologie, die allein den Gehalt herausarbeiten kann, der das technisch-industrielle System sprengt. Solcherart die technisch-industrielle Welt aufzubrechen, in der künstlichen Steigerung ihrer Technizität, hieße, sie vermöge ihrer eigenen Gehalte in ihrer Rationalität als fundamental irrational überführen. Es scheinen aber in so total gewordener Technizität keine anderen Gehalte – als mögliche Widersacher – möglich und zugelassen zu sein als die ins Äußerste getriebener Negativität: das ist ein entscheidendes Indiz für das ganz neuartige der heutigen Situation. »Die Beckettschen Situationen, aus denen sein Drama sich komponiert, sind das Negativ sinnbezogener Wirklichkeit. Sie haben ihr Modell an jenen des empirischen Daseins, die, sobald sie isoliert, ihres zweckrationalen und psychologischen Zusam-

menhangs durch den Verlust personeller Einheit entäußert werden, von sich aus spezifischen und zwingenden Ausdruck annehmen, den von Grauen«[34].
Beider Aussagen über Kunst mögen für Ansätze und Anstöße gehalten werden. Was sie aber unabweisbar dokumentieren, ist, daß die Philosophie der Kunst heute nur möglich ist in Auseinandersetzung mit ihrer Ästhetikgeschichte, im Zusammenhang mit der Problematisierung des Ästhetischen, der Wissenschaft und der Technik der Neuzeit.

ANMERKUNGEN

[1]) *H.-G. Gadamer,* Wahrheit und Methode, Tübingen ²1965, S. 81 f. – [2]) *A. Schopenhauer,* Die Welt als Wille und Vorstellung, Bd. I, Leipzig ²1891, S. 233. – [3]) *J. Burckhardt,* Weltgeschichtliche Betrachtungen, Pfullingen o. J., S. 325. – [4]) *F. Nietzsche,* Werke in drei Bänden, hrsg. von K. Schlechta, München 1966, Bd. 3, S. 566, 692 ff. – [5]) Ebd., S. 692. – [6]) Vgl. Die Krankheit zum Tode, hrsg. von H. Diem und W. Rest, Köln-Olten 1956, S. 109. – [7]) Einübung ins Christentum, hrsg. von W. Rest, Köln-Olten 1951, S. 132 ff.; Anmerkung S. 627. – [8]) Ästhetik, hrsg. von F. Bassenge, Frankfurt 1955, Bd. I, S. 22. – [9]) Über die ästhetische Erziehung des Menschen in einer Reihe von Briefen, in: *F. Schiller,* Sämtliche Werke, hrsg. von G. Fricke und H. G. Göpfert, München ³1962, Bd. 5, S. 570–661. – [10]) Ästhetik, a. a. O., S. 571. – [11]) Enzyklopädie der philosophischen Wissenschaften (1830) § 577. – [12]) Phänomenologie des Geistes, hrsg. von J. Hoffmeister, Hamburg ⁶1952, S. 20. – [13]) Ästhetik, a. a. O., S. 879. – [14]) *M. Bense,* Ästhetik und Zivilisation. Theorie der ästhetischen Kommunikation, aesthica III, Krefeld–Baden-Baden 1958, S. 16. – [15]) *M. Bense,* Einführung in die informationstheoretische Ästhetik. Grundlegung und Anwendung der Texttheorie, Hamburg 1968, S. 7. – [16]) Ebd., S. 17. – [17]) *Mallarmé,* Propos sur la poésie, Monaco ²1953, S. 367. – [18]) *Novalis,* Schriften, hrsg. von R. Samuel, Bd. 3, Stuttgart 1960, S. 253. – [19]) Enzyklopädie (1830) § 556. – [20]) In: *V. Chlebnikow,* Werke 2, Hamburg 1972, S. 103–122. – [21]) *W. Heisenberg,* Das Naturbild der heutigen Physik, Hamburg 1955, S. 17 f. – [22]) Vgl. *M. Bense,* Ästhetik und Zivilisation, a. a. O., S. 18. – [23]) *Th. W. Adorno,* Aufzeichnungen zu Kafka, in: Prismen. Kulturkritik und Gesellschaft, München 1963, S. 269. – [24]) Nietzsche, Pfullingen 1961, Bd. 1, bes. S. 91 ff. – [25]) Der Ursprung des Kunstwerks, in: Holzwege, Frankfurt 1950, S. 38. – [26]) Ebd., S. 9. – [27]) Die Frage nach der Technik, in: Die Künste im technischen Zeitalter, hrsg. von der Bayerischen Akademie der Schönen Künste, München 1956, S. 71. – [28]) Negative Dialektik, Frankfurt 1966, S. 19. – [29]) Ebd., S. 25. – [30]) Vgl. ebd., S. 24. – [31]) Ästhetische Theorie (Gesammelte Schriften 7), Frankfurt 1970, S. 17. – [32]) Ebd. – [33]) Ebd., S. 87. – [34]) *Th. W. Adorno,* Versuch, das Endspiel zu verstehen, in: Noten zur Literatur II, Frankfurt 1963, S. 205.

LITERATUR

K. E. Gilbert, H. Kuhn, A history of esthetics, Bloomington 1953.
H. Friedrich, Die Struktur der modernen Lyrik. Von Baudelaire bis zur Gegenwart, Hamburg 1956.
M. Heidegger, Die Frage nach der Technik, in: Die Künste im technischen Zeitalter, hrsg. von der Bayerischen Akademie der schönen Künste, München 1956.
M. Heidegger, Die Kunst und der Raum, St. Gallen 1969.
A. Halder, Kunst und Kult. Zur Ästhetik und Philosophie der Kunst in der Wende vom 19. zum 20. Jahrhundert, Freiburg–München 1964.
A. Gehlen, Zeitbilder, Frankfurt ²1965.

W. Oelmüller, Hegels Satz vom Ende der Kunst und das Problem der Philosophie der Kunst nach Hegel, in: Philos. Jahrbuch 73/1 (1965), S. 75–94.
J. Ritter, Ästhetik, in: Historisches Wörterbuch der Philosophie, hrsg. von J. Ritter, Basel 1971, Bd. 1, Sp. 555–580.
Th. W. Adorno, Ästhetische Theorie (Gesammelte Schriften 7), Frankfurt 1972.

ALOIS HALDER

LEBEN

1. Begriff des Lebens
2. Entelechie, Selbstbewegung, Weltseele
3. Individuelles Leben
4. Leben als Mechanismus und als Monade
5. *Kant* und die Verständlichkeit des Lebens
6. Erfahrung des Lebens als Unmittelbarkeit des Selbstbewußtseins
7. Der logisch-erkenntnistheoretische Begriff des Lebens. Leben als subjektiv-objektiver Prozeß
8. Lebensphilosophie. Leben als subjektiver Prozeß
9. Leben als objektives Regelsystem

1. Kaum ein Begriff, mit dem sich von jeher philosophisches Denken beschäftigt hat, ist so vieldeutig wie der des Lebens. Kaum ein Begriff entzieht sich so sehr dem Versuch, seinen Gebrauch ohne Sinnverlust definitorisch zu regeln. Gleichwohl läßt sich ein durchgehender, wenn auch nicht eindeutig bestimmbarer Sinn dieses Begriffes innerhalb der Sprache der Philosophie verfolgen. Er war immer umfassender als der rein biologische Lebensbegriff verstanden worden. Im Unterschied zu der Dichotomie der Begriffe *Denken* und *Materie,* derzufolge das Denken zwischen sich selbst und dem unterscheidet, von dem es sich im Versuch der Selbstbestimmung abhebt, bezieht es sowohl sich selbst als auch anderes in den Begriff des Lebens ein. Die Erfahrung des Lebens bedeutet die Erfahrung eines Gegenständlichen, von dem das Subjekt sich selbst nicht abzuheben vermag und demgegenüber es in seinem Selbstbegriff als rein »transzendentales« Denkvermögen scheitert. Eine der Grundbestimmungen in der Bedeutung des philosophischen Lebensbegriffs besteht somit in der in ihm liegenden Identifizierung des Denkens mit anderem, Nichtdenkendem. Der Lebensbegriff steht von daher der Dichotomie Denken – Materie entgegen. Seine philosophische Erörterung fordert deshalb die nähere Bestimmung dieser Entgegensetzung.

2. *Aristoteles* bezeichnet in »De anima« das Leben als *Entelechie*[1]. Entelechie ist das, was ein Ziel in sich selbst hat. Leben ist demnach das, dem ein Selbstsein zugesprochen wird. Es ist sich im Stoff selbst verwirklichende und durchhaltende Form. Schon bei *Plato* war die *Selbstbewegung* eigentliches Prinzip aller Bewe-

gung durch anderes, weil Bewegung durch anderes letztlich auf sich »selbst« Bewegendes zurückzuführen sei[2]. Solche Selbstbewegung heißt auch hier schon *Seele*. Da das sich selbst Bewegende in seiner Bewegung weder anfangen noch aufhören kann, ist es unsterbliche Seele. Leben tritt mit dem Eintritt dieses Begriffs in das europäische Philosophieren in den *Gegensatz zum Tod*, der, da Leben aus sich selbst heraus nicht aufhören und sein Ende demnach nur von anderem her bewirkt werden kann, wie überhaupt das unbelebte Sein als defizient verstanden ist. Nur Bewegtes, das seine Bewegung von einem anderen her hat, kann aufhören, nicht aber das Leben selbst als Ursprung von Bewegung. Das Leben beseelt den Körper. Es verläßt ihn, wenn er stirbt, aber es ist selbst ohne Ende. Entsprechend ist Leben auch bei *Aristoteles* nicht der Zustand von einzelnen Seienden, sondern ein umfassender symbiotischer Prozeß des Lebendigen mit seiner Umgebung und mit allem Leben. Die Seele ist das den Körper auf sein Eidos hin bewegende Prinzip. Sie ist τὸ τί ἦν εἶναι eines organischen Körpers, das ihm bei allem Wechsel des Stoffes seine Gestalt bewahrt. Von *Aristoteles* her ist es noch schwierig zu folgern, daß dem individuellen Lebewesen eine Seele und dem individuellen Menschen Unsterblichkeit zukomme. Menschliches Leben ist nicht vom Leben überhaupt unterschieden. *Principium individuationis* bleibt, trotz der Differenzen zu *Plato* und der Lehre von der »Immanenz des Eidos«, die (an sich leblose) Materie.

3. Identifizierung eines denkenden Individuums mit »seiner« individuellen Seele ist vor allem das Thema der Philosophie *Augustins*. Als Gegenstand der (psychologischen) Schau nach »innen« ergeben sich hier Ansätze einer philosophischen Psychologie. Das je eigene »innere« Leben tritt in Gegensatz zu allem anderen. Aber die eigene Seele ist zugleich Ort der Verbindung des Denkenden mit dem göttlichen Prinzip des Lebens. So entsteht innerhalb des Christlichen aus einer solchen im Platonismus vorbereiteten »Lebensphilosophie« heraus ein auch den eigenen Leib und das organische Leben zur bloßen Materie rechnender Selbstbegriff des Menschen. Die dem Prinzip allen Lebens zugewandte eigene Seele ist das eigentliche geistige Seinsprinzip. Sie soll den Körper beherrschen. Als ichhafte Substanz trägt sie Gedächtnis, Denkkraft, Liebe[3]. Das geistig-lebendige Ich ist nun das individualisierende Prinzip, das Gedanken, Vorstellungen usw. zu *meinen* Gedanken und Vorstellungen macht und als Substanz diesen Akten zugrunde liegt. Über den Chorismos zwischen dem Leben Gottes und der Einzelseele, den es zu erklären gelte, gewinnt *Augustinus* allerdings keine abschließende Klarheit. Es ist die Vorstellung des individuellen Unsterblichen entstanden, das das Prinzip seiner Individuation folglich auch nicht mehr in der unbelebten Materie suchen kann. Diese Aporie wird im Mittelalter im Wesentlichen durch Gehalte des religiösen Glaubens, z. B. die Schöpfungslehre, überbrückt[4].

4. Mit dem Cartesianischen Zweifel an allem dogmatischen Inhalt philosophischer und theologischer Lehren tritt die Bestimmung des Lebensbegriffs in ein grundsätzlich anderes Stadium. Seine Verbindung mit der Vorstellung eines göttlich-geistigen Prinzips, an dem individuelles Leben nur teilhabe oder von dem es sich doch zumindest, insofern es überhaupt als selbständig oder substantiell begriffen ist, ableite, tritt zunächst ganz zurück. Denken begreift sich jetzt allein von seinem bloßen Vollzug her, gleichgültig, ob es wahr denkt oder irrt, d. h. unabhängig von allem Inhalt, als Modus einer denkenden Substanz. Es ist diese Substanz insofern selbst, als es den Zugang zu ihr allein nach dem formal-grammatischen Schema Substanz-Modus findet, demzufolge es von sich als einem Modus auf Substantialität schließt. Es gewinnt in diesem Fortgang keinen Inhalt außer sich selbst. Jeglicher Denkinhalt, einschließlich des eigenen Leibes, ist in gleichem Maße von dieser denkenden Substanz unterschieden und dem Denken konstitutiv transzendent. Insofern ist er auch transzendent gegenüber jeglicher an ihn herangetragenen begrifflichen Bestimmung, d. h. er ist im Vergleich zu seiner Bestimmung wesentlich unbestimmtes Mehr oder Gegenstand fortschreitender, operativer Bestimmung. Das Wesen dieser anderen Substanz als einer wesentlich aus der Denkbestimmung ausgeschlossenen oder ihr äußerlichen ist damit die *Ausdehnung* in einem rein noetischen, unanschaulichen Sinn, und die diesem Wesen gegenüber allein mögliche Art der Bestimmung ist das Messen oder Vergleichen. In diesem Ansatz fallen qualitative Unterscheidungen innerhalb des Gegenständlichen zunächst ganz fort. Damit entfällt auch die Unterscheidung zwischen belebter und unbelebter Natur. »Leben« wird zu einem unwissenschaftlichen Begriff, und belebt genannte Objekte enthalten für die Wissenschaft die Aufgabe einer rein auf mathematische Verhältnisbestimmungen zurückführenden Analyse. Leben ist in diesem Zusammenhang ein Restbegriff der traditionellen Metaphysik ohne objektive Bedeutung. Organismen sollen rein mechanistisch nach dem Modell von Automaten verstanden werden, und der Unterschied, demzufolge sich geistbegabte Menschen von solchen Automaten sollen unterscheiden lassen, liegt nach *Descartes* im vernünftigen Gebrauch der Sprache und in der Anpassungsfähigkeit des Geistes an alle denkbaren Situationen[5], also letztlich in der jetzt dem Geist allein zugesprochenen freien Selbstbewegung. »Leben« in der tradierten Bedeutung des Wortes besitzt nur noch der damit als autonom und lebensunabhängig konzipierte Geist selbst.

Damit entsteht allerdings unmittelbar die Schwierigkeit, objektive Phänomene zu erklären, die sich nur (über das Prinzip der Selbstbewegung) durch eine ihnen zugesprochene Kraft deuten lassen, wie z. B. eine sich ohne Anstoß von außen beschleunigende Bewegung. Um solchen Erscheinungen gerecht werden zu können, greift *Leibniz* wieder auf die metaphysischen »substantiellen Formen« zurück, d. h. auf die Vorstellung, daß seiend im eigentlichen Sinne nur das aus sich selbst zufolge einem inneren Prinzip Bewegte sei. Die scheinbar unbelebten, bloß durch äußeren Anstoß bewegten Dinge werden nun umgekehrt als schlafende Kräfte interpretiert, als potentielle Energie. Die »Monaden« sind, als aktualisierte oder potentielle Bewegungszentren, die »wahren Atome der Natur«. Da die Entdeckung der Infinitesimalrechnung in dieser Situation es aber gestattete, wie *Leibniz* es selbst formuliert, »Ruhe« als »unendlich kleine Bewegung« zu bestimmen und damit »metaphysische Streitigkeiten« aus der »mathematischen Analysis« der Natur herauszuhalten[6], konnte die Frage des Ursprungs der Bewegung aus dem Ruhestand und damit auch die des Ursprungs ihrer fortwährenden Beschleunigung, d. h. der Kraft, aus der wissenschaftlichen Naturbestimmung herausgehalten werden.

Bei *Leibniz* ist das Prinzip der Selbstbewegung oder Kraft *(vis)* zum ontologischen Prinzip alles Seienden geworden. Vor allem der Begriff der potentiellen Bewegung läßt die Vorstellung zu, wirklich Seiendes werde nicht durch Stoß von außen bewegt, sondern sei in sich selbst ein unendliches (unerschöpfliches) Reservoir an Bewegungskraft, so daß nicht, wie die Cartesianer annahmen, alle (mechanische) Bewegung in der Summe sich gleichbliebe, sondern die potentielle Bewegung oder die Kraft. Damit ist das Prinzip der Selbstbewegung (oder des Lebens) zum universalen ontologischen Prinzip erhoben. Unterschiede zwischen Belebtem und Leblosem sind nur als Grade eines kontinuierlichen Übergangs quasi schlafender Energie zur voll aktualisierten Energie des sich selbst reflektierenden Selbstbewußtseins gedacht. Auf der anderen Seite soll die Raumvorstellung die Vorstellung eines sich noch nicht vollständig selbst vorstellenden, noch zum Teil in sich ruhenden und sich demnach selbst noch verschlossenen Seienden, d. h. des endlichen Menschen sein, so daß »Bewegung im Raum« (und damit alle mechanische Bewegung) überhaupt nur als defizienter Vorstellungsmodus zu verstehen wäre. Als wahrer Grund aller Bewegung gilt die Aktualisierung potentieller Energie, die Bewegung des sich von »sich selbst« her vermöge eigener Energie Bewegenden. Diese Energie müßte je für sich in jedem Individuum unerschöpflich sein, da sie ja nicht »von außen« ergänzt werden könnte.

5. Der Gedanke einer solchen Unerschöpflichkeit als Prinzip des für sich Seienden verlegt den unendlichen unaufschließbaren Ursprung des Lebens in das dem Verstand gegenüber Transzendente, während die jeweils gegebene (d. h. materielle) Natur als Gegenstand des subjektiv bestimmenden Verstandes begriffen ist. Ein so verstandenes »irrationales« Moment haftet auch dem modernen Lebensbegriff noch an. Auch nach *Kant* scheint das, »was in der Welt ein Prinzipium des Lebens enthält«, »immaterieller Natur zu sein. Denn alles *Leben* beruht auf dem inneren Vermögen, sich selbst nach *Willkür* zu bestimmen«[7]. Leben ist bei *Kant* definiert als »das Vermögen einer *Substanz*, sich aus einem *inneren Prinzip* zum Handeln ... zu bestimmen«. Der Cartesianischen Dichotomie von Materie und Denken entsprechend kennen wir auch nach *Kant* »kein anderes inneres Prinzip einer Substanz, ihren Zustand zu verändern, als das *Begehren*, und überhaupt keine andere innere Tätigkeit, als *Denken*«[8]. Da diese Bestimmungsgründe aber nicht zum Gegenstand der äußeren Sinne gehören,

gehören sie nach *Kant* auch nicht zur Materie, so daß nur gefolgert werden kann, Materie als Materie sei leblos. Der *Hylozoismus* ist eine *contradictio in adiecto*. Hier wiederholt sich die Zurechnung des Lebensprinzips zu dem, was (negativ) dadurch bestimmt ist, daß es nicht Gegenstand der äußeren Sinne sein kann und also auch nicht in einer Bestimmung äußerer gegebener Daten zu erfassen ist. Es ist »Gegenstand« einer Reflexion nach innen und kann darum auch anderen Wesen im Grunde nur durch einen Schluß von innerer Selbsterfahrung auf andere Wesen zugesprochen werden. Das Bewußtsein der eigenen *Freiheit*, das nach *Kant* ein Faktum der reinen (erfahrungsfreien) Vernunft ist, ist Anlaß, auch anderen Wesen von einer Analogie ihrer Gestalt, ihrer Bewegungen usw. her lebendige Selbstbestimmung zuzusprechen. Im Fall des nur organischen Lebens wird zumindest ein Vermögen der Selbstbewegung (als Vermögen der selbsttätigen Veränderung des Zustandes oder auch der selbsttätigen Erhaltung gegen äußere Einflüsse) Erscheinungsgegenständen zugesprochen. Das Prinzip des Lebens ist somit zunächst Prinzip einer besonderen Sprache der »Erklärung« von durch allgemeine oder »transzendentale« Prinzipien, die den Begriff einer Natur überhaupt definieren, nicht zu erklärenden Vorgängen. Von daher ist es wesentlich ein *principium individuationis* dieses allgemeinen Naturbegriffs. Der zentrale Begriff in diesem Zusammenhang ist der des *Zweckes*, den ein freies Wesen seinen Handlungen setzt und den das Subjekt in einer Analogie zu sich den damit als lebend spezifizierten Objekten zuspricht. Man hat, so *Kant*, »nach transzendentalen Prinzipien guten Grund, eine subjektive Zweckmäßigkeit der Natur in ihren besonderen Gesetzen zu der Faßlichkeit für die menschliche Urteilskraft ... anzunehmen«, ohne daß deshalb schon von einer Zweckmäßigkeit der Natur in einem objektiven Sinn die Rede sein könnte. Unter der Annahme einer solchen Zweckmäßigkeit zur Beurteilung besonderer Naturzusammenhänge ist das so Beurteilte als organische Natur bestimmt. »Dinge als Naturzweck sind organisierte Wesen«, weiter »sich selbst organisierende Wesen«. *Kant* nennt die Natur in dieser Betrachtung auch ein *»Analogon des Lebens«*. Da es nun aber nach *Kants* Definition der Materie und deren Begriff widerstreitet, ihr direkt Leben zuzusprechen, hat man mit dieser Analogie der Materie eines lebenden Wesens ein »mit ihr in *Gemeinschaft stehendes* Prinzip (eine Seele)« zugesprochen. Die Analogie zur Zwecktätigkeit handelnder Menschen kann dann nur eine entfernte sein. Die Organisation der lebenden Natur hat, »genau zu reden«, »nichts Analogisches mit irgendeiner Kausalität, die wir kennen«, weder mit der mechanistischer Naturprozesse noch mit der menschlicher Handlungen aus Freiheit, weil entweder eine »organisierte Materie als Werkzeug jener Seele« vorausgesetzt werden muß oder aber das Produkt der Einwirkung der Seele auf unbelebte Materie nicht mehr unter den Begriff der (körperlichen) Natur fällt[9]. Die menschliche Handlung wird dagegen als Einwirkung von Freiheit auf unbelebte Materie vorgestellt, die auch als ihr Produkt unbelebt bleibt, also als Eingriff in die mechanistisch zu verstehende Gesetzmäßigkeit, die nach diesem Eingriff wieder uneingeschränkt allein gilt. Die Analogie zur Zwecktätigkeit

einer Handlung bleibt deshalb einerseits hinter dem Begriff des Lebens zurück. Andererseits ist das Leben, vom bewegenden Prinzip her, weniger als das Prinzip der Handlung, die aus freiem Willen und damit aus Vernunft geschieht. Leben ist seinem Stoff nach mehr und seinem Prinzip nach weniger als Handlung und damit ist es als etwas bestimmt, das weder eine reine Materie noch ein reines Prinzip hat, d. h. als etwas, in dessen Bestimmung die Dichotomie von gegebener Materie und bestimmendem geistigen Prinzip sich von beiden Seiten her aufhebt.
Der Begriff des Lebens ist der Begriff, der das an dieser Dichotomie orientierte europäische Philosophieren als Grenzbegriff begleitet. Die weder als reine Selbst- noch als reine Fremderfahrung zu begreifende Erfahrung des Lebens weist den so konzipierten Begriff des Denkens wie des Gegenstandes als ungenügend aus.

6. Gegen diesen »kritischen« Begriff des Denkens, der sich selbst als reines Vermögen der Bestimmung einer »an sich« unbestimmten, unmittelbaren Materie vermittelst reiner logischer Formen oder einer übersprachlichen »transzendentalen Grammatik« versteht, haben zunächst *J. G. Hamann* und *F. H. Jacobi* »metakritische« Einwände erhoben; *Hamann* durch den Hinweis auf das Angewiesensein des Denkens auf das »Leben« in einer vorgegebenen Sprache, *Jacobi* durch den Hinweis auf eine Unmittelbarkeit des Lebens gegenüber der formalbegrifflichen Abstraktion des Verstandes. Aber erst in der Philosophie *Hegels* wird das Ungenügen des Ansatzes bei einem rein formalbegrifflichen Begriff des Denkens von sich selbst in seinen historischen Voraussetzungen zu bestimmen versucht. Die kritische Reflexion des Verstandes auf sich selbst führte zu dem Resultat, den Gegenstand als transzendenten vorzustellen, dessen Erkenntnis wesentlich unabgeschlossen und damit letztlich ungewiß bleibt. Diesem negativen Resultat entspricht aber ebensosehr ein positives, nämlich die Selbstgewißheit der Erfahrung als Erfahrung des Erfahrens selbst. Indem das (gnoseologische) Denken sich den Gegenstand als transzendenten vorstellt, ist es zugleich auf die Unmittelbarkeit der Erfahrung verwiesen. Das Bewußtsein macht faktisch Erfahrungen. Es lebt aktuell als erfahrendes und sich erfahrend entwickelndes Bewußtsein. Die Unmittelbarkeit der Erfahrung seines Lebens ist die des sich selbst als *Prozeß* einer Selbstentwicklung erfahrenden Bewußtseins. Als erfahrendes Bewußtsein ist es Sein bei seinem Inhalt und deshalb für den die Transzendenz denkenden Verstand unverständlich. Es ist das dem Verstand selbst unverständliche unmittelbare Sein des Verstandes. Für *Hegel* ist das Cartesianische *cogito ergo sum* keineswegs unmittelbar evident[10]. Denken (als Verstandesbestimmung) steht für ihn zunächst im Widerspruch zu Sein, und es ist eine Hauptfrage seiner Philosophie, wie der Widerspruch, daß Denken sei, aufzulösen ist. Die philosophische Frage nach dem Leben ist zunächst die nach dem Sein des sich selbst in seinen Cogitationen bewußten Selbstbewußtseins. Der Cartesianische Zweifel wird auf jeden Inhalt des Denkens ausgedehnt; auch auf

den, in dem Denken sich selbst zum Inhalt hat, denn dessen Bewußtheit ist nicht unmittelbarer als die irgendeines Gegenstandsbewußtseins, das als solches ja in der Gewißheit der Existenz seines Inhaltes besteht. Erst der (kritische) Verstand wirft die Frage nach der Wahrheit des unmittelbar Gegebenen auf. Der dem Verstand in ihrer Artikuliertheit entschwindenden Gegenständlichkeit gegenüber, die sich in der transzendentalen Fragestellung nach einem »Gegenstand überhaupt« auflöst, erscheint die innere Erfahrung des Bewußtseins, in das nun alle Gliederung der gegenständlichen Welt fällt. Die »Phänomenologie des Geistes« ist diese Erfahrung des Lebens des Bewußtseins selbst. Indem sich für den Verstand das Seiende »überhaupt« als transzendent entzieht und statt seiner nur der leere Begriff von einem transzendentalen Gegenstand »überhaupt« zurückbleibt, konstituiert sich das vom Bewußtsein erfahrene eigene Leben als ein demgegenüber spezifizierter Gegenstand, mit dem es sich unmittelbar identisch weiß, ohne jedoch einen Begriff von seiner objektiven Realität haben zu können. Einen solchen Begriff hatte es nur von einem »Gegenstand überhaupt« und von speziellen Gegenständen nur insofern, als sie sich in Analogie zu einem Gegenstand überhaupt (in einer reinen Wissenschaft) begreifen lassen könnten.
Sollte sich nach *Kant* der Gegenstand »überhaupt« vor einem allgemeinen Verstand eines transzendentalen Subjekts konstituieren, so erfährt das Bewußtsein sich nun unmittelbar innerhalb einer (von der kritischen Theorie her als nur »praktisch« zu verstehenden) Kommunikation mit anderem Bewußtsein, mit dem es zusammen »lebt«. Der Begriff des Lebens reicht in *Hegels* »Phänomenologie« von der »Begierde« als einer untersten Form praktischen Verhaltens zu anderem, in dem das Bewußtsein »der Nichtigkeit dieses Andern gewiß« ist, bis zur Negation dieser unmittelbaren Begierde auf einer Stufe, auf der »das Selbstbewußtsein« »seine Befriedigung nur in einem andern Selbstbewußtsein« erreicht, auf der das Ich nicht mehr nur Verstand, sondern »lebendiges Selbstbewußtsein« ist[11]. Es ist Verstand, aber zugleich auch Gattungswesen (eines unter gleichen) und steht immer schon in seinem Bezug zu den Dingen auch in einer Relation zu anderem Selbstbewußtsein. Es ist nur insofern theoretisches Verhalten, als es zugleich dieses praktische Verhalten ist.

7. Diese Bestimmung des Selbstbewußtseins liegt auch dem Begriff des Lebens und der Erkenntnis in *Hegels* »Wissenschaft der Logik« zugrunde. Daß die Kategorie des Lebens innerhalb einer »Logik« vorkommt, wird von *Hegel* damit begründet, daß die Logik mehr als »tote Gedankenformen« beinhalten solle. Solle in ihr von der Wahrheit die Rede sein, so müsse sie, entgegen der gewöhnlichen Vorstellung von ihr, das Leben als einen »konkreten« Gegenstand in sich aufnehmen. Vor allem müsse »das *Erkennen* wenigstens abgehandelt werden«. »Erkennen« ist auch hier bestimmt als das »sich selbst Erfassen des Begriffs«, dessen unmittelbare Voraussetzung, »welche selbst Idee ist«, in die Logik gehöre. Diese vorausgesetzte oder unmittelbare Idee ist nach *Hegel* das Leben. *Hegel* spricht auch vom »logischen Leben« im Gegensatz zum »Naturleben«.

Das logische Leben ist das Leben als Voraussetzung des Begriffs, das Naturleben ist eins der möglichen Objekte des Begriffs als Gegenstand einer Einzelwissenschaft. Diese beiden Begriffe vom Leben (im »subjektiven« und im »objektiven« Sinn), die im allgemeinen bloß »metaphorisch« als zusammengehörend verstanden worden waren, bilden bei *Hegel* eine begriffliche Einheit[12].

Da nach der empirischen Komponente der Hegelschen Philosophie »nichts *gewußt«* wird, »was nicht in der *Erfahrung* ist«[13], ist Erfahrung des Bewußtseins von sich selbst und damit Selbstbewußtsein nur über die Erfahrung des lebendigen Gegenstandes möglich, der als solcher nicht nur Gegenstand, d. h. nicht nur etwas sich vor der Subjektivität des erfahrenden Bewußtseins Konstituierendes ist. Der lebendige Gegenstand ist unmittelbar transzendent gegenüber seinem bloßen Gegebensein. Er ist in der Immanenz des erfahrenden Bewußtseins als transzendent erfahren und nicht nur, wie das Kantische Ding an sich, vom Verstand konzipiert. Begriff und Realität fallen im Lebendigen insofern zusammen, als dessen Einheit nicht nur die eines vom Verstand zu einer Einheit Zusammengefaßten ist, sondern die des Gegenstandes selbst: Die Teile sind nur, insofern sie Teile dieser Einheit (des Organismus) sind, und die Einheit ist nur als Einheit dieser Teile. Im Anorganischen dagegen hat das im Begriff Konzipierte seine Einheit nicht in sich, sondern nur im Begriff, wie z. B. ein Aggregat, das sich beliebig teilen läßt, oder auch ein Mechanismus, dessen Teile *nur ideell* zu einem Ganzen zusammengefaßt und als gesetzmäßiger Zusammenhang beschrieben sind.

Diese Überlegungen leiten zu einer logisch-erkenntnistheoretischen Bedeutung des Lebensbegriffs über, wie sie sich am besten im Zusammenhang des Induktionsproblems aufweisen läßt. Induktion besteht im »Schluß« von einer begrenzten Menge von Fällen auf alle Fälle einer Art. Im Lebendigen ist nun das einzelne in der Organisation seiner Teile repräsentativ für die Art. Sie bilden in der Weise der Art ein Ganzes. Es ist hier *wesentlich,* daß dies in der Weise der Art und nicht auf eine abweichende, individuelle Weise der Fall ist. Deshalb ist die Weise der Erfahrung von Lebendigem identisch mit einer Erfahrung, die von dem Gegebensein eines Teiles auf einen seienden Zusammenhang mit anderen wesentlichen Teilen schließt, d. h. vom Vorhandensein eines Organismus *ausgeht:* Wenn A gegeben ist, dann ist aufgrund eines realen Zusammenhangs *(in re)* auch B gegeben, weil A ohne B nicht ist. Ein Teil eines Organismus ist ohne die anderen wesentlichen Teile desselben Organismus dieser Art nicht. Induktion hat hier ihr *fundamentum in re* (nicht nur *in intellectu*). Gegenüber dem Organischen bezieht sie sich nicht nur auf einen ideellen Gegenstand.

Solche schließende Erfahrung ist nach *Hegel* insofern wahr, als in ihr Begriff und Realität zusammenfallen. Diese Einheit heißt bei *Hegel* Idee. Das Leben ist deren Unmittelbarkeit, d. h. das (logische) Schließen geschieht in der Erfahrung des Lebens als ein unmittelbarer Zusammenschluß: Entweder wird ein solcher Zusammenschluß induktiv vollzogen, d. h. etwas wird in seiner unmittelbaren Erscheinung ebenso unmittelbar als Individuum einer Art (eines Allgemeinen) identifiziert und damit als transzendent gegenüber einem bloß nominalistischen Erfahrungsbegriff von ihm angesehen, oder es wird überhaupt nicht (als dieses Wesen da) erfahren. Daß auf diese Weise (vernunftgemäß) geschlossen wird und daß Lebendiges existiert, hat denselben Grund.

Leben ist die Unmittelbarkeit der Einheit von Begriff und Realität, d. h. von Wahrheit. Im nichtlebendigen Gegenstand ist der Gegenstand erst als (subjektiver) Begriff. Die Kritik am Induktionalismus innerhalb des modernen Wissenschaftsbegriffs ist eine Bestätigung dieser Hegelschen Position, insofern sie besagt, daß es im induktiven Verfahren unendlich dahingestellt bleiben muß, ob auf diese Weise aufgestellte Gesetzeshypothesen auch für »alle« Fälle, auf die hin sie ausgesagt sind, »tatsächlich« gelten. Das gilt auch für eine physikalistische Betrachtungsweise des Organischen, das sich erst als Organisches in seiner Anschauung als Individuum einer Art, d. h. in einer erschließenden Betrachtungsweise, konstituiert. Entweder geschieht die Erfahrung schließend, d. h. bei *Hegel:* sie ist nicht nur vom urteilenden Verstand, sondern auch von schließender Vernunft konzipiert, oder es wird nichts Lebendiges erfahren. Es wird dann aber überhaupt nicht erfahren, d. h. es konstituiert sich nicht etwas, dem objektive Notwendigkeit oder eine Einheit des die Erfahrung leitenden Begriffs innewohnt. Von diesem Standpunkt logischer Reflexion her gelangt *Hegel* zu der Aussage, daß nur das nicht nur Beurteilte, sondern auch Erschlossene die Wahrheit sei. Das nur unter den Kategorien des urteilenden Verstandes Erfahrene und als Einheit Konzipierte sei dagegen bloß subjektiv konzipiert und als Einheit bloß (induktiv) gesetzt. Man kann von *Kants* Position her auch sagen, daß das Lebendige in seiner ihm immanenten Zweckmäßigkeit nur insofern »verständlich« wird, als die Dimension des urteilenden Verstandes überschritten und zum (nach *Kant* allerdings keine Objektivität konstituierenden) Schließen übergegangen wird. Das Leben ist nur, insofern der Verstand sich angesichts seiner Erfahrung zum Schließen, d. h. zur Transzendenz seines Selbstbegriffs als bloß formales Urteilsvermögen, objektiv genötigt sieht – weil Leben sonst unbegreiflich bliebe – und den Grund der Einheit aus sich heraus in sein Objekt verlegt.

Der lebendige Gegenstand konstituiert sich, indem der Verstand durch Erfahrung vernünftig wird. In dieser Perspektive ist »Lebendes« also nicht nur eine Art von Gegenständen mit der (unverständlich bleibenden) spezifischen Differenz des Belebtseins, sondern zugleich eine Bedingung zur Selbsterfahrung der Vernunft. Es ist die Unmittelbarkeit oder die allgemeinste Form einer dem Vernunftschluß entsprechenden Objektivität, d. h. einer Objektivität, die über das hinausreicht, was als *res* der formalen Bildung eines einzelnen Urteils entsprechen soll. Das logische Schließen oder überhaupt das Logische in dieser Form seiner Entfaltung hat am Leben seine Wahrheit, durch deren Erfahrung es mehr als bloß subjektive Kunstform der Beherrschung des Intellekts ist. »Schließen« ist hier nicht nur tautologischer Zusammenschluß einzelner Urteile. Es ist als über das Urteilen hinausführender Logos begriffen, dem seine eigene Wahrheit widerfährt, während das Urteilen sein Objekt nur subjektiv »in Ansehung einer der logischen Funktionen zu Urteilen« konstituiert oder »als bestimmt« ansieht. Das Individuum ist als Lebendiges die unmittelbare Repräsentation des (allgemeinen, arteigenen) Gesetzes seines Seins, d. h. es ist die Einheit von Körper und Seele. Die Hegelsche Lehre vom Leben bringt so Idee und Erscheinung zusammen, nicht nur als Immanenz des Eidos wie im Aristotelismus, sondern mittels einer Aufnahme des Begriffs des Lebens, als des objektiven Korrelats der logischen Figur des Schlusses in die logischen Kategorien. Dieser Schluß ist, als Schluß *ex partibus*, in rein formallogischer Betrachtung, d. h. in der Betrachtung der Logik als immanenten Organons subjektiver Vernunft, nicht »richtig«, weil er nicht in dieser Immanenz verharrt, aber er entspricht der Praxis der Lebenserfahrung. Er »verläßt« den Bereich rein subjektiv-tautologischen Schließens anläßlich einer Erfahrung, deren Eigenart dazu nötigt, da sie es als »unvernünftig« erscheinen ließe, hier nicht induktiv zu verfahren und etwa das Zusammensein von bestimmten Organen in allen Fällen dieser Art als nur wahrscheinlich anzunehmen. In der Erfahrung von Leben sind die im Bezug auf den *reinen* Begriff der Erfahrung berechtigten Einwände gegen induktives Verfahren unmittelbar außer Kraft. Bestimmtheit des Gegenstandes und Erfahrenspraxis (des alltäglichen Lebens) schließen sich zusammen.

Aber »Leben« ist nach *Hegel* zugleich auch nur die *Unmittelbarkeit* der Idee als Einheit von logischer und realer Notwendigkeit. Im Lebendigen als solchen liegt diese Einheit in der Art, als deren Exemplar es erscheint und erfahren wird, wenn es überhaupt erfahren wird. Insofern liegt die Einheit noch außerhalb des Individuums. Wie das Anorganische, das als Dasein unter nur ideellen Gesetzen erfahren wird, die als der jeweiligen sinnlichen Erscheinung transzendent gesetzt sind, ist das Lebendige kontingenter (und deshalb sterblicher) Teil seiner allgemeinen Natur. Es ist nur für den Beobachter des Organischen notwendig, ihm Selbstsein (Selbstbewegung, Zweckmäßigkeit usw.) zuzusprechen. Die Kategorisierung, »es selbst« lebe, bleibt von daher eine erst für den Betrachter notwendige grammatische Metapher. Es »selbst« hat als Leben noch kein Bewußtsein seiner selbst. Selbstbewußtsein hat es erst von der ihm gegenüber allerdings notwendig gewordenen sprachlichen Art seiner Beschreibung her.

Die Beziehung des »logischen« Lebensbegriffs zur Satzgrammatik wird von *Hegel* explizit dargestellt. Dem Leben als der Unmittelbarkeit der Idee entspricht erst die unmittelbare Verknüpfung von einzelnem Subjekt und allgemeinem Prädikat im Urteil als einem einzelnen, isolierten Satz. Das lebende Individuum ist quasi nur Paradigma seiner allgemeinen Art, so wie ein grammatisches Paradigma nur allgemeines Muster der Satzbildung als der unmittelbaren Verknüpfung von beliebigem einzelnem und einem Prädikat ist ($x \varepsilon P$). Das Übergewicht liegt in dieser Betrachtung noch auf der Subsumption unter eine Art. Die Objektivität ist als Leben nur »Prädikat des Subjekts« oder nur ein an dieser Materie repräsentierter Modus des Seins. Die Materie überdauert den Tod ebenso wie die repräsentierte Art das Leben dieses Individuums, so daß hier, wie im sich als Urteil darstellenden Begriff einer Sache, die Seiten des Einzelnen und Allgemeinen in ihrer nur unmittelbaren Verbindung im bestimmenden Sprechen zugleich begrifflich auseinanderliegen und nur durch eine grammatische, von einer immanenten Sachlogik noch abgehobene allgemein- oder formallogische Verknüpfung verbunden sind. Aber »ferner« ist die Seele in ihrer Unmittelbarkeit nach *Hegel* auch »die Mitte des Schlusses«[14], d. h. ein konkreter Mittelbegriff, in dem die Extreme der Prämissen verbunden sind und der zugleich Glied in jeder der Prämissen selbst ist.

Diese »logische« Lehre vom Leben ist nach *Hegel* in der Geschichte der Philosophie nicht weitergeführt worden. Dennoch verdient sie besondere Beachtung. Sie entspricht der These, das Urteil, wie es in der tradierten Weise philosophischer Reflexion im Mittelpunkt stand und vor allem in *Kants* »transzendentaler Grammatik« noch als das Paradigma für die Struktur von Sprache steht, sei schon als diese Form unzulänglich. Bei *Kant* ist der Begriff von Objektivität geradezu von der transzendentallogischen Leistung der formalen Verknüpfung von Begriffen zu einer Einheit eines Urteils konstruiert. Die tradierte Urteilslogik und -grammatik geht von der Setzung aus, es sei jederzeit möglich, ohne Anknüpfung an vorangehende Vor-urteile, *frei* mit der Bildung eines Urteils gemäß der logischen Funktion einer der urteilsbildenden Kategorien mit dem Urteilen *anfangen* oder eine neue Kausalität des Urteilens beginnen zu können. Das Kantische Subjekt ist als transzendentales geradezu mit einem solchen Vermögen ursprünglicher Synthesis identifiziert. Demgegenüber wird in der Logik *Hegels* Wahrheit nicht mehr an die Urteilsform gebunden, gemäß der Einsicht, daß alles Urteilen nicht nur transzendental-grammatische Universalien der Urteilsbildung, sondern auch konkrete, inhaltliche Begriffe immer schon voraussetzt, die ihre Bestimmtheit in ihrem vorausliegenden (historischen) Gebrauch früheren Urteilens erhalten haben. Vom isolierten Satz wird zu einem Lebenszusammenhang des Sprechens und Urteilens fortgegangen. Insbesondere der Schluß ist schon eine Kette von Urteilen, die nicht nur von der Regel ihrer Bildung her, sondern in einem konkreten Mittelbegriff *(terminus medius)* zusammenhängen. In der Logik soll das Leben als das Sein begriffen werden, das sich nicht vor dem Urteilen, sondern vor dem (allerdings formal nicht sauberen, nicht tautologischen) Schließen – oder besser Erschließen eines objektiven allgemeinen Zusammenhangs konstituiert. Lebendiges ist unmittelbar als etwas angesehen und bestimmt, das nur als in sich zweckmäßige Organisation seiner Glieder zu »verstehen« ist und damit von sich »selbst« her die Grenzen des nach transzendentalen Regeln sätzebildenden Verstandesurteils zu überschreiten nötigt. Damit ist die Dominanz des bestimmten (inhaltlichen) Begriffs vor der apriorischen Regel begriffen, und zwar in einem Zusammenschluß dieser Erweiterung des »rein« Logischen zum Zweck der Bestimmung bestimmter Erfahrung. Auch nach *Kant* sollen erst inhaltliche Begriffe den rein apriorischen »Sinn und Bedeutung« verleihen können[15]. *Kant* ging es in diesem Zusammenhang allerdings zunächst nur um die Spezifikation eines a priori konstruierten Begriffs »reiner« Wissenschaft zu einer Wissenschaft eigener Art, wie der Physik z. B. als der Wissenschaft von der »Materie« als dem »Beweglichen im Raum« oder der Psychologie als der Wissenschaft von »denkenden Wesen« oder des sich in sich selbst Bewegenden. *Hegel* nimmt nun ganz bewußt die »Idee des Lebens« als die eines »konkreten und, wenn man will, reellen Gegenstandes« in die Logik auf. Dieser konkrete Gegenstand stellt quasi die unmittelbare Einheit seiner von der Urteilslogik nicht zu begreifenden Realität und der ihn begreifenden Denkbewegung dar. Äußere Bewegung (im Raum) und innerer Denkvollzug seines Begreifens schließen sich in ihm zusammen, indem das Begreifen anläßlich seiner Erfahrung auf sein eigenes geistiges Leben, d. h. auf sein Angewiesensein auf den historisch vorgegebenen inhaltlichen Begriff und die darin liegende Nötigung zur Transzendenz der apriorischen Strukturen des Verstandes zurückverwiesen wird. Diese sind dann, so wie sie nur zum Begreifen lebloser Natur hinreichen, selbst ein Totes. Während *Kant* in seinem Hinweis auf die Notwendigkeit »abgesonderter (obzwar an sich empirischer) Begriffe«[16] auf einen Zusammenschluß von transzendentallogischer Grammatik und Wörterbuch abzielt, ist im Hegelschen Begriff des Logischen – durch die Aufnahme des konkreten Begriffs des Lebens in die Logik selbst – an einen lebendigen Gebrauch von Sprache gedacht, in dem sich die Bedeutungen erst in einem Prozeß konstituieren und in der Formulierung konkreter Erfahrung präzisieren.

Ein solcher energetischer Sprachbegriff, nach dem »Grammatik und Wörterbuch« einer Sprache »kaum ihrem toten Gerippe vergleichbar«[17] sind, ist ausführlicher durch *W. v. Humboldt* entworfen worden. Bei *Hegel* ist eher philosophisch reflektiert, inwiefern die Erfahrung von Lebendigem sich nur (geistig) Lebendigem aufschließt. Das Lebendige »als solches« ist bei ihm noch eine Abstraktion. Es ist nicht auch »für sich« Einheit von Begriff und Realität, denn es weiß sich nicht »selbst« als diese Einheit. Es stellt sie nur für ein anderes, zwar notwendiges, aber nicht nur in diesem gleichen unmittelbaren Sinn Lebendiges dar. Dadurch bringt es dem Bewußtsein unmittelbar dessen eigene Lebendigkeit zum Bewußtsein, sie aber liegt von vornherein im Medium des Logischen, in der Sprache.

Sprache ist, als Ausdruck einer Erfahrung, ebenso unmittelbar Mitteilung. Die Notwendigkeit der Transzendenz des Verstandes zur Vernunft in der Erfahrung von Leben ist nicht nur durch die »Eigenart« dieses Objekts bestimmt, sondern ebenso unmittelbar in dem Wollen zur Mitteilung der Erfahrung, die sich nur in diesem Zusammenhang als (intersubjektive) Erkenntnis formuliert. Die Einheit von Begriff und Objektivität, die das Leben darstellt, stellt es nicht rein »objektiv«, sondern nur innerhalb eines solchen Wollens her. Der Begriff findet sich nicht nur im Hinblick auf das Objekt, sondern ebenso im Hinblick auf den anderen, der ihn *akzeptieren* soll, in einem produktiven Sprachgebrauch, der trotz des Überschreitens »apriorischer« Regeln zur Gewißheit in einer dreiseitigen Relation von Sprecher, Hörer und Gegenstand auf Verstandenwerden und *Anerkennung* aus ist. Diese Hegelschen Überlegungen geben dem Lebensbegriff eine

Dimension, in der das Lebendige sich als solches in einer allgemeinen Flüssigkeit der Begriffe konstituiert, in der Hinwendung zu anderen gleicher »Art«, die sich als Gemeinschaft geistig-sprachlicher Wesen darin konstituiert, daß jedes Individuum sich von sich (von einer allgemeinen Struktur dieses »Geistes«, wie der Begriff einer transzendentalen Sprachkompetenz sie nahelegen könnte) abstößt. Es findet seine Sprache gerade in dem Wollen, im konkreten Leben verstanden und anerkannt zu werden, und bezieht damit die individuelle Auffassung des anderen in seiner Sprachgebung mit ein. Vorurteilsstrukturen wird somit Rechnung getragen, die Endlichkeit (geschichtliche Bedingtheit) des Erkennens wird dessen (logischem) Begriff involviert. Leben als solches ist hier nur als unmittelbare Form der Selbsterfahrung des Geistes begriffen, der als »des Lebens Leben« *(Goethe)* verstanden ist.

8. »Leben« ist, im Unterschied zur unmittelbaren Voraussetzung eines transzendentalen Selbstbewußtseins als Urteilsvermögens z. B. bei *Kant,* in der Philosophie *Hegels* eine Kategorie in der Erfahrung und Selbsterfahrung des Geistes. Spätere Berufungen und Anknüpfungen vor allem in der »Lebensphilosophie« schließen nur in einem entfernteren Sinn hier an. Bei *Dilthey* etwa wird Geist als höchste Stufe des Lebens aufgefaßt. Der Ansatz beim Leben, statt bei einem transzendentalen Subjekt ist hier willkürlich. Ebensogut wäre »Geist« als höchste Stufe des Seins anzusetzen. Vor allem gelingt nicht die Verbindung zwischen dem Begriff des Lebens als einer Kategorisierung eines Teils der Natur, wie er in der Biologie als der besonderen Natur-Wissenschaft vom Leben leitend ist, und dem Begriff des Lebens als des Subjektiven, aus dem heraus Erkennen geschieht und in dessen Dienst letztlich wissenschaftliches Leben stehen soll. Das Programm der Lebensphilosophie verlangt, daß »Leben aus ihm selbst heraus« zu »verstehen« sei und nicht unter Anlegung abstrakter formaler Kategorien. »Leben« sondert sich damit als besonderer Gegenstand einer »Geisteswissenschaft« ab. Sich von ihrer besonderen »hermeneutischen« Methode her konstituierend, tritt sie dann als immanenter Zirkel des Verstehens wieder in einen abstrakten Gegensatz zu den Naturwissenschaften (einschließlich der Biologie). Letztlich aber soll der in der Geschichte der Metaphysik vorgezeichnete naturwissenschaftliche Ansatz des Erkennens, der von einem »transzendentallogisch« oder extramundan begründeten Weltzusammenhang als Ideal ausgeht, in seiner inneren Unmöglichkeit aufgewiesen werden, weil alle Erfahrungen des Bewußtseins durch den Lebenszusammenhang bedingt seien, in dem sie auftreten [18]. Erkennen wird dann aber von seiner uneinholbaren Voraussetzung im Leben her selbst etwas Irrationales, das im Leben wiederum seinen Zweck haben soll [19]. Die irrationale Unmittelbarkeit eines Ansatzes beim »Leben« zeigt sich verschärft bei *Nietzsche.* Der Begriff einer objektiven Wahrheit ist nach *Nietzsche* »widersinnig«. *»Wahrheit«* gilt als *»Art von Irrtum,* ohne den eine bestimmte Art von lebendigen Wesen nicht leben könnte. Der Wert für das *Leben* entscheidet zuletzt« [20]. Der Heideggersche Begriff des »In-der-Welt-Seins«, die im-

mer schon vor allem sprachlich ausgelegt sei, der Begriff der »Lebenswelt« in der späteren Philosophie *Husserls* wie auch der Wittgensteinsche Begriff der »Lebenspraxis« bezeichnen schließlich die Wendung des Erkenntnisbegriffs vom Begriff der Erkenntnis eines transzendentalen, mit universalen Kategorien ausgestatteten Subjekts zum Begriff eines »Erkennens«, das wesentlich selbst bestimmt ist – etwa im Sinne tradierter Vorurteilsstrukturen *(H. G. Gadamer)* –, ehe es die objektive Gegenständlichkeit bestimmt. In dieselbe Richtung weist auch die Forderung einer sprachphilosophisch-pragmatizistischen Transformation des transzendentalen Subjekts zu dem Begriff einer idealen Kommunikationsgemeinschaft (*K.-O. Apel* im Anschluß an den amerikanischen Pragmatismus von *Peirce* und *Royce*). Diesen sonst sehr verschiedenen Ansätzen ist der Versuch eines Einbezugs des Subjektbegriffs ins Leben, vor allem ins soziale Leben, gemeinsam, insbesondere der Verweis auf eine allem Erkennen vorausliegende Sprache, die zunächst die des vorwissenschaftlichen Lebens zu sein hätte. – In der Wissenschaftstheorie *K. R. Poppers* hat Wissenschaft die Aufgabe, Hypothesen dieses Lebens zu überprüfen und die falsifizierten auszuschalten, so daß deren Falsifizierbarkeit – und nicht ihre Bildung – sie erst als wissenschaftlich bestimmen ließe. Das Problem des Induktionalismus soll dadurch aus dem Bereich der Wissenschaft ausgeklammert sein. Das induktive Verfahren ist als vorwissenschaftlich charakterisiert, als das der »Erkenntnis« und Erfahrungsgewinnung im alltäglichen Leben.

9. Solchen Ansätzen ist gemeinsam, daß der hier »Leben«, »Lebenspraxis« oder »Lebenswelt« genannte Bereich insgesamt bewußt oder unbewußt im Dunkeln bleiben muß und Leben dem strengen Erkennen abstrakt *gegenübergestellt* bleibt. »Wissenschaften« von ihm, die dann a priori nicht exakte Wissenschaften sein können, sollen in der Erforschung des Lebens ihre Aufgabe haben, wobei die *Biologie* das noch am ehesten objektivierbare Verhalten zum Gegenstand haben soll. Aber auch ihr Gegenstand ist von dem der Physik und Chemie als den Wissenschaften vom Unbelebten dadurch abgegrenzt, daß er als unwahrscheinliche *Ausnahmeerscheinung* gegenüber allgemeinen Gesetzeshypothesen über Gegenstände der Natur *vorauszusetzen*, d. h., in seiner Besonderheit nicht zu erklären ist. Die klassische Physik kann die den allgemeinen Entropiegesetzen entgegenstehende Beständigkeit des lebenden Organismus nicht aus allgemeinen Zusammenhängen ableiten. Die Quantentheorie vermag diese Stabilität wenigstens insoweit zu erklären, als man sagen kann, »daß die lebende Materie« – diesen Ausdruck hatte *Kant* noch als widersinnig bezeichnet – »den bis jetzt aufgestellten physikalischen Gesetzen zwar nicht ausweicht, wahrscheinlich aber doch bisher unbekannten anderen ›physikalischen Gesetzen‹ folgt, die einen ebenso integrierten Teil dieser Wissenschaft bilden werden wie die ersteren, sobald sie einmal klar erkannt sind«[21]. Sie müßten besagen, daß Materie nicht nur die Tendenz habe, aus Ordnung in allgemeine Entropie überzugehen, sondern daß ihr »Verhalten« auf einer objektiven Ordnung beruhe, die in sich er-

halten bleibe und sich dem erwarteten Übergang in den Gleichgewichtszustand der Entropie entziehe. Es wäre eine andere Gesetzmäßigkeit anzunehmen als die des bloßen »Wahrscheinlichkeitsmechanismus« der Physik.

Schrödinger verweist darauf, daß dies postcartesianische Prinzip der »Ordnung aus Ordnung« der Physik nicht fremd sei. Er führt in einer gewissen Wiederbelebung griechischer Kosmologie und Weltseelenlehre als Beispiel das Sonnensystem und die Bewegung der Planeten an, die während einer fast unbegrenzten Zeit erhalten bleibe, außerdem generalisierend alle Systeme, die stabil genug sind, bei einer gewissen Temperatur, die über dem absoluten Nullpunkt liegt, der allgemeinen Tendenz zur Entropie praktisch enthoben zu sein (Festkörper). Ein selbsttätiges Entgegenwirken gegen die Entropie ist damit jedoch nicht erklärt.

Erst *kybernetische Modelle* sind in der Lage, Phänomene der Selbsterhaltung und Selbststeuerung objektiver Systeme zu beschreiben, ohne allerdings die Entstehung des Lebens aus Unbelebtem erklären zu können. Sie können aus einem System unüberschaubarer Komplexität doch ein Teilganzes isolieren, das so definiert ist, daß dessen weitere Analyse zu Teilen führen würde, die nicht mehr die Verhaltensmerkmale eines nur aus sich heraus verständlichen Ganzen besitzen. Die kybernetische Biologie will solche Systeme nicht mehr nur spekulativ voraussetzen, wie es beim spekulativen Lebensbegriff der Tradition der Fall war. Sie will im Sinn kybernetischer Modelle empirisch-theoretisch erklären, daß Bewegung als Reaktion auf äußere Einflüsse nicht nur mechanisch von außen bewirkt, sondern durch »Selbstbewegung« bzw. Selbstregulation des Organismus induziert ist, solange der Organismus überhaupt besteht[22].

Der »Wahrscheinlichkeitsmechanismus« der Physik ist von hier aus in seinen (historischen) Wurzeln zu reflektieren. Seine Hauptvoraussetzung liegt in der Tradition der spekulativen Satzgrammatik, derzufolge Wahrheit, bzw. objektive Gültigkeit als *adaequatio* zu einem *intellectus* verstanden war, der sich seinerseits selbst als Präsentation eines Inhalts in der Form isolierter, kontextfreier Sätze verstand. Deren Zusammenhang sollte im rein logischen Prinzip des zu vermeidenden Widerspruchs sein Kriterium haben. Die Verallgemeinerung solcher Sätze in der Form von Gesetzeshypothesen führt zum Problem der Induktion, wie sie in alltäglicher Erfahrung (im »Leben«) fortwährend vorkommt, deren Gewißheit sich jedoch in erkenntniskritischer Reflexion auf die Gültigkeit solcher Setzungen zu einer Wahrscheinlichkeitsaussage reduziert. An die Stelle der Beständigkeit des objektiv vermeinten Inhalts der Aussage tritt die Bewährtheit der Hypothese. Nur an den besonderen, belebt genannten Gegenständen fällt der Zusammenhang des Gesetzes mit einer vorauszusetzenden Beständigkeit der gegebenen Sache selbst sinnfällig zusammen. An dieser *gegebenen Gesetzmäßigkeit* gewinnt das induktive Verfahren seine Rechtfertigung aus der sonst unverständlich bleibenden Erfahrung selbst. Die aus dem »Leben« induktiv gebildete Hypothese und eine sinnlich gegebene Erscheinung schließen sich zu einer Einheit (von Begriff und Sache) unmittelbar zusammen. Wahrheit, definiert als diese Einheit, wird in ihrem Mehrsein gegenüber der bloß logischen, d. h. nur als immanenter Zusammenhang subjektiver Setzungen (Widerspruchsfreiheit des Systems von Gesetzeshypothesen) geltenden Form eines Zusammenschlusses von Sätzen selbst gegenständlich, sie »erscheint«, indem sich zugleich der Zusammenschluß von Sätzen als »lebendiger«, auf die Mitteilung von Erfahrung in ihrer konkreten Eigenheit hin gebildeter Kontext vollzieht. Dieser Tatbestand erfüllt die philosophische oder logische Bedeutung des Lebensbegriffs als des Begriffs der Realität, an dem dem Denken »schlechthin alle seine Gedanken«[23] aufgehen.

ANMERKUNGEN

[1]) *Aristoteles,* De anima II 4, 415 b 15 ff. – [2]) *Plato,* Phaidros 245 d 6–7. – [3]) *Augustinus,* De quant. animae XIII, 22 bzw. De trin. XV, 22, 42. – [4]) *Thomas v. Aquin,* Summa contra gentiles II, 83, 86 ff. – [5]) *Descartes,* Discours de la méthode V, 10, 11. – [6]) *Leibniz* an Varignon am 2. 2. 1702. – [7]) *Kant,* Träume eines Geistersehers, Akad. Ausg. Bd. II, S. 327. – [8]) *Kant,* Metaphysische Anfangsgründe der Naturwissenschaft, Akad. Ausg. Bd. IV, S. 544. – [9]) *Kant,* Kritik der Urteilskraft § 61 bzw. § 65. – [10]) *Hegel,* Vorlesungen über die Geschichte der Philosophie III, Glockner-Ausg. Bd. 19, S. 345. – [11]) *Hegel,* Phänomenologie des Geistes, S. 139 f. – [12]) *Hegel,* Wissenschaft der Logik, Bd. II, S. 413–415. – [13]) *Hegel,* Phänomenologie des Geistes, S. 558. – [14]) *Hegel,* Wissenschaft der Logik, Bd. II, S. 419. – [15]) *Kant,* Metaphysische Anfangsgründe der Naturwissenschaft, S. 478. – [16]) Ebd., S. 472; vgl. hierzu *J. Simon,* Begriff und Beispiel, in: Kant-Studien 1971, Heft 3, S. 269 ff. – [17]) *W. v. Humboldt,* Gesammelte Schriften, Akademie-Ausg. Bd. VI, S. 147. – [18]) *W. Dilthey,* Einleitung in die Geisteswissenschaften, Gesammelte Schriften, Bd. I, S. 386. – [19]) Vgl. hierzu die Lebensphilosophie *Bergsons.* – [20]) *Nietzsche,* Werke, hrsg. von K. Schlechta, Bd. III, S. 844; zum Verhältnis von Leben und Sprache bei *Nietzsche* vgl. *J. Simon,* Grammatik und Wahrheit, in: Nietzsche-Studien, Bd. I, 1972. – [21]) *E. Schrödinger,* Was ist Leben? München [2]1951, S. 96. – [22]) Vgl. *P. Krausser,* Zu einer Systemtheorie selbstgesteuerter Handlungsprozesse, in: M. Riedel, Rehabilitierung der praktischen Philosophie, Bd. I, Freiburg 1972. – [23]) *Hegel,* Jenenser Logik II, S. 416.

LITERATUR

Kant, Kritik der Urteilskraft, Hamburg 1954.
Hegel, Phänomenologie des Geistes, Leipzig 1949.
Hegel, Wissenschaft der Logik, Leipzig 1948.
W. Dilthey, Einleitung in die Geisteswissenschaften, in: Gesammelte Schriften, I. Band, Leipzig–Berlin 1923.
Briefwechsel zwischen W. Dilthey und dem Grafen P. Yorck von Wartenburg 1877–1897, Halle 1923.
H. Rickert, Die Philosophie des Lebens, Tübingen [2]1922.
E. Husserl, Die Krisis der europäischen Wissenschaften und die transzendentale Phänomenologie, Husserliana Bd. VI, Den Haag 1954.
M. Heidegger, Sein und Zeit, Tübingen [11]1967.
L. Wittgenstein, Philosophische Untersuchungen, Schriften Bd. I, Frankfurt 1960.
E. Schrödinger, Was ist Leben? München [2]1951.
O. *F. Bollnow,* Die Lebensphilosophie, Berlin 1958.
H. G. Gadamer, Wahrheit und Methode, Tübingen [2]1965.
Die Wissenschaft vom Leben. Eine Geschichte der Biologie, Bd. I, Vom Altertum bis zur Romantik, von Th. Ballauf, Freiburg–München 1954; Bd. III, Der Wandel der Problemlage der Biologie in den letzten Jahrzehnten, von E. Ungerer, [2]1966.

JOSEF SIMON

LIEBE

1. Einzelwissenschaftliches und philosophisches Verständnis
2. Problemgeschichte
3. Grundzüge einer Phänomenologie der Liebe

1. Unter allen Begriffen des Denkens ist Liebe einer der vielschichtigsten und mehrdeutigsten. Dies kommt u. a. daher, daß der Begriff nicht nur vom philosophischen Denken, sondern auch von den Einzelwissenschaften in Anspruch genommen wird. So thematisiert die Verhaltensforschung etwa Liebe als ein aus dem Brutpflegetrieb, der umorientierten Aggression oder dem Geschlechtstrieb resultierendes Verhalten der Individuen, welches unter der Hinsicht der Evolution sinnvoll ist[1]. Die Psychoanalyse begreift Liebe unter dem Gesichtspunkt eines allem Lebendigen gemeinsamen Grundtriebes zur Vereinigung (Eros), dessen exakt beschreibbare Energie die Libido ist[2]. Kennzeichnend für derartige Betrachtungsweisen ist es, daß sie Liebe als ein Verhalten des Menschen jeweils unter einer bestimmten, die Objektivierung ermöglichenden *Hinsicht* begreifen. Liebe wird hier zu einem gegenständlichen (quantifizierbaren) und an den Lebewesen vorfindbaren Sachverhalt. Jedoch erschließt sich eine ganz andere Sicht, wenn Liebe als Weise der bewußten und totalen Selbsterfahrung des sich in seiner geschichtlichen Gestaltung selbst aufgegebenen Menschen verstanden wird. Liebe erscheint dann als eine äußerste, in keine weitere Hinsicht mehr einzuordnende Weise wissenden und handelnden menschlichen Daseins. Diese Daseinserfahrung, die sich in dem deutschen Wort »Liebe« niederschlägt, hat allerdings ganz verschiedene geschichtliche Wurzeln, die ebensovielen Grundverständnissen von Liebe entsprechen.

2.1 In der frühen griechischen Naturphilosophie erscheint ἔρως als eine kosmische Macht, die alles Entstehen bewirkt. Nach *Empedokles* regieren Liebe (ἔρως) und Haß (νεῖκος) alle Geschicke[3]. ἔρως aber bringt nach *Hesiods* Theogonie Götter und Menschen um den Verstand[4]. Aus diesen Vorstellungen, die im Eros ein blindes Pathos sehen, befreit sich das klassische griechische Denken vor allem durch *Platon.* Für ihn ist Eros die zentrale Kraft, welche die Seele des Menschen bewegt, das Gute, Schöne und Wahre zu suchen. Sie zeigt sich als das »Verlangen, ewig das Gute zu besitzen«[5]. D. h. Liebe wird hier verstanden als eine das geistige Wesen des Menschen selbst ausmachende Befindlichkeit. Sie muß deshalb auch, wie vor allem *Platons* »Gastmahl« zeigt, im Mittelpunkt des Denkens stehen. Liebe ermöglicht das Streben- und Erkennenkönnen des Menschen. Sie macht ihn zu dem auf die Erkenntnis und den Besitz des Guten schlechthin angelegten Wesen. Durch Liebe wird der Mensch wie durch eine μανία über sich selbst hinausgeführt[6]. Und dadurch allererst kann der Vorgang des Erkennens und Strebens im einzelnen einsetzen; d. h. das Schöne und Wahre kann in den einzelnen sinnlichen Gegenständen ergriffen werden. Liebe erweist sich so als

»Zeugin im Schönen« (τόκος ἐν καλῷ)[7]. Sie kennzeichnet andererseits aber auch den ontologischen Status des Menschen. Denn Liebe ist letztlich durch alle Liebe zum einzelnen hindurch die Liebe zu dem einen schlechthin Guten[8]. Im Stande der Liebe finden sich deshalb nur die weder vollkommen unwissend sind noch aber auch vollkommen wissend. Die nie zur Sehnsucht nach Wissen erwachten, können nicht lieben. Aber ebenso wenig können die Götter lieben. Denn sie sind im Besitz der Vollkommenheit. Lieben kann nur der Mensch, dessen Seele durch die Berührung mit den sinnlichen schönen Dingen aufsteigt zu der Schönheit (oder auch der Ordnung) schlechthin. Eros ist deshalb der Sohn des Poros und der Penia[9]. Er bedeutet Reichtum und Armut zugleich. Deshalb kann er sich in die beiden Gestalten der irdischen und der himmlischen Liebe (ἔρως πάνδημος, ἔρως οὐράνιος)[10] aufspalten. Die gewöhnliche Liebe strebt nach dem einzelnen sinnlichen Schönen. Ihr gehört auch die geschlechtliche Liebe zu. Die himmlische Liebe strebt nach dem Schönen schlechthin[11] und damit zugleich nach Unsterblichkeit[12]. – Überschaut man den Platonischen Gedanken, der wie kaum ein anderer auf die abendländische Philosophie der Liebe Einfluß gewonnen hat, so sieht man leicht, daß Liebe hier von der metaphysischen Stellung des Menschen her begriffen wird, deren Maß die Wahrheit des Ganzen ist. Auf dieses Äußerste aber ist der Mensch vornehmlich durch die Kräfte des Erkennens hingeordnet. Dieser Zug wurde in der nachfolgenden Geschichte der Stoa und des Neuplatonismus noch verstärkt. Liebe ist dort die Auswirkung der Weltvernunft im Menschen[13]. Die Liebe zum anderen Menschen aber vermittelt den Aufstieg zu dem höchsten Guten. Auch für *Aristoteles* stehen Freundschaft (φιλία) und Menschenliebe (φιλανθρωπία) in diesem Zusammenhang[14]. Gleichzeitig betont er den später von der Philosophie des Mittelalters und der Renaissance aufgenommenen kosmischen Charakter der Liebe. Und es wird von ihm auch deutlich formuliert, welche Auswirkung das von dem klassischen griechischen Seinsverständnis bedingte Verständnis von Liebe auf das Gottesverständnis hat. Der unbewegte Beweger wird zwar von allen geliebt und bewegt dadurch alles[15]. Aber er selbst liebt nur sich. Er kann dem Menschen keine Gegenliebe entgegenbringen[16], weil dies Unvollkommenheit in ihn tragen würde.

2.2 In einen ganz anderen Horizont geraten wir, wenn wir den jüdischen und christlichen Wurzeln des Verständnisses von Liebe nachfragen. Ist für das griechische Verständnis Liebe letztlich Liebe zu dem ὄντως ὄν, welches das weniger Seiende nicht lieben kann, so geht das biblische Verständnis davon aus, daß Gott durch seine freie Tat liebend den Anfang der Liebe setzt. Steht im griechischen Verständnis die zeitlose Präsenz des letztlich Geliebten im Vordergrund, so geht umgekehrt das hebräische Verständnis gerade vom *Geschehen* der Liebe aus, welches als die freie, das Geschick der Menschen wendende Tat Gottes begriffen wird. Liebe wird also nicht so sehr im Horizont des zeitlos vorhandenen, sich im einzelnen zeigenden Guten verstanden. Vielmehr ist die Grundwirklichkeit, innerhalb derer von Liebe gesprochen werden kann, die Wirklichkeit der Geschichte, in der sich grundlegend Neues ereignen kann, das durch keinen apriorischen Vorgriff zu erreichen ist. Liebe wird verstanden als die gegenseitige Tat der Freiheit, welche einerseits die erwählende Freiheit Gottes meint. Dieser Freiheit aber antwortet in der Gegenliebe die Freiheit des Menschen, der als Erwählter auf den Bund eingeht und so in freier antwortender Selbstverwirklichung die Geschichte gestaltet. Das Grundmodell des Verständnisses von Liebe ist hier das Verhältnis zwischen Personen, in welchem sich Liebe als Erwählung und Treue ereignet. Dieses Geschehen wird dann jeweils für beide Partner zu dem alle Wirklichkeit einbegreifenden und bestimmenden Geschehen. Die Wirklichkeit selbst und im ganzen ist für sie gegründet in Erwählung und Treue. Dadurch ist aber auch gegeben, daß nicht nur für Gott, sondern auch für den Menschen Liebe Tat bedeutet, und nicht bloßes Begehren. Diese mißt sich am geschichtlichen Heil und Unheil des Menschen. Sie ist deshalb schon für das Judentum Tat der Nächstenliebe (Lev 19,18). Für das Neue Testament rückt die unbedingte und das eschatologische Heil antizipatorisch gegenwärtigsetzende Nächstenliebe derart in den Mittelpunkt, daß die tätige Liebe gegenüber dem, der mir nicht vergelten kann (Lk 6,32; Mt 25,35 ff.), und sogar die Feindesliebe (Lk 6,27) selbstverständlich werden. Der Grund der Möglichkeit für solches, das Heil des anderen Menschen erstrebende und alle Sorge um das eigene Sichdurchsetzen hinter sich lassende Tun (1. Joh 4,18 f.), wird hier wiederum in der liebenden Tat Gottes gesehen, die nun endgültig in Jesus Christus geschehen ist. – Das sichtbare Zeichen für die Differenz zwischen dem griechischen ἔρως und dem biblischen Verständnis von Liebe liegt im übrigen in der Tatsache, daß infolge des biblischen Verständnisses ein neues Wort auf den Plan trat: ἀγάπη. Schon die Septuaginta verwendet dieses im klassischen Griechisch unbedeutende Wort, um das im Alten Testament unter Liebe Verstandene wiederzugeben. Und das Neue Testament vollends füllt dieses Wort, das nun zu einem bedeutenden Wort des menschlichen Selbstverständnisses wird, mit dem Sinn an, den wir darlegten.

2.3 Die Geschichte des nun folgenden Denkens zeigt in erregender Weise, wie die beiden Grundverständnisse von Liebe zu einer Vermittlung drängten. Die Kirchenväter stellen zunächst ἔρως und ἀγάπη antithetisch einander gegenüber. *Ignatius von Antiochien* etwa spricht von der Notwendigkeit, den Eros zu kreuzigen[17]. ἀγάπη beinhaltet für die Kirchenväter die im umfassenden Sinn heile und tätige menschliche Daseinsweise, der folglich auch Erkenntnis (γνῶσις) untergeordnet wird. Jedoch bahnt sich vor allem seit *Origenes* eine Vermittlung in der Weise an, daß die ἀγάπη mit dem ἔρως οὐράνιος zusammengesehen wird. Von alles überragender Bedeutung für die Synthese zwischen platonischem und biblisch-heilsgeschichtlichem Denken wird schließlich *Augustin*, der einerseits in der Liebe als Entscheidungsfähigkeit die Grundkraft des Menschen sieht[18]. Andererseits vollzieht *Augustin* jedoch auf dem Fundament der Priorität des durch Gottes zuvorkommendes Handeln ermöglichten Aktes der Liebe den Gedanken des Aufstiegs der Erkenntnis bis zu dem höchsten Gut mit. Nach *Augustin* schafft Gott »aus Liebe und nach Ideen« [19]. Und eben deshalb kann das Geschöpf in der Liebe erkennend und wollend antworten. Im Horizont dieses menschliches Dasein ermöglichenden Grundaktes unterscheidet *Augustin* die *cupiditas* als den *amor sui* von der *caritas* als dem *amor Dei*. Jedoch fällt diese Unterscheidung nicht mit der Platonischen zwischen ἔρως πάνδημος und ἔρως οὐράνιος zusammen, weil hier nicht nach den Gegenständen der Liebe differenziert wird, sondern eine Differenz im Richtungssinn der zwischen Gott und Mensch sich vollziehenden Liebe gemeint ist. Deshalb wird im *amor Dei* auch alles Seiende um Gottes willen geliebt. Und deshalb kann in ihm als dem *frui Deo* auch die wahre Selbstliebe ihre Erfüllung finden[20]. Die *caritas* ist der heile Lebensakt des Menschen und sich selbst Lohn[21]. – Dieses Ineinander von Nächsten-, Selbst- und Gottesliebe wird freilich von der Theorie der göttlich-ekstatischen Liebe in Frage gestellt, die ebenfalls ihre Wurzeln in der Theologie der Kirchenväter hat (*Dionysius Areopagita:* ἔρως θεῖος ἐκστατικῶς)[22]. Sie ist als ein (vermutlich notwendiges) Korrektiv in der gesamten abendländischen Geistesgeschichte von den mittelalterlichen mystischen Bewegungen (*Bernhard von Clervaux, Richard von St. Victor*) an über die Troubadours und *Franz von Assisi*, über *Duns Scotus* und *Johannes vom Kreuz* bis hin zu *Fénélons amour pur* wirksam geblieben. Jedoch neigt *Thomas von Aquin* im Gegensatz zu der ekstatischen entschieden einer von der Natur und vom Erkennen ausgehenden Auffassung der Liebe zu. Liebe ist für ihn eine *vis unitiva*, die von dem Wahren und Guten ausgeht und den Willen bewegt. Der Grund der Möglichkeit der Liebe ist die *connaturalitas*, in welcher der erkennende und wollende Mensch zu dem Seienden steht[23]. Während die Einung durch die Erkenntnis aber nur der *quidditas* nach erfolgt, erfolgt sie durch das Verhältnis der Liebe dem *Sein* nach[24]. Infolgedessen findet in der Liebe als *amor benevolentiae* (Gegensatz: *amor concupiscentiae*) auch eine *immutatio*, *aptatio* und *transformatio* des Strebens durch das Erstrebte statt[25]. Das Geliebte vervollkommnet in der Liebe den Liebenden. Demgemäß ist das Interesse des Selbst in der Liebe – auch in der zu Gott – immer eingeschlossen. Und es ist jede Bewegung der Liebe (zumindest anfänglich) durch das Erkennen vermittelt[26], wenngleich *Thomas* betont, daß Liebe tiefer in Gott eindringe als das Erkennen[27]. Insofern *Thomas* aber Liebe überhaupt im Felde der Reflexion auf Erkennen und Wollen bedenkt und Liebe als *innere* Hinbewegung von der folgenden *äußeren* Handlung unterscheidet[28], deutet sich hier eine Psychologisierung der Liebe an, die erst in der Neuzeit ganz wirksam werden sollte.

2.4 Die Renaissance nimmt platonisch-plotinische Gedanken auf, versteht Liebe jedoch vor allem als kosmische Macht, als unendliche Potenz, die alles Seiende durchdringt und in der Einheit des Lebens zusammenhält[29]. Dieses Verständnis von Liebe wurde durch die aufkommende, den Wirkursachen empirisch nachfragende rationale Forschung jedoch bald entmythologisiert. Liebe wird nun zu einer bloßen im Subjekt nachzuweisenden Eigenschaft, zu einem Gefühl oder einer Passion. So bei *Descartes*[30], aber auch bei *J. Locke*[31] und *Condillac*[32]. Diese Veränderung ist insofern epochal, als durch sie Liebe aus dem ontologischen Zusammenhang, in dem sie seit *Platon* stand, herausgenommen wird. Da Liebe nun nicht mehr in dem Zusammenhang der Frage nach dem Sein überhaupt steht, sondern als bloß ontischer Sachverhalt angesehen wird, rückt sie aus dem Mittelpunkt des philosophischen Denkens heraus. Die einzelwissenschaftlich-objektivierende Betrachtungsweise von Liebe setzt ein. Man wird *Pascals* Lehre von den Ordnungen, als deren höchste sich die *charité* als der *ordre du cœur* zeigt [33], nicht zuletzt als Protest gegen eine solche Reduktion von Liebe auf psychische Funktionalität innerhalb des vom *ego-cogito* ausgehenden intentionalen Weltentwurfs begreifen müssen. *Leibniz* kehrt zu der ontologischen Tradition des Verständnisses von Liebe zurück, verbindet sie jedoch mit dem Vernunftdenken, welches die Leitlinien seines Philosophierens ausmacht. Er versteht Liebe als Sich-Erfreuen des Subjekts an der unendlichen Substanz [34], worin dann freilich auch das *felicitate alterius delectari* [35] eingeschlossen ist. Einen Schritt weiter geht *Spinoza*, für den der *amor Dei intellectualis* die Vollendung der erkennenden Subjektivität durch das Begreifen der ewigen Substanz [36] bedeutet. Dieses Begreifen aber ist Teil der unendlichen Liebe durch die Gott sich selbst liebt [37]. *Kants* rigorose nicht leidende »bloße Liebe zum Gesetz« [38] steht in einer gewissen Nähe zu jener durch das Unbedingte selbst bewirkten unbedingten Liebe. Und es kann kein Zweifel sein, daß auch der deutsche Idealismus und die Romantik solche Gedanken aufnehmen. Nach *Hegel* ist der Grund der Liebe das Bewußtsein von Gott [39]. Für *Fichte* besteht ein innerer Zusammenhang zwischen Selbstannahme und Anschauung des Ewigen, welche die Liebe des Ewigen zu sich selbst bedeutet [40]. Und für die Romantik ist Liebe gekennzeichnet durch die unendliche Alliebe, die das Göttliche in allen Dingen findet. Antithetisch abhängig von diesem Verständnis ist *Feuerbach*, der Liebe zwar konkret als Verhältnis zwischen Personen begreift, sie andererseits jedoch als einen Naturprozeß versteht, der sich mit der Vernunft von alleine durchsetzt. Wieviel von diesem Verständnis in die entscheidenden Denkschemata *Marxens* eingeflossen ist, bliebe zu untersuchen. – Gegenüber solchen Entwürfen bringen erst Ansätze des 20. Jahrhunderts grundlegend Neues, indem sie einerseits das »Welt«-eröffnende Wesen der Liebe *(Blondel, Scheler)*, andererseits aber vor allem den personal-dialogischen *(Buber, Ebner, Marcel)* und den geschichtlich-ereignishaften Charakter der Liebe *(Rosenzweig* [41]*)*, auf den schon *Kierkegaard* hingewiesen hat, herausarbeiten.

3. Überschaut man die verschiedenen geschichtlichen Verständnisse, so wird überaus deutlich, daß Liebe weder kategorial begriffen noch auch von einem einzelnen Vermögen des Menschen her verstanden werden kann. Will man die ursprüngliche Wirklichkeit der Liebe erfassen, so muß man davon ausgehen, daß Liebe der umfassendste Akt des Menschen ist, der jener Wurzel des Selbstseins zugehört, aus der allererst die einzelnen Vermögen entspringen. Das Vermögen zu lieben ist für den Menschen der unmittelbare Ausdruck des Vermögens als Person zu sein. Liebe kann deshalb Liebe zu allem Wirklichen sein, wobei man

gradweise die besitzenwollende Liebe zu bloß einzelnem Seienden von der Liebe, in der ich mich selbst kundgebe (ich liebe Bergsteigen) und schließlich der Liebe zu transzendentalen Gehalten (z. B. der Wahrheit) unterscheiden kann. Da die Selbstverwirklichung des Menschen aber letztlich nur durch seine Verwirklichung als Person in der zwischenmenschlichen Beziehung geschehen kann, meint Liebe primär ein Ereignis zwischen Menschen im Felde von Freiheit und Geschichte. Liebe zeigt sich ursprünglich als die freie und umfassende, alle Kräfte inanspruchnehmende Tat, mit der Menschen einander selbst bejahen. Ich liebe den anderen, nicht um einzelner Eigenschaften, sondern um seiner selbst willen. Ich bejahe den anderen, weil er ist »wie ich«, d. h. Person, begrifflich nicht einholbares Zentrum des Ausseins auf Sein und Wahrheit überhaupt. Hier liegt das die Liebe kennzeichnende fundamentale Paradox. Denn für jedes die Welt intentional entwerfende und aufarbeitende Denken, so wie es etwa von *Sartre* als Grundform des In-der-Welt-seins vorgestellt wird[42], ist damit Liebe unmöglich. Der andere kann in einem solchen vom *ego-cogito* her konzipierten Weltentwurf, nämlich nur als »Objekt«, als festgelegter Teil meiner Welt erfaßt werden. Liebe degeneriert dann zu der dem andern die Freiheit nehmenden Fürsorge. In der wirklichen Liebe dagegen gehe ich über die Grenzen meiner »gesicherten« Welt hinaus. In diesem Hinausgehen hat Liebe von dem Liebenden her den Sinn des Erwählens des anderen. Von dem Geliebten her aber hat sie den Sinn des Eingehens der ganzen Person auf dieses Geschehen in Gegenliebe und Treue. In der Liebe, die in ihrer Fülle nur da ist, wenn man zugleich liebt und geliebt wird, kommen die beiden Partner also dadurch zu sich selbst, daß sie im Geschehen beim anderen sind. Gerade dadurch, daß sich für den Liebenden der Horizont seiner intentional festgelegten Welt um des Seins des anderen willen öffnet, kommt er in Wirklichkeit zu sich selbst. In diesem Sinne ist Liebe nie selbstlos. Vielmehr widerspräche ein Altruismus, der das Selbst des Liebenden auslöschen wollte, der Liebe. Er würde einen sublimen Versuch der Selbsterlösung darstellen, nämlich den Versuch, über die geschichtliche Beziehungswirklichkeit hinauszukommen. – Weil für die geschehende Beziehung der Liebe der Liebende konstitutiv ist, wird durch die Liebe denn auch das *Selbst* des Liebenden offenbar. In der Liebe zeigt der liebende Mensch, *wer* er ist. Und ebenso wird in dem Akt der Liebe, der ja alles ergreift, was ist und insofern es ist, auch die *Welt* des Liebenden offenbar. Diese Welt wird durch Liebe allererst im einzelnen für die Erkenntnis wie für das Wollen aufgeschlossen. »Man lernt nichts kennen, als was man liebt« *(Goethe)*. Ebenso aber erstrebt man im einzelnen nichts, es sei denn, es gehöre zu dem, was man überhaupt mag. – In welcher Weise im Gegensatz zum bloßen Erkennen und Streben der Akt der Liebe das Selbstsein des Liebenden und seine Welt zugleich erschließt, wird jedoch erst ganz deutlich, wenn man auf das *Verhältnis der Liebe zur Zeit* achtet. Objektivierendes Erkennen kann sich auf einen apriorisch angenommenen Beziehungshorizont hin vollziehen, der seinerseits nicht mehr in Frage gestellt wird. Zweckgerichtetes Streben muß sich als Verfolgung eines Weges zu dem im voraus angenommenen Ziel begreifen. Liebe hingegen bindet sich schlechthin an den Augenblick, in dem sie geschieht. Sie nimmt das, was ihr liebenswert erscheint, nicht vorweg, sondern läßt es sich nur im Geschehen der Liebe selbst geben. Dies hängt wiederum damit zusammen, daß Liebe sich nichts anderem zuwenden will als dem Sein des anderen selbst. Deshalb kann sie weder den anderen (oder das andere) aus dem Vergangenen konstruieren, noch auch kann sie einen Vorgriff auf ihn (es) leisten. Sondern sie ist schlechthin auf das Geschehen der Begegnung angewiesen, in welcher der andere sich als er selbst erschließt. Dieser Augenblick der Begegnung in der Liebe aber gewährt *Gegenwart.* Es geschieht durch die Liebe Gleichzeitigkeit zwischen mir, dem es um das Sein selbst geht und dem Sein des anderen selbst (der im ausgezeichneten Falle Person ist). In der Beziehungswirklichkeit der Liebe bin ich selbst völlig gegenwärtig; und zwar gerade dadurch, daß mir der andere als freier Ursprung von sich her ganz gegenwärtig ist. Die Zeit verliert so den Charakter des Ablaufs und gewinnt den Sinn des »Für-einander-Zeit-habens«, der Weile. Darin zeigt sich aber wiederum, daß die geschehende Liebe keinen Grund außer sich hat, sondern sich selbst Grund ist. Andererseits ist damit gesagt, daß die Liebe des geschichtlichen Menschen sich immer *neu* verwirklichen muß. »Im Munde des Liebenden wird das Wort der Liebe nicht alt« *(Rosenzweig).* Gerade die Ursprünglichkeit der je neuen Verwirklichung ist das Zeichen für die Wahrhaftigkeit der Liebe. Dieses ihres ursprünglichen im Augenblick geschehenden Charakters wegen hat sie die Kraft, die »Welt« zu verändern. Sie ist schöpferisch in dem Sinne, daß durch sie Neues geschehen kann. – In dieser Ursprünglichkeit aber zeigt sich schließlich auch, daß Liebe ohne den inneren Verweis auf das Heilige und auf Gott nicht zu denken ist. Im Geschehen der Liebe darf der Liebende, der sich zugleich als Geliebter erfährt, unbedingt *sein.* Und er weiß, daß der, den er liebt (oder das, was er liebt) unbedingt *ist.* Er nimmt sich und das, was ist, selbst an, weil er sich und alles als unbedingt angenommen erfährt. Dieses unbedingt Seindürfen aber kann der Liebende nicht konstruieren. Im Geschehen der Liebe zeigt sich für den Liebenden also sein und aller Dinge unbedingtes Gehaltensein. Dieses Gehaltensein selbst aber kann wieder nur als Geliebtsein verstanden werden. – Nun hat das im Geschehen der Liebe erfahrene unbedingte Geliebtsein, durch welches ich mich in der Beziehung zu dem Unbedingten finde, aber einen sowohl *protologischen* wie *eschatologischen* Charakter. Indem ich im Geschehen der Liebe das unbedingte Geliebtsein erfahre, wird mir deutlich, daß ich immer schon selbst sein durfte. Es wird zugleich aber auch sichtbar, daß meine Gegenliebe sich nur in einem »wesensunendlichen«[43] geschichtlichen Prozeß verwirklichen kann. Denn die Welt, in der ich mich vorfinde, entspricht keineswegs dem Maß der Liebe. Wenn immer Liebe sich nur welterschließend und d. h. auch durch die in dem gesellschaftlichen Geflecht mögliche Tat verwirklichen kann, wird sie in den konkreten Umständen Erfahrungen der Differenz und des Leidens machen. Sie muß, um sich geschichtlich zu konkretisieren, Nächsten-Liebe sein. Gerade als solche aber wird sie erfahren, daß mit der Liebe zum Nächsten noch nicht alles Sein-können erschlossen ist. Ja sie wird darüber hinaus erfahren, daß der Nächste wie auch der Liebende selbst in den konkreten Umständen nur in entfremdeter Weise da sind. Weil es ihr um das Sein überhaupt geht, wird Liebe gerade auf diese Entfremdung aufmerksam sein. Sie wird also als konkrete geschichtliche Liebe mit Notwendigkeit ein kritisches Moment in sich enthalten, das sich auch gegen den Status des Liebenden selbst richten kann. Sie wird sich deshalb nur zugleich mit dem Akt der Hoffnung verwirklichen lassen. Als derart konkrete geschichtliche Liebe verschließt sie sich nicht in der einzelnen Beziehungswirklichkeit. Sondern sie schaut vor auf die erhoffte Fülle des Seins, die in jedem konkreten Akt der Liebe vorwegnehmend angezielt wird.

ANMERKUNGEN

[1]) Vgl. *I. Eibl-Eibesfeld,* Liebe und Haß. Zur Naturgeschichte elementarer Verhaltensweisen, München 1970. – [2]) Vgl. dazu *S. Freud,* Abriß der Psychoanalyse, in: Ges. Werke, London 1941, XVII, S. 63 ff. – [3]) Diels 31 B 17. – [4]) Theogonie 120–122. – [5]) Symposion 207 a. – [6]) Phaidros 249 d–e. – [7]) Symposion 206 d 5. – [8]) Politeia 508 e. – [9]) Symposion 203 d. – [10]) Symposion 180 d–e. – [11]) Symposion 210 a–e. – [12]) Symposion 207 a. – [13]) Vgl. dazu etwa den Zeushymnus des *Kleanthes,* in: Arnim, Stoicorum vetera fragmenta I, S. 537 (v 18). – [14]) Nikomachische Ethik VIII–IX. – [15]) Metaphysik 1072 b 3. – [16]) Magn. Moral 1208 b 28–30; Nikomachische Ethik 1158 b 35 ff. – [17]) Ad Rom 7, 2. – [18]) En. Ps. 121, 1 (ML 37, 1618); 121, 12 (ML 37, 1628). – [19]) *Scheler,* Liebe und Erkenntnis, in: Krieg und Aufbau, Leipzig 1916, S. 25. – [20]) De Doct. Christ. I, 22–29 (ML 34, 26–30). – [21]) En. Ps. 149, 4 (ML 37, 1951). – [22]) Div. Nom. 4, 13. – [23]) S. th. I–II 26 1 c. – [24]) De Malo I 1; S. th. I 5 2 ad 4. – [25]) S. th. I–II 23 4 c. – [26]) S. th. I–II 27 2 c. – [27]) De Veritate 22, 11. – [28]) Vgl. dazu S. th. I–II 18 6. – [29]) Vgl. dazu *Leone Ebreo,* Dialoghi d'amore; *M. Ficino,* In Convivium Platonis de amore commentarium; *G. Bruno,* Degli eroici furori, dial. II. – [30]) Sur les passions de l'âme II, 56, 79. – [31]) Essay II, 20, 4. – [32]) Traité de sensations I, 3. – [33]) Pensées, hrsg. von Brunschvicg, S. 793. – [34]) Principe de la nature, S. 16. – [35]) De notionibus juris et justitiae. – [36]) Eth. V prop. XXXII, coroll. – [37]) Ebd. XXXVI. – [38]) Kritik der praktischen Vernunft I, I, 3. – [39]) Werke (Glockner) III, S. 225. – [40]) Rede an die Dt. Nation VIII; Anweisung zum seligen Leben, Vorlesung 10. – [41]) Vgl. Stern der Erlösung, Frankfurt 1921, vor allem II. Teil. – [42]) Vgl. L'être et le néant, Paris 1943, 3ième partie, Le Pour-autrui. – [43]) *M. Scheler,* Gesammelte Werke X, Bern 1957, S. 359.

LITERATUR

Platon, Symposion.
Aristoteles, Nikomachische Ethik VIII–IX.
M. Scheler, Liebe und Erkenntnis, in: Krieg und Aufbau, Leipzig 1916.
H. Scholz, Eros und Caritas. Die platonische Liebe und die Liebe im Sinn des Christentums, Halle 1929.
A. Nygren, Eros und Agape. Gestaltwandlung der christlichen Liebe, Gütersloh 1930–1937.
G. Hultgren, Le commandement d'amour chez Augustin. Interprétation philosophique et théologique d'apres les écrits de la période 386–400, Paris 1939.
V. Warnach, Agape. Die Liebe als Grundmotiv der neutestamentlichen Theologie, Düsseldorf 1951.
L. B. Geiger, Le problème d'amour chez S. Thomas d'Aquin, Montreal–Paris 1952.
J. Malik, Der Begriff des Strebens bei Thomas v. Aquin, in: Philosophisches Jahrbuch der Görresgesellschaft, S. 36–66.
G. Faggin, Amore, in: Enciclopedia Filosofica, Firenze ²1967, I, Sp. 221–230.

BERNHARD CASPER

MACHT

1. Vorklärung des »Begriffs«
2. Macht und Gewalt
3. Quellen der Macht
4. Formen der Macht
5. Macht und Recht

1. Die Erfahrung der Macht gehört zu den eindringlichsten, aber auch zu den dunkelsten Erfahrungen unserer Gegenwart. Sie ruft die widersprüchlichsten Stellungnahmen hervor. Allen aber erscheint sie wohl als gefährdend und gefährdet. Hier spricht sich die Erfahrung eines Jahrhunderts aus, in dem die Verfügungsgewalt des Menschen über die Natur ins Unabsehbare zu steigen im Begriffe ist, zugleich aber die moderne Technik sich zu einem dynamisch-evolutionären Funktionssystem zu verselbständigen und den Menschen gleichsam in der Gestalt einer künstlichen Welt zu beherrschen beginnt; in dem Weltkriege gerade in der Demonstration ungeheuerster Gewaltmittel mehr die Ohnmacht als die Macht der Staaten offenbarten; in dem Liberalismus und Sozialismus als bestimmende Mächte erscheinen, zugleich aber die Gefährdetheit ihrer Macht durch das Aufkommen totalitärer Herrschaftssysteme offenkundig wurde.
Man hat gerade in unserm Jahrhundert immer wieder von der »Dämonie der Macht« gesprochen, damit auf das tief Ambivalente der Macht hingewiesen, zugleich aber auch auf ihre elementare Bedeutung für den Menschen und sein Dasein in der Welt überhaupt.
Von diesen Erfahrungen wird auch die Philosophie ausgehen, wenn sie das Wesen der Macht und ihre anthropologische Bedeutung zu begreifen versucht. Begreifen kann hier sinnvoll nur heißen, die wesentlichen Aspekte der Macht darlegen. Allerdings verbindet sich mit dem Versuch, diesen dunklen »Begriff« zu klären, ein praktisch-kritisches Interesse, insofern er nämlich helfen soll, die Macht gegen ihre eigenen Verkehrungen und gegen Verfälschungen durch zwar ähnlich scheinende, dennoch grundverschiedene Phänomene zu schützen und eben dadurch eine positive Erfahrung zu ermöglichen. Ihre Diffamierung oder gar Verketzerung wird zwangsläufig zur Quelle der Ohnmacht, der Gewalt und des sogenannten Bösen in der Macht. Zu den Verfälschungen der Macht gehört vor allem ihre Verwechslung oder doch Vermischung mit der Gewalt.
Das Wort Macht wird häufig synonym mit »Gewalt« gebraucht; darüber hinaus werden beide Worte sowohl in einem weiteren Wortsinn verwandt, wonach sie auch Erscheinungen der Natur und des göttlichen Wirkens umfassen, wie in einer engeren Bedeutung, eingeschränkt auf den Menschen. Diese sprachlichen »Ungenauigkeiten« finden sich in der ganzen Sprachgeschichte, auch in den philosophischen und wissenschaftlichen Erörterungen. Deshalb kann der allgemeine Sprachgebrauch auch nicht direkt als Leitfaden, wohl aber indirekt als Stütze der philosophischen Analyse dienen. So weist bereits der Sprachgebrauch

darauf hin, daß die geschichtliche Erfahrung der Macht sich erheblich geändert hat.

Was den Bedeutungsumfang beider Worte betrifft, so zeigt sich deutlich die Tendenz, mit dem Aufkommen der neuzeitlichen Erfahrungen Macht und Gewalt immer eindeutiger dem Menschen zuzuordnen. Hierin spricht sich die zunehmende Zuwendung des Menschen zur Welt, zur Wirklichkeitserfassung und eigenen Daseinsbewältigung, sowie die Hinordnung der Welt auf den Menschen als Eroberer, Gestalter und freien Weltbürger aus.

Trotz der häufig synonymen Verwendung von Macht und Gewalt betont der neuere Sprachgebrauch bei Gewalt eindeutig die mehr negative Bedeutung, bei Macht hingegen einmal die negative, einmal die positive. Offensichtlich stoßen wir hier überhaupt auf zwei verschiedene, ja entgegengesetzte Bedeutungen von Macht. Dort, wo sie im Sinne von »Beherrschen«, »unter den eigenen Willen zwingen«, »den widerstrebenden Willen brechen« verstanden wird, wird sie gleichbedeutend mit Gewalt, was auch die verbreitete, doch irrige Auffassung erklärt, daß einmal Gewalt nichts anderes als gesteigerte Macht, zum andern Macht nichts anderes als gemilderte, nämlich durch Recht eingeschränkte Gewalt sei. Demgegenüber muß die grundsätzliche Differenz erkannt werden.

2. Beide, Macht und Gewalt, beziehen wir ursprünglich auf ein Wesen, das durch ein Vermögen der Zwecktätigkeit die Welt gestalten und ändern kann, nicht aber nur ein Geschehen, das kausal wirkt, in blinden Wirkreihen abläuft oder auch, wie alles Lebendige, nur zweckmäßige Prozesse vollzieht. Als ein solches Wesen erfahren wir unmittelbar nur den Menschen. Dennoch unterscheiden sich Macht und Gewalt sowohl nach der Richtung und Art des Handelns wie vor allem hinsichtlich ihres Wirkraums, des Raums also, in dem sie wirken und den sie wirkend hervorbringen.

Gewalt »hat« man vor allem, und zwar über etwas. Die Bedeutung von Gewalt ist allgemein: über etwas verfügen können. Allem herstellenden Tun eignet Gewalt; ebenso auch der Technik, ja man kann die moderne Technik in gewisser Hinsicht als expansive Verfügungsgewalt bezeichnen. Dasjenige, über das man Gewalt hat, kann man gebrauchen, und zwar für beliebige Zwecke. Darin gründet der instrumentale Charakter der Gewalt, nämlich etwas, über das sie verfügt, zum Mittel machen zu können, und zwar für Zwecke, die diesem Mittel ganz äußerlich sind. Das gibt der Gewalt auch den Grundzug der Willkür. Häufig eignet der Gewalt noch der Charakter der Heftigkeit und des Überwältigens. Es wird der entgegenstehende Widerstand überwunden, und zwar indem er gebrochen wird. Zugleich aber verbindet sich mit der Vorstellung von Gewalt die Vorstellung von Herrschaft als Beherrschen. Damit ist bereits der kritische Punkt bezeichnet. Gewalt als bloßes Verfügenkönnen über etwas bedeutet noch kein negatives Verhältnis zur Sache, sondern meint neutral ein objektives Vermögen des Menschen, das auch als Mittel der Machtausübung gebraucht werden kann. Anders wird dies dort, wo Gewalt als Überwältigen und wo die Willkürlichkeit des Gebrauchens und Verfügens hervortritt. Eindeutig negativ aber wird das Verhältnis dann, wenn die Gewalt sich auf den andern Menschen bezieht, und zwar bereits dadurch, daß sie ihn zu einem Etwas macht, über das sie verfügt. Deshalb ist die Gewalt als zwischenmenschliches Verhältnis inhuman, und zwar insofern, als sie den anderen Menschen als selbst handelndes Wesen nicht anerkennt, ja zerstört. Der Mensch, der sich nur auf seine Gewalt stützt, ist daher der personalen Begegnung nicht fähig, er verschließt sich von vornherein den Raum möglichen freien Handelns. Hier zeigt sich ein entscheidender Unterschied zur Macht, die selbst dort, wo sie als Herrschaft über andere Menschen erscheint, kein instrumentales Verfügen über etwas ist. – Trotz der grundsätzlichen Inhumanität der Gewalt als zwischenmenschlichem Verhältnis kann es so etwas wie »berechtigte« Gewalt geben. Dies ist in allen »Notwehrsituationen« der Fall.

3. Ursprung oder doch Quellen der Macht zeigen sich, und zwar in zunehmender Konkretion, wenn wir auf die *vita activa (H. Arendt)* (1), den Willen (2) und die Interessen (3) schauen.

(1) Es gehört zu unseren Grunderfahrungen, daß der Mensch ganz verschiedener Einstellungen zum Leben, zur Welt und zu seinem Dasein in der Welt fähig ist. In diesem Sinne müssen wir Macht der *vita activa* zurechnen, die sich sowohl von der *vita contemplativa* wie von der *vita passiva* unterscheidet. Meint *vita contemplativa* ein Leben, das in einer Haltung der Hingabe den Sinn und die Wahrheit alles Begegnenden in der Welt und der Welt selbst zu erfassen versucht, so ist die *vita passiva* gekennzeichnet vom Streben nach Glück, Genuß, Wohlleben, tiefer aber wohl von dem Verlangen nach einem Leben ohne Schmerz, Furcht, Gefahr, oder einem Leben der zufriedenen Ruhe und Sicherheit. Für die *vita activa* dagegen gelten gerade tätige Weltgestaltung, handelnde Selbstverwirklichung, schöpferische Veränderung, damit Anstrengung und Risiko als wertvoll. Sie ist ein Leben des betonten Willens. Diese verschiedenen Grundhaltungen der Lebensführung sind sicher nicht einfach in die freie Verfügung des Menschen gestellt, dennoch unterliegen sie auch seiner Entscheidung und verweisen insofern auf den Ursprung und Sinn seiner Freiheit. Damit erhalten wir aber einen zweifachen Sinn von Macht. Denn zweifellos können alle diese Grundhaltungen als Darstellungen der Mächtigkeit des Menschen und damit gemeinsam auf den Menschen als »Seins-Macht« gedeutet werden, zumindest die *vita contemplativa* und die *vita activa,* wohingegen die *vita passiva* eher Ausdruck der Ohnmacht des Menschen ist, die sich in dem ihr eigenen Weltverlust zeigt; dann jedoch wird gerade die *vita activa* im Unterschied zu den beiden andern Lebenshaltungen den Menschen als Macht charakterisieren.

(2) Macht kommt dem Menschen als Willen zu. Wille bedeutet ganz allgemein die Fähigkeit, durch bewußtes Handeln die Wirklichkeit seinen eigenen Absichten entsprechend gestalten und verändern zu können. Näher umfaßt Wille immer schon zwei Wirkrichtungen: das Vermögen der Zwecktätigkeit, der

zweckrationalen Gestaltung der Wirklichkeit (empirischer Wille) und das Vermögen ursprünglicher Sinnverwirklichung (personaler oder eigentlich freier Wille). Das Vermögen der Zwecktätigkeit kann ganz orientiert sein auf die Befriedigung der Bedürfnisse des Menschen; es kann aber auch darin gesetzt werden, alle Anlagen und Kräfte der Natur, der äußeren und der eigenen, zu entwickeln, und zwar so, daß dem Menschen eine Verfügungsmacht zuwächst, die ihn zunehmend vom äußeren Druck (der Notdurft des Lebens) befreit und ihn so in seiner »Kultur« eine Potenzierung seiner Lebensmöglichkeiten, damit seine Herrschaft über die Natur oder seine »empirische Freiheit« gewinnen läßt.

Freier Wille steht hier für anthropologische Grunderfahrungen wie: daß der Mensch nicht nur lebt, sondern sein Leben führt; daß er nicht nur Funktionsträger einer übergeordneten Sinngeschichte ist, sondern vermag, der »Geschichte«, seinem geschichtlichen Dasein einen Sinn zu geben, und überhaupt die Möglichkeit hat, einen neuen Anfang zu setzen. Grundlegend für diese Erfahrung ist aber die Begegnung mit andern Menschen, die mit der gegenseitigen Anerkennung überhaupt erst den Raum möglichen freien Handelns entstehen läßt. Erst durch diese Gemeinsamkeit, die die verschiedenartigsten und tiefgreifendsten Konflikte nicht ausschließt, lebt der Mensch in einer »Welt«, und nicht nur in einer – sei es auch offenen – Umwelt. Die Neuzeit hat für diese geschichtlichen Selbst- und Welterfahrungen den Begriff der Autonomie, der Selbstbestimmung des Menschen geprägt. Autonomie drückt also die Macht des Menschen aus. Nur dürfen wir sie heute nicht mehr so sehr als subjektive »Selbst-Bestimmung« sehen – dies legt die Gefahr eines Solipsismus nahe – sondern als freie, verantwortliche Mit-Bestimmung.

Zweckrationales Handeln und Autonomie sind also vor allem Quellen der Macht, doch müssen wir genauer sagen, daß die Macht des Menschen sich nur in der Verschränkung dieser beiden Wirkmöglichkeiten realisieren kann. Denn ohne die in der Autonomie sich vollziehende Sinngebung müßte alles zweckrationale Tun, auch die höchste Steigerung der technischen Verfügbarkeit, blind, ohne Machtmittel im Sinne der Herrschaft über die Natur, gerade auch über die menschliche Natur, müßte die Autonomie wirkungslos bleiben. Das aber heißt, die Macht des Menschen würde so und so sich als Macht auflösen oder gar zerstören.

(3) Die Neuzeit stellt mit der Vorstellung der Autonomie die prinzipielle Gleichheit der Menschen mit Nachdruck heraus; ebenso eindringlich ist aber die Erfahrung derjenigen Ungleichheit, die sich gerade in den modernen Leistungssystemen und Stilen der Lebensführung zunehmend herausbildet, sei es zwischen einzelnen Gruppen, Klassen oder Staaten. In dem dadurch entstehenden Spannungsfeld von Gleichheit und Ungleichheit vollzieht sich der eigentliche Kampf um die Macht.

Macht äußert sich daher vor allem im Feld der gemeinsamen und kollidierenden Interessen. Das Feld der Interessen ist weit und geschichtlich variabel. Dennoch können wir von zwei Grundinteressen, dem Lebens- und dem Freiheitsinteresse, sprechen, wobei »Grundinteresse« allerdings nur eine Richtung für vielfältige konkrete Interessen angibt. Die Lebensinteressen beziehen sich auf die Bedürfnisse, seien es primäre oder sekundäre, sogenannte vitale oder geistige. Interessen sind gesellschaftlich vermittelte Bedürfnisse; vermittelt sind die Weisen des Bewertens, Vorziehens, Auswählens und Zur-Geltung-Bringens. In diesem sozialen Feld der gegenseitigen Abhängigkeiten und Einflußnahmen finden wir auch die Bedingungen, durch die Macht wirksam werden kann. Denn wer die Bedürfnisse und Interessen der andern befriedigen oder bedrohen kann, kann die andern für die Verwirklichung der eigenen Absichten einsetzen, kann seinen Willen durchsetzen, sei es über die Zustimmung, sei es über den Zwang, mag dieser physischer, psychischer oder wirtschaftlich-sozialer Art sein. – Freiheitsinteresse bedeutet nicht nur ein allgemeines Interesse an der Freiheit des Menschen überhaupt, sondern es bezieht sich auf die geschichtlich konkreten Freiheiten, die sich z. B. in allgemeinen Menschenrechten oder in Grundrechten politischer Verfassungen artikulieren. Diese umfassen notwendig einerseits die prinzipielle Anerkennung eines jeden Menschen als Person, andererseits das Recht auf Wahl, d. h. freie Mitbestimmung der konkreten Lebensordnung, und beziehen sich damit auf Art und Stellung der Wirtschaft, des Eigentums, der Bildung usw.

Macht besteht nun in der erfolgreichen Verwirklichung von Lebensinteressen und Freiheitsinteressen, oder, schaut man auf das Widerspiel der Interessen, in der Durchsetzung der eigenen Interessen. In der Verwirklichung der Lebensinteressen schafft sich ein politisches Gemeinwesen die Macht-Mittel, die es zur Verwirklichung seiner eigentlichen politischen Interessen, seiner politischen Freiheit, braucht. Doch für diese politische Freiheit kommt es wiederum nicht nur darauf an, die verfügbaren Machtmittel gleichsam instrumental zu gebrauchen, wie es z. B. in einem reinen Wohlfahrtsstaat weitgehendst mit dem Eigentum und der Wirtschaft überhaupt geschieht, sondern sich selbst in ihnen als freier Gemeinwille zur Darstellung zu bringen, und d. h. als wirkliche Macht zu erscheinen. Da die politische Freiheit in hohem Maße von der wirtschaftlichen Selbständigkeit abhängt, ist es selbstverständlich, daß der Kampf um die Macht sich besonders nachdrücklich im Bereich der Wirtschaft zeigt, ja nicht selten kann es so erscheinen, daß der Kampf um die wirtschaftliche »Freiheit« zur Darstellung der Macht überhaupt wird. Doch kann und muß sich Macht auch in andern elementaren Lebensinteressen, z. B. der Bildung im weitesten Wortsinn, äußern.

4. Das Wesen oder doch wesentliche Züge der Macht werden in ihren Erscheinungsweisen deutlich. Doch gehört es bereits zum Wesen der Macht, daß sie als solche erscheinen will. Das ist mit ihrem Ursprung im Willen gegeben. Macht als sich darstellender Wille erscheint deshalb als Selbstzweck und hat den Charakter der Öffentlichkeit. Dies gilt für alle Machtverhältnisse, gilt aber insbesondere für den Bereich des Politischen, den man allgemein als die Öffentlichkeit

bezeichnet und in dem man mit Recht oft auch den eigentlichen Bereich der Macht sieht. Man kann es daher geradezu als ein Anzeichen des Machtverfalls oder Machtmißbrauchs ansehen, wenn Macht die Öffentlichkeit scheut oder anfängt sich zu verschleiern. Es ist auch fragwürdig, wenn von den Kritikern der Ideologie diese als Verschleierung der Macht bezeichnet wird; denn verschleiern wird sich in der Regel die Ohnmacht und häufiger noch die mit ihr sich einstellende Gewalt, nicht aber wirkliche Macht. Ebensowenig scheint es richtig, die mit der modernen Technik aufkommenden Bürokratien und Apparate als Macht zu bezeichnen. Vielmehr sind diese modernen Technokratien mit ihrer manipulativen Verfügbarkeit des Menschen als ein Phänomen ganz eigener Art sowohl der Gewalt wie auch der Macht gegenüberzustellen. Denn die sich darin entwickelnde Manipulation zeichnet sich ja dadurch aus, daß sie nicht eigentlich Gewalt anwendet, daß sie dem Menschen aber auch nicht als Macht öffentlich begegnet; sie geschieht ihm vielmehr gewaltlos und ohne öffentliche Auseinandersetzung. Daß die moderne Manipulation, im Unterschied zu allen Machtverhältnissen, den Menschen als »freien Willen«, als Person schlechthin ignoriert, die durch sie geschehende quasi anonyme Vernichtung des personalen Daseins noch radikaler ist als selbst die durch Gewalt, das macht die modernen Technokratien – nicht die Technik – allerdings viel bedrohlicher.

Die Machtverhältnisse selbst können sehr verschiedene Formen zeigen. Wir heben drei charakteristische Formen hervor, die in der Regel in allen Machtverhältnissen gemischt vorkommen, wenn auch mit unterschiedlichen Prioritäten: das Verhältnis von Befehlen und Gehorchen (1), das autoritative Verhältnis (2) und das kooperative oder demokratische Verhältnis (3).

(1) Am eindringlichsten scheint Macht sich in dem Verhältnis von Befehlen und Gehorchen auszudrücken, ja Befehl erscheint als das Wesen der Macht (*Jouvenel*). In diesem Machtverhältnis ist die »einseitige« Abhängigkeit und Handlungsbestimmung, die Über- und Unterordnung am stärksten ausgeprägt. Doch ist Befehlen und Gehorchen nur eine Form der Macht, die dazu noch viele Modifikationen kennt, die in den verschiedenen Mitteln des Zwanges bzw. der Sanktionen deutlich werden, angefangen vom physischen Zwang bis hin zum Entzug von Gunsterweisen. Der entscheidende Unterschied besteht aber darin, ob Befehlen und Gehorchen sich in einer beide, den Befehlenden wie den Gehorchenden, umfassenden Herrschaftsordnung vollziehen, deren Sinn auch dem Gehorchenden wenigstens im allgemeinen zu erfassen und anzuerkennen möglich ist, oder ob der Befehlende blinden und sklavischen Gehorsam verlangt. In neuerer Zeit besteht die Neigung, Gehorsam schlechthin abzulehnen, weil er als solcher Ausdruck der Unterwürfigkeit und prinzipiellen Unmündigkeit sei. Soviel ist gewiß, daß mit einem echten Machtverhältnis nur die erstgenannte Grundform von Befehlen und Gehorchen vereinbar ist und daß blinder Gehorsam gerade dieses Verhältnis gefährdet. Faktisch aber wird die Macht des Menschen, besonders im politischen Raum, wohl nie ohne Befehlen und Gehorchen auskommen. Doch berechtigt ist die Frage, ob diesem Verhältnis noch, wie in den ver-

gangenen Geschichtsepochen, eine Priorität zukommt und vor allem ob es noch als ein einseitiges Abhängigkeitsverhältnis allgemein institutionalisiert werden darf oder ob es nicht in einem System gegenseitiger Abhängigkeit und damit allseitiger Über- und Unterordnung gegliedert werden muß.

(2) Nicht weniger umstritten ist heute das autoritative Verhältnis, das in der Regel als »autoritär« abqualifiziert wird. Autorität wird der Kritik zum Gegenteil von Vernunft und Freiheit schlechthin und wird gleichgesetzt mit Zwang, und zwar im Sinne der Gewalt. Kritisches Denken wird den Sinn von Autorität klären und trotz der entschiedenen Abwehr aller überholten und pervertierenden Formen ihre positiven Möglichkeiten schon deshalb suchen müssen, weil Macht auf das autoritative – gewiß nicht »autoritäre« – Verhältnis faktisch nicht verzichten kann. Mit Autorität verbinden wir die Vorstellung einer umfassenden, zur Lebensführung tauglichen Einsicht und Haltung; und von einem Autoritäts- oder autoritativen Verhältnis sprechen wir dort, wo sich eine aufgrund dieser besonderen Einsicht und Haltung gewordene Überlegenheit der einen gegenüber anderen herausbildet. Entsprechend geht die Einflußnahme über Rat und Vorschlag und mehr durch Zustimmung und Vertrauen als durch direkten Handlungszwang. Wir unterscheiden zwischen persönlicher und Amtsautorität. Für beide ist entscheidend, ob der Anspruch der Autorität und die Anerkennung und innere Zustimmung durch die Gefolgschaft sich entsprechen und die leitende Einsicht zu einer alle umgreifenden, wirksamen und sinnvollen Lebensgestaltung kommt, oder ob ihr Anspruch eine Selbstanmaßung ist und das Verhältnis zu den anderen »autoritär« wird, nämlich Gehorsam und Gefolgschaft primär oder gar allein durch Zwang erreichen will. Hier liegt zweifellos die besondere Gefahr jeder Amtsautorität. – Autorität kann auch zwingen – eine Tatsache, die leicht übersehen wird –, allerdings nur im Rahmen des umfassenden Vertrauensverhältnisses und in einer dem gemeinsamen Ziel angemessenen Weise.

(3) Für diese Erscheinungsform besteht noch kein präziser Begriff. Deshalb sei sie mit dem formalen Begriff »kooperativ« und zugleich, weil sie für die Machtverhältnisse der Demokratie charakteristisch ist, mit dem politischen Begriff »demokratisch« bezeichnet; denn auch hier geht es um wirkliche Machtverhältnisse. Auch hier gibt es Überlegenheit, Abhängigkeit und entsprechend Zwang und Zustimmung. Doch diese Machtverhältnisse sind zum einen eingegrenzt auf jeweils bestimmte Lebensverhältnisse, die sich in den modernen Gesellschaften immer mehr differenzieren, treten also in einer Vielzahl auf und sind relativ; zum andern werden sie getragen durch gegenseitige Verträge, durch Kompromisse, die in Auseinandersetzungen gewonnen werden, und durch Kontrollen, die in gegenseitiger Beaufsichtigung und Kritik zu Änderungen und Verbesserungen führen sollen.

Es ist offensichtlich, daß sich hier eine geschichtlich neue Form der Macht ankündigt, in der die Gegenseitigkeit prinzipielle Bedeutung gewinnt. Allerdings ist es ebenso offenkundig, daß wir heute noch keineswegs über die Formen verfügen, in denen sich die Macht der Menschen wirklich »demokratisch«, also gleichsam als »Herrschaft aller über alle« und zugleich als »Herrschaft überhaupt« entfalten kann. Noch ist es so, daß die modernen Demokratien sich ständig gegen ihre Hauptgefahr, die innere und äußere Ohnmacht, wehren müssen, die immer die Gefahr des Umschlags in totalitäre Gewalt in sich schließt.

5. Im Zentrum aller Überlegungen über die Macht taucht immer wieder die Frage nach dem Verhältnis von Macht und Recht auf. Die Geschichte der politischen Philosophie zeigt seit ihren Anfängen bei den Sophisten und *Sokrates* die widersprüchlichsten Auffassungen hierüber. Führen die einen das Recht auf die Macht zurück, so die andern die Macht auf das Recht – dort die naturalistisch-voluntaristische, hier eine naturrechtlich-idealistische Auffassung –, wieder andere sehen Macht und Recht in einem unaufhebbaren dualistischen Verhältnis, das nicht selten auf einen Dualismus von Natur und Geist zurückgeht. Doktrinen dieser Art widerlegen sich bekanntermaßen gegenseitig. Sie machen indessen nicht nur auf Gefahren und Verkehrungen, sondern auch auf grundlegende Beziehungen aufmerksam.

Allen gemeinsam dürfte wohl die Grunderfahrung sein, daß Macht und Recht nicht voneinander zu trennen sind. So bedarf das Recht der Macht, um überhaupt als Recht wirksam sein und damit seinen Sinn erfüllen zu können. Doch ebenso bedarf die Macht des Rechts, weil Macht ohne Recht keinen Bestand gewinnen könnte. Allein so erscheint das Verhältnis von Macht und Recht noch äußerlich, sie dienen sich gegenseitig als Mittel, und dies dazu in negativem Sinne: beide helfen einander mehr gegen ihre Auflösung als zu ihrer positiven Verwirklichung. In dieser Hinsicht erscheint dann auch das Recht eher restriktiv und repressiv als produktiv, die Macht des Rechts primär als Zwang und die Macht selbst als Gewalt. Demgegenüber deuteten sich in der vorausgegangenen Analyse der Macht bereits die vielfachen inneren Verweisungsverhältnisse von Macht und Recht an. Denn indem Macht als Macht wesentlich bezogen ist auf Freiheit und Autonomie (1), auf das Politische als den Bereich der Öffentlichkeit (2) und auf Anerkennung und Gegenseitigkeit (3), verweist sie nicht nur allgemein auf das Recht, sondern bezieht sich auf das Recht als ein gleichsam konstitutives Moment der Macht selbst.

(1) Versucht man, Macht und Recht, wie es häufig geschieht, in ein direktes Verhältnis zu setzen, so läuft man leicht Gefahr, einer kurzschlüssigen Alternative oder leeren Dialektik zu verfallen, dabei zugleich den eigentlich positiven Gehalt beider aus den Augen zu verlieren. Dieser ergibt sich erst in der Zusammenschau mit andern Grunderfahrungen wie Verantwortung, Liebe – vor allem aber mit der der Freiheit. Das positive Verhältnis des Rechts zur Macht tritt daher in den Blick, sobald man die Macht ihrerseits in ihrer ursprünglichen Beziehung zur Freiheit, zum Willen, der immer auch freier Wille ist und sich als solcher vor allem in der geschichtlichen Kategorie der Autonomie ausdrückt, erkennt und anerkennt.

(2) Der Mensch will als Macht erscheinen, sich somit notwendig Dasein im Raum und Dauer in der Zeit geben. Dazu gehört, daß er sich seinen Lebensraum schafft und eine gemeinsame Lebensordnung stiftet, indem er seinen Herrschaftsbereich über die Natur ausdehnt und seinen Willen im allgemeinen gesellschaftlichen Widerspiel der Interessen durchsetzt. Lebensordnung meint hier eine Ordnung des Miteinander-Handelns, also eine Ordnung, die durch Normen bestimmt ist. Eben deshalb kann Macht als Normgebung erscheinen, bzw. umgekehrt wird der Akt der Normgebung vor allem zum Ausdruck der Macht, und der Kampf um die Macht kann zum Kampf um die Normsetzung werden. Dabei werden Normen zweifellos häufig einen mehr restriktiven und repressiven Charakter haben, wo sie nämlich im Sinne von Schutz und Sicherheit einschränkende und sogar »unterdrückende« Funktion haben; doch sollte gerade heute nicht übersehen werden, daß Normen auch »produktiv« sein können, dort nämlich, wo eben durch sie der Mensch als Macht erscheinen und neuen Wirkraum für seine Freiheit gewinnen kann. Im Erscheinungscharakter der Macht zeigte sich auch bereits der Grund dafür, daß das Politische in einem ausgezeichneten Sinne der Bereich der Macht ist. Politik ist der Bereich des öffentlichen Wirkens und Handelns, und das Recht ist die Norm, die dieses öffentliche Wirken und Handeln vor allem ermöglicht. Recht meint hier nicht nur formal Gesetz überhaupt, sondern »Gesetz« des Willens, also ein »Gesetz« vom Willen für den Willen, oder eben eine vom Menschen selbst hervorzubringende (Handlungs-)Norm.
(3) Macht fordert aber schließlich auch – das zeigte sich als weiterer Grundzug – Anerkennung. Das schließt immer Anerkennung der eigenen Überlegenheit (in den verschiedenen Vermögen und Zielsetzungen) und die Anerkennung als Wille überhaupt ein. Dieser Anspruch auf Anerkennung ist nicht erfüllbar als einseitiges Anerkanntseinwollen, sondern nur im Sinne der Gegenseitigkeit. Die Gegenseitigkeit wurde daher als allgemeiner Grundzug der Macht deutlich, in der Autonomie ebenso wie in den Verhältnissen des Befehls, der Autorität und der Kooperation. Alle Machtverhältnisse sind bestimmt durch Zwang und Zustimmung. Dies gilt auch für das Recht; denn die Macht des Rechts besteht nicht allein im Zwingenkönnen, sondern wird ebenso in der möglichen Zustimmung sichtbar. Und dort, wo im Recht die Möglichkeit der Zustimmung aufhört, da verkehrt sich Recht in Unrecht und rechtlicher Zwang in Gewalt. Die Tatsache, daß Macht immer und notwendig Anerkennung beansprucht, weist darauf hin, daß Macht selbst der Legitimation bedürftig ist. Erhält sie ihre äußere Legitimation durch ihr erfolgreiches Wirken – der Staat z. B. dadurch, daß er seinen Bürgern rechtlichen Schutz, wirtschaftliche Sicherheit usw. gewähren kann –, so ihre innere Legitimation durch die Anerkennung, sei es im freiwilligen Gehorsam gegenüber dem Befehlenden oder der Autorität, sei es durch das autonome Verhältnis als freie verantwortliche Mitbestimmung.
Macht hat ebenso wie Freiheit und Recht einen Eigenwert. Dennoch würde Macht sofort ihren Sinn verlieren, wenn ihr innerer Bezug zur Freiheit und zum Recht aufgelöst würde. Macht wird notwendig mißbraucht, wenn sie aus der

Verantwortung des Menschen genommen und damit zugleich ihre Grenze aufgehoben wird. Von einer »Dämonie der Macht« zu sprechen, mag daher als Metapher sinnvoll sein, führt aber weg von dem eigentlichen Problem der Macht, nämlich von der Tatsache, daß sie – wie Freiheit und Recht – in die Verantwortung des Menschen gestellt ist. Auf die Verantwortung verweist die Macht selbst durch den ihr eigenen Anspruch auf Anerkennung. Ebendarin wird auch die innere Grenze der Macht sichtbar, sofern der notwendige Anspruch auf Anerkennung den subjektiven Willen und den Eigenwillen einschränkt, vor allem aber zur Einsicht zwingt, daß der Mensch zwar sich selbst als Macht verwirklichen kann, nicht aber des Ursprungs seiner selbst als Macht mächtig ist.

LITERATUR

H. Plessner, Macht und menschliche Natur (1931), in: Zwischen Philosophie und Gesellschaft, Bern 1953, S. 241–317.
B. Russell, Power, London 1938 (Macht, Zürich 1947).
B. de Jouvenel, Du Pouvoir, Genf 1945 (²1947).
H. D. Lasswell, A. Kaplan, Power and Society, New Haven 1961.
K. Mannheim, Freedom, Power and Democratic Planning, London ²1965 (Freiheit und geplante Demokratie, Köln–Opladen 1970).
P. Tillich, Die Philosophie der Macht (1956), in: Gesammelte Werke Bd. IX, Stuttgart 1967, S. 205–232.
B. Welte, Über das Wesen und den rechten Gebrauch der Macht, Freiburg 1961.
C. J. Friedrich, Man and His Government, New York 1963 (Politik als Prozeß der Gemeinschaftsbildung, Köln–Opladen 1970).
H. Arendt, Macht und Gewalt, München ²1971.

JOHANNES SCHWARTLÄNDER

MATERIE

1. Raumzeit in der Relativitätstheorie
2. »Subjektivismus« in der Quantenphysik
3. Unräumlichkeit und Unzeitlichkeit der Mikrophysik
4. Kausalität. Grenzen der wissenschaftlichen Rationalisierung
5. Was ist und woher kommt »Materie«?

1. Das Fragen nach Materie ist heute unlöslich verbunden mit dem erkenntnistheoretischen Fragen nach der Möglichkeit des Wissens von Materie. Denn zu den grundlegenden Charakteristika der Materie, so wie sie uns als Phänomen entgegentritt, gehört fraglos ihr räumliches Nebeneinander und zeitliches Nacheinander; aber schon *Parmenides* hat das Nacheinander für bloßen Schein erklärt, und *Kant* sprach auch dem Nebeneinander transzendentale Realität ab.

Wurden diese Auffassungen bestätigt, als die spezielle Relativitätstheorie, deren Formeln heute empirisch gesichert sind, das phänomenale Nebeneinander und Nacheinander zu einer vierdimensionalen Raumzeit zusammenfaßte, in der alle »früheren« und »späteren« Zustände der Welt gleichsam zeitlos miteinander koexistieren?

Die spezifischen positiven erkenntnistheoretischen Thesen *Kants* wurden eher widerlegt. Denn einer Bedingung der Möglichkeit von Erfahrung ist nach *Kant* die phänomenale universale »Einheit der Zeit«, die in einer mit beliebiger Geschwindigkeit übertragbaren kausalen Einwirkung der Ereignisse aufeinander begründet sein soll. Diese phänomenale Einheit der Zeit kann nach der Relativitätstheorie in vielen Fällen gerade dann nicht gegeben sein, wenn man *Kants* »dynamische« Begründung der Zeitordnung im Kausalverhältnis akzeptiert (Lichtgeschwindigkeit als obere Grenze für die Geschwindigkeit kausaler Wirkungsübertragung); aber im Gegensatz zu *Kants* Meinung, daß dann »niemals so etwas, als Erkenntnis ist, entspringen würde«, vermittelt der Formalismus der Relativitätstheorie auch in diesen Fällen (d. h. für »raumartig« zueinander liegende Ereignisse) Erkenntnis als geordnete Mannigfaltigkeit von Phänomenen[1]. Moderne Versuche, die Einheit der Zeit sowie die von *Kant* behauptete und von der allgemeinen Relativitätstheorie bestrittene Geltung der euklidischen Geometrie für die physikalischen Phänomene durch ein »operatives Apriori« zu konstituieren, dürften auf wesentliche Schwierigkeiten stoßen[2].

Bleibt also die negative These des Nichtwissens um das »Ding an sich«? Zunächst ist festzustellen: Wenn man die Forderung nach der »dynamischen« Begründung der Zeitordnung aufgibt, kann man an einer ontologischen absoluten Zeit und absoluten Gleichzeitigkeit festhalten, ohne in einen direkten Widerspruch zu den physikalischen Aussagen der Relativitätstheorie geraten zu müssen. Zur Vermeidung dieses Widerspruchs genügt allerdings nicht die Erklärung, die Relativitätstheorie habe es lediglich mit der Zeit*messung* zu tun; man muß vielmehr sehr gezwungen erscheinende Zusatzannahmen machen. Läßt man, um diesem Zwang zu entgehen, die absolute Gleichzeitigkeit fallen, dann kann man auch die räumliche Gestalt nicht mehr als eine »absolute« Bestimmung des Körpers auffassen, d. h. als eine Bestimmung, die dem Körper in sich selbst und nicht nur in bezug auf andere zukommt; denn die räumliche Gestalt eines (bewegten) Körpers ist durch die *gleichzeitige* Lage seiner Begrenzungsflächen gegeben, und wenn die Gleichzeitigkeit relativiert wird, wird folglich auch die räumliche Gestalt relativiert.

Um die Relativierung nicht unnötig weit zu treiben, kann man aber darauf hinweisen, daß die relativitätstheoretische Verschmelzung des Nebeneiander und Nacheinander zu einer vierdimensionalen Raumzeit, genaugenommen, nur eine Verschmelzung der quantitativen, metrischen Aspekte darstellt, während der rein qualitative, metrikfreie Unterschied zwischen Neben und Nach in dem vierdimensionalen Formalismus unangetastet bleibt (durch den irreduziblen Unterschied zwischen reellen und imaginären Raumzeitintervallen). Wenn es also

auch denkerisch und nicht nur formal-mathematisch möglich wäre, in dem Begriff des Neben und des Nach das rein qualitative Element von dem quantitativ-metrischen Element abzutrennen, d. h. ein Neben und Nach zu denken, dem keine metrische (sondern nur eine »topologische«) Struktur zukommt, dann stände von der Relativitätstheorie her wohl nichts im Wege, ein solches rein qualitatives Neben und Nach der Materie »an sich« zuzuschreiben. (Der Begriff der räumlichen Gestalt, etwa der Unterschied zwischen einer Kugel und einem Ellipsoid, enthält wesentlich metrische Elemente!)
Vom Standpunkt eines erkenntnistheoretischen Realismus aus kann man also versuchen zu sagen: Dann und nur dann, wenn zwischen materiellen Ereignissen eine Beziehung der kausalen Einwirkung besteht, besteht zwischen ihnen eine ontologische rein qualitative, metrikfreie (topologische) Beziehung des Nacheinander. (Diese Bindung der Zeitordnung an die Kausalität deckt sich mit der Auffassung *Kants* und entspricht sinngemäß der Lehre von *Augustinus*, daß vor der Erschaffung der Welt keine Zeit gewesen sei.) Dann und nur dann, wenn die Orte materieller Ereignisse durch eine materielle Realität, d. h. durch einen dazwischenliegenden Körper, durch ein dazwischen liegendes materielles Medium usw. miteinander verbunden sind, besteht zwischen diesen Ereignissen eine ontologische rein qualitative, metrikfreie (topologische) Beziehung des Nebeneinander. (Diese Bindung der räumlichen Ordnung an die »Berührung« mit dazwischenliegenden materiellen Realitäten entspricht der Theorie der Lokalisation, wie sie in der Diskussion um die Möglichkeit des Vakuums von *Aristoteles*, den mittelalterlichen Aristotelikern und von *Descartes* vertreten wurde.) Die eigentlichen quantitativen, metrischen Strukturen der materiellen Welt dagegen sind weder räumlich noch zeitlich im strengen Sinn, gehören weder der Ordnung des Neben noch der des Nach an. Wir können sie zwar in einem vierdimensionalen Formalismus mathematisch eindeutig erfassen, können also von ihnen Wissenschaft treiben (was nach *Kant* wegen der Unmöglichkeit einer kategorialen Erfassung wohl auszuschließen wäre), können aber über die qualitative Beschaffenheit dieses vierdimensionalen Gefüges nichts Positives aussagen.

2. Entschiedener als durch die Relativitätstheorie scheint ein erkenntnistheoretischer Subjektivismus durch die Quantenphysik gefordert zu werden. Die Relativitätstheorie lehrt, die relativierten räumlichen und zeitlichen (metrischen) Bestimmungen als »Projektionen« einer vierdimensionalen absoluten Struktur aufzufassen; die Relativitätstheorie sollte nach *A. Sommerfeld* richtiger »Invarianten-Theorie« genannt werden, weil ihr eigentlicher Gegenstand die Struktur der absoluten, invarianten vierdimensionalen Raumzeit ist. In der Quantenphysik aber erfolgt eine Relativierung, hinter der kein Absolutes mehr zu erkennen ist, auch nicht in Gestalt eines rein mathematischen Formalismus. Es handelt sich um die »Doppelnatur« der Elementarteilchen, aber auch der Atome und Moleküle: Ein und dasselbe mikrophysikalische Objekt muß je nach der

Versuchsanordnung, in der es beobachtet wird, als räumlich streng lokalisiert und diskret abzählbar und insofern als »Teilchen« oder als räumlich diffus und von gleichartigen Gebilden nicht abgegrenzt und insofern als »Welle« aufgefaßt werden, und diese zwei sich gegenseitig ausschließenden Bilder lassen sich im Unterschied zur Relativitätstheorie nicht auf irgendeine übergeordnete Beschreibungsweise zurückführen, die von der Wahl der jeweiligen Beobachtungsbedingungen unabhängig wäre. Diese Sprechweise von der »Doppelnatur« ist zwar insofern inadäquat, als der mathematische Formalismus der Quantenphysik einheitlicher und nicht so »zusammengestückelt« ist, wie es diese Sprechweise vermuten ließe; trotzdem oder vielleicht gerade darum weist aber dieser Formalismus in der »Reduktion der Wellenfunktion« einen noch schärfer ausgeprägten Bruch bei dem Übergang zu neuen Beobachtungsbedingungen auf. Kann dieser »Subjektivismus« der quantenphysikalischen Naturbeschreibung mit der Kantischen Konstitution des Objekts durch das Subjekt verglichen werden? Eine Übereinstimmung besteht auch diesmal höchstens im Negativ-Agnostischen, nicht in den positiven Thesen der Konstitutionslehre. Das konstituierende »Subjekt« ist in der Quantenphysik im wesentlichen die apparative Versuchsanordnung, die bestimmt, ob das mikrophysikalische Gebilde als Teilchen oder als Welle aufgefaßt werden muß. Ein gewisses Mitspielen der Kenntnisnahme von dem erhaltenen Meßresultat durch das Bewußtsein kann zwar wohl nicht ganz ausgeschlossen werden, wie die genaue Analyse des Formalismus zeigt; aber die »Kategorien«, unter die das mikrophysikalische Gebilde gefaßt werden muß, sind jedenfalls durch die Versuchsanordnung bestimmt und wechseln darum von Fall zu Fall. Von einem »Apriori« kann man höchstens insofern sprechen, als die Geltung der klassischen Physik für den Meßapparat eine Möglichkeitsbedingung für die Messung an einem mikrophysikalischen Objekt darstellt[3].

3. Heisenberg hat die Auffassung vertreten, mit der quantenphysikalischen Naturbeschreibung seien nicht nur irgendwelche Begriffe oder Gesetze der bisherigen Physik preisgegeben worden, sondern die ganze Wirklichkeitsvorstellung, die der Naturwissenschaft bis dahin zugrunde gelegen habe. »Mit dem Wort Wirklichkeitsvorstellung ist dabei die Auffassung gemeint, daß es objektive Vorgänge gebe, die in Raum und Zeit in einer bestimmten Weise ablaufen, ganz unabhängig davon, ob sie beobachtet werden oder nicht«[4]. Andere Physiker wie z. B. *Planck, Einstein, Schrödinger, de Broglie, Bohm,* die an dieser Wirklichkeitsvorstellung festhalten wollten, haben die Hoffnung geäußert, die Quantenphysik werde eines Tages durch eine wieder im herkömmlichen Sinn objektivierbare Naturbeschreibung abgelöst werden können. Gerade bei der Verfolgung derartiger Gedankengänge hat sich aber herausgestellt, daß auch eine »realistische« Mikrophysik nicht daran vorbeikäme, den mikrophysikalischen Gebilden irgendwie eine überräumliche oder überzeitliche Wirkensweise zuzuschreiben, eine Wirkensweise, die man, stark bildlich ausgedrückt, als räum-

liches oder zeitliches »Hellsehen« bezeichnen müßte. Das zeigen Versuchsanordnungen, auf die *Einstein* 1935 hingewiesen hatte und die sich in ganz schematischer Vereinfachung wie folgt beschreiben lassen[5]:
Es wird ein gewisses Atom (Positronium) betrachtet, das nach einiger Zeit in zwei Lichtquanten zerfällt. Die Lichtquanten fliegen nach entgegengesetzten Richtungen auseinander, und jedes Lichtquant gelangt in einen Meßapparat. Mit diesem Meßapparat können eine ganze Anzahl verschiedenartiger Messungen an dem Lichtquant vorgenommen werden, die der Einfachheit halber als a-Messung, b-Messung, c-Messung usw. bezeichnet seien. An dem Apparat ist ein Schalter, mit dem der Apparat auf eine a-Messung oder b-Messung oder c-Messung usw. eingestellt wird. Solange das Lichtquant noch nicht in den Apparat eingetreten ist, kann man den Schalter beliebig hin und her drehen; entscheidend ist allein die Schalterstellung in dem Augenblick, in dem das Lichtquant in den Apparat eintritt.
Was geschieht, wenn beide Meßapparate auf eine a-Messung eingestellt werden? Die Meßwerte, die sich dann ergeben können, sind +1 und −1, und die Quantenphysik sagt: Wenn an dem einen Lichtquant der Wert +1 gemessen wird, wird auch an dem anderen Lichtquant der Wert +1 gemessen; und wenn an dem einen Lichtquant der Wert −1 gemessen wird, wird auch an dem anderen Lichtquant der Wert −1 gemessen. Ganz entsprechend liegen die Dinge, wenn beide Meßapparate auf eine b-Messung eingestellt werden: Auch dann sind die beiden möglichen Meßwerte +1 und −1, und beide Lichtquanten ergeben denselben Meßwert. Genauso bei einer c-Messung, einer d-Messung usw.
Soweit die experimentellen Gegebenheiten. Es ist noch anzumerken, daß die Lichtquanten nach ihrem Auseinanderfliegen in keiner physikalischen Wechselwirkung mehr miteinander stehen. Kein Lichtquant kann auf das andere in irgendeiner physikalisch bekannten Weise einwirken; denn wenn von dem einen Lichtquant eine Wirkung ausgehen und das andere Lichtquant treffen sollte, so könnte diese Wirkung das andere Lichtquant nur erreichen, wenn sie mit Überlichtgeschwindigkeit hinter ihm herliefe; reale Wirkungsübertragungen mit Überlichtgeschwindigkeit sind aber durch die Relativitätstheorie ausgeschlossen.
Aus den beschriebenen Gegebenheiten hat *Einstein* folgende These abgeleitet: Wenn die beiden Lichtquanten auseinanderfliegen, dann muß es in jedem Lichtquant irgendwie eindeutig festgelegt sein, welche Meßergebnisse dieses Lichtquant im Fall der Vornahme einer a-Messung liefern wird. Es muß des weiteren ebenfalls eindeutig festgelegt sein, welches Meßergebnis das Lichtquant im Fall der Vornahme einer b-Messung, c-Messung usw. liefern wird; kurz gesagt: Jedes Lichtquant muß für alle möglichen Arten von Messungen eine eindeutige Festlegung in sich tragen.
Die Ableitung der These ist nicht schwer. Angenommen, ein Lichtquant würde für irgendeine Messung, etwa die b-Messung, keine eindeutige Festlegung in sich tragen. Dann wäre es also dem Zufall überlassen, ob bei der Vornahme einer b-Messung an diesem Lichtquant der Meßwert +1 oder −1 herauskäme. Das

Meßergebnis kann aber nicht dem Zufall überlassen sein, denn sonst könnte sich bei dem einen Lichtquant der Meßwert +1, bei dem anderen der Wert −1 ergeben, und das darf, wie oben erklärt, nicht sein. Beide Lichtquanten müssen sich also vor ihrem Auseinanderfliegen gleichsam miteinander abgesprochen haben, welches Ergebnis sie bei einer b-Messung herauskommen lassen wollen. Genau dasselbe läßt sich offenbar für jede andere der möglichen Meßarten ableiten: Bei jeder Art von Messung müssen beide Lichtquanten dasselbe Resultat ergeben, und daraus ist zu schließen, daß jedes Lichtquant für jede Art von Messung eine eindeutige Festlegung in sich trägt.

1964 konnte jedoch der amerikanische Physiker *J. B. Bell* nachweisen, daß die Annahme einer eindeutigen Festlegung in jedem Lichtquant für jede Art von Messung in konsequenter Weiterführung auf einen klaren Widerspruch zu experimentellen Gegebenheiten führt[6]. *Bell* betrachtete die relativen Häufigkeiten, die bei einer wiederholten Vornahme verschiedenartiger Messungen auftreten, und konstruierte aus ihnen vermittels ganz einfacher mathematischer Überlegungen eine Prozentzahl, die kleiner als 30% sein müßte, wenn eine eindeutige Festlegung in jedem Lichtquant bestände. Tatsächlich ist die fragliche Prozentzahl jedoch größer als 70%, und damit ist ein Widerspruch aufgewiesen, der durch keinerlei Ungenauigkeit der Messung usw. wegerklärt werden kann. Der Widerspruch hat auch nicht etwa zur Voraussetzung, daß die Festlegung der Quanten meßbar oder berechenbar sei; es wird lediglich vorausgesetzt, daß überhaupt irgendeine irgendwie geartete eindeutige Festlegung für alle möglichen Arten von Messungen in jedem Lichtquant enthalten ist.

Für die Richtung *Bohr-Heisenberg*, die sogenannte »Kopenhagener Interpretation« der Quantenphysik, kam dieser Widerspruch in keiner Weise überraschend; sie hatte ja schon immer betont, daß man in der Quantenphysik nicht mehr so mit dem herkömmlichen Wirklichkeitsbegriff operieren dürfe, wie *Einstein* und *Bell* es taten. Will man dennoch einen erkenntnistheoretischen Realismus vertreten, so scheinen nur zwei Auswege zu bleiben: Man kann einmal annehmen, daß die beiden Quanten nach ihrem Auseinanderlaufen eben doch noch in irgendeiner Wechselwirkung miteinander stehen und sich dadurch gegenseitig über ihre Reaktionsweise informieren. Diese Wechselwirkung müßte räumliche Distanzen mit unendlich großer Geschwindigkeit überbrücken; denn man kann es so einrichten, daß für die »Signalübertragung« beliebig wenig Zeit zur Verfügung steht. Vor allem dürfte die Signalübertragung weder durch die räumliche Distanz noch durch irgendwelche in den Weg gestellten abschirmenden Medien irgendwie gehindert oder auch nur geschwächt werden; denn die strenge Entsprechung zwischen den Meßergebnissen muß immer bestehen, gleichgültig, wie groß die Distanz zwischen den Meßapparaten ist oder welche Medien nach dem Auseinanderfliegen der Quanten dazwischengestellt wurden. Es müßte also eine Wirkensweise angenommen werden, die von allen räumlichen Bedingungen völlig unabhängig wäre – das wäre eben das »räumliche Hellsehen«, von dem wir oben sprachen.

Die zweite Möglichkeit, das »zeitliche Hellsehen«, bestände darin, daß bei dem Flug eines Lichtquants vom zerfallenen Atom zum Meßapparat nicht nur eine Determination des Endzustands des Fluges durch seinen Anfangszustand angenommen würde, sondern ebenso eine (wirkursächliche) Determination des »Anfangs«zustands durch den »End«zustand. Innerhalb des Flugvorgangs wäre also jene zeitliche Ordnung aufgehoben, gemäß der zwar das Frühere eine wirkursächliche Determination auf das Spätere, aber nicht das Spätere eine wirkursächliche Determination auf das Frühere ausüben kann. Infolgedessen könnte der »End«zustand, d. h. der Eintritt in den Meßapparat, dem »Anfangs«zustand signalisieren, auf welche Messung der Meßapparat eingestellt ist, und die beiden Quanten könnten vor ihrem Auseinanderfliegen für diese eine Messung und nur für sie eine Verabredung treffen. Da jedes Quant dann nur für eine einzige Messung und nicht für alle möglichen Messungen eine Festlegung in sich trüge, könnte der von *Bell* abgeleitete Widerspruch nicht auftreten.
Physikalische Gründe (die Verkoppelung des physikalischen Richtungssinns der Zeit mit der Entropie als einer wesentlich kollektiv-makrophysikalischen Größe) sprechen entschieden zugunsten der zweiten Interpretation; aber auch die erste Möglichkeit der Annahme einer von allen räumlichen Bedingungen unabhängigen Wirkensweise zeigt, daß eine noch so realistische Erkenntnistheorie nicht ohne Einschränkungen zur Vorstellung eines sich in Raum und Zeit abspielenden mikrophysikalischen Geschehens zurückkehren kann. Warum ist dann von dieser Unräumlichkeit bzw. Unzeitlichkeit des Mikrogeschehens in der Makrophysik nichts zu erkennen? Die Antwort ist in den physikalischen Gegebenheiten enthalten: Die Unräumlichkeit und Unzeitlichkeit der Mikrowelt findet ihren physikalischen Ausdruck in der Doppelnatur des Wellen- und Teilchenbildes. Diese Doppelnatur ist grundsätzlich auch bei Makroobjekten vorhanden, aber ihre Auswirkungen sind dort im Verhältnis zu den beobachtbaren Größen so geringfügig, daß sie einfach nicht mehr bemerkt und auch nicht mehr gemessen werden können. Um einen Vergleich zu gebrauchen: Wenn man aus großer Höhe eine Menschenmenge betrachtet, die sich durch eine enge Straße preßt, dann nimmt diese Menge sich aus wie ein Fluß, der durch ein enges Bett strömt und dessen Verhalten nur von Druck und Stoß der Wassermassen bestimmt ist; und doch bleibt es wahr, daß das individuelle Verhalten des einzelnen Menschen in der Menge nicht nur von Druck und Stoß, sondern darüber hinaus von den jeweiligen individuellen Zielen und Plänen bestimmt ist. Der Makrokörper gleicht einer solchen Menschenmenge, die scheinbar nur von Druck und Stoß, d. h. von den Gesetzen der klassischen Physik bestimmt wird; und doch bleibt es wahr, daß jedes einzelne Elementarteilchen im Makrokörper der Quantenphysik mit ihren eigentümlichen Gesetzen und ihrer Unräumlichkeit und Unzeitlichkeit unterliegt.

4. *Kant* hatte geschrieben: »Wenn wir also erfahren, daß etwas geschieht, so setzen wir dabei jederzeit voraus, daß irgendetwas vorausgehe, worauf es nach

einer Regel folgt. Denn ohne dies würde ich nicht von dem Objekt sagen, daß es folge, weil die bloße Folge in meiner Apprehension, wenn sie nicht durch eine Regel in Beziehung auf ein Vorhergehendes bestimmt ist, keine Folge im Objekt berechtigt« (Kritik der reinen Vernunft B 240). *Kants* Aussage bezieht sich offenbar auf den Bereich der Phänomene; zu jedem Phänomen soll es ein vorhergehendes Phänomen geben, aus dem das erstgenannte Phänomen nach einer Regel folgt. Gemäß der Quantenphysik gibt es aber Phänomene, zu denen kein derartiges vorhergehendes Phänomen existiert und existieren kann. Ein Beispiel bilden jene makrophysikalischen Phänomene – Springen eines Zeigers, Ticken im Lautsprecher usw. –, die den Zerfall eines radioaktiven Atoms anzeigen. (Phänomene, d. h. sinnlich direkt wahrnehmbare Ereignisse, müssen in physikalischer Hinsicht immer einen kollektiv-makrophysikalischen Charakter tragen; das zeigt eine Betrachtung der physiologischen Voraussetzungen der Sinneswahrnehmung.) Nach der Quantenphysik kann es kein vorhergehendes Phänomen geben, aus dem der Zeitpunkt des Zerfalls eines einzelnen Atoms »nach einer Regel folgt«. (Was mit einem »einzelnen Atom« gemeint ist, läßt sich durch makrophysikalische Phänomene festlegen.)

Ist damit *Kants* Auffassung widerlegt? In ihrem Kern eigentlich nicht; denn dieser Kern will sagen: Wo es kein Folgen nach einer Regel gibt, ist strenge Wissenschaft nicht möglich. Das trifft auch für den radioaktiven Zerfall zu; denn über den Zerfallszeitpunkt eines einzelnen radioaktiven Atoms gibt es eben keine Wissenschaft, dieser Zerfallszeitpunkt kann ohne rationale Begründung nur empirisch hingenommen werden (und aus der Feststellung, daß das Atom bis jetzt nicht zerfallen ist, folgt gerade nicht, daß sein Zerfall nun aber in Bälde bevorstehe). Der Unterschied zwischen *Kant* und der Quantenphysik besteht lediglich in *Kants* Glauben, daß es keine Phänomene bzw. keine Aspekte an Phänomenen geben könne oder dürfe, die sich einer wissenschaftlichen Rationalisierung grundsätzlich entziehen. Das Revolutionäre und zugleich Paradoxe an der Quantenphysik besteht also darin, daß gerade die Physik als die rationalste aller Erfahrungswissenschaften das Bestehen einer grundsätzlichen Schranke für die wissenschaftliche Rationalisierung behauptet, und das dürfte der eigentliche Grund dafür gewesen sein, daß von so vielen Seiten gegen den quantenphysikalischen Indeterminismus Sturm gelaufen wurde. Vom Physikalischen her besteht kein Anlaß zu einer Kritik an diesem Grundzug der Quantenphysik; in den fast fünfzig Jahren, die seit der Aufstellung der Unschärfenbeziehungen vergangen sind, hat sich nichts ergeben, was die Unschärfenbeziehungen ernsthaft in Frage gestellt hätte. Wohl aber haben sich auch in der Mathematik grundsätzliche Grenzen der wissenschaftlichen Rationalisierung ergeben: Das Unvollständigkeitstheorem von *K. Gödel* hat erkennen lassen, daß es in vielen mathematischen Disziplinen nicht möglich sein kann, Axiomensysteme aufzustellen, aus denen sich alle wahren Sätze dieser Disziplinen ableiten lassen, und daß infolgedessen die Widerspruchsfreiheit dieser Disziplinen nicht mit ihren eigenen Mitteln schlüssig nachgewiesen werden kann; das Unentscheidbarkeitstheorem von *A. Church* hat gezeigt, daß es bei vielen logischen und mathematischen Disziplinen grundsätzlich nicht möglich sein kann, ein Verfahren anzugeben, welches für jeden nach den formalen Regeln zugelassenen Satz dieser Disziplinen mit Sicherheit nach endlich vielen Ableitungsschritten eindeutig entscheidet, ob der Satz wahr oder falsch ist. In Physik und Mathematik ist also die wissenschaftliche Rationalisierung so weit vorgetrieben worden, daß eben dadurch immanente Grenzen der Rationalisierung erkennbar wurden. Ein totaler Rationalismus erweist sich folglich als Utopie (und doch wohl als nicht so gefahrenträchtig wie ein utopischer Irrationalismus).

5. Versucht man vor dem im obigen umrissenen Hintergrund mit aller Vorsicht eine Antwort auf die Frage »Was ist Materie?«, so erweist sich vielleicht ein Vergleich mit jenen Alternativen als hilfreich, welche schon die griechische Philosophie entworfen hat. *Empedokles* hatte mit der Lehre von den vier Elementen eine Korpuskulartheorie mit vier Typen von »Elementarteilchen« entworfen; *Anaxagoras* nahm in der Theorie der Homoiomerien eine unendliche Vielfalt von *spermata* an, weil nicht einzusehen war, warum gerade vier Elemente hervorgehoben sein sollten; und um sich nicht in dieser grenzenlosen Vielfalt zu verlieren, kehrte *Demokrit* zur qualitativen Einheitlichkeit seiner Atome zurück. Eine derartige Denkbewegung hat die moderne Physik und Chemie zwei- oder dreimal vollzogen: Sie führte die Vielzahl der chemischen Stoffe zurück auf die Zusammensetzung aus wenigen Arten von Atomen; sie führte die wachsende Zahl von Atomen zurück auf die Zusammensetzung aus wenigen Arten von Elementarteilchen; und sie versucht gegenwärtig, die wachsende Zahl der Elementarteilchen zurückzuführen auf (im Idealfall) verschiedene Zustände eines und desselben Teilchens. Aber hier wendet sich die moderne Physik von *Demokrit* ab zu *Pythagoras: Demokrit* hatte kein gesetzmäßiges Prinzip für die Konstituierung der verschiedenen »Zustände« seiner Atome; so blieb für ihn nichts anderes übrig als die Annahme einer völlig zufälligen Streuung aller überhaupt möglichen Formen und Größen. Die moderne Physik dagegen kehrt fast wörtlich zu den schwingenden Saiten der Pythagoreischen Harmonielehre zurück: Sämtliche Grundgleichungen der Elementarteilchenphysik sind ihrer Struktur nach Schwingungsgleichungen, und so, wie eine Saite nur in diskreten, ausgewählten »Zuständen« – Grundton, Oktav, Quint, Quart usw. – schwingen kann, so stellt auch das, was den Zusammenhalt eines Atomes oder Moleküls ausmacht, die allein möglichen Schwingungszustände des Systems dieser Elementarteilchen dar, und die verschiedenen Arten von Elementarteilchen sollen, so hofft der Physiker, sich als die allein möglichen Schwingungszustände eines einzigen Teilchens entpuppen.

In dem beschriebenen Sinn erscheint die Pythagoreische Zahl, nicht die Aristotelische qualitative Wesensform als Grundstruktur der materiellen Wirklichkeit; mit der Vielfalt seiner Formen verlor sich *Aristoteles* im Grunde ja ebenso in eine unendlichfache Vielheit wie *Anaxagoras*. Die modernen Elementarteilchen sind zwar, ganz im Gegensatz zu den Atomen *Demokrits,* geradezu geprägt durch ihre Veränderlichkeit; aber das Bleibende bzw. Gehende bei diesem beständigen Werden sind nicht strukturloser Urstoff und Wesensform, sondern die eine bleibende Grundgleichung der Möglichkeitsstruktur des Schwingungsgeschehens und die von ihr zugelassenen wechselnden Schwingungszustände. Die Sätze von der Erhaltung der Energie (und Masse), des Impulses, der elektrischen Ladung usw. stellen sich als eine Art von Resonanzphänomen dar, haben also kaum mehr etwas mit einem »Beharren der Substanz« zu tun. (Im übrigen weiß man heute, daß die Erhaltung von Energie und Impuls wesentlich damit zusammenhängt, daß zu allen Zeiten und an allen Orten dieselben Naturgesetze gelten.) Weil schon jeder Zustand der Materie ein »Schwingungszustand« ist, braucht es für den Übergang zu einem anderen Zustand keinen von außen kommenden Beweger; die Umwandlung eines instabilen Elementarteilchens oder die »spontane« Ausstrahlung von Licht durch ein Atom geschieht in der Tat »von selbst«. Dabei mußte das Aristotelische *quidquid movetur, ab alio movetur* eigentlich als äußerst einleuchtend erscheinen; denn wie sollte die Form, durch die das Ding das ist, was es ist, zugleich das Prinzip sein, durch welches das Ding nicht das bleibt, was es ist? Die moderne Physik stellt uns gerade vor diese Paradoxie: In den entscheidenden Grundgleichungen der Physik steht jeweils, grob gesprochen, auf der einen Seite der gegenwärtige Zustand des Systems oder Teilchens und auf der anderen Seite die durch den gegenwärtigen Zustand bedingte Zustandsänderung: der Zustand selbst als Prinzip seiner Änderung.

Hier von »Dialektik« zu sprechen führt kaum weiter, da das Schema einer Zweiheit von Polen oder Gegensätzen, die ineinander umschlagen, einerseits zu eng und andererseits zu unbestimmt erscheint im Vergleich mit der Mannigfaltigkeit der physikalischen Prozesse und ihrer präzis-detaillierten mathematischen Beschreibung. Und wenn auch die Unräumlichkeit, Unzeitlichkeit, »Spontaneität« und partielle Unberechenbarkeit des mikrophysikalischen Geschehens einen anschaulich vorstellbaren Druck-und-Stoß- oder Kraft-und-Stoff-Mechanizismus ausschließt, so bietet doch die moderne Physik nichts, was als »Ausdruck« eines psychistischen »Innens« gewertet werden müßte – während sie natürlich jenen Auffassungen den Boden entzieht, welche die Unterscheidung zwischen Geist und Materie wesentlich auf die räumliche Ausdehnung der Materie gründen wollen. Die modernen Elementarteilchen sind das Gegenteil der Leibnizschen Monaden, denn sie erscheinen nicht als Individuen, sondern eher als Wellenbewegungen eines gemeinsamen Untergrundes; der »Individualitätsverlust« gleichartiger Teilchen macht den charakteristischen Unterschied zwischen der quantenphysikalischen und der früheren Statistik aus.

Woher kommt diese Materie, und wohin geht sie? Alles scheint heute auf einen »Urknall« hinzudeuten, einen überdichten und wohl auch überheißen Anfangszustand des Universums. Die *steady-state-theory* von *Bondi, Gold* und *Hoyle,* die das Problem des Anfangs eliminieren will durch die Forderung, das Universum habe im großen und ganzen immer denselben Anblick geboten wie heute, scheint sich schwerlich empirisch begründen zu lassen. Ob die gegenwärtige Expansion des Universums lediglich immer langsamer wird oder schließlich in eine Kontraktion übergeht, ist empirisch noch nicht zu entscheiden. Im ersten Fall würde das makrophysikalische Geschehen im allmählichen Ausgleich aller Temperatur- und Intensitätsunterschiede (Zunahme der Entropie) schließlich ausbrennen und verrinnen. Der zweite Fall würde dem Gedanken des ewig wiederkehrenden Kreislaufes bei *Pythagoras, Heraklit, Empedokles, Platon,* der Stoa und noch bei *Nietzsche* entsprechen: Am Ende jeder Kontraktion wird alles in einen heißen »Brei« von Elementarteilchen eingeschmolzen, und mit der anschließenden Expansion beginnt eine neue Phase der Bildung von Gestalten. Ein gewisses Richtungselement erscheint dabei allerdings nicht eliminierbar; denn in jedem neuen Zyklus wäre die gesamte Masse und Energie des Universums größer als vorher. Das wäre keine Verletzung des Satzes von der Erhaltung der Energie, sondern gerade eine Folgerung aus der Formulierung, die dieser Satz in der allgemeinen Relativitätstheorie annimmt; denn der neuentstehenden »positiven« Energie steht ein gleichgroßer negativer mathematischer Ausdruck gegenüber, der irgendwie als »Energieersatz« fungiert. Die Summe aus positiver Energie und negativem Energieersatz ist eigentlich sogar insgesamt gleich Null, wenn man das ganze Weltall zusammenfaßt; wir wollen nicht auf die spekulativen Deutungen eingehen, zu denen dieser Sachverhalt reizen könnte.

ANMERKUNGEN

[1]) *P. Mittelstaedt,* Philosophische Probleme der modernen Physik, Mannheim [2]1966, S. 41 f. – [2]) *P. Janich,* Die Protophysik der Zeit, Mannheim 1969; *W. Büchel,* in: Philosophia Naturalis 12 (1970). – [3]) *C. F. v. Weizsäcker,* Zum Weltbild der Physik, Stuttgart [10]1963, S. 104 f. – [4]) *W. Heisenberg,* in: L'homme et l'atome, Neuchâtel 1958, S. 46. – [5]) Vgl. *H. Reichenbach,* Philosophische Grundlagen der Quantenmechanik, Basel 1949, S. 185 ff.; *W. Büchel,* Philosophische Probleme der Physik, Freiburg 1965, S. 410 ff. – [6]) *J. S. Bell,* in: Physics 1 (1964), S. 195; *W. Büchel,* in: Philosophia Naturalis 11 (1969), S. 162.

LITERATUR

H. Reichenbach, Philosophische Grundlagen der Quantenmechanik, Basel 1949.
W. Heisenberg, Physik und Philosophie, Stuttgart–Berlin 1959.
G. A. Wetter, Der dialektische Materialismus, Freiburg–Wien [5]1960, Teil II, Kap. V.
C. F. v. Weizsäcker, Zum Weltbild der Physik, Stuttgart [10]1963.
W. Büchel, Philosophische Probleme der Physik, Freiburg 1965.
P. Mittelstaedt, Philosophische Probleme der modernen Physik, Mannheim [2]1966.
H. Weyl, Philosophie der Mathematik und Naturwissenschaft, Wien [3]1966.
M. Bunge, Foundations of Physics, Berlin–Heidelberg 1967.
R. Carnap, Einführung in die Philosophie der Naturwissenschaft, München 1969.

WOLFGANG BÜCHEL